南开史学 成立100周年
Faculty of History, Nankai University

"南开史学百年文存"丛书

南开史学百年文存

专门史卷

朱洪斌 主编

天津出版传媒集团

天津古籍出版社

天津人民出版社

图书在版编目（ＣＩＰ）数据

南开史学百年文存. 专门史卷 / 朱洪斌主编. -- 天
津 : 天津古籍出版社 : 天津人民出版社, 2023.9
ISBN 978-7-5528-1384-5

Ⅰ.①南… Ⅱ.①朱… Ⅲ.①史学—文集 Ⅳ.
①K0-53

中国国家版本馆CIP数据核字(2023)第155211号

南开史学百年文存·专门史卷

NANKAI SHIXUE BAINIAN WENCUN ZHUANMEN SHI JUAN

出　　版	天津古籍出版社　天津人民出版社
出 版 人	张　玮
地　　址	天津市和平区西康路35号康岳大厦
邮政编码	300051
邮购电话	（022）23332469
电子信箱	reader@tjrmcbs.com

策划编辑	刘　庆　王　康　沈海涛
责任编辑	王洺洺
特约编辑	刘　珊
封面设计	汤　磊

印　　刷	河北鹏润印刷有限公司
经　　销	新华书店
开　　本	710毫米×1000毫米　1/16
印　　张	32.25
插　　页	2
字　　数	531千字
版次印次	2023年9月第1版　2023年9月第1次印刷
定　　价	168.00元

总　序

　　南开史学诞生于风云激荡的五四运动时期。1919年南开大学创建伊始，即设有历史学一门。从1923年正式创系，2000年改组为学院，至今南开史学走过了漫长而绚烂的峥嵘岁月。百年以来，先贤硕学筚路蓝缕，后继者恢弘开拓，逐渐形成了"中外交融，古今贯通"的学科特色和"惟真惟新，求通致用"的史学传统，从而奠定了南开史学在海内外学术界的重镇地位。

　　20世纪20年代初，应张伯苓校长的邀请，"史界革命"巨擘梁启超欣然来校，主讲"中国历史研究法"，揭橥现代新史学的两大要义，即改造中国史学和重写中国历史。梁氏对于人类文明视野下的中华民族史寄予无穷之期待，并有在南开筹设"东方文化学院"、切实推进文化传统研究的非凡构想。1923年秋，南开大学迁入八里台新址，正式建立历史系，聘请"近代化史观"的先驱蒋廷黻为创系主任，兼文科主任。不久，刘崇鋐、蔡维藩接踵而至。蒋廷黻前后执教六载，系统构建了南开世界史的课程体系。南开文科还有李济、范文澜、汤用彤、萧公权、何廉、刘节、吴其昌、余协中等一批名家执教。

　　1937年7月全国抗战爆发，南开大学与北京大学、清华大学奉命南迁，先组"长沙临时大学"，后移昆明，定名为"西南联合大学"。三校史学系融为一家，弦歌不辍。史界翘楚如北大的姚从吾、毛准、郑天挺、向达、钱穆，清华的刘崇鋐、雷海宗、陈寅恪、噶邦福、王信忠、邵循正、张荫麟，南开的皮名举、蔡维藩，以及联大的吴晗等，春风化雨，哺育一大批后起之秀。民族精魂、现代史学赖以延续和阐扬,功在不朽。

抗战胜利以后,历史系随校重返天津,文学院院长冯文潜代理系务。文学院的规模原本不大,历史系更是小中之小,冯氏苦心擘画历史系的发展事宜。1952年全国院系调整之际,北大历史系主任郑天挺、清华历史系主任雷海宗联袂赴津,转任南开历史系主任和世界史教研室主任。杨志玖、黎国彬、杨生茂、王玉哲、吴廷璆、谢国桢、辜燮高、杨翼骧、魏宏运、来新夏等卓越史家,云集景从,历史系获得突破性发展,成为名家云集的一流重镇,一时有"小西南联大"的戏称。

20世纪五六十年代,历史系除设有中国古代史、中国近现代史和世界史三个教研室外,又经教育部批准,陆续成立明清史、美国史、日本史和拉丁美洲史四个研究室,基本确立了布局合理、学术特色鲜明的学科结构。改革开放以后,南开史学更是焕发了勃勃生机。依托历史系学科及人才的优势,南开大学先后成立历史研究所(1979年)、古籍整理研究所(1983年)、日本研究中心(1988年)和拉丁美洲研究中心(1993年),在国内高校中率先创建博物馆学专业(1980年)。在1988年公布的国家重点学科名单中,中国古代史、中国近现代史和地区国别史三个二级学科全部入选。

2000年10月,历史系、历史研究所、古籍整理研究所和拉丁美洲研究中心合并组建历史学院,南开史学步入任重致远的发展新阶段。2007年,历史学入选国家一级重点学科,拥有中国史、世界史、考古学三个一级学科博士及硕士学位的授予权及博士后流动站。日本研究中心于2012年经教育部批准成为国别和区域研究基地,美国研究中心、拉丁美洲研究中心和希腊研究中心相继成为教育部国别和区域研究备案中心,同时设有中外文明交叉科学中心、科学技术史研究中心、生态文明研究院、古籍与文化研究所、美国历史与文化研究中心等科研机构。2017、2021年,世界史学科两次入选教育部一流学科建设名单,历史学院编制通过了以世界史为龙头、中国史和考古学为支撑及协同的历史学一流学科建设规划。

从梁启超、蒋廷黻、郑天挺和雷海宗开始,南开史学历经孕育(1919—1923年)、创业(1923—1952年)、开拓(1952—1978年)、发展(1978—2000年)和持续深化(2000年迄今)五个发展阶段。每一代的南开学人坚持与时代同行,和衷共济,在中国史、世界史、考古文博的学科体系、知识体系和理论体系方面踔厉风发,取得一系列卓越的学术创获。正所谓:"百年风雅未销歇,犹有胜流播佳咏。"试举其荦荦大端者,分列三项,略述于下。

第一,立足学术传统,彰显史学重镇之本色。南开的中国古代史研究积淀深厚,成就斐然。20世纪60年代,郑天挺参与全国高等学校文科教材编选计划,主编《中国史学名著选》《中国通史参考资料》,成为全国历史学子的必读著作。郑天挺、杨志玖等主编的《中国历史大辞典》和刘泽华等撰写的《中国古代史》,被视为20世纪末学界标志性的学术成果。在郑天挺、杨志玖、王玉哲、刘泽华、冯尔康、郑克晟、南炳文、白新良、朱凤瀚、张国刚、李治安、杜家骥、刘晓、陈絜、张荣强、夏炎和马晓林等几代学人的努力下,南开古代史研究在多个基础性领域内佳作迭出,长期处于领先地位。譬如,先秦部族、家族、地理考订,汉魏户籍简帛,唐代藩镇,元代军政制度、宗教和马可·波罗,明代政治文化、典籍和佛教,清代幕府、八旗、满蒙联姻和区域经济等。不仅上下贯通,形成若干断代史学术重镇,而且薪火相传,代不乏人。

南开世界古史研究亦是源远流长。雷海宗、辜燮高、黎国彬、周基堃、王敦书和于可等前辈史家开辟荆榛,在古希腊、罗马帝国、拜占庭帝国、基督教史等领域取得丰硕成果。陈志强领衔的拜占庭学团队致力于探寻历史唯物论指导下的拜占庭史宏观理论,其重大成果颇受国际同行之认可。杨巨平首次将亚历山大帝国、希腊化世界与丝绸之路开通综合考察,为"一带一路"的建设提供学理借鉴。

史学史是对人们研究历史的过程及其思维成果的反思,是对一切历史知识的再批判。以杨翼骧、乔治忠、姜胜利和孙卫国为代表的南开学人,不仅系统构建了中国史学史的资料体系,而且突破传统的"名家名著"的研究范式,着眼于探索史学发展的社会机制、古典史学的理论体系和东亚文明视野下的比较史学，极大地拓展了史学史的视野、理念及方法。

第二，把握时代脉搏，求通致用发南开之声。地区国别史是南开传统的优势学科。在美洲史领域，杨生茂、张友伦、梁卓生和洪国起等史学前辈着人先鞭，王晓德、李剑鸣、赵学功、韩琦、付成双和董瑜等接续推进，使其成为国内实力最强的研究团队。日本史在吴廷璆、俞辛焞、杨栋梁、李卓、宋志勇、刘岳兵及王美平的带领下，风起云涌，在国内独树一帜，担当领军者角色。南开大学世界近现代史研究中心依托地区国别史的雄厚底蕴，以"世界现代化进程中的社会转型"为主攻方向，超越西方现代化理论视野，以国际视野、比较视角在政治史、经济史、社会史以及环境史、医疗史等领域，致力于建构新时代中国特色的现代化史理论，成果迭出，反响巨大。

20世纪60年代以来，在著名历史学家魏宏运、来新夏、陈振江和李喜所等带领下，南开在全国高校中较早开展"四史"研究，确立深厚的学术传统和研究特色。来新夏的北洋军阀史、陈振江的义和团等研究，学术影响很大。魏宏运开辟了社会经济史视野下的抗日根据地研究，出版了学界最具影响的抗日根据地资料汇编和抗日根据地史专著。结合"乡村振兴"国家战略，王先明悉心探究20世纪中国乡村的发展历程，《乡路漫漫——20世纪之中国乡村（1901—1949）》被译为英文在国外出版。李金铮提出原创性的"新革命史"理念和方法，江沛倡导近现代交通史的研究，李喜所、元青等的近代留学生史研究，受到海内外学界的高度重视。

南开大学是全国第一家开设博物馆学专业的高校，为我国博物馆事业发展培养了大批人才。博物馆学研究团队在博物馆数字化、文化遗产活化利用、文旅融合等具有战略性、紧迫性、前瞻性的研究方向持续发力，有力提升了中国博物馆与文化遗产领域的国际学术话语权。王玉哲主编的《中国古代物质文化》是国内物质文化史研究领域的第一本专著。朱凤瀚的《古代中国青铜器》是国内青铜器研究的扛鼎之作。刘毅在明代陵寝制度研究方面的成就国内首屈一指,主编马克思主义理论研究和建设工程教材《文物学概论》,彰显南开考古文博在国内学界的影响力。刘尊志和袁胜文等在汉唐宋元考古领域取得了良好的成就。

科技史与国家战略密切相关,南开史学顺应国内外学术发展新态势,通过人才引进和学术重组,成立了科技史研究中心,在张柏春的带领下,目前正在加强对工程技术、疾病医疗、生态环境、水利灾害等方面的科技史研究,运用生态学思想理论方法探询众多科技领域之间的广泛联系、相互作用和协同演进关系。

第三,聚焦学术前沿,引领历史学科之新潮。社会史是改革开放以来中国史学界最具标志性和学术活力的研究领域。南开史学在冯尔康、常建华的引领下,成为这一领域最重要的首创者和推动者,形成了社会结构与社会生活并重嵌合的学科体系,出版《中国社会结构演变》《中国社会史概论》等著作;提出"从社会生活到日常生活""生活与制度"等学术理念,出版《日常生活的历史学》《追寻生命史》等重要学术成果;在宗族史、家庭史研究方面做出开创性贡献,形成了南开社会史的研究特色。明清以来的华北区域社会经济研究,也是南开社会史的一大重要特色,许檀、王先明、李金铮和张思等人的研究颇具学术影响力。

21世纪以来,在南开社会史丰厚的学术土壤中,医疗社会史研究破土而出,成为南开史学颇具亮色的学术增长点。余新忠、丁见民等南开学人,从中外疾病医疗史研究出发,立足中国视角和中国经验,融汇新文化史、知识史等新兴前沿理念和方法,提出"生命史学"之标识性学术理念,在国际学术舞台上发出响亮的南开声音。

以刘泽华和张分田等为代表的"王权主义反思学派",立足于中国政治思想史的深刻研究,提出"王权支配社会"等一系列重要的命题和论断,对于把握传统政治文化与政治实践的特点,具有极高的理论创新性。刘泽华所著《中国传统政治思想反思》及主编的三卷本《中国政治思想史》被译成韩文在韩国出版,《中国的王权主义》一书正在西方学者的译介之中。"王权主义反思学派"前后出版专著四十余种,在海内外学术界产生巨大的影响。

南开史学是中国环境史研究的主要倡导者和引领者。王利华和付成双领衔的南开中外环境史团队开展多项在全国具有首创性的工作:先后组织举办中国和亚洲规模最大、层次最高的国际学术会议,主持成立第一个全国性环境史研究学术团体——中国环境科学学会环境史专业委员会。2015年,历史学院联合相关学科共同创建南开大学生态文明研究院,开展文理学科交叉的生态文明基础理论研究和教育,由十多位院士、长江学者和权威学者共同开设《生态文明》大型慕课,获得多项国家和部省级建设支持或荣誉,南开环境史在全国产生了广泛的影响力。

南开史学创系百年来,秉持南开"知中国""服务中国"的教育理念,追求"做一流学术,育卓越人才"的教育目标,以培养品德高尚、学识卓越、兼具科学精神和人文情怀的优秀人才为己任。迄今已培养数万名合格人才,桃李遍及海内外。毕业生多数工作在高教、科研、新闻、出版、文化、文物考古及博物馆等部门,成为教育文化领域的著名学者和专家,还有一大批活跃在行政、经济、军事等各类管理部门,成为各个行业的领导和骨干力量。

值此百年重逢的历史节点,历史学院决定编纂一套"南开史学百年文存"丛书,以彰显南开史家群体艰辛扎实的学术探索和丰硕厚重的治史业绩,为这不平凡的世纪光影"立此存照"。凡曾执教于南开历史学科的学者均在网罗之列,择其代表性论文一篇,难免疏漏或选择不当,望读者谅解。本套书总计十卷,包括《先秦至隋唐卷》《宋元明清卷》《中国近代史卷》《中国现代史卷》《专门史卷》《世界上古中古史卷》《亚非拉卷》《欧美卷》《日本卷》《文博考古卷》。

南开史学百年来取得的累累硕果,离不开历代南开学人的辛勤耕耘和学界同人的长期扶持。述往事,思来者。新一代的南开学人将一如既往地秉持南开的"大学之道",弘扬"新史学"的创造精神,胸怀时代发展全局,引领中国史学发展的新潮流,为创立中国自己的学科体系、知识体系和理论体系不懈奋进!

"南开史学百年文存"丛书的编辑工作及其顺利付梓,首先需要向南开史学的先辈致以崇高的敬意。特别要提到的是,确定已故史家的入选论文,得到他们的家人、弟子的热心支持,在此一并表达谢忱。其次,要向惠赐大作的诸位师友致以诚挚的感激。尤其是不少已荣退或调离的教师,对于这一项工作极为关心,慨然提交了自己的精心之作。再次,也要感谢南开大学中外文明交叉科学中心对文存出版的慷慨资助。最后,还要感谢天津人民出版社、天津古籍出版社的各级领导和各位编辑,他们对于文存的编辑和出版等各方面,给予了细致、有力的指导和帮助。

因编辑时间短促,编者学术水平的限制,文集中会有疏漏之处,凡此,均由文存编委会负责,恳请各位师友不吝赐正。

编委会

2023年6月

出版说明

1."南开史学百年文存"包含十卷,即《先秦至隋唐卷》《宋元明清卷》《中国近代史卷》《中国现代史卷》《专门史卷》《世界上古中古史卷》《亚非拉卷》《欧美卷》《日本卷》《文博考古卷》,每卷由各个领域相关教研室的负责人担任主编,所选取的文章为曾全职在南开大学历史学科任教的学者具有代表性的论文。在遴选的过程中,各卷均根据实际情况有所取舍,疏漏和不当之处,敬请广大学人和读者包涵。

2.每卷文章按照发表时间依次排列。

3.有些文章因撰写和发表的时间较早,有些引文一时难以核查到准确的出处,无法按照现行规范的方式标注,故这次发表保留了刊发时的原貌。

4.本文存由南开大学历史学科学术委员会策划并统筹相关学术事宜,委托各个领域相应的教研室负责人联合教研室力量开展具体编纂工作,是历史学科全体同人的集体成果。

5.在全书编校的过程中,为保持作品原貌,对文章的修改原则上仅限于体例上、错别字的勘误等,不过也有部分作品依据作者意愿,进行了增补,或依据最新出版规范,进行了删改。

编委会

2023年6月

目　录

史学理论及史学史

中国政治思想史

历史文献学

科学技术史

史学理论及史学史

裴松之与《三国志注》

杨翼骧

　　裴松之是我国封建时代杰出的史学家之一,所撰《三国志注》,内容宏富,独具特色,有非常宝贵的价值。但过去的学者大多以其注解之文为附庸之作,抱着轻视的态度。如唐朝人刘知幾以裴氏乃"好事之子,思广异闻",系"才短力微不能自达,庶凭骥尾千里绝群"之流;①清朝人章学诚说裴氏"依光于陈寿",属"非缘附骥,其力不足自存"②之类。这些看法都是不允当的。因为对一部著作的评价,不应仅从其形式上着眼,而应根据其内容来探讨。现在,我们为了更好地继承古代的史学遗产,应当对裴氏的著作重新研究,以申明他对于史学的贡献。

一、裴松之的生平及著作

　　裴松之,字世期,其先世原为河东郡闻喜县(今山西省闻喜县)人,自西晋末年以后移居江南。他生于东晋简文帝咸安二年(372),卒于宋文帝元嘉二十八年(451),享寿八十岁。

　　裴松之出身于世代官僚家庭,自幼读书,八岁时已学通《论语》和《毛诗》,后来博读典籍,学识益进。二十岁开始为官,在东晋孝武帝时历任殿中将军、员外散骑侍郎,晋安帝时历任吴兴郡故鄣县令、尚书祠部郎。

　　当他任尚书祠部郎时,因鉴于官僚地主之家"世立私碑,有乖事实",遂上表建议严加限制,云:

　　　　碑铭之作,以明示后昆,自非殊功异德,无以允应兹典。……俗敝伪兴,华烦已久。是以孔悝之铭,行是人非;蔡邕制文,每有愧色。而自时厥后,其流弥多,预有臣吏,必为建立。勒铭寡取信之实,刊石成虚伪之常。

---

①　刘知幾:《史通》(卷5《补注》),清浦起龙《史通通释》本,上海古籍出版社,1978年,第132页。

②　章学诚:《文史通义》(卷2《言公中》),叶瑛校注,中华书局,1985年,第184页。

真假相蒙,殆使合美者不贵,但论其功费,又不可称。不加禁裁,其敝无已。以为诸欲立碑者,宜悉令言上,为朝议所许,然后听之。庶可以防过无征,显彰茂实。①

他虽然出身于世代官僚的家庭,但能识破自东汉以来官僚地主虚自标榜的恶习,予以揭露,并请求禁裁,可谓具有卓见。

晋安帝义熙十二年(416),太尉刘裕兼领司州刺史,率军北伐,以松之为州主簿,转治中从事史。晋军攻占洛阳后,松之即在洛阳任职。不久,又被召回江南,历任世子洗马、零陵内史、国子博士等职。

晋恭帝元熙二年(420),刘裕代晋称帝,建立宋朝,这时松之已四十九岁。

宋文帝于元嘉三年(426)派遣十六人为大使,分巡各州。松之被派赴湘州。自湘州巡行归来后,又任中书侍郎、司冀二州大中正,并被封为西乡侯。宋文帝以陈寿所著《三国志》记载过于简略,乃令松之为之补注。松之广搜资料,精心撰作,于元嘉六年七月写成《三国志注》。宋文帝看过后称赞说:"此为不朽矣!"②这时他已五十八岁了。

在《三国志注》撰成后,松之历任永嘉太守、通直散骑常侍、南琅琊太守。元嘉十四年致仕,又历为中散大夫、太中大夫,并兼领国子博士。

元嘉二十八年,松之已八十岁,奉命继续何承天撰述本朝的历史,但未及动笔就去世了。

裴松之的儿子裴骃,博采典籍,撰《史记集解》;曾孙裴子野,剪裁刘宋一代史料,撰编年史《宋略》(已佚),皆为史部名著,对史学有重要的贡献。

裴松之一生的著作,除了《三国志注》外,尚有以下五种:

《晋纪》——《宋书》本传载松之著有《晋纪》,但《隋书·经籍志》未著录。按《玉海》卷四十六引唐太宗贞观二十年(646)闰三月《修晋书诏》有云:"干、陆、曹、邓,略记帝王;鸾、盛、广、松,才编载记。其文既野,其事罕有。"③松,即指裴松之。又《北堂书钞·设官部》引裴松之《晋纪》云:"江彪三为选官,少有荐举。"

---

① 《宋书》(卷64《裴松之传》),中华书局,1974年,第1699页。
② 《宋书》(卷64《裴松之传》),中华书局,1974年,第1701页。《南史·裴松之传》作:"裴世期为不朽矣!"
③ 干,指干宝,著《晋纪》;陆,指陆机,著《晋纪》;曹,指曹嘉之,著《晋纪》;邓,指邓粲,著《晋元明纪》;鸾,指檀道鸾,著《续晋阳秋》;盛,指孙盛,著《晋阳秋》;广,指徐广,著《晋纪》。

据此,松之确实著有《晋纪》,而《隋书·经籍志》失载了。

《宋元嘉起居注》——《文苑英华》卷七五四载裴子野《宋略·总论》云:"子野曾祖宋中大夫西乡侯,以文帝之十二年受诏撰《元嘉起居注》。"《隋书·经籍志》史部起居注类,著录《宋元嘉起居注》五十五卷,原注云:"梁六十卷。"唯未题撰者姓名。盖此书系经数人先后撰成,而松之于元嘉十二年奉命撰著,于元嘉二十八年去世,所撰仅其中一部分而已。

《裴氏家传》——《隋书·经籍志》史部杂传类:"《裴氏家传》四卷,裴松之撰。"

《集注丧服经传》——《隋书·经籍志》经部礼类:"《集注丧服经传》一卷,宋太中大夫裴松之撰。"

《裴松之集》——《隋书·经籍志》集部别集类:"宋太中大夫裴松之集十三卷。"原注云:"梁二十一卷。"

但是,裴松之的这五部著作,都早已亡佚。我们研究他的史学,只有依靠现存的《三国志注》了。

二、《三国志注》的内容

裴松之在《上三国志注表》中,曾将《三国志注》的内容作了概括的叙述。他说:"其寿所不载,事宜存录者,则罔不毕取,以补其阙;或同说一事而辞有乖杂,或出事本异疑不能判,并皆抄内,以备异闻;若乃纰缪显然,言不附理,则随违矫正,以惩其妄;其时事当否及寿之小失,颇以愚意有所论辩。"[1]简言之,即补阙、备异、矫妄、论辩四类。后来清朝人撰《四库全书总目》,述及《三国志注》的内容时又说:"综其大致,约有六端:一曰引诸家之论以辨是非;一曰参诸书之说以核讹异;一曰传所有之事详其委曲;一曰传所无之事补其阙佚;一曰传所有之人详其生平;一曰传所无之人附以同类。"[2]实际上是将裴氏自述的次序加以变换外,又将"补阙"分而为四,"矫妄"与"论辩"合而为一。我们现在重新研究《三国志注》的内容,认为可以分如下八类:

---

① 裴松之:《上三国志注表》,载《三国志》(卷末附录),中华书局,1959年,第1471页。
②《四库全书总目》(卷45史部·正史类·《三国志》提要),商务印书馆,1935年,第17页。

（一）关于文字上的解释，即字音、文义、校勘、名物、地理、典故等方面的注文

注明字音的，如《魏书·武帝纪注》："眭，申随反。""泒音孤。"《吴书·刘繇传注》："筤音壮力反。"《吴书·朱然传注》："《襄阳记》曰：租音如租税之租。"等等。也有对注文中的字加以注音的，如《蜀书·庞统传注》中引蒋济《万机论》之文后注云："胲音改。"

解释文义的，如《魏书·文帝纪》"款塞内附"，《注》："应劭《汉书注》曰：款，叩也，皆叩塞门来服从。"《蜀书·秦宓传注》："簿，手版也。"《吴书·孙权传》"鄱阳言白虎仁"，《注》："《瑞应图》曰：白虎仁者，王者不暴虐则仁虎不害也。"等等。

校勘文字的，如《魏书·徐晃传》"今假臣精兵"，《注》："案晃于时未应称臣，传写者误也。"《蜀书·向朗传》"自去长史，优游无事垂三十年"，《注》："案朗坐马谡免长史，则建兴六年中也；朗至延熙十年卒，整二十年耳。此云三十，字之误也。"《吴书·薛综传》"横目苟身"，《注》："松之见诸书本'苟身'或作'句身'，以为既云'横目'，则宜曰'句身'。"等等。

注解名物的，如《魏书·齐王芳纪注》引《异物志》《傅子》《搜神记》《神异经》之文以解释"火浣布"；《蜀书·诸葛亮传注》引《魏氏春秋》之文以解释"连弩"，又引《诸葛亮集》之文以解释"木牛"及"流马"；《吴书·孙皓传注》引《太康三年地记》及《吴历》之文以解释"显明宫"；等等。

注释地理的，如《魏书·王朗传注》："御儿，吴界边戍之地名。"《魏书·任城王彰传注》："桑乾县属代郡，今北虏居之，号为索干之部。"《蜀书·后主传注》："湔，县名也，属蜀郡。"《吴书·孙权传注》："《吴录》曰罗阳，今固安县。"等等。

注释典故的，如《魏书·武帝纪注》引《公羊传》及何休《注》以释"缀旒"，引《尚书·盘庚》及郑玄《注》以释"穑人昏作"；《蜀书·后主传注》引《礼记》及郑玄《注》以释"行一物而三善皆得"；《吴书·孙权传注》引《国语》以释"埋而掘之，古人之所耻"；等等。

以上这一类是一般注书的内容，在裴氏以前，如东汉人应劭的《汉书集解音义》、三国人韦昭的《国语解》、东晋人徐广的《史记音义》等，都系此类。这一类的文字在裴注中有相当多的数量，但《上三国志注表》中并未叙及，这是什么缘故呢？《四库全书总目》云："其初意似亦欲如应劭之注《汉书》，考究训诂，引证故实。……盖欲为之而未竟，又惜所已成，不欲删弃，故或详或略，或有或无,亦颇为例不纯。"①这个揣测是否符合事实,已无法证明。但是裴氏自言"奉诏使采三国异同,以注陈寿国志",②可知作注的目的主要是增广事实,而这一类的注解不过是附带的工作,诚如侯康所说:"至于笺注名物,训释文义,裴注间有之而不详,盖非其宗旨所存。"③因而也就不在上表中叙及了。

(二)补充记载简略处

陈寿《三国志》记载简略,对许多重要史事的过程和人物的事迹都叙述不明。裴氏广征博引,悉心增补,使读者得知比较详细的具体事实。这一类的注文最多,也是最主要的部分。随便举几个例,如《魏书·武帝纪注》引王沉《魏书》之文,以补充建安元年(196)曹操在许昌开始实行屯田事;《蜀书·诸葛亮传注》引习凿齿《汉晋春秋》之文,以补充建兴九年(231)诸葛亮复出祁山与魏军交战经过;《吴书·孙权传注》引虞溥《江表传》所载建安十三年(208)赤壁战前曹操与孙权书。而且还有时说明其补充材料的理由,如《魏书·王粲传附吴质传注》于引录建安二十三年曹丕《与吴质书》之后,云:"松之以本传虽略载太子此书,美辞多被删落,今故悉取《魏略》所述以备其文。"④又如《魏书·傅嘏传注》于引录司马彪《战略》所载傅嘏对答伐吴的意见之辞以前,云:"司马彪《战略》载嘏此对,详于本传,今悉载之,以尽其意。"⑤

(三)补充记载遗漏处

陈寿《三国志》不但记载简略,而且往往将许多重要史实和人物传记完全遗漏。裴氏搜集资料予以补充,使读者得到比较完备的历史知识。如《魏书·武帝纪注》引王沉《魏书》补充了曹操建安二十二年八月令;《魏书·明帝纪注》引《魏略》补充了孔桂的传记;《魏书·王朗传附王肃传注》引《魏略》补充了贾洪等六人的传记;《魏书·杜夔传注》引傅玄之文补充了马钧的生平事迹等。又《蜀书·杨戏传》末尾引《益部耆旧杂记》所载王嗣、常播、卫继三人的传记,在现存各种版本中都列为《三国志》的正文,经清代学者钱大昕指出,也系裴氏所补

① 《四库全书总目》(卷45史部·正史类·《三国志》提要),商务印书馆,1935年,第18页。
② 裴松之:《上三国志注表》,载《三国志》(卷末附录),中华书局,1959年,第1471页。
③ 侯康:《三国志补注续》(卷首《自叙》),《丛书集成初编》本,商务印书馆,1937年。
④ 《三国志》(卷21《魏书·王粲传附吴质传》裴松之注),中华书局,1959年,第609页。
⑤ 《三国志》(卷21《魏书·傅嘏传》裴松之注),中华书局,1959年,第625页。

充的这一类的注文。①

(四)考辨记载的讹误

裴氏不但补充了大量的历史材料,而且对记载也做了考辨讹误的工作,这一类的注文可分为两种。

一种是对陈寿记载的考辨。如《魏书·武帝纪》记载建安五年官渡之战以前曹操"兵不满万",裴氏在注文中列举数条证据以辨曹兵"未应如此之少",复在《荀彧传注》中据荀彧所说"十万之众",更进而辨明"官渡之役不得云'兵不满万'也"。又如《魏书·明帝纪》记载魏明帝死时年三十六,裴氏在注文中细加考证云:"魏武以建安九年八月定邺,文帝始纳甄后,明帝应以十年生,计至此年正月,整三十四年耳;时改正朔,以故年十二月为今年正月,可强名三十五年,不得三十六也。"也有引用其他史家的考证以辨明陈寿记载的错误的,如《吴书·朱然传》记载朱然于赤乌五年(242)战败魏将蒲忠与胡质之事,裴氏则在注中引孙盛《异同评》的考证以辨明"陈寿误以吴嘉禾六年为赤乌五年耳"。

一种是对其他史家记载的考辨。如《蜀书·诸葛亮传注》所引鱼豢《魏略》记载诸葛亮与刘备初次相见之事,系诸葛亮先去求见刘备;裴氏则根据诸葛亮《出师表》中自述"先帝不以臣卑鄙,猥自枉屈,三顾臣于草庐之中,谘臣以当世之事"之语,以辨明"非亮先诣备"。又如《吴书·孙匡传注》所引虞溥《江表传》载孙匡事,裴氏考证认为"此盖权别生弟朗,《江表传》误以为匡也"。

(五)对于各家不同的记载的意见

三国时代的历史事迹,各家记载往往不同,裴氏对于这些不同的记载,经过比较研究之后,写出自己的意见。这一类的注文可以分为三种。

一种是陈寿记载正确,而其他记载错误的。如《魏书·文昭甄皇后传注》录王沉《魏书》载甄后事迹,与陈寿所记不同,裴氏认为王沉的记载乃"崇饰虚文",并说:"推此而言,其称卞、甄诸后言行之善,皆难以实论。陈氏删落,良有以也。"又如《魏书·常林传注》引《魏略》记常林与司马懿之事,云:"案《魏略》此语与本传反。臣松之以为林之为人,不畏权贵者也。论其然否,本传为是。"又如《蜀书·魏延传注》录鱼豢《魏略》所载诸葛亮临死前嘱魏延之语及诸葛亮死

---

① 钱大昕:《十驾斋养新录》(卷6"三国志注误入正文"条),商务印书馆,1937年,第129页。

后杨仪与魏延相攻之事，与陈寿所记不同，裴氏认为鱼豢所记"盖敌国传闻之言，不得与本传争审"。也有引录其他史家对于不同记载的意见的，如《魏书·武帝纪》建安十三年注，所录乐资《山阳公载记》的记载，与陈寿《吴书》所记不同，乃引孙盛《异同评》云："案《吴书》，刘备先破公（曹操）军，然后权攻合肥；而此《记》云权先攻合肥，后有赤壁之事。二者不同，《吴书》为是。"

一种是陈寿记载错误，而其他记载正确的。如《吴书·孙策传注》引张勃《吴录》所记孙策上表中有"臣年十七，丧失所怙"之语，裴氏以《吴书·孙坚传》《孙策传》与张璠《后汉纪》及胡冲《吴历》相对照，知陈寿在《孙坚传》中所记有误，遂云："案本传云孙坚以初平三年卒，策以建安五年卒，策死时年二十六。计坚之亡，策应十八，而此表云十七，则为不符，张璠《汉记》（应作《后汉纪》）及《吴历》并以坚初平二年死，此为是，而本传误也。"又如《吴书·楼玄传注》引虞溥《江表传》所载楼玄自杀之事，与陈寿所记比较，裴氏认为"《江表传》所言，于理为长"。也有引录其他史家的意见的，如《吴书·诸葛恪传注》引胡冲《吴历》所载诸葛恪入宫前与滕胤问答之辞，与陈寿所记不同，乃引用孙盛的论断说："《吴历》为长。"

一种是各家记载虽不同，但不能判断孰是孰非的。裴氏对于这种情况，常分别加以"未详""未详孰是""未知何者为误"等案语。如《魏书·武帝纪注》于引郭颁《世语》载魏讽事迹后，云："王昶《家诫》曰'济阴魏讽'，而此云沛人，未详。"《魏书·张邈传注》于引《献帝春秋》所载张邈对袁术之语后，云："案本传邈诣术，未至而死，而此云谏称尊号，未详孰是。"《吴书·孙策传注》云："案《江表传》《搜神记》于吉事不同，未详孰是。"《魏书·高柔传》载高干为高柔从兄，《注》云："案《陈留耆旧传》及谢承《书》（《后汉书》），干应为柔从父，非从兄也，未知何者为误。"或仅分别注以"与……不同""与……违""与……反"等语，而不再加以论断。如《魏书·袁术传》载袁术"杀扬州刺史陈温"，裴氏于引录《英雄记》的记载后，云："则温不为术所杀，与本传不同。"《吴书·孙皓传注》引《华阳国志》所记吴将氾璜与晋将杨稷、毛炅攻战事后，云："此与《汉晋春秋》所说不同。"《魏书·袁绍传注》引《献帝传》所载沮授与郭图等对袁绍迎汉献帝都邺的不同意见后，注云："案此书称郭图之计则与本传违也。"《魏书·文聘传注》引《魏略》所载文聘与孙权交战事后，云："《魏略》此语，与本传反。"《魏书·郭嘉传注》引《魏书》与《傅子》所载郭嘉与曹操论刘备之语后，云："《魏书》所云，与《傅子》正反也。"等等。

(六)对于史事及人物的评论

裴氏在注文中不但补充事实,而且常有对于史事及人物的评论。这一类的注文可分为两种,一种是裴氏自己的评论,一种是引录其他史家的评论。

裴氏自己的评论,如《魏书·贾诩传注》对于贾诩劝李傕攻打长安的评论;《蜀书·关羽传注》对于曹操听任关羽投奔刘备而不去追赶的评论;《吴书·张昭传注》对于张昭劝迎曹操的评论;等等。

裴氏引录其他史家的评论,如《魏书·武帝纪注》引王沉对于曹操的评论;《魏书·王朗传附王肃传注》引鱼豢对于董遇、贾洪、邯郸淳等人的评论;《蜀书·诸葛瞻传注》引干宝对于诸葛瞻的评论;《吴书·孙权传》太元元年(376)注引孙盛对于孙权的评论;《蜀书·马良传附马谡传注》引习凿齿对诸葛亮斩马谡的评论;等等。其中以引录孙盛及习凿齿二人的较多。

这一类的注文,表露了裴氏及其他史家对于历史事件和历史人物的看法,可以启发读者的兴趣,并供后来研究历史的人参考。

(七)对于陈寿的批评

裴松之对于陈寿《三国志》一书,在《上三国志注表》中作了总的评价,指出它的优点是:"铨叙可观,事多审正,诚游览之苑囿,近世之嘉史。"缺点是:"失在于略,时有所脱漏。"在注文中,裴氏对于《三国志》的具体内容时常有所评论,《魏书·文昭甄皇后注》曾指出陈寿的记载优于其他史家之处,如言"陈氏删落,良有以也",《魏书·常林传注》指出"本传为是",《蜀书·魏延传注》曰"不得与本传争审"等;而对陈寿著作中的缺点,更悉心指出,予以批评。裴氏对于陈氏缺点的批评,可分为三种:一是记事的不当,二是编纂的不当,三是评论的不当。

批评陈寿记事不当的,如在《魏书·武帝纪注》中,列举证据指出其记载官渡之战以前曹操"兵不满万"为不符事实后说:"将记述者欲以少见奇,非其实录也。"[1]在《魏书·张郃传注》中指出《张郃传》所记张郃投降事,与《武帝纪》《袁绍传》所记乃"为参错不同"。在《吴书·鲁肃传注》中指出,据《鲁肃传》所载,刘备与孙权并力共拒曹操,"皆肃之本谋";而据《蜀书·诸葛亮传》所载,则又"如

---

[1]《三国志》(卷1《魏书·武帝纪》裴松之注),中华书局,1959年,第20页。

似此计始出于亮"。裴氏遂提出批评说："若二国史官各记所闻,竞欲称扬本国容美,各取其功。今此二书同出一人,而舛互若此,非载述之体也。"①

批评陈寿编纂不当的,如在《魏书·荀彧荀攸贾诩传注》中认为不应将贾诩与二荀同编,云："松之以为列传之体,以事类相从。……魏氏如贾诩之俦,其比幸多,诩不编程郭之篇,而与二荀并列,失其类矣。"②在《蜀书·董允传注》中认为董允应附于其父董和之传,云："松之以为陈群子泰、陆逊子抗传,皆以子系父,不别载姓;及王肃、杜恕、张承、顾劭之流,莫不皆然。惟董允独否,未详其意。当以允名位优重,事迹逾父故邪?"③又在《吴书·诸葛瑾传注》中认为将诸葛瑾与刘备笺"载之于篇,实为辞章之费"。④等等。

批评陈寿评论不当的,如《魏书·袁术传评》谓"袁术奢淫放肆,荣不终己,自取之也",裴氏以为:"袁术无毫芒之功,纤介之善,而猖狂于时,妄自尊立,固义夫之所扼腕,人鬼之所同疾;虽复恭俭节用,而犹必覆亡不暇。而《评》但云奢淫不终,未足见其大恶。"⑤又如《蜀书·蒋琬费祎传评》谓蒋、费"未尽治小之宜,居静之理",裴氏以为:"蒋、费为相,克遵画一,未尝徇功妄动,有所亏丧。外却骆谷之师,内保宁缉之实。治小之宜,居静之理,何以过于此哉?今议其未尽,而不著其事,故使览者不知所谓也。"⑥除批评陈寿的论点不当外,对于陈氏的用字遣词也有所指责,如《魏书·董卓传评》谓"董卓狼戾贼忍暴虐不仁",裴氏以为此评"既曰贼忍,又云不仁。贼忍、不仁,于辞为重"。⑦又如《魏书·袁涣等传评》谓"袁涣、邴原、张范,躬履清蹈,进退以道",裴氏评之云:"蹈犹履也。躬履清蹈,近非言乎?"⑧

(八)对于其他史家的批评

裴氏在征引三国两晋时代诸史家的著作时,对他们常有所批评。这一类的注文,约可分为三种:一种是对其著作的总评,一种是对某些记载的批评,一

---

①《三国志》(卷54《吴书·鲁肃传》裴松之注),中华书局,1959年,第1269页。

②《三国志》(卷10《魏书·荀彧荀攸贾诩传》裴松之注),中华书局,1959年,第332页。

③《三国志》(卷39《蜀书·董允传》裴松之注),中华书局,1959年,第987~988页。

④《三国志》(卷52《吴书·诸葛瑾传》裴松之注),中华书局,1959年,第1223页。

⑤《三国志》(卷6《魏书·董卓袁绍袁术刘表传》裴松之注),中华书局,1959年,第217页。

⑥《三国志》(卷44《蜀书·蒋琬费祎姜维传》裴松之注),中华书局,1959年,第1069页。

⑦《三国志》(卷6《魏书·董卓袁绍袁术刘表传》裴松之注),中华书局,1959年,第217页。

⑧《三国志》(卷11《魏书·袁涣等传评》裴松之注),中华书局,1959年,第366页。

种是对某些议论的批评。

属于总评的，如《魏书·高贵乡公纪注》云："张璠、虞溥、郭颁，皆晋之令史。……璠撰《后汉纪》，虽似未成，辞藻可观。溥著《江表传》，亦粗有条贯。惟颁撰《魏晋世语》，蹇乏全无宫商，最为鄙劣。"①又如《魏书·王粲传注》评张骘《文士传》云："凡骘虚伪妄作，不可复疏，如此类者不可胜记。"又如《蜀书·马超传注》云："袁晔、乐资等诸所记载，秽杂虚谬，若此之类，殆不可胜言也。"

属于对某些记载的批评的，如《魏书·崔琰传附孔融传注》云："如孙盛之言，诚所未譬。……盖由好奇情多，而不知言之伤理。"《魏书·王粲传附嵇康传注》云："此又干宝之疏谬，自相违伐也。"《蜀书·先主传注》云："如胡冲所云，何乖僻之甚乎！"

属于对某些议论的批评的，如《魏书·高柔传注》评孙盛论高柔上疏谏杀公孙晃之言，云："松之以为辨章事理，贵得当时之宜，无为虚唱大言，而终归无用。浮诞之论，不切于实。犹若画螭魅之象，而蹰于犬马之形也。……其为迂阔，亦已甚矣。"②又如《蜀书·庞统传注》评习凿齿论刘备袭取成都之言，云："习氏所论虽大旨无乖，然推演之辞，近为流宕也。"裴氏所引其他史家的议论很多，凡为裴氏同意的便不加案语，但也有特加案语的，如《蜀书·费诗传注》云："松之以为凿齿论议，惟此议最善。"

《三国志注》的内容，可归纳为以上八类，由此可见其包罗之宏富。晁公武《郡斋读书志》（正史类卷二上）谓松之"博采群说，分入书中，其多过本书数倍"。殿本《三国志》李龙官等校刊识语云："裴松之注更三倍于正文。"我们现在统计，陈寿本文二十万字左右，而裴氏注文五十四万字左右。以将及三倍的篇幅为《三国志》作注，可以说基本上弥补了陈寿记载简略的缺陷了。

《三国志注》所征引的材料是非常广博的，而且都注明了出处（只有《蜀书·法正传评》后所注"先主与曹公争势……"一条未注明出处，或系抄写脱漏）。清人钱大昕、赵翼等曾对裴氏所引书目做过统计，钱氏谓"凡百四十余种，其与

<hr/>

① 《三国志》（卷4《魏书·高贵乡公纪》裴松之注），中华书局，1959年，第133页。
② 《三国志》（卷24《魏书·高柔传》裴松之注），中华书局，1959年，第688页。

史家无涉者不在数内"。①赵氏谓凡一百五十余种。②近人沈家本编《三国志注所引书目》,并"依《隋书·经籍志》之例分为四部:计经部廿二家,史部一百四十二家,子部廿三家,集部廿三家,凡二百十家"(《沈寄簃先生遗书乙种·三国志注所引书目序》)。今人王祖彝又编《三国志裴注引用书目》(《三国志人名录·附录》),谓除"诸家评论与裴氏自注傅子、袁子、孙盛、习凿齿等论注以及引古书为诠释者不计"外,"裴注征引之书凡百五十六种"(《三国志人名录·凡例》九)。诸氏的统计虽互有参差,亦均有遗漏或重复,但总数相差不多。以裴氏所引书目全部而言,为二百一十余种;若除去关于诠释文字及评论方面的,则为一百五十余种。由此不但可知裴氏之博览穷通,他作《注》时所费的辛勤劳动也可以想见了。

三、《三国志注》的价值

过去的学者对于裴松之《三国志注》的评论,大概有三种意见:一种是贬责的,如刘知幾说:"少期(黄叔琳《史通训故补》云:"裴松之字世期,此云少期,避太宗讳也。")集注国志,以广承祚所遗,而喜聚异同,不加刊定,恣其击难,坐长烦芜。观其书成表献,自比蜜蜂兼采,但甘苦不分,难以味同萍实者矣。"③陈振孙说:"松之在元嘉时承诏为之注,鸠集传记,增广异文。大抵本书固率略,而注又繁芜。"④

一类是褒誉的,如胡应麟说:"裴松之之注《三国》也,刘孝标之注《世说》也,偏记杂谈,旁收博采,迄今借以传焉。非直有功二氏,亦大有造诸家乎!若其综核精严,缴驳平允,允哉史之忠臣、古之益友也。"⑤侯康说:"陈承祚《三国志》,世称良史,裴《注》尤博赡可观。"⑥

一类是褒贬相兼的,如《四库全书总目》的作者说:"宋元嘉中,裴松之受诏

① 钱大昕:《廿二史考异》(卷15"《三国志》一"条),清广雅书局丛书本。
② 赵翼:《廿二史札记》(卷6"裴松之《三国志注》"条),《四库备要》本,中华书局,1936年。按:原文为"凡五十余种"。柳诒徵先生云:"赵书付梓时,手民误脱'五十余种'上之'一百'二字,校者疏舛,固未更正;传印是书者,如湖北刻本,亦沿其误之不察也。"见氏撰:《三国志裴注义例》,《国立中央大学文史哲季刊》1944年第2卷第1期。
③ 刘知幾:《史通》(卷5《补注》),《史通通释》本,上海世界书局,1935年。
④ 陈振孙:《直斋书录解题》(卷4正史类"《三国志》六十五卷"条),清武英殿聚珍本。
⑤ 胡应麟:《少室山房笔丛》(卷13《史书占毕一》),中华书局,1958年,第175页。
⑥ 侯康:《三国志补注续》(卷首《自叙》),《丛书集成初编》本,商务印书馆,1937年。

为注,所注杂引诸书,亦时下己意。……其中往往嗜奇爱博,颇伤芜杂。……凿空语怪凡十余处,悉与本事无关,而深于史法有碍,殊为瑕累。……然网罗繁富,凡六朝旧籍今所不传者,尚一一见其匡略;又多首尾完具,不似郦道元《水经注》、李善《文选注》皆剪裁割裂之文,故考证之家取材不竭,转相引据者,反多于陈寿本书焉。"①杨文荪说:"盖承祚之书,简质有法,实良史也。逮裴世期受诏作注,复为增广异闻,捃摭繁富,于是讲求史学者,订牴考异,益究心焉。惟承祚之书,间有牴牾,而世期注征引太博,亦不免芜杂之病。"②

我们现在看来,裴《注》的成绩是巨大的,虽然也有缺点,但不能因而抹煞其价值,它的最主要的价值在于广辑资料,提供了大量的具体事实,使后人获得比较丰富的历史知识,在进行三国时代历史的研究时得到很大的便利。

裴氏在《上三国志注表》中说他"奉旨寻详,务在周悉。上搜旧闻,傍摭遗逸"。又说:"窃惟缀事以众色成文,蜜蜂以兼采为味,故能使绚素有章,甘逾本质。"③在这个宗旨之下,他作《注》时尽可能地博引记载三国时代的历史著作。由于那些著作到后来都陆续亡佚,而陈寿的《三国志》又太简略,所以后人只有依靠裴氏的《三国志注》,才对历史事件的发展过程和历史人物的生平事迹知道得更加详备了,对历史现象的认识愈为清楚了。我们可以分别举几个例子来说明。

在重大的历史事件方面,如关于曹操于建安元年在许昌实行屯田事,陈寿在《魏书·武帝纪》中仅用了"是岁用枣祗、韩浩等议,始兴屯田"这十三个字来叙述,读者当然不能了解其底蕴;在《魏书·任峻传》中虽又用了"是时岁饥旱,军食不足,羽林监颍川枣祗建置屯田,太祖以峻为典农中郎将。数年中,所在积粟,仓廪皆满"四十一字,也太简单。而裴氏在《武帝纪注》中引用王沉《魏书》的记载,补充了一百四十七字;在《任峻传注》中引《魏武故事》所载曹操令以补充枣祗事迹,其中关于屯田的有一百八十二字。经过裴氏的补充,把曹操实行屯田的原因、目的、措施及效果都明白叙述出来,使后人解决了有关屯田的重大问题。如果不是裴氏补充这些史料,我们现在研究屯田问题不知耗费多少心思去猜测揣摩了。

---

① 《四库全书总目》(卷45史部正史类《三国志》提要),商务印书馆,1935年,第18页。
② 杨文荪:《三国志旁证序》,载梁章钜:《三国志旁证》(卷首),清道光刻本。
③ 裴松之:《上三国志注表》,载《三国志》(卷末附录),中华书局,1959年,第1471页。

在重要的历史人物方面,如关于著名哲学家王弼的生平事迹,陈寿在《魏书·钟会传附王弼传》中记载:"弼好论儒道,辞才逸辩,注《易》及《老子》,为尚书郎,年二十余卒。"仅用了寥寥二十三字,至为疏略。而裴氏则引何劭《王弼传》补充其生平事迹及思想学说,其有七百五十余字,比陈寿所记大为详备,为后人研究王弼提供了宝贵的资料。若非裴氏作《注》,则后人对王弼不知其详,在学术研究上当然很受损失。又如著名科学家马钧,陈寿在书中只字未提,而裴氏除在《魏书·明帝纪注》引《魏略》述其制作外,又在《杜夔传注》中引傅玄所述马钧的生平事迹及其创造发明,共一千二百余字,因而表彰了他的科学成就。若非裴氏作注,这一代大科学家将埋没无闻于后世,岂不大为遗憾!

在边疆各族及外国方面,如关于西北及西方各族各国的情况,陈寿仅在《魏书》之《乌丸传》《鲜卑传》《东夷传》中轻轻带过,未做专篇叙述;而裴氏则引《魏略·西戎传》之文,对氐、匈奴、羌、西域诸国、大秦及大秦属国作了重要的补充,尤其对大秦的记载,颇为详细地叙述了地理、交通、风俗、习惯、物产等情况,都是非常珍贵的资料。这不能不使后人感激裴氏博采勤录之功。

裴氏除了征引典籍外,还记述了他亲身见闻的资料。如《魏书·齐王纪注》引《搜神记》载魏明帝"诏三公曰:先帝昔著《典论》,不朽之格言,其刊石于庙门之外及太学,与石经并,以永示来世"。裴氏即据自己所见所闻以证其不实,云:"松之昔从征西至洛阳,历观旧物,见《典论》石在太学尚存,而庙门外无之,问诸长老,云:'晋初受禅,即用魏庙,移此石于太学,非两处立也。'"又如《蜀书·李恢传注》解释"庲降都督"云:"松之讯之蜀人云:庲降,地名,去蜀二千余里。时未有宁州,号为南中,立此职以总摄之。晋泰始中,始分为宁州。"又如《吴书·孙权传注》云:"松之闻:孙怡者,东州人,非权之宗也。"裴氏用自己搜访得来的材料,以纠正典籍记载的错误,更为可贵,由此也可见他平时对史事的细心研核了。

过去学者指责裴《注》的缺点,往往以"芜杂"讥之。实际上,裴氏在征引材料时是经过精心选择的,有其体例和法度。近人对此已有辨说,如沈家本《三国志注所引书目序》云:"今观其征引繁富之中,时寓矜慎之意,并非蔓引滥登;且所引事迹首尾完具。不似他书之割裂剪裁。"柳诒徵云:"裴注有详有略,非专骛繁博也。……故读裴注宜先注意其所未注不注之例,以见其审慎之意。……其剪裁诵述,皆有用意,时自发例,明其特载之故。……参伍观之,始知裴之精心撰注,非漫为捃摭掇拾者比也。"①柳氏所谓"未注不注之例",为"事显不书"(见《魏书·钟繇传注》及《陈思王植传注》)、"文多不载"(见《吴书·孙权传注》)、"文多不悉载"(见《吴书·孙皓传注》)、②"余语略同者删"(见《魏书·公孙瓒传注》及《荀彧传注》)等;所谓"明其特载之故",为"异于余书者载"(见《魏书·袁绍传注》)、"本传不称者载"(见《魏书·荀彧传注》)、"分别先后"(见《魏书·高贵乡公纪注》)等。可以看出,《注》文的剪裁去取,确实是煞费苦心的。

以上所说,是裴《注》最主要的价值。其次,在《注》中还订正了一些记载的错误和歧异,这也有助于后人了解史事的真相。

由于三国时代是分裂割据的政治局面,时有战争发生,又上与东汉、下与西晋相交错,情况复杂,以致当时各国官方记载既竞自宣扬,诬蔑敌国;而私家撰录又以交通阻隔,闻见不同。因此,各种历史著作的记载常有错误和歧异之处,如裴氏在《上三国志注表》中所说:"三国虽历年不远,而事关汉晋,首尾所涉,出入百载。注记纷错,每多舛互。"于是,对于这些记载,若不考校其异同,辨别其真伪,读者就会对史事认识错乱。裴氏在《注》中订正了不少记载的错误,辨明了史事的真相,有益于读者很大。对于疑问而不能解决的歧异之处,也都列举指出,分别加以"不同""未详""未详孰是""未知何者为误"等案语,以启发读者的注意,留待后人的研究。而且这种"知之为知之,不知为不知"的诚实治学态度,也是值得后人学习的。

再者,在《注》中也保存了三国两晋时代的学者对于三国历史的研究成果,反映了当时的史学水平。

在三国两晋时代,从事于三国历史的研究和著作的人很多,如专述魏国历史的有鱼豢著《魏略》、王沉著《魏书》、阴澹著《魏纪》、孙盛著《魏氏春秋》及《魏世谱》等;专述吴国历史的有韦曜著《吴书》、胡冲著《吴历》、环济著《吴纪》、张勃著《吴录》等;专述蜀国历史的有王隐著《蜀记》、孙盛著《蜀世谱》等;总述三国历史的除陈寿著《三国志》外,尚有习凿齿著《汉晋春秋》(其中包括三国历史)等;此外还有专门评论史料及史事的著作,如孙盛《异同杂语》、徐众《三国评》等;至于著东汉或西晋史书而涉及三国史事的更不胜列举。总的说来,可

---

① 柳诒徵:《三国志裴注义例》,《国立中央大学文史哲季刊》1944年第2卷第1期。
② 此据百衲本。殿本脱"载"字,柳文亦无"载"字。

谓蔚然大观,成果累累。他们不但各自搜集材料、考证事实以编纂史书,并对三国的事件和人物加以评论,还对他人的记载和评论予以批评,发表了各种不同的意见,宣扬了他们的治史方法、历史观点和史学思想。这都是研究三国两晋时代发展的具体材料,足以了解当时的史学水平。可惜的是他们的著作大都久已亡佚了,我们现在不能窥其全貌。但是,由于裴氏在《注》中较多地引录他们的著作,我们便可以大概了解其研究成果和史学水平,在史学史的研究上得到不少有益的资料。

当然,裴《注》也是有缺点的。如在补充事迹方面,确实不免有芜杂之处,如《四库全书总目》(史部·正史类·《三国志》提要)所指出的,"《袁绍传》中之胡母班,本因为董卓使绍而见,乃注曰:'班尝见太山府君及河伯,事在《搜神记》,语多不载。'斯已赘矣;《钟繇传》中乃引陆氏《异林》一条,载繇与鬼妇狎昵事;《蒋济传》中引《列异传》一条,载济子死为泰山伍伯,迎孙阿为泰山令事"等。在考辨事实方面,裴氏也有错误之处,如在《魏书·张鲁传注》中引《典略》所记东汉末年太平道与五斗米道情况中有"汉中有张脩"之语,裴氏注云:"张脩应是张衡,非《典略》之失,则传写之误。"实则原文不误。清人钱大昭已辨之,云:"按张鲁本传,鲁即张衡之子。又云益州牧刘焉以鲁为督义司马,与别部司马张脩将兵击汉中太守苏固。《典略》所云汉中张脩,即刘焉之别部司马,亦为五斗米道,《后汉书·灵帝纪》所谓巴郡妖巫是也。安得以张鲁之父当之?裴说非是。"[1]不过,这种缺点是很少的。而且,就在比较芜杂的注文中,仍然有可以反映当时社会情况的地方,也并非完全没有资料价值。

裴注虽然以博详著称,但仍不免有遗漏之处。如清人赵翼云:"裴松之注三国,号称详核。……然钟繇书法妙绝古今,本传不载,注中自应补入,而裴注不及一字;华歆从逆奸臣,管幼安视之殆犹粪土,则其先割席捉金之事,亦应附载,以见两人品识之相悬,本传既遗,而注亦并不及,则世期之脱漏亦多矣。"[2]而且,裴氏对《三国志》每篇并非都有注文。案《三国志》有纪、传三百二十,附传一百四十八,共四百六十八篇,裴氏虽然绝大部分都作了《注》,但还有六十一篇是通篇无《注》的。计《魏书》中有三十四篇,为《乐进传》、《许褚传》、《典韦传》、《阎温传》、《武文世王公传》中《丰愍王昂传》等二十二人《传》、《孙礼传》、

① 钱大昭:《三国志辨疑》(卷1),《丛书集成初编》本,商务印书馆,1937年,第12页。
② 赵翼:《陔余丛考》(卷6"三国志"条),商务印书馆,1957年,第112~113页。

《王观传》、《朱建平传》、《周宣传》、《高句丽传》、《挹娄传》、《辰韩传》、《弁辰传》；①《蜀书》中有十六篇，为《后主敬哀皇后传》《刘永传》《刘理传》《黄忠传》《伊籍传》《陈震传》《吕乂传》《刘琰传》《王连传》《杜微传》《杜琼传》《李撰传》《蒋琬传》《蒋斌传》《蒋显传》《刘敏传》；《吴书》中有十一篇，为《吴主权王夫人（南阳人）传》《孙瑜传》《孙皎传》《顾承传》《潘璋传》《丁奉传》《朱绩传》《吕据传》《孙霸传》《刘惇传》《华覈传》。这些列传之所以无《注》，或系没有另外的材料可以补充，或系裴氏搜采尚有未周之处，但如魏之乐进、许褚、典韦，蜀之黄忠、蒋琬，吴之潘璋、丁奉等都是在政治、军事上比较重要的人物，其事迹当不止陈寿所记，而裴氏竟只字未注，终不免使后世读者感到遗憾了。

四、裴松之在史学史上的贡献

裴松之的著作不仅对三国历史的研究有其不朽的价值，而且，从整个中国史学的发展上看，也有重要的贡献。因限于篇幅，本文不能详论，仅略述其要端如下。

（一）开创了史注新法

在裴氏以前，为史书作注的已有很多，如马融、郑玄注《尚书》，贾逵、服虔、杜预注《左传》，贾逵、韦昭注《国语》，高诱注《战国策》，徐广注《史记》，服虔、应劭、韦昭、晋灼、蔡谟注《汉书》等，但都不外音义、名物、地理及典故的解释。到了裴氏注《三国志》，除包有前人作注的内容外，又补充事实、列举异同、考辨真伪、发表评论，实为前所未有的开创之作。

这样注史，应当说是过去最好的方法，在清代学者的著述中已曾指出，如《四库全书总目》云："昔陈寿作《三国志》，裴松之注之，详引诸书错互之文，折衷以归一是，其例最善。"②李慈铭《越缦堂日记》（咸丰己未二月初三日）云："裴松之《注》博采异闻，而多所折衷，在诸史注中为最善，注家亦绝少此体。"而尤以钱大昭在《三国志辨疑·自序》中所论为精辟，云："注史与注经不同。……注史以达事为主。事不明，训诂虽精无益也。尝怪服虔、应劭之于《汉书》，裴骃、徐广之于《史记》，其时去古未远，稗官载记碑刻尚多，不能汇而通之，考异质疑，在而徒戋戋于训诂，岂若世期之博引载籍，增广异闻，是是

①《魏书》卷三十有两篇《弁辰传》，前者应为"弁韩"，见殿本《三国志·考证》；此指后者。
②《四库全书总目》（卷47史部·编年类·《通鉴考异》提要），商务印书馆，1935年，第62页。

非非,使天下后世读者昭然共见乎!"然而,像裴氏这样作注,并非容易的事。因为,作者除对原书有透彻的了解之外,必须掌握其他的大量史料,并加以综合、分析和考核,还要对历史事件和历史人物有自己的研究与见解。这就不是一般人所能做到的了。

自从裴氏开创了这种史注新法,后人颇有仿效的,如宋人王皞的《唐余录》、陶岳的《五代史补》,清人彭元瑞的《五代史记注》、吴士鉴的《晋书斠注》等,其成就虽不及裴氏,但因在搜集资料和考辨讹异方面都费了辛勤的功力,也都对历史的研究有相当的贡献。

(二)提出了审查史料的意见

前人的记载,后人即视为史料。但那些史料是否符合事实,读者必须注意审查,不能笼统地认为都是可信的,所谓"尽信书不如无书"。裴氏对待史料的态度是非常慎重的,绝不轻信。他根据自己的研究,对一些不可靠的史料提出了审查的意见,约可归纳为以下几项:

碑铭及家传不可轻信。裴氏认为私家对其祖先的记载,多系虚自标榜之作,难以取信。如前所述,当他在东晋任尚书祠部郎的时候,就曾上表建议禁立私碑,说:"勒铭寡取信之实,刊石成虚伪之常。"并引过去"孔悝之铭,行是人非;蔡邕制文,每有愧色"[1]的事例为证。在《魏书·刘放传附孙资传注》中又指:"[孙]资之别传,出自其家,欲以是言掩其大失,然恐负国之玷,终莫能磨也。"[2]

作者妄加修饰之言不符事实。史家在从事著作时,往往在文字上刻意模仿古人,或擅自改易辞句,以致不符事实。如《魏书·武帝纪》建安五年注引孙盛《魏氏春秋》有云:"(曹操)答诸将曰:'刘备,人杰也,将生忧寡人。'"裴氏借此提出意见,云:"史之记言,既多润色,故前载所述有非实者矣;后之作者又生意改之,于失实也,不亦弥远乎!凡孙盛制书,多用左氏以易旧文,如此者非一。嗟乎!后之学者将何取信哉?"[3]又在《魏书·陈群传附陈泰传注》引孙盛《魏氏春秋》记陈泰对司马昭之语后,评云:"孙盛改易泰言,虽为小胜;然检盛言,诸所改易皆非别有异闻,率更自以意制,多不如旧。凡记言之体,当使若出其口,辞

---

①《宋书》(卷64《裴松之传》),商务印书馆,1936年百衲本。

②《三国志》(卷14《魏书·刘放传附孙资传》裴松之注),中华书局,1959年,第461页。

③《三国志》(卷1《魏书·武帝纪》裴松之注),中华书局,1959年,第19页。

胜而违实,固君子所不取;况复不胜,而徒长虚妄哉!"①

自相歧异的记载必有讹误。在同一作者的著作中,往往对一桩史事而有不同的记载,则其中必有讹误。如裴氏在《魏书·张郃传注》中指出,陈寿所记张郃投降曹操事,《张郃传》与《武帝纪》《袁绍传》"为参错不同";又在《吴书·鲁肃传注》中指出,陈寿所记刘备与孙权并力共拒曹操的计谋,与《蜀书·诸葛亮传》所记不同,云:"今此二书同出一人,在而舛互若此,非载述之体也。"又在《蜀书·董允传注》有引习凿齿《襄阳记》载董恢教费祎之语,裴氏指出:"《汉晋春秋》亦载此语,不云董恢所教,辞亦小异。此二书俱出习氏,而不同若此!"②

孤立的记载不足置信。有的记载在叙述某一史事时,与其他记载都不相同,则不足置信。如《魏书·王凌传注》引习凿齿《汉晋春秋》所载王广对王凌之言,裴氏评云:"如此言之类,皆前史所不载,而独出习氏;且制言法体不似于昔,疑悉习凿齿所自造也。"③又如《蜀书·诸葛亮传注》中评郭冲所述诸葛亮五事云:"孙盛、习凿齿搜求异同,罔有所遗,而并不多载冲言,知其乖剌多矣。"④

敌国传闻之言不可轻信。在分裂割据的政治局面中,各国成敌对状态,以致有些记载或系虚自夸大,或因传闻失实,都不可轻信。如《蜀书·诸葛亮传注》引王沉《魏书》记载诸葛亮"粮尽势穷,忧虑呕血"云云,裴氏认为:"亮在渭滨,魏人蹑迹,胜负之形未可测量,而云呕血,盖因亮自亡而自夸大也。夫以孔明之略,岂为仲达呕血乎?"⑤又如在《蜀书·魏延传注》中评鱼豢《魏略》所记魏延与杨仪之事,云:"此盖敌国传闻之言,不得与本传争审。"

裴氏所提出的这些审查史料的意见,基本上都是正确的,对于后人治史有重要的启发,从而丰富了史料学的内容。

(三)发展了历史考证学

历史家在从事著作时,对于有疑问的材料,必须经过考证才能决定取舍。如司马迁、班固、陈寿等,都一定下过不少考证功夫,但是他们却没有把考证的经过和取舍的理由写出来。在裴氏以前,关于考证的专门著作还不多,较早的

---

① 《三国志》(卷22《魏书·陈群传附陈泰传》裴松之注),中华书局,1959年,第642页。
② 《三国志》(卷39《蜀书·董允传》裴松之注),中华书局,1959年,第987页。
③ 《三国志》(卷28《魏书·王凌传》裴松之注),中华书局,1959年,第759页。
④ 《三国志》(卷35《蜀书·诸葛亮传》裴松之注),中华书局,1959年,第926页。
⑤ 《三国志》(卷35《蜀书·诸葛亮传》裴松之注),中华书局,1959年,第926~927页。

要算三国蜀人谯周的《古史考》及西晋人司马彪对《古史考》的考辨。《晋书·司马彪传》云："初,谯周以司马迁《史记》书周秦以上,或采俗语百家之言,不专据正经。周于是作《古史考》二十五篇,皆凭旧典以纠迁之谬误。彪复以周为未尽善也,条《古史考》中凡百二十二事为不当,多据《汲冢纪年》之义。"①后来东晋人孙盛著《异同杂语》(亦称《异同评》,见章宗源《隋书经籍志考证》及沈家本《三国志注所引书目》),其中也有一部分是对于史事的考证。裴氏对三国史料进行过全面的研究,下过很大的考证功夫,所以在《三国志注》里有许多关于考证的文字,叙述了他的考证方法和结果。如他根据有关事实及人情事理,辨明乐资《山阳公载记》所载关羽和张飞欲杀马超之事的错误(见《蜀书·马超传注》),即至为确当;而尤以引用多方面的材料和理由,以辨明郭冲所述诸葛亮五事之不足信(见《蜀书·诸葛亮传注》),精细严密,令人倾服。裴氏在考证上的高深造诣与卓越成绩,实为历史考证学的一大发展。

(四)开展了史学批评

史学批评是促进史学发展的重要因素。在裴氏以前,已有人致力于史学批评,如东汉人班彪"斟酌前史而讥正得失"(《后汉书·班彪传》),东晋人干宝"历诋诸家而独归美《左传》"(《史通·烦省》)等,及裴氏作《三国志注》,又对三国两晋时代的史家广泛地开展了史学批评。

裴氏进行批评的概况,已见前述;而其主要矛头,是对不符合事实的记载,如鱼豢的"妄说"(《蜀书·后主传注》),谢承的"妄记"(《魏书·董卓传注》),王隐的"虚说"(《魏书·庞惠传注》),干宝的"疏谬"(《魏书·王粲传附嵇康传注》),张骘的"虚伪妄作"(《魏书·王粲传注》)等;而尤以对乐资、袁晔二人的批评为最尖锐、最严厉,如在《魏书·袁绍传注》中云:"不知资、晔之徒,竟为何人,未能识别然否,而轻弄翰墨,妄生异端,以行其书。如此之类,正足以诬罔视听,疑误后生矣!实史籍之罪人,达学之所不取者也!"②

三国两晋时代的史家,大多遭受了裴氏的批评。这些批评固然有的未免过分,但由此可见裴氏维护史实的高度热情与嫉恨虚妄的斗争精神,这种精神也是值得珍视的。

---

① 《晋书》(卷82《晋司马彪传》),商务印书馆,1936年百衲本。
② 《三国志》(卷6《魏书·袁绍传》裴松之注),中华书局,1959年,第206页。

本文原刊载于《历史教学》1963年第2期。

作者简介:

杨翼骧(1918—2003),字子昂,山东省金乡县人。南开大学历史学院教授。1953年从北京高校调入南开大学历史系,曾任南开大学历史系副主任、南开大学古籍研究所所长。自西南联大学生时期,就决心研究中国史学史,几十年间矢志不移,创立南开大学史学史博士学科点,培养多名专业人才。主编《中国历史大辞典·史学史卷》古代部分,著有《秦汉史纲要》《中国史学史资料编年》等,为20世纪后半期中国史学史学科的奠基人之一。

《中国历史研究法》及《补编》

叶振华

20世纪20年代,我国史学界出现了一股探讨史学理论、史学方法的热潮。当时,几乎每年都有与此相关的一些文章和著述(包括译作)发表。梁启超所撰写的《中国历史研究法》及《中国历史研究法补编》(下文简称《研究法》及《补编》)就是其中颇具特色而又卓有影响的两部姊妹篇。

一

梁启超(1873—1929),字卓如,又字任甫、任公,自号饮冰室主人,别号沧江,广东新会人,是我国近代享有盛名的资产阶级思想家、政治活动家兼学者。

梁启超出身于一个"世代耕且读"的家庭,[1]自幼接受传统的封建教育。他从4岁开蒙,到11岁时,已经阅读完《五经》《史记》《纲鉴易知录》以及《书目答问》等不少书籍,并逐渐对训诂之学产生了浓厚的兴趣。15岁,他进入广州的一所著名书院"学海堂",在此接受较为系统的经学训练。同时,又以"院外生"的名义到"菊坡精舍"等书院学习词章之学。[2]梁启超比较深厚的国学根底,是同其所受的这些教育分不开的。

1889年,梁启超中了举人,第二年赴北京会试而落第。自京返粤时取道上海,购得一部《瀛环志略》读之,又见到不少西籍译本,"始知有五大洲各国"(《三十自述》)。当他带着一种对西学的新鲜感回到广州时,恰好遇到以布衣上书求变法未成而归的康有为,自然被康氏学说所吸引。于是,由学海堂同学陈千秋的荐引前往拜晤,"一见大服,遂执业为弟子"(《清代学术概论》)。1891年,康有为创办"万木草堂",以此为基地宣扬维新思想。在这里,梁启超更为广泛地涉猎中西载籍,在与同窗们相互论学议政的同时,又协助其师整理《新学伪经考》与《孔子改制考》两部著作。自此,这位年青的封建举子,逐渐转化为一个资产阶级改

---

[1] 丁文江、赵丰田编:《梁启超年谱长编》,上海人民出版社,1983年,第11页。
[2] 丁文江、赵丰田编:《梁启超年谱长编》,上海人民出版社,1983年,第20页。

良主义者。

中国在甲午战争中的失败,使社会危机进一步加深,维新思潮随之高涨。从1895到1898的几年里,梁启超把握住历史所赐的机缘,度过了其政治生涯中最值得骄傲的时期。"公车上书"虽由康有为发动,但梁氏"奔走之力为多"。[①]北京强学会成立,他为书记;上海《时务报》创刊,他任主笔;长沙时务学堂开设,他"主讲席"(《清代学术概论》)。变法开始后,他在主持译书局事务的同时,又协助康有为统筹全局。他在此期间的大量文章,如《变法通议》等,更为变法运动增添了舆论声势,对当时"士气之奋发,思想之解放"起了相当大的作用。[②]

戊戌变法由于缺乏人民群众的支持而终于流产,梁启超也被迫逃亡日本。10余年中,他依然很活跃,先后创办了《清议报》和《新民丛报》,筹建东京大同高等学校,到美洲、澳洲及南洋等地斡旋游说,又潜返国内参与"勤王"事宜。但这些活动的目的都是为了"保皇",已经失掉了昔日的进步性。当然,在1905年以前,他出于对以慈禧为首的封建顽固派的痛恨,写了不少揭露他们丑恶嘴脸的文章,也发表过一些抨击封建专制,鼓吹民主、自由的言论,甚至产生过与孙中山为首的资产阶级革命派联合的倾向。这些都还有一定的进步性。但由于改良主义思想根深蒂固,他还是落在历史车轮的后面。在与革命派进行"论战"时期,他不仅狂热地鼓吹"保皇",甚至写了一篇《开明专制论》。到清廷伪立宪活动一开锣,他又积极地为之摇旗呐喊,成为立宪派的中坚。

这个时期,梁启超在学术上却收获颇丰。他除广泛地将大量关于西方的政治、经济、学术思想等介绍给国人外,又撰写了不少关于中外历史的论著。其中,对史学界影响最大的,是1901、1902两年先后发表的《中国史叙论》和《新史学》。这两篇文章,尖锐地批判了封建史学,鲜明地喊出"史界革命"的口号,同时初步阐述了一套关于"新史学"的设想,为建立资产阶级的史学理论体系,铺下了奠基石。

随着辛亥革命推翻清王朝,梁启超也结束了海外漂泊,于1912年10月归国。此后,他组织"进步党""研究系"等,继续参与政治斗争。1913年9月,他跻身官场,先后担任袁世凯政府的司法总长和制币局总裁。但为时仅年余,就遭袁氏的暗中排挤而辞职。1916年,袁悍然称帝,他联络蔡锷,举起讨袁大旗,发

① 丁文江、赵丰田编:《梁启超年谱长编》,上海人民出版社,1983年,第31页。
② 王森然:《近代二十家评传》,书目文献出版社,1987年,第186页。

024

动了"护国运动"。第二年,张勋、康有为二人又企图拥戴溥仪复辟,梁又不顾开罪于本师,参与讨伐。其后,又出任段祺瑞内阁的财政总长兼盐务督办。这次,只穿了4个多月的朝服,由于段氏在各路军阀的明争暗斗中匆匆倒台,他亦不得不随之下野,时在1917年11月,这5年多,由于宦海沉浮,政潮冲击,梁启超很难得有充裕集中的学术研究的机会,所以有分量的著述不多,只留给后人一些时事评论、时人传记和零散的碑帖题跋。

一脱离官场,梁启超虽然立即着手撰述中断多年的《中国通史》,可不久便因病停笔。1918年底,又赴欧洲考察,直至1920年初返国,他才真正安定下来,有了专心治学的时间。刚刚返国,便分别被清华、南开诸校聘为教授。1925年,清华国学研究院成立,他成为该院的导师之一。同年,京师、北京两大图书馆筹建,他又分兼二馆之长。到1929年1月19日病逝,他再没有离开过学术界。当然,这10余年,梁启超并没有忘却政治,相反,他依旧关心着时局的每一次变化,也经常不断地发表自己的见解。但大抵说来,这些东西都不新鲜,只不过将其改良旧经稍稍变换曲调,又拿出来重新吟唱几遍罢了。到五四运动以后,在马克思主义已传播开来,中国共产党带领人民步入新的革命阶段的时期,梁氏的政治主张,就不仅落后,而且是反动的了。

作为学者,梁启超不愧"大才如海"之誉。[1]他一生所写的论著,几乎包括社会科学各个领域的问题。晚年,尤孜孜于史。其大部分的史学名著,如《清代学术概论》《中国近三百年学术史》《先秦政治思想史》《要籍解题及其读法》《古书真伪及其年代》以及下面将要介绍的《研究法》及其《补编》,都是在这一时期中完成的。而他一生的绝大部分著作,后来被编为《饮冰室合集》。

作为历史学家的梁启超,他的历史观属于唯心主义多元论。因为,在探讨历史发展的原因时,他所得出的结论是一种多因共创说。比如他对"英雄与时势""心与物"等问题的看法,都是采取折中调和的态度。对此,已有不少文章作过分析,故不赘述。这里,我们仅就其关于历史规律和历史行进轨迹问题的认识,简单谈一点看法。

历史有没有规律可循? 这是困扰了梁启超几十年的一个理论问题。1902年,在《新史学》一文中,他曾提出要从历史当中寻出某些"公理公例"的看法。"公理公例",就是他最初用来表述"规律"的一个概念。20年后,他再阐述关于

---

① 丁文江、赵丰田编:《梁启超年谱长编》,上海人民出版社,1983年,第1205页。

规律问题时,"公理公例"的概念不见了,取而代之的,是"因果律"(《研究法》)。这不是一次单纯的概念转换,而是梁氏对问题认识的一次深化。

从理论上讲,从"具体"到"抽象",或从"抽象"到"具体",这既是人类认识过程中相互区别的两种形式,又是相互联系的两个阶段。按照马克思主义的看法,无论是前者还是后者,就其认识程度言,都是一种"上升"。据此,我们再来考察一番梁启超前后的思想变化,就会发现,他对"公理公例"和"因果律"的认识的确是在"上升",亦即我们所说的"深化"。在他论及"公理公例"时,虽然讲了一大堆令人眼花目眩的时髦名词,但归根结底也只是说要通过对历史"全体"的考察,再结合其他学科已发现的"理例"去"参伍钩距"。尽管此时他很相信历史当中存在着"公理公例"(《新史学》),但这些"理例"是什么,有哪些特点,又如何将其运用于具体的历史分析当中等问题,则一概未予说明。再来看看他论述的"因果律"吧!这时,他不仅详细地探讨了历史与自然之间的三种差异,强调历史"所适用之因果律与自然科学之因果律不能同视",还指出"英雄与时势"的关系问题是"史界因果之劈头一大问题",并力图用自己所能够理解的因果对义和团运动作出解释与说明(《研究法》)。从上面的考察,可以明显地看出,"公理公例"与"因果律"比较,前者是苍白、笼统和空泛的,而后者则丰富、具体和实在。就梁启超本人的认识过程言,这无疑是一种深化。

至此,梁氏对这一问题的认识已经达到了他所能够达到的极限。1923年,他又开始"修正"自己的看法了。他说:"历史现象最多只能说是互缘,不能说是因果。"在他看来,历史既然是"自由意志"所造成,当然就不能再受"因果必然法则的支配"。这里,他将"自由意志"与"必然法则"绝对对立起来,看成是互不相容的两极。本来,在《研究法》一书中的一些看法已接近了解决这一矛盾,请看他的论述:"含无量数互相矛盾的个性,互相分歧的愿望与努力,而在若有意若无意之间,乃各率其职共赴一鹄,以此组成极复杂极致密之'史网'。"(重点号为笔者所加)这段论述确实精彩。循此深入,不是正可以进而探求"个性""愿望与努力"背后的东西吗?可是梁启超自己也没有意识到这段话的深刻性,只是对着他所描述的现象连连发出"奇异""不可思议"的感叹(《研究法》),而没有进一步去思考。因此,到《问题》一文,他竟把《研究法》中一些较为合理的表述看作是"矛盾""不彻底",这就毫不奇怪了,因为《研究法》的认识就存在着先天不足,唯心主义者最终被"心"束缚了自己的思想。

直到《问题》一文,梁氏依然对"因果律"恋恋不舍,认为它还可以"驾驭"

"自由意志"的创造物——"文化果"。而到讲授《补编》时就更可悲,请看几段引文:"若把全部历史综合来看,自明室衰亡看起,至辛亥革命止,("排斥满清"的)原因结果极明白了……"(《总论》);"历史由人类活动组织而成,因果律支配不来"(《总论》);"从有人类到今日,所有一切活动都有前后因缘的关系"(《分论三》)。是矛盾?是词穷?恐怕连他自己也说不明白了。这才是一次真的思想"倒退"。

历史行进的轨迹是"进化",还是"循环"?这也是梁启超一直关注的问题。在他列于康氏门墙后不久,便接受了乃师的进化思想,但那是带有公羊今文经味道的进化论,《新史学》中的"进化"就展示了自己的特色。此时,他批判循环论的错误,指出他们是被历史发展的"螺线之状所迷"《研究法》一书,仍然坚持的是这种看法,在解释"赓续"一词的含义时,他就说:"社会常为螺旋形的向上发展","含生之所以进化,循斯轨也"(《研究法》)。又是到了《问题》一文,梁氏的思想发生了微妙的变化。这时,他虽"不肯撤消""多年来历史进化的主张",但却要"重新修正进化的范围"了。结果,他将"人类平等及人类一体的观点"和"人类心能开拓出来的文化共业"二者留在进化范围之中,而"其余只好编在'一治一乱'的循环圈内了"。至此,进化与循环并存了。不过他在其后的一些历史著作中,进化论的思想仍然表现得较为明显。对于这种变化的评价及原因,有的同志已作过分析,兹不赘。①

当然。无论"因果律"也好,"进化论"也好,与已经传入中国的马克思主义历史观比,总是浅薄的,因为这些理论都不能科学地解释历史现象,更不用说深入历史的本质了。作为资产阶级的史学家,梁启超努力思索历史理论中两大尖锐问题,做到了他能做到的一切,这也应肯定。值得思考的是,他早在1902年就向国人介绍过马克思,②然而在马克思主义传入中国后他却没有接受,终生不能摆脱历史唯心论。这恐怕仅用"历史局限"难以说明。

二

1921年秋,梁启超在南开大学作关于中国文化史的讲演。《研究法》就是这次讲演的讲稿。它最初连载于当年出版的《改造》杂志上。1922年1月,商务印

---

① 胡逢祥:《梁启超史学理论体系新探》,《学术月刊》1986年第12期。
② 梁启超:《进化论革命者颉德之学说》,《新民丛报》1902年10月16日第18号。

书馆首次出版其单行本。

在该书《自序》中,梁启超谈了该书的写作目的。他认为,旧史学早已不再适应当时社会的需要,用新的史学取代它,乃是"今日最迫切之要求"。为此,他吸收"近今史学之进步"的经验,并结合自己20年来的治史心得,写成这部书。

全书分为六章,计十万余言。综而观之,大致论述了三个方面的问题。

第一,对新史学的要求和对旧史学的批判。本书一开头,梁启超就为"史"下了一个简明的定义:"史者何?记述人类社会赓续活动之体相,校其总成绩,求得其因果关系,以为现代一般人活动之资鉴者也。"这一定义,见梁氏新史学总的理论纲领。它从史学目的、范围、任务等几个侧面对新史学作出一些规定与要求;而对旧史学的批判,也是以这些规定与要求为其基本依据的。

"为现代一般人"和"现代中国国民"资鉴,这是梁启超新史学的目的。他指出,史学必须与现实生活发生"密切之联锁",即充分发挥其教育功能。要让国民通过历史了解祖先的光荣业绩与创业的艰辛,从而继承发扬历史上的优良传统;还要通过历史认清"遗传性之缺憾",从而匡矫不足(第一章)。这样,逐渐养成"团结互助"的精神,使国民都成为"个性圆满发达之民"(第三章),为世界做出应做的贡献。在梁启超看来,旧史学的目的恰恰相反,它是为帝王、官僚和知识分子等少数"特别阶级"服务的,"总不离贵族性",因而,它只能是为专制帝王培养"忠顺之臣民"的工具,只能"助成国民性之畸形的发达"(第三章)。应该说,梁启超意识到为"特别阶级"与为"国民""一般人"两种史学目的的不同与对立,已经接近了史学阶级性的问题。与同时代的一些资产阶级史学家相比,还称得上深刻。加之他在这里的批判锋芒主要还是针对封建主义,因而也更有积极意义。

"人类社会赓续活动",是梁启超对新史学范围的规定。它包含三层意义:(一)史学只记录人类的活动,排除单纯的自然现象;(二)史学要记录对社会产生一定影响的"共业";(三)史学必须记录"累代人相续"的"进化"活动。总之,在他看来,只有那些"在空际有周遍性、在时际有连续性"的人类活动,才应纳诸"史之范围"。梁启超认为,旧史学的弊端在于缺乏明确的范围规定。一方面,它"太狭",仅重视记载政治活动,而"政治又偏重中枢",对今日看来极重要的一些活动反倒缺而不录。另方面,它又失于"太滥"(第一章),将一些不属于史的范围的内容漫无限制地充塞于史籍之中,使人们很难从中获取有益的知识。他指出,新史学一定要力矫此弊,"以收缩为扩充",一面使不属史学范围的内容各归其属,一面将旧史遗漏者"悉摄取而论列之"(第三章),使史学真正符合社会的需要。

通过考察历史的"总成绩",推求其中的"因果关系",从而描述出历史活动的"体相",这是新史学的任务。"体"与"相"本是佛教中的两个概念,在此,梁启超赋予它们新的含义。"体",这里指人类本身;"相",则指人类活动的内容。它又可细分为二:一是"活动之产品",又称"过去相",是遗留至今人们所能见到的"僵迹"。一是"活动之情态",又称"现在相",它虽然栩栩如生,但却已然流逝"不复可得见"。新史学的任务则恰恰要"将僵迹变为活化","使过去时代之现在相再现于今日"。这一任务的完成,不仅仅是记叙技巧的问题,更需要考察历史的"总成绩",推寻其"因果关系"。他指出,人类活动的成绩有"彰显而易见者"与"细微而难见者"两种。前者如出现大英雄、大圣哲一类人物和发生的战争与革命等大事变;后者则是由"匹夫匹妇"们的日常生活构成的共同的社会心理与习俗。在梁氏看来,只有考察这二者的"总和",推寻出其中"至复赜而难理"的因果,才能解开历史活动的"继续性"之谜,历史也才会活化(第一章)。而旧史学的弊端是,所记之史迹彼此之间"不生联络",像是不成轴、未通电的单张影片,"木然只影",就连向称记事精善的纪事本末体史书,也是"得肉遗血,得骨遗髓",显不出丝毫的活态与动相,充其量不过是"数百十篇文章汇成一帙"(第三章)。这种状况,正是由于旧史学未能注意史迹的"背景交光""来因去果"造成的(第三章)。

梁启超从上述两个侧面对旧史的批判,在一定程度上是符合实际的。而其要求新史写"共业""总成绩"所体现出的历史整体思想与注意写活史的主张,也值得重视。梁氏的一些论著之所以给读者以强烈的历史感,恐怕与此不无关系。

除目的、范围、任务外,梁启超又谈及治史态度。他批评旧史家治学"皆含主观的作用",往往以"明道""经世"为由恣意歪曲史实。他认为,这种"强史就我"的做法完全是一种恶习,必须反对。在他看来,虽然写出"纯客观"的历史在事实上并不可能,不过新史家仍应以之自勉,力求持"鉴空衡平"的态度,"恰如其本来"地叙述史实。他还特别强调要力戒对本民族的"偏好溢美之辞",指出史学固然要"促国民之自觉,然真自觉者决不自欺"。因此,无论任何情况,史学家都应尽最大努力排除主观干扰而"忠实于客观"。只有这样才会写出"信史"来,"有信史然后有良史"(第三章)。可以说,梁启超在这时已经比较清楚地认识到了历史研究过程中主观与客观、求用与求真的矛盾,并力求使之达到统一。这种思想在当时虽不可能真正实现,而且梁氏本人在具体的历史研究中也没有做到这一点,但它在理论方面的积极意义则应该肯定。

第二,论史料工作。梁启超对史料工作的重要性的认识非常明确,他说:"史料不具或不确,则无复史可言"。此外,他对史料工作的艰苦性、造成史料散失的原因和各类史料的价值等,都作了简单的论述(第四章)。特别详细的论述,是史料的搜集与鉴别。

史料作为历史的遗存物,不大容易保存完整,而它又"散在各处",没有"精密明敏"的方法去搜集它们,研究历史就成了一句空话。梁启超认为,史料可分为"普通史料"与"特别史料"两种。前者因"习见于旧史",容易见到,也容易搜求,所以未谈多少,他着重谈的,是搜集"特别史料"的方法。

所谓"特别史料",一指反映某一时代中某些共性现象的史料,如"春秋以前部落分立之状况""中国留学印度之人物"等。他说,这类史料"若单举一事,觉其无足轻重",如采用"汇集同类之若干事比而观之"的方法加以搜求,就会让某种现象"跳活表现"(第五章),显示其弥足珍贵的价值。这种方法,在《补编》一书中被他称为"搜集排比法"(《总论》第一章)。梁启超指出,用这一方法不仅能够得到"某时代有某种现象"的史料,还可推知"某时代无某种现象",但这需要从所汇集的史料中发现没有记载哪种情况去观察,如他所举"春秋以前金属货币未通用"那样(第五章)。

"特别史料"还指记录"一人之言行、一事之始末"的"具体史料"。其中,梁启超特别重视"旧史中全然失载或缺略"和"为旧史家故意湮灭或错乱其证据"两种情况,认为当用"博搜旁证""钩距参稽"的方法来搜集它,以补充、纠正旧史的不足。他胪举出孙诒让补充墨子生平事迹、王国维考察周宣王伐猃狁、孟森探讨清初江南奏销案之例,说明了这一方法的实际运用(第五章)。在《补编》中,他再次提及此法,将之概括为"钩沉法"(《总论》第一章)。由于梁氏在这里讲的是搜集研究较大和较难问题的史料,所以颇多考证的意味。但如果善于搜集上述史料,一般性的搜集方法也自然容易掌握了。

关于史料鉴别。因为史料往往"真赝错出",绝不是一经搜集到手即可征信,还必须对其进行鉴别。梁启超分别就"正误""辨伪书""辨伪事""证明某书之必真"四种情况,论述其各自的方法。(一)论正误。首重"反证",因为有了"反证力甚强"的证据,史料之伪误"终不能回护"。其次,在"无明确反证"的情况下,可暂时存疑,等有了"旁生的触发"后再立"假说",逐步推求"审定"。最后,他谈了在遇到同记一事而相互矛盾的史料。这种情况,应以记载"最先""最近"者较为可信,这是一般原则。但这种原则又不能绝对化,因为最先最近者也未必完全真实。所以还要据记事人的"品格"、见识及有没有各种避忌等条件进一步考察。(二)论"辨伪书"。梁启超讲了十二种方法,约略说来,不过是从书的"流传之绪"、"文体"的"界画"、时代风习及思想意识等角度,分别审查书中所记是否与确凿证据有矛盾而已。(三)论"辨伪事"。梁启超讲了七种方法,主要方法有三点。一是反证;二是旁证,即"比事的推论法";三是理证,即"推度的推论法"。(四)论求真书。梁启超谈了六点,但大抵说来,不过是将辨伪书方法从相反角度推证而已(第五章)。

由于举证不厌其详,梁氏花了全书一半略多的篇幅论述史料。但他告诫说:"吾非谓治史学者宜费全部精神于此等考证。"(第五章)这种看法体现了他只把史料工作当作历史研究工作的一部分,而不是把它当成是历史研究的极致,这无疑是正确的。此外,他对当时发现和利用不久的新史料、对一些不为人所注重的史料都给予充分的注意(第四章)。这又显示了资产阶级史学家在史料问题上较封建史家远为开阔的学术视野。但他在论述史料分类与鉴别方法时都存在着过于细琐、分类矛盾重复的不足,特别是所讲鉴别方法也不是完全可靠(求真书法之第五条有逻辑错误;正误法中有事例推证不确。前者参阅《研究法》第五章,后者参阅《励耘书屋问学记》一书中赵光贤《回忆我的老师援庵先生》)。指出这些,只是避免读此书的同志因误而误,并非苛求梁氏。因为他毕竟不以考据见长,能够结合新的研究成果力求使乾嘉以来的考据方法系统化,这已经难能可贵了。

第三,论如何研究历史。梁启超对这一工作有一番总体的构想,认为历史研究应划分为"普遍史"和"专门史"两大块。他指出,由于社会生活日趋复杂,像古人那样,主张"独断之学",仅凭"一手一足之烈"去编撰"普遍史"已不可能。所以应当先由各专门家负责进行专门史的研究,至专门史"多数成立"后,再由具有"通识"的史学家来作综汇贯通的工作。只有这样"分途以赴","合力以成","理想的新史"才有可能编成(第三章)。二十余年,梁氏自己打算写的新通史终于没有问世,这种设想,的确是充满了他自己治史甘苦的肺腑之言。

在本书的第六章,梁启超谈的是如何具体进行专题研究的八点方法。

一是"当画出一史迹集团为研究范围"。选定研究方向与范围,是历史研究的一个重要步骤。梁氏认为,历史是不可分断的一个整体,但为了研究的便利,必须分成各个范围。基于这种历史整体思想,他虽然也说选题自由,但更强调"函复量较广"。"分观之,最少可以觑出一时代间社会一部分之动相","合观之,则各时代全社会之动相皆见"。在本书第一章,他开列的二十多个问题,都是如此。我们说,选择什么题目,应根据研究者的知识构成、思维特点等因素综合考虑。梁启超从为"现代一般人"资鉴的目的和历史整体思想立论,强调大范围选题,仅是据他自己的条件考虑,不一定适合每一个研究者。

二是"集团分子之整理与集团实体之把捉"。这是指搜集整理史料与描述史实。梁启超强调把握"实体",是要研究者注意历史的全貌——"整个而活"的"全体相"。这是正确的。没有对历史过程的总体了解,具体问题的研究也难于深入。梁氏说,做到这一点,"除分析研究外,盖尚有待于直觉也"。"分析研究",这也是正确的。"直觉",有的同志认为梁在这里所讲的有"神秘性",这未必妥当。"直觉"这一概念可有种种不同理解。实际研究过程中,人与人对材料、史实的看法未必尽同,除分析研究的角度、方法不同外,也包含有直观感觉在内。

三是"常注意集团外之关系"。这里是指对所研究问题"时间线""空间线"以外的其他问题的关注,提倡历史联系的研究方法,反对做孤立的、封闭式的研究。这种方法是正确的,具有辩证法的因素。

四是"认取该集团之人格者"。这是指对历史上代表人物的研究。梁氏认为"人格者"可能是一个人,也可能是多数以至大多数人。这要视具体情况而定。他又指出,历史虽是大多数人"共动之产物",但其中有"主动"与"被动"之别,人格者是历史的主动者和骨干。梁启超意识到历史活动是人类的"共动",这种思想是可贵的。但他不可能认识到杰出人物怎样才能在历史上占据"主动"地位。

五是"精研一史迹之心的基件"。这是指心理活动的研究。梁氏认为,它是研究历史"真相"的关键所在。由于人格者常常是历史的"聚光点",因而研究其心理之"素性及其临时之冲动断制",往往会使史迹的"筋脉""活现"。他在此不仅提出了人物心理活动的研究,更强调注意这种心理活动是一种动态而非静态——既有"素性"(心理常态),又有"临时之冲动断制"(心理突变)。通过这种描述以使历史活化,是有一定道理的。此外,他又提出这样的主张,即对"个人人格者"和"多数人格者"(又被梁氏称为"民族人格""阶级人格"与"党派人格"——笔者)的心理活动都要研究。在前者,要研究"其吸射力之根源"，即其心理特性为什么会影响了多数人的"公生活"与"运命"；而在后者，则要将其看成是一个人，考察人格之存在、成长、扩大以至"萎病或死亡"。梁启超较其他唯心主义思想家的深刻处，就在于他往往不是仅仅看到某些表象，而总是企图追寻表象背后的原因。这里，注重"吸射力根源"的主张是其显例。能否追寻得到、追寻到的又是否正确与去不去追寻，这些问题，有时我们必须分而观之。

六是"精研一史迹之物的基件"。这里的"物"，并非"物质"，而是包含自然环境、历史积淀而成的习俗、法律与政治、经济等现象，还包括"他社会之物的心的抵抗力"。梁启超觉察到历史不能"离却物的制约而单独进行"，心的活动是经常被物的势力所"堵截"、所"牵率"，这就是历史上某些人的理想或不能实现、或适得其反的因由。也正因为有这种"物的基件"的限制，所以历史研究才离不开"当时"与"此地"这两个条件。梁启超在这里表述的物之制约与历史价值以时地为转移的思想无疑包含着相当多的合理因素。但就其对"物"的解释看，又恰恰体现了他的多元史观——把历史的发展看成是多种条件决定的，而未能认识到经济条件的最终决定性。

七是"量度心物两方面可能之极限"。梁启超认为，历史发展不外是人类改变自身环境，即心对物的"征服"过程。从整个历史的角度看，无论是"心的征服"还是"物之被征服"，都是没有极限的。但若从当时此地的角度看，则二者又都有极限。历史研究应在"双极限之内"对心的"奋进程度"与物的"障碍程度"进行孰强孰弱的比较，以"判历史前途之歧向"，从而给国民以启示，"使知所择"。作为一种鉴往知来的方法，梁启超所讲是对的。但他不知道，正确的方法必须靠正确的观点去指导。任何唯心主义者，都不可能科学地预见未来。

八是"观察所缘"。梁启超在此要论述的，是如何研究历史发展中的"因果关系"的问题。他指出："有可能性谓之因，使此可能性触发者谓之缘。"他认为，在历史研究过程中，认识"缘"是相当重要的问题，"'因'虽夙具，然非众'缘'凑泊，则事实不能现"。只有"因缘和合"，才会产生历史之"果"。可以说，梁氏已经认识到历史必然性（因）与偶然性（缘）的关系，并认识到历史的必然性是通过无数偶然性而起作用了。"缘"这一概念进入"因果律"，无疑使其内容进一步得到丰富，这是很宝贵的思想。但是，他又是仅仅止步于此，强调治史者"万不容误缘为因"——过分看重了二者之别，没有认识到历史的偶然性有时也是必然性的某种表现。

总观《研究法》一书,它的三部分内容,可以说是有机地联系在一起的整体。其第一部分,论述的是"原则""概说";第二部分属"史料学";第三部分则很有点儿"历史认识论"的意味。就其史学理论著作这个意义上说,它的确具有开拓性。其中的观点和方法虽存在着错误,但只要我们以马克思主义的观点、方法对之进行认真的辨析,还是可以于中找到一些值得汲取的东西。我们肯定这部书的意义正在于此。

三

《补编》一书是梁启超在 1926 年 10 月至 1927 年 5 月在清华国学研究院所作的学术演讲。

《研究法》一书问世后,梁对史学方法问题更为重视,不止一次地表示对学生应当"专重方法之指导""情愿每天在课堂讲做学问的方法"。[①]他感到《研究法》中所讲"极为简单,不过说明一部通史如何做法而已"(《补编·绪论》),还有补充的必要,《补编》就是这种思想的产物。

这次讲座期间,梁的健康状况不佳,"无力撰稿",故先由姚名达、周传儒二人笔记,再经梁本人"校阅",而整理成书(《补编》姚名达《跋》)。其中部分内容,曾在《清华周刊》上发表过,全书则是在梁启超逝世后的四年多(1933年6月)由商务印书馆初次刊行。

《补编》一书分《总论》与《分论》两部分。《总论》内容简略,其下仅分三章;《分论》内容详细,故其下先分五篇(其中三篇仅存目录),各篇下再分若干章。

《总论》的第一章,题为《史的目的》,内容不过是对《研究法》中一些问题略加概括后的重述。第三章《五种专史概说》则是对《分论》诸篇的总说明,都没有详论的必要。这里,仅分析其第二章《史家的四长》。

唐代刘知幾曾论及"三长",即才、学、识。梁启超又益以清代章学诚所论的"史德",合为"四长",依自己的想法,给它们以新的解释。

"史德"指治史态度。在此,梁氏再次鼓吹"忠实""纯客观",要求史家在叙述历史时不参己见。这些依然是《研究法》的旧观点。其新的补充,是提出了历史家易犯的三种错误:夸大、附会与武断。他要求史家应尽力避免之。应该

---

① 丁文江、赵丰田编:《梁启超年谱长编》,上海人民出版社,1983年,第984、1140页。

说,这种补充是很重要的,他的确抓住了一些人思维障碍中的要害。尽管梁氏自己也未免于此(附会在他身上尤突出),但这种看法的提出自有其积极意义。

"史学"指历史知识和资料的掌握与积累。梁启超在这里主要论述了如何掌握、积累知识和资料的问题。他指出,学问的"鸿博",不是靠"天才",而是靠"劳苦",靠努力读书。由于历史知识范围广泛,读书必须"专精"与"涉猎"兼顾,而专精更重要。为此,他讲了三种锻炼专精能力的方法——"勤于抄录""练习注意"和"逐类搜求"。这些方法,都是梁氏治史近30年的经验之谈,颇能启迪后学。

"史识"指历史家的观察力。梁启超认为,历史家要善于观察到"旁人所不能观察"到的地方,要善于观察史实与史实间的"关系"。他指出,观察的方法是"由全部到局部"和"由局部到全部"并用。此外,还应当注意不为"因袭传统的思想"与"自己的成见"所蔽。他在这里所讲的观察方法无疑是正确的,而不为两种思想所蔽的主张就更可贵。既不迷信前人,又不迷信自己,这的确是"卓越的史识"。

"史才"指"史家的文章技术"。梁氏所论,既包括文章的组织、"剪裁"、史料的别择去取、"排列"、如何布局谋篇,又包括文采——"简洁""飞动"。这虽系老生常谈,但却不容忽视。史学论著不应仅仅注重学术价值,也应注重外在风貌。

《分论》部分包括《人的专史》和《文物的专史》两篇。

《人的专史》下分六章(原拟七章,第七章仅存目),是全书比重最大的部分。就其内容来看,可分为"方法"与"观点"两类。

关于方法。梁启超将"人的专史"分成列传、年谱、专传、合传和人表等五种体裁,一一论述了其大体沿革及编纂特点,而对各种体裁的编纂方法,讲解尤为详尽具体(笔者按:未讲"人表")。如对列传、专传、合传中的人物,论述了应如何依据其所建事功之不同以确定其中哪些事迹详写,哪些略写;年谱应怎样编辑谱主事迹、怎样介绍谱主背景、如何记载与谱主相关的人物以及如何在谱中进行考证与批评等。由于其在论述过程中加上许多正(写得好的)、反(写得不好的)两面的例证,故而显得详切著明,易于为初学者理解和掌握。

关于观点。梁启超之所以花如此大的篇幅论述人的专史,这同他的历史整体思想分不开。他主张,从"思想及其他学说""政治及其他事业""文学及其他艺术"三个方面各自找出几十个代表人物,一一为之立传,用以"包括中国全部文化"(《分论一》第六章)。这种思想同《研究法》中所表述的"总成绩""共业""全体相"的思想完全一致,是梁氏史学思想中极重要的组成部分。也是他关于人的专史的一种主导思想。正由于此,他才在论及体裁特点时,突出强调历史著作在一定范围内的完整性。如说"列传"可将"国家大事、政治状况、社会情形、学术思想,大部分都包括在里边"(第一章)。说"年谱"应将个人事迹"巨细无遗"地记载下来(第一章)。也正由于此,他才在论及对传记人物的选择时,首先突出"思想及行为关系方面很多,可以作时代或学问中心"的人物(第二章)。还是由于此,他才在论述"合传"做法时,不仅注意到要为事功伟大者立传,还注意到"代表社会一部分现象的普通人",甚至主张为"向来人看不起"的妓女和演员立传,认为这"不特值得而且应该"(第四章)。这里,给社会下层人物以一定的历史地位当然不是梁启超的思想主旨。这不过是他主观上企图表现历史的"全体相",而在客观上却显示出的一点积极意义罢了。相反,梁氏对劳动人民总是带有强烈的阶级偏见。比如,他说"单看张献忠、李自成的列传,还未能看出民间惨苦的全部",因而主张给"流寇"作合传,用以表现"他们的凶暴刻毒"及"社会上所受他们的摧残蹂躏"(第四章)。这时,他已将自己津津乐道的"纯客观态度"忘得一干二净了。

梁启超历史整体思想中最大的积极因素,在于它在一定程度上冲破了封建史学的狭隘思想,展示出资产阶级"新史学"较为博大开阔的治史气派。"包括全部中国文化"自然远比"彰善瘅恶,树之风声"(《史通》)要高明出许多。不过,与马克思主义的史学思想相比,梁的思想则又是"沧海一粟"了。

历史整体思想,又是以"流质善变"著称的梁氏思想中没有发生过什么变化的一部分。可以说,它更能体现梁氏史学思想的特色。有的同志在论及梁重视人物研究的思想动机时,将其归结于英雄史观,这种看法当然不错。但问题却在于英雄史观并非梁启超一人独有,它乃是剥削阶级史家的一种"共性"。历史研究的任务,则不仅仅要研究这种共性,更要将研究对象的种种不同的"特性"予以充分的说明。因为特性有时更能反映出事物的某些本质。

《文物的专史》下分五章,篇幅较《人的专史》少得多,但它所涉及的问题并不少。

梁启超认为,研究文物专史是非常重要的。他将其分成政治专史、经济专史与文化专史三大部,以人体为喻,说它们分别是社会的"骨干""血脉"与"神经"(《分论三》第一章)。这一比喻,不仅表明梁氏对三种专史的重视,也表明他将其看成是互相关联不可分割的整体。

在本篇的第一、二、五等章,梁启超简略地论述了三种专史的基本编纂原则。从体例论,为了使读者了解历史变化的"前后因缘",他主张三者均应采用通史体,而不能写成"毫无联络"的断代体(第一章)。从分工论,他主张对涉及专门知识者由"专门学者"研究。从分期论,他强调政治史既不能像旧史那样以"一姓兴亡"为分期标准,又不能笼统地分什么"上古""中古"与"近古",主张从"政治的转变"着眼以划分阶段(第二章)。经济史和文化史不要"随政治史的时代",而要据各自的"实际情形",具体分析(第五章)。从方法论,他主张三者都必须对"主系"即最重要的历史时期多施笔墨,对"人的关系"都不能忽视,除此而外,还应注意"多用图表"等(第五章)。这些看法,至今仍未失去其一定的参考价值。

在第二、三、四诸章,梁启超谈了三种专史各自的研究内容。他本着"务求清楚"的宗旨,对研究内容"分了又分"(第二章)。如,政治史下的第一个层次为"社会组织""制度的变迁"与"政权的运用",而"社会组织"下又分民族、国土、时代、家族和阶级这一"基础"层次(第二章)。经济史的第一层次是消费、生产、交易与分配。而消费下又分为食、衣、住,生产下又分渔猎、畜牧、农耕、矿业、家庭手工业和现代工业等(第三章)。文化史则分为语言、文字、宗教、哲学、史学、科学、文学及美术等(第四章)。在他看来,这三种专史的研究内容虽然广泛,分开来至有千百,但"合起来仍是一套"(第一章),并不是孤零零的单篇。这里,梁启超的眼光已几乎瞥向人类社会生活的各个角落。仅就拓展历史研究的领域而言,这不只为封建史家所远远不及,就是20年代的任何一个史家,也无人可与之比拟。"筚路蓝缕,以启山林",确乎当之无愧。

20余年中,梁氏治史多侧重于学术思想的研究,因而在论及研究内容时,对文化史中的这一部分也谈得最多——主要是哲学史与史学史。我们在此仅谈他关于史学史研究的看法。在《研究法》的第二章中,他已初步为中国史学史勾勒了一个大体轮廓,但未明确提出"史学史"的概念。这里,他指出中国的史学比其他学问更"发达","很有独立做史的资格"。他认为,研究中国史学史,应注重四个方面,即"史官""史家""史学的成立与发展"及"最近史学之趋势"。梁氏的论述有几点值得注意。一是在"史学的成立与发展"部分,他不仅认为应着重讲刘知幾、郑樵和章学诚的理论工作,还提倡研究"中国普通相传下来的历史观念"。这一点可称得上是卓识。但解放前的一些学者未能注意及此,因而他们的中国史学史著作很少涉及于此。二是在"最近史学之趋势"(第四章)中对当代学风的批评。从其具体的论述中,可以明显地看出是针对王国维、顾颉刚两位及其学派而发。其中,王国维是他在清华的同事,又是他比较推重的学者;而顾颉刚及"古史辨"派正在崛起之时,这种批评就更显得可贵。其批评是否切当姑置勿论,仅就其态度言,"可谓最严正的批评态度也"(第二章)。当然,梁氏在关于史学史的论述中又一次发挥他的"附会"本领,说先秦史官敢于直书,"自然是国家法律尊重史官独立"(《分论三》第四章),这就完全是信口开河了。

比较《研究法》与《补编》二书,前书重理论,后书重方法;前书粗而阔,后书细而微。两者各具其长,相互补充而又相得益彰。因此,这两书发表后影响是很大的,特别是对资产阶级史学家。不少人按照两书指示的门径,在史学研究的不同领域做出了一些成就。如张荫麟、金毓黻和刘节先生。①正因为如此,两书一版再版,至1947年,分别出了七版、六版。②两书的具体观点不足,前文已叙。就文风言,则两书共同的缺点是太不"简洁"了。读者一读便知。

本文原刊载于仓修良主编:《中国史学名著评介》(第三卷),山东教育出版社,1990年。

作者简介:

叶振华(1949—2003),南开大学历史学院副教授,主要从事中国史学史的教学及研究工作。

---

① 参阅张荫麟:《中国史纲·序言》,白寿彝:《中国史学史》(第1册),第166页。
② 梁启超:《中国历史研究法》(汤志钧序),上海古籍出版社本。

明万历年间的撰修"国史"活动

李小林

在明朝纂修本朝史的活动中,万历年间出现了一次规模较大的由礼部尚书陈于陛建议发起的官修纪传体"国史"活动。关于这次活动在以往的有关明代史学史论著中,虽然有所提及,但至今还没有专文详细考察。本文拟就这次修史活动的五个方面,加以论述,敬请专家和读者指正。

一、适时的建议

陈于陛(1545—1596),字元忠,号玉垒,四川南充人。隆庆二年(1568)进士。历任编修、礼部尚书等职。后任东阁大学士,入参机务。不久改为文渊阁大学士,加太子太保。著有《万卷楼稿》和《意见》。他在万历二十一年(1593)九月四日,正式上疏提出编纂纪传体本朝史。[1]这是及时地适应客观需要的一个建议。

明朝自1368年朱元璋建都南京,至万历二十一年陈于陛上疏建议纂修纪传体本朝史,朱明王朝的统治已经经历了225年。在这200余年的时间里,明朝在经济、政治、文化等各个领域都已有了很大的发展。如经济上,由于明朝处于中国封建社会后期,是中国历史上又一个大统一时期,加之明初以朱元璋为首的统治集团实行了许多有利于生产发展的措施。因此,生产力水平比以前进一步提高,在生产发展的基础上,商品交换出现了前所未有的繁荣局面,并产生了资本主义生产关系的萌芽。政治上,明朝统治者总结和吸收了中国历代封建统治的经验教训,对地方到中央的行政机构进行了一系列有利于加强皇权的改革,使封建专制主义中央集权达到了前所未有的程度。这种变化,一方面加强了对劳动人民的控制和压迫,另一方面也反映了统治阶级内部矛盾的发展。总之,到陈于陛提出编纂纪传体本朝史之时,明朝经过200余年的发展,已积累了许许多多的历史内容。为了便于后人的研究和借鉴,对这些历

---

①《明神宗实录》(卷264)。

史内容十分需要加以系统、详细的记载,这是客观实际提出的要求。

在陈于陛之前,明朝并非没有记载本朝历史的著作。中国是富于修史传统的国家,历代统治者都非常注意修史,明朝自然不能例外。自建国起明朝就有官修本朝史的活动,为了修史还设有史官之职,其史官最初"重文学,不拘资格","宣德后,专以修撰、编修、检讨为史官"。①除了官修之外,还有私人修本朝史书者。南宋时曾禁"私史",明朝"不明许人著"本朝史书,但也无明文禁令。②因此,私修本朝史者甚多,特别是进入明中叶之后更多。由于既有官修,又有私撰,所以到陈于陛提出编纂纪传体本朝史时,早已有许多的关于本朝历史的书籍问世了。如果根据《明史·艺文志二》"史类",将完成于万历二十一年以前的官修与私撰本朝史书加以统计,可以列出下面的表格:

表1　万历二十一年以前官、私修本朝史书一览表

类别	修或私修	数量(部)	合计(部)
正史类	敕修	14	29
	私修	15	
杂史类	私修	10(记洪武时期)	96
	私修	6(记建文时期)	
	私修	9(记永乐、洪熙、宣德时期)	
	私修	8(记正统、景泰、天顺时期)	
	私修	20(记成化、弘治、正德时期)	
	敕修	3(记嘉靖、隆庆时期)	
	私修	28(记嘉靖、隆庆时期)	
	私修	12(统记有明一代事)	
故事类	御制	9	32
	敕修	9	
	私修	14	
职官类	敕修	1	24
	私修	23	
仪注类	御制	4	9
	敕修	4	
	私修	1	

① 龙文彬:《明会要》(卷36)。
② 朱国桢:《涌幢小品》(卷下"班史")。

续表

类别	修或私修	数量(部)	合计(部)
刑法类	御制	10	18
	敕修	1	
	私修	7	
传记类	私修	16	16
合计	官修、私修		224

上表也只是一个粗略的统计,很不完全,这是因为:第一,《明史·艺文志二》"史类"共分十类,本表只收了表中所列的七类,其他三类即史钞、地理、谱牒所载的万历二十一年以前问世的有关本朝史著作,如陆深的《停骖录》、费信的《星槎胜览》、马欢的《瀛涯胜览》、田汝成的《炎徼纪闻》和严从简的《殊域周咨录》等书因都在地理类,故未被统计在表中。第二,《明史·艺文志二》"史类"所收的书也并不完全。如李默的《孤树裒谈》、徐祯卿的《翦胜野闻》等书并未著录,实际上这些书在万历二十一年陈于陛上疏前就已问世。上表所统计者尽管并不完全,而其总数已为二百二十四部,这充分说明了当时所撰出的本朝史书数量之多。

既然万历二十一年以前已经撰写出了大量的本朝史著作,那么对于万历二十一年以前的明朝二百多年的历史,就似乎不再需要另写新书了。在这种情况下,陈于陛提出了上述建议,岂不是非常不必要的吗?怎么能说是及时的、适应客观需要的建议呢?回答这个疑问的关键在于,要看一看万历二十一年以前已经撰写出来的官、私修本朝史著,是否可以为人们研究明朝万历前的二百多年历史,提供较好的根据。按之当时的实际,对这些史书的这一功能的回答只能是否定的。

首先从官修史书来看。当时官修的有关史书,其质量高、作用最大者是历朝实录。这些实录虽然内容相当丰富,但缺乏系统整理,事件首尾、人物本末等皆不能备。另外,由于受政治气候和秉笔者态度的影响,歪曲事实之处屡见不鲜。这一点已为历来史家多次批评。为了节省篇幅,这里不必多赘。实录的这种状况,怎么能使之算作研究万历前的200多年历史的详细、系统、理想的史书呢?实录这一质量最高的官修史书既然如此,其他官修史书就更可想而知了。

其次从私撰史书看。当时的私撰史书,有的因缺乏史学修养,"轻听而多舛",或"好怪而多诞",有的因作者居心不妥,"挟郄而多诬"。①这样的史书显然也不能算作详细、系统、理想的著作。

嘉靖以后,面对官、私修史书质量不高的状况,已有部分态度严肃的史家出面进行批评,并力图加以纠正,写出了高质量的好史书来。郑晓和王世贞就是这样两位史家。郑晓曾撰《今言》一书,其中对有关本朝史的官、私修著作中许多谬误之处作了考订。王世贞曾撰《史乘考误》十一卷,②对有关本朝史的官、私修史书也作了大量的纠误工作。但是,由于他们作为野史著作家,受到人力、物力的限制,加之前人为其所作准备工作也不充分,所以他们并不能按照自己的愿望写出一部十分理想的本朝史来。如郑晓曾写《吾学编》一书,这是一部经过严格考订、内容相当可靠的史书,但篇幅不大,明朝人曾评论它"实而未详",③这便使其价值大打折扣。

万历二十一年以前已撰写出的有关本朝历史的官、私史书,皆不是系统的、详细的、十分理想的著作,这就使陈于陛的建议,不能不说是十分必要的了。

陈于陛的修史建议不仅是适应客观需要的,而且从资料方面讲,是完全有条件实现的。在此以前编写出的官、私史书若就史学编纂的最终产品讲,都不是高质量的,但它们若从提供某一方面的编史资料的角度讲,又都是有一定价值的,并且由于它们数量极多,倘将之当作一个整体来看,就可说是为写一部系统、详细、高质量的史书提供了足够的资料。关于此,陈于陛在建议修史的奏疏中就给予了充分的注意,他说:

> 实录有圣德之总叙,宝训皆列圣之渊猷,此外有御制文集,有《圣政记》,有《皇明诏制》,及诸臣所编如《大政记》《昭代典则》《孤树裒谈》《宪章录》《鸿猷录》之类,参以《三朝圣谕录》《前后北征录》《天顺日录》《燕对》《宣召》《视草》《宸章》等录,更加采辑藻润,即可以为列圣大纪。
>
> 帝系宗谱有玉牒,公侯绍封有兵曹底簿、《封爵考》,参以《吾学编》"同

---

① 王世贞:《弇山堂别集》(卷20《史乘考误一》)。
② 王世贞:《弇山堂别集》(卷20~30《史乘考误》)。
③ 焦竑:《国朝献征录》(黄汝亨序)。

姓""异姓""王侯""内阁"、《典诠表》及《列卿表》之类，更加考订增益，即可以为累朝年表。

制书如《一统志》《官制》《大明令律例》《大明集礼》《洪武礼制》《明伦大典》之类；诸司列布者如《宗藩》《军政》条例、《会计录》《太仓考》《漕河图志》《海运编》《太学》《马政》《盐法》志之类；四方形势如《广舆图》《九边图说》《星槎胜览》《瀛涯胜览》《炎徼纪闻》《殊域周咨录》之类，折衷以"实录""会典"所记载，参以《衍义补》、《名臣经济录》、疏议诸书，《吾学编》中"天文""地理""三礼""百官""四夷""北虏"诸考述，即可以为国家诸大志。

实录中有后妃事迹，廷臣自三品以上有小传，益以开国、靖难功臣录，《群志备遗录》，《名臣言行录》，《名臣纪》，《殿阁词林记》，《琬琰录》，《今献备遗》之类，其诸高逸学节等目，更采摭于郡国志，即可以为国史之列传。①

编写史书时，除了文献资料之外，口碑资料也是很重要的，特别是在编写本朝史时，口耳相传的口碑资料是文献资料的重要补充，有时某些口碑资料正是保存于事件的当事人心中，其价值就弥足珍贵。但口碑资料是很容易失传的。此时，文献资料随着时间的推移也有失传的可能性。所以写史著者要及时行事，是十分必要的。万历年间编写本朝史的条件已成熟，就应马上动手，否则不管是文献资料，还是口碑资料，都有逸失的可能。从这一角度讲，陈于陛在当时提出修史建议，实为非常及时。关于这一点，陈于陛在修史上疏中也曾谈及，他说：

方今人文称盛，秘阁藏书，故遗籍焕烂毕备，宜网罗收采，缀葺穿贯，以成不刊之典，万一岁月浸邈。板刻湮坠，卷帙散脱，事迹无以究其始末，日月无以考其先后，将至如先臣储瓘所叹，即有立言之士，起任编摩之责，疏略抵牾，秉笔安据……

前代野史、家乘虽可补正史之漏佚，然其间多有山陬草泽剽袭见闻，曲学宵人私骋胸臆，览之若瑰异可喜，而于事实茫无根据者，尚赖故老之惇诲如存，先哲之月旦不爽，亥豕舆轮犹幸无误。窃恐耆旧渐凋，后进驾

---

①《明经世文编》(卷426)，参见张萱：《西园闻见录》(卷29《史局》)；《明神宗实录》(卷264)。

说,旧籍罕传,新刻滋多,未免疑信史而误后世。①

二、成竹在胸——高明的编写计划

陈于陛于万历二十一年九月四日所上奏疏,不仅提出了编写纪传体本朝史的要求,而且充分论证了当时进行这项事宜的必要性和可能性。此外,还就编写纪传体本朝史的具体计划,提出了设想。关于它对进行这项事宜的必要性和可能性的论述,上一节已经基本谈及,这里不再重复,而仅就其所提编写计划略作论述。

关于编写计划,陈于陛的这个奏疏是这样叙述的:

> 臣窃惟诸制书及朝野传布收藏之书,或请给于内府,或敛借于士绅,计日可以取具,即有事体缺佚者,内访之诸曹,外采之各省,亦计月可以就办。惟是国之正史,必以列圣实录为主。今累朝修成,及嘉靖间与近日重录者,俱尊藏皇史宬,不敢轻易请发,内阁虽存副本,不便传观。若付史局,即可给笔札于兰台,群官僚于禁署,议定规程,刻劂成书。
>
> 臣愚以为修正史之序,当以国家诸大志为先,请将郊庙、礼、乐律、历、天文、灾祥、五行、藩封、郡国,与夫学校、选举、职官、经籍、艺文、赋役、食货、漕运、盐法、屯田、兵制、马政、刑法、河渠、四夷之类,量分为二十余目,修辑成书,使朝廷之上,经制典法,炳然可考,实为要务。志成之日,即宜恭纂列圣大纪。次之则后妃及诸王公侯之表传。又次之,则名臣、良将、循吏、儒林、文学、高行、列女之传。随修完者,即以进呈。大都起于开国之初,至隆庆末年而止。②

从上述引文可知,这个编写计划的要点有三:第一,以"实录"为编写的主要依据;第二,先修各志,而后编写本纪和列传(包括表);第三,确定了编写内容的时间上下限。上述三个要点的提出,说明陈于陛对这次编写活动,已有了深入的考虑,其深入程度可说是已经成竹在胸。而在三个要点中,尤其应予注

---

① 《明经世文编》(卷426),参见张萱:《西园闻见录》(卷29《史局》);《明神宗实录》(264)。
② 《明经世文编》(卷426),参见张萱:《西园闻见录》(卷29《史局》);《明神宗实录》(264)。

意的是前两点。

如所周知,实录之书,虽因出于官修,难免诬妄不实,但其内容之丰富超过其他的所有史书;另外,其编写依据是国家档案,除了特殊情况外,一般说所记也比较准确;再者,它经过了初步整理,按年月日记述,头绪相当清楚,利用起来颇为方便。所以,当撰写正式史书之时,所选为基本依据的文献,没有比实录更妥当的了。历代著名史家,无不如此。如清初在撰写《明史》中起主要作用的万斯同就是如此。他曾说:"吾少馆于某氏,其家有列朝实录,吾默识暗诵,未敢有一言一事之遗也。长游四方,就故家长老求遗书,考问往事,旁及郡志邑乘杂家志传之文,靡不网罗参伍,而要以实录为指归。盖实录者,直载其事与言,而无可增饰者也。因其世以考其事,核其言而平心以察之,则其人之本末,可八九得矣。然言之发或有所由,事之端或有所起,而其流或有所激,则非他书不能具也。凡实录之难详者,吾以他书证之,他书之诬且滥者,吾以所得于实录者裁之,虽不敢具谓可信,而是非之枉于人者盖鲜矣。"[1]由此看来,陈于陛在其所提编写计划中确定以实录为编写的主要依据,实属高明。

纪传体史书中的志,是记述关于政治、经济、文化、军事、社会生活的各项典章制度及其演变的篇章,因此,将这一部分研究透、撰写好,就能把握住所写时期的历史面貌的基本状况,抓住其最主要的内容,而一旦在总体上把握了上述内容,该时期的有关人物的历史地位,就可一目了然,其活动何者有意义、有影响值得论述,何者无意义、无影响不值得一提,就可洞若观火。所以,在编写纪传体史书时,先写志,后写列传等,实为非常正确的一种写作顺序。如上所述,陈于陛所提的编写纪传体本朝史的计划,正是以这个写作顺序当作其选定的方案,这再一次表现了这个计划的正确和高明。

陈于陛之能够提出如此高明的编写计划,反映了他史学修养的高深,这不是偶然的。他出生在一个世代书香门第之家。其五世祖陈纪为"博士弟子","始用儒起家",其高祖陈衡任学官训导之职,曾祖陈信为太学生,伯祖陈大道为进士,叔祖陈大猷任学官学正之职。至其父陈以勤更出任过翰林院检讨、修撰等史官,参加了会典和《世宗实录》的编纂工作,任会典纂修官和《世宗实录》的总裁。[2]这样的家庭出身,对陈于陛不能不产生相当的影响。另外,他本人

---

① 方苞:《望溪先生文集》(卷12《万季野墓表》)。
② 焦竑:《国朝献征录》(卷17《陈以勤墓志铭》)。

于隆庆二年(1568)中进士后,先后担任史官编修、修撰,预修世、穆两朝实录,这些对其增加史学知识也不能不产生积极的影响。史载:"公(指陈于陛)少从太傅(指陈于陛父陈以勤)习国家故实。入词林后更留意通今之学,国史家乘无不折衷而讨其至。"①除了在上疏中提出高明的编写计划之外,在上疏中对编写纪传体本朝史的必要性和可能性进行充分的论证,也反映了陈于陛史学修养的高深。此外,他留下的著作,笔者还见到过《意见》一卷,②此书同样反映了陈于陛的史学修养之深。此书虽卷帙不大,但谈史的内容却非常多。它是一部笔记,共有80余条,其中谈论古今史事者在一半以上,涉及的朝代包括先秦汉晋唐宋辽金元明各朝,谈及内容包括人物、制度、治国方略、思想文化以及史书的编纂等。更应值得注意的是许多议论发人所未发,表现了独到的见解。

修一部史书,有一个好的计划和有一个好的主持人,是成功的重要条件。陈于陛主持的这次修史活动具备了这两个条件,这预示着它一定可以取得相当可观的成果。

三、数量多、质量高的写作队伍

陈于陛主持的这次修史活动,不仅有一个好的计划和好的主持人,而且有一支数量多、质量高的修史队伍,这也为这次修史活动能取得可观的成果提供了条件。

根据《万历起居注》《神宗实录》等书的记载,参加这次修史活动的人员可以列为下表:

表2　万历官修本朝正史编纂人员一览表

任命时间	总裁	副总裁	兼职副总裁	纂修官	出处
万历二十二年三月二十五日	大学士王锡爵				《明神宗实录》(卷271);《万历起居注》(第4册)。
万历二十二年三月二十五日	大学士赵志皋				同上;《明史》(卷110)。

①《明史》(卷217《陈于陛传》),中华书局,1974年,第5731页;焦竑:《国朝献征录》(卷17《陈于陛墓志铭》)。

② 有《宝颜堂秘笈》本及《五朝小说大观·皇明百家小说》本等版本。

续表

任命时间	总裁	副总裁	兼职副总裁	纂修官	出处
万历二十二年 三月二十五日	大学士 张位				同上
万历二十二年 三月二十六日		礼部尚书 陈于陛			《明神宗实录》(卷271);《万历起居注》(第4册)。
万历二十二年 三月二十六日		南京礼部 尚书沈一贯			同上
万历二十二年 三月二十六日		詹事刘虞夔			同上
万历二十二年 三月二十六日		少詹事冯琦			同上
万历二十二年 三月二十六日			礼部尚书 罗万化		同上
万历二十二年 三月二十六日			吏部右侍郎 盛讷		同上
万历二十二年 三月二十六日			礼部左侍郎 范谦		同上
万历二十二年 三月二十六日			礼部左侍郎 刘元震		《明神宗实录》(卷271)。
万历二十二年 三月二十六日			礼部右侍郎 孙继皋		《明神宗实录》(卷271);《万历起居注》(第4册)。
万历二十二年 三月二十六日			少詹事曾朝节		同上
万历二十二年 三月二十六日			祭酒陆可教		同上
万历二十二年 三月二十六日				左庶子余继登	同上
万历二十二年 三月二十六日				右谕德萧良有	《神宗实录》(卷271)。
万历二十二年 三月二十六日				洗马李廷机	同上
万历二十二年 三月二十六日				右中允刘应秋	同上
万历二十二年 三月二十六日				修撰唐文献	同上
万历二十二年 三月二十六日				修撰焦竑	同上

续表

任命时间	总裁	副总裁	兼职副总裁	纂修官	出处
万历二十二年三月二十六日				编修邹德溥	同上
万历二十二年三月二十六日				编修郭正域	同上
万历二十二年三月二十六日				编修黄汝良	同上
万历二十二年三月二十六日				编修全天叙	同上
万历二十二年三月二十六日				编修吴道南	同上
万历二十二年三月二十六日				编修黄辉	同上
万历二十二年三月二十六日				编修庄天合	同上
万历二十二年三月二十六日				编修董其昌	同上
万历二十二年三月二十六日				检讨王图	同上
万历二十二年三月二十六日				检讨萧云举	同上
万历二十二年三月二十六日				检讨区大相	同上
万历二十二年三月二十六日				检讨林尧俞	同上
万历二十二年三月二十六日				检讨周如砥	同上
万历二十二年五月二十六日	大学士陈于陛				《万历起居注》(第4册)。
万历二十二年六月十六日		礼部左侍郎范谦			《明神宗实录》(卷274);《万历起居注》(第4册)。
万历二十二年六月十六日		少詹事余继登			同上;参见民国刊本《淡然轩集》后所附行状。
万历二十二年七月二十八日				修撰翁正春	《明神宗实录》(卷275);《万历起居注》(第4册)。

任命时间	总裁	副总裁	兼职副总裁	纂修官	出处
万历二十二年 七月二十八日				编修冯有经	同上
万历二十二年 七月二十八日				编修史继偕	同上
万历二十二年 九月二十六日				编修杨继礼	《万历起居注》(第4 册);《明神宗实录》 (卷277)。
万历二十二年 九月二十六日				编修陈懿典	同上
万历二十二年 九月二十六日				编修韩爌	同上
万历二十二年 九月二十六日				检讨傅新德	同上
万历二十二年 九月二十六日				检讨刘生中	同上
万历二十二年 九月二十六日				检讨高克正	同上
万历二十二年 九月二十六日				检讨王象节	同上
万历二十二年 九月二十六日				检讨李腾芳	同上
万历二十二年 十月十一日		左庶子 冯梦祯			《旧京词林志》(卷2 《纪事下》);万历刊 《大泌山房集》(卷 66《冯祭酒家传》); 《明神宗实录》(卷 278);《万历起居 注》(第4册)。
万历二十二年 十二月七日				编修周应宾	《明神宗实录》(卷 280);《万历起居 注》(第4册)。
万历二十二年 十二月七日				编修袁宗道	同上
万历二十二年 十二月十四日	大学士 沈一贯				《明神宗实录》(卷 280);《万历起居 注》(第4册)。
万历二十三年 三月五日				编修陶望龄	《明神宗实录》(卷 283);《万历起居 注》(第5册)。
万历二十三年 六月二十三日		礼部左侍郎 刘楚先			《明神宗实录》(卷 286);《万历起居 注》(第5册)。

任命时间	总裁	副总裁	兼职副总裁	纂修官	出处
万历二十三年六月二十三日				修撰朱国祚	同上
万历二十三年六月二十三日				编修顾天埈	同上
万历二十三年八月二日				右中允叶向高	《明神宗实录》(卷288);《万历起居注》(第5册)。
万历二十三年十月十日		礼部右侍郎曾朝节			《明神宗实录》(卷290);《万历起居注》(第5册)。
万历二十三年十月十日				编修杨道宾	同上
万历二十四年十一月十二日				编修刘孔当	《万历起居注》(第5册)。
万历二十五年三月十五日				编修刘曰宁	《明神宗实录》(卷308)
万历二十五年六月七日		少詹事李廷机			《明神宗实录》(卷311);《万历起居注》(第5册)。
万历二十五年六月七日				右庶子周应宾	同上

据《明史》卷288《王稚登传》记载:大学士赵志皋曾推荐长洲人王稚登及同邑魏学礼、江都陆弼、黄冈王一鸣参加这次修史之事,已"有诏征用",但"未上,而史局罢"。可见,倘当时史馆不散,参与编纂的人员还要增加。另外,参与这次修史活动的,除表中所列总裁、副总裁、兼职副总裁、纂修官之外,还有誊录、办事等人员。而仅计总裁、副总裁、兼职副总裁以及纂修官四类人员,据上表可知,投入这次修史的人员就有54名之多(笔者注:周应宾被任命为纂修官先后为二次,沈一贯、陈于陛、曾朝节、范谦、余继登、李廷机等在史局内职务皆曾发生过变动,因而在表中他们的名字各出现两次,这里所统计的总数中,他们只计入一次。另外,刘虞夔未曾到任,统计时没予计入)。可见其队伍确实相当庞大。然而,值得注意的是,这支队伍不仅庞大,而且质量也很高,当时的著名史家,几乎全被网罗进来。为了节省篇幅,仅以其中数人为例,加以说明。

首先看余继登。他是直隶交河泊头镇人。生于嘉靖二十三年(1544),万历五年中进士,选翰林院庶吉士,"其学务考国家故实及前代治乱所由,不喜为浮词",七年授检讨,十一年纂修会典,十五年会典成,升修撰。十七年充经筵讲官,已而升右春坊右中允,兼编修,充日讲官,以《通鉴》进讲,"稍稍引古谊傅时政以献",后成《通鉴进讲录》九十卷。二十二年升詹事府少詹事,兼侍读学士,充正史副总裁,参加陈于陛主持的这次修史活动。后又任礼部右侍郎、左侍郎署部事、尚书等职。二十八年卒于官。除《通鉴进讲录》之外,所撰还有《国朝典故纪闻》十八卷。①《国朝典故纪闻》始刻于余继登晚年,刻成于他既死之后,是一部专讲明朝历史的笔记体史书,主要靠摘撮实录及起居注的材料编成,内容涉及明朝洪武至隆庆年间的各个方面,为研究明代的政治、经济、典章制度提供了有用的史料,有些史料或不见于他书记载,或他书记载甚略,颇应重视。他的朋友冯琦在本书出版时,为之作了一个序言,其中说:"余与世用(按:世用为余继登的字)偕官史局,别僦舍而共处,稍谢造请,取古人已事差次之。而世用曰:'取法于远,不如近也。'即又取当代事为一编,而世用曰:'吾与其繁也宁简,事可循,言可纪,不必见自己出也。以魏弱翁之才,其大者乃在条上汉家诸名臣故事耳。余以为与其取诸名臣奏牍,不如征列圣之典谟也。'于是世用视诸故府,纪所见闻,久而成帙,属余更定,摘为十八卷。凡关国家大政大本则书,非大事而于世为急则书,非大非急,而为异闻见则书,非异而事所从起则书。"由这个序言可知,作者编纂此书的目的,乃在"取法",也就是总结历史经验,为当今世务寻找借鉴。由这个序言也可知,作者在古代与现代的历史经验之中,尤其重视现代的历史经验;还可知本书的编写方针在于着重"大政大本""于世为急"者、"异闻见"以及"事所从起"。这些无疑都是很有见地的。本书之所以价值颇高,其原因当即在此。通过上面的叙述,我们可以十分清楚地看出,余继登确确实实是一位很有见识、很有成绩的史学家。他不仅熟悉明朝以前的历史,而且尤其重视和熟悉明朝的历史。他不仅于参加陈于陛主持的修史活动后在史学研究上辛勤耕耘,而且在参加这一活动前已经在史学研究上下了很大功夫。

其次看焦竑。他是南京旗手卫人,嘉靖十九年生,嘉靖四十三年中举。②"自髫年发愤向学。"③自嘉靖四十一年,始受学于著名学者耿定向,成为其得意高足,约隆庆六年,与李贽往来甚密。万历八年,始记录读书所得,共记了两

---

① 民国4年重修《交河县志》(卷7《人物志上》);余继登《淡然轩集》所附冯琦撰《余继登行状》及于慎行撰《余继登墓志铭》。

② 容肇祖:《焦竑年谱》,《燕京学报》1938年第23期。

③ 焦竑:《澹园集》(卷13《与日照宗人》)。

年,因故停止,而后来这些记录在一个名叫李士龙的人的帮助下被整理成《类林》一书。这部《类林》即是他的第一部史学著作,也称《焦氏类林》,共八卷,是摘引旧书资料而成,多系前人遗闻事迹,"自羲轩以及胜国",即上自远古,下至元朝。①编排形式是参照刘义庆的《世说新语》的篇目,以类相从,"其不尽者,括以他目"。②但在编写旨趣上,此书与《世说新语》有所不同,《世说新语》"主在辅谈",而《类林》"欲以为训意",即偏重体现作者的思想。③此书的编成,对研究明代以前的历史人物,提供了一定的方便。万历十七年,以殿试第一人,官翰林院修撰,从此更加努力"讨习国朝典章"。④万历二十二年始参加陈于陛主持的修史活动。在这一活动中,他做出了很大成绩(下文将详细叙述,这里暂不叙述)。⑤万历二十七年,辞官归南京,"遂不出",万历四十八年死,年八十一。⑤在死去以前,他在他人的帮助下,又完成其最后一部史学著作,名《玉堂丛语》,万历四十六年出版此书时,他本人为之写了一篇自序说:

> 余自束发,好览观国朝名公卿事迹。迨滥竽词林,尤欲综核其行事,以待异日之参考。此为史职,非第如欧阳公所云夸于田夫野老而已者。顾衙门前辈,体势辽阔,虽隔一资,即不肯降颜以相梯接。苦无从咨问,每就简册中求之。凡人品之淑慝,注厝之得失,朝廷之论建,隐居之讲求,辄以片纸志之,储之巾箱。顷年垂八十,聪明不及于前时,道德日负其初心,不啻韩子所言者,业一切置之不理矣。相知者惜其尝为心思所及而广之,余不能止也。读者倘与近日《翰林记》《馆阁类录》《殿阁词林记》《应制集》诸书而并存之,亦余之幸也夫。

由此序来看,这本书是焦竑入翰林院后通过长期阅读有关文字资料而写成的,是关于明代翰林人物的一部著作。它"体裁仍之《世说》,区分准之《类林》",⑥共分五十四卷。其取材相当广泛,上自官府的"金匮石室典册高文",下

---

① 姚汝绍:《焦氏类林序》。

② 焦竑:《澹园集》(卷22《题类林后》)。

③ 姚汝绍:《焦氏类林序》。

④《明史》(卷288《焦竑传》),中华书局,1974年,第7392页。

⑤ 此从容肇祖《焦氏年谱》,而《明史·焦竑传》记为"年八十"。

⑥ 郭一鹗:《玉堂丛语序》。

至民间的"稗官野史之余论",无不兼收并采。书中引用资料,大半未注明出处,而仅就注明者统计,征引的书籍就有50多种。对所收材料也下了审核的功夫,有的还写了按语。同时人顾起元为之写序称赞说:"义例精而权量审,闻见博而取舍严。"不言而喻,这部书的价值是很高的,它为研究明代万历以前的翰林人物,提供了宝贵的资料。通过上面的叙述,我们可以得出结论,与余继登一样,焦竑也确确实实是一位很有成就的史学家,他不仅熟悉明朝以前的历史,而且非常熟悉明朝的历史,不仅于参加陈于陛主持的修史活动后在史学研究上孜孜不倦地辛勤努力,而且在参加这一活动前已经在史学研究上有了相当的建树。

再看冯琦。他是临朐人,自幼"颖敏绝人"。万历五年中进士,改庶吉士,授编修。参加陈于陛主持的修史活动前,曾预修《大明会典》,"进侍讲,充日讲官"。万历二十九年十月起任礼部尚书,三十一年三月卒于官。[1]史书说他"明习典故,学有根柢"。[2]去世前有两部史书或已开始写作,或已接近完成。前者为《宋史纪事本末》,最后完成该书的陈邦瞻在为该书万历三十三年刻本作的"叙"中写道:

> 先是,宗伯冯公(按:即冯琦)欲为是书而未就,侍御斗阳刘先生(按:即刘日梧)得其遗稿若干帙,以视京兆徐公(按:即徐申),徐公以授门下沈生(按:指南京御史沈越)俾雠正之。因共属不佞续成焉。凡不佞所增辑几十七,大都则侍御之旨而宗伯之志也。[3]

《四库全书总目》也有类似的话:

> 初,礼部侍郎临朐冯琦,欲仿《通鉴纪事本末》例,论次宋事,分类相比,以续袁枢之书,未就而没。御史南昌刘日梧得其遗稿,因属(陈)邦瞻增订成编,大抵本于琦者十之三,出于邦瞻者十之七。[4]

---

[1] 《明史》(卷112《七卿年表二》),中华书局,1974年,第3483页。
[2] 《明史》(卷216《冯琦传》),中华书局,1974年,第5705页。
[3] 转引自陈邦瞻:《宋史纪事本末》(附录一),中华书局,1977年,第1191页。
[4] 《四库全书总目》(卷49《宋史纪事本末》提要)。

后者为《经济类编》,《四库全书总目》为其所撰提要说:

> 是编为(冯)琦手录之稿,粗分四类。琦没之后,其弟(冯)瑷与其门人周家栋、吴光仪稍为排纂,且删其重复,定为帝王、政治、储宫、宫掖、臣、谏诤、铨衡、财赋、礼仪、乐、文学、武功、边塞、刑罚、工虞、天、地、人伦、人品、人事、道术、物、杂言二十三类。大致与《册府元龟》互相出入。但《册府元龟》惟隶(录)事迹,此则兼录文章;《册府元龟》惟以史传为据,此则诸子百家靡不捃拾,体例少异耳。其中采摭繁富,颇为赅洽。①

由这一提要可知,《经济类编》一书本属类书,但它分类编排的多是历代政治、经济、文化、军事等资料,因此,也是一部史书。回顾以上关于冯琦生平的叙述,不难看出,冯琦又是一位既熟悉明朝以前的历史,又了解当代典制的史家,既在参加陈于陛主持的修史活动以后在历史著作写作上从事其事,又在参加这一活动前就已开始了这一工作。

最后看董其昌。他是松江华亭人。万历十七年进士,后官至南京礼部尚书。崇祯中以太子太保致仕。②他很有才华,少年出名,其书画成就历来尤为人们所称道。而由于他在书画方面名声过大,人们对其史学成就不大注意了。其实他在史学上也有应予称道的贡献。他在参加陈于陛主持的修史活动前虽然未发现有突出的史学成绩,但在此后,却有相当的作为,其中主要的是天启年间撰写了《神庙留中奏疏汇要》一书。《明史·董其昌传》记其事说:

> 天启二年,(董其昌)擢本寺(太常寺)卿,兼侍读学士。时修《神宗实录》,命往南方采辑先朝章疏及遗事,其昌广搜博征,录成三百本。又采留中之疏切于国本、藩封、人才、风俗、河渠、食货、吏治、边防者,别为四十卷。仿史赞之例,每篇系以笔断。书成表进,有诏褒美,宣付史馆。

关于此书,近人大史家邓之诚曾给予很高的评价,认为此书"足正实录违失","其笔断仿史赞之例,称臣以资献替,称职以辨是非,无所见则阙之。当党

---

① 《四库全书总目》(卷136)。
② 《明史》(卷288《董其昌传》),中华书局,1974年,第7396页。

争最烈,而能为持平之论,以明正义","兵事最详。吏户次之,要其所录,皆有关系之作,慎所持择,又后之侈言整理档案者所当取法也"。^①如此看来,董其昌其人,在陈于陛主持修史期间也是一位入选甚当的人物。

以上所举虽然只有四人,但用以说明陈于陛主持的这次修史活动的参加人员其写史能力确实相当之高,已经是足可以说明问题了。参加编写人员既多又精,无疑为这次修史活动之获得成功,提供了一个非常重要的条件。

这次修史活动中编纂人员承担撰写任务的分工情况,史书中已无完整记载,据有关记载和现存这次修史活动写出的史书,可知其部分情形。据《淡然轩集》所附冯琦撰余继登行状,可知余继登所承担者为"武宗本纪"。另外,朱国祚承担的是"孝宗大纪",^②撰写皇帝本纪的还有刘应秋等。^③据《明史·焦竑传》所载,可知焦竑所承担者为"经籍志"。又《国朝献征录》顾起元序文称:"会陈文宪公(即陈于陛)议修国朝正史,与王文肃公(即王锡爵)共欲以此事颛畀先生。先生谓盖众独贤,固辞不可,遂与词臣分纪其事。然而先生胸中实具有成书,即文宪所建议规划,大抵皆发端于先生者也。"由此看来,焦竑除去与其他纂修人员一样分担部分撰写任务外,对于整个撰写工作皆有通盘考虑,且对主持者陈于陛有重大影响,在一定意义上讲,可说他是实际上的主编者之一。除焦竑之外,还有史继偕撰写了"兵制志"(本书现存于世。因其中唯一的一种刻本称为《皇明兵制考》,而本文在引用该书文字时皆依该刻本,故下文一般称此书为《皇明兵制考》),吴道南完成了"河渠志"(二者根据详下),陈于陛撰写了"乐律志",^④叶向高负责"四裔志"的撰写,^⑤陶望龄似乎负责撰写"赋役志"。^⑥关于列传的撰写,则杨继礼承担了"后妃传"(不过称为"后纪妃嫔传"),陈懿典承担了"同姓诸王传",陶望龄承担了"开国功臣传"。^⑦

---

① 邓之诚:《神庙留中奏疏汇要序》,燕京大学图书馆据馆藏钞本印行,1937年。

②《(光绪)嘉兴府志》(卷80《经籍一》),光绪五年刊本。

③ 据《千顷堂书目》卷4《史部·正史类》载:刘应秋等在这次修史活动中撰有《皇明七朝帝纪》四十卷。

④ 王士禛:《居易录》(卷17)。

⑤ 王士禛:《居易录》(卷17)。

⑥ 陶望龄:《歇庵集》(卷16《与焦弱侯年兄》)。

⑦ 杨、陈承担任务的判断根据详见下;陶望龄承担任务的判断根据为《(康熙)会稽县志》(卷24《人物志·理学》)。

四、丰硕的成绩

这次修史活动自万历二十二年八月丁未(二日)①正式开馆,到万历二十五年六月癸未(二十四日)因故停止,②前后历时二年另十个月。在这接近三年的时间里,先后受命修史的诸位史官,一共做出了哪些成果呢?

第一,写出了本纪(包括皇后本纪)和各志,其中各志有二十二篇。

《国榷》卷七十七记载这次修史所取得的成果说:

> 所撰各帝本纪、皇后本纪、各志俱就。郊祀、庙祀、典礼、乐律、天文、历法、宗藩、学校、选举、职官、经籍、赋役、货币、漕渠、盐法、军政、兵制、马政、刑法、郡国、九边:志凡二十二。

这段话中所记志的篇目,总数是二十二,而所记的具体志目,只有二十一。这个小矛盾乃是漏文所致。谈迁的另一著作《枣林杂俎》中有"陈于陛修史"一条,其中也记了这次所修各志的情况,其总数同样是二十二,而具体志目与《国榷》所记也完全相同,唯"漕渠"二字作"漕运、河渠"。由此看来,具体志目确实是二十二,与总数并不矛盾。

第二,开始撰写列传,并已完成少数卷篇。

据《枣林杂俎》"陈于陛修史"条及《国榷》卷七十七记载,这次修史,其列传部分,共拟定二十六类(《国榷》总数记为"三十六",而具体类目仍为二十六,可见其总数乃为传写之误),其名称是:扬、徐、滁阳之三王,高祖之十七王,成祖之二王,仁宗、英宗各四王,宪宗之三王,外戚,洪武之功臣、诸臣,建文诸臣,永乐之功臣、诸臣,洪、宣诸臣,正统、天顺诸臣,景泰诸臣,成化诸臣,弘治诸臣,正德诸臣,嘉靖诸臣,隆庆诸臣,理学,文苑,循吏,高逸,孝节,乱逆,权倖,方技(伎),四裔(夷)。上述二十六类曾否写出呢?史书中所记不太一致。于这次修史停止之前数日入史馆的朱国桢说:正当"拟修列传"之时,这次修史因故而"奏

---

① 《明神宗实录》(卷276);《万历起居注》(第4册),北京大学出版社,1988年,第781页。

② 《万历起居注》(第5册),北京大学出版社,1988年,第610页;《明神宗实录》(卷311);朱国桢《涌幢小品》(卷上"实录"条)。

停"。①谈迁在《国榷》中所记为:当停止这次修史时,"方事列传"。②另外,在《国榷》正文记述了这一内容后,还附有谈迁的一段评论,其中说:"余尝读(这次修史所写)典礼、河渠、兵制诸志及本纪,列传间见数首(卷),多芜率,望之靡靡。"③由上文来看,谈迁是亲眼看到了这次修史所写的数首(卷)列传的。可见,谈迁的说法当属可信。这次修史对于列传部分确已开始撰写,并有了部分成果。不过,所写的列传数目。不会太多,因为谈迁所看到的仅是"数首(卷)",而且甚为粗糙;朱国桢既已身入史馆,倘所写列传甚多,不可能绝不知道,只有在数目较少的情况下,他这位在修史活动停止下来前数日方入史馆的史官,才可能不知其事。

第三,收集了编写明史的大量资料。

这次修史,尽管全书没有完成,但有关资料却收集得相当完备。对此前人多有评论,如万历四十四年南京人顾起元叙述其事说:

> 于是取累朝训录、方国纪志,与家乘野史,门分类别,采而缉(辑)之,自禁中之副,名山之藏,通都大邑之传,毕登于简,一代史材,犁然大备。④

大致与顾起元发出这一评论的同时,钱塘黄汝亨也指出:

> 累朝训录及海内碑铭志状表传之属,尽录之,下及齐谐小说,靡不诠择。⑤

以上所述三点成果,乃是就数量着眼而言。而要充分了解这次修史的成绩,还应就其质量方面加以考察。关于这次修史所写稿件的质量,前人多有不满之辞,前面已引用的谈迁的"多芜率,望之靡靡",即为一例。再如朱国桢说:

> 陈文端(于陛)请修正史,分各志二十八(按:"二十二"之误),务于详

---

① 朱国桢:《涌幢小品》(卷上"实录"条)。
② 谈迁:《国榷》(卷77)。
③ 谈迁:《国榷》(卷77)。
④ 焦竑:《国朝献征录》(顾起元序)。
⑤ 焦竑:《国朝献征录》(黄汝亨序)。

备,一志多至四五十万余言,未几,文端薨,各志草草了事。①

　　而实际如何呢? 今天已经不能见到当时所写的全部稿件了,因而我们已不可能对这次修史活动所撰全部稿件的质量作出彻底的评价。但这些稿件现在至少尚有近十种留传于世,就这些稿件来看,其质量可说参差不齐,但总的说来,皆是有缺点,也有优点,其优点并且是主要的(详细情况见下文)。由此看来,在陈于陛主持的这次修史活动中编撰出的稿件,其质量并不像前面所述的谈迁和朱国桢的有关评论那样低。

　　数量,丰硕;质量,颇高。陈于陛主持的这次修史活动的成绩,诚应大加表彰。但是,这尚不是这次修史活动所取得成绩的全部,其另一应予特别重视的成绩是弘扬了实事求是、秉笔直书的中国史学优良传统。中国的史学,自从产生之后就有一个实事求是、秉笔直书的优良传统,正直的史学家们不惜为捍卫这一传统献出自己的宝贵生命。陈于陛主持的这次修史活动一直把实事求是、秉笔直书当作自己的重要指导思想。

　　大约在万历二十二年八月正式开馆修史之后不久,焦竑上了一个奏疏,此疏载其文集《澹园集》卷5,它对修史事宜提出了四点主张,其中前两条是关于本纪和列传方面的内容,其关于本纪者说:

　　　　本纪之当议。国朝实录代修,如建文、景泰二朝,少者垂四年,多者七八年,向无专纪。景帝位号虽经题复,而实录附载,未为是正。夫胜国之君,人必为纪,以其临御一时,犹难泯没,所谓国可灭,史不可灭也。况在本朝,乃使之孙蒙祖号,弟袭兄年。名实相违,传信何据? 此所当创为者一也。德、懿、熙、仁四祖,本朝发祥之始,列于高庙本纪之首,如汉高之述太公,光武之述长沙,已无可议,至睿宗献皇帝似当一遵此例,不必另纪。盖位终北面,犹人臣之列,事属追王,无编年之体。此所当附见者二也。或当分而不必合,或当合而不必分,兰台石室之中,自有定论,但须经

---

　　① 朱国桢:《湧幢小品》(卷上"实录"条)。

圣断乃可遵行。①

其关于列传者说:

> 列传之当议。……累朝实录,禀于总裁,苟非其人,是非多谬,如谓方
> 正学为乞哀,于肃愍为迎立,褒贬出之胸臆,美恶系其爱憎,此类实繁,难
> 以枚(枚)举。至于野史小说,尤多不根。今历世既多,公论久定,宜乘此
> 举,亟为改正。

焦竑的上述意见,主要是针对实际问题的处理而发的,但其中实事求是、
秉笔直书的思想原则,像一条主线,贯穿于其全部论述之中。他不仅要纠正野
史中"不根"之语,而且要将官修实录中的"出之"个人"胸臆"的"是非"及不顾
实际、仅凭个人"爱憎"的"美恶"评价,统统"亟为改正"。他不仅要将臣民的列
传写成信实之史,而且要在政治上最敏感、有关皇帝家族是非的本纪中,克服
存之甚久的"传信"无据的现象。如上所述,在这次修史活动中,陈于陛的"建
议规划,大抵皆发端"于焦竑,焦竑的言论和行动对这次修史活动影响甚大,在
一定程度上起着总裁的作用。因此,他所提出的实事求是、秉笔直书为灵魂的
上述意见,在这次修史活动中并非空放一通,从有关的资料看,这一意见实际
上成了史馆诸位(起码是其中的许多位)编撰人员的共同指导思想。

这次修史不仅提出了实事求是、秉笔直书的原则,而且提出了保证这一原
则得到贯彻的具体措施。万历二十三年八月五日,时任副总裁的余继登写过
一个《修史疏》,建议皇帝下令各地帮助收集资料,其中说:

> 自开国以至于今,二百余年间,祖宗道化之隆,国家人材之盛,应运而
> 兴,光映后先,其应载列传者不可胜数矣。第人众则其势必涣,时久则其
> 事易湮,若全凭秘录之隐括,则志其略未志其详,欲兼采野记之纪闻,多传

---

① 此奏疏未写明撰写时间。载于《燕京学报》1938年第23期容肇祖《焦竑年谱》,将之系于万历
二十二年。而此奏疏内有"今(纂修正史)始事之日,方繙阅遗文、搜讨故实,下笔之期,茫无影响"之
语;另外,《明神宗实录》卷276载有二十二年八月二十八日即这次正式开馆修史后二十六天,礼科左
给事中孙羽侯关于纂修正史的一个奏疏,其内容与文字,和焦竑此疏大体相似;由上述几点分析,笔
者将焦竑此疏的撰写日期定为万历二十二年八月正式开馆修史后不久。

其疑,非传其信,苟非闻见之博,安能纪述之公? 伏乞敕下礼部,移文直隶并各省提学官,转行所属各府州县地方,其有硕辅名卿、德业彰著者,首先辑录,此外,有立朝大节生平卓行表表在人耳目者,不拘官秩崇卑,一并收采,至于名儒、良吏、孝子、贞妇,与夫隐逸、方伎之流可备纪载者,逐一查访,或详录其家乘,或博询之乡评,务要明白开具当时行事实迹,编成书册,送部备考……庶臣等得以藉手,次第编摩。①

审读其疏中所说,可知其所以建议皇帝下令各地帮助收集资料,乃是为了"论述之公"。这就是说,他是将广泛收集资料,当成保证贯彻实事求是、秉笔直书原则的一个具体措施。无疑,这是一个非常重要的措施。某些官、私史书中的失实之处,只有在与大量有关史料的对比中才能发现。余继登之想到这一措施,除了表现出他的史学修养之高深外,也反映了他对贯彻实事求是、秉笔直书原则的认真态度。

这次修史活动之重视实事求是、秉笔直书,从参加修史者个人的角度来说,是其中许多人的一贯主张的继续。如焦竑在参加这次修史活动之前,曾经写过《论史》一文,其中就指出"近世"写史者,仅据"台省之章疏与夫缙绅之志状",而章疏中虽有"崇论宏议",但"任情附会、轻摇笔端者,其徒实繁",至于缙绅志状,则不论其人品优劣,"无不美"者;所以如此写史,根本不能"备一代之信史"。于是他提出:"必不得已,章奏采矣,而又参之时论;志铭收矣,而又核之乡评",这样才能保证"伪不胜真"。②焦竑在《论史》中的这些说法与其参加这次修史活动后关于实事求是、秉笔直书的议论显然是十分一致的。但是,这里尤应指出的是,这次修史活动之重视实事求是、秉笔直书,是顺应当时史学界的新潮流之举。前面已述及嘉靖之后,出现了王世贞、郑晓等若干严肃的史家,他们花了很大力气,考订和纠正官、私史书中的不实之辞。尽管他们所做的工作有限,有关明朝历史的许多问题尚未搞清,但他们的这些活动,却在史学界掀起了一股可喜的浪潮。将这股浪潮与这次万历年间官修正史活动中强调实事求是、秉笔直书一事进行比较可知,它们的内容完全一致,而且在时间上前后衔接,由此看来,后者实是顺应前者而行,是前者的继续。为了说明这

---

① 余继登:《淡然轩集》(卷1《修史疏一》);《明神宗实录》(卷288)。
② 焦竑:《澹园集》(卷4《论史》)。

个问题,我们不妨再拿两者关于建文帝的记载办法这一具体事例作一番分析。建文帝由于靖难之役被推翻,之后在官私记载中不仅年号被取消,而且不能如其他皇帝那样有专门的实录。这一歪曲、抹煞历史的现象,在嘉靖之后王世贞、郑晓等严肃史家出现后,开始注意纠正。在他们的有关著作中,虽然受政治上的限制,不能将建文帝与其他皇帝同等对待,如王世贞的《弇山堂别集》的"皇明帝历"中,即没有列入建文帝,郑晓的《征吾录》中建文帝也没有像其他皇帝那样得撰本纪,①但他们在自己的书中为建文帝考订过有关史实。②此外,在隆庆二年,王世贞还上奏皇帝,要求在"国史"(这里的"国史"指实录)中,为之专修史书。他说:"《太祖实录》洪武三十一年止,中间至永乐元年,尚有阙漏未载。夫汉不以吕氏而废本纪,唐不以武氏而废实录,明天下不可一日无史也。乞下内阁诸耆硕臣,考究革除年间事迹,别为一书,附之国史之末。"他的这一建议,实即要求为建文帝专修实录。可惜的是其建议未被明穆宗采纳。③类似的建议到万历十六年,又由司业王祖嫡提出过。这一次得到了明神宗的批准,但"卒不果行"。④及至陈于陛主持的史局开设之后,对建文帝的处理问题继续给予极大的重视。前引大约在开馆修史之后不久焦竑所上的奏疏中语,即是一证。史局的这种意见,促进了史局外有关人士对这一问题的进一步重视,万历二十三年九月,礼科给事中杨天民曾专门上疏,要求在修史中恢复建文年号。接着御史牛应元上疏"复请"。礼部的官员也主张"愿及此纂修之时,命史局于高庙实录中,摘洪武三十二年逮三十五年遗事,复称建文年号,辑为少帝本纪"。看到上述议论,明神宗再次表现出比较开明的态度,下令"以建文事迹附太祖高皇帝之末,而存其年号"。⑤明神宗的这一决定虽然比较开明,但尚未允许编写专门的本纪,于是史局中人余继登继续疏争,其《淡然轩集》中载其奏疏说:

> 臣惟代之有史,掘摭故实,备载册书,明示嗣来,用垂法戒,非一人之书,而天下之公也,非一时之书,而万世之公也。故是非虚实之间,子不得

---

① 王云五主持:《续修四库全书提要》,台湾商务印书馆,1972年,第286～287页。
② 见王世贞《弇山堂别集》及郑晓《今言》。
③ 龙文彬:《明会要》(卷36)。
④ 龙文彬:《明会要》(卷36)。
⑤ 《明神宗实录》(卷289)。

私诸其父，臣不得私诸其君，而后可以言公。今诸臣奉命纂修，首先帝纪，行且就草矣，臣窃即帝纪而言，有不可不自为一纪者……建文君是已……夫建文之号当复，诸臣详言之，皇上已允行之矣，然附载太祖高皇帝纪之末，终觉未妥。臣尝考阅实录，思成祖所以改建文五年为三十五年者，盖缘即位之初，欲以子继父为名，不欲以叔继侄为名，故为是权宜之举耳，非有明诏革除之也。乃后修史者不达圣祖之意，遂于建文元年以后书其年而削其号，并削其行事之迹，故此数年间独纪靖难事，而不纪所靖之难为何事，若有所曲讳者。今幸已复其号，似当搜罗故牒，采集传闻，详载当时所用之人，所行之事，别为少帝之纪，是是非非，明白无隐，则靖难之兵有名，圣祖之心益白。夫以圣祖所不自讳、所不必讳者，而臣子乃欲强为之讳，非以天奉圣祖也。且事须有实，直道难枉，今野史所记已多失真，若不及今明为之纪，令后世以久愤之心，信传疑之语，则史臣之失职不足惜，如圣祖何！①

余继登的这一番议论，可说是用语婉转，而态度却是极为鲜明的。通观上述王世贞、郑晓以至焦竑、余继登等人关于史书中建文帝记载方法的主张，可以看出他们的意见在精神实质上是完全一致的，这就是要求实事求是、秉笔直书，要求恢复历史的本来面目。我们关于这一问题的考察，再一次证明了嘉靖之后史学界出现的修正史书不实之处的新潮流与陈于陛主持的修史活动中强调实事求是、秉笔直书，是前后一脉相承的，后者对前者是顺应和继承。然而，当我们考察两者的关系之时，认识还应不局限于此。前者与后者虽然在内容上毫无区别，但前者主要是发生在民间，发生在野史的领域，而后者则发生在朝廷之上，发生在官修史书的活动之中。由此说来，后者对前者就不仅是顺应和继承，而是在此之外还有所发展了。无疑，这"发展"一点是很值得重视的，在一定意义上说，它意味着嘉靖以来，史学界的这一潮流走上了一个新的阶段。

这次修史活动中的实事求是、秉笔直书的指导思想，其所产生的影响是积极的。尽管由于种种原因，这次修史活动没能搞出最终的成果就半途而废了，这限制了这一指导思想积极作用的发挥，但即便如此，其积极作用仍可清楚看出。这只要看一看下文将要叙述的一些现在仍旧存世的这次修史活动中所撰

---

① 余继登：《淡然轩集》(卷1《修史疏二》)。

写的史书对于这一指导思想的贯彻执行,就可完全理解。不过,我们考察这次修史活动的全过程,可以发现,这一指导思想实际上也有没能彻底贯彻之处。这主要是官修的局限造成的。比如关于建文帝的设立本纪问题,尽管纂修官们极力主张,但最终并未实现,《枣林杂俎》圣集"陈于陛修史"条记载其结果说:"建文、景泰以实录附载,专纪有待。"关于此,我们一方面为明神宗的开明态度不够彻底而可惜,另一方面更为实事求是、秉笔直书的指导思想不能在这次修史活动中彻底贯彻而遗憾。

五、半途而废及其后事

陈于陛主持的这次修史活动,到万历二十五年六月在没有最终完成任务的情况下,停止了下来。其中途而止的原因,《神宗实录》记为宫中失火,它说:"癸未(万历二十五年六月二十四日),大学士张位等拟暂停正史纂修事务,以皇极门左右两廊,被灾故也。"①当时人朱国桢在其笔记《涌幢小品》卷上"实录"条中,也主此说,记为"会三殿灾,奏停"。这种说法不能说不正确。因为当时确实宫中发生了火灾。《明史·五行·火灾》记载:万历二十五年"六月戊寅(十九日),三殿灾,火起归极门,延皇极等殿,文昭、武成二阁,周遭廊房,一时俱尽"。②宫中起火,对于这次修史发生影响,是有可能的,但是,它极不全面。修一部史书耗资有限,当火灾发生之后,这次修史活动虽然可能受到一些影响,但不应影响到根本不能继续进行的程度。而它确实中止了,无疑除了火灾之外,其中定有另外的原因。

万历三十四年十一月,礼科给事中汪若霖有一个关于修史的奏疏,其中提到陈于陛主持的这次修史活动的停止时说:

> 大学士陈于陛请成正史,条画甚明。奉旨编研,业有端绪。而于陛既没(笔者按:陈于陛死于万历二十四年),同列害成,遂使九重懿轨,弃于半途。③

---

① 《万历起居注》(第5册),北京大学出版社,1988年,第610页。
② 《万历起居注》(第5册),北京大学出版社,1988年,第575~581、624~625页。
③ 《明神宗实录》(卷305)及谈迁《国榷》(卷80)。参见《西园闻见录》(卷29《史局》),本书将此疏记为万历二十一年所上,误。

汪若霖在这里提出了"同列害成"一因,但"同列"所指何人,并未具体说明。谈迁也曾提出此因,而且将"同列"具体落实到了两个人。他的这一说法是在两处提出的。一处在其笔记《枣林杂俎》圣集"陈于陛修史"条中,他说:

> (万历)二十五年六月,三殿灾,辍业。又南充(指陈于陛)前卒,四明沈一贯殊不以为意,非其始议也。

一处在其史学名著《国榷》卷77中,他说:

> 陈文宪(笔者按:指陈于陛)捐馆舍,主议虚无人,因柏梁之灾乘之以辍笔……业肇笔汇类以从,或异才出而润色之,亦云幸也。倏焉废阁,诸稿散佚,抑新建辈(笔者按:指大学士张位,他是江西新建人)妒其成、谓不自我始耶?

汪若霖与谈迁的说法是有道理的。谈迁所提及的张位与沈一贯,都是完全可能因嫉妒而为这次修史活动制造障碍的人。张位于万历十九年九月被任命为史部侍郎兼东阁大学士,万历二十年四月正式入阁办事。沈一贯于万历二十二年五月被任命为礼部尚书兼东阁大学士,同年十一月正式入阁办事。[①]到万历二十五年,内阁大学士除他们二人外,还有首辅赵志皋,但赵志皋年事已高,"柔而懦",政事实际上多由张位、沈一贯裁决。如张位,史称"与志皋相厚善,志皋衰,位精悍敢任,政事多所裁决"。[②]这两位掌握了朝中大权的人,又都是心胸狭隘之徒。如张位,史书中有"有才,果于自用,任气好矜"之评,又被评为"初官翰林,声望甚重,朝士冀其大用。及入政府,招权示威,素望渐衰"。[③]再如沈一贯,史书中说他"柔而深中","好同恶异"。[④]这样两位心胸狭隘的人既然掌握了朝中大权,他们对倡非由己的事情不热心,以至"害"其"成",故意将之扼杀,显然是完全可以做得出的。由此看来,汪若霖与谈迁的说法不容不信。至此,关于这次修史活动半途而废的原因,便可以得出这样的

---

①《明史》(卷110《宰辅年表二》),中华书局,1974年,第3371页。
②《明史》(卷219《赵志皋传》《张位传》),中华书局,1974年,第5776、5777页。
③《明史》(卷219《张位传》),中华书局,1974年,第5778页。
④《明史》(卷218《沈一贯传》),中华书局,1974年,第5759页。

结论:"同列害成"是基本原因;宫中的火灾是次要的原因,而且它主要是"害成"的"同列"所利用的一个借口。

《万历起居注》记载,万历二十五年七月十七日大学士赵志皋等曾上一个题本,为在同年六月十九日大火中抢救史馆稿件的有关吏胥请功,其中说:

> 正史编辑虽在史官,而启闭、誊稿琐屑诸务,例用吏胥。先该吏部拨送各役三载于兹,效有勤劳,且昨史馆被灾之时,累朝宝训、实录及正史各项册籍,各役并力救运,不致废失,其劳亦不可泯。①

这就是说这次修史活动所写的稿子在火灾中并未烧掉,起码是有相当大的一部分保存了下来。因此,利用这些稿子,继续修订,以便最后写出一部成书,是非常应该的事情。明朝末年,不少人有这种愿望,如万历四十四年顾起元在给《国朝献征录》一书所写的序中就说过:"余诚愿上一日大开金匮石室,征先生(指焦竑)典之,绪成正史,垂诸万世。"有的人甚至正式上书皇帝,要求其事。如万历三十四年十一月礼科给事中汪若霖就上书提议:"今诸臣囊箧,尚可搜寻(指这次修史活动所写的稿子),一代谟猷,宁终漫漶。乞申命阁臣,开局修举,首编年月历之体,次纪表志传之文,严直笔以定大猷,括遗草而终盛事。"②再如天启四年正月,刑科给事中解学龙上疏"请修正史",其疏虽未直接提及上继陈于陛的修史活动一事,但实质上仍是如此。③上述奏请,不言而喻,都是很正确的意见,然而皆未获批准,因此,终明朝之世,由封建政府主持续纂纪传体本朝史之事,一直没有出现。原因何在呢? 其中万历时期,当是由于明神宗怠政所致。万历二十五年以后,明朝的社会矛盾虽在一天天激化,但直到万历末年,从总体上讲,仍属于比较和平的局面,因此,重开史局的可能性是具备的。可是,这时的明神宗,已经处在了怠政的状态之中,除了对搜刮钱财的矿监税使的有关事宜关心之外,其余的一切政事几乎不闻不问,整天躲居深宫,不见大臣,不理政事,大臣的奏疏送来之后往往是连看也不看就留在宫中搁置起来,这就是所谓"留中",有的虽然看了,也不提任何处理意见,以"不报"

---

① 《万历起居注》(第5册),北京大学出版社,1988年,第662~663页。
② 《明神宗实录》(卷427);张萱《西园闻见录》(卷29《史局》)。
③ 《明熹宗实录》(卷38)。

二字不了了之。这样,政务不论大小,几乎全部处在停滞状态。在这种情况下,要想重开史局,续修纪传体的本朝史,那显然是不大可能了。史书中在记载万历三十四年十一月礼科给事中汪若霖请求续修纪传体本朝史的奏疏时,在奏疏原文之后记有"不报"二字,①这便有力地说明了我们的上述判断是完全符合实际的。至于天启、崇祯年间,官府没能恢复纪传体本朝史续修工作的原因,与万历时期则有所不同,这时,朝中的掌权者(不管是皇帝,如崇祯皇帝,还是权臣,如天启时的魏忠贤)都重视修史,但因政治局势紧张,其用于修史的精力不可能太多,而且所能拿出来用于修史的精力,也只能首先用于与其统治地位的巩固与否有密切关系的史书——记载近几年或近几十年史事的史书。于是,对政局的影响比较间接或缓慢的纪传体本朝史,便排不上日程了。翻开有关天启至崇祯年间史事的史书,当时后金(清)与明朝的战争不断进行、农民起义日益发展、明朝统治集团的内部争斗越来越激烈等情况,就会给我们以强烈的印象,在这种内外交困的情况下,当时的明朝统治者怎能为修史而拿出太大的精力? 考察一下天启至崇祯年间官修史书的情况就会发现共有五部:第一,天启元年,始修《神宗实录》,至崇祯三年十一月完成。②第二,天启元年,始修《光宗实录》,天启三年修成。③第三,天启五年,权阉魏忠贤及阉党为了按照自己的观点解释万历末年至泰昌时发生的三案,酝酿仿照世宗时修《明伦大典》的办法,编写一部关于三案的专门史书,第二年此事正式付诸实践,写成《三朝要典》一书。④第四,天启末年,权阉魏忠贤及阉党以天启三年所完成的《光宗实录》与《三朝要典》不合,不符合其需要,决定将之重修,此次重修至崇祯元年完成。⑤第五,崇祯初,始修《熹宗实录》,至崇祯十几年完成。⑥由上述看来,天启至崇祯年间,尽管政治局势十分紧急,而明朝统治者仍然修了不少史书,这怎么能说他们不十分重视史书的编写呢? 但上述五部书全都是记载近几年或近几十年的史事的,这显然是因为它们直接影响着掌权者地位的巩固的缘故。天启四年正月刑科给事中解学龙上疏要求官府主持编写纪传体本朝史时,所

---

① 谈迁:《国榷》(卷80)及《明神宗实录》(卷427)。

② 《明熹宗实录》(卷8);《怀宗崇祯实录》(卷3)。

③ 《明熹宗实录》(卷8);谈迁:《国榷》(卷85);《烈皇小识》(卷3)。

④ 谈迁:《国榷》(卷87);《明通鉴》(卷79、80);《三朝要典·凡例》;谷应泰:《明史纪事本末》(卷71)。

⑤ 《明史》(卷216《许士柔传》),中华书局,1974年,第5719页;《明怀宗崇祯实录》(卷1)。

⑥ 谈迁:《国榷》(卷96);谈迁:《枣林杂俎》(智集·逸典·熹宗实录)。

得到的批示是:"命实录成议之。"①从这个答复来看,在掌权者的心目中,编写这种影响比较缓慢、间接的史书,是明确地被排在记载近几年或近几十年史事的史书之后的。将上述五部书的编写时间排一排,也可以发现,它们几乎占满了整个天启、崇祯时期。看来,当时官府主持的纪传体本朝史的编写之所以一直没有继续进行,其原因当即在于此。那五部书的编写,把一切时间全占去了,纪传体本朝史哪里还有挤上去的余地!

　　陈于陛主持的这次修史活动之在万历二十五年六月停止后终明朝之世未再恢复,从许多方面讲,都是令人遗憾的事情。在这修史活动停止后的相当长的一段时间内,这次修史所写出的许多稿子尚存于世,若把这一修史活动恢复起来,这些存稿无疑是很好的可资利用的材料,能发挥很大的作用。但这一修史活动最终没有恢复,这些存稿的大部分便渐渐散失了。这不能不说是一个令人痛心的损失。由于这次修史活动一停未复,这也导致了整个明代未能出现一部高质量的、大部头的纪传体本朝史书。由于当时政府不再继续进行这项工作,就只有靠私人撰写,而私人限于人力物力的条件,这一任务极难完成。自这次修史活动停止到明朝设在北京的中央政权的覆灭,明代私人曾有撰写纪传体本朝史者,如张岱着手撰写《石匮藏书》,但高质量的、大部头的此类著作一部也没有问世。明代未能写出高质量的、大部头的纪传体本朝史书,这在史学史上不能不说又是一件憾事,而在这次修史活动发生之后已具备了写出此类史书的条件的情况下,这类史书最终未能问世,就更使人感到可惜。由于明朝本身未能完成这一任务,写出高质量、大部头明代纪传体史书的任务就只好留给下一个朝代即清朝去完成。如所周知,后来清朝政府比较出色地完成了这一任务,这就是张廷玉领衔而官府主持写出三三六卷的《明史》一书。此书撰写历时甚久(始于顺治二年,止于乾隆四年),参加者多宿学之士,写成后"志表纪传皆分配有当,各传事实皆互相照应,无重出互见之病"。②历来备受推崇。但其缺点也是存在的。其中重要的一点,就是书中讳言清代先世事迹,其目的是为了掩盖其先世本属明朝臣民的事实,以抬高清朝统治者的身价。按之明代历史,清朝先世史是明代历史的重要内容,对明朝的由盛而衰影响甚大,因此,写明史而不及清朝先世史,是极为不应该的。这个错误,倘是明朝人

---

①《明熹宗实录》(卷38)。

②谢国桢:《增订晚明史籍考》,中华书局,1964年,第23页。

自己写明朝史,就绝不会发生。由此看来,清修《明史》的这一严重缺陷,问题虽出在清朝,而分析起来,与明朝之未能写出一部高质量、大部头的纪传体本朝史,也有一定关系。这样说来,陈于陛主持的修史活动之一停未复,又增加了让人感到遗憾的一个内容。史家们在分析清修《明史》的体例时,皆对其专立《流贼传》表示称赞,如《四库全书总目》说:"闯献二寇,至于亡明,剿抚之失,足为炯鉴,非他小丑之比,亦非割据群雄之比,故别立之。"这一评论,其实是不全面的。清修《明史》为李自成、张献忠特立专传,从体例上讲,确实有应予肯定的一面,它对研究明末农民大起义提供了方便,对明朝的灭亡情况也作了较详细的反映。但是这一体例也有缺点,即是对明末以前的整个明代的其他农民起义不能加以集中反映。而有明一代,农民起义次数甚多,而且规模颇大、影响深远的也不在少数。对于这些农民起义不加以集中的反映,无疑是非常不应该的。我们若将陈于陛主持的修史活动加以考察的话,就可发现,这次修史活动倘能不半途而废的话,清修《明史》的这个缺陷也可得到克服,因为这次修史活动中将"乱逆"列入了其类目之中,也就是说,它是准备将明代的历次农民起义通过立专传加以集中叙述的。说到这里,我们可以发现,陈于陛主持的这次修史活动的一停不复,起码还存在着第四个让人感到遗憾的问题。

本文原刊载于《南开学报》(哲学社会科学版)1991 年第 6 期。

作者简介:

李小林,1956 年生,江苏省宿迁市人。1978 年毕业于南开大学历史系,留校在历史研究所明清史研究室工作,主要从事明清史的研究。历史学院教授,现任明史学会副会长。著有《万历官修本朝正史研究》等。

清人明史研究中的正统观和忠义观

姜胜利

有清一代,明朝历史备受史家关注。且不说清初和晚清两度出现"明史热",就是在文字狱盛行的乾嘉时期,明史研究也未曾间断,仍有全祖望等人以碑铭传志等隐蔽形式从事明史的记载与评论,所以说明史研究是清人史学活动的重要内容。其中,对于南明正统问题和明季忠义人物的看法,反映了清人在特定历史背景下的历史观。

一、关于南明正统问题的认识

正统是古代重要的历史观念。对于一个政权有无正统资格的认定,直接关系到对该政权历史地位的评价。史家的正统观念还会对史著的形式和内容产生深刻的影响。因此探讨史家的历史思想不能忽视其正统观念。

对于明朝,清人从未否认其曾取得过正统地位。清初黄文成就指出,明太祖朱元璋"得统之正,自征诛以来,未之有也"。[1]但对于明朝何时失去正统地位的认识却歧义纷呈。此问题之所以复杂,是因为在一些人看来,明代正统的终结与清代正统的确立密切相关。就是说,如果持崇祯十七年(1644)明亡说,则南明诸政权即为伪政权,清朝的正统就确立于崇祯自缢、清廷定鼎燕京之际;如果认为南明仍属明朝的一部分,则清代的正统确立时间也就有可能被相应下延。因此,这是一个与现实政治紧密联系的问题。下面对官方和私家的有关观点分别论述。

(一)官方论断的前后变化

官方对明代正统终结问题的论断以乾隆三十一年(1766)为界,明显区分为前后两个时期。前期持崇祯朝明亡说,后期持弘光朝明亡说。

在清朝入主中原之初,为了转移怀有亡国之痛的人仇恨的视线,稳固清廷

---

[1] 黄文成:《明纪野议·太祖灭元得天下》。

在中原的统治,官方大肆宣扬李自成推翻了明王朝,清军入关乃是平定李自成之乱,为明朝报仇。顺治元年(1644)七月,清摄政王多尔衮在致南明将领史可法的信中声称:"国家之抚定燕都,乃得之于闯贼,非取之于明朝也。贼毁明朝之庙主及先人,我国家不惮征缮之劳,悉索敝赋,代为雪耻。"①此论调无疑是在为清廷入主中原辩护,但从中透露出了清廷对明朝正统地位迄于崇祯十七年的论断:李自成入京之日,即是明朝灭亡之时。次年六月的《平南恩诏》也说:"本朝立国有年,幅员既广,醇朴为治,无意兼并。向来疆场构兵,本欲立归于好,不期寇凶极祸,明运永终。于是整族入关,代为雪耻。"②又一次明确了至崇祯十七年明朝已经灭亡,明的正统地位就此结束。

由于认定明朝的正统完结于崇祯朝,此后建立的南明各政权也就无正统可言了。对此,上述一信一诏都讲得很明确。前者说:"今若拥号自尊,便是天有二日,俨为敌国。"后者称:"南中乘衅立君,妄僭尊号,罔闻国恤,亟行乱政,重困人民,负四海不义之名,阻东南向化之路,朕用是夙夜只惧,思救梵黎。故西贼既摧,旋命南伐。"二者都称南明弘光政权的建立是非法的。

清廷的上述观点,在康熙、雍正和乾隆朝前期一直坚持不变。康熙七年(1668)正月,为顺治帝立《孝陵神功圣德碑》,碑文中说:顺治帝于"甲申(崇祯十七年),嗣登大宝。是时流寇肆逆,明祚已终,国亡君殉,万姓无归。爰整六师,一战而破百万之强寇,乃建都燕京。齐、晋、秦、豫,传檄底定。靖寇救民,王师南下……金陵僭号者,其臣下执之以降,由是下楚、蜀,平浙、闽、两粤、滇、黔,数年之内,以次扫荡,遂成大一统之业"。③此碑文坚持了顺治朝所谓明亡于崇祯朝和弘光为"僭号"的观点。康熙五十年,戴名世将南明弘光、隆武、永历三政权比作汉"昭烈之在蜀",宋"帝昺之在崖州",官方因此认为他妄为正统之论,遂以大逆论其罪。当时九卿议戴名世案,有言:"我朝定鼎燕京,剿除流寇,顺天应人,得天下之正,千古之所未有也。七十载万国朝宗,车书一统,薄海内咸奉正朔。"④此论强调清政权得之于李自成,它由此确立的正统地位为海内所公认。

雍正时也强调了顺治朝的定论。雍正七年(1729)颁行的《大义觉迷录》

①《清世祖实录》(卷6"顺治元年七月壬子")。
②《清世祖实录》(卷17"顺治二年六月己卯")。
③《清圣祖实录》(卷25"康熙七年正月庚戌")。
④《记桐城方戴两家书案》,载邓实、缪荃孙编:《古学汇刊》(第1集),上海国粹学报社,1912年。

称:"前明之亡国,亡于流寇李自成之手,与我朝毫无干涉。""迨李自成已陷北京,明愍帝殉国而死,明祚已绝,明位已移,始请兵我朝来除寇乱。""本朝之于明,论报复之义则为敌国,论交往之义则为与国。本朝之得天下,较之成汤之放桀、周武之伐纣,更为名正言顺。"作为"通行颁布天下各府州县、远乡僻壤,俾读书士子及乡曲小民共知之"①的钦定读物,《大义觉迷录》又一次申明了官方对明代亡于崇祯十七年的论断,同时也就表明南明正统根本不存在。

乾隆四年颁行的《明史》也完全体现了官方的上述定论。自班固《汉书》之后,纪传体中"本纪"就成为专以皇帝为纲,记载朝廷大事的部分。一个政权及其皇帝能否入本纪,反映了作者对该政权正统地位的认识。《宋史》的《瀛国公纪》附载了宋末二王赵昰、赵昺之事,说明其承认二王尚为宋朝的遗绪。《明史》的《庄烈帝本纪》,却未附记南明诸王事迹,只是于诸王传中分别略有提及,并皆冠以"伪"字。如在《福王常洵传》中记弘光帝朱由崧于崇祯十六年七日"袭封为福王";崇祯十七年,清军入关后,四月,"凤阳总督马士英等迎由崧入南京,五月庚寅称监国……壬寅自立于南京,伪号弘光"。于《桂王常瀛传》中称朱聿镆建立的政权"伪号绍武",朱由榔建立的政权"伪号永历",等等。

迨乾隆三十一年官方的上述观点开始变化。当年五月,乾隆帝在审阅国史馆所呈《洪承畴传》时,明显改变了对南明政权的看法。他指出:"于故明唐王朱聿钊加以'伪'字,于义未为允协。明至崇祯甲申,其统已亡,然福王之在江宁,尚与宋南渡相仿佛。即唐、桂诸王,转徙闽、滇,苟延一线,亦与宋帝昰、帝昺之播迁海峤无异。且唐王等皆明室子孙,非封号亦其先世相承,非若异姓僭窃,非草贼拥立一朱姓以为号召者可比,固不必概以贬斥也。"②这段话表明了这样两层意思:第一,南明三王皆非伪政权。第二,三王之中也有区别,福王的地位可与南宋偏安相比,唐、桂二王则与宋亡以后,其遗绪帝昰、帝昺辗转于海上相似。这就明显改变了顺治以后将三王并观、皆视为伪的定论。此论为后来官方进一步改变对三王的评价奠定了基础。

时隔不久,在修《通鉴辑览》时,官方的有关言论,又有一次大的突破。乾隆三十三年正月颁行的《御批通鉴辑览》,于"崇祯十七年正月"条批曰:"《通鉴辑览》将成,司事者举《通鉴纲目三编》之例,于甲申岁,欲大书顺治元年,分注

---

①《大义觉迷录》(卷1)。
②《清高宗实录》(卷761"乾隆三十一年五月甲午")。

崇祯十七年于下。且凡胜朝事,皆别书明,而于李自成陷京师,即系以明亡。余曰:不可。……《通鉴辑览》之书,非一时之书,乃万世之书,于正统偏安之系,必公必平,天命人心之响,必严必谨。""兹于甲申岁,仍命大书崇祯十七年,分书顺治元年,以别之。即李自成陷京师,亦不遽书明亡,而福王弘光元年,亦令分注于下,必俟次年福王于江宁被执,而后书明亡。夫福王设于江南能自立,未尝不可为南北朝,如宋高宗之例也,而奈其日即陷淫,以致天命去而人心失,是非开创者欲究我兵威,而实守成者自失其神器也。若夫唐王、桂王,穷窜边隅,苟延旦夕,此正与宋之帝昰、帝昺同例,不可仍以正统属之,用以示万世守成之主,思天命人心之难谌。"这样,官方首次将明亡时间定于福王被执之时,并承认明的正统迄于弘光朝。当然,这种评断并不意味着官方对自己正统地位的确立时间也发生了动摇,此后官方一直在声称它自顺治元年定鼎燕京,就取得了全国的正统地位,如乾隆四十六年十月谕称:"我朝为明复仇讨贼,定鼎中原,合一海宇,为自古得天下最正。"①所以官方所谓弘光正统,只是承认其承传了明的正统,而相对于清来讲,它仍是偏安一隅。

至乾隆四十年十月,乾隆帝又称,当他命史官在《御批通鉴辑览》中改订明亡时间时,尚认为唐、桂二王的隆武、永历政权"残喘不复成其为国,正与宋末昰、昺二王之流裔海岛者相类",因此未将他们载入该书。但现在又考虑到"二王究为明室宗支,与异姓僭号者不同,非伪托也",故命"铨叙唐、桂二王本末,别为附录卷尾"。②这样官方不仅认为弘光朝承袭了明的正统,而且承认唐、桂二王为明朝之遗绪,从而作出了对南明各政权历史地位的新论断。此后,于乾隆四十二年六月、四十六年十月、四十七年十一月③等谕旨中,多次重复了上述论断。

这一重大改变的主要目的,是为嗣后表彰忠于南明的人扫清障碍,因为承认了南明的合法地位,才能肯定这些人的忠义行为。而能够作此改变,依赖于两方面的条件。其一,清高宗敕撰《御批通鉴辑览》欲使"观是书者,凛天命之无常,知统系之应守,则所以教万世之为君者,即所以教万世之为臣者也"。④所以在此书中非常注意对历代正统的评断,通过这些裁断说明,正统应以"混一区宇"为准,

①《清高宗实录》(卷1102"乾隆四十六年十月甲申")。
②《清高宗实录》(卷995)。
③《清高宗实录》(卷1035、卷1142、卷1168)。
④《御批通鉴辑览》(卷首《御制序》)。

可当此者,以晋、隋、元等为代表。①并且坚决摈弃了"殊中外而有所抑扬其间"的做法,指出正统地位不应以是否少数民族政权而定。②这样就充分显示了清作为统一中国之政权的正统地位,所以在这样的书中改变对明朝正统终讫时间的论断,不致引起思想混乱,影响对清自身正统地位的论断。其二,这时的民族矛盾已不突出,"盛世"之下潜藏着的是阶级统治的危机,小规模的农民起义时有发生。改变对明朝正统终讫时间的论断不会重新唤起士人的民族意识,反而能显示清廷的"大公至正",以收士人颂扬朝廷之效。

官方这一论断的改变,对此后的明史撰著影响极大,自乾隆以后,官私史著大多依此论断评价史事、制定体例。

(二)私家认识由异趋同

清代前期,私家对明亡时间和南明正统问题的认识,主要有三种:一为崇祯朝明亡说,一为弘光朝明亡说,一为永历朝明亡说。

主崇祯朝明亡说者,持论缘由也不相同。杨陆荣撰《三藩纪事本末》,站在官方立场,将崇祯朝作为明代的最后一个时期,对南明政权均视为"僭位"。他在该书《凡例》中申明:"是编遵本朝(指清)正统,各藩所僭位号,不以统年。"张岱撰《石匮书后集》,则是站在遗民的立场,出于对崇祯帝的深厚感情和对南明诸王的不满,一再强调明朝正统迄于崇祯帝自缢之时。他评价崇祯帝说:"若我先帝,勤俭精明,锐意图治,宵衣旰食,惕厉焦劳。其奈有君无臣,社鼠城狐,共亡其国。实是中兴之令主,反为亡国之孱王。天道至此,颠倒极矣。但其正命殉亡,身死社稷,千秋抱痛,万姓悲思……余故以甲申三月,遂痛明亡。"③他又评价南明诸王说:"甲申北变之后,诸王播迁,但得居民拥戴,有一成一旅,便意得志满,不知其身为旦夕之人,亦只图身享旦夕之乐,东奔西走,暮楚朝秦,见一二文官便奉为周、召,见一二武弁便倚作郭、李。唐王粗知文墨,鲁王薄晓琴书,楚王但知痛哭,永历惟事奔逃。黄道周、瞿式耜辈,欲效文文山之连立二王,谁知赵氏一块肉,入手即臭腐糜烂。如此庸碌,欲与图成,真万万不可得之数也。余故以我朝得天下之正无过太祖,失天下之正无过思宗,崇祯三月,便

---

①《清高宗实录》(卷1142"乾隆四十六年十月甲申")。

②《御批通鉴辑览》卷99"至正二十八年闰七月""师陷通州,帝北去,徐达入大都,元亡"条批语。

③ 张岱:《石匮书后集》(卷5《明末五王世家·福王世家》)。

是明亡。"①与杨陆荣不同,张岱未称南明诸王为"僭位",但鉴于其"庸碌"不足以复兴明朝,所以也不予以正统地位,只承认其为明朝的遗绪。

持弘光朝明亡说者多是遗民,但他们在对弘光以后南明其他政权的看法上也不一致。查继佐撰《罪惟录》立《安宗简皇帝纪》,记载弘光朝历史,并将鲁、唐、桂、韩四王事迹附载于该纪中。在纪年上又对弘光与四王有所区别,记弘光朝即直书年号,记四王则先书干支,下注年号。这说明他以弘光朝为正统,以四王为明朝的遗绪。谈迁撰《国榷》也以弘光年号纪年,直记至弘光政权灭亡,但对鲁、唐二王只各附记一言:"鲁王以海监国绍兴","唐王聿键即位福州",对桂、韩二王则未记一字。这反映了谈迁对南明诸政权的认识,即视弘光为正统,对其他政权却漠然视之。谈迁不记弘光之后诸政权的历史,绝非因他不了解这些政权的事迹,从他渊博的学识和广泛的游历看,完全有记载这段历史的能力和条件,他的《北游录》《枣林杂俎》中有些条目也涉及永历等朝的一些事迹。因此,他的这种处理方法,当是由对这些政权的漠视所决定的。

持永历朝明亡说者多隐晦其辞,往往通过史著的纪年等方式来反映。如王夫之《永历实录》为永历帝立《大行皇帝纪》,以永历年号纪年,显然有尊其为正统之意。论说较明确的是黄宗羲和戴名世。黄氏《行朝录》中《隆武纪年》《绍武之立》《鲁王监国》《永历纪年》等,均以所记各政权的年号纪年,并径称各政权皇帝为"上"。还在《赐姓始末》中称:"自缅甸蒙尘以后,中原之统绝矣。"即认为明朝的正统绝于永历帝被缅甸国王俘虏交给清军之时。戴名世在有关南明史的著述中,常将各政权接连叙述,以示其统绪相接,如《杨刘二王合传》说:"烈皇帝之崩也,弘光帝南京,未几而败;隆武复帝闽越,又败;而两粤间乃立桂王子永明王于肇庆,改元永历。"《薛大观传》说:"自神庙(万历)以来,天下多故,行间大吏,计惟有逃耳。一逃而广宁失,再逃而流寇猖,又逃而金陵亡,而闽亡,而滇黔亡。呜呼!东南诸帝之死,视烈皇之死为何如也!"②这些论述都将南明诸政权与明代崇祯帝相联系,以说明其统承明朝。戴氏对此问题的直接论述见于他与弟子倪生的信,他说:清朝"当以康熙壬寅(元年)为定鼎之始",因为"世祖虽入关十八年",但当时"三藩未平,明祀未绝",若"循蜀汉之

① 张岱:《石匮书后集》(卷5《明末五王世家·总论》)。
② 二文均见《戴名世集》(卷7)。

例,则顺治不得为正统"。①萧奭也称戴名世"以明亡僭号三藩比诸汉昭烈在蜀、宋二王航海,至康熙癸卯(二年)而后统归于我朝(指清)"。②至此需作两点分析。其一,虽然后来官方也将弘光比作南宋,将隆武、永历比作汉昭烈和宋昰、昺二王,但二者对正统归属的解释仍有实质性的不同。官方强调弘光不过是以偏安的地位承明之正统,而清早于顺治元年定鼎燕京时确立了全国的正统地位。戴氏则认为南明在偏安之时仍据有全国的正统,直至永历灭亡清朝才取代其正统地位。因此,戴氏之论,即使在乾隆中期官方改变对南明的评价之后,也是为清廷所不容的。其二,黄宗羲和戴名世虽然皆以永历朝的灭亡为明朝正统的结束,但二人的遭际却大不相同,黄氏之书曾被史馆抄录作为资料,戴名世却身遭大戮。这体现了清康熙自中期至后期,有关明史政策变得更为严厉了。

戴名世《南山集》案之后,至乾隆中期官方改变有关论断之前,清人关于明代正统问题的记述,在强权之下归于一致,私家著述皆以崇祯朝为明代正统的结束期,南明各朝均被视为非正统的政权。如李天根撰《爝火录》记载南明福、潞、唐、鲁、桂诸王事迹,纪年全用清朝年号,声称:"是编编年顶格大书大清顺治元年,尊正统也。"③并于序中强调南明君臣都是"明末余孽,不自照烛",所以必致灭亡。全祖望虽表彰南明忠烈,但并未置南明于正统地位。在他的著述中,多次将南明称为"残明",将清朝入主中原称为"改玉",将尚在从事反清斗争的人称为"遗民",可见他认为正统的明朝已不存在了。同时他还称颂清朝说:"圣朝受命,百国来同。"④自崇祯朝以后的历史,皆用清朝年号纪年,这又说明他认为清自入关后即据有正统地位。总之,在雍、乾之际,私家所论明亡及南明正统问题,均未敢对官方的论断有所逾越。

自乾隆三十一年官方改变了对明亡时间和南明正统地位的论断之后,私家受其影响也相应作了变更。作于乾隆五十九年的《重麟玉册》,已将弘光政权与诸王作了区别,称"诸王自弘光而外,大都窃据一隅,苟延旦夕"。⑤即承认

① 此信《戴名世集》不载,此据徐珂《清稗类钞·狱讼》"戴名世南山集案"条。

② 萧奭:《永宪录》(卷1)。

③ 李天根:《爝火录·凡例》。

④ 全祖望:《鲒埼亭集外编》(卷4《明兵部尚书兼东阁大学士赠太保谥忠襄孙公(嘉绩)神道碑铭》)。

⑤ 沈梅史:《重麟玉册·例言》。

了弘光政权不是"窃据"性质,这与官方所谓弘光仍属明朝正统的观点基本吻合。至道光十年李瑶作《南疆逸史勘本》,将官方论述弘光正统的谕旨冠于书前,并评价说:"是不独予以(弘光)位号,且隐以蜀汉之统于两汉例也。"称此举"直为万世史册以立其程"。[1]同治年间夏燮撰《明通鉴》也称:"自我大清定鼎燕京,逾年明社既屋。"[2]即以清兵入关后第二年弘光帝被执为明亡的标志,并对弘光以后诸王均不书伪。夏氏解释这样做乃是"谨遵"《御批通鉴辑览》之例。私家将明亡下限延至弘光朝,在很大程度上是受官方改变有关论断的影响。可见,自戴名世《南山集》案以后,私家对明代正统问题的认识,不管是雍、乾之际的崇祯朝明亡说,还是乾隆朝以后的弘光朝明亡说,都是受官方论断所影响和支配的。私家有关此问题的看法,再也未出现清初那种众说纷纭的情况。尽管李瑶、夏燮等人的著作都较详细地记载了南明史,但是对于其正统问题都持论谨慎,他们声称遵官方之意,予弘光以正统地位,却不敢像清初史家那样以弘光年号纪年。《南疆绎史勘本》记载弘光、隆武、永历三朝历史,皆以清朝年号大书,以南明各政权年号附注。《明通鉴》也自崇祯十七年四月以后,即以清朝年号纪年,而且对弘光与其他政权不作区别,均列入附记中。这一方面反映了他们对官方在前期大肆迫害明史撰述中的触讳者仍心有余悸;另一方面也说明他们的著史思想与清初学者大不相同。他们已没有那种强烈的民族意识,必欲为南明争正统,他们将南明史纳入整个明史范畴,主要目的并不是为了以此体现南明为明朝的统绪,而是要完整地记载当时的历史状况,以便为时政提供借鉴。

(三)华夷之辨观念对正统论的影响

由于清朝是以少数民族入主中原,明清易代就不仅是两个封建政权的更迭问题,而且还关系到汉民族地位的隆替。所以华夷之辨这一古老的观念,在清初又被一些具有浓厚民族意识的学者大力鼓吹,他们面对明代确已灭亡的客观现实,却绝不承认清朝为中国的正统政权。如王夫之倡言夷夏之防说:"天下之大防二:华夏、夷狄也,君子、小人也。"他认为:"夷狄既逾防而为中夏之祸矣,殄之而不为不仁,夺之而不为不义,掩之而不为不信。"因此他认为明的灭亡并不就意味着清正统的确立。王夫之本是反对以正统观念评价一个王

---

① 李瑶:《南疆绎史勘本》(卷首《勘本自序》)。
② 夏燮:《明通鉴》(卷首《义例》)。

朝的历史地位的,他说:"天下之势,一离一合,一治一乱而已。离而合之,合者不继离也;乱而治之,治者不继乱也。明于治乱合离之各有时,则奚有五德之相禅,则取必于统一之相承哉?""有离,有绝,固无统也,而又何正不正耶?"在一般情况下,他认为无所谓正统可辨,但是面对清廷的入主中原,却又提出了自己的正统理论,他说:"帝王之兴,以治相继,奚必手相授受哉?道相承也。"①他指出这种以道相承的正统,只有汉、唐、宋、明等几个朝代可当:"惟汉舍秦而崇殷周,独得三代之遗意焉。……中国之主,嗣百王而大一统,前有所承,则后有所授。沛国(刘邦)之子孙,若手授之陇西(李唐)。陇西之子孙,若手授之天水(赵宋)。天水之子孙,若手授之盱眙(朱明)。……所宜访求其嫡系,肇封公侯,使修其先祀,护其陵寝,以正中夏之大绪。"②这种"正中夏之大绪"的新正统论,就是否认非汉族政权的正统地位,清代当然也在其中。顾炎武也调夷夏之防的至关重要,他说:"君臣之分所关者在一身,夷夏之防所系者在天下。"③他在明亡之后,处于清朝的统治之下,怀有强烈的民族意识,坚信"胡虏从来无百年",④"兴亡有迭代之时,而中华无不复之日"。⑤期待着中华正统政权的建立。因此,他认为汉族人应"处夷狄之邦,而不失吾中国之道"。⑥他积极撰写综论历代政教风俗的《日知录》,以备异日取代清廷的"王者"之用。在该书中,他称明必曰"本朝",称明太祖必曰"我太祖",称崇祯帝必曰"先帝",⑦已不仅是尊崇故国,而是站在民族立场上,隐含对清正统的否定。吕留良也有"华夷之分,大过于君臣之伦"之说,并指出自宋代德祐年间,元代入主中原,建立对全中国的统治是"天地大变,亘古未经"的事,而清廷入主中原,乃是此事"于今复见"。曾静遂据以称:"自崇祯甲申以至今日,与夫德祐以迄洪武中间,两截世界,百度荒塌,万物消藏,无当世事功足论,无当代人物堪述。"全盘否定了清的统治。他一再强调清代入主中原是"夷狄盗窃天位,染污华夏",是"窃据神器"。并说

---

① 王夫之:《读通鉴论》(卷17)。
② 王夫之:《噩梦》,载氏著:《黄书 噩梦》,中华书局,1956年,第44页。
③ 原抄本《顾亭林日知录》(卷9《管仲不死子纠》)。按原抄本《顾亭林日知录》由台湾明伦出版社印行,笔者未曾觅到。以下所引该书资料,皆转引自黄秀政:《顾炎武与清初民族思想的勃兴》,载(台湾)《文史学报》第8期。
④ 原抄本《亭林诗集》(卷5《井中心史歌》)。
⑤ 原抄本《顾亭林日知录》(卷9《素夷狄行乎夷狄》)。
⑥ 原抄本《顾亭林日知录》(卷9《素夷狄行乎夷狄》)。
⑦ 据黄秀政:《顾炎武与清初民族思想的勃兴》,(台湾)《文史学报》第8期。

"夷狄侵凌中国,在圣人所必诛而不宥者,只有杀而已矣,砍而已矣"。①这些都是公开否认清的正统地位。

正统之争,在今天看来并无多大意义,但作为历史观念的重要一环,正统观对当时的政治和史学都有着不可低估的影响。在政治方面,评价南明的正统,直接关系到清廷对其入主中原的目的和正统地位的确立等问题的解释。在史学方面的影响是多方面的,对南明有无正统地位的论断,直接关系到对南明政权及其人物的总体评价。如官方认为,无正统地位即为伪政权,臣事伪政权的人即为伪官;有正统地位即是合法政权,臣事合法政权的人即是"各为其主"。这是对历史评论的影响。黄宗羲以南明为正统,故以南明弘光、隆武、永历等年号纪年;张岱不承认南明为正统,故将南明诸王未入本纪,仅入世家。这是对史书体例的影响。谈迁承认弘光为正统,故以之为《国榷》的下限;不承认南明其他政权为正统,故或只有片言只语的提及,或一字不记,导致了对唐、桂等政权的缺载。这是对史书内容范围的影响。今天我们探讨其正统论,从各种观点的歧异和变化中,还可以看到官方统治政策的变化和士人民族意识的消长。可以窥见史家的一些政治观点和历史观点,如张岱不以南明为正统是出于对各王昏庸无能的憎恶,就反映了他对腐败政治的批判。

二、关于忠义问题的诸种认识

忠义是古代重要的伦理道德,其作为一种观念体现在史学中,使歌颂忠义、鞭笞叛降成为历代史著的重要内容。许多纪传体史著都设有忠义、节义、死节等类传,用以记载各种忠义人物和事迹。同时,又设有叛臣、逆臣、贼臣等类传,记载叛降人物以及反抗朝廷统治的各种人物。清人继承了以往史学褒忠录义的传统,在明史记载和明史评论中,强化了忠义观念。

(一)官方对忠义问题的重视

早在清初,顺治帝就曾说过:"明臣不思明,必非忠臣。"②并命为"崇祯末殉难大学士范景文等二十人"制谥。③顺治十二年汤斌奏请在《明史》中为明季抗节人物立传,当时由明降清的冯铨和金之俊攻劾他"奖逆",也多亏顺治帝亲自

①《大义觉迷录》(卷1)。
②据萧一山:《清代通史》(卷上第十三章"排满之思想与运动")。
③《清世祖实录》(卷70"顺治九年十一月乙酉")。

召见他,对他不仅不责怪,反而"天语温然,谓大可用",汤氏才免遭迫害。①顺治帝这些褒奖明季忠义人物的言行,不过是为了笼络人心,因为当时民族反抗情绪还很严重,为了使人民相信,清朝是出于为明朝报仇的目的才入主中原的,所以要作出一些与明朝站在同一立场的姿态,为明朝表彰其抗击李自成的忠臣。康熙帝和雍正帝也都注意宣扬忠义思想,前者将以阐述忠君理论为重要内容的程朱理学奉为官方哲学,极赞朱熹的"忠君爱上之诚"。②后者作《朋党论》强调君臣同心,作《大义觉迷录》力辨君臣之义为五伦之首。他还大肆表彰为清尽节的人,诏建"昭忠祠",以"祀开国以来致命尽忠诸臣"。③但在当时民族反抗意识还时有表现(如曾静劝说岳钟琪反清)的情况下,他们毕竟不敢以抵抗清廷的明朝臣子作为忠义的榜样。

对明代忠义的大肆宣传,是从乾隆后期开始的。当时民族矛盾已大为缓和,民族意识在统治者怀柔和镇压两面政策下,也大为减弱。统治者面临的主要威胁已不是反清复明的斗争,而是因阶级矛盾激化,正在和即将发生的农民起义,因此要加强忠于本朝的思想教育。对于清人来说,数量繁多、耳熟能详的忠义人物要数明季殉节之士了。乾隆三十一年清廷将南明弘光政权定为明朝的正统,将唐、桂二王政权定为明室的遗绪,已为表彰忠于南明的人扫清了障碍。因此乾隆帝多次指出,以往将忠于明朝的人"斥之以伪",是为了"一耳目而齐心志";④当初杀死那些抗节之士,也是因"混一之初,兵威迅扫,不得不行抗命之诛"。⑤如今已承平百年,对他们应"平情而论"了。于是他对明季忠义之士重新作出评价,称史可法、黄道周等人与宋末文天祥、陆秀夫"实相仿佛",是"支撑残局、力矢孤忠",⑥"琐尾间关、有死无贰"的"一代完人"。⑦这种评价,较顺治以来尽斥以伪的做法,是一个由贬到褒的一百八十度的大转弯,其转变的基调则是"诸人各为其主",⑧这道出了清廷表彰明代忠臣的真实目的,即鼓励臣下士人忠于自己的君主。在上述思想指导下,清廷采取了两项表彰明

---

① 《清史列传》(卷8《汤斌传》)。
② 《御纂朱子全书·序言》。
③ 吴振棫:《养吉斋丛录》(卷8)。
④ 《清高宗实录》(卷761"乾隆三十一年五月甲午")。
⑤ 《清高宗实录》(卷995"乾隆四十年闰十月己巳")。
⑥ 《清高宗实录》(卷996"乾隆四十年十一月癸未")。
⑦ 《清高宗实录》(卷995"乾隆四十年十月己巳")。
⑧ 《清高宗实录》(卷761"乾隆三十一年五月甲午")。

代忠臣的措施。其一是制谥。乾隆四十年十一月初十日令为明季殉节之臣议谥,①乾隆四十一年正月初七日又令为明代建文革除之际殉节之臣议谥,②二者共得三千六百余人。③其二是立传。乾隆四十一年二月,命将清朝给予谥号的明朝殉节之臣"于姓名事实摘其梗概","著名为《胜朝殉节诸臣录》,交武英殿刊刻颁行"。④在有关诏书中,乾隆帝一再申明,表彰明臣是为了激励清臣,"崇奖忠贞,所以风励臣节"。强调臣节是乾隆帝统治思想的重要内容,翻开《御批通鉴辑览》,其批语指斥失节之臣的言辞随处可见,而表彰明代殉节之臣,正可为清臣树立正面的榜样,这是官方明史著述直接为当时政治服务的明证。

与表彰忠臣相协调,对于叛降人物的声讨也随之展开。这种声讨也与清初以来对叛降人物的评价大相径庭。当清朝入主中原之初,官方向各地屡发诏谕,声称"江南既入版图,天下一统,朝廷方招罗俊杰",敦促各地人士速来"投顺";对于明代臣子"抒诚来归",也表示"良可嘉悦",要"一体优叙"。⑤当时劝诱明代将领降附清朝的论调是"今日之国运则大清实有真主矣。适逢其会,正良臣择主而事,豪杰相时而动之日也"。⑥雍正帝仍称,当清军入关时,"明之臣民咸为我朝效力驰驱,其时统领士卒者即明之将弁,披坚执锐者即明之甲兵也。"并称赞"此皆应天顺时,通达大义,辅佐本朝成一统太平之业,而其人亦标名竹帛,勒勋鼎彝,岂不谓之贤乎?"⑦至乾隆时期,随着对明代忠臣的评价由贬变褒,对降附清朝的明朝大臣,则由褒变贬。乾隆三十五年,清高宗读钱谦益的诗文集后,题诗讥之说:"平生谈节义,两姓事君王,进退都无据,文章那有光。"⑧乾隆四十年表彰史可法等忠义人物的诏书中,也顺便提及对"自诩清流,腼颜降附"的钱谦益,"必当明斥其进退无据之非,以隐殛其冥漠不灵之魂",⑨已有著书斥责降附之人的想法。因此在《胜朝殉节诸臣录》完成不久,乾隆帝即诏令于当时正在修撰的国史中另立《贰臣传》,他说:"我国开创之初,明末诸

①《清高宗实录》(卷996"乾隆四十年十一月癸未")。
②《清高宗实录》(卷1000"乾隆四十一年正月己卯")。
③《清高宗实录》(卷1002"乾隆四十一年二月庚戌")。
④《清高宗实录》(卷1002"乾隆四十一年二月庚戌")。
⑤《清世祖实录》(卷17"顺治二年六月己卯")。
⑥《明清史料》丙编第1本《姜新致明宁远总兵书》。
⑦《大义觉迷录》(卷1)。
⑧《清史列传》(卷79《钱谦益》)。
⑨《清高宗实录》(卷995"乾隆四十年闰十月己巳")。

臣望风归附……此等大节有亏之人,不能念其建有勋绩谅于生前,亦不能因其尚有后人原于既死。今为准情酌理,自应于国史内另立贰臣传一门,将诸臣仕明及仕本朝各事绩据实直书,不能纤微隐饰,即所谓孝子慈孙百世不能改者。"[1]从而创立了一种在国史中贬斥前朝降臣的类传。此后乾隆帝直接控制《贰臣传》的编纂工作,两次诏令变更该传的体例。乾隆四十三年二月令将《贰臣传》分为甲、乙两编。乾隆五十四年十二月又令将吴三桂等人从《贰臣传》中分出,另立《逆臣传》。体例的一再变更,说明清廷对明朝降臣的评价比对明代忠臣的评价更费心思。因为这些降臣与清朝有着密切的关系,所以要根据他们对清廷的附顺程度、贡献大小,即所谓"诸人立朝事迹既不相同,而人品之贤否邪正亦判然各异"来分出等级。如"洪承畴宣力东南,颇树劳伐;李永芳亦屡立战功,勋绩昭著。虽不克终于胜国,实能效忠于本朝",故列之为甲编。"钱谦益行素不端,及明祚既移,率先归命,乃敢于诗文阴行诋毁,是为进退无据,非复人类";"龚鼎孳曾降闯贼,受其伪职,旋更投顺本朝,并为清流所不齿,而其再任以后,惟务腼颜持禄,毫无事迹足称",故列之于乙编。[2]吴三桂、耿精忠等降清后"复行叛逆",连"贰臣"都够不上,故另立《逆臣传》,使其"生平秽绩亦难逃斧钺之诛"。[3]可见清廷将明朝降臣区分为树有勋绩、腼颜持禄和复行反叛三种类别,完全是以对清朝的态度和贡献作为区分标准,而并非考虑其对于明朝的影响。这就说明清廷贬斥叛降的目的与实质,同表彰明朝忠臣一样,都是要"风励臣节",使清朝的大臣绝对忠于清廷。

(二)私家对忠义问题的辨析

清代私家比官方更重视褒扬忠义,各个时期都有许多记载忠义人物的明史著作。前期如屈大均《四朝成仁录》、高承埏《崇祯尽忠录》、延陵西冷氏《残明忠烈传》、徐秉义《明末忠烈纪实》、邹漪《启祯野乘》和《启祯野乘二集》、卢宜《续表忠记》和《二续表忠记》以及邵念鲁《明遗民所知传》等。中期的全祖望《鲒埼亭集》和《鲒埼亭集外编》载有大量明季忠义人物的碑铭传状。汪有典《前明忠烈传》、俞忠孙《越殉义传》、李天根《爝火录》等则是记载明代忠义人物的专著。后期虽专以忠义标名的书较少,但徐鼒《小腆纪年附考》和《小腆纪

---

① 《清高宗实录》(卷1022"乾隆四十一年十二月庚子")。
② 《清高宗实录》(卷1051"乾隆四十三年二月乙卯")。
③ 《清高宗实录》(卷1344"乾隆五十四年十二月庚申")。

传》、夏燮作《明通鉴》等书都注意记载忠义事迹。前者著史目的就是要遵乾隆帝《御制胜朝殉节诸臣录序》表彰忠义之旨,"窃取《春秋》《纲目》之义,汲汲以正人心,维世运"为己任。①后者慨叹明季殉节事迹"湮没而不彰者,可胜道哉",将官方《明史》《御批通鉴辑览》《胜朝殉节诸臣录》所不载者,旁搜野史"俱附著在《考异》中"。②至辛亥革命前夕,孙静庵和陈去病分别撰有《明遗民录》也属于表彰明代忠义人物的著作。

虽然这些著作都旨在褒扬忠义,但在不同时期产生的著作其目的也不相同,而且与官方的目的也有同有异。清初私家表彰忠义多是怀着故国之思,将记载殉节事迹作为自己的职责,如谢杲作《节义录》称:"壮岁逢卦之革,自愧代受国恩,偷生人世",每游历"嗟山河改色,望宫阙而徘徊,难禁潸然泪下",遂作此书以"发潜德之幽光"。③邹漪作《启祯野乘二集》记载忠义人物则是针对有些士人趋附清朝,感慨"世道衰微",士人"不知忠孝节义为何物",才奋然命笔的。④这些都与顺治帝为笼络人心、消弱民族情绪,象征性地为一些明季殉节人物制谥,在目的上截然不同。自清代中期开始,私家表彰忠义的目的与官方趋于一致。全祖望记载熊汝霖抗清事迹后,所作结论是"夫浙东一隅之地,其不足以抗王师也明矣。……是则天命在圣朝,虽有善者无如何也。故正惟详述之而后知亡国之际未必无人,而回天之力无自而施也"。⑤可见,他是以忠义人物终遭失败来论证清廷的天命所归。汪有典作《前明史义列传》据其门人范允袋说乃是体会到清廷"崇奖忠义,隆恩亘古未有,所以教忠作孝之意至深且厚"。⑥抱阳生作《甲申朝事小纪》记崇祯、弘光忠节人物,当时人评价其功用是:"掀翻二西,表出烈士心肝;捃拾五车,画就忠臣榜样。"⑦徐鼒的《小腆纪年附考》是在太平天国运动威胁着清廷统治地位的情况下,"汲汲以正人心,维世运之愚衷",为教化人民做驯民而作。⑧夏燮作《明通鉴》也是为"劝千秋之忠

---

① 徐鼒:《小腆纪年附考》(卷首《自叙》)。
② 夏燮:《明通鉴》(卷首《义例》)。
③ 谢杲:《节义录》(卷首)。
④ 邹漪:《启祯野乘二集》(卷首《自叙》)。
⑤ 全祖望:《鲒埼亭集外编》(卷30《明大学士熊公行状》)。
⑥ 汪有典:《前明忠义列传》(卷首《凡例》)。
⑦ 抱阳生:《甲申朝事小纪》(卷首《京兆卧樵山客序》)。
⑧ 徐鼒:《小腆纪年附考》(卷首《自叙》)。

义"。①可见这些作者都不具备清初史家那种强烈的民族意识,表彰忠义的目的已与官方激励本朝臣节的目的别无二致。直到清末革命志士以排满号召革命时,民族思想再度兴起,孙静庵和陈去病著《明遗民录》明确说明是为"供爱国诸君子采焉"。②这又与清初私家的著史目的有了共鸣,但其性质已不同。此时的表彰忠义,乃是借明史事迹,激发人们的爱国意识,唤起人们投入推翻清朝统治的斗争,其政治色彩更为明显。

与官方重视对叛降人物的评价不同,私家更重视对于忠义问题的分析。他们对忠义概念的理解是多方面的,并不仅仅以"君亡与亡"评价明季人物。他们对以下五个问题的分析,反映了对忠义问题的较深刻的认识。

1.君臣之义与华夷之辨何者为重? 君臣名分是封建纲纪伦常的最主要内容,所谓"臣之事君,有死无贰,此人道之大伦也"。③在少数民族入主中原之际,是否向其称臣,则又涉及华夷之辨问题。清初学者面临明代灭亡,对这两种观念都极力提倡。即王夫之所谓"天下之大防二:华夏夷狄也,君子小人也"。④但他们认为这二者不是同等重要的。王夫之将忠于君主看作是"一人之正义"或"一时之大义";把严夷夏之防,"自固族类",看成是"古今之通义"。因此他强调"不以一时之君臣,废古今夷夏之通义"。⑤顾炎武也说:"君臣之分所关者在一身,夷夏之防所系者在天下。故夫子之于管仲,略其不死子纠之罪,而取其一匡九合之功。盖权衡于大小之间,而以天下为心也。夫以君臣之分,犹不敌夷夏之防,春秋之志可知也。"⑥这在当时情况下,显然是在提倡民族利益高于一切。这种观念有时可以促使他们突破君亲大伦,表彰一些曾犯上作乱的"贼臣"。对于农民军从事推翻明朝统治的斗争,清代史家站在地主阶级立场,出于君臣伦理,无不视之为"盗贼""禽兽"。但在民族矛盾激化的形势下,农民军成为抗清的重要力量,许多史家对此也不视若无睹。王夫之《永历实录》为李定国等八位农民军将领立传,其中《李定国传》详述其抗清事迹,如围攻桂林时迫使清定南王孔有德自杀,衡州大会战中斩杀清谨敬亲王、定远大

① 夏燮:《明通鉴》(卷首《凡例》)。
② 孙静庵:《明遗民录》(附录《民史氏与诸同志书》)。
③ 司马光:《温国文正司马公文集》(卷73《冯道为四代相》)。
④ 王夫之:《读通鉴论》(卷14)。
⑤ 王夫之:《读通鉴论》(卷14)。
⑥ 原抄本《顾亭林日知录》(卷9《管仲不死子纠》)。

将军尼堪等,全传洋洋五千余言,无一微词。黄宗羲在《永历纪年》中也多方记述李定国的抗清之功,并称赞说:"逮夫李定国桂林、衡州之战,两蹶名王,天下震动,此万历戊午以来全盛天下所不能有。"查继佐也称李定国"武功赫耀",其材"足以经略中原",①"百世之后犹想见其为人,岂能以成败论哉?"②类似这些评价,出自许多遗民史家之口,如果没有民族利益高于一切的观念,实是不可想象的。

同样是在严夷夏之防的原则下,还有些人对吴三桂的降清作了尖锐批评,如杨士聪《甲申核真略》痛斥吴氏引清兵入关,说:"寇虽西遁,而京师却为虏有。""坊刻不察,而沾沾三桂之功,吾不知其有何功也。使三桂而言功,则盘踞二东(指清),忽焉南牧,渡河涉江,金陵不守,亦可谓三桂之功乎?"《明季北略·东彝大略》说,吴三桂"借兵于虏,与寇一战,大胜;寇即弃都城西走,而虏晏然以为得都于寇云。传檄三齐,迅扫秦、晋,既得河北,复取江南,一时迎降恐后者,以为寇为先帝之仇,虏能为我灭寇,非我仇也。嗟乎!寇之发难以何事起?天下嗷嗷,皆以加赋之故,然加赋于何年?皆东彝发难也。且河北为寇所,犹曰取之于寇;江南何罪,而奄有之耶?"③这些斥责吴三桂使故国江山沦为"虏"有的言辞,也是由民族大义所激而发的。

在清朝对汉族实行残酷征服政策、民族矛盾尖锐的形势下,清初学者倡言夷夏之防重于君臣之义,体现了他们反对民族压迫的斗争精神。

2.对抗清之举的褒贬。在论述明季抗清之举时,虽然有不少人都认为其有违天命,但对这种抗天命行为的理解,却因立场的不同而大有分歧。如杨陆荣认为抗清是违反天命的,所以应予否定。他说:"真人既出,天命攸归,有定之天,必非一手一足所能挽,楚材晋用,亦视抱负何如耳。"他将明季死事者分为四等:"有以节死者,事非为名,心期自尽,如刘宗周、祁彪佳、徐汧之属,上也;有以事死者,在官则死官守,任事则死封疆,如史可法、张国维、万元吉之属,次之;苟事既不集,死复未遑,南人志欲有为扩廓,蹶而复起,崎岖险阻,经历数年,如张肯堂、揭重熙之属,又其次也;至于本无其事,妄思起事,心殊皎日,势等欧渊,一夫倡呼,万姓涂炭,若陈子壮、张家玉而下,盖可胜叹哉!斯其下矣。

---

① 查继佐:《东山国语·粤徼语·李定国》。
② 查继佐:《罪惟录》(卷9《抗运诸臣列传》)。
③ 查继佐:《罪惟录》(卷24)。

前二者而言,不知天命也,其罪为小;由后二者而言,则上辜圣恩,下残民命,其为罪甚大矣!"①他把抗击清廷的人均视为不知天命所归,而对在明廷本无重要职任,却坚持抗清、心期复明的人,尤所憎恶,大加讨伐。这是站在官方立场,取媚朝廷的一种观点。

与杨氏的观点相对立,不少人认为,力挽颓势,功虽不成,却是值得褒扬的忠义行为。如张岱说:"甲申以后,臣子为明立福、立鲁、立唐、立桂,不久旋亡,竟有何意?然宗社一日尚存,则人心一日不死。文信公曰:'父母有疾,虽不可为,无有不下药之理,尽吾心焉。不可救则天命也。'故崖山秀夫、天章世杰、柴市天祥,皆是大宋忠臣,何得以难易迟蚤,复分高下哉!"②张氏对所有为明尽忠者皆持肯定态度,故不分高下等次。黄宗羲赞颂张煌言的尽节行为说:"古今成败利钝有尽,而此不容己者,长留于天地之间,愚公移山,精卫填海,常人貌为说铃,圣贤指为血路也。是故知其不可而不为,即非从容矣!"③黄氏肯定的正是张煌言明知事不可为而为之的精神,这是对抗清志士的颂扬,也是对杨陆荣鼓吹归附清朝的"楚材晋用"之说的驳斥。

3.忠义与事功的关系。清人褒扬忠义,并不仅仅以能否殉死为标准,还要考察其行为是否于实事有补。张岱指责倪元璐"乃当闯贼猖狂之际,卒不能出一策焉,下先帝于轮台之难……呜呼!若我太史者,岂可以一死卸其责哉!"④钱䫉指出:"甲申之变,从死社稷者颇有,然以一死塞平时尸素之愆,未为得当也。"⑤他们对于这些人既肯定其殉节的忠义行为,也不宽贷其平日于挽救危亡无所建树的表现。与这种重视事功的思想相联系,清人对于忠与死的关系作了分析,认为忠臣不可无谓地尽节。王源指出:"君子不可以苟活,亦不可以徒死。苟活者无足论,若徒感激一时,意气愤然,不顾其身,此固智者之所不为。"他举例说,像明世宗那样刚果有为的人,"特蔽于奸邪而不悟",如果进一言可使其幡然醒悟,作为臣下就应"冒万死冀倖君之一悟","刀锯铁钺何惜也";而明熹宗就像晋惠帝一样,"昏聩不辨旦夜",连杨涟、左光斗是何许人都不知道,而且所奏均由魏忠贤处理,"奏陈其前者忠贤也,称制付诏狱,立致我于死亦忠

---

① 杨陆荣:《殷顽录·自序》。
② 张岱:《石匮书后集》(卷39《西戌殉难列传》)。
③ 黄宗羲:《南雷文定后集》(卷2《兵部左侍郎苍水张公墓志铭》)。
④ 张岱:《石匮书后集》(卷22《倪元璐传》)。
⑤ 钱䫉:《甲申传信录》(卷2《疆场衰草》)。

贤也",在此情形下"悍然以身试之,乃曰吾将为国家锄奸,鸣呼! 宁有是耶!"[1]这是说尽节要注重实效,不可徒博虚名。还有人提出尽节不可过激,不应招致株连他人。陈确说:"近世靖难之祸,益为惨毒。方孝孺、练子宁之族,竟逾千百,一人成名,九族摧首,何可说哉!"[2]孙奇逢也说:"明主可与忠言,以大义责之;势必不能,从请早赐一剑,不食而死,何至以一身累及八百余人?"所以"(方)正学亦有过焉"。[3]陈、孙二人一反以往对方孝孺虽遭十族之诛而不稍悔的抗节行为的赞赏,指出其言行过激,得虚名而处实祸,并不足取。注意尽忠的实际效果,从而避免了对愚忠行为的简单肯定,这是清人明史研究中忠义观的一个特点。

4.遗民的忠义性质。明亡之后,一些矢志恢复之士,曾躬身戎伍,从事武装抗清斗争。在各地的武装反抗被相继镇压的情况下,心存故国的人知已回天无力,遂以遗民自居,或隐身山林,或屏居里闾,或遁入空门,拒不向清廷称臣。对于这些人未能做到"君亡与亡"、为国捐躯,而选择了做遗民的道路,清初许多人表示了极大的理解,将他们也归于忠义之列。《明季北略》载《西蜀吴子论》说:"古今忠义原有二种:死者为经。亦有采薇行歌,遁迹方外,以终其身;或放浪形骸,不书年号,但书甲子;或以铁如意恸哭招魂,君子未尝不哀之。"[4]全祖望称:"西台之血,何必不与其弘同碧;晞发白石之吟,何必不与采薇同哀。使必以一死一生遂歧其人而二之,是论世者无见也。且士之报国原自各有分限,未尝概以一死期之。……倘谓非杀身不可以言忠,则是伯夷、商容亦有惭德也。"[5]他们都肯定做遗民也是忠义的表现。自身就是遗民的黄宗羲对遗民的评价更高,甚至称遗民是"天地之元气"。[6]但遗民在新朝究竟如何立身处世,不同的人做法并不相同。刁包认为,根据其不同的表现可以分为四个等次,即"从君父起见,日抱惭负天地不可以立于世之心,而慨然以斯道自任,为天地立心,为生民立命,为往圣继绝学,为来世开太平,此方今第一流乎。从苍生起见,饥溺而切由己之思,锐意问学,矢心经济,自天文、地理、人物,以至出奇制

① 王源:《居业堂集》(卷12《华凤超先生年谱序》)。
② 陈确:《陈确集》(卷5《死节论》)。
③ 孙奇逢:《夏峰先生集》(卷3《尚论下》)。
④ 计六奇:《明季北略》(卷21)。
⑤ 全祖望:《鲒埼亭集外编》(卷42《移明史馆帖子五》)。
⑥ 黄宗羲:《南雷文定》(卷2《谢时符先生墓志铭》)。

胜之策,扶危定倾之略,靡不有以自命,此其次也。从时势起见,明哲而得保身之道,厌嚣就寂,去危即安,放浪于山水之间,流连于诗酒之内,视富贵利达若将浼焉,此又其次也。若夫名则不为,实则不能,偷安藏拙,窃附隐逸,吾不知之矣"。①从这四个等次看,刁包推崇那种既保持名节,又不消沉避世的遗民,他认为遗民仍有"为来世开太平"的历史重任,因此要"矢心经济"从事经世致用的学问。清初的明遗民确实有以此激励自己者,如顾炎武就称:"今日者拯斯人于涂炭,为万世开太平,此吾辈之任也。……今既得生,是天以为稍能任事而不遽放归者也,又敢怠其职乎?"②他著《日知录》和黄宗羲著《明夷待访录》都是"矢心经济",欲为来者用的著作。刁包所肯定的就是这样以积极的态度对待社会和人生的遗民。

遗民在新朝立身处世的最关键问题是"出"与"处"的矛盾,即不与新朝合作应把握到何种限度。从实际情况看,明遗民对此问题有三种处理态度:其一是坚决不与清廷合作,如王夫之、傅山等人;其二是不仕清廷,但与清廷有一定的联系,如黄宗羲、万斯同等人;其三是最初不仕清廷,后来改变立场出仕者,如康熙十八年入试博学鸿儒的朱彝尊、严绳孙、潘耒等。在这三种之中,第一种坚守名节,固应表彰;第三种,中途变节,已无足论。唯有第二种,既以遗民守节自居,又与清廷有所联系,这算不算已失名节? 对此,清人有不同的看法,如吕留良对黄宗羲与清廷官员姜希辙等人的密切往来,多次以诗讥讽,有云:"顿首复顿首,尻高肩压肘,俯问此何人? 墨胎孤竹后。"③黄宗羲则有他自己的看法,他说:"士各有分,朝不坐,宴不与,士之分亦止于不仕而已。所称宋遗民如王炎午者,尝上书速文丞相之死,而己亦未尝废当世之务。是故种瓜卖卜、呼天抢地、纵酒祈死、穴垣通饮撰者,皆过而失中者也。"④他为遗民规定的守节界限就是不仕异代,并主张不能因故国沦亡就"废当世之务",消沉颓丧。他还认为遗民与当道发生一些联系是必然的。他说:"名节之谈,孰肯多让,而身非道开,难吞白石;体类王微,常须药裹;许迈虽逝,犹勤定省;伯鸾虽简,尚存室家。生此天地之间,不能不与之相干涉,有干涉则有往来,陶靖节不肯屈身异

① 刁包:《用六集》(卷3《与史子敏论史书》)。
② 顾炎武:《亭林文集》(卷3《病起与蓟门当事书》)。
③ 吕留良:《吕晚村诗集·梦觉集·管襄指示近作有梦伯夷求太公书荐子仕周诗戏和之》。
④ 黄宗羲:《南雷文定》(卷2《谢时符先生墓志铭》)。

代,而江州之酒,始安之钱,不能拒也。"①黄氏认为世事艰难,立身于世,不能不与当道发生联系,所以对出处问题持较灵活的态度。对于遗民能否与清廷往来的问题,至雍乾之际仍在争论,如全祖望《答诸生问南雷学术帖子》即反映了两种观点:有人认为,黄宗羲"以故国遗老,不应尚与时人交接,以是为风节之玷"。全祖望则指出,黄氏"老而有母,岂得尽废甘旨之奉?但使大节无亏,固不能竟避世以为洁。及观其《送万季野北行诗》,戒勿上河汾太平之策,则先生之不可夺者,又确如矣"。②全氏的观点是较客观的,黄宗羲所持的立场,既保持了名节,又以一种务实的态度对待现实,如果联系黄氏对于官修《明史》从提供史料、输送人才到备顾问、改史稿,这一系列学术贡献来看,黄氏与官方的交接确实无可厚非。

清人对于明代忠义人物和事迹的认识既如上述。需要说明的是,在清人看来,忠义主要是忠君,而对君主的威胁是来自多方面的,如统治阶级内部斗争、农民起义、外族入侵等。所以在这些斗争中表现出对君主的忠贞,都被视为忠义人物。在今天看来,对那些在统治阶级内部斗争中为君主殉节的人物,应根据其情况作具体分析。对于因镇压农民起义而死者,则毫无表彰之理。而对抗击民族入侵的忠义之士,尽管其内心是将君与国、君与民族相联系的,也应充分肯定其爱国、爱民族的忠义行为。

本文原刊载于《南开学报》(哲学社会科学版)1996年第4期,署名"宁泊"。

作者简介:

姜胜利,河北容城人。1992年获博士学位,1997年晋升教授。曾任《南开学报》主编、编辑部主任,南开大学史学理论及史学史研究中心主任。现为《南开学报》编辑、中国史学史专业博士生导师。主要从事中国史学史和史学理论研究,著有《清人明史学探研》等专著,主编《〈明史〉研究》等书籍,发表《史记、资治通鉴思想比较》等论文。

① 黄宗羲:《南雷文定》(卷6《余若水、周唯一两先生墓志铭》)。
② 全祖望:《鲒埼亭外编》(卷44)。

汤斌与《明史》

孙香兰

汤斌生于明宪宗①天启七年(1627),卒于清圣祖康熙二十六年(1687)。字孔伯,号荆岘,晚号潜庵。先世是安徽人,先祖汤庠时,随明英宗北征,因功升睢阳卫前所千户,从此以后,汤家寓居于此,所以汤斌称是睢州人。

汤斌自幼好学,刻苦攻读,十七岁时曾在衢州山读书,"夜深虎啸林外",汤斌不为所动,仍朗朗诵读,致虎啸声"与读书声相间"。②他博览群书,尤好研习经、史及宋朝儒学大家们的著述。顺治九年(1652)中进士,选弘文院庶吉士。二年后任内国史院检讨,预修《明史》。顺治十三年出任潼关道副使。顺治十六年任岭北道参政。寻即因父病乞归。康熙五年从学于著名理学家孙奇逢,开始了长达二十年的治学著述生涯,并成为一个著名的理学家。康熙十八年举博学鸿儒,授翰林院侍讲,再次预修《明史》。二十一年为《明史》总裁官,兼日讲官,知起居注。二十三年擢内阁学士兼礼部侍郎,又以右副都御史补授江宁巡抚,政绩卓著。二十五年召为礼部尚书管詹事府事,又为工部尚书。因遭诬革职留任。转年病卒。

总的看来,汤斌的理学思想颇具特色;他预修《明史》,对《明史》的编纂做出了贡献;他任政,为官清廉,体恤民情,不畏权贵。所以是一个值得注意的历史人物。本文先就其对纂修《明史》的贡献加以论述,并就教于方家。

清世祖福临于1644年入主中原后,所面临的是一个满汉民族矛盾十分尖锐的局面。清朝统治者为笼络汉族知识分子,缓和民族矛盾,也为了总结明朝灭亡的教训,以为前车之鉴,便沿用中国易代修史的传统,于顺治二年五月命大学士冯铨、洪承畴、李建泰、范文程、刚林、祁充格等纂修《明史》,是为《明史》创修之始。清世祖对此工作非常关注,顺治五年又就修《明史》遇到的资料问题,诏谕内三院:"今纂修《明史》,缺天启四年、七年《实录》及崇祯元年

---

① 编者按:"明宪宗"当作"明熹宗"。
② 王廷灿:《汤斌年谱初本》。

以后事迹,著在内六部都察院衙门、在外督抚、镇按及都布按、三司等衙门,将所关年分内一应上下文移有关政事者,作速送礼部,汇送内院,以备修纂。"①对解决天启和崇祯朝缺《实录》所造成的资料困难,做了具体指示。不过因为政局关系,终顺治之世,修史工作没有什么进展。

汤斌于顺治十一年入史馆。当时的史学思想是以"经世致用"的史学目的论为主导。这是因为当时政治上民族矛盾尖锐,一些有远见卓识、有民族气节的汉族知识分子如黄宗羲、顾炎武、王夫之等人,在武装反抗清军失败之后,转而从事学术活动,利用史学匡世救时,倡导"经世史学",其主要表现形式,是潜研历史,撰修史书,总结历史经验,特别是明朝灭亡的历史教训,提供历史借鉴,达到"鉴往以训今",②"述往以为来者师"的目的。③汤斌对黄宗羲、顾炎武、王夫之的学识与为人很敬佩,并与他们有交往,如汤斌在应黄宗羲之请,为黄宗羲之师刘宗周的文集作的序中称道黄氏说:"太冲力任师传,海内人士宗之,先生之道将益光显。"④所以,他们的史学思想影响了汤斌,汤斌也将这种经世史学思想贯彻和体现在他的治史、修史之中。

汤斌入馆,适逢朝廷征求对修《明史》的意见,血气方刚的青年汤斌,便将自己的史学思想直言不讳地上疏表达出来。他在《敬陈史法疏》中指出修史的目的,他说:"窃惟史者,所以昭是非、助赏罚也。赏罚之权行于一时,是非之衡定于万世。"⑤在昭是非与助赏罚二者中,汤斌认为昭是非是第一位的。这是因为是非定,则赏罚明,历史的借鉴作用才得以昭示出来。所以"严是非"是他修史恪守的准则。他还认为修史应当"诛奸谀而发潜德"。⑥出于这种修史目的,他在奏疏中建议褒奖明末忠义之士。他认为忠义之士不载入史册,使"忠魂烈节犹有郁郁寒泉之下者",⑦就不能"发潜德",无以劝勉后人了。他说:

> 宋臣欧阳修纂《五代史》不为韩通立传,后世讥之。《宋史》修于至正三年(1343),而不讳文(天祥)、谢(枋得)之忠;《元史》修于洪武二年(1639),

---

① 刘承幹纂:《明史例案》(卷3)。
② 顾炎武:《亭林文集·答徐甥公肃书》。
③ 王夫之:《读通鉴论》(卷6)。
④ 汤斌:《汤子遗书》(卷3《蕺山刘先生文录序》)。
⑤ 汤斌:《汤子遗书》(卷2《敬陈史事疏》)。
⑥ 汤斌:《汤子遗书》(卷5《廿一史论》)。
⑦ 汤斌:《汤子遗书》(卷2《敬陈史事疏》)。

而并列丁（好礼）、普（颜不花）之义，古今伟之。皇上应天顺人，救民水火……然元、二年间，亦有未达天心，徒抱片节硁硁之志，百折靡悔，虽逆我颜，行有乖倒戈之义，而临危致命，实表岁寒之心，此与海内混一，窃名叛逆者情事不同。伏望皇上以万世之心为心，涣发纶音，概从宽宥，俾史臣纂修俱免瞻顾。则如天之度，比美前王，于以奖励臣子，昭示后世，其于纲常，似非小补。①

汤斌的这一建议，堪称情真意切的肺腑之言，如他自己所说，是"在史言史，不识忌讳"，②这种"克己无我，幽明不愧"的态度，③确实是值得肯定的。特别是主张史家应坚持道义大德，褒扬忠义之士，给抗清义士以应有的地位，不仅体现了他"严是非""昭示后世"的史学思想，还表现了他卓越的史识和高尚的史德。

汤斌的建议，虽然是出于维护清朝统治者的利益，但是在当时是不合时宜的。因为清朝刚刚建立，南明政权的存在及大江南北各地抗清复明的斗争异常激烈，对清朝统治者构成严重威胁，清朝统治者急于扑灭抗清的烈火，消除明朝遗臣、遗民的反抗情绪，所以极力禁绝明季的史料，更不愿在史书中褒扬抗清之士，以免造成鼓励敌对势力，不利于笼络投降清朝的汉族官吏的局面。汤斌但见顺治九年十一月十七日诏谕中有"明末寇陷都城，君死社稷，当时文武诸臣中，岂无一二殉君死难者，幽忠难泯，大节可风哉？"④的言词，并且对范景文、倪元璐、刘理顺等给予旌录，就认为是"王言开一代忠孝之原"，⑤而没有认识到这是清世祖笼络汉族地主阶级知识分子，巩固统治的权宜之计，竟"狂直"陈言。以致疏上之后，大学士冯铨、金之俊攻击汤斌奖励叛逆，要求皇帝"拟旨严饬"。⑥清世祖虽然未予"严饬"，还把汤斌"召至南苑，慰劳再四"，⑦但是内心却对汤斌存有戒心，顺治十三年就因汤斌"上疏言史事，深为政府所

---

① 汤斌：《汤子遗书》（卷2《敬陈史事疏》）。

② 汤斌：《汤子遗书》（卷2《敬陈史事疏》）。

③ 汤斌：《汤子遗书》（卷5《廿一史论》）。

④ 汤斌：《汤子遗书》（卷2《敬陈史事疏》）。

⑤ 汤斌：《汤子遗书》（卷2《敬陈史事疏》）。

⑥ 《清史稿》（卷265《汤斌传》）。

⑦ 汪琬：《汤斌墓志铭》。

忌"，而"选翰林科道，出任监司"，①把汤斌从国史馆调离，出任潼关道副使去了。所以汤斌在以后回顾此事时说："乙未(顺治十二年)遵谕陈言，狂直几得罪"，②仍心有余悸。

汤斌从对他的调遣中，意识到皇帝对他不够信任，因而对仕途产生厌倦之心，便因父病乞归，年仅三十三岁，就"壮年勇退"，解组归里。此后，他"日取先儒诸书而熟覆之"。③又就学于著名理学家孙奇逢。孙奇逢是明神宗万历二十八年(1600)举人。为人刚正，有气节。明熹宗时权阉魏忠贤大兴钩党之狱，正直官吏左光斗、魏大中、周顺昌等横遭榜掠，当时他们的故交避匿，而孙奇逢却不顾个人安危，"上书枢辅，鸣鼓举幡，为之鸠众资助"。④明亡后隐居不仕，讲学于夏峰。与黄宗羲、李颙并称三大儒。其学主于实用，"大本主于穷则励行，出则经世"，"读其书者，知反身以求实学实用"。⑤汤斌对孙奇逢敬事勉从，恪谨笃学，"尤切切以身体力行见诸实事为急务"，⑥"每质所疑，孙先生极称之"，汤斌也"归而所得益邃，所行亦益力"。⑦所以，汤斌在师从交游孙奇逢的十几年中，受影响颇深，其经世致用的史学思想亦益坚。

《明史》的修纂工作，自开馆以来，由于政局关系，一直进展不大。清圣祖康熙十七年局势发生了很大变化，清廷内部康熙帝与权臣鳌拜的斗争，以鳌拜的失败告终。清圣祖继而在政策上进行了一系列重大调整，又整顿吏治，严肃部伍；外部的"三藩之乱"也趋于平定，清代政治走上稳定发展的道路。清圣祖认识到武以勘乱的时期已属过去，文以理国的举措应提到议事日程上了，便决定加强文治。清政府为笼络汉族知识分子，消除他们的反清情绪，还推行保举政策，招揽社会上有声望、有地位的名儒学者和社会贤达，到清政权中来。康熙十七年决定开博学鸿词科，下令中央和地方官"各举所知"，考选博学鸿儒。第二年，清圣祖亲自考试，结果彭孙遹、陈维崧、汤斌、汪琬、朱彝尊等二十人取中一等；李来泰、潘耒、施闰章、毛奇龄等三十人取中二等，分别授予翰林院侍讲、检讨等官。还决定重开明史馆，命五十名博学鸿儒入馆担任纂修《明

① 王廷灿：《汤斌年谱初本》。
② 汤斌：《汤子遗书》(卷6《封中宪大夫陕西按察司副使先考府君行实》)。
③ 田兰芳：《汤子遗书序》。
④ 汤斌：《汤子遗书》(卷3《孙征君先生文集序》)。
⑤ 纪昀：《四库全书总目提要》(卷36《经部·四书近旨》)。
⑥ 杨椿：《汤斌年谱定本》。
⑦ 王廷灿：《汤斌年谱初本》。

史》的工作。汤斌因而以翰林院侍讲的官职,第二次入馆与修《明史》。

汤斌入馆后,冒着重遭贬谪的风险,再次提出《明史》要为明末抗节不屈的大臣立传。疏上之后,得到的结果却是"圣祖嘉之,颁之史馆为成命。由是明季诸义烈皆得表彰"。[①]为什么同一意见竟有不同的命运呢? 这是因为这时的历史条件与清世祖初入关时不同了,而且清圣祖是个有远见卓识的政治家,他深知明末抗节之士忠君爱国的品德,对清朝大臣的楷模作用,表彰明末抗节大臣,有利于清朝的统治,所以汤斌的建议正中其意,得以被采纳,并贯彻到《明史》的修纂中。因此,《明史》为史可法、何腾蛟、瞿式耜等忠贞不屈、赴死国难的爱国将领及坚贞不渝、誓与明室共存亡的爱国志士立传,将他们可歌可泣的英雄事迹,驻于青史,昭发潜德,垂示后人。这样,不仅使《明史》体系完整,结构严谨,而且显示了史学的经世作用。所以汤斌的史识和史德,给予《明史》的影响和作用,是不可忽视的。

汤斌对《明史》编纂的史法、体例等,也作出了不小的建树。

首先,他提出修史要广泛搜集资料。他说:修史"立法宜严,取材贵备"。[②]他认为《明实录》是修《明史》的重要资料。但是仅据《明实录》是不够的,因为《明实录》有两个很大的缺点。其一,是记载不实。他提出像靖难起兵、建文易号的历史事实,《明实录》的记载就很成问题。这是因为明成祖曾命史臣重修《实录》,自然要回护歪曲他篡夺其侄建文帝皇位这一不光彩的历史,所以在"低印高下之间,恐未可据"。[③]再如土木之变、大礼之议,由于"事多忌讳,当时史臣不敢直书",[④]因此材料不信实。汤斌这一说法是正确的,明成祖之事自不待说。众所周知,土木之变是正统十四年(1449)明英宗听信他宠爱的太监王振的怂恿,在无准备的情况下,亲自率兵征瓦刺,结果兵败被俘,第二年才获释回北京。又被景帝幽禁在南宫八年,于景泰八年(1457)通过"夺门之变"而复辟,得以重登皇位。《英宗实录》的主要纂修官监修孙继宗,总裁李贤、陈文、彭时都是英宗的旧臣,而且孙继宗是英宗的舅父,是夺门之变的功臣,李贤曾扈从英宗北征,"师复脱还",[⑤]出自此辈之手的有关屈辱的土木之役的记载,很难

---

① 《国朝先正事略》(卷5《汤斌传》)。
② 汤斌:《汤子遗书》(卷2《敬陈史法疏》)。
③ 汤斌:《汤子遗书》(卷2《敬陈史法疏》)。
④ 汤斌:《汤子遗书》(卷2《敬陈史法疏》)。
⑤ 《明史》(卷176《李贤传》),中华书局,1974年,第4673页。

会是秉笔直书,因而也不能令人置信。大礼之议是明世宗时,围绕其父兴献王朱祐杬①崇祀之典,争论、斗争了十几年的历史事件,这一斗争的实质,是统治集团内部争权夺利的斗争。本来明武宗无子,死后由顾命大臣杨廷和与太后商定,以遗诏宣布迎立孝宗弟兴献王之长子朱厚熜为嗣,是为世宗。世宗命礼官议兴献王主祀称号,杨廷和提出要世宗尊孝宗为皇考,称生父兴献王为皇叔考。世宗反对,要尊兴献王为皇考。此时,有些依附杨廷和的大臣,为了改变个人的地位,竭力附和杨廷和。而张璁、桂萼等为了个人得势,也不遗余力地阿附世宗,从而形成以杨廷和等为一方,以世宗、张璁、桂萼等为一方的对立势力,双方进行了激烈斗争。在斗争中,为了压倒对方,往往不择手段,甚至颠倒黑白,从而造成了极坏的政治影响。像这样复杂的历史事件,在《明世宗实录》中,很难客观地记述当时的真实情况,所以汤斌说"《实录》所纪,恐有不详",②是有根据的。

此外,汤斌在《明史凡例议》中,还以对王守仁的记载为例,说明《明实录》的不可尽信。他说:"《武宗实录》作于世宗初年,操笔者多忌功争名之辈。(守仁)定谥、赠爵在隆庆初年,从祀孔庙在万历十二年,则事久论定也。今不从事久论定之言,而仅从忌功争名之说乎?从来具臣滥叨恤典,实繁有徒。以阳明之功,身后赠、祭、葬一切不行,岂公道乎?且《实录》何尽可信?"③诚然,为明政府屡建大功的王守仁,遭大学士杨廷和等人的妒忌,多受抑。而《武宗实录》先是杨廷和、蒋冕、费宏、毛纪等"同心协赞"之人主持修纂,④后又由费宏与其偕同人员石珤、贾咏任总裁官。在"大礼议"中,以迎合阿媚世宗取宠而"暴贵喜功名"的桂萼,⑤诋毁王守仁"初同贼谋,又诬其辇载金帛",⑥甚至王守仁死后,桂萼还"奏其擅离职守"。⑦武宗听信了他的诋诬之言,下诏"停(其)世袭。恤典俱不行"。⑧在这种政治背景下写成的历史记载,岂可尽信。所以,汤斌的意见是正确的。这一正确的意见被采纳,并体现在《王守仁传》

---

① 编者按:"朱祐杭"当作"朱祐杬"。
② 汤斌:《汤子遗书》(卷2《敬陈史法疏》)。
③ 见《汤文正公史稿》。
④《明史》(卷193《费宏传》),中华书局,1974年,第5109页。
⑤《明史》(卷196《桂萼传》),中华书局,1974年,第5182页。
⑥《明史》(卷195《王守仁传》),中华书局,1974年,第5168页。
⑦《明史》(卷195《王守仁传》),中华书局,1974年,第5168页。
⑧《明史》(卷195《王守仁传》),中华书局,1974年,第5168页。

的修纂中。在《明史·王守仁传》中，记述了方献夫、霍韬上疏为王守仁辩白，并声言王守仁受诬事"至今未白"。还记载了王守仁赐爵、定谥、从祀孔庙等"事久论定"的历史事实。

汤斌说《明实录》的第二个缺点是记载不全。他说明朝"二百余年英贤辈出，有身未登朝而懿行堪著，或名止闾巷而至性可风"的人物，[1]过去史书都刊于隐逸、独行、孝友、列女诸传中，而此类人物都是《明实录》所不载具的，如果仅据《明实录》，不对此类材料加以搜寻探索，则将湮没无闻，潜德之光被泯。还有天文、律历、河渠、礼乐、兵刑、艺文、财赋诸志，《明实录》也未备，所以"不得其人，不历其事，不能悉其本末原委"。[2]

鉴于以上情况，汤斌提出要广泛搜集材料，趁"今日时代未远，故老犹存，遗书未尽"之机，[3]抓紧时间"开献书之赏，下购求之令，凡先儒记载有关史事者，并许参考"。[4]这样才能全面掌握材料，使《明史》达到"道法明而事辞备"，[5]成为"史之上也"。[6]他自己也是这样做的，他在正式开始工作前，就曾"将明朝书细看一番"，[7]掌握了大量资料，所以他执笔的《史稿》资料翔实。

第二，所拟体例，"煞有发明"。[8]孟子说："不以规矩，不能成方圆。"[9]修史也不例外，尤其是出自众手的集体创作，更需先把条例制定清楚，使撰作者有例可依，有章可循，才能史法一，轨辙同，达到浑然一体。刘知几说："史之有例，犹国之有法，国无法，则上下靡定；史无例，则是非莫准。"[10]明确指出修史制定凡例的必要性。我国历代修史，凡属"萃集群贤，分任纂录"者，[11]多是先定体例。康熙十八年明史馆再开后，也首先着手拟定体例，总裁命各编修人员草拟明史凡例，如潘耒、施闰章、汤斌、毛奇龄、朱彝尊等，都拟定了史例，提出了不少具有指导意义的理论和意见。如潘耒的"八欲"论（即搜采欲博、考证欲精、

---

① 汤斌：《汤子遗书》（卷2《敬陈史法疏》）。
② 汤斌：《汤子遗书》（卷2《敬陈史法疏》）。
③ 汤斌：《汤子遗书》·（卷2《敬陈史法疏》）。
④ 汤斌：《汤子遗书》（卷2《敬陈史法疏》）。
⑤ 汤斌：《汤子遗书》（卷2《敬陈史法疏》）。
⑥ 汤斌：《汤子遗书》（卷5《廿一史论》）。
⑦ 汤斌：《汤子遗书》（卷4《寄示诸子家书》）。
⑧ 《本纪条例》田兰芳评语，见《汤文正公史稿》（卷首）。
⑨ 《孟子·离娄上》。
⑩ 刘知几：《史通》（卷4《序例》）。
⑪ 汪由敦：《松泉集》（卷20《史裁蠡说》）。

职任欲分、义例欲一、秉笔欲直、持论欲平、岁月欲宽、卷帙欲简），①是很有影响的历史编纂理论。汤斌拟有《明史凡例议》和《本纪条例》，其中不乏卓见和创造。他在《明史凡例议》中，阐述了《宋史》特立《道学传》的原因、道学与儒学的区别及当时学术流派及其兴衰情况；分析了专家著史与奉旨修史的区别；划分了酷吏与奸臣的界限；指出文人入《明史·文苑传》的条件。所述都是很有见地的，例如论述酷吏与奸臣的区别时指出："酷吏与奸臣相去甚远，立心杀戮正人，败坏国家，此之谓奸臣；意主于为国，而用法惨酷，君子恶其不仁，故名之为酷吏。"他认为被汉史列于酷吏传的西汉赵禹、张汤和东汉的董宣、阳球等人，有的以廉平著称，有的因刚直不屈而以"顽强"闻名，只是由于他们"特好杀人立威"，②才被史家置之酷吏传中，以"严循吏之辨"。③像明代的许显纯辈，阿附权阉魏忠贤，频兴大狱，"毒刑锻炼"，残酷杀害正直官吏杨涟、左光斗、周顺昌等十余人，这种人不能称为酷吏，而是奸臣，如果称之为酷吏，是为减轻他们的罪罚留地步。这里汤斌从杀人的目的，亦即杀人的动机，和杀戮的对象及因此引起的后果，也就是历史人物行动的效果作为区分酷吏与奸臣的标准，我们认为汤斌这种以历史人物的主观出发点为依据，以行动效果为考察对象，并把两者结合起来观察和判断问题的方法是对头的，因而结论正确，建议是可取的。《明史·奸臣传》序说："然小人世所恒有，不容概被以奸名，必其窃弄威权、构结祸乱、动摇宗祐、屠害忠良、心迹俱恶、终身阴贼者，始加以恶名而不敢辞。"此处所述定为奸臣的原则，和汤斌所述基本相同，不过更全面、具体，不像汤斌与酷吏相对而论罢了。由此不难看出汤斌的《明史凡例议》对编写《明史》的作用。

汤斌很关注本纪，他说："史之有本纪，史之纲维也，古之史，本纪立而全史具。"④因此专门编写了《本纪条例》和《本纪当法〈宋史〉议》。指出撰写本纪的原则、方法以及对一些具体问题的处理方式。他说："窃以本纪记一帝始终，非《纲目》一书，原本《春秋》义取褒贬，另有目以详其事也。"⑤就是说纪传体史书的本纪，与朱熹的《通鉴纲目》不同，《纲目》分纲和目两部分，纲为提要，目为记

---

① 潘耒：《遂初堂文集》（卷5《修明史议》）。
② 《明史凡例议》，见《汤文正公史稿》（卷首）。
③ 《明史凡例议》，见《汤文正公史稿》（卷首）。
④ 汤斌：《汤子遗书》（卷5《廿一史论》）。
⑤ 汤斌：《汤子遗书》（卷5《本纪当法〈宋史〉议》）。

事,皇帝的诏令不予记载。本纪则不然,要言、动皆记,不仅记事,还要记诏令之文。因此他提出:即位、册立诸诏,记事而删其文是可以的,战攻方略、训诫臣民的诏令,志、传不能载者,则要采入本纪,这样,事情的原委才能清楚。他认为过去的史书,只有《宋史》的本纪事加详密,诏令多存,实兼左、右史之体,所以提出:"今修《明史》,当以《宋史》为法。"①汤斌这一言、动皆记的本纪编写原则,是考察了历史上这一史体的演变,权衡其得失之后做出的。汤斌对史书研究很深,不仅熟诵、精谙作为经书的古史《尚书》《春秋》及其三传,而且对当时的廿一史及刘知幾的史学评论著作《史通》也研究有素,颇具功力。他的《廿一史论》,对《史记》到《元史》二十一部史书,进行了系统的研究,并做了简赅精到的评论。在此基础上,又对本纪编写中记事与载文的关系进行探讨。我们知道,在中国历史上,史官有左、右之分,职司有左史记言、右史记事之别,古史中《尚书》是记言之书,《春秋》是记事之书。记言、记事分著,是中国历史编纂的"古法"。但是《左传》就不同了,刘知幾说左丘明"不遵古法,言之与事,同在传中"。②《史记》《汉书》也是如此,"凡所包举,务存恢博,文辞入记,繁富为多"。③而且"后史相承,不改其辙"。④刘知幾对这种言、事兼记的做法是否定的,批评《史》《汉》"方述一事,得其纪纲,而隔一大篇,分其次序。遂令批阅之者,有所懵然"。⑤或许刘知幾的这些批评和论述影响了《唐书》的作者,所以《唐书》改变了前史的写法,义例务从简严,甚至因唐代诏令言辞骈俪而概削不载,以致"王言无征,后人讥之"。⑥《宋史》纠正了《唐书》之偏,"因事定例,不似《唐书》之严,而事加详密,诏令言辞亦剪裁载入,一代事迹灿然完备"。⑦汤斌正是探讨、权衡前史的这些得失之后,才提出本纪当法《宋史》这一原则的。《宋史》大量选用了道学家的著作和论点,作为理学家的汤斌,会与它在思想感情上有千丝万缕的联系,汤斌取法《宋史》,也不排除这方面的原因。但是,《宋史》多载诏令,保存了许多当时的材料,自然为史家所推重,汤斌这一原则是应当肯定的。他所编写的《明太祖本纪》,就体现了言、事相兼的特点,采入了大

---

① 汤斌:《汤子遗书》(卷5《本纪当法〈宋史〉议》)。

② 刘知幾:《史通》(卷2《载言》)。

③ 刘知幾:《史通》(卷2《载言》)。

④ 刘知幾:《史通》(卷2《载言》)。

⑤ 刘知幾:《史通》(卷2《载言》)。

⑥ 汤斌:《汤子遗书》(卷5《本纪当法〈宋史〉议》)。

⑦ 汤斌:《汤子遗书》(卷5《本纪当法〈宋史〉议》)。

量诏令,其中有些是《明史》所不载的。

汤斌不仅制定了本纪的编写原则,还对一些有争议的问题提出了自己的意见。如朱元璋称吴国公的时间,《明太祖实录》载于至正十六年(1356)七月,而钱谦益据俞本记事录叶子奇上孙炎书,认为在至正二十一年正月,二者相差六年,汤斌认为与明太祖同时的史臣不应有如此的错误,当以《明实录》为是。《明史》依此而载。又如《昭示奸党录》不见于《明实录》,汤斌"折衷诸家著述,定以(洪武)二十三年五月"。①对此,钱谦益提出异议,认为《昭示奸党录》是"次第刊布,未必在此时也"。②汤斌加以辩驳说:"既云刊布,应流传天下,何以止有内阁秘本,此不能无疑。"③《明史》也采用了汤斌的意见。汤斌为了保证历史事实的准确性,对一些难于定夺之事,还请教了名贤。在制定《本纪条例》时,曾两次致函顾炎武,询问关于《太祖实录》的版本、《明实录》中关于开国功臣德庆侯廖永忠与颍国公傅友德、宋国公冯胜同为赐死而记载不同、朱元璋就位吴国公的时间等问题。顾炎武一一给予答复,并提出一些参考书,这些在汤斌的《本纪条例》中,都有所反映。汤斌的这种虚心求教的精神,甚为顾亭林所称许,在复信中说:"两函并至,深感注存,足下有子产博物之能,子政多闻之敏,而下问及于愚耄。"④以顾氏之为人,此恐非恭维溢美之词。

正是汤斌这种科学、认真的态度,使他编写凡例,卓有创见,所以田兰芳称他所列"大节目煞有发明"。⑤

汤斌一生两入明史馆任纂修,后又任总裁,先后历时八年,承担编写和审定工作。其成果今天见到的就是收在《汤文正公全集》中的《汤文正公史稿》(也见单行本),共二十卷,有《太祖本纪》四卷,《历志》三卷,《后妃传》一卷,《列传》十卷,共约三十一万言。这是汤斌昼夜劳瘁、辛勤笔耕的结晶。汤斌在给他的子弟及朋友的书信中,多次谈到工作的辛苦。他说:"滥竽史局,昼夜编摩,心血耗尽。"⑥"某日事编摩,心血枯槁。"⑦汤斌在任《明史》总裁官的同时,还兼纂修清太宗、清世祖二朝《圣训》《大清会典》总裁官以及经筵讲官,他领事繁

---

①《本纪条例》,见《汤文正公史稿》(卷首)。

②《本纪条例》,见《汤文正公史稿》(卷首)。

③《本纪条例》,见《汤文正公史稿》(卷首)。

④顾炎武:《亭林文集·答荆岘书》。

⑤见《汤文正公史稿》卷首《本纪条例》的田兰芳评语。

⑥汤斌:《汤子遗书续编》(卷1《答王介公先生书》)。

⑦汤斌:《汤子遗书》(卷4《答友论学书》)。

多,不能专及,但是又"凛遵谕旨",不得不"矢公矢慎,夙夜不遑",①竭力而为,其繁忙和劳苦的情况,是不言而喻的。

汤斌的《明史稿》是他的用力之作,不但表现了他的史学才能,也展示了他史学思想的光芒。

前面已说过,汤斌很重视本纪,《太祖本纪》是他精心绘制的。从他给李襄水的信看来,《太祖本纪》不是史馆分配给他的任务,而是有感于刘知幾作《史通》而写的。他说:"昔刘知幾为史官,与诸公凿枘相违,故所载削皆与俗浮沉。虽自谓依违苟从,犹大为同时所忌。身当其职,而吾道不行,此所以发愤而作《史通》也。"②而他当时在史馆的情形,是"东观发凡起例无人,各家自主宗旨,成稿千余,凝尘积网,评骘无闻,校勘何在?头白可期,汗青无日,公私异同,总无论已。"对史局的这种状况,汤斌是不满意的,但又无回天之力,因而效法刘知幾,"发愤"作了《太祖本纪》。他自己对它也是满意的。他说:"五十年武功文德,如日月之光,岂俗笔所能图绘。《汉书》不敢同日语矣,较《唐书》则为详,拟《元史》似为洁。"就是说,虽然比不上《汉书》,但却胜过《唐书》和《元史》,可以与《宋史》比美了。所以《太祖本纪》较集中地反映了汤斌的经世史学思想和史学方法。例如,《太祖本纪》采录了许多政治、经济、军事、文化等有关治国安邦的诏令等经世之文,记载了不少表彰忠孝节义者的事迹等,这些都起到了历史借鉴、惩恶劝善、明乎得失的作用。

汤斌《明史稿》的列传,也反映了这种精神。例如《周忱传》中采录了江南巡抚周忱的禁游惰劝耕稼的长篇奏疏和关于盐课亏空的奏疏,疏中指陈了农业上的"七弊",盐业问题的"四事",以及解决的措施。传中指出,奏疏是周忱亲自"询问父老",③虚心求教,"幽隐毕察",④对情况了解得"纤悉无遗"⑤而作出的,所以才措施行之有效,解民之忧。汤斌在《论》中称赞他"可谓古之遗爱矣"。推崇之情,溢于言表。后来汤斌任江宁巡抚时,取法了周忱、况钟等先哲的成功经验,所以政绩卓然,也被誉为"古之遗爱",⑥用自己的实践证实了经世

---

① 汤斌:《汤子遗书》(卷2《题明史事疏》)。
② 汤斌:《汤子遗书续编》(卷1《与李襄水书》)。
③ 汤斌:《汤文正公史稿》(卷13《周忱传》)。
④ 汤斌:《汤文正公史稿》(卷13《周忱传》)。
⑤ 汤斌:《汤文正公史稿》(卷13《周忱传》)。
⑥ 杨椿:《汤斌传》。

史学的经世作用。田兰芳称道他的《史稿》"明治乱,辨盛衰,崇贤良,黜奸回,辨天于毫芒,[1]别是非于微末",[2]是言之有理的。

总的来说,汤斌的史学思想和史学实践,对《明史》的编纂所起的作用是不可低估的,应当给予适当的评价。

本文原刊载于《中国历史与史学:祝贺杨翼骧先生八十寿辰学术论文集》,北京图书馆出版社,1997年。

作者简介:

孙香兰(1932—2023),1953年考入南开大学历史系,1957年毕业后留校执教,主要从事中国古代史、历史文献学的教学及研究工作。南开大学历史学院教授,曾任古籍研究所副所长。主编《清代史部序跋选》,著有《盐铁论选译》《谀诬鉴类述》等。

---

① 编者按:"辨天于毫芒"当作"辨天人于毫芒"。
② 杨椿:《汤斌传》。

朝鲜《皇明遗民传》的作者及其成书

孙卫国

一、前言

朝鲜人所著《皇明遗民传》在中国学术界并不陌生。20世纪20年代,北京大学中文系教授魏建功在汉城书市上购得手抄本,[①]回国后,1936年北京大学将其影印,著名明清史专家孟森为影印本作序,[②]向中国学术界推介,从此广布中国学林。傅吾康在《明代史籍汇考》中,依据孟森与魏建功的材料,介绍了此书。[③]谢国桢《增订晚明史籍考》,亦对此书予以特别介绍。[④] 20世纪90年代,美籍华人学者谢正光与南京大学历史系教授范金明合编《明遗民录汇辑》,亦收录此书。[⑤]可以说,此书已引起中国学术界的广泛重视。与此相对照的是,此书在韩国可以说湮没无闻。汉城大学东洋史学系所作的相关课题《朝鲜学人中国史研究之整理与评价》中,[⑥]收录了王德九的《皇明遗民录》,却未见录入《皇明遗民传》。冯荣燮编《大明遗民史》,[⑦]虽全文收录此书,但用的却是北京

---

① 魏建功《影印皇明遗民传跋》言:"《皇明遗民传》固余适然得之,邂逅者也。书凡三册,松纸墨书,间有朱字。盖钞自数手,而校由一人。"成海应:《皇明遗民传》,北京大学影印本,1936年,第1页。

② 孟森:《皇明遗民传序》,《天津益世报·读书周刊》1936年第45期。又见北京大学影印本《皇明遗民传》及孟森《明清史论著集刊》(中华书局,1959年,第155~156页)。

③ 参见 Wolfgang, Franke: *An Introduction to the Sources of Ming History*, Singapore: University of Malaya Press, 1968, p.96。

④ 谢国桢:《增订晚明史籍考》(卷17《传记》上),上海古籍出版社,1981年,第763~765页。录入孟森序文与魏建功跋,并及作者本人介绍。

⑤ 谢正光、范金明编:《明遗民录汇辑》,南京大学出版社,1995年。

⑥ 1980年6月,汉城大学东洋史学科印出打印材料,题为《朝鮮學人의中國史研究의整理와評價》。与此同时,《朝鲜学人中国史编撰书目과中韩关系史论述目录》以闵斗基、吴金成、李成珪三人联名发表于《漢城大學東洋史學科論叢》1980年第4期。吴金成:《朝鲜学者之明史研究》,载台湾韩国研究学会编:《中韩关系史国际研讨会论文集》,台湾韩国研究学会,1983年,第405~418页。数份材料皆承吴金成教授惠赠,特此谨表感谢。

⑦ 冯荣燮编:《大明遗民史》,汉城保景文化社,1989年。

大学影印魏建功的版本。此外更无论及此书之文章。中韩对此书注意程度反差之大,亦颇有意思。

此书固然相当重要,但更为重要的是迄今为止,学术界并不知道此书的作者是谁,对为什么朝鲜人会撰明遗民传,亦无人探求。最早发现此书的魏建功曰:

> 撰著姓氏不详,贾人告余云是朝鲜人所作,余习知彼土锓梓之风不盛,官书活字印板而外,类多写本,所经见者皆百年以上物……不能遽断其著者乃愿为明臣之鲜人也,抑逃为鲜人之明臣邪?①

魏建功既断定著者不详,而孟森一开篇即言"朝鲜人所著《皇明遗民传》,稿本,七卷",②将魏建功之不知是明遗民还是朝鲜人之判断,断定为朝鲜人。谢国桢则标之为"朝鲜佚名撰"。谢正光、范金明对著者问题的看法,亦如前人。故而学术界对此书的作者以为是"无名氏"或"佚名",以致成为一种共识。作者既不知为何人,此书之写作动机,与其他同类书有何不同,更无人论及了。

1998年7月,笔者在韩国高丽大学图书馆亦"邂逅"此书,意外地在成海应的文集《研经斋全集》中发现了此书。《皇明遗民传》录入《研经斋全集》之《本集》第三册,为卷三十七至卷四十三。《研经斋全集》为高丽大学中央图书馆1982年影印图书第11号,③分《本集》与《外集》,全九册。其中《本集》三册,《外集》六册,一百六十余卷。此书中还录入了成海应所写的《皇明遗民传》的序文,结合其他资料,笔者断定《皇明遗民传》的作者是成海应。从成海应本人的经历、他所处的时代,以及他的思想等方面看,他作此书是完全可以理解的。笔者遂先就此书的作者、此书的写作动机、此书与同类书籍的比较等方面一一

---

① 魏建功:《影印皇明遗民传跋》,载成海应:《皇明遗民传》,北京大学影印本,1936年,第1页。
② 孟森:《皇明遗民传序》,载《明清史论著集刊》,中华书局,1959年,第155页。
③ 成海应:《研经斋全集》,汉城旿晟社,1982年。

加以探讨,[①]并以成海应及其《皇明遗民传》作为个案分析,探求朝鲜王朝士人编修中国史书的内在根源。

二、成海应生平事迹志略

成海应(1760—1839),字龙汝,号研经斋。出身世家门第,世系可追溯到高丽朝,始祖为高丽中尹仁辅。其世系传承可作如次略图:

> 仁辅(始祖)……汝完(四世祖)→俊耇→后龙→璟→梦奎→孝基→大中→海应→宪曾→骏镐[②]

四世祖汝完,“高丽政堂文学,国亡,隐于抱川王方山”。[③]从高祖成琬(1637—1710),翠虚公,乃当时著名反清尊明人士金尚容(1561—1637)的庶外孙,成琬亦是反清尊明之士。成海应在《翠虚公墓志》中写道:

> 公当皇朝陆沉之余,既悲愤痛念,而孝庙不早宾天,当时诸公奋大义出师,得以驰骋于辽沈之间,则公当奋笔而从,勒燕然,铭瀚海,以之张士气,而著茂绩。是公志耳。[④]

可见,其先祖对明亡清替有着切骨之痛。成海应祖父成孝基(1701—1770)对易学有相当深入的研究。尽管成海应先祖们乃世家大族,但是其父成大中(1732—1809)却是庶孽,非嫡出。按朝鲜的法律,庶孽子孙不得参加科举,也不可能出任流官,只能担任中下层的小吏。此法律阻碍着人才的任用,

---

① 其实,对于成海应,韩国学术界并不陌生,有相关论著论及。李丙焘:《成研經齋與其學術述略》,《稻葉博士還歷紀念滿鮮史論叢》,汉城亚细亚文化社,1986年,第729~748页。当时作者即慨叹:成先生身后凄凉,死后一个世纪,遗著未得刊行,亦无知者,窃为先生恨。又金文植:《成海應의經學觀과對中國認識》,《韩国学报》(70辑),汉城一潮阁,1993年,第111~158页。又金文植《朝鮮後期經學思想研究:正祖와 京畿学人을 중심으로》第二章详细讨论了成海应的经学思想(汉城一潮阁,1996年,第74~115页)。徐迴遥:《成海應의 經學思想에 관한考察》,《大东文化研究》1982年第15期。杨沅锡:《研經齋成海應의 詩經學研究》,高丽大学国语国文系硕士论文,2000年。

② 成海应:《研经斋全集·行状·研经斋府君行状》,汉城昨晟社,1982年,第469页。

③ 成海应:《研经斋全集·行状·研经斋府君行状》,汉城昨晟社,1982年,第469页。

④ 成海应:《研经斋全集》(卷10《翠虚公墓志》),汉城昨晟社,1982年,第222页。

英祖实施改革,对庶孽子孙破格举用,成大中幸运地成为入选者,以后他得以跻身宰辅之职,①从而为成海应成长奠定了基石。

成大中,字士执,号青城。经英祖拔擢,得以脱庶孽之身,中进士。授职成均馆典籍,后为银溪道察访,曾为交邻使出使日本,正祖时建王室图书馆奎章阁,首举成大中掌管之。②成大中深受正祖倚重,正祖组织编修了许多载录朝鲜思明贬清活动的尊周类史书,若《尊周汇编》《国朝宝鉴别编》等,成大中莫不主其事。可以说,成大中是英、正时期倡导尊周思明的干将之一。

成海应生活于这样的家庭,深受其父亲的影响,加上自幼向学,成名甚早,后来竟与其父为同僚。其侄成佑曾在《研经斋府君行状》中写道:

> 八岁书大字,笔法老炼,今尚藏于家。甫就学,食息未尝释卷。九岁观《栗谷全书》,至其《年谱》曰:此可企及也。自十岁以后,较其年以验能否。及成童,声誉藉甚,非直以文艺也。癸卯,中进士,正宗置奎章阁,遴选清峻。戊申,以府君为检书官,读书东观,文益富赡。庚戌,升六为尚衣院别提,仍直内阁例也。时青城公在外阁,凡编摩校雠之役,父子同承上命,时人荣之。③

成海应生而聪慧,幼而好学,长而有大才,仕途亦相当顺利。韩国学者金文植将成海应一生分为三个时期:成长期(1760—1788)、仕宦期(1788—1815)、著述期(1815—1839)。④笔者以为相当准确。1788年,成海应为奎章阁检书官,是他一生的转折点,他自言道:

> 及通籍内阁,纵观中秘所藏,僚寀又多博洽之士,每公余谈笑,皆足以

---

①《與猶堂全書》卷12《庶孽論》言:"(英祖)愍庶孽之枳塞,命选部选其有文艺者成大中等十人,授之台谏之职,既而进宰辅之臣。"丁若镛:《與猶堂全書》,韩国民族文化推进会编刊:《影印标点韩国文集丛刊》(第281册),2002年,第253页。

②《研经斋本集》卷10《先府君行状》言:"上方兴右文之治,建奎章阁,储文学之士,移校书馆为奎章外阁,首举府君而管之,凡有校雠编摩之役,则辄命之。"(成海应:《研经斋全集》,汉城昤晟社,1982年,第217页)

③成海应:《研经斋全集·行状·研经斋府君行状》,汉城昤晟社,1982年,第469页。

④金文植:《成海應의 經學觀과 對中國認識》,《韩国学报》(70辑),汉城—潮阁,1993年,第111~158页。

发吾志。又受上命,多预编纂之役,与当世鸿儒相追逐上下,辄以经传奥旨,互相发难,亦往往有所得。虽浮沉仕宦者二十余年,或为事务所挠夺,此志未尝少懈。①

其又言:

> 时内阁考课甚严,有职任者不得在家,而青庄公(李德懋)及柳冷斋(柳得恭)、朴楚亭(朴齐家)皆僚也,由是得日与之相对,往往无所事,辄上下经传子史,以及远方异闻,谈笑以为乐。②

李德懋(1741—1793)、柳得恭(1749—1807)、朴齐家(1750—1805)都是当时朝鲜王朝第一流的学者,又是成海应父辈,而成海应竟与他们同堂共事,互相切磋经史,探讨学问,对成海应无疑是一种极大的鼓励和鞭策。与诸多名流交往,成海应深受教益,学问突飞猛进。他得益于李德懋尤多。成氏父子与李德懋家族可谓世交。成大中与李德懋过从甚密,成大中前往日本之际,李德懋诗以赠之,李德懋为积城县监,成大中又率诸子前往祝贺。成海应不仅与李德懋为同僚,而且与其子亦曾同事,且比邻而居。③在这样一种环境下,加上个人的努力,成海应终于成为朝鲜王朝非常重要的学问家。更重要的是,在当时举国上下强烈的思明气氛之下,成海应思想观念上更是极端的尊周思明理念。

成海应与其父一样深得正祖重用,正祖有感于:“忌讳甚多,湼滩之后,廊庙尊攘之论,草野思汉之泳,率皆秘而不宣,迄未有全部传信之文。”④于是就于乙卯(1795)命李义骏与成大中合编《尊周汇编》,由李书九发凡起例,有关书籍之编撰,正祖多倚仗成大中、成海应父子。成海应对正祖之倚仗亦深有感触,自言:“臣屡以文字之役,聆玉音而望清光者十三年矣。”⑤又作诗怀念正祖道:

---

① 成海应:《研经斋全集》(卷13《外集序》),汉城旿晟社,1982年,第295页。

② 成海应:《研经斋全集》(卷17《李奉杲光葵哀辞》),汉城旿晟社,1982年,第410页。

③《研经斋全集》卷17《李奉杲光葵哀辞》言:“余以是岁夏(1788年)与懋赏(李功懋)俱通籍内阁,而又移家,卜邻以居,常晨夕相过从。”(成海应:《研经斋全集》,汉城旿晟社,1982年,第410页)

④ 成海应:《研经斋全集》(卷10《先府君行状》),汉城旿晟社,1982年,第218页。

⑤ 成海应:《研经斋全集》(卷27《正宗大王御制历代行表序》),汉城旿晟社,1982年,第326页。

> 当时扈跸尽恩荣,今日重过涕满缨;
>
> 望望山川如凤昔,何缘复听凤头辞。①

可见成海应对于正祖重用非常感激。在正祖的支持下,成海应完成了许多重要的史著。如《尊周汇编》,成大中、李义骏、李书九等成其初稿,而最终由成海应完成定稿。

奎章阁检书官是一个非常重要的职位,掌管朝鲜王朝书籍与编修相关的事务,对于学问之增长,极为重要。朝鲜王朝重要的学问家、思想家李德懋、朴齐家、柳得恭皆曾为此职。成海应1788年为奎章阁检书官,为其仕途之重要阶段。后来,他又先后担任过金井察访、阴城县监,1808年为通礼院引仪。1809年,成大中去世,遂守制,1814年参与编撰《弘斋全书》。晚年为其著述期,著作极其丰富,涵盖经史子集四部。当时宰辅赵寅永评之曰:"百年以上吾未之知,以后无此人矣。"②成佑曾在《研经斋府君行状》中评之曰:"天姿纯粹恺悌,清介通达,濡染家庭之教,沉潜圣贤之训,天人性命之理,钱谷甲兵之要,靡不洞贯,经济之具,绰有余裕。"③对其学识给予了极高的评价。作为当时著名的儒学者,成海应于经学、史学造诣相当深厚,其文集《研经斋全集》更可谓博大精深。其学问之范围与规模宏大,经、史、子、集无不探究,后人亦难窥其堂奥。尊周思明的理念在他的史学著作中有非常明确的反映。他的史学著作几乎全是围绕思明尊周而作的。下面我们略述成海应著述及其对明义理观,以具体把握成海应的尊周义理观,并探究成海应作《皇明遗民传》的内在原因。

三、成海应之著述及其对明义理观

1839年,成海应以80高龄辞世。次年,其侄成佑曾为其编辑文集,是为《研经斋全集》。据成佑曾《研经斋府君行状》所载,其所编全集,凡诗14卷,文16卷,杂著134卷,共164卷。但是书长期以来未得刊行。笔者查阅朝鲜总督府

---

① 成海应:《研经斋全集》(卷2《历华城》),汉城昕晟社,1982年,第43页。
② 成海应:《研经斋全集·行状·研经斋府君行状》,汉城昕晟社,1982年,第470页。
③ 成海应:《研经斋全集·行状·研经斋府君行状》,汉城昕晟社,1982年,第470页。

编《朝鲜图书题解》、①《延世大学中央图书馆古书目录》、②李相殷编《古书目录》③等多种韩国最为重要的古书目录中，都未见收录成海应此书，而成海应其他著作亦甚少收录。④可见长期以来，成海应的著作在朝鲜流传甚少。高丽大学 1982 年影印本《研经斋全集》，亦未说明版本沿革。⑤此影印本卷次与《研经斋府君行状》中所提《全集》卷次稍有不同。此影印本分《本集》和《外集》。《本集》为诗文集和与经史相关著作，凡 90 卷。《外集》70 卷，具体分四门：

　　一、经翼门：易类、书类、诗类、春秋类、礼类、总经类；二、史料门：例类、尊攘类、地理类、传记类、仪章类、故事类；三、子余门：天文类、草木类、识小类；四、载籍门：器量类、古迹类、杂记类。⑥

之所以如此分为四类，成海应解释道："余少尝慕王伯厚、郑渔仲之风，好以文献为事……遂惜其弃置漫灭，仿《汉魏丛书》，分四门，曰经翼、曰史料、曰子余、曰载籍，又就四门而仿欧阳氏《类说》。"⑦可见四门之分即如同四部，郑樵

① 朝鲜总督府编：《朝鲜图书解题》，东京名著刊行会，1969 年。
② 延世大学中央图书馆编：《延世大学校中央图书馆古书目录》，汉城延世大学中央图书馆，1977 年。
③ 李相殷编《古书目录》(汉城保景文化社，1987 年)含《奎章阁图书韩国本》《藏书阁图书韩国本》《国立中央图书馆韩国本》《国史编撰委员会图书馆韩国本》古籍图书目录共 73383 种图书目录，257630 册古籍图书。
④ 在以上所提到的目录书中，收录成海应的著作很少。只有《东国名山记》一极短的书为多家目录收藏，乃近代日本影印。而日本《国立国会图书馆汉籍目录》中，收录了北京大学影印本《皇明遗民传》，作者亦是以"无名氏"称，并未将此书列入成海应名下。
⑤ 2001 年秋，笔者在高丽大学作访问学者，终于看到高丽大学图书馆所藏《研经斋全集》写本三种，分别为：一、贵 555 号，乃外集 29 卷，行状 1 卷，合 58 册，全 11 函；二、贵 555A 号，全 6 函，内集 60 卷，30 册；三、贵 555B 号，别集 27 卷，14 册，全 2 函。三种全部共十九函。这是笔者所见最为原始的版本，也可能是韩国现存的最原始的孤本。每册首页皆有"龙汝""成海应章"印章，尾页有"兰室"印章图案。此可能是成海应的底本，在每册中间都有夹带小条，乃修改内容，有的小条上写着"当删"字样。有的在诗文首句写上"序低一字"的字样。成海应卒后，其侄儿成佑曾负责编辑《研经斋全集》，这些纸条疑系成佑曾所为。昨晟社 1982 年所影印的《研经斋全集》即是以此为底本，重新编辑而成。
⑥ 成海应：《研经斋全集》(卷 13《外集序》)，汉城昨晟社，1982 年，第 296 页。
⑦ 成海应：《研经斋全集》(卷 13《外集序》)，汉城昨晟社，1982 年，第 295～296 页。

（1103—1162）、①王应麟（1223—1296）②更是他效法的榜样。以上四门中，以
"经翼门"和"史料门"最为重要，既体现成海应作为儒学者的学识，又反映出其
对明义理思想，其经学观与史学观，都可从中探求。我们先看看成海应的经史
学观，再来考察其对明义理思想。

　　明清时期中国学者都很注重经史关系的讨论，王阳明、王世贞、李贽都有
经史不分的观点。王阳明言："以事言谓之史，以道言谓之经。事即道，道即
事。《春秋》亦经，《五经》亦史。"③王世贞则以为"天地间无非史而已……《六
经》，史之言理者也"。④李贽提出"经史一物"。⑤章学诚则将明清以来关于经
史关系的讨论，总括为"六经皆史"的观点。⑥作为朝鲜的儒学者，成海应亦如
明清学者一般注重经史关系的探讨。他论道："夫经者，道也，能舍道而行乎？
史者，鉴也，能背鉴而照乎？有质而后有文，唯文之是尚，则鲜不归于浮华无
实。"⑦在他看来，经与史，一为道，一为鉴，同等重要，不可偏废。故其著作中，
经、史二类著作最多，最重要。清代经学以汉学为主，宋学则受到贬斥和批评。
作为藩属国臣民的成海应，其经学观与清代学者观点并不相同。他合汉、宋之
学于一体。《行状》曰："特研精于经，合汉、宋之学而操其要。归诸博文约礼之
训，府君之自号有以也。"⑧成海应自号研经斋，即表明其对儒家经典的喜好与
钻研。在群经之中，他尤其对《易》与《礼》有十分独到的研究。其实，其经学著

---

　　① 郑樵，字渔仲。不应科举，居夹漈山，刻苦力学三十年，著作极丰。晚年成《通志》，为百科
全书式通史，其中《二十略》颇有创建。人称"夹漈先生"。
　　② 王应麟，字伯厚，号深宁居士，淳祐进士，官至礼部尚书。学问渊博，对经史子集、天文地理
皆有研究，著作甚富。
　　③ 王阳明：《王文成公全书》（卷1《语录》），《文渊阁四库全书》（第1265册），上海古籍出版社，
1987年，第13页。
　　④ 王世贞：《弇州山人四部稿》（卷144《艺苑卮言》），《文渊阁四库全书》（第1281册），上海古
籍出版社，1987年，第6611页。
　　⑤ 李贽：《焚书》（卷5《经史相为表里》），中华书局，1975年，第213页。
　　⑥《章氏遗书》卷9《报孙渊如书》言："盈天地间凡涉著作之林，皆是史学。《六经》特圣人取此
六种之史以垂训者耳。"（章学诚：《章氏遗书》，文物出版社，1995年，第45页）
　　⑦ 成海应：《研经斋全集》（卷12《书赠孙儿骏命》），汉城旿晟社，1982年，第265页。
　　⑧ 成海应：《研经斋全集·行状·研经斋府君行状》，汉城旿晟社，1982年，第471页。

作涉猎五经,留存下来的相当丰富。①成海应兼通汉、宋之学,对于当时朝鲜儒学界只专于宋学、贬斥汉学的现象提出了严厉批评:

> 东方之学者,不识推而通之,辄斥汉儒专门之学,汉学乌可轻也!授受既确,师承且笃,苟欲击而去之,是谈理而遗数也。余固病是,凡古注之可资于洛闽者,辄荟粹之。②

对宋学诸子他也极为推崇,对二程、朱熹大加颂扬。以为:"洛闽之训,亚于经者,如《二程全书》《朱子大全》《近思录》《性理大全》等书,皆日用常行之不可阙者也。朝夕常目,则心不放而志不肆,体不惰而貌不颓。"③他把《二程全书》《朱子大全》《近思录》和明初编的《性理大全》看成是"日用常行"之书,当朝夕省览,方能使人心坚志定,体貌振作。对于朱熹《四书章注》尤为推崇,夸其"用心之公,择言之平",体现了"大贤著书之意"。④

如何看待五经之形成过程,尤其是对五经残缺不全,是否应由秦始皇负其全责,成海应提出了独到的看法。他论道:

> 论者以五经之残佚,辄咎秦火,秦火固烈矣,其焚经在秦始皇三十四年戊子(前213),挟书之律,除于汉惠帝四年庚戌(前191),其间才为二十三年。又齐鲁之间,素习圣人之化,讲肄礼乐,此秦法所不得禁也。是故汉高帝引兵至鲁,闻弦歌之声,《诗》又因弦歌而传,尤宜其无错谬者也。⑤

---

①《研经斋全集·行状·研经斋府君行状》中对其各种著作都给予了详细的说明。其言:"群经之言莫不表里,《易》与《礼》其尤者也。故斤斤讨论至于易簀之前。于《易》有《古文易》《挂扐说》;于《礼》有《礼论》《仪礼详节》《乡饮酒要义》《深衣解陈注纠误》;于《诗》有《毛许异训》《笺注同异》《四家诗说》;于《书》有《书序辨》《古文书目说》《逸书辨》《伪书辨》;于《大学》有《古文说》;于《孝经》有《今古文辨》;于《春秋》有《杜注考异》《春王正月辨》。凡所以翼经,又有《经解十三经考》。"(成海应:《研经斋全集·行状·研经斋府君行状》,汉城旿晟社,1982年,第471页)可见成海应经学著作相当丰富。

② 成海应:《研经斋全集》(卷13《外集序》),汉城旿晟社,1982年,第297页。

③ 成海应:《研经斋全集续集》(册12《读书式》),汉城旿晟社,1982年,第269页。

④ 成海应:《研经斋全集》(卷14《东儒四书辑注例说》),汉城旿晟社,1982年,第339页。

⑤ 成海应:《研经斋全集》(卷21《毛许异训说》),汉城旿晟社,1982年,第510页。

又言：

> 秦法虽酷，岂能尽祛简策，又潜相传袭者，无由禁之。观于伏生传《尚
> 书》可知也。盖民间之所传，焚于陈涉及刘、项八年之乱，博士之所藏，尽
> 于项籍之火，不专咎秦氏焚坑之祸也。①

在成海应看来陈胜、吴广之反秦，刘邦、项羽之楚汉战争，对五经之残缺亦
难逃其咎。所以将五经不全都归咎于秦始皇之焚书坑儒自是片面，未得其实。
五经残缺，赖汉儒整理保存，才得以还原。他对汉儒之贡献给予充分的肯定：

> 自汉儒掇拾于焚坑之后，力追古圣人述作之旨，为之章句焉，训诂焉。
> 又恐其讹误也，为之考校刊正；又恐其字体之不能一也，为之石刻而印行；
> 又恐其传布之不广也，为之板刻。使各以其力之多寡，自相移摹而梓之。
> 其所以用力者，可谓勤矣。②

故而在文献保存上，也充分肯定汉儒之功绩。这也是他汉学、宋学并重的
一种体现。

对于经学中的今文、古文之争，成海应亦不以为然。他认为经学意在求其
真理真义，而不要拘泥于今文、古文之争：

> 然读《书》，而不能达二帝三王治天下之心法，而徒事于今文古文、《禹
> 贡》山水、《洪范》畴数及错简之说，则末矣。读《易》，而不能通进退、存亡、
> 消长之理，而徒拘于六日七分，反易对易，世应飞伏之说，则小矣。读
> 《诗》，而未究乎兴、观、群、怨，感发惩创之训，而徒辨乎《大序》、《小序》、古
> 音叶韵、十五国风、地理、草木、鸟兽之辨，则细矣。读《春秋》，而未得乎褒
> 贬与夺，明章婉微之旨，而徒出入乎用夏时、改正朔，与夫月日例，三传同
> 异之际，则错矣。是虽东人之所不能及，亦不急之务也。③

---

① 成海应：《研经斋全集外集》（卷12《十三经考上》），汉城旿晟社，1982年，第233页。
② 成海应：《研经斋全集续集》（册17《石经说》），汉城旿晟社，1982年，第450页。
③ 成海应：《研经斋全集》（卷13《送赵云石羲卿游燕序》），汉城旿晟社，1982年，第293页。

由此可见,成海应之经学,反对那种寻章摘句式的教条本本做法,而主张学其精核,明其大义。此处他论读经之大旨,而在《读书式》中,更分别就五经所学之旨予以细细说明。他讲求实效,不求拘泥于教条。他以"研经斋"为号,更体现了其读经、学经之精神风貌。

史料门,如前所述,大体分为6类30卷。而本集尚有16卷有关历史的内容。有《风泉录》《崇祯逸事》《明季书稿》《皇明遗民传》《北边杂议》《宋遗民传》《史论》等。而有关历史的文章大部分是与明史相关的内容,而且是关于对明义例的内容。《行状》曰:

> 史者,鉴也。人不能背鉴而照,故为《二十三史约例》。而世系、姓讳、年号、陵号,了若指掌。凡系于明末事迹者,荟萃作书,以寓风泉之感。弘光、隆武、永历,虽国少兵弱,是皇祖正统,故作《三皇纪》。张廷玉《明史》多所忌讳,忠义之士,掩晦不章,故作《皇明遗民传》。皇统未绝,可以少纾冤郁之义,故作《丁未传信录》。河清无日,狃安已久,则忿愤冤结者,庶可即境兴怀,故作《华阳洞志》。若《风泉录》《尊攘类》其旁流也。箕圣以后,文献无征,罗、丽国史,不成体裁,以东儒之谫陋故也。凡可以补十志列传者,俱收并蓄作史料。①

由上可以看出,其《史料》虽亦偶有涉及韩国史者,但绝大多数都是有关《明史》的。而关于《明史》部分主要是关涉南明与明遗民的。其最终意图在于尊周思明。《明季书稿》《皇明遗民传》《明季史评》《三皇记》《崇祯逸事》等是成海应研究明末清初史的主要著作。而这几种书之所以编成,主要原因是出于对张廷玉《明史》之不满。清修《明史》是从清人的利益出发,对于明朝尤其是朝鲜所看重的南明之正统,自然不会依从。对于朝鲜所看重之南明年号、忠义之事,大多略而不书,或述而令朝鲜人不满,故而为了改正《明史》之不公,成海应遂编撰许多史书以正其谬,并补其阙。下面就以《皇明遗民传》为中心,来详细探究成海应编修这类史书的原因。

---

① 成海应:《研经斋全集·行状·研经斋府君行状》,汉城昕晟社,1982年,第472~473页。

四、《皇明遗民传》等相关明史之成书原因

成海应编修《皇明遗民传》等相关的明史著作,原因是多方面的。首先是高扬尊周思明义理,编史书以重其事;直接原因则是对清修《明史》之不满意。同时对当时朝鲜人所编的同类书籍之补充,而对遗民精神之褒扬亦是其编辑此书的重要原因。

成海应是朝鲜英、正时期(1724—1800)极力倡导尊周思明的儒家代表人物,首先表现对明朝有着一种难以解脱的感情,对明朝所予之恩德极为推崇,自然就极力强调明朝的正统地位。他论道:"我之所授号者,皇朝之赐也;所履者,皇朝之封也;所仪章而临者,皇朝之制也,无往而非皇朝之物也。"①在成海应看来,朝鲜从朝号到领土,从仪章制度到衣着服饰全是明朝所赐之物。万历朝鲜之役,明朝出兵拯救之恩,更是令朝鲜永世不能忘之恩。他言:"天子再兴师救属国,竭登莱之粟,疲江浙之士,屏逐倭寇,奠吾民于衽席之上。"崇祯丙丁之际,内乱频盈,局势不稳,但依然指令登莱颜继祖率舟师救朝鲜,"此天下之至恩"。明朝对朝鲜有此至恩,但是却并不能报答万一,反而为清所驱,入皮岛,入锦州,反助清人攻明朝,"此又天下之至痛"。②朝鲜处此尴尬境地,唯有推崇明朝之恩德,并大力扶植尊周思明之理念,方为正道。

在肯定明朝正统地位之同时,对清朝则采取贬斥态度,论道:"自满洲之入中国,冠镂倒置,华夷杂而不纯。独我东葆其文明,而孔子尊攘之义,朱子复雪之议,士犹有讲劘之者,诚不愧乎君子国之称。"③贬斥清朝,是为了宣扬朝鲜王朝,以为朝鲜继承了明朝正统地位。清初,朝鲜儒林界高举尊王攘夷大旗,表明与清势不两立,处于19世纪初的成海应依然如其先贤们一样,主张复仇雪耻。他既作《正统论》以宣扬明朝正统地位,又作《复雪议》,以探求对清朝复仇雪耻之道。曰:"虏乃肆然据帝位,徒责金缯于我,以丙子之存我国,反德我东国,诚有血性者流,岂不以寸铁加其使乎? 皇明之亡愈远,而我之仇虏益深。"④正因此,他极力主张复仇雪耻,并设计进攻清朝路线。以为可分两路出兵,一从陆路,渡鸭绿江、豆满江,夺取辽东,"彼清人部落皆失巢穴而远

---

① 成海应:《研经斋全集》(卷32《复雪议》),汉城旿晟社,1982年,第221页。
② 成海应:《研经斋全集》(卷31《华阳洞志序》),汉城旿晟社,1982年,第184页。
③ 成海应:《研经斋全集外集》(卷65《燕中杂录》),汉城旿晟社,1982年,第206页。
④ 成海应:《研经斋全集》(卷32《复雪议》),汉城旿晟社,1982年,第221页。

屏,夫然后可与争衡于燕城之下矣"。一从海路,入苏杭,坏其税运;入登莱,冲其心腹。这样两路夹攻,使清人首尾不得顾全,然后"天下之溃乱又可知矣"。攻击清朝意不在夺其土地,而是要恢复明朝江山。事成之日,"求朱氏之后,即位于皇极之殿,以礼改葬崇祯帝、后,涤除腥秽,扫荡氛祲,追罪洪承畴、李永芳等诸叛逆。退守东藩,则其义声垂于百世,自三代以后孰有及于我邦哉"!①正是在这样一种思想指导下,成海应对《明史》予以极大关注,从而激发他编修《明史》的热诚。

其次,成海应对清修《明史》之批评。张廷玉主编之清官修《明史》,在编修过程中,朝鲜就予以极大的关注,曾数次派使节前往清朝就相关史实加以交涉,《明史》正式颁行前,清朝应朝鲜要求,先将《朝鲜传》赐给朝鲜。乾隆四年(1739),《明史》正式刊行,不久,朝鲜就得全书。朝鲜不认同清朝正统地位,故而从国王到一般儒士都相当关注清修《明史》是如何写的。《明史》传入朝鲜后受到了强烈的批评,朝鲜儒士对其书极为不满,纷纷另著新史以驳之,成为朝鲜编修《明史》的又一重要原因。

成海应对张廷玉《明史》多加批评。《皇明遗民传序》一开篇就指出,"余尝读张廷玉所著《皇明史》,廷玉臣事清,有所忌讳,为皇朝忠义之士多掩晦不章"。②他批评其对南明诸帝处理尤为不公,论曰:

> 崇祯之末,弘光、隆武、永历三皇帝继之,虽其国小兵弱,而皇朝之统独能撑住,如章武之绪寄于西蜀。清人之修《明史》也,徐乾学议崇祯纪后,照《宋史·瀛国公纪》后二王附见之例,以弘光、隆武、永历及鲁监国附入。而张廷玉之编纂也,散见于诸王传中者,以忌讳也。③

南明三帝不仅无纪,而其事迹亦只散见于诸王传中,在成海应看来这是非常不公之作法。《明史》只对清人之事详记,"专媚胡虏。胡虏之犯中原,张其搪突之势,若天兵之破胡虏,并没其功"。④对于《明史》不书明朝之忠烈与破胡之史,还有多处论及。又曰:

---

① 成海应:《研经斋全集》(卷32《复雪议》),汉城旿晟社,1982年,第220~221页。
② 成海应:《研经斋全集》(卷31《皇明遗民传序》),汉城旿晟社,1982年,第187页。
③ 成海应:《研经斋全集》(卷32《尊周汇编条议》),汉城旿晟社,1982年,第209~210页。
④ 成海应:《研经斋全集》(卷34《明季史评》),汉城旿晟社,1982年,第251页。

《明史》出清人之笔,彼皆故皇朝遗黎,固多忌讳。当弘光、隆武、永历三皇帝之时,凡属皇朝事,多遇而不章。如李定国之诛孔有德、郑成功之伐金陵,皆清人之所欲掩护也,是故不见于《明史》,而散见于他书,如此类者甚多。①

在成海应等看来,清官修《明史》问题相当多,既不彰显忠义之士,反而故意隐晦,凡对清朝不利之事,或隐或略,令成海应深恶痛绝之。故而,他努力编修许多明史书籍,以纠其谬。从而进一步宣示明朝的正统地位,这也是成海应编修《皇明遗民传》的重要原因。

其三,成海应处于当时大修《明史》的背景之下,深得正祖重用,使他成为正祖编修尊周类史书重要的大臣。他编修《明史》与其家世亦分不开。英正时期编修了许多明史书籍和尊周类史书,对朝鲜思明予以赞扬。这样的背景下,促使成海应编修《皇明遗民传》。而他的出身与家世,对其编修此类书籍亦颇有影响。成海应自言:"吾东之士,常怀万历之恩、崇祯之惠,尚能知尊攘之为可慕,余家又世守此义,故喜为遗民作传,以待河清之日,得彰显于天下,而余家之义因之不泯乎。"②他编修《皇明遗民传》乃继承和弘扬其家族之义。正如前面已经论述过,其从高祖成琬翠微公就是著名的反清尊明人士,其父成大中更是英祖、正祖的心腹大臣,被称为尊周思明之重要人士。成海应自幼深受濡染,故而他以弘扬家风,保守尊攘之义为己任,而以编修《皇明遗民传》看成是保守此义之途。

当时,清朝已编成《胜朝殉节诸臣录》,乃乾隆年间为明朝守节人士所编之传记,并赐其谥号,收史可法、黄道周以下诸人。与之相应的是,将钱谦益、龚鼎孳等"自诩名流,而腼颜降附,皆无耻者也。清悉搜此曹,著为《贰臣传》,以示彰禅。此二书其所褒贬,非谓皆一一称停,且殉节诸臣岂以得虏谥为荣哉"。③成海应似乎并未见到此二书,他托燕行使帮其购求。他对清人之作法并不赞同,这在某种程度上亦促使成海应完成其《皇明遗民传》。当时朝鲜已

---

① 成海应:《研经斋全集》(卷36《明季书稿序》),汉城旿晟社,1982年,第270页。
② 成海应:《研经斋全集》(卷31《皇明遗民传序》),汉城旿晟社,1982年,第187页。
③ 成海应:《研经斋全集》(卷31《与或人书》),汉城旿晟社,1982年,第206页。

有人编修了明遗民传一类的书,如李德懋编了《明遗民传》,还编了《宋遗民传》。成海应受其启发和鼓舞,也编遗民传以应之。其实,成海应编修此书,亦期补前人所编书籍之不足。无论是《宋遗民传》,还是《明遗民传》,都与此有关。他论道:

> 遗民之多自宋始。盖毡裘而统合天下,天地之大变。苟能自爱其躯者,宁欲事犬羊而为之臣哉!故宋之多遗民,不惟列朝之泽,入于民者深也。昔元吴立夫作《桑海录》、明程敏政作《宋遗民录》、李小有撰《广遗民录》、万斯同撰《宋季忠义录》,其书皆不可得见,青庄李公德懋尝奉教校《宋史筌》,搜诸纪传,得谢翱等一百九人为补传。余既删其烦复,复从传记得若干人,附以类,且系以赞,非敢以擒其美,只欲补其阙也。①

故而他作了《宋遗民传》,以补李德懋书之阙。而他编《皇明遗民传》亦有此意。他觉得李德懋之《明遗民传》"义例未列",且搜罗未广,"乃汰其滥而补其阙,又从乘、史、子、集与夫偏部短记复得几人",②从而编成《皇明遗民传》。故而他的遗民传既是弘扬家世的尊周家风,又是顺应时代要求,正清官修《明史》之误,补朝鲜相关传记之阙失。

第四,成海应对明遗民之敬仰亦促使其最终编成此书。在成海应看来,忠义之士势穷之际,不得不以死报国,固然值得嘉许,可歌可泣。而遗民特以食土践毛之故,守志而不事二姓,更为难得。因为:"彼以死报国者,多慷慨决烈,取办于俄忽之间。若守志而不事二姓者,能始终不以祸福死生为顾虑,而愈益励操不移,比之暂时捐生以取义者为尤难。"③中国历史上烈士甚多而遗民甚少,根源即在于此。历史上能称得上遗民的不过是箕子、伯夷之于殷商,管宁之于汉,陶潜、徐广之于晋,数人而已。故遗民更值得尊敬。宋元之际,乃华夷大变时期,遗民遂多。明清之际,较宋元更烈,乃剃其发,更其衣,"使尧舜以来冠带之伦,陷于禽兽之域"。④生当此际,而能为明朝守志不移,尤值得称颂,故

---

① 成海应:《研经斋全集》(卷45《宋遗民传》),汉城昕晟社,1982年,第462页。
② 成海应:《研经斋全集》(卷31《皇明遗民传序》),汉城昕晟社,1982年,第187页。
③ 成海应:《研经斋全集》(卷31《皇明遗民传序》),汉城昕晟社,1982年,第187页。
④ 成海应:《研经斋全集》(卷31《皇明遗民传序》),汉城昕晟社,1982年,第187页。

而"不有一部书以列其人,则忠义之迹无所附焉,此余编辑之意也"。①

综上所述,大体而言,成海应编辑《皇明遗民传》乃是其尊周思明的一种体现。他推崇明朝作为中华正统,感激于明朝对朝鲜所赋予的恩惠。他在那样一种大的思明背景之下,又深受其家族之影响,编此书以继承其家世家风,同时感于遗民之精神,对清修《明史》相当不满,故而在前人的基础上,编成此书,以颂扬遗民之忠义,以寄托其尊周思明的情感。

五、《皇明遗民传》之史源、成书版本及其价值

《皇明遗民传》编成于何时,魏建功推断其成书时代在乾隆五十六年(1791)至嘉庆五年间(1800)。因为书中出现"今上庚戌,命别为汉旅,毋属训局,并蠲渔丁之役",从而推断"今上"为正祖,而庚戌为正祖十四年,乾隆五十五年,1790年。正祖在位二十四年,起乾隆四十二年,迄嘉庆五年,因而推断出此书之成书时间。② 此推论极有道理,笔者尚可举出数例。

前面我们已经考察了成海应生平,1788年,他入奎章阁,为检书官,因此《皇明遗民传》编撰当在此之后。1815年,他退居乡里,卒于1839年。因此从他生平看来,此书之作当在1788年到1839年间。在《皇明遗民传》卷七中提及,"当宁戊申,又命立如松主不祧"。③《王凤冈》中言:"今上庚戌,命别为汉旅,毋属训局,并蠲渔丁之役。"④正如魏建功所论"当宁""今上"皆指正祖,正祖卒于1800年,因此此书成于1788—1800年间,恰是成海应为检书官期间,与其生平相吻合。奎章阁作检书官,可以看到众多的史料,为其作此书提供了方便。后来在文集中,成海应常提到此书:

> 今去皇朝之亡将二百年矣,有能怀思皇朝之泽而讴吟不已乎? 余尝撰《皇明遗民传》,得妇人女子之为皇明守志者若干人,而三夫人尤其烈者,今得赵夫人事而异之。当下城之初,虽闺中之处子,亦有宗周之思,皇朝之泽浩博如此乎? ⑤

① 成海应:《研经斋全集》(卷31《皇明遗民传序》),汉城昕晟社,1982年,第187页。
② 魏建功:《影印皇明遗民传跋》,载成海应:《皇明遗民传》,北京大学影印本,1936年,第1页。
③ 成海应:《皇明遗民传》(卷7《李应仁》),北京大学影印本,1936年,第430页。
④ 成海应:《皇明遗民传》(卷7《王凤冈》),北京大学影印本,1936年,第433页。
⑤ 成海应:《研经斋全集》(卷33《赵夫人传》),汉城昕晟社,1982年,第225页。

他又作《读〈皇明遗民传〉》诗三首。①凡此充分说明,此书成书并不晚。因而断定在 1800 年前是可信的。不过,最后定稿时间则可能较晚,因为其卒年(1839)时还就此书与洪直弼书,共同探讨。洪直弼(1776—1853)特撰《书〈皇明遗民传〉》以记其事。其曰:

> 右《皇明遗民传》七卷,即研经斋居士成公海应龙汝所著也。居士缵屡叶文献,专精词章,晚更敛华就实,晦身嶜岩,憪憪乎劬经研礼。所撰述甚富,闲又衰辑甲申鼎革以后遗文故事,为书遗民传,是已居士幽显阐微之苦心,于是焉可见矣。……始居士之修斯书也,因金元博基普,谋及愚者,亦与闻一二绪论,而元博已不可见矣。居士示及是编,仍问成书得失,书未及复,而居士又奄然长逝矣。愚与居士并世而不一识,兹为齑恨千古者,抚卷怆悒,略叙所感,如此用托九京之神交云尔。②

此文所提供的信息与上文所言,稍有不同,似乎《皇明遗民传》成书甚晚,不过也显示《皇明遗民传》并非短时间定稿的。从其最初成书到最后定稿,历经时间甚长。可以说,此书在成海应卒前依然处于修订之中,因为他向洪直弼请教,希望他提出意见,以便修正。可惜,在洪直弼答书还未写成,成海应已经去世了。因此可以得出结论,此书成稿于 1800 年前,而后相当长的时间中一直在修订,直至其去世。

此书编成后并未立即付梓,在朝鲜王朝一直以抄本形式流传,长期被人忽视,几近埋没。它长期以来就成为无名氏的著作。

成海应编辑此《皇明遗民传》,广征博引。此书以清人文集资料为主,并涵盖清修方志及朝鲜王朝的相关著作。作者在正文前将相关的书目列出,以便使其参考文献一目了然。下面将其相关著作列表如次:

---

① 成海应:《研经斋全集》(卷 8《读〈皇明遗民传〉》),汉城昕晟社,1982 年,第 160 页。三首诗,一咏顾炎武,"棲棲短策欲何云,秦晋遗民少似君;三月昌平呜咽涕,谁人忍读横宫文。"二咏魏叔子,"冰叔文章继八家,更看风节特修妈;易堂诸子皆豪杰,谁赴宏词博学科。"三咏徐俟斋,"詹事丹忠一死轻,虎丘潭水至今清;灵岩树屋深如许,昭法衣冠独大明。"

② 洪直弼:《梅山先生文集》(卷 30《书〈皇明遗民传〉后》),韩国文集编纂委员会编刊:《韩国历代文集丛书》(第 1066 册),汉城景仁文化社,1999 年,第 82～85 页。

表1 《皇明遗民传》参考书目表①

作者	书名	作者	书名
钱谦益	有学集/列朝诗集	施闰章	愚山集
朱彝尊	明诗综/定(静)志居诗话/曝书亭集	刘廷銮	十二弃诗
黄宗羲	明儒学案/黎洲集	钮琇	觚剩
贾润明	明儒学案总评	姚佺	诗源
邹漪	启祯野乘	朱昆田	笛海小稿
陈鼎	留溪外传	王倬	文苑异称/今世说
谭古璁	肃松录	尤侗	西堂集
邵长衡	青门集	卓尔堪	遗民诗
方中履	汗青阁集/古今释疑	毛先舒	语小
方中德	遂上居集	徐执	本事诗小序
李世熊	寒支集	钱肃润	十峰草堂集
杭世骏	榕城诗话	王崇简	青箱堂集
汤斌	潜庵遗书	叶燮	已畦集
李光地	榕村集	沈季友	檇李诗系
汪婉	尧峰集	卢见曾	感旧集补传
邱维屏	魏征君杂录	张廷玉等	明史
杨文彩	魏征君传	清乾隆诸臣	清一统志/四库全书总目
陆圻	冥报录	周亮工	因树屋书影/藏弃集
徐枋	居易堂集	李崧	芬轩诗集
侯方域	壮悔堂集	陈板	留青新集
王士禛	香祖笔记/感旧集/池北偶谈/渔洋诗话/古懽录/皇华记闻/居易录/带经堂集		江南通志/盛京通志/扬州通志/嘉兴府志/畿辅通志
陈维菘	箧衍集/检讨集	吴正名	侯谷文稿序
毛奇龄	西河集	沈德潜	明诗别裁/清诗别裁集/归愚集
吴伟业	梅村集	张庚	画征集
徐岳	闻见录		以下朝鲜，称"本朝"
魏祥	魏伯子集		
魏禧	魏叔子集	闵鼎重	老峰集
魏礼	魏季子集/宁都先贤传	康世爵	自述

---

① 此书目表资料来自《皇明遗民传》前所附书目。成海应:《皇明遗民传》,北京大学影印本,孟森、魏建功序刊本,1936年。

续表

作者	书名	作者	书名
魏世杰	梓室稿	朴世堂	西溪集
魏世俲	魏昭士集	本朝诸臣	通文馆志/同文汇考
魏士俨	魏敬士集	本朝诸臣	国朝宝鉴别编
彭士望	匪躬堂集	田井一	田氏述先录
顾炎武	金石文字记	成大中	青城杂记/青城集

从上表中我们可以获知以下几点：第一，准确知道作者的有60人，冠以"某某朝诸臣"的有5种书，未标明作者的5种，共89种著作，其中采自清朝的80种，采自朝鲜的9种。只是上表所列出的名称，大多数是书名，也有部分应是篇名。如贾润明《明儒学案总评》、吴正名《侯谷文稿序》等。

第二，采自清人著作中，又以明遗民的著作为主。已知的作者中近一半是明遗民，若黄宗羲、朱彝尊、方中履等，在成海应《皇明遗民传》中都有其传，同时参稽贰臣若钱谦益等人著作，编成此书，因此其以第一手资料为主，同时亦参稽了清修方志六种，《四库全书总目》皆是其参考资料，这些书在当时都编成不久，而成海应都加以利用了。既采纳原始材料，又用了当时最新的著作，这样保证其史料的可信度。

第三，值得注意的是，成海应还采用了九种朝鲜王朝的著作，其中有明遗民康世爵的《自述》，这样其遗民所涵盖的不只是清朝的遗民，而且包括了逃往朝鲜的明遗民。从而体现了朝鲜人所编书的特点。同时，他采用了朝鲜编成不久的《通文馆志》《同文汇考》和《国朝宝鉴别编》，这些都有关于朝鲜与清交往的内容，但值得注意的是，书中未列出由正祖御撰、成大中等编修，成海应于1825年前后最终定稿的《尊周汇编》，由此可见，《皇明遗民传》成书在《尊周汇编》之前。

成海应《皇明遗民传》是有关明遗民传的相关书籍中最为重要的一部，孟森肯定此书"在清中叶以前，中土士大夫视此必有逊色"，[①]而谢国桢亦指出此

---

① 孟森：《皇明遗民传序》，载《明清史论著集刊》，中华书局，1959年，第155页。

书有他书未载之事。①具体而言,此书的价值体现在以下几点:其一,收录明遗民数目最多,范围最广,是其他同类著作所不及的。它收录的明遗民,上自明皇室后裔、朝廷命官子孙,下及平民百姓、僧侣浮屠、烈妇,以及归隐于朝鲜、日本之明遗民。在同类著作中,它所涵盖的人物最多。谢正光、范金明将有关明遗民的书籍汇编为一书《明遗民录汇辑》,下面以此书为基准,参考朝鲜王德九所编《皇明遗民录》,②将各书所收遗民数目列表统计如次:

表2 诸家遗民传所录遗民数目统计表

作者	书名	卷数	遗民数	备注
成海应	皇明遗民传	7	625	序曰535人,乃未录附记之子弟、门生,成书于1800年前后
黄容	明遗民录	10	408	成书于康熙癸未(1703)
陈伯陶	胜朝粤东遗民录	4	290	成书于1855年
陈去病	明遗民录	不分卷	67	初刊《国粹学报》
秦光玉	明季滇南遗民录	2	148	1932年成书
孙静庵	明遗民录	48	502	1911年成书
邵廷寀	明遗民所知传	不分卷	47	邵廷采生于1648年,卒于1711年
王德九	皇明遗民录	不分卷	9	成书于19世纪40年代

从上表可看出,《皇明遗民传》所收录的遗民数目是最多的。近人孙静庵所编《明遗民录》是中国人所编最为详细的一部明遗民传,且比成海应的书晚百余年。但即便以《皇明遗民传》序中所言只收535人,亦较孙著《明遗民录》多30余人。而按笔者之统计,则多出123人。成海应收罗人物最多,涵盖的范围最广。清代的明遗民,逃往朝鲜的明遗民和前往日本的明遗民,都有收录。这是其他同类著作难以企及的,因而也体现了其价值之所在。

其次,此书不仅是研究明遗民所必须阅读的资料,同时也是研究明清史、朝鲜王朝史、中韩关系史的重要参考资料。朝鲜王朝编修了许多明史书籍,不仅体现其尊周思明的情感,而且在文献资料上亦有独特的价值,可补明清人史

---

① 谢国桢:《增订晚明史籍考》(卷17《传记》上),上海古籍出版社,1981年,第764~765页。他举出二例,一为他收藏有葛芝之《容膝居襟录》,知葛芝为刘宗周弟子,但却不明其生平,而《皇明遗民传》则收录了葛芝传。再如江阴抗清之煎海和尚,亦他书未载之人。从而表明《皇明遗民传》之长处。

② 对于王德九《皇明遗民录》之相关情况,参见何冠彪:《记朝鲜汉人王德九的〈皇明遗民录〉》,载何冠彪:《明清人物与著述》,台湾商务印书馆,1996年,第281~291页。

书之缺。《皇明遗民传》收集资料丰富,更体现其史料上的价值。研究朝鲜的明遗民,就得利用此书不可。前往朝鲜和日本的明遗民人数不少,我们的研究十分有限,原因就在于资料的缺乏,从而显示《皇明遗民传》一类史书的可贵。即便是生活于清朝的明遗民,《皇明遗民传》亦收录了他书未见的人物,前边提到谢国桢即指出二例。若详细查对,还有更多例子。

其三,作为清朝藩属国臣民所作的明遗民传,较之清朝人的明遗民传自有不同之处,书中对清朝一律采取贬斥的态度。同时,借讴歌明遗民的道义精神,批评生活于清朝统治下的"中国人":

> 呜呼,清人之主天下已久,休养生息,煦濡于中国之人,中国之人果能讴吟慨叹,有京周之思乎? 抑有之而不自见乎? 且爵泪而待时乎? 苟不然者,其视遗民之义不已弁髦乎! 独吾东之士,常怀万历之恩、崇祯之惠,尚能知尊攘之为可慕。①

表明其编修明遗民传,亦在于申"尊攘"之义,而不仅仅是一部纪录明遗民生活的史书。这是清人所编明遗民传中所没有的,因而也体现其在朝鲜王朝思想文化史上独特的价值。

其四,此书在体例上亦有特色,显示在史书编纂上的价值。全书7卷,第一卷首先是明皇室后裔,若岷王子、朱议霶、朱术桂、朱重容、朱谊料、朱茂晖。以后或按地域、或按师承、或按族系将其身世有相同之处和有关系的编在一起。这样每卷都按不同的特色分成几个小类,使人能看出遗民相互之间的联系。如就最后一卷来说,大体分为五群人,第一类只有绰号而姓名不详者,若高笠先生、李先生、谢秀才、画纲巾先生。第二类为道士,若云间道人、乾元道人、朱衣道人、爱铁道人;第三类为和尚,若煎海和尚、幻阇梨、剩人、海明、戒显、成回、读徽等;第四类为烈妇,若徐烈母、王烈母、曹静照、陈元淑、沈云英、丁孺人、李夫人等;第五类乃东去朝鲜之遗民,如康世爵、田好谦、李应仁、文可尚、王凤冈,等等。这样编排,体现了作者的用心,将明皇室后裔置于最前,是对宗主国明朝的尊重,而将滞居朝鲜的明遗民置于卷末,则体现其藩属国臣民的地位。同时,按类编排遗民传记,可以感知遗民个体之间的联系与共性,从而更

---

① 成海应:《研经斋全集》(卷31《皇明遗民传序》),汉城昕晟社,1982年,第187页。

好地把握当时遗民社会的背景以及遗民群体的共性,体现了作者独特的编纂意识。

六、结论

综上所述,《皇明遗民传》的作者是朝鲜王朝英正时期的著名儒士成海应。成海应学问渊博,经、史、子、集皆很有造诣,文集《研经斋全集》博大精深。他具有强烈的思明情感,极力倡导尊周思明理念,大肆贬斥清朝。他的史学著作中明确反映其尊周思明思想。《皇明遗民传》是成海应在尊周思明的大背景下,不满张廷玉《明史》而作的一部明遗民传记。它在同类著作中最为重要。它吸取了清人,尤其是明遗民的著作,采用第一手材料,作为朝鲜人所编的遗民传,不仅收录了生活于清朝的遗民,而且亦收录了在朝鲜、日本的明遗民。对于了解当时遗民在清朝以及朝鲜王朝、日本的情况,提供了相当重要的资料,具有很高价值。从内容上讲,《皇明遗民传》较之其他各传更为详尽,有一百多人不为其他传记所收录。关于东去朝鲜、日本的明遗民更是清人所编遗民传所缺少的,故而尤其珍贵。

本文原刊载于台湾《汉学研究》2002年第20卷第1期。

作者简介:

孙卫国,湖南衡东人。南开大学历史学博士、香港科技大学哲学博士,现为南开大学历史学院教授。先后任高丽大学、哈佛燕京学社、国际日本文化研究中心(京都)等访问学者。主要研究中国史学史、中朝关系史、明清史。著有《王世贞史学研究》《大明旗号与小中华意识:朝鲜王朝尊周思明问题研究(1637—1800)》《明清时期中国史学对朝鲜的影响》《从"尊明"到"奉清":朝鲜王朝对清意识的嬗变(1627—1910)》《"再造藩邦"之师:万历抗倭援朝明军将士群体研究》等;译著《中华人民共和国的明清史研究》《世鉴:中国传统史学》等;整理编著《郑天挺明史讲义》《郑天挺历史地理学讲义》《郑天挺文集》等。在海内外发表中外文论文百数十篇。

"说故事"的历史学和历史知识大众文化化

冯尔康

这个题目很大,涉及什么是历史学,它的功能何在,社会史在史学中的地位和作用等问题,自然要谈的内容也就庞杂、丰富,特别是因为史学同人见解的差异,需要讨论的事情尤其地多。不过,笔者在这里仅仅是提纲式地表明观点,似乎也不必要作出过多的申述。从传统史学到近代史学,一百年过去了,笔者亦治史半个世纪,对史学有所感悟,故在这儿议论,历史学究竟是什么学问? 它经历了怎样的历程? 历史知识要不要及如何大众文化化? 所述皆系感性的经验之谈,而非理性的真知灼识,说出来聊供同人"喷饭"而已。

一、"说故事"的历史学定位

(一)史学是陈述之学

史学就是讲故事,讲人物、事件、制度以及产生这些故事的自然生态环境、社会生存环境和人文环境。讲故事的历史,具有五种要素,即时间、地点、人物、情节及环境(前四种要素所形成的历史故事的社会背景及生态环境)。

讲故事的历史学是传统的。传统的历史编纂学主要是描述人物故事,以人物为主体的事件故事;即便是叙述典章制度,也是讲制度的制定过程及其实行结果,它也不脱离人物故事和人群故事。正是因为讲故事,所以史籍编纂体裁主要是三大类,即纪传体、编年体和纪事本末体。今日之讲故事是传承的,然而又非纯粹传统的,是反映现代人类社会的知识、观念对历史的理解,是新的意义上的讲故事,不过仍然应是陈述之学。

(二)史学要不要讲道理(历史哲学)

说故事的陈述史学不讲道理吗? 不讲历史运动、历史发展轨迹吗? 只是说一些具体的事情吗? 非也。它是讲道理的,有义理的,但在表达方式上有两种差异:一种是寓论于史。作者有历史观点,有揭示历史面貌的愿望,但不采取大量议论的方式,而是选择充分的、较充分的史实表达自己的见解,并希望通过史实让读者自行理解历史,从中获取教益。传统史学采取"史臣曰"的方法表达史家观点;现代史家则多采用夹叙夹议的方法,实证史学家即多如此。做这种学问的人常常被归类为"史料学派"。这种做法,易于明了具体道理(所谓"小道理")和经验,难于揭示大道理(所谓"规律")。要之,实证之作不是不讲道理,而是寓论于史,或小题大做,以小喻大,通过具体的小事阐述大事及其道理。另一种是义理派做法。史实不多,或利用二手、三手材料及他人考订的史料,建构史学模式,去讲论历史哲理、规律,给人以宏观道理的启示,开人心智,但所述是否符合历史实际,要靠继续研究。做这类学问的人往往被视为是"史观学派"。

实证法(实证派)与义理法(义理派)是何种关系呢?笔者之意,实证是义理的基础,义理是实证的升华;没有实证,便没有义理。两者需要结合,实证努力理论化,勿为烦琐考证所累;义理要向实证靠拢,最好要有实证功力。

(三)史学是科学抑或是艺术?

所谓科学说,是认为历史学是科学,是社会科学的一个部门;相信史家能够著作"定论历史",反映历史真实,后世史家不能也不必要改动已成为真理的历史著作。此说同时相信史料能够论定历史,故有"史料即史学"之说。此说还相信科学理论的指导作用,历史不过是在特定的理论指导下去验证这种理论的光辉正确。人们有理由希望历史学成为社会科学,故实证史学强调这一点,马克思主义唯物史观更是如此。

但也有学者对科学说提出质疑:历史不会重复,不能做科学实验,不可复制,此其一。其二,科学应发现规律,历史发展的规律是否完全可以认识,不好说。因为人的知识是有限的,可以做到局部的认知,而全部的通晓,则非常难说了,社会进化论、经济决定论等等理论试图解说,都因有破绽而受到责难。其三,史家之主体意识与科学很难保持一致,谁能保证史家不反映自己的感情、种族、阶级、文化的倾向性于著述中,史家的价值观能够保证他的历史判断的公正性吗?其四,不仅是不同观念的史家对同一事件有相异的解释,而且随着新史料的发现,史家会对历史产生新的看法,哪里能有定论的历史?其五,历史靠史料来验证和说明,而史料的保存是有限的,即使在我国历史文献学夙称发达、史书汗牛充栋的情况下,运用起来便会发现,许多方面的历史仍然是缺乏记载的,致使史家难于完整地勾勒历史;况且史料有真伪,不易鉴别,这都难于给历史作定论。

能不能认识人类社会总进程、总规律应当存疑,然而根据前人业已探索到的理论,发现局部性规律是可能的。例如,讨论英雄造时势与时势造英雄、民众的历史地位、等级与等级制度等问题,学术界已经有了诸多共识。运用"科学精神"研究历史,使其尽可能地接近历史真实,应当是历史学家的努力方向。

所谓艺术说,是将史学理解为诗歌加哲学,是针对科学说的。其主要论点是史无定论,不同时代的人会对同一的历史作出迥异的解说。既无定论的历史,谈何科学?历史之成为艺术,因为史为实用,史家会赋予时代之理解,不同时代的人会重新认识历史,而且这种认识又同个人的经验相联系或一致;不同人的不同的经验,给人以不同的历史故事和解释,而且利用活泼的笔法描绘历史,使历史如同艺术,成为美学的一种,令人欣赏,如司马迁的《史记》;还因为如何编排史料,如何讲故事,也是需要讲求艺术的。但是,史学艺术说需要明确的是,它非自由创作之艺术,亦非文学艺术之虚构艺术,而是编纂史书的艺术。

史学家刘节在《论历史》①一书中认为:史学研究结论应是科学的,书写的著作应是艺术的,归纳升华到哲学上应是哲学的。他的意见值得参考与尊重。

笔者愚见,历史学是科学抑或艺术的问题,似乎不必过分纠缠,各有其是,可以互相调融。令史学在科学、艺术之间,或许更有趣味,更能发挥其功能。笔者服膺钱锺书《管锥编》中的见解:历史学是介于科学同艺术之间的一种学问。看来,史学研究争取科学化,史学作品要求艺术化,也许是个好主意。

(四)从史学之异于其他人文社会科学看其陈述历史(讲故事)的特点

文学,形象思维之学,得益于想象。

哲学,宏观逻辑思维之学,得益于抽象思维。

经济学、法学、社会学等,是强调规律、理论、模式之学。

史学,重陈述,讲故事,特别看重的是寻求史实及对其描述中的阐述。它不能凭借想象或抽象思维,或套用公式理论,从根本上有别于其他学科。

史学这种史料和史实所叙述的故事包罗万象,为各种学科提供可选择的史料和观点,这就使得历史学有点人文学、社会科学基础的味道。

---

① 编者按:"《论历史》"当作"《历史论》"。

（五）史学需要保持"说故事"的特色

史学应保持其特点,在陈述历史的陈述中引出固有的道理,而不是一般的讲述宏观义理和规律。如果历史学大讲理论,忽视史实的陈述,史学将失去其特性,不成其为史学。因之,笔者不赞同以义理、新方法之探讨作为史学研究的主流。或谓史学不讲理论,容易为其他科学学科所小觑,不如理论化;然而,史学研究正在与自然科学、社会科学及其他人文学科的研究相结合,有其活跃性,至于社会地位下降,那是另外一回事(在近代社会,人文学科的传统主流地位为自然科学和工程科学所代替,非仅史学一家也。关于这一点,后面仍有机会涉及)。笔者的这种史学观念是传统的,是固守史学本位,认为唯其如此,才能保持历史学的特色,从而在人文社会科学中留有一席之地。在2002年举行的"中国需要什么样的新史学——梁启超《新史学》发表一百周年学术研讨会"上,有的学者看到"近代以来,随着西方社会科学概念和体系的引入,史学越来越理论化、抽象化,追求宏大叙事,寻求历史规律,历史似乎必须被赋予一些规则才有意义,这样做的后果是使史学还没有找到新的定位就先丧失了传统"。因此,他们主张恢复历史现场感,认为"叙述和感悟,这也许就是史学守住边界的最根本的方式",当然也应建立历史学自身的一套概念体系。[①]有这样的同调者,真乃令人高兴。

二、历史学的发展历程、走向与社会史研究

历史学业已经历的发展过程、当今趋势以及与陈述史学的关系问题,笔者仅将概约化的看法缕述于次:

（一）古代传统史学（历史编纂学）

古代传统史学可视为政治史的历史学,主要是通过历史人物的活动讲述政治史(含军事史、外交史),因而被有的学者称为"帝王史"或讥讽为"断烂朝报"。

《史记》之"本纪",主旨是为尊君,"传""志"本意是在说明"本纪",可知纪传体史书的立意是在写帝王政治史,总结治理经验和治术的。当然,所谓政治史,在政治范畴之外也包含经济、文化等主要制度,民族关系、中外关系也在

---

① 张小也:《中国需要什么样的新史学?》,《中华读书报》2002年9月4日。

内,但它却是围绕帝王政治这个中心讲述的。20世纪以来,传统史学失去了昔日的光辉,实证史学、阶级论史学迭居史坛的主流地位,整体史的新史学也在孕育之中。

(二)实证史学

从梁启超"新史学"以来,到胡适、傅斯年、顾颉刚、陈寅恪、陈垣等,以及王国维、吕思勉、柳诒徵等所提倡、实践的实证史学,政治史仍然是研究的主要内容,而经济史、文化史、社会史以及与科技史有关的数学史、度量衡史等作为专门史或向专门史方向发展,开展研究。

实证史学在方法上重视实证,特别讲求材料的发现和搜集,以至认为发现一个字犹如发现一颗行星;尤其要明了的是,他们重视考古发掘,其科学方法的运用在20世纪30年代为东方之最。而在观念上,他们一开始多信仰进化论,后来多样化了,主要是实验主义、自由主义。强调学术研究独立思考,学术自由,反对政治干预。

实证史学在中国的出现也是渊源有自,顾炎武的《日知录》、赵翼的《廿二史札记》等的体例为近代史学提供借鉴之资料,乾嘉考据方法亦为后人所袭用。

或谓史学的实证方法是永恒的,若只是强调史料研究的重要性可以作如是观,但作为一种史学范式的实证史学就不会有此殊荣,因为它的指导观念和史学功能论并不是无可非议的。

(三)民族情感史学

民族情感史学,主要以钱穆为代表。他们对中国历史怀有一种温情和敬意,即对中国传统文化有着深厚的民族感情,并予以倡扬,以此与社会思潮之主流的批判论对垒。

(四)阶级论史学

在相当长的时间里,国人主要根据斯大林和苏联的理论解释,理解马克思主义、列宁主义并运用于中国的历史研究中,将人类文明社会以来的历史视为阶级斗争史,是一个阶级战胜另一个阶级的历史,出现了五种(或谓六种)社会形态。郭沫若、范文澜、侯外庐、吕振羽、翦伯赞为公认的学术代表,白寿彝则多少别具一格。在具体研究上,实际上将历史分为三大块:政治、经济和文化。政治史主要是研讨阶级斗争史、农民战争史、政治斗争史、中国革命史和国际共产主义运动史。

阶级论史学在观念上强调探索历史发展的科学规律,笃信生产力与生产关系、经济基础与上层建筑的辩证关系及前者决定后者的理论。二十世纪五六十年代,实际上走向了注疏马克思、恩格斯、列宁和毛泽东经典著作的道路(严格地说是作疏解,还够不上作注);在功能方面极其强调为政治服务,反对脱离无产阶级政治、无产阶级专政。

从根本上看,阶级论史学是一种宏观史学,然而它并不排斥微观研究,颇有笃实研究者。在对下层民众史、某些历史运动本质的揭示方面,有着不小的贡献。

(五)社会史的史学

20世纪上半叶,我国历史学、社会学、经济史学、人类学、民俗学共同开展了对社会史的研究。在大陆,80年代中期以来,史家接受二三十年代社会史研究、阶级论史学对劳动者斗争史研究的成果及受西方年鉴史学运动的影响,自觉或较自觉地进行社会史研究。目前方兴未艾,有成为史学主流之势。在台湾,社会史研究起步比大陆早一点,在研究领域的拓宽和探讨的深度上均有令人瞩目的成就。社会史大大扩展了历史研究的领域,社会结构、日常生活、民间信仰与意识、心态、身体、生态环境都进入了研究范围。

社会史与其他学科有着交叉研究的内容,特别是同社会学、人口学、历史人类学等学科,因而成为历史学与其他学科进行跨学科研究的桥梁。

在研究方法上,它的归纳法,向下看的视角,历史人类学的田野调查法,社会学的个案研究法,哲学的辩证法等,均被吸收作为研讨的方法。社会史的研究,令史学功能由政治功能向社会文化功能转化。

或谓社会史是一种研究方法,一种观察历史的视角。离开社会史的研究内容,若仅仅是一种方法,社会史研究就难于理解了。经过富有成就的具体研究之后,西方史家从方法论上重新认识社会史,将之视为一种方法,这是事后之论;中国的研究状况尚不宜采取此说,否则对社会史考察富有实际内容的研究不一定有好处。

(六)呼唤中的以"整体史"("总体史""社会的历史""社会史学")为特征的"新史学"可能出现及其与社会史的关系

在西方史学领域,一个走出年鉴运动的"新史学"正在形成之中。中国台湾学者在进行社会史研究的同时,也早就有新史学之愿望,这由《新史学》杂志的命名可知。大陆学者提出,社会史是一种研究范式,认为它将取代兰克史学,新史学基本上或者首先以社会史为表征,就是想将社会史与新史学即整体史连接起来。

整体史的产生有其必要性:历史学、社会史研究领域一再扩大之后以及出现所谓的"历史碎化"现象,特别需要总和、综合。与其他学科的交叉研究,使得历史学成为容纳百川之学,处于跨学科研究的中心地位,需要进行学科整合,而社会史就难于完成这种使命。史学研究在许多方面有回归的现象:早期社会史所排除的政治史被赋予新意的研究,即从个人(帝王、英雄)进到政权史及其有关的符号、象征;他如事件史回归:事件——媒体——公众;叙述史回归:不以发现规律为重点目标,而以公众乐于知道的事件人物为描述对象;主体回归:以人为主体,将人从决定论观念下释放出来;人物传记回归;社会史研究的妇女史——女权运动史——两性关系史——性别史,其发展变化离不开政治史;等等。所有这些,令人有史学回归之感。当然,历史研究的回归不是复原,而是以研究整体史为使命、为特征,是真正意义上的历史,完整的历史,而不是残缺的历史。

社会史与总体史的关系,由社会史研究的内容、经历、趋向可知一二。社会史经历如下程式的变化,将有可能发展到总体史的阶段:社会结构(政治史的某种延伸及同社会学、经济学的结合)→日常社会生活(社会现象)→心态、意识、信仰(文化层面)→生态环境、身体医疗(关怀生命、社会问题)→向跨学科的整体史发展。社会史可能是从实证史学、阶级论史学向整体史学过渡的中间形态过渡形态。

不过话又说回来,社会史研究的使命,在中国还远未结束,整体史尚处于愿望阶段,需要创造条件,迎接其到来。

三、历史学应使历史知识大众文化化及其同社会史研究的关系

"说故事"的史学,经历历史编纂学、实证史学、民族情感史学与阶级论史学到社会史史学,是一步步将史学知识传向民众。而今天,知识大众文化化已成为史学发展方向、史学能否发展乃至史学命运的关键性问题,实在是需要大加研讨的事情。20世纪80年代以来,时或出现"史学危机"的讨论,然而都没有认真计议过历史知识大众文化化与历史学的关系,这是不无遗憾的事情。笔

者主持或参与过不少研讨会,曾经萌生过参与主办以"史学知识民众化"为主题的研讨会,可惜迄未见有此类学术会议。这里不妨说一说史学知识大众化的问题。

(一)史学功能转换及原因

传统史学功能是政治性的,即为帝王提供经邦治国的历史经验的"资鉴"功能,对民众(主要是读书人、士人)的教化功能,所以它成为庙堂之学,拥有尊贵的地位,"史"就成为科举考试的重要内容。阶级论史学明确强调史学的政治性,使之成为政治的附庸。实证史学讲究脱离政治。社会史则将史学的政治功能向社会文化功能转化,使史学在有限的政治功能之外,着力于文化知识的传播:用历史知识,给人以智慧的启迪;给予休闲的读物,令人身心愉悦;以人物、故事的典型形象使读者主动思索做人的道理,讲求人生修养、志向与情操。

史学功能之必须转换,或者说必然转换,基于社会的巨大变化。传统社会基本上是自然经济的社会,发展迟缓,所重视的经世之学是经学和史学的人文学,鄙视自然科学和技术,视之为匠人之事;近代社会是商品经济高度发达的工业社会,生产技术、物质文明变化迅速,自然科学和工程科学发挥着重大作用,而且它的作用是可视的,于是人文学科不得不降落到被人贱视的境地。从殿堂到平地,这种落差感,大约也是中、外都产生的"史学危机"论的一种原因。

史学功能转换是不可逆转的,历史知识大众文化化是必然趋势,作为史学工作者应该有相应的观念转变,要为史学功能的转换和史学知识大众文化化作出努力。

(二)史学知识大众文化化与条件

何谓大众文化化?史学工作者应以自身的研究成果让大众来分享为目标,即治史是为大众提供历史知识,令历史知识成为大众文化的应有内容;史学书籍应有知识性、故事性和通俗性,文字表达方面的可读性。

大众文化化的史学知识,原则上讲是走近古代人的生活世界,贴近今日社会生活的内容,它包括人群结构、人们的生活方式、生产活动、政治活动、社会风俗及其变异、人类社会生活中创造的精神财富和各种经验智慧等。

近代史学研究,为史学知识大众文化化创造了条件。近代以来,史学、人类学、民俗学、社会学等多学科的研究,特别是文化史、社会史的研究所形成的成果,对于下层民众、性别关系、生活风俗、婚嫁丧葬、节日娱乐、民间信仰、民间文化、社会医疗等社会生活历史的研究,其内容多是民众喜闻乐道的。试以笔者在近期史学著作中信手拈来的数例来看,可知笔者所言不爽。如有的学者讲述南宋初年临安大火中,裴姓商人不忙于救火,而是派人赶紧采购建筑材料,灾后居民修盖房屋,他卖材料发了大财。这样的故事表明,商人预测市场、捕捉信息的重要,与司马光砸缸救人的故事一样,予人以智慧的启迪。又如,有的学者利用杜甫的《今夕行》诗句,说明诗圣杜甫在逆旅长夜中赌博,赤祖跣足,大呼小叫,非常投入,反映了作为常人的杜甫,与诗圣的另一面相补充,可以令人全面地认识历史人物。他如有的学者讲述郑板桥见寺僧的故事:方丈初以他服装平常而冷淡他,及至见他谈吐不俗有所敬重,进而非常尊重,因而让座由起始的"坐",变为"请坐",再变作"请上座",命小和尚的上茶,也有"茶""敬茶""敬香茶"的三变。从敬茶待客的习俗,反映出社会的等级观念的作用,而对出家人如此之势利之讽刺,令人可以从中得到诚敬待客、待人的教益。有了这些研究成果,可以将之转化为大众文化,由大众分享。

史学知识大众文化化,需要向古今民间文学艺术家学习。古代说书艺人、话本、历史演义、现代历史小说、历史剧、历史题材的影视剧都起到传播历史知识的某种作用,并以其知识娱乐受众。当然,文艺家的历史故事中有许多虚构成分,历史学家出于职业责任感有必要去纠正他们的误传,但是不必为他们"占领"史学"地盘"而愤慨,应当检讨的是自家不去作史学知识大众化的努力所造成的缺陷。亡羊补牢,犹未为晚。其实,最好是史学界与文学艺术界携手合作,多交朋友,取长补短,史学著作要艺术化,文艺家需要增加史学知识,作品向历史的真实性方向努力。平心而论,史学家和社会应该感谢文艺家对某些历史知识的传播。

史学研究成果如果走向大众文化化,史学也会取得大众的信赖,不会被社会抛弃,避免真正的学科"危机"。

(三)史学研究成果大众文化化的表达方式

史学研究成果为大众分享,图籍内容至关重要,而其表达形式的讲求同样不可忽视,至少要留意于下述四点:

其一,平铺直叙的写法。史学著作要有大量的证据,会有大段大段的原始材料的引文,会有史料的考证和复杂事件、历史之谜的反复论证。毫无疑问,引文多系古文,如此一来,古文和语体文相杂,使得文气不畅,也令读者一会儿古文、一会儿语体文的来回转换,难于适应,增加阅读难度,减少浏览兴趣。需要舍弃那些史料引文,将它变为语体文,直接表达出来,令文气流畅,读者顺利阅览。当然,引文的做法给同行及少数圈外人士观赏是必须的,只是对大众极不相宜。

其二,要富有文采。这是极其难于做到的,然而是不可或缺的努力目标。

其三,深入浅出。大众文化化的历史读物,不是只讲一些历史故事,而应将研究的客体研究透彻了,俗话说是吃透了吐出来,能综合大量历史现象,分析清楚,尽可能地说明历史现象的连贯性和事情的本质。通俗读物虽说是通俗易懂,但是寓意不可少,必须深入浅出,绝不是儿戏之作。

其四,图文并茂。历史遗迹、遗物的图像、画像、图画、照片、实物照片、素描等,与文字说明相配合,可以收到文省事明、一目了然的效果。图文并茂,在古人主要限于客观条件,几乎完全被忽视了,现在学者开始留心了,“老照片”成为可贵资料。值得注意的是,不是所有的史家都给图片以应有的地位,“提请留意”看来仍有必要。由于著作中配图的时间还不长,相应的学术规范尚不完善,或者说还没有建立,常见的现象是对于插图本身的说明欠缺,图、文的内容并不配合。大众化的读物不能不讲究这些。

总之,史学工作者需要将读者感兴趣的历史故事,能够发人深思的历史知识,用富有文采的笔法表现出来,使人将阅读的过程变为一种美的享受和追求,同时增长了知识,提高了生活情趣和生活质量,也启迪智慧的开发。这也令史学游弋于科学与艺术之间。

(四)史学工作者的职业态度与高标准的专业要求

史家定位。帝王之学的史学高高在上,史学家好为人师,总在教训读者。近代以来,此种积习并未根本改变,似乎作者与读者双方是教育者与被教育者的关系,学者自认为写作是“人类灵魂工程师”的事业,要向民众灌输什么观念,负有提高民众素质的使命,这是在上者对待在下者的态度,早已不合时宜,特别是在史学知识大众文化化之时。作者与读者双方之间,理所当然是平等的,不存在谁要将什么观念加给谁的问题,书籍只是双方对话的工具。人是社会中的人,做人要给自己的社会角色“定位”,史学工作者要定好位置,争取成为读者的朋友,而不是在上面的教育者。

专业要求。史学知识大众文化化,对史学工作者的专业不是降低了,而是提高了。大众化的深入浅出的要求,首先应有研究性,是要全面深入地把握有关知识,具有综合分析能力,还要富有文采地表达出来,此等著作的写作真是谈何容易? 设若仅有几分知识,浅学易满之人,哪里能写作得好! 普及与提高是一致的,以为普及的读物可以要求得低一些,这是误解,无益于史学知识的大众文化化,极宜纠正。

(五)史学新功能得益于社会史研究

史学研究内容的走近古人社会生活,实现史学知识的大众文化化和史学功能的转换,端赖社会史、文化史的研究提供相当充分的条件。可以这样的认为:社会史研究开辟史学新天地,赋予史学新的生命力。

笔者对于历史学的理解与一些同行的见解可能不一致,甚至很不一致。笔者的看法不过是讨论中的一种意见,自知纰漏甚多,有待于提高认识,随时作出修正。笔者的治学态度是虚心钻研,对历史本身要追求真实,争取接近于真实;对同道的观点是极其尊重,认真学习,力求多学到一些,多吸收一些。笔者的态度是建立在这样的认识基础上的:学术上不同流派、观点的争鸣是学术前进的基本条件,各种观点的相互尊重才能创造学术繁荣,历史学的研究也才会继续向前发展。

本文原刊载于《河北学刊》2004 年第 1 期。

作者简介:

冯尔康,1934 年生,江苏仪征人。1955 年进入南开大学历史系学习,1959 年毕业后留校任助教,旋转为中国古代史研究生,师从郑天挺先生。南开大学历史学院教授、中国社会史研究中心学术委员会主任、国家清史编纂委员会学术委员,曾任中国社会史学会会长、中国谱牒学会副会长。主要研究社会史、清史、宗族史和社会结构史、史料学等领域,著有《冯尔康文集》(10 卷本)、《清史史料学》、《雍正传》、《清代人物传记史料研究》、《清代宗族史论》、《18 世纪以来中国家族的社会转向》、《近现代海内外宗族史研究》、《古人日常生活与社会风俗》、《中国社会史概论》、《中国社会结构的演变》(合作)等。

乾隆帝御制诗史学价值探微

崔 岩

乾隆皇帝是中国历史上最多产的诗人。但是多年来其诗作并未被充分关注。迄今为止,学术界尚无一部关于乾隆皇帝御制诗研究的专著,且专门性的研究论文也为数甚少。究其原因,主要是由于诗歌属于文学范畴,而学界对乾隆帝诗作若从文学角度来考量,则可能认为其艺术性差,并无研究价值,例如钱锺书即曾批评其"文理通而不似诗"。[①]其实,乾隆帝御制诗类型多样,其中有大量的诗作具有典型的历史学内容,对这类诗作,完全不必用文学标准来衡量,而应当纳入史学研究的范围,从而作为探讨清代政治、文化以及乾隆帝行为与思想的宝贵资源。

一、乾隆帝御制诗的概况

乾隆皇帝御制诗保存至今的有44420余首,[②]数量几与《全唐诗》相埒。乾隆皇帝所创作的诗,在位期间就辑为五部,即乾隆元年(1736)至乾隆十二年所作4150余首,编为《御制诗初集》44卷、目录4卷;乾隆十三年至乾隆二十四年所作8470余首,编为《御制诗二集》94卷、目录6卷;乾隆二十五年至乾隆三十六年所作11620余首,编为《御制诗三集》100卷、目录12卷;乾隆三十七年至乾

---

① 钱锺书:《谈艺录》,生活・读书・新知三联书店,2001年,第217页。

② 关于乾隆皇帝一生到底创作了多少首诗,由于缺乏确切史料记载,目前学术研究还没有得出准确的数字。本文所列数据是根据目前所掌握的存世的乾隆皇帝御制诗所做的不完全统计,这些诗主要保存在《乐善堂集》、五部《御制诗集》和《御制诗余集》中,这个结论也是目前学术界普遍认同的。但学术界也有学者认为乾隆皇帝一生中所创作的诗词,应该远远要高于这个数字。他们的理由是《御制诗》在结集时已经经过乾隆皇帝手定删汰,例如乾隆二年结集的《乐善堂集》有正文40卷、目录4卷之多,而乾隆二十三年刊刻的《乐善堂集定本》,只有正文30卷,目录1卷,所收录诗作大大减少。(此观点见孙丕任、卜维义编:《乾隆诗选》"序言"部分,春风文艺出版社,1987年)此外,也有学者赞同乾隆皇帝御制诗超过10万首的说法,理由是熟悉清代掌故的乾嘉时人礼亲王昭梿,在其颇具史料价值的笔记《啸亭杂录》中记载:"纯庙天纵聪慧,揽读渊博,万机之暇,惟一丹铅从事。《御制诗》五集,至十余万首,虽自古诗人词客,未有如是之多者。"(《啸亭杂录》卷1,《纯庙博雅》,中华书局,1980年,第26页)

隆四十八年所作 9700 余首,编为《御制诗四集》100 卷、目录 12 卷;乾隆四十九年至乾隆六十年所作 8700 余首,编为《御制诗五集》100 卷、目录 12 卷;此外,乾隆皇帝在做皇子期间所作诗文 1030 余首,辑为《乐善堂全集》30 卷、目录 1 卷,居太上皇期间诗作 750 余首,辑为《御制诗余集》20 卷、目录 2 卷。

这些诗作从体裁上分,有用韵自由的古体诗,如《吉林览古杂咏》《吉林土风杂咏十二首》《恭瞻启运山作歌》等;有格律严整的近体诗,如《月令七十二候诗》《偶仿沈周写生散牛卷并题二绝句》《谒陵礼毕车驾入盛京得七言排律十四韵》等。从内容上讲,有鉴赏诗,如《咏挂瓶》《戏题渔乐图》《题王原祁虞山秋色图》;有写意诗,如《咏盆中天竺子》《秋日圆明园即景》《初晴晚照》;有山水诗,如《登盘山口号》《少林寺作》《登吹台八韵》;有天气诗,如《腊八日雪》《夜雨》《阴》;有感怀诗,如《麦》《桃源耕者》《村行》;有政务类诗,如《赐蒙古诸王公等宴》《淮扬一带连岁被水黎民阽危用遣高斌前往赈恤兼求疏浚之方频行诗以赐之》《阅高堰工有作》;有军务类诗,如《福康安奏报攻克斗六门诗以志事》《和阗贼遁诗以志事》《哈什哈尔回众投诚诗以纪事》;还有与修史相关的诗,如《〈明史纲目〉书成有述》《汇辑四库全书联句》《天禄琳琅鉴藏旧版书籍联句》等。由此可见,乾隆帝诗作不仅数量惊人,涉及内容也非常丰富。仅从上述略举之例子已不难窥其概貌。他曾在《御制诗初集小序》中言:"天时农事之宜、苞朝将祀之典、以及时巡所至,山川名胜、风土淳漓,罔不形诸咏歌,纪其梗概。"① 而在内容丰富的诗作中,又尤以纪事的诗作和品评历史的诗作为多,这些纪事诗和咏史诗具有很高的史学价值。

乾隆帝御制纪事诗以纪实为主。乾隆一朝重大政治事件,在御制诗中几乎都有所涉及,如记录治水事件的"水利诗",记录战争的"十全武功诗",记录经筵活动的"经筵诗",以记录《四库全书》编纂过程的"《四库全书》诗",以记录少数民族外交事务为重点的"避暑山庄"诗,等等。御制咏史诗以历史为诗歌表现对象,对历史人物和历史事件进行吟咏、对古今兴亡成败的经验教训进行思考与评论。如评价史籍、发表史论的《读〈贞观政要〉》《读孙樵〈大明宫殿赋〉》《览〈历代名臣奏议〉》;评价历史人物、倡导忠义的《读〈项羽纪〉》《祖逖墓》《题史可法像》《经岳武穆祠》等。尤其是内容和形式皆成体系的《全韵诗》,更是重要的思想史及史学史文献。

---

① 《御制诗初集》(卷 11《初集诗小序》)。

另外,值得关注的是,纪事诗和咏史诗除了诗句本身的价值之外,诗下还有大量注释,多为乾隆帝的自注。这些自注或阐释诗句的背景,或解释诗句的含义,或补充诗句未尽的内容,有的视为其御制诗的组成部分。自注有的篇幅较大,其字数往往会超出诗句几倍甚至几十倍之多,是比诗句本身更有史学价值的部分。从乾隆帝御制纪事诗的诗句和自注中,可以发掘出大量史料,与其他史书对照,往往可补充其他文献记载史事之缺漏;而咏史诗的诗句和自注则更为直接地表现了诗人的历史观点和史学观念。

二、真正的"诗史"

乾隆帝自述其"平生结习最于诗",[①]"笑予结习未忘诗",[②]"几务之暇,无他可娱,往往作为诗、古文、赋"。[③]他不仅在重大典礼、重要节日、巡游各地期间作诗,也常常随时因灵感所至而作诗。即使把乾隆帝在世的全部时间算在内,也不过是约有三万个日日夜夜,其四万余首诗的产量的确令人瞠目。[④]加之御制诗的纪实性特点,使得全部诗作俨然是这位帝王的另一种形式的"起居注",涉及了当时的诸多人物、事件,这些无疑都成为再现历史画面,印证其他史书记载的不可或缺的材料,对于我们了解和研究当时的历史以及乾隆帝其人,提供了第一手材料。如乾隆帝非常重视经筵,从乾隆三年二月守丧期满,就立即举行经筵大典,六十年间共举行经筵活动四十九次。从乾隆五年起一直到乾隆六十年,每御经筵后基本都要作诗一首,记录经筵的概况,包括该次经筵的日期、讲官进讲的题目以及乾隆帝本人所发的御论。御制"经筵诗"虽然没有全部记载四十九次经筵活动,但是却刚好弥补了《清高宗实录》中缺载的三次经筵。[⑤]即作于乾隆八年春二月初六日的《二月初六日经筵》诗,作于乾隆

---

① 《御制诗四集》(卷25《题郭知达集九家注杜诗》),《影印文渊阁四库全书》本。按:下文所引御制诗均为《影印文渊阁四库全书》本。

② 《御制诗五集》(卷70《题玉澜堂》)。

③ 《御制诗初集》(卷11《初集诗小序》)。

④ 御制诗中有一部分是由词臣代为完成的。通常有两种情形,一是乾隆帝创作诗歌初稿,由大臣加以补充、润色,这样的初稿在中国第一历史档案馆还有所保存;二是由乾隆帝拟定大致题目,词臣共同参与,依据题目主旨加以创作。但即使是词臣代为创作的诗词,也都是由他本人亲自过目认可的。在乾隆帝看来,词臣仅仅是皇帝手上的工具,由词臣代为创作,也是皇帝诗文创作的一种方式,这种方式和皇帝亲自创作一样,都是表达皇帝思想的文字形式,都是皇帝意图的体现,在史料意义上,并无实质性差异,可以作为研究乾隆帝思想的文字资料。

⑤ 按:《清高宗实录》也未载录全部经筵活动,而是记载了乾隆一朝49次经筵活动中的46次。

三十四年二月的《春仲经筵》诗和作于乾隆五十四年二月的《仲春经筵》诗。将御制"经筵诗"与《清高宗实录》互为参看,乾隆一朝四十九次经筵系统的完整面貌方豁然呈现,展现了御制"经筵诗"补充史书文献缺漏的特殊价值。

再如,《四库全书》是清代乾隆年间编纂的中国历史上规模最大的一部丛书。从《四库全书》编纂伊始,乾隆帝就开始了创作御制"《四库全书》诗",内容有记述编纂《四库全书》缘起的诗作,记述纂修《四库全书》目的的诗作,记述征集图书的诗作,记述《四库全书》馆组织与管理的诗作,记述《四库全书》编纂的诗作,记述编修过程中重辑、增订、改撤图书的诗作,记述成书与庋置的诗作,记述图书缮录、装潢、阅览的诗作,记述内廷四阁和南三阁建造的诗作,记述七阁阁名由来的诗作,记述七阁建成时间的诗作,记述七阁庭院布局的诗作等,载录可谓翔实。

除此之外,乾隆帝的那些围绕十次大的战事所写的诗作不是战争结束后的回忆录,而是根据前线战报随时有感而发。诗下的序文和注解,清楚、详细地记录了战争的始末。包括每次战争的缘起、发展、经过以及局部战斗的战况,战争发生的时间,地理环境和气候,而伴随着战事的发展,作者产生的情绪上的变化则从诗句中真实地流露出来。

乾隆帝诗作注重纪实,很大程度上是受唐代诗人杜甫的影响。他十分喜爱杜甫的诗,推崇写诗不主华丽猎奇,但求"雅正",且关注国情,铺陈时事的风格。他曾经描述自己的诗风云:"予向来吟咏,不为风云月露之辞。每有关政典之大者,必有诗纪事。即游艺拈毫,亦必于小中见大,订讹析义,方之杜陵诗史,意有取焉。"①"朕所作诗文,皆关政教。大而考镜得失,小而廑念民依,无不归于纪实。御制集俱在,试随手披阅,有一连十数首内专属寻常流览、吟弄风月浮泛之词,而于政治民生毫无关涉者乎?是朕所好者载道之文,非世俗徒尚虚车之文。若朕所制各集俱不过词章能事,则朕早将御制四集诗文概行废而不存矣。"②检视其诗,所言皆实。郭成康先生在其著作《乾隆大帝》中所说:"古人有言'诗以证史',数以万计的御制诗弥补了《清高宗实录》的不足,从某种意义上讲,也可以说是18世纪中国的一部诗史。"③以纪事、咏史诗为主干的乾隆

---

① 《御制诗余集》(卷2《惠山园八景》)。

② 《清高宗实录》(卷1301"乾隆五十三年三月辛巳"),中华书局,1986—1987年影印本。按:下文所引《实录》均为中华书局影印本。

③ 郭成康:《乾隆大帝》,中国华侨出版社,2003年,第859页。

帝御制诗数量庞大,几乎将上古至当代的重要历史事件、典制、人物皆有涉及,是比号称"诗史"的杜甫作品更加周全、细致的"诗史"。近现代著名藏书家、版本目录学家潘景郑先生曾说:"纪事有诗,壹皆掇拾历史、地理、风土、人物,广搜博采,以补传记之不及,可备后人之参稽,徵文考献,有足称者。例如清沈嘉辙之《南宋杂事诗》、汤运泰之《金源纪事诗》,开其先河。"①《南宋杂事诗》作于清世宗雍正中前后,《金源纪事诗》却成书于嘉庆年间。从潘景郑先生的论断可知,在当代学者心目中,乾隆帝纪事诗的价值是被排除在学者视野之外的。这显然与其价值极不相称。

三、乾隆帝御制诗体现的史学思想和历史观点

乾隆帝在《鉴始斋题句》中曾引用"诗以言志,言为心声"②的古语来表明他作诗的宗旨。杨翼骧先生说:"诗反映历史是不自觉的,所以一般不会伪造。"③中国古典诗歌在其发展过程中一直受到史官文化的影响,故而形成了一种以历史真实为内核的现实主义传统。诗作往往更真切地表露思想和感情。用诗的语言和诗中的注释来评价历史人物、历史事件和历史书籍,诗人的历史观点和史学观念能够更为直接地得到体现。

(一)以史为鉴的思想

乾隆帝十分注重史的垂鉴戒作用,在御制诗中将这种鉴戒称为"金鉴",诗云:"炳然金鉴耀光晶。"④乾隆帝《读史》诗写到"于焉鉴兴亡,因之辨臧否"。⑤在另一首以《读史》为题的诗中,乾隆帝又以《史记·管晏列传》中的一段记载为题材阐明他以史为鉴的深刻感触,用以"自警"。⑥而在通过咏怀前代帝王的诗篇总结历史经验与教训为目的的《全韵诗》中,体现这种思想的诗句与注文更是俯拾皆是。如平声韵部的《太宗训守冠服骑射旧制》总结了保守旧俗方面的历史鉴戒,宗旨是"于勿改衣冠一事,谆切中警我世世子孙臣庶,惟当敬守勿

---

① 周退密、宋路霞:《上海近代藏书纪事诗》,华东师范大学出版社,1993年。
②《清高宗御制诗文集·御制诗余集》(卷19《鉴始斋题句》)。
③ 杨翼骧讲授,姜胜利整理:《中国史学史讲义》,天津古籍出版社,2006年,第152页。
④《御制诗四集》(卷65《四库全书荟要联句》)。
⑤《御制诗初集》(卷9《读史》)。
⑥《御制诗初集》(卷34《读史》)。

渝,永延亿万载丕丕基,故不能已于丁宁告戒耳"。①诗后以注释文字叙述了清太宗关于不改衣冠骑射旧俗的谕旨,叙述了乾隆十七年曾经建立卧碑刊刻清太宗谕旨,以警示后代子孙的原委,实际上是将诗句予以详细地解说。在《魏孝文帝》诗及注释中,指责魏孝文帝"改易衣冠,亲服衮冕朝飨,四传而国社遂墟,足为忘祖背本之鉴。而辽、金及元之末季,皆蹈其失,凡改汉衣冠者,不再世而辄亡,益足深警矣"。再次强调清太宗利用金世宗恢复衣冠旧制的事迹,发布坚守满族衣冠骑射旧传统的训谕。在《金世宗》诗及注释中,又一次叙述同样的内容,认为"世宗之不忘国俗,实堪为万世法"。在《金章宗》诗及注释内严厉斥责其"尽变祖宗旧风,国势日就孱弱"。在《辽太宗》诗及注释中,也表达了对"渐改其旧俗"的惋惜。这样不惜再三再四地反复阐述同一内容,实际上反映出一种强烈的民族戒备心理,唯恐因全面接受汉人文化,而动摇满洲人在政权内尊贵无上的地位。而这种戒备心理,就是来源于对历史经验教训的总结。

对于一些具体的政治规则、帝王权术,乾隆帝亦据史实或褒或贬,留取后世借鉴。例如批评周宣王、唐玄宗等君主早期励精图治,后来懈怠骄奢,终至政治衰败,指出"始勤终怠,戒垂编简。……殷鉴在兹,慎哉择拣"。赞扬汉高帝刘邦"大勇略小节,大智祛小巧。"从而批评汉章帝导致的外戚专政。批评明世宗出于私情而"议大礼",造成朝臣党争,写出颇具哲理的诗句:"弗亲朝臣政丛脞,虽去权奸无救失。明祚之衰肇于兹,内乱由来兴外敌。"②诸如此类,皆为值得重视的历史经验与教训。

(二)精思善疑、考辨求真的思想

精思善疑、考辨求真是乾隆帝一贯的治史风格。他在《读史汉书有感》写道:"发潜信赖史,纪讹亦屡屡。尽信不如无,不求甚解悟。"③乾隆帝在《哈萨克使臣至令随围猎并成是什》中采用多种方式加以考证,指出《史记》《汉书》有关"哈萨克为古大宛"的记载是错误的。他在诗中自注到:从宗教习俗上讲,"大宛为城郭之国"。则正今之挪尔奇穆、哈什哈尔及吐鲁番一带回部","哈萨克虽亦回教,而实行国与布鲁特同俗";从物产上讲:"大宛产苜蓿、葡萄","今哈萨

---

① 《御制诗四集》(卷49《全韵诗·魏孝文帝》注)。
② 《御制诗四集》(卷49《全韵诗》)。
③ 《御制诗二集》(卷21《读史汉书有感》)。

克亦绝无。徒以产马,与大宛相似。然西北诸部,何处不产马耶";从地理位置上讲:"史称:大宛东北则乌孙",而乌孙所在的伊犁河流域正是明清时期厄鲁特诸部的游牧地,但事实上"今哈萨克在厄鲁特之北,是又不同矣"。从音韵上辨正:"史称:大宛东则扞㝝、于阗。扞㝝音韵与今之'哈密'为近,《史记》之'扞㝝',《汉书》作'扜弥',又或作'拘弥'。而《史记》所载为最先,《汉书》之'扜弥'或因字画偶误,相沿不改,展转讹谬,至云'拘弥',则益失之远矣。且'于寘''于阗'音声迥异,二者之间必有一误,'于寘'绝无可考。'于阗'产玉,历代相传。今回部之和阗,水多美玉,当为于阗故地也。益知大宛非定哈萨克明矣……"鉴于以上诸原因,乾隆帝推断:"盖汉时大宛、乌孙、康居、奄蔡、月氏、扞㝝、于阗,诸国统为西域,而大宛部落强盛,附庸者多。""哈萨克在彼时当是其部中之一国耳。"最后,乾隆帝评道:"司马迁、班固并未身历其地,即至其地而语言不通,文字不晓,其传讹有必然者。"①在另一首诗《读史记大宛传》中,乾隆帝再次考证哈萨克的地理位置,诗曰:"旧哈萨克为古大宛,向已辨其非。今考哈萨克,不但无城郭,与大宛异,且其地当准噶尔西、北两面,准噶尔为汉乌孙,证以《汉书》'乌孙西北与康居接之'文,则今哈萨克当为古康居也。""安集延北控葱岭,其东与布鲁特错处,《汉书》称'休循出葱岭西',捐毒与葱岭属西北,皆当大宛。按休循、捐毒本塞种,无城郭,当即今布鲁特,又西北为安集延,诸部皆有城郭土著,与《史记》所言相合,自当为古大宛地。""安集延虽亦有马,素乏良骑来天闲。且哈萨克无城郭,安集延原村落连。昔之大宛今鲜马,今哈萨克非大宛。""皇舆西域辑图志,——征实登诸篇。"针对《史记》《汉书》中的舛误,乾隆帝在诗中叹道:"但考古即误于古,斯之未信吾殷然。"诗下自注曰:"惟考古仍不能不资《史》《汉》诸书,而迁、固辈记中国事尚不免失诬,其言异域必更传讹习诞。今虽据为考证,恐所订究不足信耳。"②乾隆帝"在地理问题上立足于实地考察,是一种科学的见解、正确的方法,这远远优于当时许多仅仅爬梳文献的考据学家"。③

(三)根基于儒学思想体系的历史观

以帝王大一统观念为核心的历史正统论,遵循儒学名教、纲常伦理的观念

---

① 《御制诗二集》(卷74《哈萨克使臣至令随围猎并成是什》)。

② 《御制诗三集》(卷86《读史记大宛传》)。

③ 乔治忠:《清朝官方史学研究》,文津出版社,1995年,第288页。

和表彰忠烈、标举"臣节"的政治准则,是乾隆帝御制咏史诗的主题。这些以儒家思想体系为根基的历史观在《全韵诗》中有简洁、明晰的发挥。《全韵诗·汉昭烈》云:"南阳卧龙足兴刘,草庐三顾以诚感。遂许驱驰据益州,称王而已帝未敢。曹丕篡汉乃正位,斯有礼矣殊虎耽。平生非无用智谲,复汉业心不可挽。《通鉴》纪魏《纲目》汉,斯义为正取《辑览》。"这首诗的自注指出:"朱子《纲目》取《春秋》之义,以昭烈承献帝后,绍汉遗统,乃天下万世公论。"这表明乾隆帝在各有疆域的三国政权中,取汉朝皇族出身的刘氏政权为正统。而对于宋末政权的更迭,其诗曰:"……又四传乃至世祖,定金平宋偃征伐。一统建元立国号,舆图之广千古突。……罡昺失统不成国,《纲目》徇私着岁月,《通鉴辑览》兹正之,用训守基凛天罚。"在这首诗之后,乾隆帝附以史论,强调指出:"宋之南渡,已属偏安,然德佑以前尚有疆域可凭,犹得比之东晋。至临安既破,帝显见俘,宋祚遂绝,正统即当归之于元。若罡、昺二王流离海岛,不复成其为君,正与明唐、桂二王之窜迹闽、滇者无异。"乾隆帝批评《续纲目》"于景炎、祥兴,仍用大书纪年"为"实乖史笔之正",又举"元顺帝北迁沙漠"为例,认为虽然以子孙继立,但是因为"委弃中原",所以"不得复大书故号",强调这才是"大公至正之理"。论述的要点在于,有无"疆域可凭"是判断正统政权的重要条件。这就使判断政权正统性的大一统标准,居于原皇族血缘的标准之上,而排除了民族属性的因素。在关于明太祖、明福王的诗、自注及史论中,反复申述了相应的观点。这种历史正统论既融入所谓《春秋》学"的儒学思想体系,又被改造成为摈弃华夷之分因而符合清廷政治需要的理论。

乾隆帝以儒学作为立国根本,仁政爱民是他评价历代帝王的重要标准。他斥责汉武帝违反人伦理念的残忍行为:"然其大过在钩弋,理无因子杀其母。"称赞周文王"敬天仁民君道该",赞扬汉文帝"收孥相坐在首除,诏定振穷及养老。……止辇常受从官言,劝农蠲赋频可考。其间善政不胜书,继世之君诚最好"。认为唐太宗"多仁闻,能纳谏,治匪紊,更爱民",等等,都是从帝王政治的角度贯彻儒学之"仁"的理念。对于儒学另一重要的"孝"的理念,乾隆帝同样从帝王政治上着眼,认为君主之"孝"与平民不同,保守、光大祖宗基业是最大的孝行,但是,南宋孝宗"居忧未二年,内禅遽政厌。君孝岂在兹,在继祖宗念"。意即批评宋孝宗"盖知恢复之难,故为引避之计,不顾祖宗之基业,惟

图一己之便安,岂足语于为君之大体乎!"①这是在根本上违背了君主之"孝"的标准。

乾隆帝有意在《全韵诗》中发挥表彰忠烈、标举臣节的准则,并不惜篇幅地推衍出这样的内容。《宁远祖氏石坊叠旧作韵二首》诗注对此写道:"昨命国史馆以明臣降附本朝者列为《贰臣传》,并视其历著勋绩忠于我朝如洪承畴等为甲编;其进退无据,不齿于人如钱谦益辈为乙编,以示褒贬。"②在平声韵部《世祖施仁胜国》一诗的长篇自注中盛赞明将史可法、刘宗周、黄道周能"力支残局,矢死全忠","均足称一代完人";称萨尔浒之战等战役中的刘綎、杜松等人,抵抗农民军战死的周遇吉、蔡懋德、孙传庭等人皆无愧疾风劲草,"凛凛犹有生气"。而降附清朝和苟且偷生的前明官吏,皆属丧心无耻。他指出追谥明季殉节诸臣和编纂《胜朝殉节诸臣录》一书就是要"准情理而公好恶,即以示彰瘅而植纲常"。③

四、乾隆帝御制诗的史学价值

与官方史籍相比,御制诗可以阐释不宜以政令方式推行的政治主张,勾稽灵魂深处之思想,这使得御制诗具有不可替代的史学价值。

皇帝之言,谓之"纶音"。④《礼记·缁衣》曰:"王言如丝,其出如纶;王言如纶,其出如綍。"君主必须出言谨慎。显而易见,对于那些尚未得出确切结论而不便公开发布的言论,或不宜立即推行的君主个人想法,是难以出现在谕旨或诏令之中。至于诗歌,其内容与情感的表达,相对而言则约束较少,这样,写诗就给乾隆帝提供了表达思想和言论的另一个渠道。例如清朝平定和严密经营、管理广大新疆地区之后,乾隆帝本已对传统儒学用天上星宿对应中国各地的"分野"学说产生疑问,而发现宋朝毛晃的《禹贡指南》一书在地理方位上不取"分野"说法,导致乾隆帝对传统地理学观念的深入反思。他作《题毛晃〈禹贡指南〉六韵》曰:"独于分野称星宿,未识恢恢天道宽。"在此诗注释中则明确宣布:"盖分野之说,本不足信,而灾祥则更邻于谶纬,皆非正道。"这种摈弃分野的见解,根源于统一新疆后,已西洋科技方法进行的广泛地理勘测,具备了

---

① 以上均载乾隆帝《御制诗四集》(卷49《全韵诗》)。
② 《御制诗四集》(卷52《宁远祖氏石坊叠旧作韵二首》)。
③ 《御制诗四集》(卷48《全韵诗·世祖施仁胜国》)。
④ 程登吉:《幼学琼林》,邹圣脉增补,岳麓书社,1986年。

"暑度"概念取代"分野"说的地区经纬度数资料,也结合了长期的学术思考。乾隆帝的这一诗作及其自注,给学术界带来了传统史地学向科学性跨越的契机,引起了清朝中期史地学观念从因循转为更新、由重文献引证转为重视实地勘测的科学转变。纂修《西域图志》一书使新观念最先得到实施。乾隆二十七年(1762)初修本四十六卷告成时是将"分野"立为专类的,说明此时实地勘测的成果尚没有引起宏观历史地理学观念的更新。乾隆四十二年补充修订时,整个体例大做更改。门类设置上舍弃了"分野"一类而代之以"暑度"二卷,在科学性上迈进了一大步。此后纂修的《河源纪略》和《钦定热河志》都采用"暑度"排列区域。

但遗憾的是,新观念并没有在思想文化领域内发扬光大,而是一闪即逝。始修于乾隆二十九年,至五十四年定稿录入《四库全书》的《大清一统志》,除开篇"京师"以及西域地区之外,各省、各府皆首先叙述其分野;而重修于乾隆四十四年、五十四年录入《四库全书》的《钦定盛京通志》,竟然在卷二十二专立"星土"门类,宣称:"分野之说,自古有之,推星定度,经纬昭然。至若五辰聚东井,兴汉氏之炎灵;三星见摄提,王轩辕之土德;瑞符凝命,于此征焉。我国家受篆膺图,玑衡在握,天命既集象纬,告祥箕尾之躔,寅宾日出,福德所钟也。"①

根据新观念仅仅出现在诗、注中这一现象,我们完全可以做出这样的推断:一方面,乾隆帝深谙中国传统史地学的"分野"之说笼统、模糊,有诸多罅漏,不具备裨益政治、军事行为的实际效用,也体会到西方测绘技术的准确以及应用于军事与行政的明显实效;一方面又要出于政治利益考虑。"分野"说依托于儒学中类若经典的《周礼》,历经千年的因袭、变化,形成了厚重的文化积淀,它契合于天人相应、天人合一的思想体系,符合历代关于君权得于"天命"的信念和"敬天"的政治原则。譬如,在重修《盛京通志》中保留原来的"分野"门类,以鼓吹清朝先帝屡得"龙兴"符瑞的星象。对于"分野"和"暑度"这两种地理学观念,如何从学术理论上予以取舍是萦绕在乾隆帝内心的难题。他挣扎于二者之间,却终究未能寻找到平衡点。清朝皇帝谕旨,具有必须执行、不可拖延的法令地位,乾隆帝自己没有将否定"分野"、倡导暑度实测的史地学观念加以弘扬、贯彻的决心,所以不敢大张旗鼓地以颁发谕旨的方式,号令天下统统废弃分野,改行暑度。可是毕竟心有不甘,于是谨慎地将新观念用题诗作注的方式阐释,然后小范围试行。不研究乾隆帝的这首诗作,就不可能揭示这

①《钦定盛京通志》(卷22《星土》)。

段学术史事件与乾隆帝的新路历程及思想矛盾。①

《全韵诗》是乾隆帝完全亲自创作、具有独到特色的系列诗篇,全诗按照中国古典"平水韵"四声五部、106韵的顺序,每韵一首,共有106首。以帝王政治为中心,将叙事、评论、抒情写意凝结一体,其中多有对重大历史问题的观照,亦不乏具体史事细节的刻画。大至朝代兴亡,小至历史人物的一言一动,贯穿熔裁,一揽于笔底。平声30韵(上、下平声各15韵)全部用来歌颂本朝自清太祖至清世宗的功德美政;上、去、入三部76韵,按顺序咏述自尧、舜至明朝崇祯帝的兴亡得失,褒贬间发,彰善瘅恶,构成一部简明扼要评述历代帝王得失、总结本朝创立基业及统治经验的韵文史籍。《全韵诗》的创作缘起于乾隆四十二年崇庆太后逝世,乾隆帝"适以宅忧读《礼》,简行幸,疏吟咏……无所消遣,因以摘词。或一日一章,或一日两章,阅三月而成"。②表面看来乾隆帝因"宅忧",无事可做,以作诗来打发时间,而从诗作的内容,我们可以推断《全韵诗》并非是为消遣而作,而是具有深层次值得挖掘的思想内涵。亲历亲人生命的猝然消失,任何人都不会无动于衷,除了对逝者的追思外,总是会引发生者对人生价值和身后事务等问题的思考,从而产生某种领悟。从《全韵诗》"四千余载,帝王洪业。略举梗概,以全韵压。恶者吾戒,善者吾法。……爰告后人,钦承毋乏"的写作宗旨来看,其母的离世启发了乾隆帝对述往事、思来者的进一步思考,激发起他纵观千古,审视历代的帝王气概,而品评历代帝王关于巩固政权、保守基业的历史鉴戒,训导后辈子子孙孙。实际上,《全韵诗》中的思想多已散见乾隆帝历年谕旨之内,此时用诗歌形式系统、集中地写出,表现出希望满洲上层传诵不忘、永为鉴戒的意图。这里既包含对社会矛盾与危机的深沉忧患,也透露对历史上政权不断更迭的恐惧。将人的生死与政权的兴灭联系起来,忧惧因而预为训诫,是乾隆帝撰写《全韵诗》的内心情愫。

此外,由于乾隆帝御制诗记录的是乾隆一朝的重大史事,决策者、参与者、当事人的多重身份使得其诗作具有很高的证史、补史的价值,有些史料因为独一无二而显得尤为珍贵。如关于七阁《四库全书》尤其是内廷四阁全书的成书时间,由于学者依据资料不同,导致异说歧出。而御制诗不仅记录了四阁成

---

① 详见乔治忠、崔岩:《清代历史地理学的一次科学性跨越——乾隆帝〈题毛晃〈禹贡指南〉六韵〉的学术意义》,《史学月刊》2006年第9期。

② 《御制诗四集》(卷47《全韵诗·序》)。

书时间,还记录了弄置时间。分别为:癸巳(乾隆三十八年)春开馆修《四库全书》,第一部书成于辛卯(乾隆四十六年)冬,壬寅(乾隆四十七年)春弄置文渊阁;第二部书壬寅(乾隆四十七年)成书,癸卯(乾隆四十八年)春弄置文溯阁;第三部书癸卯(乾隆四十八年)成书,并于是年内庋藏文源阁;第四部书甲辰(乾隆四十九年)成书,乙巳(乾隆五十年)夏庋贮文津阁。^① 还有一些史事则由于史书记载之疏漏,往往被看作无可考订,例如某些战事中的降敌数量,但细检乾隆帝吟咏战况的诗作,有的却可以见到确切的数据。

乾隆帝的史学思想,在清代官方史学的发展中具有十分重要的作用,而御制诗作为重要历史资料,无论是研究乾隆本人生平事迹、乾隆时期官方史学,还是研究乾隆朝的一般历史,都有不可替代的史学价值。对乾隆帝御制诗史学价值的研究,应当发扬陈寅恪先生"以诗证史"的治史理路与史学方法,开辟探讨清史和清代官方史学研究的新境遇,从而进一步完善史料运用方法、历史文献学理论与历史学理论。

本文原刊载于《求是学刊》2008年第5期。

作者简介:

崔岩,历史学博士。现为南开大学历史学院副教授、硕士生导师、院工会主席。美国加州大学伯克利分校东亚研究中心访问学者(2014—2015)、台湾"中研院"近史所访问学者(2012)、北京师范大学历史学院访问学者(2020—2021)。主要从事中国史学史的教学及研究工作。

---

① 详见《御制诗四集》《御制诗五集》《御制诗余集》中有关《四库全书》的诗作。

清华国学研究院的学术建制及治学精神

朱洪斌

学术的独立化、专业化和体制化,是近代学术有别于传统学术的重要标志。学术建制对于史学近代转型的深远影响,近年来日益被学界所重视,并成为学术史研究领域中颇具挑战性的研究课题。[①]研究这一课题,明显地得益于科学社会学研究策略的启示。科学社会学把科学看成一种社会建制,把科学的发展看成是科学在社会中逐步体制化的过程。所谓的"学术建制",涉及学术活动的诸多方面,包括学术机构的组织和运转,学科体系的形成和衍化,课程教学的设置,人才培养的程序,学术规范的约定,学术成果的发表及评价机制。依据现代学科体系,学人以专业为基础,分化为不同类别、不同层次的学术社群。学术社群不是分散地从事学术活动,一般依托于学术机构。因此,学术机构是学术建制的社会基础。

清华国学研究院(1925—1929),是在"整理国故"运动中涌现的一个著名学术机构。在其存续的短暂四年间,集聚了王国维、梁启超、陈寅恪、赵元任、李济、吴宓等一批著名学者,培育了一大批专事文史研究的学术后劲,成才之多,影响之远,在20世纪中国教育史、学术史上是绝无仅有的。由于20年代清华的学术生态和思想氛围颇为独特,民初学界关于国学问题的思想论争,悄然渗透于国学研究院的创建及其发展进程之中,使得这一学术机构显示一定的

---

① 从学术建制角度讨论史学及学术近代化,重要论述有汪荣祖:《民国史学的发展》,台湾"中华民国史料研究中心"编印:《中华民国史料研究中心》(第九辑),1979年;罗志田主编:《20世纪的中国:学术与社会(史学卷)》"编序",山东人民出版社,2001年;乔治忠:《论学术史视野下的史学史研究》,《南开学报》(哲学社会科学版)2004年第2期;左玉河:《现代中国学术体制之创建》,《中国社会科学院院报》2005年第4期等。个案研究以陈以爱《中国现代学术机构的兴起——以北京大学研究所国学门为中心的讨论(1922—1927)》(台湾政治大学历史系,1999年)为代表。其他专书有左玉河:《从四部之学到七科之学——学术分科与近代中国知识体系之创建》,上海书店出版社,2002年;刘龙心:《学术与制度——学科体系与现代中国史学的建立》,新星出版社,2007年;张剑:《中国近代科学与科学体制化》,四川人民出版社,2008年;左玉河:《移植与转化:中国现代学术机构的建立》,大象出版社,2008年。

二重属性：一方面，具备"整理国故"运动的普遍共性，提倡以科学方法研究中国的历史及文化；另一方面，在其学术建制及治学精神等方面，无不表露鲜明的特性，而这正是清华国学研究院真实魅力之所在。①

一、书院色彩的现代学术机构

1924年秋，筹划已久的清华改办大学计划正式启动，国学研究院亦在酝酿之中。次年初，因梁启超、赵元任和陈寅恪三位教授均未到校，李济尚未接受聘约，《研究院章程》就由筹备主任吴宓负责起草，并与王国维、梁启超往返商榷，最终定稿。②1925年3月6日，章程提交大学筹备委员会通过。③《研究院章程》（以下简称《章程》）主要参考两个蓝本：一是北大《研究所组织大纲》和《研究所国学门研究规则》；二是清华大学筹备委员会课程计划组通过的《清华研究院简章》（以下简称《简章》）。

据北京大学《研究所组织大纲》的规定，研究所是本校大学毕业生"继续研究专门学术之所"，"但未毕业之学生曾作特别研究已有成绩者，经所长及各该学系教授会之特许，亦得入所研究"。研究所拟设自然科学、社会科学、国学和外国文学四门，实际只建成国学一门。《研究所国学门研究规则》规定入所资格不限于本校学生，本校教员亦可自由入所研究。校外学者可随时申请，经本学门委员会审查合格后，进所研究。如果不能到校，可以通信报名，履行相同审查手续后，在校外从事研究。研究生可要求本学门主任联系本校教员或校外

---

① 关于清华国学研究院的研究，一般有教育史与学术史两种取径，论著较多。教育史方面的重要成果有：孙敦恒：《清华国学研究院纪事》，载葛兆光主编：《清华汉学研究》（第一辑），清华大学出版社，1994年；孙敦恒：《清华国学研究院史话》，清华大学出版社，2002年；苏云峰：《从清华学堂到清华大学：1911—1929》，生活·读书·新知三联书店，2001年。学术史取径的研究，多关注诸导师在院期间的学术交谊、旨趣及成就，涉及或专从学术建制讨论的，则有下述论文：陈平原：《大师的意义以及弟子的位置——解读作为神话的"清华国学院"》，载氏编：《现代学术》（第六辑），北京大学出版社，2005年；龚鹏程：《清华国学院传奇》，载氏著：《近代思潮与人物》，中华书局，2007年；胡逢祥：《从北大国学门到清华国学研究院——对现代高校学术机构体制与功能的一项考察》，《中国图书评论》2006年第10期；刘春强、许春霞：《近代学科体制转型下的陈寅恪教育理念初探——以清华研究院时期的课程为中心》，《聊城大学学报》（社会科学版）2009年第2期等。

② 据吴宓日记，1925年2月13日，吴宓"入城，谒王国维（初见）"。21日，"下午，再谒王国维（商章程事）"。2月22日，"是日赴津谒梁，即夕归"。3月1日，又"访王国维（章程Final），在其家午餐"。参阅《吴宓日记》（第3册），生活·读书·新知三联书店，1995年，第5、6、7页；《清华研究院筹备处消息》，《清华周刊》1925年第337期。

③《研究院最近消息》，《清华周刊》1925年第339期。

专家,指导个人研究。本校教员征得本学门委员会同意,可自行召集研究生入所从事某项研究。①国学门的制度可谓自由之极,没有入所的资格限制和考试,不规定研究期限,也不用听课,唯一的要求是有志于从事专门研究,且取得一定的研究成绩。②

蔡元培主持北大校政,有意汲取欧美大学的发展经验,尤其是按德国柏林大学之理念规划北大的学科设置及发展方向。③他认为大学为师生"共同研究学术之机关",绝不仅是一"职业培训所",北大研究所是"仿德、法两国大学之Seminar办法,为专攻一种专门知识之所"。④国学门松散自由的管理,除延续京师太学的传统外,背后更有德国大学的影踪。

与北大不同,清华濡染美国大学教育风气甚深,筹备大学委员会课程计划组所拟定之《简章》,对研究院的宗旨、科目、教师和学生的资格、入学考试程序、费用、奖学金、课程等内容,皆做细致严密的规范。⑤《章程》与《简章》相比,内容大体一致,部分规定更为具体。如规定教师包括专任教授、特别讲师两类。教授的标准是"宏博精深,学有专长",要求"常川住院,任教授及指导之事";特别讲师是"对于某种学科素有研究之学者",由本院随时聘请。学生资格较宽泛,大学毕业生、同等学历和各校教员均可报名,但必须参加入学考试。学员录取后,须入校研究,期限为一年。遇有难度大、范围广的课题,可申请留院继续研究一年或二年。⑥

显著不同的,主要有两点:其一,《简章》筹设中国历史研究科、中国语言研究科、中国文学研究科、中国哲学研究科等四科,即以西方式的人文学科为学

---

① 《国立北京大学研究所国学门重要纪事》,《国学季刊》1923年第1卷第1号。

② 郑天挺、蔡尚思曾入北大研究所国学门学习,国学门松散自由的管理和学风,他们的回忆可资印证。参阅郑天挺:《深切怀念陈援庵先生》,载陈智超:《励耘书屋问学记》,生活·读书·新知三联书店,2006年,第14页;蔡尚思:《我和中国思想史研究》,载张世林编:《为学术的一生》,广西师范大学出版社,2005年,第62~63页。

③ 蔡元培效法柏林大学,改造北大,在《北大二十周年纪念会演说词》(载《北京大学二十周年纪念册》,1918年)中有明确宣示。金耀基《大学之理念、性格及其问题》一文说:"中国现代教育家蔡元培之改革北京大学就是以德国大学为模式的。"(载氏著:《大学之理念》,生活·读书·新知三联书店,2001年,第4页)

④ 蔡元培:《公布北大〈研究所简章〉布告》,转引自陈以爱:《中国现代学术机构的兴起——以北京大学研究所国学门为中心的讨论(1922—1927)》,台湾政治大学历史系,1999年,第131页。

⑤ 《清华研究院简章》,《清华周刊》1924年第332期。

⑥ 《研究院章程》,《清华周刊》1925年第360期。

术建制的原则。《章程》则改以"国学"统摄各自独立的文史哲等科,规定"开办之第一年(1925—1926年)先设国学一科,其内容约为中国语言、历史、文学、哲学等"。这一变动,明显受"整理国故"运动及北大研究所国学门的影响。

其二,制定了周密完善的教育及研究制度。其核心内容是:"本院略仿旧日书院及英国大学制度:研究之法,注重个人自修,教授专任指导,其分组不以学科,而以教授个人为主,期使学员与教授关系异常密切,而学员在此短时期中,于国学根柢及治学方法,均能确有所获。"开学之初,教授公布指导学科范围,学员可自由与各教授谈话,就个人志趣和学力,选择研究课题及相应的导师。教授指导学科的范围,均系个人专长,可自由划分。学员自由选定导师,专从受教,因题目性质,亦可同时请多位教授指导。教授除指导学员从事专题研究外,均须为普通演讲,每星期至少一小时。特别讲师专就一定学科范围演讲一次或多次。鼓励教师学员平时保持经常的接触,教授应与从学的学员约定时间会谈,了解学生研究进展,指示研究方法,开列参考著作。

就提倡高深专门研究而言,北大、清华两大国学机构的旨趣相同,但北大研究所国学门是一纯粹的研究机构,而清华国学研究院更近于当代附属于大学的研究院,教育与研究并重。[1]融中国传统书院与英国牛津大学导师制于一炉,则是清华国学研究院学术建制中饶有深意的一抹亮点。[2]

五四以后,为因应战后世界的新发展,及新文化运动所提出之新的思想文化走向,教育学术界对清季建立的学校制度,教育观念及方法,皆有痛彻的反思,萌发了强劲的教育改革思潮。自欧美输入的形形色色的教育理念及方法,在思想教育界激起圈圈涟漪,试验新制的风潮,一时间遍及国内中小学和大学。"道尔顿制"是20世纪20年代风靡一时的新教育模式,它有别于整齐划一的班级授课,其最大特点是给学生以极大的学习自主权,有利于养成独立研究

---

[1] 胡逢祥《从北大国学门到清华国学研究院——对现代高校学术机构体制与功能的一项考察》一文已指出这一点。

[2]《研究院章程》称"本院略仿旧日书院及英国大学制度",研究院弟子戴家祥曾有说明:"清华研究院采用旧中国书院制和英国牛津大学导师制相结合的教学方式。"蒋天枢亦说:"研究院旨趣,取法于吾国书院,并仿英国牛津导师制。"参阅戴家祥:《戴家祥自传》,《中国当代社会科学家》(第六辑),书目文献出版社,1982年;戴家祥、林在勇:《清华国学研究院·导师·治学》,《文艺理论研究》1997年4期;蒋天枢:《陈寅恪先生编年事辑》(增订本)附录二《陈寅恪先生传》,上海古籍出版社,1997年,第219页。

的精神。①经历旧式教育的一些学人,发现它与私塾、书院教育不无会通之处。胡适基本接受新式教育,他也觉得"古时的书院与现今教育界所倡的'道尔顿制'精神大概相同"。1923年12月,他在东南大学演讲"书院制史略",认为晚清学制变革中以学堂代替书院,丧失了书院自由研究的精神。②倡导道尔顿制或复兴书院,借以弥补学校制度之不足,在当时的知识界是极为流行的看法。

把传统书院与英国大学流行的导师制联系起来,则得益于一部分留学欧美的人文知识分子的热情鼓吹。20世纪20年代成立的中国教育改进社、新月社、现代评论社等团体,聚拢了为数众多的接受欧美高等教育的留学生,其中不乏专注于大学改革的人文学者。私塾、书院等传统教育方式,与英国牛津、剑桥大学导师制之间的文化相似性,启发了这批极具人文关怀的学人。

对大学教育只问分数,不管人的全面发展,林语堂深为不满,他主张理想的学堂"应该灌满一种讲学谈学的风气",要达此理想,"我们应该实行导师制(Tutor System),每个学生可以自由请一位教员做他个人的导师,一切关于学问上进行方针及秩序之指导可专托此一人之手"。③传统书院注重师生之间的直接互动,师长以学问、人格的魅力,感染后学;又提供各种设备,供求学者独立自由地探索知识。因此,任鸿隽、陈衡哲认为,牛津、剑桥大学的导师,"以先生而兼朋友",直接指导学生的求学及生活,是"合学问与做人为一冶",与传统书院精神异曲同工,他们呼吁大学教育"当参合中国书院的精神和西方导师的制度,成一种新的学校组织"。④徐志摩更是以诗情荡漾的笔触,绘出理想大学的山水图:"向外望去,现成的牛津康桥青藤缭绕的学院招着你微笑;回头望去,五老峰下飞泉声中白鹿洞一类的书院瞅着你惆怅。这浪漫的相思病跟着现代教育丑化在少数人的心中一天深似一天。这机械性买卖性的教育够腻烦了,我们说。我们也要满沿着爬山虎的高雪克屋子来安息我们的心灵,我们说。我们也要一个绝对闲暇的环境好容我们的心智自由的发展,我们说。"⑤他们因中国的人文传统而欣赏英国导师制,又因英国导师制而发现传统书院的价值,

---

① 伯克赫司特(Helen Parkhurst)于1919年在美国麻省道尔顿中学首先试行,因此得名。详参教育杂志社编:《道尔顿制概要》,商务印书馆,1925年。

② 胡适:《书院制史略》,载欧阳哲生编:《胡适文集》(12),北京大学出版社,1998年,第449~453页。

③ 林玉堂:《谈理想教育》,《现代评论》1925年第1卷第5期。

④ 任鸿隽、陈衡哲:《一个改良大学教育的提议》,《现代评论》1925年第2卷第39期。

⑤ 徐志摩:《吸烟与文化》,《晨报副镌》1926年第52期。

试图在现代大学制度中"复活"书院,建立一套中西杂糅、亦中亦西的高等教育制度,书院式的大学正是这批人文知识分子找到的理想天堂。欧美派知识分子的教育理念及文字呐喊,对于清华国学研究院构建其学术制度具有直接的启示。

当时学界的两大巨擘梁启超、胡适,频繁在清华授课或讲演,对师生们的影响极大,二人均主张复兴书院。①主持改办大学工作的清华教务长张彭春,同时也是中国教育改进社的重要骨干。1923年初,他在和学生座谈时,批评现行教育制度是"机械式课本的教育",设想筹办大学研究院时采取书院模式,研究院"专聘中外于某门学术有特高造就的名师,来充教授","每个名师只限于收纳二十余生徒,日常跟他一同研究著述。教师因此可以尽量的向上发展他自己的学问,同时做学生的榜样,并且指导学生怎样协同作学问的工夫,而学生亦可因名师的精神与方法,自由的努力研究"。②五四以后的清华园,弥漫着反省"美国化"的思潮,这被许多学生称之为"清华文化运动"。"由极新走到极旧",沟通中西文化,培养现代化的领袖人才,被师生们视为清华理应承担的文化使命,因此,教育学术界援引书院入大学的议论,在清华园里赢得了广泛的理解与赞同。校内外的思潮互为激荡,以书院精神改造清华的学术生态,随之成为筹建大学及研究院所致力的目标。

糅合传统书院和英国导师制而创建的清华国学研究院,可谓之"书院色彩的现代学术机构"。③就其制度的基本框架而言,是一不折不扣的现代学术机构。研究院课程设置、导师指导的研究课题,学生从事的专题研究,均属于现代学术的范畴。所谓的"书院色彩",最突出的体现有二:一是在教育理念上,寓儒家知行合一的观念于大学教育之中。鼓励师生之间建立密切的联系,在

---

① 1923年初,梁启超发起创办文化学院,设想采取"半学校半书院的组织"。1924年初,胡适受邀就聘清华大学筹备顾问,频繁出入清华园,曾在清华演讲"中国高等教育史",提倡复兴书院精神。参阅梁启超:《为创设文化学院事求助于国中同志》,载夏晓虹辑:《〈饮冰室合集〉集外文》(中),北京大学出版社,2005年,第928页;李道煊:《清华国学问题杂论》,《清华周刊》1924年第318期。

② 林毓德:《今后清华国学教育所应取之方针》,《清华周刊》1924年第318期。

③ 研究院弟子谢国桢《近代书院学校制度变迁考》一文谓:北大研究所国学门、清华国学研究院"犹具书院之雏形",是为"书院式之研究院",与后来的大学研究院、中研院"形质不甚相同"。参阅胡适、蔡元培、王云五编辑:《张菊生先生七十生日纪念论文集》,商务印书馆,1937年,第304~306页。

学问上自由讨论,在德行上相互砥砺,把深沉的文化使命感浸润于学术研究中。二是在教育制度上,取法书院的山长制。蔡元培认为学校不及书院,山长制是一关键。他说:"我们知道以前书院院长,或擅长文学,从其学者,能文者辈出;或长经学与小学,从其学者,莫不感化。因为院长以此为毕生事业,院内尚自由研究,故能自由发展。"①国学研究院延聘王国维、梁启超、陈寅恪、赵元任、李济五位导师,为他们各设一研究室,配备助教。一切教学及研究活动,皆围绕导师专长展开。导师的地位,酷似旧日书院中的山长。

二、国学分科与学术社群

筹建之初,研究院聘请王国维、梁启超、赵元任、陈寅恪、李济五位导师。王、梁辞世后,学校又拟聘章太炎、陈垣等为教授,但均未如愿。后期因教师匮乏,陆续聘请梁漱溟、林志钧、马衡为特别讲师,朱希祖为兼职讲师,钢和泰(Alexander von Stael-Holstein)为名誉通讯指导员。研究院章程虽以"国学"统摄各自独立的人文学科,标榜"其分组不以学科",但从招生、教学和研究等各环节看,实际执行的是导师指导下的西方式分科研究体制。

1925年招收第一届学生时,规定考试包括经史小学、论文和专门科学三部分,其中专门学科分经学、中国史、小学、中国文学、中国哲学、外国语(英文,或德文,或法文)、自然科学(物理学,或化学,或生物学)、普通语音学八门。②1926年招收第二届学生,应试内容仍为三部分,专门科学部分扩大为23门学科,即经学、小学、中国史、中国文化史、中国上古史、东西交通史、史学研究法、中国人种考、金石学、中国哲学史、儒家哲学、诸子、宋元明学术史、清代学术史、中国佛教史、佛经译本比较研究、中国文学史、中国音韵学、中国方言学、普通语音学、东方语言学、西人之东方学、中国音乐考。③23门学科中,五位导师各自指导的学科如下,王国维:经学、小学、中国上古史、金石学、中国文学史(5门);梁启超:中国史、中国文化史、东西交通史、史学研究法、中国哲学史、儒家哲学、诸子、宋元明学术史、清代学术史、中国佛教史、中国文学史(11门);赵元任:中国音韵学、中国方言学、普通语言学、中国音乐考(4门);陈寅恪:佛经译

---

① 蔡元培:《在北京高等师范学校〈教育与社会〉社演说词》,载沈善洪主编:《蔡元培选集》(上),浙江教育出版社,1993年,第550页。
②《研究院章程》,《清华周刊》1925年第360期。
③《清华学校研究院选考科目表(民国十五年)》,《清华周刊》1926年第374期。

本比较研究、东方语言学、西人之东方学(3门);李济:中国人种考(1门)。中国文学史是王、梁共同指导之学科。

学生入院之后,导师公布指导学科之范围(与招考时公布的专修学科略异),学生据此选定专修学科,同时与指导教师商定研究课题。研究院第一届学生32人,属于梁启超指导的有23人,王国维指导的有9人,没有学生请陈、赵、李三人担任导师。①次年,除旧制大一的3名学生赴美留学未交论文外,其余29名学生均提交一篇或数篇毕业成绩。经审查全部合格,准予毕业。毕业成绩与最初登记课题略有出入,显是后来调整的结果。学生的指导教师,在研究院公布的资料中没有注明。今据导师指导学科范围和《研究题目示例》加以归类,制成表1。

表1 1925—1926年研究院学生研究课题及毕业论文表

姓名	导师	专题研究	毕业论文
刘盼遂	王国维	诗经状词通释	说文汉语疏 百鹤楼丛稿
吴其昌	梁启超	宋代学术史	宋代学术史(天文地理金石算学) 谢显道年谱 朱子著述考 三统历简谱 李延平年谱 程明道年谱 文原兵器篇
程憬	梁启超	上古哲学思想的唯物论	二程的哲学 先秦哲学史的唯物观 记魏晋间的哲学
徐中舒	王国维	古文字学	殷周民族考 徐奄淮夷群舒考
余永梁	王国维	古文字学	说文古文疏证 殷墟文字考 金文地名考
王庸	梁启超	中西交通史(一部分)	陆象山学述 四海通考
刘纪泽	梁启超	目录学之研究	书目考 书目举要补正
周传儒	梁启超	中国近世外交史	中日历代交涉史
杨筠如	王国维	尚书	尚书覈诂 媵 春秋时代之男女风纪
孔德	梁启超	说文之会意字	外族音乐流传中国史 会意斠解 汉代鲜卑年表
方状猷	梁启超	诗三百篇之文学的研究	儒家的人性论 章实斋先生传 中国文学史论

---

① 据苏云峰统计,属于梁启超指导的学生有14人,王国维、李济、陈寅恪指导的有18人(王指导16人,李、陈各指导1人)。苏云峰归类不尽精确,笔者曾作订正。参阅苏云峰:《从清华学堂到清华大学(1911—1929):近代中国高等教育研究》,生活·读书·新知三联书店,2001年,第299~300页;朱洪斌:《教育史视野下的清华国学研究院——评苏云峰〈从清华学堂到清华大学(1911—1929):近代中国高等教育研究〉》,《九州学林》2010年秋季。

续表

姓名	导师	专题研究	毕业论文
蒋传官	梁启超	春秋时代之男女风纪	曾涤生胡咏芝之学术思想 春秋时代男女之风纪
王镜地	梁启超	宋元明清书院考	书院通征
高亨	王国维	诗骚连绵字辑释	韩非子集解补正
李绳熙	王国维	诸史中外国传之研究	唐西域传之研究
杜钢百	梁启超	佛家经录之研究	周秦经学考
闻惕	王国维	古文字学	辠庵丛稿 尔雅释例匡谬
史椿龄	梁启超	孟荀之教育学说	孟荀教育学说
赵邦彦	梁启超	说苑校正	说苑疏证
陈拔	梁启超	颜李研究	颜李四书字义
王竞	梁启超	说文之会意字	说文会意字 两汉经学史
冯德清	王国维	诸史中外国传之研究	匈奴通史
李鸿樾	王国维	古文字学	金文地名之研究
姚名达	梁启超	章实斋之史学	邵念鲁年谱 章实斋之史学
黄淬伯	梁启超	说文之会意字	说文会意篇
谢星朗	梁启超	春秋时代之男女风纪	春秋时代婚姻的种类 春秋时代的恋爱问题 春秋时代亲属间的婚姻关系
余戴海	梁启超	荀孟学说之比较	孟荀学说之比较
何士骥	梁启超	部曲考	部曲考
汪吟龙	梁启超	左传之研究	文中子考信录 左传田邑移转表
罗伦	梁启超	诗经中民情风俗之研究	赴美留学,未有成绩
杨世恩	梁启超	诗经国风篇之体裁	赴美留学,未有成绩
王国忠	梁启超	中国田赋之沿革及现状	赴美留学,未有成绩

资料来源:《研究题目汇录》,《清华周刊》1925年第355期;《研究院纪事》四《(十四年度)研究院毕业学生成绩一览》,《国学论丛》1927年第1卷第1号。

第二学年在院学生共36名,除上届毕业留院继续研究的7名外,本届有新生29名。本学年专门学科扩大为23个,要求学生从中选定专修学科,同时确定相应的导师。兹据相关资料,制成表2,导师一项,原来资料中没有,据23项学科分属的导师加以考订。属于梁启超指导的有22人,王国维指导的有12

人，赵元任和梁启超共同指导1人，[①]李济指导1人，[②]陈寅恪仍无人请其指导。

表2 1926—1927年研究院学生专修学科和研究课题表

姓名	届别	导师	专修学科	专题研究
刘盼遂	第一届	王国维	小学	古文字学
周传儒	第一届	梁启超	中国文化史	中国教育史
姚名达	第一届	梁启超	历史研究法	章实斋之史学
吴其昌	第一届	梁启超	宋元明学术史	宋代学术史
何士骥	第一届	王国维	小学	古文字学
赵邦彦	第一届	梁启超	诸子	吕氏春秋集解
黄淬伯	第一届	王国维	小学	中国音韵
谢国桢	第二届	王国维	中国文学史	清代学术史征
刘节	第二届	梁启超	中国哲学史	中国古代哲学之起原
陆侃如	第二届	梁启超	中国文学史	古代诗史、古代诗选
毕相辉	第二届	梁启超	中国史	唐代的社会现象
郑宗棨	第二届	梁启超	东西交通史	中日历代关系(明代)
陈守实	第二届	梁启超	史学研究法	明史稿考证
高镜芹	第二届	梁启超	中国哲学史	孔子研究
侯堮	第二届	王国维	经学	郑诗经注例
朱芳圃	第二届	王国维	小学	声义溯源
谢念灰	第二届	梁启超	宋元明学术史	陈白沙学说
王耘庄	第二届	梁启超	宋元明学术史	宋元明人性论之研究
陈邦炜	第二届	王国维	经学	尚书研究
宋玉嘉	第二届	梁启超	中国哲学史	汉魏间的哲学
戴家祥	第二届	王国维	经学、金石学	卜辞金文之研究
吴金鼎	第二届	李济	中国人种考	
司秋澐	第二届	梁启超	儒家哲学	孔家人生哲学
王力	第二届	梁启超、赵元任	中国文学史	先秦文法
全哲	第二届	梁启超	中国文学史	楚辞
朱广福	第二届	梁启超	儒家哲学	性之讨研

① 王力同时请梁启超、赵元任为导师，参阅王力：《王力文集》第二卷《中国现代语法》“自序”，山东教育出版社，1985年；王力：《怀念赵元任先生》，载氏著：《龙虫并雕斋琐话》(增订本)，中国社会科学出版社，1993年，第267～270页。

② 吴金鼎是唯一从李济学习人类学的研究院学生。1927年春他运用人体测量的方法，对68位清华学生进行测量，积累了一些数据，并没有写成论文。毕业后，吴金鼎至山东齐鲁大学执教，继续人体测量工作，完成研究报告《山东人体质之研究》，作为中研院史语所单刊甲种之七出版。

续表

姓名	届别	导师	专修学科	专题研究
颜虚心	第二届	梁启超	清代学术史	浙东学派
龚澹明	第二届	王国维	中国上古史	战国史
冯国瑞	第二届	王国维	小学	说文部首研究
卫聚贤	第二届	王国维	中国上古史	左传之研究
管效光	第二届	梁启超	诸子	孟子七篇中之仁义解
徐继荣	第二届	梁启超	中国史	中国历史学稿
黄绶	第二届	梁启超	中国史	中国历代制度考
姜寅清	第二届	王国维	小学	诗骚联绵字
陶国贤	第二届	梁启超	诸子	老子字义疏
杨鸿烈	第二届	梁启超	中国文化史	中国法律发达史

资料来源：《研究院纪事》五《(十五年度)研究院学生研究题目一览》，《国学论丛》1927年第1卷第1号。

王国维去世后，研究院将其负责指导的学科交由梁启超。1927年底以后，梁氏长期患病，无法照常授课和指导。1928年5月4日，教授会临时会议决定继续维持研究院，"但因教授延聘不易，范围不能太广，应就教师所愿担任指导之范围招收学生，各科人数亦应酌定限制"。①所以研究院的分科研究以前两届为最盛，后两届因导师匮乏，分科指导已难维系，学科指导范围亦不再公布，学生直接选定专题。

第三学年在院学生有24人，专题研究及毕业论文未公布。第四学年在院研究的有13人，其中10人是第二、三届学生，在院继续研究，3人是第四届新生。其中4人的毕业论文不详。最后一学年，因李济赴美，赵元任去两广调查方言，此后二人陆续转入史语所，在院教授只有陈寅恪，另聘两位特约讲师马衡、林志钧授课。所以，最后一年学生大部分名义上接受陈的指导，②但研究课

①《教授会临时会议纪录》，《清华周刊》1928年第441期。
② 蓝文徵《清华大学国学研究院始末》(载台湾《清华校友通讯》1970年新32期)一文说：研究院末期，"所有指导研究生，指挥助教办事，联系离校同学或函复其请教的诸问题，事无巨细，全集于陈先生一身，辛劳忙碌，自不待言"。

题与陈氏的研究大都无关。其中,可以考订出属于林志钧指导的1人。[①]此外,就学生专题研究题目分析,可以推测属于马衡指导的2人,赵元任指导的2人。兹据相关资料制成表3。

表3 1928—1929年研究院学生研究课题及毕业论文表

姓名	届别	导师	专题研究	毕业论文
颜虚心	第二届	赵元任	礼经释乐、乐器图考	编钟编磬二八十六枚在一虡解、三乐说
侯墇	第二届	马衡	礼经汉读考、古文字学	魏石经古文疏证
罗根泽	第三届	梁启超	管子年代考、阴阳家源流考	子史杂考
葛天民	第三届	马衡	中国古韵源流	商周器物图案汇释
蓝文徵	第三届		中国史学史	逸周书谥法篇疏证
门启明	第三届		中国宇宙思想的演进(续前)、道家的人生观	杨朱篇的思想和年代
马庆霱	第三届		方志研究	
储皖峰	第三届		六朝文学年表	
张昌圻	第三届		先秦伦理思想史	洙泗考信录评误
吴宝凌	第三届		中国诗史	
王静如	第四届	赵元任	中国古代音韵之研究	
裴占荣	第四届	林志钧	清史稿补正、虞翻年谱	诗经疑义订解、虞翻年谱
徐景贤	第四届		中国道教史、景教考	考经余论

资料来源:《国立清华大学校刊》1928年第15期;《国立清华大学校刊》1929年第82期。

据以上三表资料,研究院绝大多数学生追随梁启超、王国维,以梁的弟子为最多,王的弟子其次,赵元任指导的学生有王力、裴学海等数人,李济的弟子只有吴金鼎一人,陈寅恪名义指导的弟子虽多,直接师承者寥寥。陈寅恪曾戏拟一联,赠与研究院弟子,曰:"南海圣人,再传弟子。大清皇帝,同学少年。"[②]前一句说梁启超,后一句指王国维,虽是一时戏谑之词,却恰好揭示了研究院多数弟子的学术趋向。

———————————

① 裴占荣接受林志钧指导,参阅梁漱溟:《念亡友裴占荣》,载梁漱溟:《梁漱溟全集》(第七卷),山东人民出版社,1990年,第409页;林志钧:《周易汉象新证序》,载氏著:《北云集》,1963年铅印本,第268～285页。

② 陈寅恪:《陈寅恪集·诗集》(附唐篔诗集),生活·读书·新知三联书店,2001年,第179页。

如以第二届公布的23个学科为标准,统计学生研究课题的学科分布情况,小学16人次,中国史10人次,中国哲学史、中国文学史各7人次,经学6人次,宋元明清学术史、东西交通史各5人次,史学研究法(史学史)、诸子学4人次,儒家哲学、中国文化史各3人次,金石学、中国音乐考、中国人种考各1人次。此外,不在23个学科之中的,文献学、目录学、教育史(书院)各2人次,方志、年谱、道教史及景教各1人次。①

从上述学生研究课题的分布来看,可做如下推论。第一,研究院学生的研究趋向是:以广义的中国文化史为中心,以专门史为方向。20世纪20年代初,梁启超谈及新史学建设时,提出"史学范围当重新规定,以收缩为扩充","一面宜将其旧领土——划归各科学之专门,使为自治的发展,勿侵其权限。一面则以总神经系——总政府自居,凡各活动之相,悉摄取而论列之,乃至前此亘古未入之版图之事迹……悉吞纳焉以广吾疆宇,无所让也"。所谓"收缩",即依西方的学术分科,将原属于旧史的领域划归专门史;"扩充"则要求新史家"别具一种通识,超出各专门事项之外而贯穴乎其间,夫然后甲部分与乙部分之关系见,而整个的文化,始得而理会也"。②扩充而成的,即梁氏所谓的普遍史或文化史。胡适代表北大研究所国学门同人撰写的《〈国学季刊〉发刊宣言》,提倡国学应做"专史式的整理",目的是"要做成中国文化史"。从其提示的文化史之研究范围来看,所谓的"专史式的整理",实即推进西方式的学术分科。③梁、胡不约而同地,为新史学高悬"文化史"的目标,而实现的前提则是专门史的发达。随着西方学术体系与中国大学制度的结合,史学与其他学科的交流与渗透日益紧密,专门史遂在现代史学中最先繁荣起来,研究院学生的课题分布预示了这一趋势。

其二,在研究院学生的研究课题中,清人所谓的汉学所占比重最大。在所有学科之中,选修小学的人次最多,加上经学、金石学、目录学、文献学,总计有27人次,约占33%。研究院诸导师中,王、梁通晓清代学术。王国维在研究院

---

① 上述三表共有81人,其中17人是毕业后在院继续研究,这批学生的研究方向与第一年相比,或同或异。统计只计算选修学科的次数。有些课题可以同时归入不同的学科,笔者只做大体区分,不一定完全适当。

② 梁启超:《中国历史研究法》,《饮冰室合集》(专集之七十三),中华书局,1989年,第29~31、35页。

③ 胡适:《〈国学季刊〉发刊宣言》,《胡适文存》(二集),黄山书社,1996年,第10~11页。

讲授的课程有"古史新证""说文练习""尚书""仪礼""古金文字",皆以清人的经学与小学为基础,用甲骨文、金文等新文字材料扩大汉学的门庭。梁启超所授《中国历史研究法(补编)》,侧重于专门史的研究方法,而梁氏撰写的《清代学术概论》《中国近三百年学术史》对清学之演进有极为系统的阐述,对汉学家整理古籍方面的多种贡献介绍尤详。

第三,陈寅恪、赵元任、李济从事的纯粹来自西方的新学科,在研究院学术社群中处于边缘位置,直接选择三人为导师的为数甚少,这与研究院学生的教育、知识背景直接相关。①在科举制度废止的最初十几年间,中小学和省立师范学校的文科教师,还是以获得过科举功名的旧文人为主。这批弟子出生的年代在1891—1906年间,他们在入院之前,往往受这些教师的影响而萌发学术兴趣,在旧学上打下了厚实的根基。在入院弟子中,完成大学本科教育还不到一半,绝大多数只有中小学文凭,或没有任何文凭的自修之士。对于多数弟子而言,梁启超、王国维指导的专题研究和教学内容,植根于旧学基础之上,易于被他们理解和接受,故在他们心目中,只有梁、王才是实至名归的大师。

以现代学科的眼光审视,研究院的23个专修学科,包涵学科、专业、课题等多重内涵,横跨多种人文学科,界限或许并不清晰。但导师指导下的西方式分科研究体制,推动了研究院师生迅速走向专业化的道路,老辈学者梁启超、王国维治学及指导的范围相当广泛,青年一辈的陈寅恪、赵元任和李济的治学及指导范围相对专一,而弟子们的研究领域则更为具体细致。这种从通儒之学到专家之学的变化趋势,契合了现代学术演进之内在规律。研究院弟子多数承继了王国维、梁启超的治学理念及方法,融入了五四以后渐趋壮大的新历史考证学派,在院时期相对冷落的东方学、语言学和考古学,随着部分弟子治学的深入,亦逐步发挥着潜移默化的影响。概而言之,研究院弟子接受大致相同的学术训练,研究对象集中于传统文史领域,内部的学术交流比较充分,他们与导师(尤其是王国维、梁启超)一起,构成了以专业为基础、使用共同范式的学术社群。

①陈寅恪、赵元任、李济三人在研究院中影响甚微,牟润孙最早指出这一点,后桑兵有长文分析。参阅牟润孙:《清华国学研究院》,载氏著:《海遗丛稿》(二编),中华书局,2009年,第243~245页,原刊《大公报》1977年2月9日;桑兵:《陈寅恪与清华研究院》,《历史研究》1998年第4期。

三、"治国学的两条大路"

1925年9月9日,清华学校举行开学典礼,研究院主任吴宓在演说时,流露与北大研究所国学门分庭抗礼的弦外之音。他指出本院有两个特点:(一)"惟兹所谓国学者,乃指中国学术文化之整体而言,而研究之道,尤注重正确精密之方法(即时人所谓科学方法),并取材于欧美学者研究东方语言及中国文化之成绩,此乃本校研究院之异于国内之研究国学者也。"(二)"本校研究院在中国实属创举,他校如北京大学亦设国学研究所,然组织办法颇有不同。"[①]后者指研究院的学术建制(前文已有论述),前者涉及国学研究之范围及方法,吴宓自信皆新颖独创。台湾学者陈以爱则认为:"(吴宓)主持下的清华国学院,其治国学的精神与研究取向,则与北大国学门是大体相同的。"[②]那么,清华国学研究院的治学精神及趋向,与北大国学门是否保持一致呢?

以胡适为代表的北大文科学者,所鼓吹和推动的"整理国故",其精神可概括为:以西学为标准,重建中国历史及文化研究的现代学术体系。具体内容包括两点:提倡科学精神与科学方法;依西学体系,重新划分研究领域。此后闻风而起的其他国学研究机构,大都遵循上述原则,但在涉及历史文化的价值问题时,内部却产生了深刻的思想分歧。

五四时期,以北大"新青年派"为核心的一批新知识分子,主张既要引进西方的自然科学、法律和政治制度,又要根据以科学、民主和自由这类观念所代表的西方思想,对中国传统的学术、伦理、道德和风俗进行彻底地重新审查。他们所提倡的不是枝枝节节的修补或改良,而是一个大规模的激烈的文化革新,要彻底推翻旧传统,代之以全新的文化。陈独秀、吴稚晖、鲁迅等知识领袖认为,胡适号召整理国故,滑入了保存国粹的误区,偏离了新文化的方向,鼓励年轻人阅读古籍,是将新一代引入思想歧途。他们对传统的态度,在鲁迅的文字中有一句名言:"要我们保存国粹,也须国粹能保存我们",[③]说得何其干脆。

胡适对传统的态度,言词上并不激烈,他认为整理国故不是招传统之魂,而是批判性的探索中国文化的真相,与"研究问题""输入学理"一样,都是"再

---

① 吴宓:《清华开办研究院之旨趣及经过(开学日演说词)》,《清华周刊》1925年第351期。
② 陈以爱:《中国现代学术机构的兴起——以北京大学研究所国学门为中心的讨论(1922—1927)》,台湾政治大学历史系,1999年,第400页。
③ 鲁迅:《随感录三十五》,《鲁迅选集》(第二卷),人民文学出版社,1992年,第112页。

造文明"的手段。但他对传统价值的基本判断,和这些新文化的同路人并无本质区别,只是他承认考证学合乎科学精神,对中国传统中的这一资源予以充分的肯定。20年代后期,在新文化阵营内部批评的压力下,胡适有意识地调整论调,劝告青年人:"等你们在科学实验室里有了好成绩,然后拿出你们的余力,回来整理我们的国故,那时候,一拳打倒顾亭林,两脚踢翻钱竹汀,有何难哉!"[1]为维护整理国故,他将自己的工作比喻为"打鬼"和"捉妖"。[2]对民族遗产加以整理和重估的学术运动,从最初发掘科学传统,到沦为"打鬼"和"捉妖",这就引发了整理国故内部立场不同的学人之间的争鸣。

东南大学是当时积极响应整理国故的一大重镇,集中了一大批文化态度相对保守的学者,这与文化态度激进的北大学者形成鲜明的对比。1922年,东大先后出现了两个鼓吹国学研究的团体。一是东大教授梅光迪、吴宓、柳诒征、胡先骕、刘伯明等人创办的《学衡》杂志,围绕这一杂志的编辑者和主要作者,后来被称为"学衡派"。二是东大国文系教授陈钟凡、顾实、吴梅等人发起成立的"国学研究会",成员以东大教授、学生为主,会员多达一百余人。"国学研究会"在当时非常活跃,举办一系列的国学讲习会、讨论会,邀请海内外名流到校演讲,并出版《国学丛刊》。

东大一派的学者,抱有强烈的文化信念,反对以新旧判别文化优劣,认为中国传统文化绝非腐朽的包袱,而是维系民族国家的精神支柱,蕴含丰富的现代价值。整理国故的意义,正在于阐明其独有价值。"学衡派"致力于介绍西洋古典文化,阐扬中国传统学术,探求中西文化之会通。吴宓无疑是学衡派的灵魂人物。在北大一派的学者看来,东大的学术氛围极为守旧。《学衡》鲜明地攻击新文化和白话文,使胡适及其朋友们觉得异常刺眼。

梁启超在整理国故上呼应北大学者,但其晚年文化观上却与东大学者接近。1923年1月,他在东大"国学研究会"演讲时,专门替东大打抱不平。他说:"我也闻听有许多人讽刺南京学生守旧,但是只要旧的是好,守旧又何足诟病?"他又指出,治国学应走两条大路:"一、文献的学问。应该用客观的科学方法去研究。二、德性的学问。应该用内省的和躬行的方法去研究。"前者即时

---

① 胡适:《治学的方法与材料》,《胡适文存》(三集),黄山书社,1996年,第102页。

② 胡适:《整理国故与"打鬼"——给浩徐先生信》,《胡适文存》三集,黄山书社,1996年,第103~106页。

人所说的"整理国故",后者指中国传统人生哲学,包括儒学和佛学。他认为,后者乃是"国学里头最重要的一部分,人人应当领会。必走通了这一条路,乃能走上那一条路"。①国学两条大路之说,源自理学中的"道问学"和"尊德性"的传统,"德性的学问"优先于"文献的学问",这与梁氏一贯服膺陆王心学有关。

由于北大、东大是整理国故的两大基地,故清华国学研究院的人员构成,以东大(11人)、北大(5人)背景的师生最多。研究院地处北京,其师生与北大研究所国学门皆有密切的联系。王国维、陈寅恪先后担任北大国学门的导师,部分研究院弟子(5人)后曾申请入北大国学门研究。因此,清华国学研究院汇集了保守与激进两股整理国故思潮。②研究院的章程,清华管理层及学术社群的理念,课程设置,均透露出梁启超所谓的"治国学的两条大路",即一方面重视以科学方法研究中国的历史及文化,另一方面在学术研究中寄托民族文化的关怀。

据《研究院章程·缘起》云:"良以中国经籍,自汉迄今,注释略具,然因材料之未备与方法之未密,不能不有待于后人之补正。又近世所出古代史料,至为夥颐,亦尚待会通细密之研究。其他人事方面,如历代生活之情状,言语之变迁,风俗之沿革,道德、政治、宗教、学艺之盛衰;自然方面,如川河之迁徙,动植物名实之繁颐,前人虽有纪录,无不需专门分类之研究。至于欧洲学术,新自西来,凡哲理文史诸学,非有精深比较之考究,不足以挹其菁华而定其取舍。要之,学者必致其曲,复观其通,然后足当指导社会昌明文化之任。"③《缘起》这一段核心文字,主要包含三个方面的内容:(一)据广义的国学观,把传统典籍、社会生活、语言、道德、政治、宗教、学艺等项内容作为研究对象,并且将西学作为同等重要的内容。(二)在科学方法上,强调"专门分类之研究""会通细密之研究""精深比较之研究"。(三)在研究旨趣上,着眼于会通中西,昌明文化和指导社会。以上三方面内容,恰如其分地体现了整理国故运动中两种学术潮流的合流,而研究旨趣最能彰显"学衡派"的文化观。

① 梁启超:《治国学的两条大路》,载许啸天辑:《国故学讨论集》(上),《民国丛书》(第三编37),上海书店,1991年,第1~21页。

② 桑兵:《近代中国学术的地域与流派》(载氏著:《晚清民国的国学研究》,上海古籍出版社,2001年)一文,以"学分南北"区分南北学界的不同趋向,指出:"清华国学研究院某种程度上可以说是南学北上的会合。"笔者则倾向认为,清华国学研究院可以视作北大、东大两大国学重镇交汇之所。

③《研究院章程》,《清华周刊》1925年第360期。

鉴于学校教育日趋欧化,旧学有消亡之虞,清华校长曹云祥希望研究院运用科学方法,"本中国文化精神",悉心研究"中国高深之经史哲学","寻出中国之国魂,犹如日本武士道之魂,新意大利之魂,及各国之国魂"。①教务长张彭春认为,西洋文化如不能"与本国已有的文化混合一起",则现代化绝不能奏效,所以他认为"要研究旧文化如何适用于现代"。②吴宓存心与北大国学门立异,他绝不欣赏国学门所从事的整理明清档案与征集歌谣的工作。在他看来,梁启超讲述的《中国文化史》和《儒家哲学》,最合乎"昌明国粹、融合新知"的文化理念。③

在研究院学术社群中,王国维、陈寅恪对吴宓、曹云祥的"野心"虽不乏同情,却不奢求从学术中寻出支撑现代中国的精神信仰来,他们对传统价值的依恋和认同,更多地保存在个人的精神世界中。赵元任、李济距离传统学术世界较远,西方学术的影响更为显豁。青年时期的李济,萌生了"寻绎中国人的原始出来"的抱负,④以后致力于人类学和考古学研究,探索中国早期文明的发展面貌。对赵、李二人来说,开拓中国现代语言学、人类学、考古学的研究事业,推进国人对自身文明和语言的认识,即学术价值之所在。至于传承和发扬传统价值,则不在他们的视野之中。李济晚年回忆说,"国学研究院的基本观念是想用现代科学的方法整理国故"。⑤这和北大研究所国学门的治学精神实为同调。

在研究院诸导师中,梁启超对学校和学生的影响最大,⑥对研究院的事业也最为热心。1927年初夏,他携研究院弟子畅游北海,教诲他们治学绝不要放弃道德的信仰,不要忘记知识分子追求"理想道德社会"的职责,至于具体目标则包括两项:(一)在道德的修养上,"在社会上造成一种不逐时流的新人";(二)在知识的推求上,"在学术界造成一种适应新潮的国学"。同时,尽量把

---

① 曹云祥:《开学词》,《清华周刊》1925年第350期。
② 张彭春:《清华学校日程草案》,1923年10月9日。藏哈佛燕京图书馆。
③ 吴宓:《研究院发展计划意见书》,《清华周刊》1926年第371期。
④ 李济:《自撰简历》,载李光谟编:《李济学术文化随笔》,中国青年出版社,2002年,第319页。
⑤ 李济:《回忆中的蒋廷黻先生——由天津八里台到美京双橡园》,载李光谟编:《李济学术文化随笔》,中国青年出版社,2002年,第371页。
⑥ 梁启超在清华以及研究院的地位相当微妙,以至于后来清华校长曹云祥与梁启超之间发生矛盾,引发研究院的一次风潮。研究院学生姜亮夫曾说:"清华研究院权柄,任公先生实左右之。"参阅姜亮夫:《回忆录》,《姜亮夫全集》(二十四),云南人民出版社,2002年,第284页。

"道德的修养"与"知识的推求"打成一片。①他在教学与研究中,也始终不忘发挥"治国学的两条大路"的观念。

所谓"适应新潮的国学",是指融合中西学术,开拓历史与文化研究的新领域。在研究院的课程设置中,王国维讲授的"古史新证""说文练习""尚书""仪礼""古金文字"等课程,侧重于训练学生掌握治古史所必需的工具和方法,最重要的则是传授具有范式意义的"二重证据法"。赵元任、李济所授的语言学、人类学和考古学,与中国传统音韵学、金石学的联系甚浅,基本上是比较纯粹的西方学科。陈寅恪讲授的"西人之东方目录学""梵文"等课程,重点介绍欧洲东方学的研究成果和历史语言学方法。

梁启超本其"治国学的两条大路"的理念,开设课程亦分为两类:(一)"历史研究法"(讲稿即《中国历史研究法(补编)》),进一步会通中西史学理论,详述各种专史的做法。"中国文化史"(讲稿即《中国文化史·社会组织篇》)则是专史做法的具体示范。(二)"儒家哲学"(讲稿即《儒家哲学》),意在阐释儒家道术的现代价值。增设儒家哲学课程,是研究院在课程设置上的一大特色。在梁启超的建议下,研究院后期又延聘梁漱溟讲授"人心与人生",林志钧讲授"人生哲学",凸显研究院重视发掘旧学之现代价值。

来自西学的压力,使运用科学精神及方法改造旧学变为当时学界的主流意识,北大研究所国学门是这一派的代表。对此有所保留的学者,或者极端抗拒这一潮流,或者在承认科学方法的前提下,强调探索传统学术精神之价值和意义。前者以黄侃为代表。黄氏以传承旧学为己任,恪守清代汉学家法,对北大新文化诸公所激荡的新学风极为反感。他说:"治中国学问,应置身五口通商之前","当接收新材料,不接收新理论"。②后者以清华国学研究院的学术社群为代表。在研究院内部,包涵了两种学术理念:一是北大式的,援引西学,用西方的知识工具去探索中国的历史文化,李济就是典型;二是东大式的,坚持儒家的人文精神与治学路径,用内省体验的方式结合西学工具,进而阐发和弘扬旧学之特质。梁启超、吴宓可谓典型。五四以后,学界激荡的激进与保守两股整理国故潮流,犹如清代思想史上的汉学与宋学之争的再现,汇入清华国学

① 梁启超:《北海谈话记》(周传儒、吴其昌笔记),载夏晓虹辑:《〈饮冰室合集〉集外文》(中),北京大学出版社,2005年,第1033~1039页。
② 黄侃:《黄先生语录》(黄焯记),载张晖编:《量守庐学记续编:黄侃的生平与学术》,生活·读书·新知三联书店,2006年,第4页。

研究院而衍生的"治国学的两条大路",亦仿佛新汉学与新宋学之殊途同归。然而,这种合流不过是"昙花一现",从始至终都充满着紧张与冲突,随着清华完成大学转型,书院色彩的国学研究院很快失去其地位,代之以完全与本科教育相衔接的研究院,它在学术建制及治学精神上的异彩,折射出"过渡时代"的学术与思潮之间微妙而复杂的关系。

本文原刊载于《史学史研究》2012年第3期。

作者简介:

朱洪斌,江苏苏州人。历史学博士,南开大学历史学院副教授,主要从事中国史学史、近代学术史的教学与研究。合作编著《增订中国史学史资料编年》(四卷本),发表《梁启超、胡适的初晤与"研究系"的思想转向》《中国史学史经典范式的传承、演变及创新——重读刘节先生〈中国史学史稿〉》等论文。

《越绝书》成书年代与作者问题的重新考辨

乔治忠

　　《越绝书》是中国古代史学早期发展中的一部比较重要的史籍,由于其作者和成书年代问题众说纷纭,更引起了自古至今学界的广泛关注,研讨论辩,时起时伏,学术见解迄今莫衷一是。本文拟对此做出新的考析,相信不仅有利于具体问题的研讨,也会对古籍文献考证的思路和方法有所澄清。

一、《越绝书》成书年代与作者问题之众说纷纭

　　《越绝书》记述中国先秦春秋时期吴、越两国争霸的相关史事,今存之本分十五卷,共十九篇。各篇标题间或为"内传"或"外传",却有两篇称作"内经",即《计倪内经》和《内经九术》。这一著述的作者和成书年代问题颇为复杂,自古以来学界见解参差,臆测频出。简要总结,比较值得关注的说法有如下几种:

　　(一)认为该书是春秋末期子贡或子胥所撰。子贡为孔子的著名弟子,《论语》《史记》对他的事迹多有记载,特点是能言善辩、极具才干,曾经为官,后又经商致富。但《论语》《史记》都没有记载他撰写过什么著述。子胥即伍子胥,为春秋后期的政治家、军事家,从楚国逃亡到吴国,后率吴国军队攻破楚国都城,是《史记》中记述较详、颇得司马迁肯定的历史人物,但并无注明他写过史书,《汉书·艺文志》著录有《伍子胥八篇》《伍子胥十篇》,分别载于子部杂家类和兵家类。这种著录不排除是战国之后的伪托之作,其中附带记述一些吴、越之事亦完全可能,但与《越绝书》其书不能归属一类。

　　《越绝外传本事》虽自言"或以为子贡所作"及"一说盖是子胥所作"。[①] 但稍稍审读其文,可知乃闪烁其词,实际已否定了子贡、伍子胥为作者。虽《隋书》、新旧《唐书》之《经籍志》《艺文志》依传闻而著录子贡为作者,但宋以后学者已极少信从者,因此将《越绝书》作者为子贡或伍子胥的说法,盖属于讹传或伪托。

---

① 袁康、吴平辑录:《越绝书》,乐祖谋点校,上海古籍出版社,1985年,第2～3页。

(二)认为是汉代袁康、吴平编撰。明代学者杨慎首倡此论,他通过对篇末《越绝篇叙外传记》中的一段隐语予以解读,断定《越绝书》的作者为东汉时期的会稽人袁康、吴平,其言曰:

> 或问:《越绝》不著作者姓名,何也? 予曰:姓名具在书中,览者第不深考耳,子不观其绝篇之言乎? 曰"以去为姓,得衣乃成;厥名有米,覆之以庚。禹来东征,死葬其乡;不直自斥,讬类自明";"文属辞定,自于邦贤";"以口为姓,承之以天;楚相屈原,与之同名",此以隐语见其姓名也。去得衣,乃袁字也;米覆以庚,乃康字也;禹葬之乡则会稽也。是乃会稽人袁康也……盖所共著,非康一人也。以口承天,吴字也;屈原同名,平字也。与康共著此书者,乃吴平也。不然,此言何为而设乎? 或曰二人何时人也? 予曰:东汉也。何以知之? 曰:东汉之末,文人好作隐语,黄绢碑,其著者也。①

此后,许多学者予以赞同和发挥,特别是清乾隆年间纂修《四库全书总目》,肯定了杨慎的说法,使之影响大增。今学界对此既有反对者,亦有迂回维护、进而发挥者,而自明代杨慎立说之后,至今多数版本仍题作者为汉代袁康、吴平,故研究者仍当对此说引为重视。

(三)认为该书乃"战国后人所为",而汉代之人又加以附益。南宋陈振孙倡导此说,其《直斋书录解题》卷五《杂史类》称:"《越绝书》十六卷,无撰人名氏,相传以为子贡者,非也。其书杂记吴、越事,下及秦、汉,直至建武二十八年,盖战国后人所为,而汉人又附益之耳。"②近代文献学家余嘉锡在《四库提要辨证》中主张:"自来以《越绝》为子贡或子胥作者,固非其实……以为纯出于袁康、吴平之手者,亦非也。余以为战国时人所作之《越绝》,原系兵家之书,特其姓名不可考,于《汉志》不知属何家耳。要之,此书非一时一人所作。《书录解题》卷五云:'《越绝书》十六卷,无撰人名氏,相传以为子贡者,非也。盖战国后人所为,而汉人又附益之耳。'斯言得之矣。"③目前,这一观点赞同者较多,如著

---

① 杨慎:《升菴集》(卷10《跋〈越绝〉》),《影印文渊阁四库全书》本。
② 陈振孙:《直斋书录解题》,上海古籍出版社,1987年,第142页。
③ 余嘉锡:《四库提要辨证》,中华书局,2007年,第382~383页。

名学者黄苇、仓修良先生等,都大体上认同此说。当然在具体的见解上,仍然言人人殊。

(四)当代学者在"此书非一时一人所作"已有认识的前提下,加大力度扩展其成书年代的时间跨度和作者范围,遂提出古人未曾有过的见解。如周生春先生主张《越绝书》的成书过程是从先秦时期一直延续到东晋,可分若干阶段,但核心部分于秦、汉之交业已成书。他认为子贡、伍子胥、计倪、大夫种等,是间接作者,[①]直接作者包括袁康、吴平以及秦汉至东晋许多不知名的文人,而袁康、吴平起到主要作用,"袁康生活的时代大致应在秦代前后……吴平是西汉前期《越绝书》的增补修订者"。[②]这个说法标新立异,但仅依据该书零零散散的迹象,诸如文字是否避讳、地名直接联系时代等,遂轻加判定。

(五)李步嘉先生提出:明代杨慎对《越绝篇叙外传记》之中隐语的破解虽然正确,但"袁康""吴平"并非人物名称,而是政治谶语,"袁康"与"吴平"最初暗示的是"袁术昌盛"和"吴国平安",至于西晋初年又转为袁术政权被否定和平定东吴。因此他认为"《越绝书》是袁术称帝,统治吴地,进而想统一中国,在学术文化上所做的准备之一","其作者当为袁术身边之人,其书完整面貌今已不可知……在上书的基础上,《越绝书》增补改编当在孙吴统治时期"。[③]作者曾撰有《〈越绝书〉校释》,对相关史料融汇熟知,学术成就显著。既而著《〈越绝书〉研究》提出上述见解,论证中广征博引,不乏精见,然考释中颇多穿凿附会之嫌、因小失大之处。

以上仅择要列述几大不同观点,实际上的意见分歧远远不止于此,十分复杂。"此书非一时一人所作"这个估量,本身就会导致不同年代与多名作者的多重组合。更由于成书之后,仍有被人增删现象,其文字尤其难于分辨和梳理。有认为先秦时先有《越绝》,汉代增补编辑才出现《越绝书》者;有认为袁康、吴平乃"乌有先生",出于臆造者;有将《越绝书》联结东汉王充提到过《越纽录》一书者。如此等等,论断多端。李步嘉《〈越绝书〉研究》一书,对不同观点有十分细致的条列,限于篇幅,这里不再过多叙述。关于《越绝书》的成书年代和作

---

① 周生春将这些人称为"原始作者"或"间接作者",并不妥当。其书资料虽可能被新书采录,但其人若未参与新书之写作,即与"作者"名义毫无牵涉。

② 周生春:《〈越绝书〉成书年代及作者新探》,《中华文史论丛》(第49辑),上海古籍出版社,1992年。

③ 李步嘉:《〈越绝书〉研究》,上海古籍出版社,2003年,第289、302页。

者,迄今所有观点都存在论点不完善、视线不深彻、解说不确切、甚或陷入认识误区的状况,本文试以新的思路予以探讨,谋求解决这一史学史研究的悬案。

二、对比《吴越春秋》以审视《越绝书》

《越绝书》成书年代与作者问题的众说纷纭,以及历久得不出圆满结论,除其他原因之外,存在着研究思路、考释方法以及文本解读方向等多方面的偏颇。因此,新的探讨必须开拓出新的、符合历史实际状态的思路。笔者认为,《越绝书》与《吴越春秋》从具体内容、行文用语和编辑形式上,都有摆脱不开的关系,因此必须将之比较分析,从而完成对《越绝书》一书的全面审视。

《吴越春秋》一书,为东汉赵晔编纂,《隋书·经籍志》著录为十二卷,《宋史·艺文志》著录为十卷。今存行本为十卷。记载春秋末期吴越两国争霸及其相关史事,其中颇多传说佚闻,间或掺杂神异荒唐故事,这一点与《越绝书》类似,因而《隋书·经籍志》评论云:"又有《越绝》,相承以为子贡所作。后汉赵晔,又为《吴越春秋》。其属辞比事,皆不与《春秋》《史记》《汉书》相似,盖率尔而作,非史策之正也。"[1]该书编纂中显露出"内吴而外越",即凡记述吴国史事,标名或为"传",或为"内传",凡记述越国史事之篇,一律称之"外传"。一部著述篇目划分内外,这种现象起自西汉以后,其"内"与"外"的区别,或隐含内尊外卑,或寓主与从、正与偏、实与虚、典要与庞杂之分,总之略有轩轾厚薄之意。《吴越春秋》的篇目中卷九有《勾践阴谋外传》,题目即含贬斥。但作者赵晔毕竟是治经阅史较有功底的学者,厚吴薄越的情绪仅稍稍表达于编纂形式,而记述史事和采录传说,并不刻意回避吴国之短,也不掩盖越国之长,兼收旧籍所载和神异传说,对历史人物亦极少发表褒贬评论,乃以记叙历史故事的态度分类讲述。

赵晔其人在《后汉书》中有简短的传记:"赵晔字长君,会稽山阴人也。少尝为县吏,奉檄迎督邮,晔耻于斯役,遂弃车马去。到犍为资中,诣杜抚受《韩诗》,究竟其术,积二十年,绝问不还,家为发丧制服。抚卒乃归,州召补从事,不就。举有道,卒于家。晔著《吴越春秋》《诗细历神渊》。蔡邕至会稽,读《诗细》而叹息,以为长于《论衡》。"[2]由此可知:赵晔为越地会稽人,曾从师于杜抚专门研习《韩诗》。对于吴越争霸这段历史,他作为会稽人却厚吴薄越,看似难

---

①《隋书》(卷33《经籍二·杂史部》),中华书局,1973年,第962页。

②《后汉书》(卷79下《赵晔传》),中华书局,1965年,第2575页。

以理解,有文章解释说:"从世系上说吴传自太伯,尊吴即尊周。"①按此说未得要领,越王据称是大禹后裔,祖德不减于吴王。赵晔主要是比较了吴王夫差和越王勾践,内吴外越是出于贯彻《韩诗》的崇重礼、义精神。

《韩诗》之学自西晋之时衰微,及今《韩诗内传》佚失而《韩诗外传》尚有遗存,"其书杂引古事古语,证以诗词,与经义不相比附,故曰外传",②但此门学派的精神宗旨仍大略可见,其于儒学思想体系中,尤强调礼与义,"在天者,莫明乎日月;在地者,莫明于水火;在人者,莫明乎礼、义。故日月不高,则所照不远,水火不积,则光炎不博,礼、义不加乎国家,则功名不白",③这是书中反复申述的原则,该书反对"好利多诈""废义而行诈",更特别主张:"礼、义节奏齐乎朝,法则度量正乎官,忠信爱利行乎下。行一不义、杀一无罪而得天下,不为也!"④以这样的政治价值观来品评吴越争霸的诸多事件,吴王夫差君臣固然也颇有违义之举,但到底是越王勾践诈伪甚多,不义之举极其严重,例如越向吴"请籴",吴国许之,而次年越国却向吴国送上蒸过的种子,"吴种越粟,粟种杀而无生者,吴民大饥"。⑤越王勾践破吴次年,即迫使功臣大夫文种自杀,《吴越春秋》记载勾践逼迫大夫文种之言曰:"子有阴谋兵法,倾敌取国。九术之策,今用三已破强吴。其六尚在子所。愿幸以馀术,为孤前王于地下谋吴之前人。"⑥可知勾践为人,残忍刻毒、无情无义已甚。虽最终取得灭吴称霸的胜利,以礼义标准衡量,仍须加以贬抑。

总之,《吴越春秋》作者赵晔,是东汉时较有学术素养的学者,故本书记述很有条理,逻辑思路清晰,语言叙述顺畅。至于其中收载有不确史事和神异传说,乃是作者立意网罗故事,兼存异闻,非以记史唯真为宗旨。是书对历史人物虽微有轩轾,但仅以编纂形式之内吴、外越略示意趣而已。

不言而喻,《越绝书》记述史事,也以春秋时期吴越争霸为核心,其内容与《吴越春秋》颇多相同之处,而且还多有他书不见、唯载于此二书的故事或传

---

① 许殿才:《〈吴越春秋〉说略》,《史学史研究》2007年第1期。

② 《四库全书总目》(卷16经部·《诗》类二·《韩诗外传》提要),中华书局,1965年影印版,第136页。

③ 韩婴:《韩诗外传集释》(卷1第5章),许维遹校释,中华书局,1980年,第6页。

④ 韩婴:《韩诗外传集释》(卷6第23章),许维遹校释,中华书局,1980年,第229页。按:原标点有误,今改之。

⑤ 《吴越春秋》(卷9《勾践阴谋外传》),刘晓东等点校,齐鲁书社,2000年,第87页。

⑥ 《吴越春秋》(卷10《勾践伐吴外传》),刘晓东等点校,齐鲁书社,2000年,第103页。

说,不仅如此,更有文句用语雷同之处。因此,两书之间存在参酌和采录的关系,是毫无疑问的。那么,到底两书撰成,孰前孰后?这实在是研究《越绝书》的一个至关重要的问题,不能不认真探讨。

检阅历代学者的有关论述,唯宋代学者黄震指出:"'越绝'之义,取勾践功成,能绝人之恶,于理既无当矣。谓子贡所作,又疑子胥所作,而所载乃及建武二十八年,何其自为矛盾耶!其书大抵祖袭《吴越春秋》,而文则杂而不伦矣。"①这个见解,遭到晚清人钱培名的反对,但钱氏并未提出任何理由。迄今许多学者,大约是受《越绝书》初成稿于战国之说的影响,懵懂地认为《越绝书》撰成于《吴越春秋》之前,其中晁岳佩的文章值得玩味,他说:"从内容上看,今本《越绝书》的内外篇,基本上全部见于《吴越春秋》,凡仅见于二书者,文字完全相同;又见于前人著作者,《吴越春秋》往往同于原书,而《越绝书》则多有改写痕迹……《吴越春秋》在内容的广博和体例的严谨方面都明显优于《越绝书》。"这段评述大体上正确,但作者却据此得出结论说:"若吴平辑录外篇于《吴越春秋》成书之后,他应该有条件见到此书并吸取其优点,但在二书比较中,很显然是赵晔借鉴了《越绝书》,而不是吴平抄袭《吴越春秋》。"②这真是匪夷所思的逻辑混乱,为什么后成的书就一定会吸取前书的优点?如果后之作者没有这种能力怎么办?如果后之作者根本就不想吸取前书优点呢?至今我们看到的后出之书抄袭拼凑、率尔编造者,难道还少吗?

我们认为:《越绝书》编辑和成书都在《吴越春秋》之后,而且年限相隔并不很久,《吴越春秋》的面世和在会稽一带的流行,就是编撰《越绝书》的导因。理由以及相应的解析有如下列:

第一,《越绝书》较多地出现问答的行文方式和议论性的内容,其议论中明确地表达出褒扬越国、赞颂勾践的情绪,首篇《外传本事》申明虽然编排上先叙述吴太伯之事,但实质精神是"欲以贬大吴,显弱越之功也"。③末篇《篇叙外传记》提出这样的设问与回答:"问曰:'勾践何德也?'曰:'伯德,贤君也。'"又设问:"行伪以胜,灭人以伯,其贤奈何?"回答是:"固伯道也。祺道厌驳,一善一恶。当时无天子,强者为右,使勾践无权,灭邦久矣。……遭逢变乱,权以自

---

① 黄震:《黄氏日抄》(卷52《读杂史二·越绝书》),《影印文渊阁四库全书》本,台湾商务印书馆,1986年。

② 晁岳佩:《也谈〈越绝书〉的作者及成书年代》,《山东师大学报》(社会科学版)1991年第5期。

③ 袁康、吴平辑录:《越绝书·越绝外传本事》,乐祖谋点校,上海古籍出版社,1985年,第2页。

存,不亦贤乎! 行伯非贤,晋文之能因时顺宜,随而可之。"①大义是讲在"时无天子"的形势下,不管用什么手段保护了邦国,都是有"伯德"的贤君。

问题是为勾践所作的辩解缘何兴起? 不可不寻其因由。先秦诸子和史籍对吴越争霸多有记载,但并无褒贬予夺。司马迁《史记》有《越王勾践世家》,记事详细,而颇有赞叹之意。这些早期的书籍,当然不会引起东汉时越人的争议。但赵晔作为当时、当地的越人,居然撰写抹黑越国的书籍,这对于乡土情结较为浓重的某些会稽人,必有很大的刺激,于是稍知文字的所谓"邦贤"挺身而出,有人牵头、有人协从,撰一书予以抵制,乃顺理成章之事。《越绝书》即因此而产生,其主旨是申明越王勾践的贤君形象,抵消《吴越春秋》的负面影响。《越绝书》作者的这种努力,从其《篇叙外传记》等篇反复有"时莫能与""时莫能用"之类感叹来看,效果很不理想,当时未必有很多人怀有乡土情结,赵晔的思想与行为就是证明。而赵晔一定也有支持者,因为他毕竟名望较高,且得到官府的器重,为《越绝书》作者所不能匹敌。《越绝书·篇叙外传记》说"吴越相(攻)复见于今",②许多学者据此将成书年代判断在东汉初年和末年的战乱时期,是错误的,实际上东汉初年和末午都没有吴、越两地相攻的战争,这里的"吴越相(攻)复见于今",乃借指在评议吴越争霸问题上的意见相对立,这反衬出本书的编辑缘由。

第二,由于赵晔为本乡本土的名人,他在书中只是讲述和渲染越王勾践的不义之举,并未发布攻击、贬斥的议论。所以《越绝书》也不能指名道姓批评赵晔的《吴越春秋》,"乡贤"之间相攻击,不利于弘扬本乡本土之荣誉。于是《越绝书》采取重新编排历史故事,更增添了发表正面议论的方式。《越绝书》的内容大部分抄自《吴越春秋》,亦有来自传说和其他文献资料。多人分头摘录,形成专题性的篇目,其抄撮也是有选择的,例如《越绝请籴内传》抄自《吴越春秋》的《勾践阴谋外传》,但《越绝书》不能容许将之视为阴谋,乃是当作越国的智慧来描述的,自然就删去了越国用蒸过的种子还贷而造成"吴民大饥"的情节。越灭吴后,功臣范蠡出逃、文种被逼自杀,《吴越春秋》与《史记》等书的记述相同,相信在越地的民间传说中也大体如是,但《越绝书》将具

---

① 袁康、吴平辑录:《越绝书·篇叙外传记》,乐祖谋点校,上海古籍出版社,1985年,第107页。
② 据明人钱培名校释,此句唯《汉魏丛书》本《越绝书》有"攻"字。笔者认为:有无"攻"字,不大影响语义,若无"攻字",当为"吴越相覆",其义亦妥。

体情节全部删除,仅偶尔在议论中提到只言片语,①范蠡评论勾践"越王为人长颈鸟喙,鹰视狼步,可与共患难而不可共处乐,可与履危,不可与安"②之言,更不存一字。关于西施的结局,《吴越春秋》佚文是"吴亡后,越浮西施于江,令随鸱夷以终",③这与《墨子》所言"西施之沉,其美也"④符合。而查《越绝书》佚文,却篡改为"西施亡吴国后,复归范蠡,同泛五湖而去",⑤目的也是出于掩盖勾践之恶行。《越绝书》对吴国的伍子胥大为赞誉,其实是颂扬越王勾践的一种衬托,称伍子胥"子之复仇,臣之讨贼,至诚感天,矫枉过直",⑥不必追究其"笞墓"等过分的举动,那么勾践为国复仇岂不更可以"矫枉过直"? 这样,《越绝书》不期而然地倾向于复仇主义情绪,此乃作者刻意为勾践辩解所导致。

　　第三,《越绝书》与《吴越春秋》共有而不见于他书的记述,内容大体一致,甚至一些文句也极其雷同,但凡此情况,都是《吴越春秋》叙述完整、线索清晰,而《越绝书》记叙大加删略、支离破碎,甚至多有前言不搭后语现象,这一方面显示其作者文笔拙劣,也透露出是率尔抄撮而成。例如《吴越春秋》有大夫种向勾践进献灭吴"九术",详述了其中几项的具体施行情况,内容丰富,文笔生动。但在今本《越绝书·内经九术》中,只简单列出"九术"的条目,然后举出两个例子,一是向吴国献巨大木材,促使其建筑姑苏台而大兴土木,另一是向吴王献上西施、郑旦两位美女。第一例开头是"于是作为策楣,婴以白璧,镂以黄金",起始突然,毫无原委,似有脱文,疑今本脱落第一"术"全文以及第二"术"的开头。关于进献"西施"之"术",叙述伍子胥进谏后即言"吴王不听,遂受其女,以申胥为不忠而杀之。越乃兴师伐吴,大败之于秦余杭山,灭吴,禽夫差,而戮太宰嚭与其妻子"。⑦这与《吴越春秋》的记载比较,则删略过多而造成史实扭曲。

　　查《吴越春秋》记载的越国"九术",在实施"尊天事鬼"后越王说"善哉,大

────────────────

　　①《越绝书·德序外传记》甚至为勾践杀大夫种强为辩解,见第102页。
　　②《吴越春秋》(卷10《勾践伐吴外传》),刘晓东等点校,齐鲁书社,2000年,第99页。
　　③ 转自周生春:《吴越春秋辑校汇考》(附录《吴越春秋佚文》),上海古籍出版社,1997年,第270页。
　　④《墨子》(卷1《亲士第一》),中华书局,1993年,第2页。
　　⑤《吴地记》引《越绝书》佚文,《影印文渊阁四库全书》本。按:《吴地记》旧题唐陆广微撰,但内容有出自唐后者,仍须考订。
　　⑥ 袁康、吴平辑录:《越绝书·篇叙外传记》,乐祖谋点校,上海古籍出版社,1985年,第108页。
　　⑦ 袁康、吴平辑录:《越绝书·内经九术》,乐祖谋点校,上海古籍出版社,1985年,第83~84页。

夫之术!";在记叙进献木材促使吴国大兴土木造成民力凋敝后,"越王曰:善哉,第二术也!"在进献西施成功后,"越王曰:善哉,第三术也!"而实际上其他各"术"也有实行者,如通过"请籴"、还贷使"吴民大饥",发展本国农业,加强兵力等,记述详细,都在"九术"之列,只是没有记载越王的赞叹。《越绝书》的作者抄撮《吴越春秋》时,见越王只赞叹三"术",于是仅仅摘录此三事,①随之就以吴王杀伍子胥、越灭吴的字句含混结尾。这充分证明了《越绝书》抄撮于《吴越春秋》,否则不合逻辑。

确知《吴越春秋》与《越绝书》先后成书及相互关系,就可以对《越绝书》做出恰当的解析。

首先,《越绝书》各篇乃多人分撰,但不是有些学者所言跨很长年代的多人撰写,而是东汉同时期一些具有乡土情结者合伙分撰,除两篇记述吴、越地理者外,大多为宣讲的底稿,多篇开言都冠以"昔者",显示了在人前讲说的迹象。《外传本事》曰"各辩士所述,不可断绝,小道不通,偏有所期。明说者不专,故删定复重,以为中外篇",②这里的"各辩士"即指多名撰稿和宣讲人,他们争辩的目标是褒越贬吴。这个群体,学薄识浅,文笔拙劣,所以各篇多为随意抄撮,支离片断,既讲不清完整的历史过程,又掺杂无关的内容。例如《吴内传》开头就本于《春秋》公羊学贬吴国为"夷狄",③然后拉拉杂杂讲述蔡昭公结怨楚国、越王欲伐吴国而范蠡进谏事,晋国、齐国、尧舜、夏启、商汤、周文王、周武王、周公事等,竟然没有多少吴国的事件,何谓"吴内传"? 这种驳杂的行文,在几篇内不同程度地存在,如《外传纪策考》《外传记宝剑》都是杂沓漫谈,并无伦次。而有些篇章则内容比较专一,风格迥异,足见其作者非一,且缺乏统摄修订。

其次,全书编纂体例芜乱,作者眼见《吴越春秋》有内传、外传,也想采取类似形式,但没有领会"内"与"外"的含义,朦胧地把自以为重要内容的篇目名为内传,次要者名为外传,还有个别最重要的得意篇目,名之为"内经"。《越绝书·外传本事》篇说:"经者,论其事,传者,道其意,外者,非一人所作,颇相覆载。或非其事,引类以讬意",④这种解释也不成立,我们从各篇中看不出"论其事"

---

① 如上文所言,第一"术""尊天事鬼",文字无多,《越绝书》原文可能与第二"术"开头文字一起脱失。

② 袁康、吴平辑录:《越绝书·外传本事》,乐祖谋点校,上海古籍出版社,1985年,第3页。

③《越绝书》这里的文字,不合乎《公羊传》书法原文,前人已有考述,此亦见《越绝书》之陋。

④ 袁康、吴平辑录:《越绝书·外传本事》,乐祖谋点校,上海古籍出版社,1985年,第3页。

与"道其意"的区别,例如《计倪内经》与《请籴内传》比较,性质接近,若非要寻其区别,《请籴内传》倒更像"论其事"。《越绝书》之各篇只能说是随便定名。如《计倪内经》抄撮计倪的议论,《外传计倪》同样是抄撮计倪另外的议论,完全应当合并,然而一者为内经,一者为外传,莫名其妙。在中古时代,随意将文籍称之为"经",可谓类若愚狂,而既无"外经",何故称之"内经"? 有的学者解说这是受谶纬学的影响,亦属牵强,谶纬之书乃是曲解儒学经典来发挥神秘观念,总称"纬书",何曾将文籍随便自命为"经"?《越绝书》内还有文不对题者,《荆平王内传》实际是叙述伍子胥叛楚归吴之事,《内传陈成恒》主要叙述子贡游说各国,其篇名也不合于实际内容。窥其原因,应是内容抄自《吴越春秋》,而又不满于伍子胥、子贡之事都被叙述于吴国君主的传记,于是另寻相关政权的主宰者作为题目,遂成笑柄。其余如《越绝书》各篇次序散乱无章,毫无系统;各篇内容不相配合,每有抵牾之处等等,有目共睹,实为文化层次较低的人所编纂。

总之,将《越绝书》视为近两千前的乡曲陋儒之作,并不过苛。当然,其书采录了一些当时当地的传说,不无史料参考价值,但从史学史角度评价史书优劣,些许史料价值不具重要意义。《越绝书》的编纂和撰写水平,不仅远远劣于早已有之的史籍名著,就与它所抄撮的《吴越春秋》相比,也望尘莫及。需要提出的是:《越绝书》展示的吴越争霸评议问题的争辩,只在很小的范围之内。《越绝书》也长期在少数地域的民间流传,这样的书籍要比名家名著更容易散失、附益和窜乱。因此,撷取书内零碎、偶见的避讳字、年号等个别现象考订其成书年代,不足为训,往往还会陷入进退维谷的境地。必须从整体性的证据入手,正确解读可用的资料,才有助于问题的解决。

三、成书年代及作者的考析

如上所述,《越绝书》成书于《吴越春秋》之后,并且时间上相隔不太久远,这就需要先考订《吴越春秋》的成书时间。《吴越春秋》成书时间虽然也史无明文,但有迹可循。前引《后汉书·赵晔传》言赵晔师从杜抚研治《韩诗》有20年,至杜抚卒后归乡。关于杜抚,《后汉书·杜抚传》言其"建初中为公车令,数月卒官"。汉章帝建初共有8年,即76—83年,建初中应为80年前后,此时赵晔回乡,《吴越春秋》应为他归乡后撰著。根据赵晔年少离家求学,20年后返回的履历,回乡时年纪应在40岁至50岁之间。《后汉书·赵晔传》称其"州召补从事,不就,举有道,卒于家。晔著《吴越春秋》《诗细历神渊》"。赵晔拒不为官,看来还是专心于治学,他可能先撰成《诗细历神渊》,后撰写《吴越春秋》,两书都已有知识基础,共用20年内完全能够完成。《越绝书》在《吴越春秋》之后产生,则《越绝书》的开始撰写,不会早于汉和帝永元十一年即99年。而考虑到当时当地的具体条件,从赵晔写成《吴越春秋》,到决心将这部可能引起当地人反感的书抄录面世,达到一定程度的传布,引起某些乡绅不满,再有某人牵头另撰一书相抵制,这个过程也必经年所,但难以估算,且假定有5至10年左右,那么《越绝书》的初撰很可能在汉和帝永元十六年(104)之后。

《越绝书》的成书时间更为重要,要探讨这个问题,须结合其作者的考察一并进行。前揭明代学者杨慎解说《越绝书·篇叙外传记》的隐语,指出其作者是东汉时期的袁康、吴平,得到清四库馆臣群体和迄今多数学者的认同,①如果对此予以否定,需要先有理有据地证明《篇叙外传记》是伪造的,或其隐语并非涉及作者问题。然而审阅所有反对意见,绝大多数皆属全无证据。例如张仲清的文章认为《篇叙外传记》是宋代伪造的,这本为臆想,他又制造一系列的臆想来证明臆想,说是关于袁康、吴平的隐语太简单,"既无联想的意蕴,也无离合诗的韵味……未得汉末魏晋时期离合隐语的要领"。②这种说法武断得离格,关于董卓之死的谣谶"十日卜,不得生",③不是更简明吗?是谁规定过"离合隐语的要领"?东汉时会稽的乡曲陋儒为什么一定遵守所谓的"要领"?宋代的什么人、有什么必要来伪造一篇文字掺入《越绝书》?不回答诸如此类的问题,就不能自圆其说。另一说是认为袁康、吴平"子虚乌有",从未见于明代以前的历史记载,"是杨慎臆造的人物"。④此言非是,不成理据,查《隋书·经籍志》,失去作者名氏者触目可见,有的图书作者仅题"张氏""孟氏"等,虽有作者姓名但其人事迹无考者也不少见,如潘杰撰《王霸记》三卷、毛范撰《吕布本事》一卷、姚恭撰《年历帝纪》三十卷、何仲熙撰《秦书》八卷等,潘杰、毛范、姚恭、何仲熙都是史事失载的人物。《越绝书》的作者在乡下虽被同伙捧为"邦贤",实际乃乡曲略微知书之人,史籍未予记载是十分正常的。《越绝书》内容、体例、文字甚为谫陋,并非有影响的书籍,只是明代杨慎据隐语揭出其作者问题,才引起学界的兴趣。

唯李步嘉先生试图论证"袁康""吴平"不是人名而是政治谶语,着实下了

---

① 这里包括承认东汉袁康、吴平是《越绝书》之最重要的整理编辑者。
② 张仲清:《越绝书作者考辨》,《绍兴文理学院学报》2005年第4期。
③ 《后汉书》(卷103《五行志一》),中华书局,1965年,第3285页。
④ 仓修良:《越绝书散论》,《史学史研究》1998年第1期。

一番功夫,其论点、论据且待后文辩驳。这里谨说明:正是李先生考证了《越绝书·篇叙外传记》的可靠性和杨慎破解隐语得出"袁康""吴平"四字的正确。他说:"《篇叙》篇很早就被编入《越绝书》,不仅从早期类书曾经征引过该篇得到证明,而且,从该篇记述与《越绝书》多篇文字有联系也可以看出。……今本《篇叙》篇应是真实可靠的。"①他经缜密考核指出:"杨慎把《越绝书·篇叙外传记》中的那段文字确定为隐语没有问题,杨慎的看法是对的……把隐语中的含义解释为'袁康'、'吴平',也是对的,没有问题。"②李先生的考证是确凿的,他引证古碑刻的隶书字指出"袁"字上部可以是"去",引证《说文解字》中篆书展示了"米"上覆"庚"即为"康"字,将曾经有人对字形组合的质疑也解决了。③当然,这种字谜形式的隐语,本来大致符合即可,即使字形不太贴切,也不影响破解的正确性。

解决《越绝书》的作者和成书年代问题,最直接、最可靠的资料还是《篇叙外传记》,其他旁征博引只可作为旁证,但过度穿凿和东拉西扯则可能误入歧途。首先要对《篇叙外传记》有个整体的认识。此文隐语透露出最先牵头写作者是袁康,承接编订者为吴平,但文中说到吴平"怀道而终",应当是在吴平去世后写成。全文内容分两部分,前为讲述全书意旨、文篇布局,以及解答评论吴越的一些疑难问题。其中称"及外篇各有差叙,师不说",可见执笔者乃是吴平之弟子,而文内确实没有讲解"外篇"的次序安排,这是因为"师不说"之故,可知本文前部分内容,都是记述吴平所讲述过的观点,成文也必在吴平故去不久。按一般惯例,这样的"篇叙"理应叙述作者特别是执笔者之师吴平的事迹,但此书不署作者之名是早就决定了的,《外传本事》篇言"是人有大雅之才,直道一国之事,不见姓名,小之辞也","嫌于求誉,是以不著姓名",④这种解释不成为理由,真正原因恐不在此,难道陆贾、贾谊、司马迁、班固等著书署名者都可指摘吗?如前所述,《越绝书》是多人参与、各自谋篇,袁康、吴平虽前后牵头其事,但实际没有权威,参与其事者皆具一定势力,署名问题无法协调,又不能不维护这个松散的合作关系,才在内部打出"嫌于求誉"旗号,达成众人都不署名的协定。然而吴平的弟子即《篇叙外传记》的执笔者,心有不甘,故写出一段

---

① 李步嘉:《〈越绝书〉研究》,上海古籍出版社,2003年,第266页。
② 李步嘉:《〈越绝书〉研究》,上海古籍出版社,2003年,第264页。
③ 李步嘉:《〈越绝书〉研究》,上海古籍出版社,2003年,第269页。
④ 袁康、吴平辑录:《越绝书·外传本事》,乐祖谋点校,上海古籍出版社,1985年,第2～3页。

隐语于文中。大抵用隐语成文,多属貌似诙谐、形同游戏,唯此文不同,字里行间情绪苍凉,透出深沉的无奈和惆怅,作者和成书时间的信息,均隐喻其中。现解析其文如下:

"维子胥之述吴越也",是说伍子胥曾经记述吴越之事,并非指本书是伍子胥所作。《汉书·艺文志》兵家类著录有"伍子胥十篇",东汉时仍存,《越绝书》有佚篇称《伍子胥水战兵法内经》,①或许抄撮于"伍子胥十篇"。

"勾践以来,至乎更始之元,五百余年,吴越相覆见于今。"所言更始元年,乃为"百岁一贤,犹为比肩"找一个时间起点,"吴越相覆见于今"前已作解,是说于今出现了对吴越争霸评议的争论。以下一段,杨慎等早有解释,即关于作者袁康、吴平的隐语。

随后"明于古今,德配颜渊。时莫能与,伏窜自容。年加申酉,怀道而终。友臣不施,犹夫子得麟……"这一段带有非常重要的信息,而且全是关乎吴平的叙述。执笔人对袁康之事简略提到,真正颂扬的是"邦贤"吴平,"百岁一贤"也是指的吴平。看来袁康与吴平并无师生关系,袁康死后,吴平接续其事,应当是有势力的乡曲人士的推举。这里说吴平"德配颜渊",暗示他如同孔子弟子颜回一样早死,故后文又言"后生可畏,盖不在年",吴平享年应当不到50岁。吴平对编订《越绝书》贡献最大,却处于很困难境遇,即"时莫能与,伏窜自容",对古代越国的褒扬未能得到广泛支持。"年加申酉,怀道而终。友臣不施,犹夫子得麟",是说吴平之做官吏的友人也未予以支持,像孔子《春秋》止笔于"获麟"一样,停下《越绝书》的编订。这里关键的是"年加申酉",这是吴平病死的时间,也是《越绝书》基本成书的时间。

历来学者对于"年加申酉",或回避不言,或解释讹误,如周生春先生认为"申、酉在地支中位居第九、第十,'年加申酉'系指年逾九十"。②这种解释毫无道理,天干、地支偶可表示序数,而从未被当作数字,把两个地支拼成两位数更是闻所未闻。而且吴平如果高寿,又为何说他"德配颜渊"? 也有人认为"申酉"是一日中的时辰,即傍晚时分,更扞格不通。这里明言是"年加",表达的只能是申年和酉年,即吴平于申年卧病,编辑《越绝书》停笔,酉年去世。

---

① 萧统编:《文选》(卷22《车驾幸京口三月三日侍游曲阿后湖作》),李善注,上海古籍出版社,1992年,第1054页。

② 周生春:《〈越绝书〉成书年代及作者新探》,《中华文史论丛》(第49辑),上海古籍出版社,1992年,第137页。

根据《越绝书》撰于《吴越春秋》之后，那么吴平之卧病、停笔时间，只可以考虑三个定点：汉和帝永元八年(96)丙申、汉安帝永初二年(108)戊申、汉安帝永宁元年(120)庚申，不能更早与更晚。全面衡量，以汉安帝永宁元年(120)庚申为最大可能，理由如下：

一是中国古代，干支纪年方法至东汉章帝元和二年(85)才由朝廷认可，此年"二月甲寅，始用四分历"，①为历算方法的一大调整，同时推行干支纪年。而这种纪年方式通行于社会，仍是渐进的过程，汉安帝元初元年(114)甲寅，此年改元年号为"元初"，应意味着官方着力统一干支纪年的序列，此前、此后的历年干支，皆以本年甲寅予以推算。"年加申酉"的"加"字，显示出这种纪年法是新加的，因此判断为甲寅年之后的庚申、辛酉年较为合理。

二是吴平于辛酉年(121)逝世，若一年后其弟子撰成《篇叙外传记》及最后完成全书定稿，距更始元年(23)恰好百年，正合本篇中"百岁一贤"的年数。那么可以断定《篇叙外传记》写成，亦即《越绝书》全部完稿是在122年，即东汉安帝延光元年。能够考证出此书准确的成书之年，这足以令人大为惊喜！

或许有人说这里"百岁"不是个准确数字，此言非是！原文"勾践以来，至乎更始之元，五百余年，吴越相复见于今，百岁一贤，犹为比肩"，此处"更始之元"是撰文者倒推一百年而找出的准确定点时间，因西汉、东汉都没有该年年号，又不能使用王莽的年号，故只能用"更始之元"。如果"百岁"不是确切年数，则会采用稍晚的光武帝年号，仍合"五百余年"时段。后文又讲到"百岁一贤，贤复生也"，寄托作者的希望，也表达了下一个"百岁"的即将开始。

三是《篇叙外传记》两次写有孔子"获麟"，用以比附吴平编订《越绝书》之停笔，其中也有玄机。当时施行的四分历法，以孔子获麟之年为计算的支撑点之一，"岁在庚申，则孔子获麟。二百七十六万岁寻之上行，复得庚申岁，岁相承，从下寻上，其执不误。此《四分历》、元明文图谶所著也"。②可见在当时的历法体系内，孔子获麟在庚申年，吴平著书停笔也恰为庚申年，其比附和标榜算是有所据依，若合符契。

四是在《越绝书》中，"年加申酉"一语还出现于《外传记地传》篇开头的序文，讲说大禹在越地病死，葬于会稽。其中曰："及其王也，巡狩大越……禹知

---

① 《后汉书》(卷3《章帝纪》)，中华书局，1965年，第149页。
② 《后汉书》(卷91《律历中》)，中华书局，1965年，第3036页。

时晏岁暮,年加申酉,求书其下,祠白马。"①这里称大禹自知"时晏岁暮",即将要死去,是因为正好赶上了"年加申酉"。看来东汉的"四分历"和某些谶纬书也推算了大禹的卒年,这在当时属于泛常的知识,而今所有纬书基本散佚,查考为难,但也还有踪迹可稽。《今本竹书纪年》载:"禹崩,三年丧毕,天下归启。帝启:元年癸亥,帝即位于夏邑,大飨诸侯于钧台。"②这当然不是真实的史事,但却是自古相沿的认识。从夏启即帝位的癸亥年倒推三年,大禹则正好死于庚申、辛酉年间。这样,出现于《越绝书》两处"年加申酉",可以相互映照。申、酉之年,在《越绝书》作者看来是不吉祥的,其中有浅显的五行相克观念。地支的申、酉,在五行属金,③越国之地,位于东南,五行属木,金可克木,故对越地贤人不利。而天干之庚、辛也是属金,庚申年的金势尤强。

综上所述,《越绝书》是东汉会稽一些乡土情结浓重的乡曲人士,出于对《吴越春秋》褒吴贬越倾向的反感而撰写,牵头领其事者,先是袁康,继而为吴平。吴平于汉安帝永宁元年庚申卧病,此时全书基本编成,次年去世。此后一、二年间,吴平的弟子撰《篇叙外传记》,叙述吴平的著书宗旨,以隐语感叹吴平等人编书之事,因张扬"大越"效果不佳而抒发了"时莫能与""论者不得,莫能达焉"的忧思。而《篇叙外传记》接着又写出关于吴平、袁康姓名的隐语,这不是简单重复,而是执笔者讲说姓名之谶。"以口为姓,万事道也。丞之以天,德高明也。屈原同名,意相应也",前四句含义明晰,不必解释,后两句是说吴平与屈原同名,也同样具备热爱本邦的意旨。"姓有去,不能容也。得衣乃成,贤人衣之能章也",讲袁康姓氏内有"去"字,所以不容于当世,但姓氏中有"衣"字,预示因得到"贤人衣(依)之",名声能够彰显。"名有米,八政宝也。覆以庚,兵绝之也","八政"出于《尚书·洪范》,前两项"一曰食,二曰货",指农业与商业,其余六项都是行政事务管理与执行。袁康名内有"米",合于八政之首,为"八政宝也",这应当是很吉利的,但"覆以庚,兵绝之也",兵者,刀剑一类的兵器,天干的"庚"在五行内属金,兵器可以被视为"金"的物象之一。"兵绝之也"是说因为"庚"覆"米"上,使袁康名字的吉祥运会完全断绝。以姓名字谶作出测验,休咎范围是十分宽泛的,此处"兵绝之也",可以代指各种人生坎坷和事

① 袁康、吴平辑录:《越绝书·外传记地传》,乐祖谋点校,上海古籍出版社,1985年,第57页。

② 今本《竹书纪年》(卷上),清嘉庆平津馆刻本。

③ 关于地支与五行的对应,古来颇有复杂而歧异的说法。此据田合禄、田蔚《中医运气学解秘》(山西科学技术出版社,2002年)第79页列表。该表按古籍《黄帝内经》《素问》的说法制作。

业不顺,当然也不排除袁康死于意外的凶器伤害,但若认为他一定死于战乱,则为臆想,并不合乎"兵"字的含义。

"屈原隔界,放于南楚,自沉湘水,蠡所有也",这是全文最后几句,盖考虑吴平既与屈原同名,是否包含不祥之谶?屈原是自沉湘水的结局,但他"放于南楚",与越地"隔界",所以吴平之名并无不祥因素,例如范蠡泛五湖而去,成为富商,结果吉祥,这就是结尾"蠡所有也"的含义,疑此四字之前脱失"水可生木"之类的一句。

这里解读《篇叙外传记》,颇费篇幅,但非常必要,因为能否全面、通畅地解说这段文字,是检验考订思路是否正确的一枚试金石。我们注意到:此前尚无一例将《篇叙外传记》全文都合理解读,而总是有所回避、有所牵强,论点偏正,于此概见。

四、几点祛疑与论辩

本文的主要结论是:《越绝书》撰于赵晔《吴越春秋》之后,起因是会稽的一些乡曲之士不满于《吴越春秋》之贬抑越国。袁康、吴平乃前、后牵头之人,参与其事者似颇具地方势力,诸人各自撰文宣讲,抄撮《吴越春秋》之处甚多。袁、吴自撰文篇,也收集他人文稿,但并无驾驭和修订之力,只能委屈维护其松散的乡曲合作关系,甚至连成书后的署名也都放弃。吴平卧病于汉安帝永宁元年庚申,此年纂辑工作止笔,次年逝世。再一、二年间,吴平之弟子撰《篇叙外传记》,或同时对《越绝书》作出少许补订,故其最后成书应在122年。《越绝书》的参与群体与成书进程,决定其内容芜杂,体式混乱,水平低下,是一部乡曲陋儒之作。

这个结论还面对今本《越绝书》文字上的一些疑问,必当将之祛除,方能立于确信之地。

第一,《越绝书》的文本或佚文,有与东汉时期不协同的地名,出现东汉之后的年号,导致某些学者对成书年代得出不同的见解。例如周生春先生根据《外传记军气》等篇中出现了汉武帝元狩时才有的郡国名称,就认为"只能成文于元狩年间"。[①]这种判断不能成立,从《越绝书》作者的素质来看,在抄撮西汉旧文献

---

① 周生春:《〈越绝书〉成书年代及作者新探》,《中华文史论丛》(第49辑),上海古籍出版社,1992年,第130页。

时,照录其中旧地名而不做任何考辨,是毫不意外的,因为即使很有学问的学者,也往往沿袭旧称。另外,《越绝书》靠民间传抄得以保存,而其并非名著,得不到抄录者的敬重,被随手改动、增益、删削的现象,远多于名家名著,因而即使出现个别东汉以后的地名、年号,也不足以证明整篇文字的写作时间。

《越绝书》中最易被后人添加内容的篇目,是《外传记吴地传》与《外传记地传》,两篇分别记述吴、越两地的山川、建筑、城乡地点以及各种历史古迹,后之阅读者、传抄者都可能添加附注或续写此后的沿革,因此可疑为东汉以后的地名、年号往往出现于此二篇内。故而对《越绝书》这种佚文和附益内容较多的古籍,不能以零星、个别的地名、年号以及某种语句作为考察成书年代的依据。

第二,周生春先生还较多考察了《越绝书》各篇避讳字的使用情况,以此判断其撰写时间。例如《荆平王内传》《吴内传》《计倪内经》《请籴内传》《内传陈成恒》《内经九术》皆不避讳先秦吴、越等国君主之名和不避汉高祖刘邦的"邦"字,加之他认为凡内传、内经都撰写较早,就断定这些篇目均写成于不大讲避讳的秦汉之际。[1] 而《外传记吴王占梦》也是不避夫差、勾践等先秦君主之名,也不避刘邦、刘恒、司马师、司马昭之名,"其文字应写定于秦汉之间,或两汉之间,或三国时"。[2] 这是错误的研究方法,因为撰文回避君主名讳,唐代之后才渐渐严格,在清代在民族矛盾的背景下才发展到极端。先秦至于两汉,则相当随意,是否避讳、如何避讳? 官员、学者、民间各个人士,各自取舍,并无官方制度。在司马迁《史记》之中,"邦"字触目皆是,《汉书》内使用光武帝之名的"秀"字多得不可胜计,这类在朝中任职的大学者在著述中都不避讳,岂能以之判断村野俗儒之作? 两晋、南朝,避讳渐渐讲究,但避讳君主之名,不一定严于世族家讳,且讳与不讳,仍无定制。如韦昭撰《国语注》,西晋时将韦昭改称"韦曜",以避司马昭名讳,但陈寿《三国志》内,"昭"字时时出现,并无避忌,难道《三国志》不是成书于西晋时期? 可见用所谓避讳学方法考订《越绝书》,根本方法不当,结论必然坠入误区。

在《越绝书》的研究中,还有某些影响较大的不同观点需要面对,这里谨对两种观点予以辨正。

---

[1] 周生春:《〈越绝书〉成书年代及作者新探》,《中华文史论丛》(第49辑),上海古籍出版社,1992年,第125～126页。

[2] 周生春:《〈越绝书〉成书年代及作者新探》,《中华文史论丛》(第49辑),上海古籍出版社,1992年,第131页。

其一,认为《越绝书》是战国时期所作,汉人又附益之,由南宋时陈振孙最先提出,近人余嘉锡支持,前文已述。此说的致命弱点,一是言之无据,二为结论空泛。例如前揭余嘉锡辩驳《四库全书总目》时说:"余以为战国时人所作之《越绝》,原系兵家之书,特其姓名不可考,于《汉志》不知属何家耳。"这里毫无证据,岂能以"余以为"就下结论?"于《汉志》不知属何家耳"的说法,更是乖戾,我们知道:《汉书·艺文志》中根本没有《越绝》的著录,严谨的文献学家不应当硬说战国时人撰有此书,更不应用"《汉志》不知属何家"这样语义不明的言辞混淆视听。余嘉锡指摘《四库全书总目》的讹舛,成绩斐然,但这一条却有故入其误之嫌。

《汉书·艺文志》未曾著录《越绝书》,是称该书"战国时人所作"论者无法攀越的屏障,因为《汉书·艺文志》源于西汉官方的图书整理和编辑。汉成帝河平三年(26),"以书颇散亡,使谒者陈农求遗书于天下,诏光禄大夫刘向校经传、诸子、诗赋,步兵校尉任宏校兵书,太史令尹咸校数术……"①此次图书整理,规模宏大,历时较久,唐朝之前,政府征集图书多能得普遍响应,时人以藏书得到官方录写、保存为荣,即使有个别秘而不宣者,年久也会散佚毁失。先秦旧籍未在《汉书·艺文志》著录者,或在西汉中期以前已经佚失,或被刘向等合并编辑,题为另外书名。《越绝书》无论整体书名还是各篇篇名,都未见著录,也未见于先秦各种书籍提及,安得谓之战国时人有此著述?

有些现存书籍的作者和著述年代,确无资料可考,估测一下成书年代未尝不可,但仅可作为存疑备考。而关乎《越绝书》的作者和成书年代问题,有《篇叙外传记》这样的内证可资辨析,又何必匪夷所思地做没有边际的臆测、发挥和穿凿附会!

其二,李步嘉先生将"袁康""吴平"都视为政治隐语,意为"袁术昌盛""吴国平安",认为《越绝书》是袁术政权文官撰写,三国时期孙吴政权又做了改编,他说:"在袁术称帝前后由其政权内部的文人,在原有古籍材料的基础上编撰一部这样的史书为其政治服务,也是顺理成章的事。"②

我们认为恰恰相反,上述说法既不"顺理",也未"成章"。按当时的社会文化背景,一个急于起事或僭位称帝的政权势力,可编排较为浅显的谣谶,或解

---

① 《汉书》(卷30《艺文第十》),中华书局,1964年,第1701页。
② 李步嘉:《〈越绝书〉研究》,上海古籍出版社,2003年,第290页。

说某种图谶,利用迷信观念以骗取人心归附。岂有兵马倥偬之际编辑寓意不明不白的史书"为其政治服务"? 政治隐语固然曾经兴盛,但把隐语又隐藏到别的隐语之中,这也是从未有过的做法,再将之写于书序,更是无人理解,如何能够起到政治作用? 假如袁术果真具有超越唐宗、宋祖的史学意识,应当讨厌《越绝书》这样支离、拙劣而且起不到预期政治效果的史书,定然是毁之犹恐不及。如果《越绝书》隐喻的是"袁术昌盛""吴国平安",那为什么不褒扬吴国,反而推重越国? 袁术从未实际控制越地(今浙江),孙吴政权虽统领越地,但其政治中心在吴,国号为"吴",他们若从政治角度编辑和改编《越绝书》,都没有贬吴扬越的道理。

按照李先生过度政治敏感的思路,实际无法解说《越绝书·篇叙外传记》之文,例如文中"文属辞定,自于邦贤""时莫能与,伏审自容。年加申酉,怀道而终"等,明显是说吴平撰书和生平遭际之事,按照"袁术昌盛""吴国平安"政治寓意来解释,是无论如何也讲不通的。总之,李步嘉先生对《越绝书·篇叙外传记》的解读,臆想加上穿凿,毫无真实历史的可能性和现实性。

《越绝书》的作者和成书年代,虽众说纷纭,而历史的真相只有一个,联系时代文化背景,对书中本自固有的《篇叙外传记》做深入、确切的剖析,摈弃东摘西引的穿凿,排除臆想和附会,是唯一正确的研究思路。如此疑问皆可化解,结论也并非特别难以判定。

本文原刊载于《学术月刊》2013年第11期。

作者简介:

乔治忠,1949年生,天津市人。历史学博士,南开大学历史学院教授,多年致力于史学理论及史学史学科的建设工作。主持国家社会科学基金项目,国家《清史》编纂项目,撰有《清朝官方史学研究》、《中国史学史》、《增订中国史学史资料编年》(合作)、《清代官方史学与私家史学相互关系研究》等著述10余部,发表学术论文180多篇。主要研究方向为清朝官方和私家史学、中国史学史、中日史学比较等。

章学诚与柯林武德史学思想比较之再思考
——兼评余英时《章实斋与柯灵乌的历史思想》一文

秦　丽

　　自近代以来,中西史学比较已经历近百年时间,在此期间学界进行了一系列有益尝试,也涌现出诸多颇具影响力的学术成果。[①]余英时先生很早注意到中西学术的彼此关照,尤其重视中西史学比较。他于20世纪50年代即撰《章实斋与柯灵乌的历史思想》一文专门探讨清代史学家章学诚(1738—1801)与英国历史哲学家柯林武德(Robin George Collingwood, 1889—1943)的史学。[②]该文以柯林武德的观点来检讨章学诚的历史思想乃至中国传统的历史哲学。文章主要从"中国史学中的人文传统""史学中言与事之合一""笔削之义与一家之言"三方面展开论述,指出柯、章史学主张多有相合之处,"地悬万里,时隔百年而运思竟能大端密合至此"。学界对该文多持肯定或默认态度。[③]也有一些学者提出了不同看法。汪荣祖指出:"余英时将实斋所谓史意、史德、别识心裁与之('重演'——笔者按)相提并论,并非允当,即使貌同,而心实异","柯氏所谓内在与外在,也非章氏所说的内在与外在,也非余氏所说的思想史与政治

---

　　① 参见陈新:《二十世纪以来中西史学比较研究》,《清华大学学报》(哲学社会科学版)2010年第6期。

　　② 余英时:《论戴震与章学诚:清代中期学术思想史研究》外篇《章实斋与柯灵乌的历史思想——中西历史哲学的一点比较》,生活·读书·新知三联书店,2005年,第234~282页。该文初撰于1957年,后于20世纪70年代加以修订。事实上,余氏1956年曾撰有《一个人文主义的历史观——介绍柯灵乌的历史哲学》,阐述柯氏的史学观念及余氏对此的解读,其中余氏的许多观点都见于后来柯、章史学比较一文中。又,大陆有探讨相同问题者两篇:陆伟芳、余大庆《历史研究必须致用于社会——浅谈柯林伍德与章学诚的史学价值观》[《扬州师院学报》(社会科学版)1990年第4期],文中指出章、柯在史学价值观上殊途同归,均强调史学必须致用于社会和现实。董淮平《章学诚与柯林武德史学思想比较散论》[《四川大学学报》(哲学社会科学版)1992年第1期],文章列举了二者的诸多相似处,注意到相似中亦蕴含某些差异。与陆、董二文相比,余文撰成最早、分析最系统,故本文谨以余文为主展开分析。又,本文于柯氏译名以大陆学界较通行之柯林武德为准。

　　③ 如杜维运《史学方法论》第二十章,据余英时文章指出:"章实斋的史学,与20世纪英国史学家柯林武德的史学,相同者反极多。"(北京大学出版社,2006年,第250页)前述陈新《二十世纪以来中西史学比较研究》也对余文多有提及并给予了很高评价。

史"。①但汪氏论述重心不在此,故未作进一步探讨。相比之下,哲学学者张汝伦针对余文的商榷更为深入具体。张氏主张比较哲学要求比较者对被比较者双方的特征都有深入细致的了解,以相对超然的态度进行比较,更要注意到被比较双方各自的历史性所造成的思想上的巨大差异。他强调余英时将柯、章二氏进行比较属穿凿附会、生硬比附,指出中国传统史学"史为记事之书"与柯氏"一切历史都是思想史"关注重心恰好相反,中国史学中的"政治伦理"不等于柯氏所谓"思想过程"等。②张氏驳论廓清了一些基本问题,但针对某些具体问题仍未明确其关键所在,同时对柯、章二氏史学主张及余氏原文或存误读。本文拟在前人研究基础上,主要从史学角度对余氏立论予以分析和评价。不当之处,敬请指正。

一、何谓"思想"?

"思想"是柯林武德历史哲学观点中的重要术语,其含义究竟应如何理解?柯氏在《历史的观念》中写道:"研究过去任何事件的历史学家,就在可以称之为一个事件的外部和内部之间划出了一条界线。所谓事件的外部,我是指属于可以用身体和它们的运动来加以描述的一切事物……所谓事件的内部,我是指其中只能用思想来加以描述的东西……历史的过程不是单纯事件的过程而是行动的过程,它有一个由思想的过程所构成的内在方面;而历史学家所要寻求的正是这些思想过程。一切历史都是思想史(All history is the history of thought)。"③故知"思想"实指史家通过研究而得的导致外在行为发生的内部(inside)思想活动。柯氏极重视这些思想活动,主张史家在研究历史事件时不仅要研究其外部(outside)表现,更要研究导致外部表现发生的原因,且后者才是一切历史研究的重心所在。中国传统史学中是否存在与此类似的主张?

---

① 汪荣祖:《史学九章》(第九章第五篇《章学诚六经皆史说再议》),生活·读书·新知三联书店,2006年,第233页。张耕华亦指出,柯、章"比较可以找到某些相似点,但两者的问题意识全然不同。柯林武德的史学观念全出于他的史学'自律论',而中国传统史学的理论则从未有对史学学科的本性特质的考量,这并非刘知幾、章学诚的智力不逮,而是处于当时文化背景下的史学思想不会生出此类问题"。见氏著:《历史哲学引论》,复旦大学出版社,2009年,第11页。
② 张汝伦:《求同与存异——以章学诚和柯林伍德的比较研究为例》,《人民论坛》2011年总第346期;张汝伦:《章学诚与柯林伍德的历史观念差异比较》,《人民论坛》2011年总第348期。
③ 柯林武德:《历史的观念》(增补版),何兆武、张文杰、陈新译,北京大学出版社,2010年,第211~212页。

(一)言=思想?

余英时在文章《史学中言与事之合一》指出,中国古代史学中的"记言"与"记事"可分别对应柯氏所谓史事之内在面"思想"(thought)与外在面"单纯的事"(event)。张汝伦认为中文的"言"不但与柯氏的"内部"(inside)不是一回事,且相距甚远。所论甚是,惜未详论,故此处从中国古代史学中"言"与"事"的具体含义入手加以阐释。

在中国传统史学中,言与事分属两种不同的书写体例。"言"即人物言论,在先秦文献中,《尚书》《国语》等书中记载了大量人物言论及对话。"事"则是对人物行动的描述,如《春秋》记录鲁国史事等。唐刘知幾《史通》分古今史籍为六家,特揭《尚书》为其一:"盖《书》之所主,本于号令,所以宣王道之正义,发话言于臣下,故其所载,皆典、谟、训、诰、誓、命之文。"[①]显然,刘氏袭《汉书·艺文志》成说,将《尚书》视为记言之书,其讥该书夹杂记事"为例不纯",更是出自史书体例需严整规范的考虑。故在中国早期史学中,言、事(动)之分乃就行为方式而进行的分类。余英时在著作中亦屡次引申其意,指出二者分属思想史、政治史,甚至前者属思想、文学,后者属历史。[②]可知无论是在中国传统史学或余氏的理解中,言与事均作为某种类别存在,它们各自独立,彼此无必然联系,遑论针对同一历史事件严谨的一一对应关系。再看柯氏所谓内在面与外在面。"历史学家绝不会只关心这两个之中的任何一个,而把另一个排除在外。他进行研究的不是单纯的事件(在这里所谓单纯的事件,我是指一个事件仅只有外部而没有内部),而是行动;而一个行动是一个事件的外部和内部的统一体。"[③]柯氏针对单个、具体的历史行动,人要完成某件事情,既需思考,也需付诸行动,思考与行动相辅相成,共同构成柯氏所谓的历史行动。故柯氏强调的内在面和外在面,绝不像中国传统史学或余氏理解的言、事分书,可有言而无事或有事而无言。[④]

---

① 刘知幾:《史通通释》,浦起龙释,上海古籍出版社,2009年,第2页。

② 余英时:《朱熹的历史世界:宋代士大夫政治文化的研究》(下),生活·读书·新知三联书店,2004年,第869页。

③ 柯林武德:《历史的观念》(增补版),何兆武、张文杰、陈新译,北京大学出版社,2010年,第211页。

④ 汪荣祖也指出柯氏"内在、外在必然是一体的二面,不像记言、记事、思想史、政治史学之绝对可以分开"。(《史学九章》,生活·读书·新知三联书店,2006年,第233页)

由上可见,余氏在比较过程中对柯氏理论中思想(thought)、内在面(inside)的把握出现了偏差。这种偏差导致余氏在其后的分析也出现了问题。他指出章氏"古人事见于言,言以为事,未尝分事言为二物"①的主张,与柯氏每一历史行动均包含"言"与"事"(也就是柯氏所谓inside与outside或thought与event)两面非常类似,并认为这是显而易见的结论。但章氏之论则继承自中国传统史学的言、事概念,其言、事本质上仍可分离,不过章氏着意强调了其合一性,即余氏所述"言必有事之背景"。在这种情况下,若按柯氏理论来阐释章氏主张,则"事"属内部、内在面(inside),"言"才是真正的外部、外在面(outside),某种程度上"事"反倒成了"言"之因,与余氏前述"言"乃"事"之动机恰相反。"言事合一"论也成为余氏日后名著《朱熹的历史世界》一书之核心理念:

> 自章学诚揭出"古人事见于言,言以为事,未尝分事言为二物"之后,研究"言"的人已不能不同时注意与之相关的"事",否则便不免陷于"离事而言理"之偏……我在本书《绪言》部分所采取的立场是一方面把理学放在儒学传统中去认识,另一方面则更进一步将理学的兴起与发展放在宋代政治文化史的脉络中,加以考察。我相信文本中的种种涵义必须同时通过语境与事境才能充分显现。②

不难看出,余氏的研究起点是"言"(思想),旨在挖掘思想产生的现实根源与动机,这就不得不诉诸当时具体的政治文化环境,即所谓"语境与事境"。故其是由"文本"索"情境",进而据"事"解"言"。只有将"言"、思想本身理解为柯氏所谓外部,余氏在具体情境中理解思想的研究思路才能与柯氏主张存在某种类似。但余氏这一思路绝非章氏本意:余氏重在史家如何研究前人思想,追溯思想之来源;章氏强调史家发论须有针对性和现实功用,不能无病呻吟,二者并不相同。

(二)心术=思想?

继"言事合一"后,余英时的论述重点转向"思想",并由此引出中国史学对思想的重视。张汝伦认为余氏错把政治伦理等同于柯氏所谓思想过程,对余

---

① 章学诚:《文史通义·书教上》,叶瑛校注本,中华书局,1985年,第31页。下引该书均出此本。
② 余英时:《朱熹的历史世界》(下),生活·读书·新知三联书店,2004年,第870页。

氏立论的解读或稍显笼统。实际上,余氏此处论证由中国史学重褒贬说起,其思路大致如下:重褒贬是中国史学重思想的重要表现,其一重褒贬之前提是历史人物具有自由意志,这与柯氏所言行动含有思想意识一致;其二重褒贬表明史家关注历史人物之心术,心术即史事之内在面。前者论证中国古人行动有思想意识,后者论证思想意识是什么。但"心术"真的等于"思想"吗?

余英时在文中以董狐书"赵盾弑其君"为例进行了详细说明。他指出董狐把罪名归诸赵盾,是因为董氏太过重视史事之内在面——赵盾之心术。事实上,重视心术并不等于重视思想活动。中国史家重褒贬、重心术,乃完全以史家的主观标准特别是政治道德标准来衡量历史人物的行为(即柯氏所谓史事的外在面)。行为符合其规范即为心术正,不符合即心术不正,以之为基础确定褒贬,这实际是对历史人物外在行为的主观评价,并非对他们在当时历史条件下内在思想活动的考察与追索。史家的评价不是为了理解历史人物,而是表现了史家本身的内在动机,与历史人物的动机无甚关联,其实质是把史家思想强加到历史人物身上。董氏书写"赵盾弑其君",完全不符合历史事实,乃针对赵盾"亡不越竟,反不讨贼"诸行为发出的强烈谴责,旨在向赵盾施加压力并引导社会行为,而不是说董氏作为后世的历史书写者,重点分析和重演了赵盾在晋灵公被弑前后的思想活动。至于章学诚所谓"史德"则根本与史家笔下的历史人物无关,是针对史家本身提出的道德伦理要求。[1]柯林武德的主张与此形成鲜明对比,他极重视历史人物的内在思想活动,强调史家要充分调动当下的知识储备和心灵能力,设身处地地想象历史人物在当时的想法,达到"在历史学家主体预设的建构下实现有差别的同一"。[2]即史家首先要在自己的知识结构中对这些思想活动进行重演,由于"一切思维都是批判的思维,因此那种在重演过去思想的思想,也就是在重演它们之中批判了它们",形成对它们的批判、纠正其中的错误。[3]这种批判建立在对历史人物"从内部以理解和同情

---

① 参见乔治忠:《章学诚"史德论"思想评析》,载《中国官方史学与私家史学》,北京图书馆出版社,2008年,第542～553页。乔氏指出"史德"实质乃维护封建纲常名教,是章氏思想中的糟粕部分。事实上,余英时在文中也指出章氏"史德"于史学上特重"天人之辨"的伦理层面,并非针对历史知识之真伪而发,故与西方近代史学界探讨的客观性与主观性仍有不同。

② 张作成:《柯林武德"重演思想"辨析》,《理论界》2015年第3期。

③ 柯林武德:《历史的观念》(增补版),何兆武、张文杰、陈新译,北京大学出版社,2010年,第213页。

来加以观察的"基础上,而非"从外部仅仅作为是善或恶的表象",①更非如董狐一般将自身思想加诸历史人物。因此,中国史学之重"心术"与柯氏重视思想活动绝非一物。

总之,章氏主张言事合一、重心术凸显的是史家本身的主观动机和内在面,即倡导史家著文需有现实意义,而非指如何研究史家笔下的历史人物;柯氏主张"一切历史都是思想史"强调史家站在当下的高度研究历史人物的内在面,探寻历史事实背后历史人物的动机,从而获得对人性的理解。两者即使表面相似,实质含义绝然不同。

二、章学诚的"好学深思,心知其意"与柯林武德的"重演"

柯林武德主张史家应重视历史人物之思想,关键在史家对其思想进行"重演",获得对其内在面之认识与了解。余英时提出:"依章氏的看法,史学能否成为一种专门的学问,要视撰史者是否于事、文之外尚能得史义而定。这种'义',就史家本身言就是要具备一种特殊的心灵能力——章氏所常说的'别识心裁'。"他认为"别识心裁"与"好学深思,心知其意"互为表里,形成章氏历史知识论中的重要环节,更指出这种认知途径与柯氏对史事之内在面作深入之"重演"非常类似。②

事实上,章学诚所谓史家要有"别识心裁",指史家对著述之谋篇布局、剪裁取舍有独到之见,在此基础上推明大道。在他看来,"别识心裁"乃史家推明大道、建立己说过程中的重要一环。在章氏著述中,"别识心裁"常与"别裁""心裁"等互用,意义相通,我们可通过分析其用例窥探它的真实含义。章氏曾言"夫名家著述,意之所在,必有别裁,或详人之所略,或弃人之所取,初无一成之法。要读之者,美爱传久,而恍然见义于事文间,斯乃有关于名教也"。③"意""别裁"均针对作史者这一主体,且"别裁"所指显是"或详人之所略,或弃人之所取",即史家为表达个人意旨,需对史书的具体撰写与布局有所裁断,这种裁断决定了其著述最终以何种面貌呈现出来,故某种程度上类似刘知幾所

---

① 柯林武德:《历史的观念》(增补版),何兆武、张文杰、陈新译,北京大学出版社,2010年,第40~41页。

② 余英时:《论戴震与章学诚:清代中期学术思想史研究》,生活·读书·新知三联书店,2005年,第258页。

③ 章学诚:《文史通义·亳州志掌故例议下》,叶瑛校注本,中华书局,1985年,第818页。

言"史法",属历史编纂之操作层面,但它需随作者之"意"加以变通而无须泥守成法。章氏又言"运以心裁,勒成一家之言,其所仿也",①更可见其直接目的乃撰成史书,而非理解前人著述之"义"。综上,义与别识心裁确实存在密切联系,但这种联系主要体现在通过别识心裁获得义,而非先有别识心裁才会去求义;别识心裁不是为了理解义而需具备的整体直觉和心灵能力,而是对自身著述之剪裁的独到见解。

"好学深思,心知其意"原出司马迁《史记·五帝本纪》,章氏在《文史通义》中多次提及。其含义仍指史家要领在勤于思考,洞悉"史意",领会前人著书意旨,特别是《春秋》之撰作旨趣,②与"别识心裁"强调在具体撰写上的裁断并不相同。但无论"别识心裁"或"好学深思,心知其意",都不能说与柯氏重演注重史事之内在面近似。此点汪荣祖、张汝伦已有详辨,不赘。

再看章氏"好学深思,心知其意"领会前人之"意"的过程是否与柯氏重演相同。通观章氏治学路径,由校雠通文史以明道,知其必先借校雠辨明书籍之学术渊源,继而推知前人撰述旨趣。章氏曾论及司马迁之求知过程:"至司马迁《十二诸侯表叙》,则于吕览、虞卿、铎椒、左丘明诸家,所为《春秋》家言,反覆推明著书之旨,此即百三十篇所由祖述者也。"③但对如何"反覆推明"却未详言。叶瑛认为《文德》篇或可提供些许线索:"按本篇所论,与《史德》相发,敬即不得已之义,恕即心知其意之义,彼论著史,此则论一切文字耳……按实斋所谓文德,专指作者态度而不涉及修养,旨固殊乎前人。"从而将心知其意与"恕"相联系。检《文德》篇言:"凡为古文辞者,必敬以恕……论古必恕……恕非宽容之谓者,能为古人设身而处地也。"④柯氏主张史家应将自身置于历史情境中,积极地想象历史人物在当时的想法,表面看似与章氏之论惊人一致,但二

---

① 章学诚:《文史通义·亳州志掌故例议上》,叶瑛校注本,中华书局,1985年,第811~812页。
② 关于章氏"史意",近来研究多肯定其含史家著述宗旨之意。详可参见罗炳良:《18世纪中国史学的理论成就》,北京师范大学出版社,2000年,第175页;乔治忠:《章学诚史学思想新探》,载《中国官方史学与私家史学》,北京图书馆出版社,2008年,第514~519页;周文玖《章学诚的史学变革思想》,《史学月刊》2010年第11期。
③ 章学诚:《文史通义·永清县志前志列传序例》,叶瑛校注本,中华书局,1985年,第781页。
④ 章学诚:《文史通义·文德》,叶瑛校注本,中华书局,1985年,第278~280页。又,章氏在嘉庆二年(1797)《又答朱少白书》中说:"大抵身履其境,心知其意,方有真见解,不用功于实际,则见解虽高,而难恃也。"虽与此处含义不尽相同,但"身履其境"某种程度上亦暗示出"心知其意"确与《文德》篇"为古人设身而处地"相关。见仓修良编注:《文史通义新编新注》(外篇三),浙江古籍出版社,2005年,第779页。

者并不相同,以下详述之。

章学诚为论证其观点,举陈寿《三国志》以曹魏为正统之例。其言:"陈氏生于西晋,司马生于北宋,苟黜曹魏之禅让,将置君父于何地?"叶瑛注释已指出,与章氏类似的观点亦见于同时代其他两种著述中。《退庵随笔》卷十六引瞿晴江语,同样强调陈寿对正统的选择是"时也",但其中指出:"陈撰志于晋武受禅之初,晋受魏禅,魏之见废,蜀已破亡,安得不尊魏?习著《春秋》于晋元中兴之后,蜀以宗室而存汉绪,犹元帝以藩庶而复晋统,安得不尊蜀?"①这一论断并未提及所谓纲常名教,强调蜀已灭亡,尊魏乃是现实的必然,这同样是陈寿尊魏可能的原因之一。又,《钦定四库全书总目·三国志提要》:"以理而论,寿之谬万万无辞,以势而论,则凿齿帝汉顺而易,寿欲帝汉逆而难。盖凿齿时晋已南渡,其事有类乎蜀,为偏安者争正统,此孚于当代之论者也。寿则身为晋武之臣,而晋武承魏之统,伪魏是伪晋矣,其能行于当代哉?⋯⋯此皆当论其世,未可以一格绳也。"②此处"当论其世,未可以一格绳"与章氏"为古人设身而处地"十分相近,且与章论同具尊君色彩。文渊阁四库全书《三国志》书前提要与《总目》同,文溯、文津阁本书前提要却与之略有不同,其言:"寿以晋得国于魏,故不以统与蜀,其识逊于习凿齿。"③即只涉及了"理",而与"势"无涉。各提要间为何会有如此差异?据刘浦江对陈思《小字录》四库提要各版本的研究,文溯阁和文津阁本分校官乃直接因袭《小字录》底本所附提要稿略加点窜了事,而文渊阁本与四库总目则吸收了总纂官在最初提要稿上的修订。④以《三国志》提要衡量刘文之结论,其说应合理。《四库全书》正史提要多出于邵晋涵,今《南江文钞》诸提要俱在,唯缺《三国志》《旧五代史》。众所周知,《旧五代史》在元明时渐不行于世,至清乾隆年间始由四库馆臣邵晋涵等从《永乐大典》中辑出,并于乾隆四十年七月进呈高宗。将彼时永瑢等所上《进书表》与《总目》提要两相对照,可知后者实钞撮前者而来,故《旧五代史》提要署名权不属邵晋涵不足为奇。至于《三国志》,翻检《南江札记》这一邵氏阅读古书的随手笔记,该

① 章学诚:《文史通义·文德》,叶瑛校注本,中华书局,1985年,第283～284页。
② 纪昀、永瑢等:《钦定四库全书总目》(卷415《三国志提要》),台湾商务印书馆,2009年,第16页。
③《文津阁四库全书提要汇编》(史部),商务印书馆,2006年,第15页;金毓黻编:《文溯阁四库全书提要》(史部),中华书局,2014年,第878页。
④ 刘浦江:《四库提要源流管窥——以陈思〈小字录〉为例》,《文献》2014年第5期。

书卷四有《三国志》相关条目凡49条,据研究,这些条目大多出自何焯《义门读书记》,尽管如此,这仍可作为邵氏校正《三国志》的证据。①在这种情况下,《南江文钞》中无《三国志》提要就变得十分耐人寻味。一种推测是,《三国志》最初提要乃邵晋涵所撰,后经总纂官甚至清高宗修订或全篇更换,故邵氏仍无该篇署名权。此论并非毫无凭据。乾隆中后期,高宗试图通过"奖崇忠贞"宣扬君臣大义,防止臣民犯上作乱危害统治。为此,他通过褒奖明季殉节诸臣、编写"明季贰臣传"等一系列具体举措来巩固统治。就魏蜀吴三国正统问题,高宗一遵朱子之说,以蜀汉为正统,并指斥曹丕"躬为篡逆",②这在很大程度上仍以君臣大义作为判定正统与否的重要标准。就此而言,前述《总目》中之《三国志》提要堪称完美:一方面强调以"理"而论,正统在蜀,宣扬了朱熹的正统观,另一方面从"势"出发,指出陈寿以魏为统,乃是基于对晋的君臣大义。既强调了正统,又倡导了臣节,可谓一举两得。在这样一种时代氛围中,对君臣大义、纲常名教的强调势必会影响到身处其中的文人群体。特别是章学诚与邵晋涵、朱筠等四库馆臣过从甚密,更易把握政治时势与风向。据叶瑛之说,《文德》篇作于嘉庆元年(1796),章氏在此间专门举出《三国志》之例恐非巧合,或亦包括对官方思想之回应与效仿。③表面看来章氏对陈寿的评价表现出一种"同情之了解",但其得出结论的逻辑过程是:他默认陈寿遵奉纲常名教,且将君臣大义作为思考、行动的逻辑起点,在此前提下,陈氏必然以西晋所继承之曹魏为正统。同理,我们也不难理解,章氏为何在《史德》篇中不惜笔墨竭力否定司马迁曾"讪上谤主",并认定这是后人对司马迁的"诽谤"。事实上,据今人研究,《史记》贬天子并非背离《春秋》大义,相反它是西汉时期《春秋》之义的内在继承,后世史家渐趋偏离《春秋》之教,遂导致对太史公之误会。④如此看来,章氏何曾为司马迁"设身而处地"? 通观章氏著述,可发现其核心关注乃君臣大义等纲常名教,认为这是亘古不变的真理,任何时代任何人都必须遵守,且

① 参见陈光荣:《〈南江札记〉收有他人之作》,《古籍整理研究学刊》1991年第3期。又,台湾中研院史语所傅斯年图书馆藏有邵晋涵《廿三史提要底本》一卷,系嘉庆六年大兴朱锡庚钞本;但据该馆之著录,所谓"廿三"仍无《三国志》与《旧五代史》,特在除二者之外的廿二史基础上增加了《史记正义》。
② 《清高宗实录》(卷1042"乾隆四十二年十月己亥"条),中华书局影印本,1986年,第953页。
③ 杨念群:《章学诚的"经世观"与清初大一统意识形态的建构》(《社会学研究》2008年第5期)一文即曾注意到章氏对现实政治的关注与回应。详可参。
④ 赵永磊:《关于〈史记〉贬天子问题的解读》,《史学史研究》2008年第3期。

认为《春秋》《史记》《汉书》这些著述均是维护名教的典范。于是他在论证中首先默认了司马迁、陈寿等人也必须持有与其相同的立场。

前已述及,柯林武德的"重演论"主张史家应"运作我心以重演彼心",①但这种运作并非全凭主观,仍须依靠证据说话,史家要尽量避免将自身主观认识强加到历史人物之上。②按其说,史家应回溯到当时的历史情境中,分析历史人物作为行动主体当时在想什么使他们决定那么做。反观章学诚,他虽高举"为古人设身处地"的大旗,然其所举例证却未能充分考虑陈寿、司马迁在当时的所思所想,亦未求得证据为"心知其意"作支撑,而是完全以自身标准作为前提展开分析,从而得出符合自己标准的结论,其做法本质上与前述董狐书"赵盾弑其君"无异。因此,章氏之论证过程具有强烈的目的论色彩,即使其结论具有一定合理性,也存在抹杀历史人物思想丰富性、复杂性的危险。其自然与柯氏的"重演论"存在本质差异。

三、章学诚的"一家之言"与柯林武德的"建立自己的权威"

柯林武德对思想的关注及其通过"重演"把握历史人物的思想,最终目的是重建历史叙述,即"建立自己的权威"。余英时在文中强调柯氏此说与中国史学中"成一家之言"特别是章氏"一家之言"——"撰述"可互易,且认为柯氏所谓"科学的史学"即章氏"撰述"。张汝伦已指出此说属牵强附会,但并未明确问题关键所在,故此处略加说明。

实际上,柯氏强调历史研究的批判性,章氏强调史家著述的独特性特别是就"明道"而言,二者完全无法对等。柯氏对"建立自己的权威"有详细论述。他反对关于常识性的历史学理论,在此理论之下,史家要了解某一历史人物或行动,只能被动接受之前权威的现成陈述,无法予以怀疑、修改和增补。柯氏并不认同这一理论,并称其为"剪刀加浆糊"的历史学。他认为面对权威说法,史家有权进行选择、构造和批评,只有这样"才能维护他的思想在一个'科学的可靠进程'的基础上"。③史家要提出自己的问题,询问某历史事实意味着什

---

① 汪荣祖:《史学九章》,生活·读书·新知三联书店,2006年,第233页。
② 参见柯林武德:《历史的观念》(增补版)"附录",何兆武、张文杰、陈新译,北京大学出版社,2010年,第493页。
③ 柯林武德:《历史的观念》(增补版),何兆武、张文杰、陈新译,北京大学出版社,2010年,第232~237页。

么,并进行解答,在此过程中他无须依赖自身以外的任何权威,他就是自身的权威,他要以自律的、自我授权的标准对权威陈述加以批判和构造。一方面判断它有无谬误或失当之处,即便接受成说也是以自己的标准肯定它,而非被动、盲目地承受它;①另一方面对它未予说明的部分进行合理补充和推论,借助"先验的想象"赋予历史陈述或描写以连续性。故柯氏针对者乃具体的历史行动及其解释,强调历史研究的批判性或科学性,即史家在研究过程中应以自己的标准审视权威陈述,经过严格论证和推理,把历史陈述建立在证据之上,这就建立了自己的权威,实现了"科学的历史学"。

与柯氏不同,章氏所谓"一家之言"主要就追求义理而言,并非针对具体史事。通观章氏著述,其对具体史事之真伪虽间有关注,但重心并不在此。②他在著作中屡屡强调史学重在求义、明道。《文史通义》原道三篇中比较系统地阐发了章氏对道的认识。总体来看,他对"道"的理解仍未摆脱传统学术特别是理学的影响。他把"道"视作人类社会历史演进的规律或法则,它先于人而存在,随着人类社会的发展由"未形"而"渐形渐著"。在上古时代,"圣人"体悟"道"并因之进行制度变通。周公"集群圣之大成",制礼作乐,著于六经,教化百姓。至春秋战国,礼崩乐坏、官师失守,孔子"有德无位",无法根据"道"制定典章法度,故只能删定六经,明先王之道而导之。六经只是尧舜三代对"道"认识的体现,但"道"囊括全部人类历史,故人类必须随时增进对它的理解,而不能固守六经,脱离现实人伦日用而言道。由此,章氏论证出史家因时撰著、建立自家学说的必要性。《文史通义》之作即以挽救乾嘉经学考据流弊为初衷,章氏针对修志提出的诸多意见及修志实践亦多存此意。由上可知,章氏所谓"一家之言"、对"道"的追求,实际蕴含着强烈的经世用意,绝非柯氏"建立自己的

---

① 就柯氏理论而言,一切以往的历史陈述或前辈史家之说均有待史家检验,不能直接作为知识或证据。余氏在文中曾指出中国史学强调无徵不信即柯氏之重证据,此似有待商榷。无徵不信是指论述需有所凭据,不能生造,如《史记》本于《左传》《世本》等,非凿空之论;但若按柯氏说法,这些凭据都是权威的现成陈述,需经过史家检验方可利用,但像《汉书》汉武帝之前几乎全袭《史记》,似未经过严格的批判分析。

② 章学诚在嘉庆二年(1797)《又答朱少白书》中曾言:"如《宋诗纪事》及《辍耕录》,俱有烈女韩希孟五言古诗,诗旨极正,而辞未尽善。鄮修《通志》《烈女传》,辄以己意改之。此外如一切书牍隃表,凡意可取而言未善者,鄮皆力加删削。"可见章氏对忠实保留历史记录之淡漠,难怪邵晋涵、钱大昕对此均不以为然。见前揭仓修良编注:《文史通义新编新注》(外篇三),浙江古籍出版社,2005年,第781~782页。

权威",实现"科学的史学"。

余氏既将章氏"一家之言"等同于柯氏"建立自己的权威",进而把章氏"撰述"之说比作柯氏科学的史学,这同样是曲解。"撰述"、科学的史学都强调史家的主观裁断与识见,但具体含义却完全不同。章氏重在说明史家著述要以明道为旨归,有独得之见,表现在著述体例上应明通变之旨,具别识心裁,而不为常例所拘,这样才成其为撰述,否则就是不知变通、固守成规的记注或史料汇编。①但撰述抑或记注都不排斥对前人叙述的因袭,章氏在著述中多有论及,其为郑樵《通志》多抄撮前史作辩护即明证。反观柯氏,其科学与剪贴之分主要就对过去的陈述是否有证据而言。"科学的史学"建立在坚实的证据之上,剪贴的史学却并非如此,它完全依赖权威陈述,通过对各种权威陈述的摘抄和拼凑而成文,既无批判意识也无证据可言。故而这一比附并不恰当。

此外,"先验的想象"作为"建立自己的权威"的重要一环,在柯氏的历史哲学观点中占有重要地位。余英时指出章氏"别识心裁"与柯氏"先验的想象"可互通,似属误读。张汝伦在其文中已加辨析。事实上,前者针对史家撰写史著时如何运用和排列既存史料,准确表达自己的一家之言;后者乃针对史事,强调史家积极通过主观努力对史事加以合理补充,"在我们从权威那里所引用来的陈述之间插入了另一些为它们所蕴涵着的陈述",从而将历史构造为一幅连续的画面。②对象不同,功能又异,二者如何互通?余氏还指出,在章学诚看来《春秋》显然包含了柯氏所谓"历史建构",因为《春秋》在"事具始末"外另有裁断。③实际上恰是"先验的想象"形成了柯氏主张的"历史建构"或"构造性的历史学",章氏所谓"不仅事具始末"特就"其义则丘窃取之"的义理层面而言,即赋予历史事实以伦理意义,不是指孔子在原有陈述的基础上插入了新的陈述,更非在事实层面连缀史实,建构不同史实间的相互关联。相反,就我们所知,孔子所做乃"约其辞文,去其繁重"的精简、删削工作。④

值得注意的是,柯氏"先验的想象"并非史家有意的思想活动。由于想象

① 参见章学诚:《文史通义·书教下》,叶瑛校注本,中华书局,1985年,第49~53页。
② 柯林武德:《历史的观念》(增补版),何兆武、张文杰、陈新译,北京大学出版社,2010年,第335页。
③ 余英时:《论戴震与章学诚:清代中期学术思想史研究》,生活·读书·新知三联书店,2005年,第262页。
④ 参见赵生群:《〈春秋〉经传研究》,上海古籍出版社,2000年,第7~26页。

的起点和终点固定不变,在没有相关文献及事实支撑的前提下,要想将二者连接起来,想象就成为必然的过程,就此而言它确是一种整体性的直觉或意识的本能反应。如史书记载,恺撒有一天在罗马,其后数天在高卢,我们就不得不想象恺撒在此间从罗马移动到了高卢,这种想象出于本能和直觉,显然不同于章氏"别识心裁"的刻意经营。因此,余英时所谓"先验的想象""别识心裁"皆属整体性的直觉和张汝伦主张二者均非直觉的说法,似均不准确。

四、柯林武德、章学诚史学差异之根源

从事比较史学研究,要对比较双方有精准的把握和定位。诚如余英时所论,"他们两人的历史理论都各自有其全部史学发展史作为后盾",[1]故需对柯林武德、章学诚的史学在他们各自的学术脉络中加以定位,才能明了前文所述种种差异之根源。

柯林武德的史学思想深深植根于近代西方历史哲学的发展中。17世纪以来自然科学的迅猛发展,逐渐形成了对自然科学的迷信,实证主义和客观主义史学随之产生,对此学界多有论述,不赘。柯氏认为实证主义将历史学等同于自然科学,未理清历史学的性质,兰克学派等将历史看作孤立的事实序列,且拒绝对事实加以判断,未能深入历史学的内部,即人的思想。[2]由此,这些都成为他反对和修正的对象。

反对实证主义、客观主义的同时,柯林武德吸收布莱德雷(F. H. Bradley)、克罗齐(Benedetto Croce)等人的研究成果,[3]将历史研究中思想的重要性推至

---

① 余英时:《论戴震与章学诚:清代中期学术思想史研究》,生活·读书·新知三联书店,2005年,第273页。

② 柯氏所谓对事实加以判断,指史家对诸如政策是否明智、科学或宗教运动是否进步等加以客观判断,并追索其原因;更重要的是史家做出判断有助于他们联想历史行动者对这些事实的判断和想法,即历史行动者的思想。故判断不是目的,只是史家探知历史的原因或思想的中介。见《历史的观念》(增补版),何兆武、张文杰、陈新译,北京大学出版社,2010年,第131~132页。

③ 参见何兆武:《从"思辨的"到"分析的"历史哲学》,《世界历史》1986年第1期。值得注意的是,余氏论述伊始即谓"章氏所谓'史意'细按之则正是西方批评派的历史哲学"(以柯林武德为代表),然而,与思辨派的历史哲学注重对客观历史本身的宏观思考不同(如黑格尔、斯宾格勒、汤因比等),批评派的历史哲学着重探讨人类如何认识历史,是否可以获得真实的历史,即历史知识如何成为可能。我们认为,西方批评派的历史哲学重在分析人类认识历史的思维过程,属历史认识论范畴;而章氏"史意"强调史家赋予史学的现实功用与意义,即史家通过史学达到何种现实目的,实用主义色彩浓厚;二者绝不可等同看待。

极高位置,其名言"一切历史都是思想史"亦由此而来。他主张史家不仅要关注史事,更要关注史事背后历史行动者的思想。柯氏还指出历史研究或历史认知活动的科学性要求史家按照严谨的问答逻辑,提出问题进而通过研究尝试解答问题,且研究过程需经严格的逻辑推理和论证,自觉克服"记忆和权威"的限制,以史家自律性的标准审视既有陈述,建立自己的权威,实现"科学的史学"。柯氏认为哲学在不同时代要应对不同的兴趣和问题,"20世纪哲学的主要任务是清理20世纪的史学",①其历史哲学一方面以实证主义或者说自然科学为主要参照,强调历史学的特质在于它是关于人性的科学,历史行动蕴含人的思想,故历史研究要探索史事背后的思想;另一方面,柯氏十分重视历史研究在何种意义上是"科学"研究。他认为只有对历史背后的思想进行科学研究,才能真正清楚过往的人类究竟发生了什么,获得对人性的理解。

与柯氏不同,章学诚从中国传统史学出发,十分强调史学的经世致用功能。中国传统史学自孔子作《春秋》以来,就十分重视史学彰善瘅恶、实施教化的社会功用。历朝统治者也多以史学作为宣扬正统、获取鉴戒的工具,宋代司马光《资治通鉴》为其高峰。朱熹不满《资治通鉴》"事备而义少",撰成《资治通鉴纲目》进一步明确了明天道、定人道、扶植纲常名教的撰史旨趣。②章学诚在上述思想影响下形成了自己独特的史学经世论。他特别强调,学人应继承《春秋》遗意,著文撰史均应以求道经世为宗旨,在此前提下,具备"别识心裁",建立一家之言。可见章学诚深受中国传统史学影响,其史学核心在于经世致用,即通过历史书写来维护政治伦理,揭明大道,辅助君主制定相应典章法度,最终服务于统治这一现实目的。

诚然,柯林武德不像章学诚那样执着于史学的经世功用,但他并不排斥史学对于人类的作用,柯氏时时呼吁历史学要实现类似自然科学哥白尼式的革命,从而服务于人类社会。可见他这种经世关怀是间接的,先通过了解历史人物在具体情境下如何思想和行动,获得对人性的了解,在此基础上才将人类活动导向好的一面;且这种经世关怀是抽象意义上的,并非服务于某具体目的。相比之下,章学诚的史学经世论则是直接而热烈的——史家将自己的主张径直寓于史书撰写中,上为统治者揭明大道,根据现实需要制定或变通典章法

---

① 柯林武德:《柯林武德自传》,陈静译,北京大学出版社,2005年,第77页。
② 邱汉生:《论朱熹"会归一理"的历史哲学》,《哲学研究》1982年第6期。

度,下训导百姓遵守纲常名教,二者皆直接服务于现实政治。

综上,柯林武德历史哲学的核心在于理清历史学的性质,以及如何将其纳入科学研究的轨道;章学诚则专注于强调史学的社会功用,二者是不同历史文化背景下的产物。近代自然科学的产生,在世界观上必须以对一切人和物一律平等并且一视同仁的普遍法则作为其思想前提,而中国传统文化无不将人伦纲纪置诸首位,学术思想和学术伦理均需作为等级制度的维护者存在。①时刻不忘经世致用、强调史学为现实政治服务的章学诚,其学说如何与西方近代学术进行同一层面的比较?

致力于"中西史学比较"研究课题的一些学者,除在不同语境下对中国传统史学进行现代阐释外,亦竭力寻求中国传统学术中蕴含的现代性,试图证明中国传统学术中本就具有堪与欧美相拮抗的现代价值。遗憾的是,在此影响下的比较研究往往容易将中国传统语境下的概念和西方史学理论简单比附,由此造成对中西文献不同程度的误读。余英时所作柯、章比较研究即为其中案例之一,通过上文分析,柯林武德和章学诚在文化传统和思维方式上存在相当的距离,后人的研究如果不能详究其实,再加曲解,其结论或不可靠。因此,笔者认为中西史学比较应注重宏观层面的研究,借以探寻中西史学在同一时代或发展阶段的一些共同之处或发展规律,而对于中西史学具体个案及其细节的微观对比研究,特别是彼此属于不同时代或发展阶段的史家和史学观点的比较,则应慎之又慎,否则很可能会得出削足适履的结论。

本文原刊载于《史学理论研究》2017年第1期。

作者简介:

秦丽,山西长治人。南开大学历史学院助理研究员,研究方向为中国史学史及中外史学比较。

---

① 何兆武:《何兆武学术文化随笔》,中国青年出版社,1998年,第94~95页。

中国政治思想史

略论秦汉以来专制主义的中央集权制度

巩绍英

专制主义的中央集权制度,作为一种国家政权形式,是中国封建社会的主要特点之一。毛泽东指出:"如果说,秦以前的一个时代是诸侯割据称雄的封建国家,那末,自秦始皇统一中国以后,就建立了专制主义的中央集权的封建国家;同时,在某种程度上仍旧保留着封建割据的状态。"[1]

所谓特点,并不是违反常规的例外,也不是没有发育成熟的畸形状态,而是一种历史过程,在不同的国家或民族的范围之内,通过具体的历史条件,表现出不同的形式。任何一个国家的历史都有自己的特点,包括社会经济基础,也包括一系列的上层建筑,特别是国家政权形式以及与之相适应的各种政治制度,都不是一模一样的。

中国封建社会最主要最基本的特点是地主土地所有制。这种土地制度的形式不同于欧洲的封建领地制,土地所有权的流动性比较大,个别地主占有和经营的土地比较分散,不能同政治上的统治权力和统治范围更紧密地结合在一起,没有形成更严格更稳定的等级结构和等级制度。在这种制度下面,农民与地主之间的隶属关系相对地弱一些,有些农民也可以占有和经营少量的土地,成为自耕的农民。为了反抗地主阶级的封建剥削制度,农民能够积聚起相当强大的革命力量,发动革命斗争,并且常常采取武装斗争的形式。在中国的历史上,充满了大大小小的农民起义和农民战争。

地主阶级和农民阶级之间的矛盾,是中国封建社会的主要矛盾。中国的地主土地所有制,个别地主没有充分的能力控制农民,对付较大规模的农民起义和农民战争,就需要一个凌驾于社会之上,"可以吞食整个社会甚至吞食整个国家"的政治权力,最后体现为专制主义的皇帝,集中代表全国地主阶级的利益,帮助他们加强对农民的控制力量,镇压农民的革命斗争,保证他们的土地占有和政治特权,保护封建的剥削制度。

---

[1]《毛泽东选集》(第2卷),人民出版社,1952年,第618页。

当然，像欧洲那样分散性的封建国家也可以保护封建的剥削制度。但是，地主的土地所有制，个别地主要求不断地兼并土地，增加依附农民的人数，在这个基础上形成的各个统治集团，各个分散性的国家政权，也就力图兼并较小的统治集团，不断地扩大自己的统治范围，一直到统一全国，成为"天下共主"，才能巩固自己的统治地位；后者为了保护自己的存在，也极力加强自己的力量，争夺全国范围的统治权力。这种斗争经常是很尖锐的，只有"一家天下"，才能"兵不复起"。①

什么是专制主义的中央集权制度？简括地说，就是"皇帝有至高无上的权力，在各地方分设官职以掌兵、刑、钱、谷等事，并依靠地主绅士作为全部封建统治的基础"。②这包括两个主要的方面：一个是以皇权为中心的官僚制度，一个是以中央国家政权为中心的郡县制度。此外，财政制度、军事制度、司法制度以及学校、选举制度等，也都是按照国家的需要建立起来的。

春秋末年，在封建地主经济发展的过程中，耕地大量垦辟并且大片地连接起来，农村公社逐渐瓦解，有些农民和手工业者游离出来，得到相对独立的地位；旧有的隶奴主贵族统治与家族宗法关系相结合的分封制度和采邑制度不能适应这种新形势。新兴的地主阶级要打破奴隶主贵族的统治势力，需要尽可能集中自己的军事力量和政治力量。春秋战国之交，很多国家逐渐推行了郡县制度。战国七雄已经是割据称雄的封建国家，秦灭六国，分天下为三十六郡，就在全国范围内建立了专制主义的中央集权制度。

这种专制主义的中央集权制度，整个地主阶级的最高代表——皇帝掌握最高的统治权力，这种权力是绝对的，在法律上不受任何限制。在皇帝下面有庞大的官僚机构，从中央一直广布到全国，像蜘蛛网一样，直接控制着全国的土地和人民。这是一个最大的统治集团。但是，皇帝一个人不能充分地实现自己的权力，就要依靠少数最亲近的助手。历代宰相制度的演变很可以说明这种情况。秦以丞相、太尉、御史大夫三公秉政。西汉有中外朝之分，东汉虽置三公而事归台阁，魏以中书掌机密，尚书也成了外围。隋唐实行中书、门下、尚书三省分权，翰林管理文书号为"内相"。唐末五代枢密使夺宰相之权，宋以中书、枢密对掌文武二柄，别置三司使通领盐铁、度支和户部，号为"计相"。明

---

① 《峄山刻石》，载《全秦文》。
② 《毛泽东选集》（第2卷），人民出版社，1952年，第618页。

废丞相,吏、户、礼、兵、刑、工六部尚书直接对皇帝负责,殿阁大学士组成皇帝的办公机构,掌握了实际的权力,清又以军机处代替内阁的地位,内阁变成了空衔。这样一层一层地像剥笋一样,无非是"人主之狎近幸而憎尊望者逼己",①就是说,尽量把权力保持在皇帝自己手里。有时候,皇帝没有能力使用或者保持不住这种权力,就会被自己的近臣如宦官之流窃夺了去,这些人"手握王爵,口含天宪",把皇帝当作傀儡来利用。为了防止这种权力的滥用,在中央机关内设置了监察制度,如魏徵所说"人君兼听纳下,则贵臣不得壅蔽而下情必得上通";②苏轼所说"擢用台谏……将以折奸臣之萌而救内重之弊"。③但事实上这方面的作用是很有限的。

至于中央和地方的关系,要求"如身之使臂,臂之使指","辐辏并进而归命天子",④不能尾大不掉。秦灭六国,以御史监郡。西汉采用贾谊、晁错、主父偃的建议,逐渐剪除了诸侯王的割据势力,褫夺了他们的政治权力,只能衣食租税,不与政事;置刺史分部巡行郡国,以六条问事,任轻秩卑。东汉末年,刺史或州牧权势渐重,兼掌兵事,与地方的豪族大姓相结合,形成独立或半独立的势力,开三国两晋南北朝长期分裂之局。隋唐实行州县两级制,另设折冲府统领府兵,恢复对地方州县的监察制度;后来,边镇节度使的权力扩大了,集军事、财政、民政、监察诸权于一身,造成唐末五代的藩镇割据局面。宋收夺藩镇兵权,直接派遣中央官吏知州知县,代替中央分路监察吏治、收纳赋税、提点刑狱、提举常平仓和茶盐专卖,以及掌管兵马等的监司都分别设置,互相牵制。明以布政使、按察使、都指挥使三司分治,并且直接派遣中央官吏担任巡按、巡抚和总督;清总督和巡抚的管辖区域和职权固定化,成为一个省或几个省的封疆大吏,布政使等实际上变成了他们的属官。从这个简单的轮廓看来,地方官制的每一次改变,都是为了强干弱枝,重首轻足,加强中央集权制度,压制地方的封建割据倾向。

怎样维持和巩固这种专制主义的中央集权制度,与地方的封建割据倾向作斗争?从中央国家政权方面来说,要有几个必要的条件。

(一)要依靠整个地主阶级的支持。封建的国家政权要从整个地主阶级包

---

① 章炳麟:《检论·官统上》,见《章氏丛书》。
② 吴兢:《贞观政要·论君道》。
③ 苏轼:《上神宗皇帝万言书》。
④ 贾谊:《治安策》。

括中小地主出身的知识分子中培养官僚,参加统治机构,废除贵族的世袭制度。两汉时期,在聚族而居的宗族和作为基层政权组织的乡里交错存在的情况下,采取察举和征辟的制度。魏晋时期,门阀大族的势力膨胀起来,发展成为"上品无寒门、下品无士族"的九品中正制。隋唐以后,采取科举制,打破门阀制度,从整个地主阶级中更广泛地吸取人才。中央国家政权任用官吏的权力也越来越集中,"大小之官悉由吏部,纤介之迹皆属考功"。①学校逐渐流于形式,科举制度成为地主阶级知识分子求取功名利禄的主要门径,真是"天下英雄悉入吾彀中"了。

这样,由地主阶级出身的为封建国家服务的大大小小的官吏,就形成了一个庞大的官僚阶层。他们主要依靠国家的俸禄、赏赐和贪污勒索来维持生活,还可以倚恃政治上的特权,掠夺农民的土地,逃避国家的赋役;不担任官职的时候也可以保持这种特权,甚至由子孙继承下来。这个官僚阶层的经济利益和政治利益完全附托在中央国家政权上面,最能出死力维护中央国家政权的存在,为皇帝效忠尽节,成为专制主义的中央集权制度的重要支柱。

但是,如果说中央的国家政权代表中小地主阶级的利益,反对地方封建割据政权所代表的大地主阶级,却是错误的。应该说,中央国家政权集中代表整个地主阶级特别是大地主阶级的利益,它本身就是以皇室为中心的大贵族、大官僚、大地主建立起来的政权,是全国最大的统治集团,对于其他地方性的地主阶级统治集团在经济上政治上都占着压倒的优势。中央国家政权要取得中小地主和各阶层人民的支持,加强自己的优势,实行一些有利于他们的政策,并不能改变阶级的实质。问题是怎样形成这样一个统治集团?怎样造成这样的优势?还要有下面的条件。

(二)要能够控制全国的土地和人口,特别是大量的自耕农民。封建的国家要经过户籍制度,向全国所有的"编户齐民"征收赋税、徭役和兵役,把他们放在中央国家政权的统治权力之下,这是专制主义的中央集权制度最大的物质基础。这样,就使得以皇帝为首的统治集团能够掌握远比个别的贵族、官僚、大地主等所组成的统治集团和地方割据势力更加强大的物质力量,维护自己的统治。

封建社会的初期,自耕农民比较多。秦汉政府一再打击地方的豪强地主,

---

①《隋书》(卷75《刘炫传》),中华书局,1973年,第1721页。

或者把他们迁徙到咸阳、长安附近,抑制他们的势力,同时加强自己的统治集团。东汉以后,随着大土地所有制的发展,豪强地主的势力已经根深蒂固,通过宗族宾客,部曲家兵,荫附了大量的农民,连所谓门生故吏也麇集在他们的周围,结成了君臣的从属关系。这是分裂割据势力产生的社会基础。中国的地主土地所有制的进一步发展,它的分散性和不稳定性,对于封建割据势力的形成也有一定的制约作用。中央国家政权与个别地主之间,为了争夺劳动人口,经常进行斗争。什么"度田""经界""括户""大索貌阅",等等,都是中央国家政权针对个别地主隐匿户口和逃避赋役所采取的政治措施。农民阶级在革命的斗争中消灭了一部分地主经济,打击了地主阶级的统治力量,有些农民能够摆脱个别地主的控制,得到一些土地,自耕农民增加了,另外一些农民对地主的依附关系也得到减轻,这样,国家能够直接控制的土地和人口就多了。一般地说,隋唐以后,除了一些少数民族统治的时期,把一部分农民和手工业者给皇室和贵族直接奴役以外,在法律上都不承认个别地主或地方统治集团有脱离国家政权单独控制自己所属的土地和人民的权力。国家管理户籍的制度如"黄册""鱼鳞册"等,也越来越严密。这就加强了专制主义的中央集权制度的物质基础。

有人说,土地国有制和国家管理的公共工程如水利灌溉等,是中国的专制主义的中央集权制度的基础,这个理论不符合中国的历史实际。当然,国家占有一部分土地可以加强自己的经济力量和政治力量,如历代的屯田制就起了这样的作用。但是,中国历史上这种土地并不很多,均田只是国家直接控制土地和自耕农民的一种方式,官庄、皇庄等实质上同私人地主的剥削形式并没有什么差别。中国的土地国有制并没有很大的发展,更没有取得支配的地位,但中央集权制度却愈益得到发展。水利灌溉和治河工程也没有对国家的社会经济生活和政治生活发生过决定性的作用。中国的专制主义的中央集权制度所依靠的是能够控制全国土地和人口的权力,而不是土地国有制。这里的问题是,怎样取得和保持这样的权力? 又要有最后一个条件。

(三)在封建制度下,离不开武装力量。"军队是国家政权的主要成分。谁想夺取国家政权,并想保持它,谁就应有强大的军队。"[1]历代的封建统治者都懂得这个真理,他们都用最大的注意力掌握军队,只要能够在一定的人力物力

---

[1]《毛泽东选集》(第2卷),人民出版社,1952年,第535页。

的基础上建立起自己的军队,就是夺取和保持政治统治权力的主要保证。中央的国家政权主要是依靠强大的武装力量控制全国,镇压人民的反抗,消灭、并吞或压服地方的割据势力;并且千方百计地防范地方官吏掌握军队,特别是统兵的将领拥兵自重,造成新的封建割据势力。

秦始皇销毁天下兵器,拆除六国的城郭障塞,是建立统一国家的一项重要措施。汉唐的兵制都是贯彻重内轻外、居重驭轻的原则。府兵制破坏了,边兵的地位成为主要的,边镇节度使的权力就扩张起来。宋接受唐末藩镇割据的教训,采用更戍法,使"兵无常帅,帅无常师",中央集权制度的力量加强了,但在辽、夏、金的经常威胁之下,弄得"内外俱耗,本末并弱"。明实行卫所制,当国势兴盛的时期,镇压了很多次局部性的农民起义,也平定了一些地方的叛乱;到了危臲的时候,不仅对付不了更大规模的农民起义和满洲贵族的入侵,连江北四镇也敢于跋扈起来,权力落到了统兵的将领手里。清平定三藩以后,专制主义的中央集权制度是最发展的;到了末年就不同了,在镇压太平天国革命的战争中发迹的地主武装湘军和淮军成为主要的军事力量;以小站练兵起家的北洋军阀袁世凯竟能够玩弄清室的命运于股掌之上。"有军则有权",在封建社会里,事情就是这样。

就在中央的统治机构内部也是这样。譬如说,东汉宦官与外戚之间的斗争,宦官篡夺了一部分武装,所以胜利了,一旋踵又被统兵的将领联合地方的军阀消灭掉。唐朝宦官掌握了神策军,能够随意废立天子,成为"定策国老"。明朝宦官的权势更大,成为"立皇帝","九千岁",掌握了中央政务,掌握了东厂、锦衣卫等特务机关,但没有自己的武装,没有独立的屏障,他们的权力只是盗窃了皇帝的权力,只要一失掉皇帝的信任,一个一个地就像冰山一样消解掉了。

总之,由整个地主阶级组成的官僚集团,对全国土地和劳动人民的控制,强大的武装力量,这就是中国专制主义的中央集权的封建国家的三个主要法宝。在中国,对于这个制度来说,三者是缺一不可的。

在中国的历史上,专制主义的中央集权制度的发展是以国家的统一为前提的。秦汉以来,统一是长期性的,是历史的主流,分裂和封建割据的状态是暂时性的,或者是在一定程度上部分地存在着的。在人们的思想意识里,总认为统一是正常的现象,分裂割据是不正常的现象。

远在春秋战国之际,在地主土地所有制的基础上,商品交换有了发展,人民的接触越来越频繁,各地区之间的经济联系和文化联系加强了。在秦汉的统一国家里,这种情况更有显著的跃进。司马迁说:"汉兴,海内为一,开关梁,弛山泽之禁,是以富商大贾,周流天下,交易之物莫不通得其所欲。"[1]桑弘羊说:"自京师东西南北,历山川,经郡国,诸殷富大都,无非街衢五通,商贾之所臻,万物之所殖者。"[2]这样,所谓"书同文、行同伦"的现象也就不是偶然的了。

在这些条件下面,秦汉时期,处在中原地区的汉族人民开始形成了一个相当稳定的民族共同体。这是封建时代的民族,而不是近代的资本主义民族。二千年来,这个民族在我们祖国的广大疆土上过着共同的经济生活和文化生活,使用着大体上相同的语言和当作书写符号的文字,不断地向前发展。汉族同周围其他民族互相接近互相融合,帮助和吸引他们走上社会发展的共同轨道,加速了历史的进程。这就使中国能够成为一个长期统一的国家,而不仅仅是一种"暂时的不巩固的军事政治联合"。此外,各族人民反对外来民族的压迫的斗争,也促进了他们的民族意识和民族感情,推动了国家的统一和中央集权制度的发展。

前面说过,封建统治阶级的各个集团都要求扩大他们的统治区域,不断地增加臣属人数来加强自己的统治权力,满足自己的"大欲"。这就需要通过兼并战争尽可能消灭敌对的势力,爬上全国范围的最高统治地位,否则就有被别人消灭、并吞或推翻的危险。这就是诸葛亮所说的:"汉贼不两立,王业不偏安";[3]宋太祖所说的:"天下一家,卧榻之侧岂容他人鼾睡!"[4]但是,从另一方面说,豪强地主的经济势力和政治特权必然带来分裂割据的因素;在封建社会中,自然经济占主要地位,又给这种地方性的封建割据造成适宜的土壤。所以,在中国的历史上,统一和分裂,中央集权和地方割据,这两种历史趋势或倾向之间经常进行着斗争。

从整个历史看来,在封建社会里,某种程度的封建割据状态是经常存在的;在一定时期内,全国范围的分裂局面还是不可避免的。特别是封建社会的前期,生产力水平还比较低,自然经济的作用还比较强,豪强地主逐渐掌握了地方的政权,拥有大量的依附农民和由他们编制起来的武装力量,就盘根错节,形成了地方的割据势力。这种割据势力的发展,自然削弱了中央国家政权

---

[1]《史记》(卷129《货殖列传》),中华书局,1959年,第3261页。

[2] 恒宽:《盐铁论·力耕第二》。

[3] 诸葛亮:《后出师表》,载《三国志注》。

[4] 岳珂:《桯史》,《津逮秘书》本。

的力量,与中央国家政权处于公开或半公开的对立地位,以至造成比较长期的分裂。在分裂的时期,有时候势均力敌,就互相对峙或偏安一隅,有时候四分五裂,陷于混乱的状态。周围落后民族的入侵,汉族同这些民族的统治集团之间的冲突、战争的破坏,等等,对于这种分裂局面的形成和长期延续常常有很大的影响。但是,这些政治事件的发生也不是偶然的,不是纯粹外部的事情,而是同封建割据经济基础的加强和中央集权制度的削弱联系在一起,互为因果。正如恩格斯所说:"这是两个不均衡的力量的交互作用:一方面是经济运动,另一方面是追求尽量大的独立性的新政治权力,既然已经产生也就具有独立运动的政治权力。""虽则交互作用的因素很不均衡:经济运动在这些因素中是更有力得多的、始初性的、决定性的东西。"[1]

值得注意的是,即使在分裂割据的形势下面,在互相对立的封建国家或地方割据政权所统治的区域之间,仍然尽量保持着经济上文化上的联系,汉族同其他各族人民之间,仍然继续着互相接近互相融合的历史过程,没有由于政治上的分裂产生民族内部分裂或分化的现象。在分裂的时期,各个封建国家或地方割据政权内部,还尽量保持着专制主义的中央集权制度,并没有出现欧洲那样的领主制。就连唐末的藩镇,一方面与中央的国家政权相对抗,另一方面,在他们的统治区域以内,还是要"诸州听命帅府如臣之事君","事无巨细皆取决于帅",[2]俨然是一个小朝廷的规模。在许多互相对立的封建国家或地方割据政权之间,谁在这方面更有成效,谁的经济基础就更稳固,财政力量和军事力量就更强大,内部纷争和变乱也比较少,可以比较容易地对付敌对势力,在兼并斗争中有更多的机会成为实现统一的担负者。

在中国的历史上,无论怎样混乱的局面,统一的历史趋势总是经常存在的,往往经过许多短期的不稳定的统一达到比较长期的稳定的统一,由局部地区的统一逐渐酝酿出全国统一的局面。分裂时期的地方统治者,总是力争自己成为统一的担负者,成为封建正统的继承者;连一些少数民族的统治者,当他们建立了封建国家,接受了封建文化的影响,也就同时接受了这种封建正统的观念,托附汉族苗裔,宣布自己继承"中原正朔"的合法地位。这种观念的本质是反动的,却反映了一种共同的心理状态。这种共同的心理状态是怎样产

---

[1] 《马克思恩格斯文选(两卷集)》(第2卷),人民出版社,1962年,第493、497页。
[2] 王林:《燕翼贻谋录》,《百川学海》本。

生的？为什么人们总是把统一看成正常的现象,而把分裂割据看成一种不正常的现象呢？除了地主阶级统治集团要求攫夺更大的统治权力和物质利益以外,还有一道强大的伏流,深藏在历史过程的内部,推动着历史向统一的方向发展。这就是广大人民要求统一反对分裂割据的强烈愿望。

在统一的国家里,兼并的战争减少了,可以保障人民有比较安定的生活,有较大可能实行轻徭薄赋,减轻一些人民的负担,也能在一定程度上限制豪强地主的土地掠夺,裁抑他们的政治特权。统一的国家也有较大力量抵御周围落后民族的入侵。在局势比较稳定政治比较清明的时候,统一的中央集权的封建国家还做了一些有利于人民的事情,如大规模的移民垦荒,开发边疆地区,治河开渠,兴建和管理一些重要的公共工程,直接经营一些手工业和对外贸易,开展水陆交通运输事业,等等。这些,在客观上促进了社会经济的发展。统一的国家还给大规模的阶级斗争——农民战争的开展造成有利的条件。这说明了"实行中央集权化,是一切国家迅速发展的强有力的手段"。所以,中国历史上争取实现统一的一切努力,就能够得到人民的拥护和支持,成为一种不可抗拒的力量,"由水之就下,沛然谁能御之"。①这正表现了人民群众创造历史并且推动着历史前进的伟大作用。

有些国家,专制主义的中央集权制度是由于组织人工灌溉等公共事业的需要产生的;有些国家,中央集权的国家制度是由于国防的需要产生的。对于中国这样一个国家,这样广袤的土地和连续几千年的历史,这个制度所具有的规模和长期性,就不是某一个单独的经济条件或政治条件发生作用的结果。因为这些条件不是在中国的历史上自始至终贯穿下来的,或者起着同样的作用,有时候还起着完全相反的作用。譬如说,在公共工程方面滥用民力,可以使阶级矛盾尖锐化,削弱中央集权国家的力量;与周围落后民族的战争也可能造成分裂和混乱。只有把这一切因素综合在一起,把这一切因素同人民群众的利益和要求结合在一起,这样的历史现象才能够得到完全合理的解释。人民群众积极参加了统一的斗争,打击了地方的封建割据势力。"野旷天清无战声,四万义军同日死",人民对于统一的斗争作了何等伟大的牺牲!"都人回面向北啼,日夜更望官军至",②人民热望统一的心情又是何等的迫切!

---

①《孟子》(卷1《梁惠王上》)。

② 杜甫:《悲陈陶》。

即使历史上农民的革命战争,是与整个地主阶级相对抗,与中央的国家政权相对抗,但其斗争的火焰却首先扑向压在他们头上的地主,扫荡了封建割据的社会基础,而且直接打击了最顽固最反动的地方割据势力。农民的革命斗争,在发展的过程中,常常是由小而大,由分散到集中,此起彼伏地逐渐汇合起来,最后造成燎原之势,使封建国家的政权土崩瓦解。这就把新的统一的中央集权国家的经济基础准备好了。新的封建统治者正是利用了这种形势,窃取了这种革命斗争的果实,逐渐消灭了分散的地方割据势力,建立了新的统一的封建国家。有些农民战争,受到封建统治者和地主武装的镇压,地方的割据势力乘机而起,中央国家政权的力量垮下去了,造成一个时期的分裂混乱局面。历史走了一段弯路。但经过这段回旋曲折以后,又会展开一个统一的前景。在新的历史条件下面,专制主义的中央集权制度又会得到进一步的发展。

但是,归根到底,专制主义的中央集权制度是封建国家的政权形式,是封建统治阶级压迫人民的工具。这个制度也有两重性,也要向反面变化。事实上,当秦始皇开始在全国推行这个制度的时候,一方面适应着封建社会经济正在上升的历史趋势,一方面就暴露出它的反动性。专制主义的中央集权制度所造成的皇帝的绝对权力,使他们可以无限制地滥用民力,极端残暴地剥削和压迫人民,任意挥霍人民所创造的物质财富。有时候,皇帝的亲属或宦官攫取中央的统治权力,发号施令,形成一种特殊的统治集团,政治就更黑暗,更腐朽,阶级矛盾更加尖锐化。官僚制度的发展也越来越腐败,争权纳贿,互相攀附,利用亲戚、乡里、交游、故旧种种关系,形成统治阶级内部的各种派别和集团,在这些集团之间互相倾轧,互相排挤,这就是历史上各种党争的社会根源和政治根源。有些党争,如东汉末年的"清议"和明末的东林党人,是为了反对把持中央政权的宦官集团的黑暗统治,在封建统治阶级中间得到较多的支持。这种斗争的结果是封建统治阶级的分崩离析,只有经过农民革命战争的大扫荡,才能涤除宿秽,把历史推上一个新的时期。但要彻底否定和推翻封建制度,包括专制主义的中央集权的政治制度,就不是封建社会范围以内的事情了。

在意识形态方面,儒家的学说积极维护国家的统一,维护专制主义的中央集权制度,为这个政治制度服务。战国时期,封建地主阶级的代表开始提出统一和实行中央集权制度的要求。孟子主张"定于一",荀子主张"隆一而治",春秋公羊学派提倡"大一统",他们都为新型的封建国家设计了一些理想的图景。法家"内用刀锯,外用甲兵",要求用武力建立统一的国家、推行专制主义的中央集权制度,并且创立了一套完整的理论,超过欧洲中世纪的麦迦威理。秦始皇实现了法家的政治理论,还实行焚书坑儒,实行对思想文化的统制政策,妄想自己建立起来的封建专制主义统治能够传之无穷。这些政策的反人民性太露骨了,统治阶级内部矛盾也激化起来,结果是众叛亲离,为人民起义的力量所推翻;六国贵族的割据势力也乘机复辟。儒家同法家比较,有很大的灵活性,也有很大的欺骗性。汉武帝罢黜百家,独尊儒术,实际上是"外儒内法",为封建制度创立新的更适合地主阶级利益的上层建筑。从此以后,儒家学说的正统地位确立了,儒家学说的内容也就极力向这个方面发展。"臣罪当诛兮天王圣明",表示了对君主专制的绝对忠诚;"乱臣贼子人人得而诛之",表示了对统一和中央集权制度的最大维护。

西汉立五经博士,儒家的经典成为学校教育的主要内容。隋唐实行科举制度,以九经取士。元朝以后,特别重视五经四书,对于这些书的解释要以理学家朱熹等人的著作为依据,参加科举考试的人必须按照这些讲法,"代圣贤立言",不许羼入不同的意见。明朝有了"八股文",这是一套特殊的僵固化的格式,用来箝束实际的政治内容和知识分子的思想。这些经书的内容成为神圣不可侵犯的教条,考试的办法越来越烦琐,入仕的途径越来越狭窄,就可以实现严密的思想统制,同时可以笼络人才,防止这些知识分子为反对中央国家政权的敌对势力服务。历代的封建统治者还利用历史著作,表彰"忠义",宣扬"正统"观念,贬斥"僭伪""叛臣"等与中央国家政权相对抗的地方割据势力,或者背叛了中央统治集团的利益的人,来维护专制主义的中央集权制度。

关于专制主义的中央集权制度问题,在历史上也有过很大的争论,这就是"封建"和郡县的争论。如曹冏的《六代论》,陆机的《五等论》,主张恢复分封制度,巩固一家一姓的统治,实际上是为封建割据打开道路。柳宗元的《封建论》,顾炎武的《郡县论》,以及王夫之在《读通鉴论》中对秦始皇变封建为郡县的评论,都是从历史的发展和人民的利害着眼,赞成中央集权制度,批判封建割据倾向的反动性,有比较进步的意义。明清之际的思想家对绝对的君主专制有很多严厉的批评。如黄宗羲认为为人君者"以我之大私为天下之大公"实在是"天下之大害",应核"视之如寇仇,名之为独夫"。[1]唐甄认为"凡为帝王者皆贼也","乱天下者惟君",君应该对"小人""女子寺人""奸雄盗贼"等一切"致

---

① 黄宗羲:《明夷待访录·原君》。

乱"的原因负责任。①这些思想的产生,说明封建专制主义已经走到了尽头,历史将要走到一个新的转折点,新的人物将要登场了。这些问题,可以在中国政治思想史的题目下面讨论,这里就不多说了。

本文原刊载于《历史教学》1965年第1、2期。

作者简介:

巩绍英(1920—1973),辽宁阜新市人。早年接受进步思想影响,参加"一二·九"运动,加入中国共产党,投身革命事业。1954年任人民教育出版社副总编辑。1958年起任中国科学院历史研究所兼职研究员。1961年任中华书局副总编辑。1963年调南开大学历史系任教,兼校图书馆馆长,在南开大学讲授"中国政治思想史"。1971年借调中国历史博物馆,主持中国通史陈列工作。工诗词,有《巩绍英诗词选注》行世。

---

① 唐甄:《潜书·室语》及《鲜君》。

中国传统的人文思想与王权主义

刘泽华

在中国传统文化再认识过程中,有些学者提出,中国传统文化的特点是人文主义,理由是中国传统文化注重世俗而不追求神学。就此而论,我认为是可以的,并想就其表现再补充几句。但在论者之中还有人提出以儒家为代表的传统人文思想,是提供天下为公、人格平等、人格尊严、个性独立、道德理性、民主政治的基础。则不敢苟同。以我之见,中国传统的人文思想,其主导方向恰恰是王权主义,并使人不成其为人,兹试言一二。

一、传统人文思想的表现

夏、商、西周基本上是神的世界。从春秋开始,神的地位逐渐下降,人的地位逐渐上升。老子与孔子是人文思想发展中的两位巨擘,是中国历史上思维方式转向的标志,他们二人把先前零星的人文思想上升为理论,老子把人还给自然,孔子把人还给社会,从而奠定了中国历史上人文思想的基础。中国传统的人文思想如下几方面值得注意。

第一,在人与神的关系上,倡导先人而后神

在中国古代思想史上,除少数人外,绝大多数思想家都没有把神赶出庙堂。相反,或多或少都给神留下了一席之地。老子认为道是最高的存在,并支配一切。他从本体论上抛弃了神,可是在信仰的范围内仍然保留着神。孔子讲"祭神如神在",也是从信仰上说的。从传统思想看,神不限于信仰,有时也会侵入本体论和决定论中来。但终究人更重要,并以人的需要和精神改造神。以民情知天命,先人而后神、敬鬼神而远之和神道设教诸思想是人文思想对神道观念的改造和修正。

以民情知天命早在西周初已提出来,是"德"的这一观念发展的伴生物。德包含着对神的崇敬,但更注重人事。德把敬神与保民统一起来。"天畏棐忱,民情大可见。"(《尚书·康诰》)"民之所欲,天必从之。"(《左传·襄公三十一年》)

"天视自我民视,天听自我民听。"(《孟子·万章上》)这类活巧妙地把神、人结合为一体,并成为传统中认识神人关系的指导思想。这种认识实际上把神人文化。在儒家中,董仲舒是把神学推向极致的人物之一。然考其基本精神,天神的目的仍是为人谋利益,天"生育养长而更生,终而复其事,所以利活民者无已。天虽不言,其欲瞻足之意可见也。"(《春秋繁露·诸侯》)天人感应、天谴论大抵也是以人事为根据的。

人既然是神的目的,因此在处理神人关系或当两者发生矛盾时,众多的思想家主张先人而后神。这种思想虽不是孔子的发明,但他作了更确切的论述。"季路问事鬼神。子曰:'未能事人,焉能事鬼。'"(《论语·先进》)"务民之义,敬神鬼而远之,可谓知矣。"(《雍也》)庄子也讲:"六合之外,圣人存而不论。"(《齐物论》)即对神的问题不作理论的深究。把神作为工具,是进一步把神人文化的表现。墨子把这种思想阐述得十分明确。他认为,天神犹如"轮人之规,匠人之矩"(《墨子·天志中》),是人手中的工具。《易·象传》提出的"圣人以神道设教",对后来的思想影响更大。"神道设教",在解释上虽然可以走入神秘主义,但更多的是把神道作为工具来看待。只要把神作为工具,不管神在外观上有多尊严,它已失去目的意义,真正的目的是人。而以人为目的的实用主义正是人文思想发展的标志之一。

第二,在人与自然的关系上,倡导人与自然相谐和,并利用自然,为人造福

人是从哪里来的?西周以前认为是神的产物。道家、阴阳家、《易经》的出现改变了这种认识。他们从不同角度酿出了一种共同看法,即人是自然的产物,人是自然的存在。《易·序卦》说:"有天地然后有万物。有万物然后有男女。有男女然后有夫妇。有夫妇然后有父子。"《庄子·知北游》:"人之生,气之聚也。聚则为生,散则为死。"人作为自然的存在,是人文思想的理论基础。

思想家普遍认识到,人的活动要受到自然的制约。自然的力量比人的力量在总体上更富有威力,"逆天(指自然)者亡",正反映了这一认识。然而人在自然面前并不是无能为力的,人可以通过主观努力和探索,求得与自然的谐调,"法天""法地""法四时"(《管子·版法解》),是取得人与自然谐和的基本方式。只要能取得谐调,人不仅可以利用自然,自然简直是为人而存在。"万物同宇而异体,无宜而有用为人,数也。"(《荀子·富国》)"天地之生万物也,以养人。"(《春秋繁露·服制象》)

在传统认识中,一方面强调了自然对人的制约,要把"法自然"作为人类安身立命的起点,但同时又指出人可以"制天命而用之"。指明人是自然界的主人,可以利用自然为己造福,这样在人与自然的关系上突出了人的价值。

第三,在人的社会生活中,强调人性,并以人性为基础推演社会的人际原则

传统思想深入探讨了人性问题。关于人性问题的实质,近人多归结为道德善恶问题。毫无疑问,这是人性问题中十分重要的内容。不过细究起来还有更深层的含义,这就是人的自然性与社会性的关系问题,即生理本能、物质需求与社会关系、社会意识形态的关系问题。对两者关系,不同流派有不同的见解,大体有四种思路。

一种用自然性排斥社会性,如老、庄、魏晋玄学中的一些代表人物。他们认为现存的社会制度和道德观念等,都是对人性的桎梏和破坏,特别是儒家的仁义道德,是戕害人性的刽子手,是吃人的"虎狼"(《庄子·天运》)。他们要求把人还给自然。

另一种则用一定社会制度和社会观念排斥人的生理本能和物质需求。孟子以及宋明理学基本上是沿着这一道路思考问题。他们认为人性是善的,这种善即儒家的道德规范。人的欲望和物质追求是给道德完善造成麻烦的根源。在孟子及理学家们看来,人欲是破坏善的罪魁。因此要发扬善,必须与人欲作斗争。

第三种看法,认为人的自然性与社会性是统一的。法家持此说最力。法家认为,人的本能需要与社会追求是一个东西,即名和利。这种本性无须改,也改不了,改了反而有害。关键是如何利用这种本性以为统治者服务。

第四种认为,两者既有统一又有矛盾。此论以荀子的性恶说为代表。荀子从礼义道德来衡量人欲,认为人欲与礼义相悖,因此宣布人性恶。不过他没有走到极端,一方面主张限制和改造人性的恶,另一方面又要适当满足人的起码生活需求,礼便是调节两者之间关系的准绳。

关于人性的讨论,从根本上说,是探索人类怎样认识自己以及人应该有什么样的价值。在道家看来,人的价值与回到自然的程度成正比,越是自然化,价值越大。法家则认为人的价值是在追求名利中表现出来的。道、法两种价值观虽有很深的影响,不过在传统思想中占主要地位的是孟子的性善论。另外,在汉代,荀子的性恶论也有一定的影响。孟、荀两家看起来截然相反,但归结点却是一致的。孟子认为仁义礼智是人的性善的逻辑展开,荀子认为仁义礼智是改造人性恶的结果。孟、荀都尊尧、舜为圣人,尧、舜是人的价值最高体现,是人的典范。孟、荀从不同角度出发,都提出了人皆可以为尧舜的主张。孟子教导人们说,性善自我发扬,就能上升为尧、舜。荀子教导人们说,用礼义改造自己的尽头就会变成尧、舜。他们认为人的价值是在同自己的欲望斗争中提高和发展的。宋明理学沿着孟子的方式进一步论述了人的价值只有在道德化的道路上才能充分显示出来。

道德完善并不是个人的私事。在儒家看来,个人道德完善是社会完善的基础和起点。修身—齐家—治国—平天下这一公式集中表达了他们的见解。在这一公式中,个人的价值与作用被置于崇高无上的地位,不但神被抛到九霄云外,社会的其他关系与因素也被排挤到次要地位。

这里,我们不去评论上述思想的得失,但有一点是可以肯定的,人文思想获得了充分的展开。

第四,人们在自我追求中主要是求圣化而不是神化

在古代传统思想中,不是没有自我神化的追求,但占主流的是追求圣化,即通过自我修养和完善,成为圣人、贤人、仁人、大丈夫、成人、君子、善人。这些人的共同特点是道德模范。圣化和神化的道路虽然并非水火不容,比如在修养过程中有共同点,但终结点有着原则的区别。神化追求超越自我,最后变成一个彼岸世界中的一员;圣化则力求最大限度地实现自我,在充分发挥自己的主观能动性和执着的追求中,把社会的一切美集中于一身,从而上升为一个超人。传统中的圣贤,特别是儒家中的圣贤,都以悲天、悯人、救世为己任。因此对圣贤、仁人的追求,促进了人文思想的发展。

第五,把自然、社会和人自身作为认识的对象和实践的对象

前边所讲的几点,在逻辑上必然导出把自然、社会和人自身作为认识的主要对象和实践对象。在认识史上虽然也有对天国的幻想,但人们普遍关心的是现实生活中的人以及与人相关的自然界。老、孔之后两千年,知识界讨论的主要问题,几乎一直是围绕天人关系、历史之变、心性、治乱、道德、民生等问题开展的。在这里,认识对象与实践是一致的,诚如章学诚所言:"古人未尝离事而言理。"(《文史通义·内篇·易教上》)由于把现实生活作为认识和实践对象,从而为人文思想开辟了广阔的道路。

以上从不同角度对传统人文思想的具体内容作了说明。那么,传统人文思想思维方式最主要的特点是什么呢? 这就是人们常说的一体思想,即把自然、社会和人视为一个谐和的统一体。这种统一是通过自然的人化、社会化和人与社会自然化达到的,简称自然的人化和人的自然化。在自然的人化与人的自然化观念中,有一些合理的,甚至包含着一些科学的因素。比如人与自然存在某种统一性。诚如荀子所言:"水火有气而无生,草木有生而无知,禽兽有知而无义。人有气、有生、有知,亦且有义。故最为天下贵也。"(《荀子·王制》)即在气、生、知上,人与自然有某种统一性,这种看法是很有道理的;但在自然与人统一的理论中,还有许多是通过人为的对应模拟生造出来的。《易·系辞上》说:"天尊地卑,乾坤定矣。卑高已陈,贵贱分矣。"接着论述乾代表"天""君""金""玉";坤代表"地"、"母"、"众"(臣民)、"布"等。《文言》则讲"地道""妻道""臣道"属阴,阴应顺天从阳。在这些论述中,人分贵贱,天地乾坤阴阳也分贵贱,而且在论者看来,人的贵贱倒是从天地贵贱中引申出来的。中国古代各派思想家都讲"公",公本是道德观念,但各家都说公是"天道"的本性,并外化而为道德之"公"。把天道道德化,反过来又用道德化的天道论证人世道德,这是古代天人合一的重要内容之一。

人自然化,自然人化的思维方式,把一切个体都视为恢恢天网中的一个结。个体在关系网中只有相对的地位,君主是人间最尊贵的,独一无二。但君主也只是关系网中的一环。他只有顺天、从人,才能保障自己的安全和尊贵。这种观念无疑具有合理的一面,从现代的系统论观点看,古人是把自然、社会、人视为一个有组织的严密的大系统,每个事物都受系统关系的制约。但是古人在构筑这个大系统时,对系统的认识不是建立在分析科学的基础之上,而是以直观的模糊认识来完成的。因此所谓的系统关系有许多是虚构的、臆想的;另一方面,这个系统结构本质上是按照社会现实的等级结构来组织,并且都贴上了道德的标签。人自然化,自然人化的结果,既使人不成其为人,又使自然不成其为自然。自然与人都因此而失真。但由此却得到一个对当时君主政治非常实惠的东西,即大一统。在天、地、人大一统中,君主具有承上启下,圆通万物的作用。

二、王权主义

有一种意见认为,人文思想与民主、自由相联系。其实无论从逻辑上还是从历史上看,这种说法都难于成立。从逻辑上讲,专制主义可以包括在人文思想之中,从历史上看,中国古代的人文思想很发达,君主专制主义也很发展,专制主义恰恰以具有浓厚的人文色彩的儒家思想为理论基础。另外,从内容上看,中国古代人文思想的主题是伦理道德,而不是政治的平等,自由和人权,当时的伦理道德观念最终只能导致专制主义,即王权主义。在古代的传统思想,特别是儒家思想中,虽然有不少重民、爱民、利民、惠民、恤民、爱民如子、民为邦本等主张和理论,这些常被人们誉之为民本主义和民主主义等等。其实,事情的本质未必如此。古代的重民,爱民并不是目的,一般地说,它只是一种手段,孔子讲得很清楚:"惠足以使人。"(《论语·阳货》)不管人们就"爱民"问题讲了多少美好语言,民基本上是被恩赐和怜悯的对象。民从来没有比这个地位更高。那么谁是目的呢? 谁是操握民这个工具的主人呢? 是君主、是帝王,人们常爱把范仲淹的"先天下之忧而忧,后天下之乐而乐"作为民主思想的典型加以征引,其实不应忘记他前边说的两句话:"居庙堂之高则忧其民,处江湖之远则忧其君。"这两句正说明君主是目的,民只是被怜悯的对象。

我们说君主是目的,并不是说君主是不受任何制约的。从理论体系上看,君主也是被规定的对象。他不仅要受到天、人的制约,还要受名分、伦理道德的制约,即受到道统的制约。中国传统的名分、道德和道统确实对君主的行为有规定和制约作用,但是我们不能忽略这样一个基本事实:在总体上,这些理论又是对君主地位的肯定和维护。对君主严格的要求正是为了保证君主地位的巩固与稳定。道德自然化,恰恰成为君主因自然而为必然的证明。另一方面,君主尽管只是整个关系网中的一个结,但是在他这个网结中非同一般的网结,而是处于枢纽和指挥地位的纲。如下一些理论从各方面论证了君主的绝对性:

第一,君主能参天地,是调节人与自然的中枢

天地化育万物是古人的共同认识,在天地化育万物过程中,人并不是纯粹的外在物,他们可以参加到天地育化万物的行列中来。《荀子·天论》说:"天有其时,地有其财,人有其治,夫是之谓能参。"人虽其参天地之才能,但并不是人人都能做到的,只有圣人君子才能做到这一点。《中庸》说:圣人"能赞天地之化育"。荀子说:"君子者,天地之参也,万物之总也,民之父母也。无君子,则天地不理,礼义无统。"(《荀子·王制》)中国传统思想中的圣与王在理论上不完全一致,但一般说来又是"内圣而外王",正如董仲舒所说:"古之造文者三而连其中谓之王。三画者,天地与人也,而连其中者通其道也。取天地与人之中以为贯而参通之。非王者孰能当是。"(《春秋繁露·王道通三》)《礼记·乐记》说:"天高地下,万物散殊,而礼制行矣。流而不息,合同而化,而乐兴焉。"意思是说,礼乐原本于天地,但是礼乐又不是纯自然的产物,它是圣人根据天地的本性而制作出来的:"故圣人作乐以配天,制礼以配地。礼乐明备,天地官矣。(郑玄注,官犹事也,各得其事。)"只有经过圣人之功,天、地、人才能和谐相配。圣人、君主参天地的理论,把君主抬到超人的地位,君主不但被圣化,而且也有神化的意味。

第二,君主体现着自然与社会的必然性,把握着必然之理

中国古代的思想十分注重自然与社会的必然性,他们把这种必然性称之为"道""理""时""势""必""然""节""序""数"等。传统思想认为,"天道"与"人道"在原则上是统一的。人道本于天道。"君子尚消息盈虚,天行也。"(《易·彖传·剥》)天行即天道,君子重视消长盈虚,因消长盈虚是天道,是自然规律。《荀子·王制》说:"君臣父子兄弟夫妇,始则终,终则始,与天地同理。"这里所说君臣、父子、兄弟、夫妇指人伦,始终指世代相传而不变。人伦与天地同理。人的一切规范几乎都本于自然之理。《易经》就是天道与人道相统一的文化表现。《系辞上》说:"《易》与天地准,故能弥纶天地之道。"圣人作"易"体现了天人的统一和必然。

人们都要受到自然社会的必然性的制约,但对人来说有自觉和不自觉之分。"百姓日用而不知"(《易·系辞上》),是"作而行之者"(《周礼·冬官·考工记》),处于浑浑噩噩的自发状态;君主、圣人的专职是"坐而论道"(《考工记》),只有他们知"道",并把握着必然性。"圣人者,明于治乱之道,习于人事之始终者也。"(《管子·正世》)"道不同于万物,德不同于阴阳,衡不同于轻重,绳不同于出入,和不同于燥湿,君不同于群臣。凡此六者,道之出也。"(《韩非子·扬权》)君主是道在人间的体现。君主也只有"体道"(《韩非子·解老》)才能成为君主。所以又说:"道者,万物之始,是非之纪,是以明君守始以知万物之源,治记以知善败之端。"(《韩非子·主道》)"天者,理也,神者,妙万物而为言者也;帝者,以主宰事而名。"(二程《遗书》卷第十一)帝王是把握天理引诸于人世的中枢。

帝王体现着规律,体现着必然,人们要遵从规律和必然,首先必须遵从帝王。

第三,君主是政治治乱的枢机和决定力量

中国古代的各家各派,从不同的角度出发,几乎一致认为君主在国家治乱中具有决定性的作用,这种认识同君主专制制度的不断强化是一致的。在君主制制度下,君主个人具有无上的权力。由于权力支配着社会,君主的一言一行都会对社会政治局面产生重大的影响,于是就出现了鲁哀公与孔子关于"一言可以兴邦"和"一言而丧邦"问题的讨论(《论语·子路》)。孔子对这两句话虽然作了一些具体分析,附加了一些条件,但最后还是基本同意的。在这一言可以兴邦,一言可以丧邦的体制下,君主在国家治乱兴衰中,无疑具有决定性的作用。"君不贤则其国乱。"(《荀子·议兵》)"君者,民之原也。源清则流清,源浊则流浊。"(《君主》)基于这种认识而有"观国,观君"之说(《管子·霸言》)。儒家主张人治,对于君主更寄于厚望。《中庸》说:"文武之政布在方策。其人存,则其政举;其人亡,则其政息。"在整个封建时代,几乎所有的思想家,都把希望寄于圣明君主身上。在事实上,君主并非都是圣明,相反,众多的君主是残暴之徒,于是出现了矛盾。基于这种情况,对君主进行品分的理论在各家各派中都占有显著地位。每位思想家都按照自己的理论标准,把君主分为圣主、明主、昏主、闇主、残主、亡主,等等。

对君主进行品分,在认识上具有重要意义。它说明君主是认识的对象,可以分析,孟子在评价梁惠王时就表现得相当勇敢:"不仁哉,梁惠王也。"(《孟子·尽心下》)荀子把当时所有君主放在他的理论而前衡量时,得出一个彻底否定的意见,认为当时的君主皆"乱其收,繁其刑"之辈(《荀子·宥坐》)。

传统思想一方面把君主视为治乱之本,另一方面又把君主作为认识对象,进行无情的分析。这两种观察问题的方法,看起来是矛盾的。如对君主的理论要求会与君主现实表现发生某种冲突;然而两者又是统一的,对君主的品分不是对君主专制制度的否定,而是从更高的角度对君主专制制度进行肯定,在对昏君的批评中衬托着对明主的热切希望。从理论上考察,对君主寄于希望越多,臣民的历史主动性失去的就越多,从而越有利于君主专制制度的稳固。

第四,君主拥有全面所有权

自从《诗经·北山》提出"普天之下,莫非王土,率土之滨,莫非王臣"之后,遂成为形容王权至上的口头禅。从经济过程上看,全国的土地与臣民是不是属于王有,这里不去讨论。但作为一种观念却几乎是无可置疑的。秦始皇统

一中国之后即宣布："六合之内,皇帝之土……人迹所至,无不臣者。"(《史记·秦始皇本纪》)刘邦称帝之后即宣布天下为已业。黄宗羲曾指出,人君"视天下为莫大之产业"(《明夷待访录·原君》)。《管子·形势解》甚至给君主下过这样的定义:"主者,人之所仰而生也。"

与这种最高所有权思想相对应的,是恩赐思想的盛行。一切阳光和雨露,都属于圣明君主,甚至连处死都称之为"赐死",而且成为死者的一种殊荣。

全国一切的最高所有权属于王,臣民的一切是王恩赐的,这两种观念的结合,把君主置于绝对的地位,为君主专制提供了强有力的理论根据。

第五,君主是认识的最高裁决者

权力和认识本来属于两种不同范围内的事。在古人的认识中,坚持和提倡权力和认识二元者虽时有其人,但在传统中占主要地位的是把两者并为一元,君主是认识的最高裁决者。《尚书·洪范》关于王道皇极的论述颇有代表意义。"无偏无陂,遵王之义;无有作好,遵王之道;无有作恶,遵王之路;无偏无党,王道荡荡;无党无偏,王道平平;无反无侧,王道正直。"这几句话是传统思想中的最高信条之一,它的妙处在于把王权、认识、道德和行为准则四者结合为一,而且以王权为核心,其中的王虽然是抽象的王,但上升为具体时,则表现为对王权的肯定。思想家倡导的"内圣外王"理论,为王之权力、认识、道德的统一作了更具体、更深入、更巧妙论证。圣和王虽然常常有矛盾和冲突,但圣的最后归宿是王。因此,王高于圣。荀子把君主说成"居如大神,动如天地"(《正论》),就是把君主视为认识和道德的最后裁决。郑玄说:"言作礼乐者,必圣人在天子之位。"(《中庸集注》引郑氏注)也说明天子高于圣人。法家提倡的"以吏为师"从政治实践上就权力裁决认识作了规定。在秦以后,法家虽然被排斥于正宗之外。但他们的许多思想,其中包括"以吏为师"却被统治者视为法宝而加以使用。儒家虽然不停地强调道德以及相关认识的独立性,但是当理论分歧弄到不可开交时,最后还是皇帝加以裁定,石渠阁和白虎观会议便是由皇帝裁决认识分歧最为典型的两次举动。朱元璋删《孟子》也证明权力高于认识。历史上连续不断的文字狱是权力与认识发生尖锐冲突的表现。中国的经学有着非常丰富的内容,但它作为官学,不仅为维护王权和封建秩序服务,同时又受王权的支配。哪些列为"经"以及标准注疏,都是皇帝下令确定的。其实何止经学,史学的主干部分,所谓正史等,多半是遵照官方的旨意来编写的。到了清代,连版本都由皇帝"钦定"。从理论的认识过程和逻辑来看,未必都以王为中心,但实际上王权高于认识过程和逻辑。中国古代不存在独立的认识主体,这一点就决定了难以有独立的认识。

王权主义与人文思想不是两种对立的思想体系,王权主义属于人文思想的一部分。从历史上考察,中国古代人文思想相当发展,同时君权专制也十分发展,而且专制君主正以人文思想很浓的儒家思想为统治思想。这种情况与西方近代的历史过程有极大的不同。近代西方的人文思想与封建专制是对立的。中、西之所以会有这样大的差距,关键是人文思想所背靠的历史条件不同。近代西方人文思想的发展以商品经济发展为基础;而中国古代的人文思想是建立在自然经济基础上的。在以小农为主的自然经济基础上,不可能产生民主思想,只能产生家长主义。家长主义是王权主义的最好伴侣。

三、使人不成其为人

王权主义与人格平等、个人尊严、个性独立是对立的,前者的存在以压抑后者为前提和条件、两者冰炭不可同炉。正如马克思所说:"专制制度唯一的原则就是轻视人类,使人不成其为人。"[①]那么,为什么一些人说中国传统文化导向了人格平等,个性独立呢? 因为在古代传统人文思想中,确实有强调个人尊严和人格独立的一些词句,如"三军可夺帅也,匹夫不可夺志也。"(《论语·子罕》)"事君者从其义,不阿其惑。"(《国语·晋语一》)"从道不从君。"(《荀子·臣道》)"大人当否,则以道自处,岂肯枉已屈道,承顺于上?"(程颐《伊川易传》卷一《象》)沿着这条路线走,确实培养出了不少志士仁人和不惧万难的硬汉子。但是从历史上来看,我们只能说这是个别现象。中国古代的人文思想从总体上不是把人引向个性解放和人格平等,而是引向个性泯灭,使大多数人不成其为人。造成这种结果的重要原因是王权至上和道德至上的理论及其相应的规定。

关于王权至上的理论前节已论述。这里再讲如下一点,即等级制及其相应的理论对人的束缚。等级制及其相应的理论把王抬到了金字塔顶,并使所有的臣民变得既不自立,又无自由。有人说中国缺乏等级制。的确,乍然看去,中国古代的等级制不像西欧中世纪那样僵化和稳固。其实中国古代的等级制也是相当发达的,只不过有自己的特点罢了,其特点就是多元性和成员的

---

①《马克思恩格斯全集》(第一卷),人民出版社,1956年,第411页。

流动性。多元性表现在不同的等级系统,如爵制、官品、门第、户等、职业贵贱以及民族等差等;流动性指等级中的成员因种种原因有升降和贵贱对流。等级的多元性和成员的流动性不是打破了等级,反而使等级制更加顽固,成为中国历史上的一个痼疾。由于等级制的顽固存在和发展,在观念上论证等级合理性遂成为统治阶级代言人的一大任务。古人论证等级合理的理论十分发达,这集中反映在关于礼的理论中。礼的本质就是讲"分",讲"别",讲"贵贱"。

等级贵贱的理论与规定,首先使人丧失了独立的人格,人一生下来就是他人的从属物。人没有独立的人格,个人的尊严和自由从何谈起?

人的自由中首先应表现在思想自由上,因为思想这种东西难于用有形的方式被他人占有。但是在中国的古代,代表统治者的思想家们却绞尽脑汁,想方设法去束缚和限制人们的思想自由。礼的规定与理论在这方面起了极为恶劣的作用。这集中表现在,把礼作为思想的藩篱、思维的前提和判断是非的标准。孔子讲的如下两句话颇为典型。一句话是:"君子思不出其位。"(《论语·宪问》)另一句是:"非礼勿视,非礼勿听,非礼勿言,非礼勿动。"(《颜渊》)按照认识的规律,一切客观存在的事实,都应作为认识的对象。人们的认识与思考只对对象负责,人人都有认识的权利。然而在礼的束缚下,人们不能超越自己的社会地位去探索问题,表现在政治上就是"不在其位,不谋其政"。孔子讲的"四勿"把礼当作认识的前提,为认识划定了圈子。这样一来,人的认识结论在认识未进行之前已被确定。正如荀子所讲:"非察是,是察非,谓合王制与不合王制也。天下有不以是为隆正也,然而犹以分是非,治曲直邪?"(《解蔽》)荀子的王制即礼。《礼记》的作者把问题说得更加明确。《礼运》说:"礼者……所以别嫌明微。"《曲礼》说:"夫礼者,所以定亲疏,次嫌疑,别同异,明是非也。"当连属于自己的思想也失去自由时,还有什么个人的自由与尊严可谈?专制王权的发展是以对社会上除王之外的每个人的剥夺为前提的;专制王权愈发展,剥夺的就愈多。

在传统思想中,与王权主义并行的是道德至上的理论与规定。儒家的道德理论是典型的人文思想。这种理论从外表上看,特别注意发挥人的主观能动性、主观修养与自我完善,然而问题恰恰藏在其中。按照儒家传统道德的教导,主观能动性越充分地发挥,就越导向对自我的剥夺;达到自我完善,也就达到了自我泯灭。鲁迅先生把传统的仁义道德归结为"吃人"二字,有些人不以为然,认为是形而上学,是虚无主义。静心思之,从理论角度上看,鲁迅先生的说法未必十分准确(按,鲁迅讲这话时是以文学家的面目出现的,而不是以理论家面目谈问题),不过在我看来,鲁迅先生的话更接近事情的本质。本来是讲求人的完善的道德,怎么会变成"吃人"呢? 看起来有点蹊跷,然而妙道正在其中。

我不否认儒家的道德理论在中国历史上曾起过有益的作用。在人的自身完善中曾充当过善良的导师,但最后的归宿仍不免是"吃人"。对此可以从两方面考察。

其一,儒家把道德看成人们生活的最高层次,从而限制了人的全面发展

道德是任何时候都不可缺少的,是维系社会正常生活所必需的。但是道德并非人们唯一的社会生活,而且在复杂的社会生活中也不具有决定意义。儒家的错误恰恰是把道德视为人类社会生活中最根本的东西。人之所以为人,人与动物的区别,就在于人有伦理道德,最早提出这个问题的是孔子,他认为,只有礼才是区别人与动物的标志。孟子讲:"人之所异于禽兽者几希。"(《孟子·离娄下》)意思是,人不同于禽兽的地方就那么一点点,这一点点即"不忍人之心",亦即仁、义、礼、智。荀子说:"人之所以为人者,非特以二足而无毛也。以其有辨。"(《荀子·非相》)"辨"即"别"。"别"是礼的核心和本质,《礼记·冠义》说:"凡人之所以为人者,礼义也。"朱熹也认为,人之所以为人,在于具备仁、义、礼、智等道德(《孟子集注》)。把道德作为人与动物区分的标准,在理论上有重要意义,它从根本上论证了道德是人的本质。

人的本质既然是伦理道德,由此推演下去,要作一个人,首先必须把道德修养放在首位,人的价值要由道德的高低来决定。因此做人的第一要义就是"立德"。在人的活动中,德是"体",是"帅",是目的,其他都是为德服务的。正像司马光所说:"德者,才之帅也;才者,德之资也。"北宋刘彝对此也有过论述:"臣闻圣人之道,有体、有用、有文。君臣父子仁义礼乐历世不可变者,其体也;诗书传子集垂法后世者,其文也;举而措之天下,能润泽斯民,归于皇极者,其用也。"(《宋元学案·安定学案》)在刘彝看来,全部社会文化只不过是道德的表现形式。

关于道德与经济的关系,在历史上表现为义利之争。在儒家的传统中,义是第一位的,利是次要的,因此贵义而贱利,甚至把利当作抨击的对象。孔子讲:"君子喻于义,小人喻于利。"(《论语·里仁》)孟子讲:"亦曰仁义而已矣,何必曰利。"(《孟子·梁惠王上》)董仲舒说:"正其谊不谋其利,明其道不计其功。"把经济生活置于可有可无的地位。宋代理学家对义利之辨看得很重。程颢说:"天下之事,唯义利而已。"(《遗书》卷第十一)朱熹认为义利是"处事之要"(《朱文公文集》卷七十四《白鹿洞书院揭示》)。在义利关系上,理学家有一个基本倾向是重义而轻利,甚至排斥利。总之,在儒家看来,经济生活对人无关紧要,首要的是道德。

把道德视为人的生活最高层次,从表面上看,很难说它是一种低劣的理论。但问题也正在于此。人们的社会生活是多方面的,在各种活动中最具有决定意义的是生产和经济生活。儒家的道德至上论颠倒了社会生活的关系。由此引出的关于人的价值观念必然是错误的,片面的。把道德视为一切生活的统帅和本体,限制了人的全面发展,扼杀了充分施展才干的可能性。

其二,从道德具体规范上看,它把人变成畸形的人,使人不成其为人

儒家所倡导的伦理道德,有着特定的历史内容,它的主旨是什么?仁者见仁,智者见智,莫衷一是。不过在我看来,"三纲五常"可谓儒家道德的真谛。"三纲五常"所表示的是一个完整的关系网,每个人都不过是这个关系网中的一个小结,在这个关系网中,没有个人的独立价值和地位,每个人只是当作一个从属物而存在。

"三纲五常"理论导出的最为明显后果之一,是把人作为工具。从表面看,儒家道德十分强调个人主体意识,强调个人修养和个人追求,如"我欲仁,斯仁至矣。"(《论语·述而》)然而这只是起点,真正的归结点是成就道德。在儒家道德中最富于温情脉脉的要属孝道。父母子女是人间至亲,提倡孝道最能打动人的心弦,也符合人情,然而正是孝道使人一生下来就失去了独立的意义。因为在儒家孝道中,儿女是作为父母的从属物而存在的。孔子对孝有过不少论述,归纳起来主要有如下三个层次的内容。最低层次是"养",比养更高一层次是"敬",在孝中最高层次是"无违"。孟懿子问孝,子曰:"无违"。所谓"无违",即"生,事之以礼,死。葬之以礼,祭之以礼。"(《论语·为政》)"父在,观其志;父没,观其行。三年无改于父之道,可谓孝矣。"(《论语·学而》)在孝中,养与敬有其合理的意义,但无违则纯属悖谬了,而后者恰恰又是后来儒家所极力提倡的。《中庸》说:"夫孝者,善继人之志,善述人之事者也。"又说:"事死如事生,事亡如事存,孝之至也。"《礼记》许多篇都讲到孝,孝的最本质的规定是"顺"。孝道的主旨是儿女对父母的服从,而这种服从以盲从为前提。由此可以看到,儒家正是在最富于人情的关系中,巧妙地取消了人的独立性。儿子只是父亲的工具,他本身不具有目的的意义,推而广之,这样的人无疑是君主专制的最好的群众基础。这正是专制君主为什么大力倡导孝道的原因。

把人变成道德工具的基本办法是强调和倡导自我净化,时时处处把自我当作斗争对象。当客观与主观发生矛盾时,当社会与个人发生冲突时,当人与己发生不睦时,首先反思自己是不是符合礼义道德。礼义被视为超越一切的绝对,个人主体在礼而前,只有相对的意义,个人一切言行都要以礼为准,孔子讲的"四勿"充分说明了这一点。为达到"四勿",时时要克己,克己而后能复礼。孔子一再教导人们,处处要"约之以礼"(《论语·颜渊》),要自戒,要自讼,要"自省",要"自责",要"慎言","慎行",要"不争"。克己有其合理的一面,因为每个人都是社会中的一个成员,自己应该时时考虑自己应以什么方式存在于社会。但是孔子的克己走得太远了。他不是引导自身在适应社会中改造社会,而是处处克制自己安于现状、安于传统,通过自我斗争、自我克制从主观上消弥各种矛盾。

为了彻底克制自己,并使人彻底变为道德工具,儒家对欲望发动了猛烈的抨击。在儒家看来,人欲是破坏道德的罪魁祸首;无欲而后入道德。这种思想在孔子那里虽然还未形成系统理论,但已包含了这种思想的萌芽。他说:"君子谋道不谋食。"(《论语·卫灵公》)颜回则是典型,"贤哉,回也。一箪食,一瓢饮,在陋巷,人不堪其忧,回也不改其乐。贤哉,回也"(《论语·雍也》)。孟子的人性善说从根本上把道德与欲望视为对立的不可两存之物,要存心、尽性,就要向欲望斗争。只有"寡欲"才能道德化。荀子的人性恶论实际上宣布人生来的感官欲都是坏的,必须用礼义加以遏制和改造,人才会变成尧舜,才能道德化。《礼记》明确提出"天理"与"人欲"的对立。"天理"即礼,作者主张存天理灭人欲。宋明理学把这一思想作了极致的发展。张载说:"徇物而丧心,人化物而灭天理者乎?"(《正蒙·神化》)为此提出"灭人欲","立天理"。程颐也提出:"灭私欲,则天理明矣。"(《遗书》卷第二十四)还提出,人的本质即"天理","人只有个天理。却不能存得,更做甚人也?""人只要存一个天理"(《遗书》卷第十八)。正是从这一点出发才得出"饿死事极小,失节事极大"(《遗书》卷第二十二)。存天理,灭人欲,从某种意义上看,是要充分发挥人的理性,作为一个完全自觉的人;但是他们忽略一个基本事实,人是有血有肉、有七情六欲的人,一句话,人是物质的。排除人的物质性而要纯理性的人,这种人是不存在的,如果有,一定是个异化的人,畸形的人！当我们把儒家所说的天理还原为历史时,那就不难发现,天理只不过是封建秩序的抽象化,天理从最高意义上肯定了封建秩序。正如二程所说:"父子君臣,天下之定理,无所逃乎天地之间。"(《遗书》卷第五)"居今之时,不安今之法令,非义也。"(《遗书》卷第二上)教人安于封建秩序的道德,不管其中人文思想多么发展,在本质上它只能是人的桎梏。

中国传统的人文思想,是历史留给我们的一份厚重遗产,但其中的精华,有时也渗透着糟粕,作为特定的文化形态,两者几乎是很难分解的。因此,在建设社会主义新文化过程中,我们不可能采取简单的拿来主义。其中的精华也不可能原封不动地移植,必须经过再认识,再消化,而后才会变成有益的营养。目前有一种议论,认为西方的现代技术加上儒家思想,就是东方起飞的道路。在我看来,这是绝对不可能的。翻开历史,何曾有过超时代的文化？每个时代文化的主体精神,都是由该时代塑造出来的。新时代的文化不管与传统文化有多少联系和承继关系,它的基本精神都是新时代的产物,是由新时代的人创造出来的。以儒家为代表的传统文化在现实生活中虽然还有广泛的影响,但这不能证明它具有不变的永恒价值;西方文化中的衰落现象也不能证明儒家文化就包含着更多的真、善、美。以近一百年为例,中国人的观念发生了何等重大的变化？一百年以前,儒家思想还被奉为道体,而今情况何如？马克思主义只是在五四前夕才传到中国,现在已成为指导我们思想的理论基础。这一点足以证明传统的、民族文化的主体不是不可变的,恰恰相反,不仅可以变,而且必须要变！

随着中国社会主义商品经济的发展,中国传统的文化观念定将发生根本性的变革。我们应该力促这种变革一定要沿着马克思主义方向,并吸收人类一切先进的文化,向前滚动,而不是寄希望所谓传统儒家人文主义的复兴。马克思主义与儒家思想具有两种完全不同的文化基础,随着马克思主义的社会主义新型文化的形成与发展,儒家文化的影响只能越来越小才是正常的。把中国新时期文化的发展寄希望于儒学的再兴,不过是老调重弹而已。近代史既然已经证明,儒家文化过去不曾救中国,它怎么可能在经历了没落之后又会胜任救世的角色?!

本文原刊载于《南开学报》(哲学社会科学版)1986年第4期。

作者简介：

刘泽华(1935—2018)，河北石家庄人。当代中国著名史学家，中国政治思想史研究著名学者。曾任南开大学历史系主任、南开大学学术委员会委员，教育部人文社科重点研究基地中国社会史研究中心首届主任，"985工程"三期建设重点项目"中国思想与社会创新基地"主任，兼任国内多所高校的客座教授和多个学会理事。代表作有《先秦政治思想史》《中国传统政治思想反思》《中国政治思想通史》等。创建"王权主义反思"学派，在学术界享有盛誉。

最高统治者的提倡与"民贵君轻"观念的普及*

张分田

孟子的"民贵君轻"是一个极其醒目的民本思想命题。学术界对这个命题的价值判断有重大分歧,其中"专制思想"说①与"民主思想"说②可谓有天壤之别。许多学者没有将"民贵君轻"判定为"民主思想",而在他们看来,它与尊君思想要么有重大区别,要么有内在冲突,要么势不两立,因而属于"反专制思想"。③这类争论直接关系到对中国古代政治思想史上一些带有根本性的问题的认识。

政治思想研究必须做出价值判断,而恰当的价值判断首先有赖于比较准确的事实判断。在完成国家社会科学基金重点项目"民本思想与中国古代统治思想关系研究"的过程中,笔者系统地重返历史文献,得出的结论不仅修正了自己以往的一些认识,还对许多著名学者提出的、现在依然流行的学术观点具有一定的颠覆性。

本文主要采用罗列事实的方式,说明这样一个论点:最高统治者的认同、论证、提倡是"民贵君轻"的基本思路成为社会大众价值共识的主要原因。

---

* 此题目是本文的原名。在《政治学研究》2007年第2期发表时被编辑改为《中国古代君主与"民贵君轻"观念》。笔者认为,最高统治者的认同、提倡、阐发乃至张扬是"民贵君轻"观念逐步向社会大众普及的重要政治前提和主要传播途径。

① 一般说来,凡是判定儒家民本思想属于专制主义范畴的学者都属于这一类。例如,在《再质问〈东方杂志〉记者》一文中,陈独秀指出:"民贵君轻……与以人民为主体,由民主之民主政治,绝非一物。"参见《陈独秀文章选编》(上),生活·读书·新知三联书店,1984年,第353页。

② 以刘师培、孙诒让为代表的国粹派,以熊十力、徐复观为代表的现代新儒家,都是这一类观点的典型代表。还有一些著名学者也持这类观点。例如,张岱年认为,孟子讲"民为贵","这可以说是民主思想"。参见张岱年著,邓九平编:《张岱年哲学文选》,中国广播电视出版社,1999年,第35页。

③ 例如,梁启超的《先秦政治思想史》、萧公权的《中国政治思想史》、萨孟武的《中国政治思想史》、韦政通的《中国思想史》都明确指出儒家的民本之论,孟子的民贵之说与近代民主思想有别,却又在行文中提到民本思想受到专制王权的排斥。许多学者认定:"民本思想经常受到尊君思想'围剿'和专制君主压制"。参见胡波:《20世纪中国民本思想研究评述》,《学术月刊》2001年第5期。

一、从一篇题为《民为贵》的科举制义谈起

许多著名学者断定:在清朝,民本思想遭到官方压制而处于消沉之中。①实际情况却远非这么简单。就在黄宗羲等一批社会政治批判思想家高举"天下,天下之天下"和"天下为主,君为客"的旗帜,将中国古代的民本思想推向极致的时候,皇帝们也在以"天下为公""民贵君轻",为王权定位,为帝制张目。他们不仅援引民本思想论学、评史、施政,还要求读书做官的人必须通晓"天民相通""民贵君轻"的道理。一篇题为《民为贵》的科举制义就是毋庸置疑的实证依据。

这篇八股文为明朝举人艾南英所作。艾南英,字千子,明朝东乡人,天启四年(1624)举人。因对策"有讥刺语",触怒魏忠贤,而"停三科"。"庄烈帝即位,诏许会试。久之,卒不第,而文日有名。"与公安派的"三袁"一样,艾南英也是《明史》有传的著名"文学之士"。《明史·文苑传》概要阐述有明一代文风流变,指出:"至启、祯时,钱谦益、艾南英准北宋之矩矱,张溥、陈子龙撷东汉之芳华,又一变矣。"②艾南英是一代文风的典型代表人物之一。"万历末,场屋文腐烂,南英深疾之,与同郡章世纯、罗万藻、陈际泰以兴起斯文为任,乃刻四人所作行之世。世人翕然归之,称为章、罗、陈、艾。"③《民为贵》就是艾南英为此而撰写一篇范文。从这个事实可以推定:当时的读书人在学习与备考的时候必须修习乃至精心研读"民为贵"的经义。因为它有成为科举试题的可能性。至少在回答其他考题的时候有可能成为一个应知应会的知识点。

艾南英的解读符合孟子的本意,其论证比孟子更为丰满。他的核心论点是"天为民而立天子",诸侯、大夫皆为辅助天子治民而设。因此诸侯"失民心而危社稷"就应当下台。在他看来,失民心才是关键的关键,"然则为社稷而变置诸侯,岂为社稷哉? 为失民而已矣"。他还借用柳宗元《封建论》的思路与话语而有所发挥。艾南英认为,为制止人类的纷争,诸侯与天子递次产生。诸侯

---

① 例如,金耀基认为,在康雍乾时期,民本思想被强化绝对君主专制思想所湮灭。参见金耀基:《中国民本思想史》(第五章《民本思想消沉时期》),台湾商务印书馆,1993年。萧公权认为,自康熙末年以来,"久经清廷压制以后,不特民本、民族之观念失其光芒,即一般政论之兴趣已渐趋冷淡"。参见萧公权:《中国政治思想史》,辽宁教育出版社,1997年,第603页。

②《明史》(卷285《文苑一·序》),中华书局,1974年,第7307页。

③《明史》(卷288《文苑四·艾南英传》),中华书局,1974年,第7402页。

是"百里之民从而听命"的"德之大者",而天子是"四海之民从而听命"的"德之愈大者"。无论天为民立天子,还是德大为天子,都说明"得乎丘民而为天子"。至于为什么孟子"言诸侯、社稷而不及天子",是因为当时"民心既散,诸侯皆叛,天子将无与立。而不忍言之者,所以尊天王大一统也"。在他看来,孟子的本意是包括天子在内的。简言之,"夫君与社稷至不能与民比重,而顾可轻其民哉!"①由此可见,当时的官方学说不仅没有将"民贵君轻"视为异端邪说,反而将其奉为至理名言。因而参加科举考试的人根本无须回避、阉割、篡改孟子的思想。

清朝科举考试沿用明制,尤为重视四书之文、性理之书。经义诠释和衡文标准以朱熹的《四书集注》为依据。乾隆皇帝又命大学士方苞等精选明清"大家制义数百篇",辑成《钦定四书文》(含《钦定化治四书文》《钦定正嘉四书文》《钦定隆万四书文》《钦定启祯四书文》《钦定国朝四书文》)。艾南英的《民为贵》及其他引用"民贵君轻"、阐释"立君为民"的科举制义入选其中。朝廷将这部科举范文汇编颁布天下,旨在明示经义"准的",公布衡文"绳尺",使学者、士子"以为矩矱"。②由此可见,清朝皇帝也要求参加科举考试的人必须通晓"民贵君轻"的道理。

《钦定四书文》可以大体反映明清科举考试的内容与要求。在一批程墨范文中,明明白白地写着"立君为民""天下为公""民为国本""国依于民""民贵君轻""民事甚重""富民足君"等民本思想命题。涉及民本思想的考题和答卷更是不胜枚举。入选文章大多选自科举中式的答卷,脍炙人口的名稿,又经皇帝钦定,树为范文,其影响颇为广泛。显而易见,在最高统治者看来,通晓"民贵君轻"的道理是培养忠臣良吏的有效途径。

大量事实表明:在明清,读书人都懂得"民贵君轻"的缘由。国家以百姓为根本,君主以养民为要务,几乎是家喻户晓的道理。这个历史现象足以证明:明清大多数皇帝对"民贵君轻"等民本思想命题,不仅不予压制,反而大加提倡。至少坐而论道之时是如此。

---

①《钦定启祯四书文》(卷9《孟子下之下》)。
②《钦定四书文》(上谕)。

二、判定"民贵君轻"观念大众化的主要依据

至迟自宋朝以来,"民贵君轻"就在官僚士人阶层获得广泛认同。在元、明、清,这类观念进一步向社会大众普及。因而君主、官僚、庶民三大政治阶层都大量存在着认同"民贵君轻"观念的个体。据此可以大体推断:"民贵君轻"的基本思路已经成为社会大众的价值共识。

以下几个相互关联的历史现象共同构成"民贵君轻"观念大众化的主要原因,它们也是判定"民贵君轻"观念大众化的主要依据。

其一,《孟子》的学术地位大幅度提升

这一点集中体现在孟子被纳入道统和《孟子》被列为经典。自唐代的韩愈开其端,北宋的石介承其绪,南宋的朱熹张其目,宋元明清的大多数儒者认定孟子为道统传人,其学术地位仅次于孔子。以朱熹为代表的宋明理学诸子堪为典型。他们的观点有广泛的影响。与此相应,《孟子》被列为《四书》之一,提升到经书的地位,甚至被奉为经中之经。《孟子》的经典化势必强化孟子学说的权威性和影响力。一般说来,凡是将孟子纳入道统、将《孟子》奉为经典的人都可以推定为"民贵君轻"论者。

其二,依据《孟子》解读儒家经典的现象普遍化

这个现象在宋代已经相当显著。许多宋代经学著作引据"民贵君轻"解读儒家经义。例如,史浩的《尚书讲义》、林之奇的《尚书全解》、袁燮的《絜斋家塾书钞》、陈经的《尚书详解》等均以"民贵君轻"解读《尚书》诸篇。在众多宋儒看来,《大禹谟》《五子之歌》《汤誓》《盘庚》等体现了"民贵君轻"的政治理念。杨简的《慈湖诗传》、易祓的《周官总义》、卫湜的《礼记集说》、萧楚的《春秋辨疑》、李明复的《春秋集义》等也以"民贵君轻"解读各种儒家经典。与此相应,许多论说治道的著作也纷纷援引《孟子》的"民贵君轻",诸如唐仲友的《帝王经世图谱》、许月卿的《百官箴》等。

元朝以来,引据"民贵君轻"解读经典、评说历史、论说治道的现象可以用"不胜枚举"来描述。只要检索一下《四库全书》,就会大体证实这一点。这种做法不仅凸显了《孟子》在儒家经义中的地位,而且将儒家经典中的许多相关命题直接与"民贵君轻"挂钩,进而使之获得更为广泛的认同。一般说来,凡是赞同用"民贵君轻"解读儒家经典的人都不会对"民贵君轻"的基本思路提出质疑。

其三,《孟子》的官学地位得到确立

在北宋,《孟子》正式列入科举考试科目。宋神宗改革科举考试内容,明确规定:"罢诗赋、帖经、墨义,士各占治《易》《诗》《书》《周礼》《礼记》一经,兼《论语》《孟子》。"①这个举措促进了"民贵君轻"的经典化、官学化、大众化。元朝以降,《孟子》在科举考试中的重要性进一步提升。这就要求所有想中举做官的人都必须精通《孟子》。《孟子》一书与科举仕途的结合大大提高了它的政治地位和普及程度。一般说来,凡是试图通过参加科举考试而步入仕途的人都必然通晓"民贵君轻"的道理。

其四,"民贵君轻"成为主流学术的核心价值

宋代理学诸子多有论说"民贵君轻"的文字。诸如朱熹的《四书集注》、陆九渊的《象山先生全集》、张栻的《癸巳孟子说》、真德秀的《大学衍义》等。其中朱熹对"民贵君轻"的注释获得历代官方的推崇,而陆九渊对"民贵君轻"的张扬获得众多学者的称赞。在其他思想家的著作中,这种现象也很常见,诸如金朝著名学者赵秉文的《孟子解》和《唐论》、事功学派著名代表人物叶适的《习学记言》等。

宋代以降,理学逐渐成为主流学术。元朝的"皇庆条制"将程朱之学定为科场程式。明清科举考试进一步促进了理学的普及。与此相应,在官方编纂、刊刻的图书中,涉及"民贵君轻"经文、经义及其注释的很常见。明成祖敕令编纂的《四书大全》和清乾隆帝敕令编纂的《四库全书》堪为典型。阐释并张扬"民贵君轻"的理学传人不胜枚举。方孝孺的《逊志斋集》堪为典型。其他类别的思想家也多有援引"民贵君轻"的著作。李贽的《藏书》堪为典型。各种注释《孟子》的著作更是不胜枚举。

自朱熹、陆九渊以来,许多儒家传人认定:孟子之说,为君立范;民贵君轻,毋庸置疑;变置对象,适用天子;若要假借,何辞不可。许多诠释《四书》的著作持这种观点,诸如宋朝赵顺孙的《四书纂疏》、明朝湛若水的《格物通》、黄宗羲的《孟子师说》等。还有许多读物辑录了朱熹、陆九渊等人的见解。明清朝皇帝还以上谕、钦定、御笔等方式予以确认,加以阐发,进一步提升了这类说法的权威性。

---

① 《宋史》(卷155《选举一·科目上》),中华书局,1977年,第3618页。

这些现象都表明"民贵君轻"已经成为主流学术的核心价值之一。因此，无论就读于私学、官学，无论是否有志于应举做官，广大学子都会接触到解读"民贵君轻"的书籍。读书人普遍研读《孟子》，而他们大多不能获得功名，步入仕途。这就必然在庶民中形成知晓、认同乃至传播主流学术核心价值的群体。这是判定"民贵君轻"大众化的重要依据之一。

其五，"民贵君轻"获得最高统治者的认同

在通常情况下，宋元明清的皇帝们并不讳言"民贵君轻"。至少大多数皇帝是如此。只要不涉及在位皇帝的切身利害，依据"民贵君轻"行事的臣子还会被视为忠良之臣。有的皇帝甚至据以决定自己的政治行为。实际上，只要指出《孟子》是官方学说代表作就足以证实这一点。这个事实为普遍性推定提供了毋庸置疑的证据。但是，为了解答可能提出的质疑，将在下面专题说明。

正是在上述的政治、思想、文化、学术背景下，"民贵君轻"不仅常常出现于治学的著述之中，而且屡屡见诸议政的朝堂之上，成为公认的论学、评史、议政的经典依据。上至皇帝，下至庶民，都有引用"民贵君轻"的事例。认同这类思想的人形成庞大的群体。这个群体至少可以涵盖包括众多皇帝和官僚在内的绝大多数读书人。据此，可以有把握地断言："民贵君轻"是一种大众化的政治价值。

三、宋、元、明、清皇帝认同、论证、倡导"民贵君轻"的重要证据

"民贵君轻"获得最高统治者的认同、论证、倡导既是其大众化的主要表现，也是其大众化的主要推动力。如果没有皇帝的认同和官方的介入，"民贵君轻"观念的普及势必遇到重大的政治障碍。反之，如果皇帝认同"民贵君轻"，乃至采取有效措施向广大臣民灌输相关的思想观念，就会为它的普及提供政治上、制度上的保障。

先看一个典型个案。清朝的乾隆皇帝推崇程朱理学，实行"乾纲独断"，大兴文字狱，从理论上、制度上、实践上将君主专制推向极致，同时他又是皇帝认同、论证、倡导"民贵君轻"的典型。乾隆皇帝不仅亲自撰写过阐发"民贵君轻"的文字，并将其列为科举考试的重要知识点，还曾吟诵"藐予小子识君轻"[①]和

---

① 《御制诗二集》(卷38《春仲躬祭社稷坛》)；亦见于《国朝宫史》(卷11)。

"自昔识君轻"①的诗句。实际上,与孟子相比较,乾隆皇帝的民本思想内容更丰富,不仅囊括了儒家经典所有的民本思想命题,包纳了宋明理学的基本思路,而且在理论上也有所发挥。如果将精华部分单独摘录出来,一些话语比孔孟大儒说得更到位。

孟子的"民贵君轻"是否颠倒了君与民的尊卑贵贱？是否适用于天子？是否有"教诸侯篡夺之罪"？这一直是儒家内部有争论的话题。乾隆皇帝的观点很明确,他一再声称"素识己为轻",并指出:"孟子民为重,君为轻之语似矣。予以为天子亦大君也,不独诸侯。"②它适用于一切为君者,自然包括天子。天子违背了尊天爱民的政治法则,也应当变置。乾隆皇帝还一再指出:朱熹的注释将过失推诿给社稷,这种做法是不恰当的。即便有过失,其责任也要由君与民承担。这就在理论上强化了君主的责任、义务与规范

清朝皇帝多有论证"民贵君轻"之举。据《清史稿·莽古尔泰传》记载,清太祖深知:"无民何以为君？"康熙皇帝及其侍臣认为,"君为民神之主,贵矣",而"国之所贵,未有如民者",与民众、社稷相比较,"君为轻矣"。③康熙皇帝还赞扬在宋恭帝被俘的情况下,文天祥依据"君为轻"而拥立新君的说法"实千载忠臣之语"。④依据清朝的皇子教育制度和经筵制度,《孟子》《四书集注》和《日讲四书解义》等是皇帝与储君的必修课程。由此不难做出一个普遍性的推定:清朝皇帝都认同"民贵君轻"的基本思路。

一般说来,清朝皇帝的民本思想属于典型的《孟子》模式。主要依据是:孟子是清朝皇帝心目中的圣人,他们将《四书》视为"帝王立政之要",奉为"驭世之鸿模"。康熙朝一批"日讲官"编纂的《日讲四书解义》对《孟子》的政治命题做出系统阐释,并要求皇帝深通这类圣贤之旨。乾隆朝编纂的《钦定四书文》选用一批阐释"民为贵"等民本思想命题的范文,以设定科举考试的衡文标准。在《钦定四库全书》中,"民为贵""民为重""君为轻"之类的字眼出现数百处之多。其中,一批皇帝钦定或亲著的书籍有引用、论证"民贵君轻"的文字。乾隆皇帝还为一些引用了"民贵君轻"的著作撰写了赞赏性的御制书评。

依据许多直接或间接的证据可以推定:宋、元、明、清的情况大体相似。自

---

① 《御制诗四集》(卷19《仲春祭社稷坛礼成述事》)。

② 《御制诗五集》(卷45《仲春朔吉社稷坛礼成述事》)。

③ 《日讲四书解义》(卷26《孟子下之八·尽心章句下》)。

④ 《圣祖仁皇帝御制文》(第3集·卷19《论宋高宗父母之仇终身不雪论》)。

北宋以来,许多皇帝认同"民贵君轻"的说法。主要事实可以分为以下五类。

其一,皇帝本人论说"民贵君轻"

据《元史·仁宗纪一》记载,元仁宗告诫大臣:"民为邦本,无民何以为国。"据《元史·拜住传》记载,元英宗认为:"民为重,君为轻。国非民将何以为君?"清朝诸帝多有类似言论。这是皇帝本人认同乃至宣扬"民贵君轻"的最为直接的证据。

其二,大臣援引"民贵君轻"议论政务而得到皇帝的赞赏、认可或默许

这是皇帝认同"民贵君轻"的直接证据之一。兹列举一些事例。据《历代名臣奏议》记载,石介上言宋仁宗论为君之道,陈瓘上书宋神宗论理应严惩奸臣章惇,均引用了《孟子》的"民贵君轻"。据《三朝北盟会编》等记载,一些人依据"民贵君轻"拥戴宋高宗。宋高宗显然认可这类说法。在《大学衍义》中,真德秀引"民贵君轻"论证"临民之敬"。赞赏这本书的宋理宗也应列为"民贵君轻"论者。文天祥依据"君为轻"相继拥立益王(宋端宗)和卫王为帝。宋廷君臣显然认同这个说法。据《元史·许衡传》记载,许衡上疏元世祖,文中有曰:"天之树君,本为下民。故孟子谓'民为重,君为轻。'"元世祖大加赞赏。

其三,援引"民贵君轻"的著作得到皇帝的赞赏

这样的著作很多,这里仅举三例。一是南宋真德秀的《大学衍义》。自宋理宗称赞它"备人君之轨范"以来,这本包含阐释"民贵君轻"的内容的著作成为许多皇帝的必读书。据《元史·仁宗纪一》记载,元武宗称"治天下此一书足矣",并指令"刊行赐臣下"。据《明史·宋濂传》记载,明太祖命人将其"大书揭之殿两庑壁"。明成祖御制《大学衍义赞文》。清朝康熙皇帝命人将该书译成满文。二是元朝右丞相脱脱监修的《辽史》。《能吏传》论曰:"孟子谓'民为贵,社稷次之',司牧者当如何以尽心。"这部官修正史所使用的价值尺度显然可以代表官方的观点。三是明朝丘濬的《大学衍义补》。这本书引据"民贵君轻"论祭祀制度,主张君主应将"民惟邦本"作为座右铭。明孝宗、明神宗都曾为之作序,大加赞赏,并特命刊刻。上述现象至少可以作为皇帝认同"民贵君轻"的间接证据。

其四,《孟子》等一批著作是储君教育与皇帝再教育的必读书籍

至迟自元朝以来,《孟子》和朱熹的《四书集注》就是皇子教育和皇帝经筵、日讲的必读典籍。一批经筵用书也包含阐释"民贵君轻"的内容,如真德秀的《大学衍义》等。皇子幼年教育的启蒙读物也不乏民本思想的内容。例如,明代万历朝翰林焦竑奉敕修撰、宫廷画家丁鹏云配图的《养正图解》是特为培养皇太子而作的通俗性启蒙读物。清朝沿用此书。乾隆皇帝、嘉庆皇帝还作过题赞。这本书讲述了许多与民本思想直接相关的历史典故。当皇帝的人必须修习一批论述民本思想的经典著作和历史文献,这是大多数皇帝通常认同"民贵君轻"的重要证据。

其五,皇帝钦定的官方学说代表作中包含论证"民贵君轻"的内容

自宋神宗始,《孟子》被列入科举考试科目。自宋理宗始,朱熹的《孟子集注》被列为官学课本。自元朝始,朱熹的《四书集注》成为最重要的官方学说代表作。明成祖钦定的《五经大全》《四书大全》《性理大全》是明清官方学说的重要代表作。这都是官方认可、论证、倡导"民贵君轻"的主要证据。明清一批皇帝对这些著作赞不绝口,众多名儒沉湎于性理的研究,大部分读书人一头钻进这些《大全》以猎取功名富贵,而"天从民意""民惟邦本""民贵君轻""汤武革命""民心即天心"等民本思想命题尽在其中,许多规范性要求的严格程度和许多批判性话语的激烈程度超过《孟子》。据此足以做出普遍性推定:"民贵君轻"是获得君臣、朝野广泛认同的政治价值。

四、历代皇帝通常认同"民贵君轻"的基本思路

由于文献阙如,无法用直接证据判定一些王朝的官方学说是否认同"民贵君轻"。为了使本文的核心论点建立在更丰满、更扎实的历史事实的基础之上,笔者提出一个研究思路,即着眼于考察"基本思路"。

在思想史上,常常可以见到这样的现象:思想家们使用不同的话语来表达相同或相似的理念,其论证逻辑、主要内涵和基本取向并无根本性的差异。还可以常常见到这样的现象:思想家们从不同的角度切入话题,运用不同的方式予以论证,而基本结论却阐释了同一类理念。凡是属于上述情形的,都可以大体认定:他们的基本思路相同或相似。

孟子"民贵君轻"之说的主旨是:立君为民,得民为君。如果君主不能履行保社稷、安民生的职责,就应当由适当人选取代他。得民心者得天下,失民心者失天下。庶民为国之本、政之本、君之本,为君者必须敬畏庶民。在这个意

义上,庶民贵重,而君主相对较轻。

如果不拘泥具体表述方式,而着眼于基本思路,就不难发现:汉唐以来,皇帝们通常认同这样的政治理念:在一定意义上,民本君末、民先君后、民重君轻。甚至可以说它已经成为全社会的价值共识。主要有三大类证据:一是百家著述,二是官方学说,三是皇帝之言。

华夏先民早就有立君为民、无民无君、民本君末的说法。据《国语·周语上》记载,《夏书》有"后非众,无与守邦"。据《史记·周本纪》记载,周人的先君古公认为"有民立君,将以利之"。带有理论色彩的立君为民思想至迟可以追溯到《周书》,诸如《泰誓》的"天佑下民,作之君,作之师"。《逸周书·武顺》的"元首曰末"也很有可能属于那个时代。西周时期的天作君师、天选民主、天从民欲、汤武革命、以民受命、民为邦本等思想命题为后世重民轻君的思想提供了基本思路。春秋时期,丕郑的设君为民治义、晏婴的社稷重于君主、师旷的天立君养民、邾文公的天立君以利民、宋景公的无民则无君、史嚣的国之兴听于民等都是"民贵君轻"的先导。先秦诸子几乎众口一词:立君为民、为公、为天下。《老子·三十九章》的"贵以贱为本",《墨子·尚同中》的上帝立正长"将以为万民兴利除害",《慎子·威德》的"立天子以为天下",《商君书·修权》的"为天下位天下",《荀子·大略》的"天之立君,以为民也",《吕氏春秋·孟春纪·本性》的立君以"养天之所生"等,都在理论上将君主置于比天下、公众、庶民相对较轻的地位。其中《孟子·尽心下》的"民为贵,社稷次之,君为轻"是这一思想的最为醒目的表达方式。因此,无论统治者选择哪个学派作为官方学说,都会在理论上承认立君为民,得民为君,以民为本。

汉唐以来,这类说法在各种流派的思想家的著作中很常见。这里仅列举官方学说代表作中的一些说法。汉代今文经学的名著多有阐释立君为民、得民为君的文字。诸如《春秋繁露·尧舜不擅移汤武不专杀》有"天立王以为民也",《谷梁传·桓公十四年》有"民者,君之本也",《韩诗外传》卷四有"王者以百姓为天",《大戴礼记·子张问入官》有"百姓者卑贱而神",《礼记·礼运》有"天下为公"。在东汉皇帝钦定的《白虎通》中,可以明确找到立君为民,诸侯、公卿、百官为百姓而设的思想。唐太宗敕令孔颖达等编撰《五经正义》。孔颖达等全面了阐释儒家经典中的天下为公、天作君师、天选民主、天从民欲、汤武革命、以民受命、民惟邦本、政在养民等思想。从基本思路上看,汉唐大儒的思想都符合"民贵君轻"的主旨。其中一些推崇《孟子》的儒者显然属于"民贵君轻"论者。

在讨论君与民的依存关系时,许多皇帝的认识符合"民贵君轻"的基本思路。据《史记·郦生陆贾列传》记载,汉高祖认同"王者以民人为天"的说法。据《史记·孝文本纪》记载,汉文帝亦称:"先民后己,至明之极也。"这就是说,在一定意义上,庶民重于天子,先于皇帝。汉文帝等一批皇帝发布"罪己诏",其依据是:天立君为民,不重视民生的皇帝将招致天谴乃至革命。在改朝换代过程中,类似说法司空见惯。这也符合"民贵君轻"的主旨。很多统治者认识到"王者以民为基"。据《隋书·炀帝纪》记载,隋炀帝认同"民为国本",宣称:"非天下以奉一人,乃一人以主天下。"唐太宗认同天下为公、得民为君、君舟民水,著有《民可畏论》等。在他看来,"君依于国,国依于民"。[①]这类思想也将民众置于相对重要的地位。只要检索一下《二十五史》就会发现:几乎在每一个朝代都可以找到皇帝认同民本思想的直接证据。皇帝认同无民无君、民本君末、君以民为天、君有赖于民的事例并非罕见。违背天意民心的君主理应垮台的说法常常见诸历代朝廷文告、群臣奏章和皇帝的著作。由此可见,不管是否使用了"民贵君轻"的提法,它的基本思路获得历代统治者的认可。

如果仔细分析一下许多学者所列举的"专制君主压制民本思想"的事例,就不难发现:皇帝们大多并非压制一种公认的理论,而是压制一种具体的意见。例如,依据"官天下"思想,盖饶宽公然要求汉宣帝禅位,以维护"不得其人,则不居其位"[②]的政治原则,结果招致杀身之祸。然而,谷永依据"天下乃天下之天下,非一人之天下",批评汉成帝违背"王者以民为基"的政治原则,警告他不要招致上帝"更命有德",却令皇帝"甚感其言"。[③]由此可见,盖饶宽蒙难不是由于"更命"理论触犯了皇帝,而是由于他想以此打倒当朝皇帝。同样高举"更命"旗帜的谷永由于被视为忠臣,反而得到皇帝的赞赏。民本思想的主要功能是规范君权,因而常常被用来批评皇帝的具体政策。直言极谏的臣下既有可能因此而招祸,又有可能因此而得福。在历代史记中,很容易找到依据民本思想非议朝政而获得当朝皇帝赞赏的事例。

或许一些学者会列举明太祖删节《孟子》和明英宗杀害于谦等典型事例反驳本文的核心论点。但是,只要全面地分析这类事例就会发现:它们都不能推

---

① 《资治通鉴》(卷192唐纪八"高祖武德九年十一月"条)。
② 《汉书》(卷77《盖饶宽传》),中华书局,1962年,第3247页。
③ 《汉书》(卷85《谷永传》),中华书局,1962年,第3461页。

翻皇帝通常认同"民贵君轻"基本思路的论点。

在思想史上,明太祖删节《孟子》是一个值得深入分析的历史事件。明太祖曾一度下令撤去孟子在孔庙中的配享牌位,又命大学士刘三吾删节《孟子》的"民贵君轻"等85条材料,还指令删去的部分不得作为科举取士的试题。一些学者据此断言:事起之因是由于"民贵君轻"等"有民主因素"。其实不然。首先,明太祖深知"君天下者,不可一日无民"。①他的民本思想完全符合"民贵君轻"的基本思路。只要浏览一下《明太祖文集》《明太祖实录》等,便可深知此说不谬。其次,明太祖对孟子的态度也很微妙。在下令罢孟子配享的转年,他又下令配享如故。明朝建国初,他还曾命人将引用"民贵君轻"的《大学衍义》"大书揭之殿两庑壁"。明太祖亲自选拔明朝的第一位状元,其答卷也引用了立君为民的经典依据。再次,明太祖下令删节《孟子》只是为时不久的一个小插曲。这种做法当时就遭到群臣的反对。永乐九年(1411),明成祖下令恢复《孟子》原貌。明朝科举考试也要求考生通晓《孟子》全书。因此,删节《孟子》更像是一个专横的皇帝在特定情境下昏聩任性的行为。它意在维护皇帝的绝对权威,却并不意味着官方学说背离了孔孟之道的核心政治价值,更不意味着官僚士大夫群体抛弃了"民贵君轻"之说。

明英宗率军抵御蒙古入侵,在土木堡兵败被俘。面对危局,于谦依据"君为轻",主张立郕王为帝。英宗复辟后,于谦被杀害。许多学者认为,于谦之死是由于儒家的"民贵君轻"与专制王权有内在的矛盾与冲突。其实不然。

在"土木之变"中,生灵、社稷为重而君为轻的观念对朝廷上下的应变对策和政治行为有重大影响。首先,于谦的主张有经典依据,可谓公论。"君为轻"的说法并没有遭到群臣的批驳。反对拥立景泰帝(明代宗)的人也只是强调皇太子才是合适的继承人。其次,景泰帝没有申斥于谦的说法。作为既得利益者,他还一再依据社稷为重、生灵为重委婉地拒绝退位或让位。再次,明英宗认同君为轻。据《北征事迹》《正统临戎录》《虚庵李公奉使录》等记载,被俘后的明英宗也曾在各种场合反复提到与皇帝相比社稷为重、天下生灵为重。最后,皇帝们公认于谦是功臣。明英宗虽将于谦处死,却也承认他有功于国,因而所加罪名并不是主张"君为轻"。作为明英宗的直系继承人,明宪宗为于谦翻案,明孝宗进而赐谥、建祠、旌功。他们都认为于谦是忠臣,也没有指责"君

---

① 《明太祖实录》(卷53)。

为轻"的说法有不妥之处。因此,于谦之死不是他的主张违背了公认的政治原则,而是他的具体做法不利于明英宗个人。由此可见,只要不危及切身利害,明朝皇帝及朝廷百官普遍认同"君为轻"的价值准则。于谦之死不仅不能证明"民贵君轻"与君主专制格格不入,反而是其基本思路符合中华帝制一般政治原则的证据。

在中国古代,"民贵君轻"命题有一个特殊的功能,即为人们认为合理的君位更替提供依据。每当涉及特殊的君位更替时,这类政治原则就会影响人们的政治选择。靖康之变,徽、钦二宗被金人掳走。南宋末年,宋恭帝被元军掳走。土木之变,明英宗被蒙古掳走。面对朝廷无主,当时都有朝臣根据"君为轻"而主张另立新君。君主更替涉及最敏感的政治问题。因此,由于对具体政治情势的判断有所不同或切身的利害关系有所不同,人们会有所选择。一般说来,忠直之臣往往从大局出发主张采取非常措施而另立新君,而旧君及其利益集团往往强调维持既定的君臣关系。在评说相关历史事件时,人们的态度也会因人因事而有所差异。例如,康熙皇帝明确认定依据"君为轻"而另立新君的文天祥是忠臣,而在乾隆皇帝的著作中,既有社稷重于一切的说法,又有反对依据社稷为重而动摇明英宗地位的评说。这些微妙的现象为全面认识"民贵君轻"基本属性和实际功能提供了重要的素材,却不足以推翻"民贵君轻"的基本思路是中华帝制的统治思想乃至社会各阶层政治价值共识的判语。

五、最高统治者传播民本思想的主要手段

"民贵君轻"基本思路大众化的途径很多。诸如政治常识的自我认知、学术流派的思想传承、大众媒介的传播扩散、统治集团的社会教化、学校教育的经典研读、选拔官员的考试制度等。其中考试制度起着至关重要的作用。

操控学校教育内容和设定选官录用标准是国家政权直接影响乃至干预政治社会化过程的重要手段。中华帝制的成功之处就在于紧紧抓住录用这个关键环节,通过贤良对策、科举考试等制度化的方式,将研读经典与选任官吏(政治社会化与政治录用)有机地结合在一起,形成了系统、稳定、有效的培养、选拔、录用社会精英(主要是官僚)的机制。由此而造就了一个庞大的以通晓民本理念、掌握治民法则为基本特征的官僚群体和士人群体。官僚、士人的政治观念又会以各种方式进一步向下层社会传播。

早在科举制度产生之前,与民本思想相关的重民政策原则就是举贤良、策

秀才、升官职的主要考察内容之一。《汉书》保存的董仲舒的"贤良对策"和《南齐文纪》保存的齐武帝的"策秀才文"等都是典型事例。

在隋唐,无论每一次科举考试的试题是否与民本思想相关,准备应举的士子都必须做好应对这类策问的准备。白居易的《策林》是典型证据。元稹和白居易精心备考,相继登科。白居易将他们自拟的试题和答卷编为《策林》。其中,"凛乎若驭朽索"来自《五子之歌》,"忧乐同于人"来自《孟子》,"载舟之水"来自《荀子》。由此可见,当时的士子若欲应举登科,步入仕途,就必须通晓民本思想。

在宋元,科举制度进一步发展。其中与民本思想直接相关的新变化是《孟子》成为重要的考试科目。从这个时期的科举试题看,涉及《孟子》的越来越多,民本思想依然占据重要位置。例如,欧阳修、司马光、王安石等人拟定的进士策多与民本思想相关。元庆宗①咸淳七年(1271)殿试的御试策题本身就直接来自儒家经典中天作君师、天从民欲等命题,对策者必须依据民本思想回答一系列与治民政策相关的问题。②引据"民贵君轻"解经、评史、议政的现象日益增多,与科举考试的新变化有直接的关系。

明朝的皇权更加强化、专横,而明朝的第一次殿试就涉及民本思想。明太祖亲制策问,征询求贤取士以"敬天勤民"的方略。状元吴伯宗依据儒家经典的立君为民、天作君师之说,阐释君权的来源、权力、职能、规范,主张皇帝敬天、任贤、安民。③明太祖对他的答卷非常满意。这也是明太祖赞同立君设官为民、皇帝敬天畏民,并大力提倡民本思想的可靠证据。

一些学者断言"天民相通""民心即天心"是民主思想或反专制思想。然而,它却可以堂堂正正地成为科举考试的试题。万历丙戌会试是一个非常典型的例证。据《万历丙戌会试录》④记载,当年会试第二场策论试题是:"帝天之命,主于民心。"这一试题出自《张子全书·天道篇》。它是典型的民本思想命题之一,旨在论说天民相通、民心即天心、民重君轻。

万历丙戌会试中式的考生都对这道策论做出符合朝廷要求的答案。这道策论的标准答案由现存会试第一(殿试获二甲头名)的一份试卷可见一斑。这

① 编者按:"元庆宗"当作"宋度宗"。
② 刘埙:《隐居通议》(卷31《杂录·前朝科诏》)。
③ 吴伯宗:《荣进集》(卷1《御试策》)。
④《明代登科录汇编》(第20册),台湾学生书局,1969年影印版。

次的会元名叫袁宗道,是公安派的著名文学家。其答卷的核心论点是:"张子曰:'帝天之命,主于民心。'此人主重民之说也。"关于这篇试卷内容及考官评语前面一节已经介绍。从试题、答卷和考官评语看,考生必须经精通"天民相通之旨",阐明"天为民立君"的道理,敢于劝诫君主敬天、畏民、无欲,乃至援引民本思想抨击暴君暴政,才能达到朝廷设定的选士标准。由此可见,历代大儒的"天民相通""立君为民"思想并不具有否定君主专制制度的意义。它不仅一再出现在统治者的诏旨中,还是入仕者必须通晓的一个先圣哲言。在许多皇帝、朝臣看来,"重民"是为君之道、治国之方,而唯有深明"天民相通之旨"的士子才能培训成为志在匡翼的忠臣。

最高统治者认同、论证、提倡"民贵君轻"的基本思路是导致相关理念在官僚士人阶层广为传播的最重要的政治因素,而科举考试是最高统治者向广大臣民灌输民本思想最重要、最有效的手段。通晓民本理念是皇帝们对百官、士子的一般要求,这势必导致民本思想的大众化。由此不难理解,为什么自从《孟子》被列为科举考试必读书之后,"民贵君轻"逐渐成为朝野上下的价值共识。

六、一点思考

与绝大多数学者一样,笔者也曾受到一些不完整的事实陈述、不恰当的主观预设和不全面的价值判断的误导。它们有的来自古代博学鸿儒,有的来自西方主流学术,有的来自当代著名学者。自从以一个研究者的目光审视中国古代政治思想及相关研究以来,笔者感到在研究视野的开拓性、事实陈述的完整性、主观预设的恰当性、价值判断的全面性和历史认识的科学性方面都有许多应当改进的地方。其中首先要解决的是事实陈述的完整性问题,它直接关系到价值判断的全面性和历史认识的科学性。即便认识到这一点,如果不是由于课题研究的需要而系统地重返各种文献的话,依然不可能写出这篇论文。这一点很值得深入反思。

就笔者读书所见,被学者们判定为"民主""反专制""与专制制度有内在冲突"的各种民本思想命题大多可以明确无误地在帝制的官方学说中找到。诸如被说成"反专制"的"天民相通",被说成"人民主体"的"民心即天心",被说成"非程序民权"的"汤武革命",被说成"肆无忌惮"的"民贵君轻",被说成"民主思想"的"天下为公"等。它们常常出现在皇帝的著作、言论和诏令中。这种现象延续了两千多年,不仅历久不衰,而且愈演愈烈。大量确凿无疑的事实表明:民本思想不仅最先由统治者提出、阐发并实践,而且帝制越完善,相关的理论就越成熟,相关的理念就越普及。"民贵君轻"观念的大众化就是典型例证之一。由此可见,"民贵君轻"等民本思想命题并不具有与帝制相抗衡的政治属性,而帝制的统治思想也的确包容着许多限定、规范、调整君权的成分。

许多学者没有充分注意到这种历史现象。他们对"民贵君轻"做出的价值判断大多值得推敲。试想:如果孟子的"民贵君轻"论可以定性为"反专制",那么为数众多的皇帝和官方学说代言人的"民贵君轻"论又当如何定性? 他们的经典依据直接出自《孟子》,解读也没有背离孟子的基本思路,许多话语甚至比孟子更明确,更到位,更精彩。他们的见解与孟子文本一致、话语类似、思路相近,却显然无法用"反专制"来定性。不仅如此,从民本思想对主流学术、官方学说、大众心态、政治制度、帝王观念的影响的广度和深度来看,这种现象也是无法仅仅用"篡改""利用""虚假认同"等来解释的。如果皇帝们张扬民本思想只是为了装装样子,又何必一而再、再而三地将它作为旨在选拔官员的科举考试试题?

在人类政治史上,还没有发生过这样一种现象:在漫长的历史时空内,一种政治制度及其统治者把对这种制度具有颠覆性的思想体系奉为官方学说并大加宣扬。因此,更为深入的学术研究必须直面"民贵君轻"可以与帝制相匹配这个重大的历史现象,抛弃一些不恰当的主观预设,超越一些不合理的思维定势,对儒家学说和中华帝制作出更客观、更全面、更准确、更公允的价值判断。这项研究工作直接关系到能否科学地认识与评估中国古代政治文明,进而为探索建设中国现代政治文明的正确途径提供历史依据。

本文原刊载于《政治学研究》2007年第2期。

作者简介:

张分田,1948年生,河北辛集人。曾在南开大学工作、任教数十年。专著获得天津市一等奖三项,教育部二等奖一项,天津市二等奖一项,教育部三等奖两项,天津市三等奖一项。

"天下观"的逻辑起点与历史生成

李宪堂

"天下"作为中国传统文化中的一个重要概念,为中华民族的知识体系、价值体系和实践活动提供了一个预设性的认知框架,诸如权力的神圣性、道德的绝对性、秩序的天然性等传统政治文化的所有基本命题都由此生发出来。可以说,"天下观"就是古代中国人的世界观,是关于世界本质和意义的理念、关于人世间秩序的想象、关于族类自我价值的认定,表达着以"统一的和谐"为诉求的民族性认知偏好和情感倾向。因此,这个题目近年来引起越来越多学者的重视,研究的视野也由历史学、文化学拓展到政治哲学、社会学、人类学等领域。

总的来说,现有研究可以分为两种情况:少数学者如赵汀阳、陈赟[1]等人热衷于天下观之"义理"的发挥,往往套用西方概念阐释中国传统的问题与现象,考诸史实总给人隔一层的感觉,难免有阐释过度之嫌疑;多数人对天下观的分析是围绕政治空间的结构和国土的具体样态进行的,把"天下"仅仅看作关于"世界"或"国家"秩序的规划与设想,而没有同时看作关于自然与社会之存在的框架性结构,以及关于人生意义的根本性价值。[2]这使现有研究成果依然存在令人难以忽视的缺陷:缺乏应有的历史现实感,远远没有做到历史和逻辑的统一。他们的研究多半从半截处入手,只是致力于现有文本资料的连枝缀叶——比如说,仅仅就"天下"一词在现存文献中出现的时间和频率,或者"五服""三统"之类个别思想家的秩序理想,去探讨天下观形成的时间、过程与内涵——而不是从中华民族的实践中寻找它生成和演变的依据,进而探讨其文

---

① 赵汀阳:《"天下体系":帝国与世界制度》,《世界哲学》2003年第5期;陈赟:《从民族—国家到天下观——什么是天下观留给我们的精神遗产》,《学术周刊》2005年第12期。

② 可参考高明士:《天下秩序与文化圈的探索——以东亚古代的政治与教育为中心》,上海古籍出版社,2008年;李扬帆:《天下观念考》,《国际政治研究》2002年第1期。邢义田:《天下一家——中国人的世界观》,载刘岱总主编:《中国文化新论·根源篇·永恒的巨流》,生活·读书·新知三联书店,1991年;安部健夫:《中国人の天下观念——政治思想史试论》,弘文堂印刷株式会社,1956年。堀敏一:《中国思想と天下观念》,岩波书店,1993年;渡边信一郎:《中国古代的王权与天下秩序——从日中比较史的视角出发》,徐冲译,中华书局,2008年,第65、79页。

化内涵的历史性内容及其在传统文化价值体系中的纲纽性作用。

顾名思义,"天下"是天穹所笼罩下的土地和水域的总称,是日月所普照的"宇内"。然而,这不是一个属于科学认识的空间概念,而是源于生存体验的对世界的想象,体现着人站立在大地上时对他与万物所共有的生存境域的感受和理解。"天下"因为人的存在而被体认,故有时候专指人所能够生存于其上的、为四面的海洋所环绕的陆地,于是"天下"便被等同于"海内""四海之内"。同时,无论是圆的天还是方的地都有一个中心,从这个中心生发的文明之光照耀着华夏世界并辉映着四周的"蛮荒之地","天下"因此成为"以文化之"的人文世界——人和万物共同的家园。因而"天下观"是历史地生成的,有一个逻辑起点,也有一个从产生、演变到崩溃的过程。笔者认为,鸿蒙初辟时期确立的"天圆地方"的空间秩序是"天下观"的预设性框架;上古先人谋于鬼神的"测天术"是"天下观"得以形成的逻辑起点——由此建构起了一种影响深远的绝对中心观念;商周之际及其后的社会与思想变革确立了它的外在形态和文化内涵;战国时期"以类行杂"的帝王学为它赋予系统化、条理化的有机秩序;秦汉大一统专制王朝的建立,使它最终成为一个意义完备且充实的概念,成为以天人合一为特征的民族性"世界观"——内含民族独特生存体验的生命境域;隋唐以后随着东亚世界体系的形成,它在实践上获得其现实的形态;晚清以后,随着天朝的倾覆和民族国家的兴起,"天下观"开始其崩蚀和消解的过程。

本文探讨的是上古时期"天下观"基本框架的确立和逻辑起点的形成,以及商周之际到春秋中叶"天下观"文化内涵的初步充实,并且对后一问题给予重点关注,因为正是在这个时期,中华民族的"天下"才从氏族社会的幽深传统中结晶出来,成为王道所照耀下的、整体性的"文化和制度的世界"——"天下"的基本规模和属性得以确立。

一、上古时期天下观的肇形①

如上所述,天下的范围时大时小——有时指"天穹之下",有时指"四海之内",有时等同于"中国""神州"。但"天下观"只有一个,其内涵的各个层次互为前提、互相映发,主要包括以下内容:

(1)天是圆的,地是方的;天有极点,地有中心;大地的四周有海水环绕。

---

① "肇形"指的是基本框架开始形成;"上古"在这里专指西周以前。

（2）天之"道"是大地上意义和秩序的源泉；大地处在天的笼罩之下，是包括人类在内的万类万物居住生长的地方。万物同质同构，处在天道的支配之下。

（3）华夏族居于大地的中心区，以其得自上天的文明之光照耀、感化四周的"蛮夷之地"；天下世界的文明程度由中心开始呈圈状梯次递减。

（4）天子作为上天指派的唯一代表，担负着参赞化育、养护众生的责任。

若加以最大限度地提炼，可以化约为以下四个要件：天圆地方的空间结构；天人一体的有机秩序；道、王合一的绝对中心；"以文化世"，即以"文化"对包括夷狄在内的自然世界进行规制的文明机制。这些要件是构成中华民族文明大厦的最重要基石，它们肇形于文明初始的上古岁月，以此为基点，在民族漫长的生存斗争和文化熔铸过程中，逐渐生发并架构起"天下文明"的中华世界。

"天圆地方"空间结构的确立是"天下观"的预设性框架，而基于定居农业的历法需求发展起来的"测天步地术"（古天文学）则是"天下观"的逻辑起点，其文化内核的基本要素由此生发。

（一）"天圆地方"：天下秩序的基本框架

"天似穹庐，笼盖四野"，这是人类具有普遍性的、对天地空间的直观感觉经验。"穹庐"是对天之形状的比拟，其他的比喻还有伞盖、葫芦、壶等。迄今发现的上古时代岩画和出土器物文饰中，多有"⌒""Ω""冂"形状，如庙底沟出土的仰韶文化彩陶金乌负日图（图1）中的圆弧、湖南黔阳高庙文化出土的日鸟巡天图中的"几"（图2）字形、内蒙古阿拉善遗址出土的葫芦形图画（图3）等，都是天穹的摹写。河姆渡遗址出土的陶器纹饰（图4），刻的是太阳鸟负日从东方起飞，经天穹落于西方；在拱形的上方中心，是正面飞翔的阳鸟；弯拱两端

图1

图2

各有一只阳鸟在守护。这当是中国最早的盖天图。①从上古直到东汉张衡混

---

① 参见王大有：《三皇五帝时代》，中国时代经济出版社，2005年，第141～142页。

图3　　　　　　　　　　　　　　　　图4

天说出现,古人都是把天想象成一个锅盖式的半圆穹隆。[①]"天圆地方"观是天下观的雏形,因为它为观测者提供了一种"客观"的宇宙框架和身处世界中心的感觉与想象。

把大地理解成方形则意味着人对混沌宇宙的第一次秩序规划——大地被赋予了方向,成为一个向四周无限绵延的平面,人类生活有了一个客观而稳定的坐标,世界由此成为"文化"演出的舞台,而不再是自然力量驰骋的荒漠。[②]这是因为,东南西北方向的确立为大地赋予了一个整体性秩序框架——"人只有立于环形的轴心,或者说是四个方向的中央,才容易获得和谐的感觉"。[③]在穹天的笼罩下,子午卯酉这两条交叉在观测者脚下的方向基准线伸向无穷远方,指示出一个宏阔而稳定的方形大地,给人一种天经地义的和谐感。天穹笼罩下的方形大地的观念不仅是一种直观感觉,更是一种价值确认,一种心理诉求。

安徽省含山县长岗乡凌家滩出土一幅距今约5000年的龟甲,背甲作椭圆形,像穹隆天;一条脊线中分之,像东西两个天区。腹甲略似方形平面,上弧下平,类似"亚"字,像方形大地。这是"天圆地方"观的生动体现。龟背甲与腹甲之间夹着一块长方形玉版(图5),当是古人对于宇宙模式及其机制的解读:天

---

① 有人把浑天说理解为"地球中心说",不确。这种以地平和天地相连为特征的宇宙学说不是地球中心说,而是观测者中心或家乡中心说。浑天说代表了人类认识宇宙的初级阶段,具有明确的地方性,而不是世界性的。参见金祖孟:《中国古代宇宙论》,华东师范大学出版社,1991年,第11页。

② 吉尔·德勒兹和费利克斯·瓜塔里从空间层面分析游牧文明和农业文明的区别,认为游牧民生活在平滑的空间里,是解域的向量,不断制造沙漠和草原。参见陈永国编译:《游牧思想:吉尔·德勒兹和费利克斯·瓜塔里读本》,吉林人民出版社,2003年,第314~330页。

③ 艾兰:《"亚"形与殷人的宇宙观》,《中国文化》1991年第4期。

圆地方,上下交午。玉版中央的圆形是大地中心测天表下的日晷盘,"✳"是晷影在地盘上移动的地平方位图,其外的八个圭状标代表测日表木所系的四正四隅八维;最外四个圭状标表示天地之间的阴阳交午,即"✕"符。②这种八角形符号还在崧泽、大汶口文化中出现,流传地域非常广,说明"天圆地方""上下交午"已成为

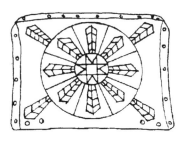

图5

普遍性的宇宙观念。中国古人迷信龟,是因为它被看作宇宙的一个模拟物:圆圆的盖与扁平的腹甲,正是"天圆地方"的体现。传说黄帝时大桡作甲子历,以龟身两面的六十片龟甲分配天干、地支循环构成的甲子周期,意味着囊括了宇宙奥秘。黄帝族称天鼋氏,族徽为"🐢""🐢",其中人的两腿呈穹隆状,鼋的双足环作大地形,显然寓有支配天地四方之意。

几乎所有原始文化中都出现过的"十"字,就是"大地四方"的指事符。在距今6000—7000年的河姆渡文化遗址中出土的陶器上,发现了多件"十"字符号(图6~7),还有一件太阳与分居四方的四鸟合璧的陶豆盘图像(图8),③说明时人是通

图6　　　　图7

过观测太阳确定四方及四时节气的。鉴于河姆渡文化时期已产生十分发达的稻作农业,可以肯定当时的历法系统已基本成熟,四方方位和四时体系的起源应当古老得多。甲骨文中有一个"干"字,一般人都释为"巫",是缺乏充分依据的。其义当指"规定了四极的四方",④有时指四方的神、巫。在《尚书·尧典》

---

① 这当然尚属一家之论,本文中类似的论据还有一些,如下文对"亚"字的阐述、对共工与颛顼故事的解释等。上古史研究中一定程度的猜测是难免的,但我并不是猜谜射覆般幸求一逞。我的方法可称为"整体构拟法":先探寻、建构属于某个时段的内在统一性,形成一种类似于"观念图景"的深层框架,然后把相关要素整合进这个框架,使所拟构的"内在统一性"清晰地呈现出来。当这种"一家之言"或"猜测性论点"被从不同的角度纳入这个拟构的整体性框架后,在呈现出某种内在统一性的同时也落实了自己。
② 参见王大有:《三皇五帝时代》,中国时代经济出版社,2005年,第137~138页。
③ 河姆渡遗址考古队:《浙江河姆渡遗址第二期发掘的主要收获》,《文物》1980年第5期。
④ 冯时:《中国古代的天文与人文》,中国社会科学出版社,2006年,第26页。

图8

《山海经·大荒经》及甲骨卜辞中有四方神、四方风记载（《合集》第14294、14295），并且卜辞中有四"干"之祭，即是祭四方之神。四极被限定后，大地的每一方都有神灵各司其职，都有大山作为天柱支撑着天穹，[1]"天下"便成为一个具有完美秩序的世界。卜辞中还出现大量的"亚"字，写作"⊕""亞""亞"等，[2]就是大地四方观的写照。在殷周铜器铭文中，经常发现框在"亚"字形内的人名或宗族名，当是族徽或宗族长的"印章"，表明该宗族长是具有通于四方之法力的大巫师，是其统治区域的最高权威。另外，一些商朝帝王的陵墓也呈"亚"形。美国汉学家艾兰认为，"亚"字体现了殷人的宇宙观，它标志着"天"笼罩下由中央与四方构成的大地，亦即后世的"天下"；四角上的缺凹处意为支撑着天穹的四座大山；把"⊕"字扩大成一个大的方形，就成了"琮"的形状，正好合于天下分九州的传统观念。[3]另王国维根据《考工记》等文献推断，被视为宇宙模型的夏代的"世室"、商代的"重室"，周代的"明堂"，其平面图都是"亚"形的。可见以天圆地方为特征的"亚"型宇宙观源远流长。

（二）"测天之术"：使天下成为意义贯通的世界

"亚"字形将平面大地分为五部分，即中央四方，由"五帝"分别掌管，[4]秩序井然。如果由二维推至三维，则是上下四方，《庄子·则阳》称为"六合"，《楚辞·远游》称为"六漠"——这便是"天下"世界的基本结构。

无论是圆的天还是方的地，都有一个当然的圆心，先民通过发明和据有这个圆心而为"天下"赋予统一性和稳定性，使之最终成为绝对中心所统摄下的大一统世界。那么，这个中心是如何确立的？"天下"是如何因为这个中心之功能的不断强化而被逐步照亮、逐步扩充的？答案还应当从先民"测天之术"不断提高的艰难历程中去寻找，因为"测天术"在天人之间建立了一种系统关联，使测天者所据有的"中心"成为天下之意义的源泉、秩序的枢纽，不断强化着对四方、对边缘的统摄力。

①《尚书·尧典》有舜帝于四季巡狩四方，祭祀四岳的记载。
②李圃编：《古文字诂林》（第10卷），上海教育出版社，1999年，第864页。
③艾兰：《"亚"形与殷人的宇宙观》，《中国文化》1991年第1期。
④五方五帝观念成熟于战国时期，但无疑是"亚"型宇宙观的题内应有之义。甲骨卜辞中有"五帝臣""五帝介臣"（参见《合集》30391、《屯南》930等），即是帝佐五方神。

历法的推求是农业文明的首要之务,而推求历法之最重要依据是日月星辰等天文的周期性运动规律。太阳的起落与轨道转移为人类生活提供了季节转换的最显明依据,揭示着空间(方向)与时间(季节)之间规律性的契合关系,因而成为最早、最重要的天文观测对象。中国最原始的历法是以山峰为参照系观测"日月之出入"确立的。《山海经》之《大荒东经》《大荒西经》分别记有七座"日月出入之山",就是这种古老的传统在民族记忆中的反映——先王据以观测天象的大山经过神话的放大效应成为宇宙框架性质的圣山。据学者研究,彝族等一些少数民族中流传着以山峰为坐标系的观象授时法,①说明传说中的"大山纪历"确实在历史上存在过。后来,为求观测结果的准确性,人们发明了表木测影法,根据表木在日下投影的长短及其运行轨迹测度时间和节气的变化。再后来,神秘的星空也被纳入观测范围之内。中华大地所应对的北天区的天文特点,诸如极点附近的星象呈现明显的向心结构;北斗星终年长显、像表盘上的指针一样绕北天极作周日、周年旋转(数千年前较今日更接近北天极);赤道带有些星辰,如鸟、火、虚、昴四仲星,在天球上的视运动抵达南中天的周期对应着季节的转换,等等,使得对星象的观测不仅有助于确定时辰和季节,而且能够为人间秩序提供完美的典范,也就使天象观测成为秩序和意义的依据、权力的源泉,从而在政治和宗教生活中占据非常重要的位置。测天行为本身也成为统治者获取垄断性权力资本的过程:它不断强化着"天"作为人间秩序和意义之源泉的绝对价值,以及测天者对于民众、中心对于四周的统摄力。

将文献记载、出土物证与民间传说等不同层面的资料统合起来考察,我们就会得出结论:在万国林立的上古时代,每个"国"都有一个天文观测中心,因为这是一个族群得以凝聚在一起的重要前提。这样的中心往往拥有建于高处的圆形或方形层台,此即《诗经》《逸周书》中所称的"灵台"、"天保"台。《国语·周语》有"国必依山川",是因为台必须建在高处才能便于通天。《山海经》记载了很多上古帝王的通天之台,如黄帝有"青灵台";②据《山海经·海内北经》,营

---

①《彝族天文学史》记载,毕摩出身的沙正才一直通过观测日出日入在山峰间的方位,向村民预告季节和农时。参见陈久金、卢央、刘汉尧:《彝族天文学史》,云南人民出版社,1984年。

②《史记》(卷28《封禅书》),中华书局,1982年,第1402页。

有帝喾台,还有帝尧台、帝丹朱台、帝舜台等,夏启时有均天之台,[①]殷有鹿台,[②]周穆王时筑中天之台。[③]《史记·封禅书》记载了方士为汉武帝致神的方法:"……又作甘泉宫,中为台室,画天、地、泰一诸鬼神,而置祭具以致天神";[④]《三辅黄图》卷4引郭延生《述征记》载:"长安宫南有灵台,高十五仞,上有浑仪,张衡所造。又有相风铜乌,遇风乃动。"[⑤]另,南美洲古代阿兹特克人建筑的金字塔形高台,上有神庙,大概也是灵台之属。灵台的功能,有测日影、定季节,还有望云气、测风雨,观星辰等,[⑥]这些都是天道的秘密,是"天之历数",只有圣人才有资格掌握,因而测天之术在上古是权力的重要来源。甲骨文、金文中的高(臭)、京(余)、亳(南)等字,都是灵台类建筑的写形。[⑦]传说中的高阳、高辛都是族名而非人名,或者更确切地说是建有测天、通天之宗教中心的部族的族徽。甲骨文中许多带"京""高"偏旁的字,如"杏""臺"等,都是观测、祭祀中心所在的地名。《山海经·海内经》中提到许多与古帝相关的"丘",如昆仑之丘、陶唐之丘、

---

① 《太平御览》卷82引《归藏·启筮篇》:"昔夏后启筮享神于大陵而上钧台。""钧"与"天"同义,"钧台"即观天事神之台。(《文渊阁四库全书》第893册,台湾商务印书馆,1986年,第778页)

② 《史记》(卷3《殷本纪》),中华书局,1959年,第105页。

③ 马骕:《绎史》(卷26),《文渊阁四库全书》(第365册),台湾商务印书馆,1986年,第575页。

④ 《史记》(卷28《封禅书》),中华书局,1982年,第1388页。

⑤ 《三辅黄图》(卷4),《文渊阁四库全书》(第468册),台湾商务印书馆,1986年,第25页。

⑥ 灵台的功能,在上古时代可能集"测天"与"祭天"于一体,周朝以后祭天的功能被"圆丘"取代,成为专门的"天象观测机构"。《毛诗正义·灵台》篇注云:"天子有灵台,所以观祲象,察气之妖祥也。"《周礼·春官》有"眂祲"一职,"掌十辉之法,以观妖祥,辨吉凶"。"十辉"即指日月云气的十种异常状况;有"保章氏",职"掌天星,以志星辰日月之变动,以观天下之迁,辨其吉凶……以十有二风,察天地之和命,乖别之妖祥"。孔颖达认为,眂祲、保章氏等"当在灵台上视之"。

⑦ "京"像高台上宫观建筑之形,类似于今之"干阑式建筑",按"干阑"即"高"义,故昆仑山一名干阑山,"昆仑丘"一名"干阑丘"。"京"古音同"姜"(马叙伦《说文解字六书疏证》卷10引严可均),正是"干阑"的合音。在商周文献中,"京"或指先王古都,或径指国族宗庙,如《鄘风·定之方中》记卫文公迁都于帝丘,有"望楚于堂,景山与京",帝丘乃颛顼之虚;《诗·公刘》有"乃陟南岗,乃覯于京",此"京"即周族故地;《诗·文王有声》有"宅是镐京",指的是在镐的宗庙,《诗·下武》之"王配于京",《诗·文王》之"祼将于京",还有卜辞之"辛未卜,以父京"(《合集》16039)都做宗庙解。宗庙正是祖神通天之处。在商代以前的古朴之世,祖神的安息之处往往与通天、祭天的台坛合在一起,古美洲印第安人的金字塔藏有先祖的木乃伊、古埃及金字塔同时是法老的坟墓,中国北方红山文化的积石冢旁边往往带有祭天的圆坛,可为旁证。"亳"从"京"从"止",当有"民之所集"之意。《史记正义·殷本纪》引《括地志》云亳有三处:谷熟县(在今河南睢阳南)西南三十里为南亳,宋州(今河南睢阳附近)北五十里大蒙城为景亳,河南偃师为西亳。南亳景亳都距商丘不远,契所始都,为商族发祥地;西亳乃夏人故地,盘庚所迁。总之,"京""亳"都是部族中心通天之神圣建筑的象形,与"高"本是一字。

有叔得之丘、孟盈之丘、昆吾之丘;还有许多灵巫自由上下的神山,如《大荒西经》有"大荒之中有灵山,巫咸、巫即、巫盼……十巫从此升降,百药爱在"以及《海外西经》之"巫咸国在女丑北,右手操青蛇,左手操赤蛇,在登葆山,群巫所从上下也"等,这些"丘""山"都是建有测天、通天之宗教中心的山陵或高地。

这种测天台上建有集测影和候风于一体的木表,①又称扶木、榑木、建木、大风雨表等,《山海经》中也称之为"圣木曼兑""挺木牙交"。②《吕氏春秋·慎行论第二》有"禹东至榑木之地",《山海经·海外西经》有"昆仑之墟方八百里,高万仞,上有木禾,长五寻,大五围",都是测天木表在神话中的反映。③甲骨文中的"杲"(🌰)、"东"(🌰)字即"旭日初升、登于表木"之象。《说文解字》有:"东,动也。从木。官溥说从日在木中"。段注:"木,榑木也。日在木中曰东,在木上曰杲,在木下曰杳。"④榑木即扶桑树,故"东"字乃"日照扶桑"之象;被称为"太暤之墟"的"陈"(🌰)根据字形实为立有表木之邑;"丫"(丫)、"重"(🌰)、"童"(🌰)、"章"(🌰)字其实都是测日木表的不同样态。商周铜器铭文中有多个"🌰"型族徽符号,⑤实即带相风的测天表的摹形,"重""童""章"等字是其不同的变化形式;另外,《大戴礼记》有"颛顼产老童,老童产重黎及吴回",《史记》有"高阳生称,称生卷章,卷章生重黎",⑥其实老童、卷章、重黎都是以测天表木为标志的族徽,⑦它们都是"传天数"的世袭家族,其领袖集政权与教权于一身,在传说中被目为圣王之子或辅佐大臣。现代彝族支系罗罗人每到火把节都要在

① 这种功能复杂的木表当然是测天术发展到一定程度后才出现的,原始的木表可能只是一根用于测影的简单的木杆,并且不一定立在山顶上。根据《拾遗记》所载,相风"以桂枝为表,结芳茅为旄,刻玉为鸠"(参见《太平御览》卷9《天部·相风》,中华书局,1963年,第47页b),显然是把测日影和测风向两种功能结合在一起。

②《山海经·海内西经》:"又有离朱、木禾、柏树、甘水、圣木曼兑,一曰挺木牙交。"

③ 测天木表在神话中被无限放大,成为"宇宙树"或"天柱"。《山海经》是一部经过折射成像后形成的巫书,是已进入文明时代的人们根据传说对古巫图的神话性阐释,读者可参阅刘宗迪:《失落的天书》,商务印书馆,2006年。

④ 段玉裁:《说文解字注》,《续修四库全书》,上海古籍出版社,1981年,第271页上。

⑤ 参见曹淑琴:《庚国(族)铜器初探》,《中原文物》1994年第3期;何景成:《商周青铜器族氏铭文研究》,吉林大学2005年博士学位论文,第237页。

⑥《史记》(卷40《楚世家》),中华书局,1959年,第1689页。

⑦ 这基本上属于推测之论,但在不可能有确实根据的情况下,推测只要能给人启发就是有意义的,特别是当这些推测作为元素能够贴切地被纳入某种文化之底层结构之中时。"测天"无疑是上古人类生活中最重要的课题之一,当时的政治权威与宗教权威密不可分已成学界公论。

本村寨巫师(毕摩)的带领下登上称为"乃卡的俄歹"(意为祭天之山)的山丘上祭天,山顶用撒乐么树枝搭成一个一尺五寸高的方形祭台。①这种祭天山一般是呈三层阶台的葫芦形圆丘,云南彝区所在皆有(有的当是人工修饰而成),与《山海经》所载昆仑山的形状非常相似,可以作为上古先民于丘、台之上测天、祭天的旁证。

以表木测天是一项十分重大而神圣的事情,由部落里最有权威的巫师主持,整个仪式遵循着烦琐的程序,每件用具都神圣不可侵犯。比如说表杆,肯定是部族的圣物,它的高度可能同某个祖先的身高相等(事实上,立于天地中央的表杆往往被想象成作为神灵的先祖的化身);测量影长的尺子也绝不是一件寻常工具,它可能由祖先的骨头做成——《周髀算经》的"髀"即腿骨之意。测影的行动本身也被神化为经纬天地的神人伟业,如《山海经》卷九《海外东经》有"帝命竖亥步自东极至于西极,五亿十选九千八百步",恐怕就是"测天"在神话中的反映。与测天表木系统四方四维的结构相关,宇宙被想象为一个由天柱和地维支撑起来的巨大穹宇。《楚辞·天问》有"斡维焉系? 天极焉加? 八柱何当? 东南何亏?"所谓天柱地维,其实是测天表木系统的神化。《淮南鸿烈·天文训》载共工与颛顼争为帝,怒而触不周之山,导致天柱折、地维缺,反映的实际上是两大部族为争夺测天权而展开激烈冲突、导致测天表倾覆的历史事件。②可能是因为这一事件对当时人们心灵的震撼太大了,以至于被夸大为天崩地裂的宇宙性灾难。在后世的政治实践或民间传说里,灵台及测天表从一大一小两个向度发生变形:一方面,灵台被神化为居于天地之中或雄踞一方的通天之山,表木同时被神化为宇宙中心或大地四极的通天神树;另一方面,灵台分化为功能更专一的天象观测台、圜丘、辟雍,而天杆则具化为朝鲜族、满族的索伦杆(又称萨姆杆、梭罗杆)、蒙古人敖包杆、藏族的俄博杆以及众多少数民族都有的图腾柱、寨桩柱等,并进一步抽象化为权杖、玉圭、玉璋、简册、笏板等权力符号。甲骨卜辞中有"立中"之语,如"王立中,无风",③"癸酉贞,方大出,立中于北土"(《甲骨续存》第8033片),此"中"则是《周礼·夏官司马》所载在

---

① 参见唐楚臣:《葫芦、向天坟及昆仑新解》,《思想战线》1996年第1期。

② 最先提出这一观点的是王大有先生,参见氏著:《三皇五帝时代》,中国时代经济出版社,2005年,第111页。

③ 转引自于省吾:《释中国》,载胡晓明、傅杰主编:《释中国》(第3卷),上海文艺出版社,1998年,第1519页。

教阅战阵时用于聚集民众的"中旗"。"中"字在甲骨文里写作""或""""等,实际也是天杆的变形。①

灵台及测天表木一开始都是地方性的,②是某个地方族群之生活的神圣中心,一般建于该地方之最高的山峰或丘台上。随着民族融合的扩大,会有其中的某个部落获得支配权而成为"王族",于是该部落的灵台便升格为整个"天下"的中心,成为权力之合法性的最终源泉。金文中多有内涵日表的亚字形族徽(图9父乙尊,图10父丁簋),说明该家族是曾经掌握通天权的巫王世家。《国语·楚语下》及《尚书·吕刑》载颛顼帝"绝天地通",实际就是结束了"家为巫史"的混乱状态,把测天和祭天权掌握在自己手中,从而确立自己政权的天下中心地位。③《尚书·尧典》载尧帝命羲仲宅东方旸谷,羲叔宅南方明都,和仲宅西方昧谷,和叔宅北方幽都,以观测天象,校订历法,已经暗含"居中央而驭四方"的意思。进入三代以后,对"中心"的追求因为"家天下"的权力私有化而愈加执著。甲骨卜辞有商王祭四方风的记载,说明"大邑商"是自居于世界

图9   图10

之中的。《诗经·大雅》有《灵台》篇,大力颂扬周文王"经始灵台"的盛举,说明周族羽翼丰满后要在商人世界的"西鄙之地"建立自己的世界中心——周族从此有了经营天下的志向。

综上所述,原本作为自然地理空间的蛮荒的"天下"因为一个贯通上下的中心的出现而被照亮,这个中心是在我们民族生产、生活的斗争实践中、在不同族群的文化融汇中,逐渐凝结、聚合而成的。当"中心"与四方、上天与下地被框架为一个意义贯通的整体时,中华民族的"天下"便从混沌中凸显出来,成了一个意义自足的穹宇式人类生活世界。

---

① 参考冯时:《中国古代的天文与人文》,中国社会科学出版社,2006年,第22~25页;王子今:《忠观念研究》,吉林教育出版社,1999年,第4~10页;萧兵:《"中"源神杆说》,《中国文化》1994年第9期。

② 关于灵台的功能及其与圜丘的关系,请参阅拙著:《天保灵台考》,《史学月刊》2003年第4期。

③ 在上古巫术性宗教实践中测天权与祭天权往往结合在一起。原文下面有"司天""司地"之语,无疑透露了"测天"的消息。

二、"天下"的凸显及其文化内涵的充实

从西周开始,天穹以其超然的神性笼罩了万类,"天下"成为"以文化之"的制度的世界。这主要表现在三个方面:绝对中心的确立;德性天命观的凸现;华夏整体意识的形成。

(一)天下之绝对中心的确立

夏朝及其以前,文献无征,但可以想象,在那万国林立的局面下,"天下"是由独立的"地方"连缀而成的——每个地方都自居为宇宙的中心,即便出现比较强势的"中央集权",因为它的中心地位是下面拥戴而成的,其合法性建立在最高领袖个人的能力和魅力上,也没有能力在一个确定不移的原点上把天穹这个大帐篷支撑并稳固下来。至于商朝,就大量卜辞看来,它的天穹还沉沉地压在现世生活之上,死去的祖先自由地陟降往来,继续对人间生活施加影响,而上帝像一个性情无常的家长,把很大精力用在商王族一些琐事上。尽管商王朝以"大邑商"自负,自以为居于大地的中心,但他们确实只把自己看作无数邦国中的一个,关注的只是自己东土、西土、南土、北土的收成,以及对其他方国的征服与防御,而没有作为上帝的代理人去君临天下的志向。

周人以夏文化的继承者自居。他们的祖先窜于夷狄之间,势力复兴后仍然僻处一隅,重回夏人故地的"中土"对他们来说不仅是确立王权的政治需求,也是回归于传统的精神需求,"地中"对他们来说是一个先在的归依之处,因而在大地之中建立新的都城是周初政治的头等大事。史载武王克商后,"日夜不寐",周公旦询问原因,武王回答说:"我未定天保,何暇寐?"然后他强调"定天保,依天室",策划营建新都。[①]所谓天保,本来是指作为神人中介的国家大巫师,亦称为神保、格保、旅保、灵保等,[②]但这里指天保们用于观测天象妖祥的建筑——灵台。天室,即被时人目为世界中心的中岳嵩山。武王建新都于地中的愿望是由周公实现的。《尚书·召诰》有:"王来绍上帝,自服于土中。旦曰:其作大邑,其自时配皇天";《逸周书·作洛》也记载此事:"周公敬念于后曰,予谓周室不延,俾中天下。

---

① 《史记》(卷4《周本纪》),中华书局,1959年,第129页。
② 参见萧兵:《中庸的文化省察——一个字的思想史》,湖北人民出版社,1997年,第594~599页。另参见方孝岳:《关于屈原〈天问〉》,《中山大学学报》1955年第1期。也有人认为天保即都城,参见陈江风:《古俗遗风》,上海文艺出版社,1998年,第54页。

及将致政,乃作大邑成周于土中。"值得强调的是,这个"地中"是经过严格的测量手段确认的。《周礼》①开篇破空而来第一句就是"惟王建国,辨方正位",贾疏云:"辨,别也。先须视日景(影)以别东西南北四方,使有分别也。正位者,谓四方既有分别,又于'中'正宫室朝廷之位,使得正也。"这里的"国"即王者所居的都城,"辨方正位"即在空间坐标系中确定都城的原点。其中最核心的工作,是以测影的方法确定"地中"。《周礼·地官·大司徒》谈到大司徒的执掌,有一项是"以土圭之法测土深,正日景,以求地中"。作为权力合法性的象征,地中的确立意味着人间秩序的重建,历史新纪元的开始。

周人强调"中心"的客观性,实即强调其权力之合法性的超然性,强调他们作为天下民人的代表去交通天地的特权。可以说,一根无形的天柱从这个确定不移的中心仡立而起,将原来宗族视野里的天穹向远处高高撑开,"上天"以其超然的神性俯临万类,把天下作为一个不可分割的整体笼罩于内。"溥天之下,莫非王土;率土之滨,莫非王臣",《小雅·北山》的这句诗可以看作王权一统天下的宣言。

《荀子·大略》云:"君人者……欲近四旁,莫如中央。故王者必居天地之中。"周王以位于大地中心的都城为据点统御四方,他所直接统治的京畿之地便被称为"中国"。"中国"一词出现于武王、成王年间,起初指的是"中土",即"土中"所在的新都洛邑及其周围地区。1963年陕西宝鸡贾村出土的何尊有铭文曰:"武王既克大邑商,则廷告于天曰,余其宅兹中国。"此"中国"与"中土"义同。后来,包括东西两京在内的周王直辖之地统称为"中国",如《诗·大雅·民劳》有"惠此中国,以绥四方",《尚书·梓材》有"皇天既付中国民越厥疆土于先王"。平王东迁以后,华夏意识日益觉醒,开始以"中国"与"四夷"相对为言,于是"中国"成为华夏族所居住的文明世界的代名词。在当时人的意识里,以"中国"为中心,向四周梯次扩展,经四夷所居的蛮荒之地直到大地的边缘——四海,就是整个"天下"。所以"天下""四海""四海之内"含义相同。并非巧合的是,"天下""四海"两个词也是这一时期出现的,如《尚书·召诰》有"用于天下,越王显";《诗·商颂·玄鸟》有"邦畿千里,维民所止,肇域彼四海"。这些写定于春秋及其后的文献都证明了以"中国"为中心的"天下"的形成。

---

①《周礼》成书于春秋以后,但它记载的礼制当渊源有自,参考《逸周书》等文献,周初测地中定国都的记载是可信的。

(二)德性天命观的凸现

原本僻处一隅的"小邦周"翦灭曾经的宗主国"大邑商"后,要在外敌窥伺、人心慌乱的局面下建立久安之治,周初统治者必须对自己行为的正当性也即新政权的合法性做出说明,这就要求他们重新建立与上天(帝)的关系,以理解天命的内涵。

"天"字在甲骨文中已出现,原意为"颠顶",从中引申出大、高、上等义项,但没有至上神的意义。周族很早就发展起比较成熟的农耕文化,对"天"的崇拜当渊源有自。受商文化影响,"帝""天"往往同奉并尊,如《诗·大雅·文王》有"上帝既命,侯于周服。侯服于周,天命靡常";《尚书·康诰》有"闻于上帝,帝休。天乃大命文王,殪戎殷";《尚书·召诰》有"皇天上帝,改厥元子,兹大国殷之命"。成、康以后,尽管统治者认为他们光荣的祖先像商朝先王那样能够"宾于帝所",希望自己民族的大巫师能够拥有与天帝往来的通道,但随着天下的扩展,随着各族之间融合程度的提高,天或"上帝"与人世的距离日益拉大了,他不再是宗族的最高保护神,而成了凌驾万物之上的绝对者;他虽然仍关注着世间,但采取的却是高高在上的态度,只是根据下界统治者德行的表现施以赏罚。于是,带有更多人格色彩的"帝"逐渐退隐,而更神秘、超然的"天"取而代之拥有了最高神的角色特征。陈梦家先生说"卜辞的天没有作上天之义的,天之观念是周人提出来的",[1]当为不刊之论。

"天"取代"帝"成为最高神灵,具有普适性的"德"取代族属成为天人相通的凭依,"天命有德""以德配天"是这个时代提出来的最具革命性的政治哲学命题。这种基于道德修为的天命观的确立在中国历史上具有划时代的意义,它深刻转变了人和世界的关系,意味着中华特色的人文思想的旭日初升。《易·观》:"观乎天文,以察时变;观乎人文,以化成天下。"正是从西周开始,中华民族走上以道德礼仪化成世界的"文—化"之路——天下成为道德和文化的世界。[2]这主要表现在以下三个方面:

---

① 陈梦家:《殷墟卜辞综述》,科学出版社,1965年,第581页。
② 西周仍处于早期国家阶段,旧时代遗留下来的野蛮遗风仍然严重,我这里并没有将西周理想化,只是强调它开始了一种新的政治理念和模式:这个世界是以文化为内在筋骨建构的,它的政治可能性建立在统治阶级的道德水平上。

（1）一种具有理性色彩的新型世界观雏形乍露

以血缘为纽带、以井田制为组织形式、以自给自足为诉求的生产、生活方式使世界变得井然有序、可近可亲。自然事物除了以其实用性受到关注外，开始作为人性化的舞台背景以及感发情绪的媒介物，乃至作为人类品性的象征物而存在。世界的颜色也变得丰富多彩起来，不再是单调的、神我对立的黑白世界。事物的内在本质开始呈现在理性的光照下。《诗·周南·关雎》："关关雎鸠，在河之洲。"《小雅·鹿鸣》："呦呦鹿鸣，食野之苹。"周人的诗歌展示的是一个天人一体、万类共鸣的生机世界。其间，人同飞禽走兽、草木虫鱼一样沉浮在大自然的律动里，他们"舞之蹈之"的欢歌咏叹，同鹿鸣雁叫一样构成一个地方的生态景观。《诗经》中各地方的民歌称为"风"，此"风"是指自然万物所散发出的"有生命的气息"。①中华民族以"天机自然""气韵生动"为最高准则的独特的审美旨趣从此发端。

从这个新世界的深处，一种崭新的东西进入人类生活，这就是孔子所称的"文"，一种具有理性色彩的礼教精神。何谓"文"？《易·系辞下》曰："物相杂，故曰文。"文即世界中的色彩和花纹——日月悬空，列星朗照，草木枯荣，燕舞莺歌，还有河图洛书等有意味的形式，以及人类所创造的文明之物，既包括先王创立的典章制度，也包括器具、文字、图画，以及个人的仪态举止、服装饰品等等，都是"文"。"文"即是事物之内在本质的感性呈现，是具象的意义。因而《易经》谓取象乎天文，错综乎人文，就能经纬天地，化成万类，实现"天下文明"。《谥法》有"经纬天地曰文"，所谓经天纬地，指的是君子圣人以自己的德性率领、规划天下，使万物各处其位，使万民各尽其性，这就是儒家治国平天下的"文教"。《易·乾》有"见龙在田，天下文明"。程颐释曰："龙德见于地上，则天下见其文明之化也。"②龙德即乾道、天道，它大明终始，如日月朗悬于天，经圣人君子的转化与弘扬而普及天下，于是众生万物各得其所，呈现出内在的美与生机——"道"的本然状态，也即礼仪文教的化成状态，此即谓"天下文明"。

（2）确立了王权政治的核心理念和根本原则：为政以德

这就是后来被儒家所发扬的以道德教化为基础、以礼刑互补为特征的德

---

①这是我对《国风》的理解。与商人相比，周人眼里的自然变得可亲可近了，人融入到自然整体之中。《诗》中"兴"的大量使用，正是天人共振的体现；设专官"采风""候风"，体察的就是与气运息息相关的民情士气。

②程颐：《尹川易传》（卷1），《文渊阁四库全书》（第9册），台湾商务印书馆，1986年，第162页。

政理想。"德政"不仅意味着将政治的可能性建立在人自己的道德修为上,更意味着君主"为民做主"的承诺和对天下苍生之福祉的担当。

首先,德被确立为政治合法性的依据。《尚书·蔡仲之命》:"皇天无亲,惟德是辅。"这是周人为自己新政权辩护的理论依据,是他们对历史、现实总结得出的结论。这句话后边的潜台词是:上帝(天)是天下人的上帝,而不是某个族群的专有守护神。作为现世生活准则的最高依据,上帝(天)的意志无疑是人类道德的最终源泉,则所谓"有德"就是得到他的认可与赞许。那么,上帝最关心、最重视的是什么呢? 是天下人的生死与安危,因为他大公无私,对天下一视同仁,是天下全体之利益的监护者。这样,政治权力的合法与否,便取决于它能不能"保民""为民主",即能不能行德政。周人认为有德与否是三代天命转移的根本原因,强调淫欲自纵如商纣则"上帝不保,降若兹大丧"(《尚书·多士》),怀保小民如文王、武王则"皇天弘膺厥德,配我有周,膺受天命"(《三代》4.46.2)。在《无逸》中,周公不厌其烦地一一列举前朝史事,讲述只有"怀保小民"才能享有天命的道理。在他看来,商朝列帝象成汤、大戊、武丁以及祖甲等因为"治民祗惧,不敢荒宁",得到上天眷顾,均在位数十年;商朝末代诸君如纣、武庚等"不知稼穑之艰难,不闻小人之劳,惟耽乐之从",结果为天命所抛弃。

这样,"德"便成为获取和确证天命的凭据。因为人性是倾向于堕落的,[①]道德修为是一个艰难的无休止的过程,一旦不能"疾敬德",就会为天命所抛弃,[②]所以《尚书·康诰》云:"唯命不于常。"上天是不可以一味依恃的,人所能依恃的只能是自己的道德修为。周初统治者一再强调,唯有敬德才能保固天命,获得上天的眷顾和福佑。在《酒诰》中,周公这样向康叔解说殷纣败亡的原因:"庶群自酒,腥闻在上,故天降丧于殷,罔爱于殷惟逸。天非虐,惟民自速辜。"这种认识促使统治者在政治行为中反身自求,以敬畏戒惧之心黾勉从政。《尚书》充满有关持敬勤政的谆谆告诫,如《无逸》"治民祗惧,不敢荒宁","怀保小民,惠鲜鳏寡";《康诰》"无康好逸豫",强调统治者要"知稼穑之艰难","知小民之依"。这种居敬勤政思想为孔子所光大,成为儒家安身立命、修齐治平的看家心传。

---

① 如《尚书·无逸》:"相小人,厥父母勤劳稼穑,厥子乃不知稼穑之艰难,乃逸。"
②《尚书·召诰》称夏商两朝"不敬厥德,乃早坠厥命"。

　　既然上天的意志体现为天下多数人的心愿,则通过"民心"可以判断"天意",《康诰》有"天畏棐忱,民情大可见",而《酒诰》有"人无于水监,当于民监",《皋陶谟》有"天聪明自我民聪明,天明畏自我民明威"。民众的愿望和需求因之成为政治根本之所系。所谓"修德",即是敬天,即是保民。可见,君王的德就是立于天、君、民构成的三角形之中心的无形的测天表、通天树,是沟通天、民的媒介,也是为天下赋予文明的光源。天子以自己盛装繁饰的德容展示天命的神圣与庄严,以自己卓绝的德行为天下民众做出表率:"其惟王位在德元,小民乃惟刑用于天下。"(《尚书·召诰》)就是说,"德"在统治者和"天""民"之间建立一种稳定的三角关系,使原来统治阶级与被统治阶级、统治集团与被统治集团之间的直接对立,变成四周向中心、子民向君主的自觉归依——"德"就是那个把民和统治者统摄在一起的宇宙中枢:天德无私普照,民意上达于天;天将民托付于王,王用心去贯彻执行上天之命,才是天所保佑的"民主"。

　　其次,"以民为本"成为政治的根本原则。"民惟邦本,本固邦宁"一语虽出自伪《古文尚书》,却能概括周朝政治思想的精粹。为传统政治奠定基调的民本思想由此发端。表面看来,对民的重视源于对"天"的敬畏,但实际上统治者真正敬畏的是民众作为一种数量巨大的自然性类存在的深沉力量:作为一个整体,民众就是"天下",恢弘、辽阔,触手可及而又深不可测。因而"天下"作为一种政治遗产被理解为民心的向背,得天下主要不是指获得土地山川,而是指获得天下民众的认同。《荀子·王霸》:"取天下者,非负其土地而从之之谓也,道足以一人而已矣!"张九成《孟子传》卷十四:"三代之所以得天下者,同民休戚也;其所以失天下者,民有忧苦而不恤也。"[1]"得民心者得天下"成为传统政治文化中最有教益的格言。[2]

　　(3)确立人作为实践的道德主体

　　在殷代,人们想象上帝通过甲骨上的裂纹传达旨意,占卜者因分享上帝的神圣性而成为他在人间的代理人,占卜成为全部宗教生活的不可置疑的基础。上帝无所不能,无处不在,人只能小心翼翼地追寻他发出的指示和意图。人类精神生活的空间被圈定在一个非常狭隘的范围之内,人对世界的谋划和担

---

　　[1] 张九成:《孟子传》(卷14),《文渊阁四库全书》(第196册),台湾商务印书馆,1986年,第378页。

　　[2] 此处用了一些后世的史料,这是因为"天下"的文化内涵在西周时期已获充实,此后就是一种共时性的现象了,用不同时代的材料可以证显文化展开的逻辑。

承——这些世俗道德的最重要的内容——被摒弃到一边。武王伐纣时曾历数商纣种种违背道德的行为,如"昏弃厥遗王父母兄弟,不迪;乃惟四方之多罪逋逃,是崇是长,是信是使"等,但当商王"率民以事神"的时候,这些世俗的德行是无足轻重的。人作为道德主体的能动性被封闭进上帝的神圣性里,使商末整个社会陷入一种腐败的耗散状态。

周人的"天"不再干涉具体琐碎的人间事务,而是以"鉴于上"的方式把世俗事务的管理权交给他的代理人,上天眷顾并托以重任的,是少数理解并执行天心、天意的有德者。天人关系的这种转换,把人从神的笼罩下解放出来,开启了后世知识分子进入世界并实现自己的途径和方式:由修身齐家而治国平天下。以周公之继承者自居的孔子正是通过对"天命有德"这一理念的发扬,为其后学确定了自我成就的方向与目标。在他那里,人对天命的领悟成为"下学上达"的过程,天命如其说是一种恩典的托付,还不如说是人与上天的互相确认:上天的意志最终在人的行为和成就中实现自己,但它不是一种确然无疑的施与或恩命;人是通过时刻敬畏、戒惧的自我反思、自我校准去接近它、领会它。天命体现在现世生活因缘际会的时遇中:它像云隙里透出的阳光,给人以信念的力量,引导人走向圣者之境,人却不能预知它什么时候降临,只能内求于己,"修身以俟之"。这样,个体在道德自立的根基上直接面对天下,拥有了一种面向族类全体的视野和情怀:"天下兴亡,匹夫有责",遂成为传统士大夫最为珍重的信念和理想。

(三)华夏整体意识的形成

周人把一种文化共同体意识带进中华民族的历史之中,"内华夏而外夷狄"的天下格局就此启轫。

为确立自己的正统地位,周人在推翻商朝后自居为夏文化的继承者。《诗·鲁颂·閟宫》称其先祖后稷"奄有下土,缵禹之绪",《国语·周语上》载祭公谋父称周先王"世后稷,以服事虞夏",其后人不窋窜于夷狄之间,仍然"时序其德,纂修其绪,修其训典,朝夕恪勤,守以敦笃,奉以忠信"。总之在把原来的"大邦商"贬为"戎商"的同时,周人强调他们是圣王统绪的继承者。于"地中"建立新都后,他们把自己统治的区域称为"有夏""区夏",如《尚书·君奭》有"惟文王尚克修和我有夏",《诗·周颂·时迈》有"我求懿德,肆于时夏",《尚书·康诰》有"惟乃丕显考文王……用肇造我区夏",实际是在强调权力的正统性。《群经音辨》

称"四方广大曰夏,万物盛大曰夏",①而《周礼·大司徒》称地中是"天地之所合也,四时之所交也,风雨之所会也,阴阳之所和也"。在周人看来,"夏地"不仅是四方广大的先王故国,也是生发万物的宇宙中心。据有这个中心后,周人以前无古人的为天下做主的志向开始对天下的经营,而在这个过程中华夏民族逐渐熔铸而成。

周初实行的徙民政策是导致华夏民族形成的最强大因素。在西周以前,部族间的战争一般只以对方屈服进贡为目的。殷墟卜辞记载商王不断四出征讨,除了被动应付敌人的侵犯,所追求的不过是迫使对方屈服、甘心进献而已。马王堆三号汉墓出土的《春秋事语》中有"昔者[文王军]宗(崇),能取而弗灭,以申其德也"之语,说明当时的征伐仍然是"服人之国而不取其地"。这是因为,在当时各部族生产、生活方式以及宗教习俗相互之间格格不入的情况下,倘若找不到能够贯通文化壁障的共同纽带,就无法把各个地方势力笼络在一起。周公找到了这个纽带,这就是天命所依托的"德"。"德"的普遍性使它超越、包容了地方的差异性,成为一种向心性的组织力量。于是,以天下之主的身份对征服了的其他部族进行管理便成为可能。在战胜殷商后,周人保留商人的土地和财产,也没有强硬改变他们的生活方式与宗教信仰,只要求他们接受天命赋予周人的统治权。在《多方》《多士》中,周公不厌其烦地对战败的殷贵族以及殷商盟国的统治者申说天命转移的原因和周朝对他们的政策,告诫他们以敬畏的态度服从天命的安排,以恭顺的姿态接受德政的恩典。如《多方》有:

> 尔曷不夹介乂我周王,享天之命?今尔尚宅尔宅,畋尔田,尔曷不惠王熙天之命?尔乃迪屡不静,尔心未爱,尔乃不大宅天命,尔乃屑播天命……乃有不用我降尔命,我乃其大罚殛之。非我有周秉德不康宁,乃惟尔自速辜!

总之,周初统治者对原来的敌对势力采取以怀柔为主、威慑为辅的两手政策,因而很快安定人心,稳住局面。在此基础上,广泛封建亲戚以"藩屏周":

"兼制天下,立七十一国,姬姓独占三十一人。"①周人及其盟友散居在其他族群中间,占据天下的各个文化中心和战略要地。他们因地制宜,在包容或者不改变当地传统的前提下以自己先进的文化去影响各个地方。如封到少昊之墟的周公之子伯禽"变其俗,简其礼";封到营丘的齐太公"因其俗,简其礼"。②在行政措施方面,《左传》定公四年载,伯禽与封到殷墟的卫康叔"皆启以商政,疆以周索",而封到夏墟的唐叔"启以夏政,疆以戎索"。都是以和平的方式对当地部落文化进行融化,对当地的组织结构加以糅合,使以中原为中心的"天下"走上加速一体化的过程。

随着对外征服的不断胜利,周人的民族自信心迅速发酵起来,对正统性的强调必然地发展为一种文化上的优越感,而这种文化优越感又会强化基于现实利益的族群归属认同和"他者指认",③于是出现夏、夷两大集团的对立与分化:周人及其异性姻亲还有一些具有稳固的联盟关系的异姓部族为夏,敌对阵营的一方则被贬斥为夷。大约铸于懿、孝年间的"史密簋"的铭文记载了周朝对东夷、南夷的战争。铭文如下:

> (帷)十又二月,王令师俗、史密曰:"东征。"迨南夷卢、虎、会杞夷、舟夷,謹不悊,广伐东国,齐师、族土(徒)、遂人,乃执鄙宽亚(恶)。师俗率齐师、遂人左,(周)伐长必;史密右,率族人、厘(莱)伯、僰、氏,周伐长必。获百人。对扬天子休,用作朕文考乙伯尊簋,子子孙孙其永宝用。④

铭文对敌方径称为"夷",对盟友却避而不用这个字眼——莱为姜姓,僰为妘姓,直到春秋时期仍被视为不开化的夷狄——说明在当时周人那里,"夷"已经是一个带有贬义的词汇,夏、夷之间已经有了一条明确边界:自己是文化上

---

① 荀子:《荀子校释·儒效》,王大海校释,上海古籍出版社,2005年,第260页。
②《史记》(卷32《齐太公世家》),中华书局,1959年,第1480页。
③ 1969年,瑞典人类学家弗里德里克·巴斯在《族群与边界》一书序言中提出族群的边界理论,指出在对族群的定义中,最重要的因素是成员的"自我归属和他们归类"意识。该序言由高崇译为中文发表于《广西民族学院学报》(哲学社会科学版)1999年第1期。
④ 以李学勤的释文为主,参考了沈长云、王辉等人的研究成果。参见李学勤:《史密簋铭所记西周重要史实考》,《中国社会科学院研究生院学报》1991年第2期;沈长云:《由史密簋铭文论及西周时期的华夷之辨》,《河北师院学报》1994年第3期;王辉:《史密簋释文考地》,《人文杂志》1991年第4期。

的先进者,而对方则是野蛮的异类。久之,凡正统的、高雅的东西都被以"夏"命名。《诗经》中的"大雅""小雅"被视作与地方性的"风"不同的"正声",雅即是夏,雅言即夏言。宫廷中的正式乐舞也称作"夏",如《周礼·春官宗伯》有"大司乐舞大夏以祭山川",又有"凡乐事,(钟师)以钟鼓奏九夏:王夏、肆夏、昭夏、纳夏、章夏、齐夏、族夏、祴夏、骜夏"。郑注曰:"夏,大也。乐之大歌有九。"九夏都是乐章名。

周公制定的礼乐制度也强化了夷夏之间的区别,从而加速了族群间的融合——只有当"夏"形成足够强大的吸引力时,真正的文化融合才会发生。《礼记·乐记》称"乐统同,礼别异",礼乐制度在维系社会内部等级秩序的同时,强化着"夏""夷"之间的文化区别,也强化着成员的文化归属感和自豪感。周朝统治者及其异姓同盟之间以"礼"相往来,很容易形成一种以文化相辨别的"自己人意识"。那种讲求细节的、文质彬彬的君子容饰,宣示的不仅是权力的尊崇,还有生活的格调与品质。于是,与"夏"读音相近,含有尊贵、富丽等意义的"华"便与"夏"字一起,被视作这个新的文化共同体的标志。如《公羊传》僖公四年所说,东周初年,"南夷与北狄交,中国不绝若线"。齐桓公在管仲辅佐下以"尊王攘夷"相号召,北伐山戎,南服荆楚,扶晋救燕,存邢定卫,基于礼乐文明的华夏大家庭的认同意识空前加强,"礼""非礼""夷礼"成为判断人事的基本标准。正是这个时期,"诸华""诸夏""华夏"等出现于时人的日常语言和文字记载中,成为那个正在凝聚而成的新族群的名号。[1]那些与华夏族团交往密切的后进部落很快被周文化同化,拒绝同化的则被边缘化,成为被疏远、被隔离的"他者"。[2]大约从春秋中期开始,"四夷"开始与"华夏"相对而成为一个流行词汇,[3]原来与夷狄混居的"诸夏"开始成为一个拥有共同语言文字、共同礼

---

① 如《左传》闵公元年:"戎狄豺狼,不可厌也;诸夏亲昵,不可弃也。"襄公十一年:"子教寡人和诸戎狄以正诸华。"昭公三十年:"吴,周之胄裔也,而弃在海滨,不与姬通,今而始大,比于诸华。"襄公二十六年:"楚失华夏。"

② 例如,据《左传》襄公十四年载,晋国执政范宣子因吴伐楚之事大会诸侯,由于怀疑戎子驹支走漏消息,命令他中途离会,驹支辩解说:"我诸戎饮食衣服不与华同,贽币不通,言语不达,何恶之能为?"这支戎人为炎帝苗裔,四岳之后,夹居于大国之间,长期与秦晋相纠缠,然直到国灭仍是"其心必异"的夷狄。

③ 如《左传》记载,僖公二十五年阳樊人仓葛称"德以柔中国,刑以威四夷";文公四年,宁武子有"诸侯有四夷之功,王赐之弓矢"之语;昭公十七年,孔子有"天子失官,学在四夷"之叹。当然,史官所记不一定为当事人原话,但至少可以证明在《左传》成书前后(战国中前期),"四夷"已成为流行词。

仪规范和共同民族意识的文化统一体。①鲁庄公二十二年(前672),楚国始与中原通聘问;鲁文公八年(前619),秦人以周礼"归僖公成风之襚"。说明他们已正式融入华夏大家庭。从此,西起秦陇,东至海滨,北起幽燕,南至江汉,成为华夏民族的共同家园。华夏居中、夷狄环绕四周的天下格局开始形成,"天下"遂成为制度和文化的世界。

本文原刊载于《学术月刊》2012年第10期。

作者简介:

李宪堂,山东安丘人。南开大学历史学院中国思想史研究中心教授,社会史研究中心研究员,博士生导师。2003年获南开大学历史学院专门史博士学位,2005年南开大学经济学院理论经济学博士后出站留校任教。主要研究领域为中国思想史、先秦史、中国经济史等。

---

① 尽管到战国时代,中原诸夏对秦、楚等国仍以夷狄视之,但那是一种掺杂太多傲慢、自大、嫉妒等心理因素的意气之举。

什么是思想史研究

张荣明

在科学研究领域,一个成熟的学科不但应有健全的学术规范,还要有对该学科全面客观地评估。作为科学研究的领域之一,[①]思想史研究当然应该有自己的学术范式和学科理论,但实际情况并非如此。大约100年前,梁启超就对思想史研究进行了讨论。他提出思想史研究的目标有三:求真、求博、求通。[②]胡适认为哲学史的工作就是客观叙述历史上的哲学思想,他称之为"述学"。为使叙述的内容坚实可靠,他提出了考证史料真伪和整理史料的方法。[③]此后的中国思想史研究经历了一番波折,改革开放后有学者提出编写思想史著作"应注意从历史实际出发,把思想演变发展的历史原因、历史作用写清楚。这是体现中国思想史教材科学性和知识性的重要原则"。[④]但也有学者说:"思想

---

① 目前关于历史学科的属性仍有争议。国内一些学者认为历史学具有社会科学的性质;但西方一些学者认为历史编撰介于"学术与诗歌之间"(伊格尔斯:《学术与诗歌之间的历史编撰》,陈恒译,载陈启能、倪为国主编:《书写历史》,上海三联书店,2003年);还有学者认为历史学既包括社会史,也包括科技史,因而是一个综合学科,就其终极目标而言,应该具有科学的性质。

② 梁启超说:"我们做这类文献学问,要悬着三个标准以求到达:第一,求真。凡研究一种客观的事实,须先要知道他'的确是如此',才能判断他为什么如此。文献部分的学问,多属过去陈迹,以讹传讹失其真相者甚多。我们总要用很谨严的态度,仔细别择,把许多伪书和伪事剔去,把前人的误解修正,才可以看出真面目来。""第二,求博。我们要明白一件事物的真相,不能靠单文孤证便下武断。所以要将同类或有关系的事情网罗起来贯串比较,愈多愈妙。""第三,求通。好一固然是求学的主要法门,但容易发生一种毛病。这毛病我替他起个名叫做'显微镜生活'。镜里头的事物看得纤悉周备,镜以外却完全不见。这样子做学问,也常常会判断错误。所以我们虽然专门一种学问,却切不要忘却别门学问和这门学问的关系。"(王德峰编:《梁启超文选》,上海远东出版社,2011年,第300~301页)

③ 胡适说:"我的理想中,以为要做一部可靠的中国哲学史,必须要用这几条方法。第一步须搜集史料。第二步须审定史料的真假。第三步须把一切不可信的史料全行除去不用。第四步须把可靠的史料仔细整理一番:先把本子校勘完好,次把字句解释明白,最后又把各家的书贯串领会,使一家一家的学说,都成有条理有系统的哲学。做到这个地位,方才做到'述学'两个字。"(胡适:《中国哲学史大纲》,中华书局,2015年,第24~25页)

④ 张岂之主编:《中国思想史》,西北大学出版社,1993年,"原序"第2页。

史究竟如何写……仍有些没弄清楚。"①甚至有学者说:"中国的思想史学科出现的年月并不短,但思想史界一直缺乏方法论的自觉,对于思想史的研究对象与范围,思想史与哲学史的区别,以及思想史的具体研究方法等,都缺乏有深度的讨论。"②正是在这样的背景下,学界对思想史研究的相关理论问题不断进行讨论。③西方的思想史研究也面临着类似局面。有学者说"'思想'这个词的语义边界是不确定的",④也有学者说"思想史与临近的分支学科之间的界线……模糊不清","曼海姆的知识社会学、洛夫乔伊的'观念单元'史、年鉴学派的心态史学、福柯的知识考古,他们都提出了各自特有的语汇和理解过去思想的唯一可能途径的理论",⑤还有学者说"就已有的研究来看,思想史作为一个研究领域还相当混乱,其唯一的共性在于该领域的史学家都强调意识或观念对于理解过去的重要性"。⑥无论是从国内还是从国际思想史学界的情况看,关于思想史研究的主体、对象、任务、方法等问题,仍缺乏系统总结和深入阐述。对于思想史学科的建设与发展来说,对上述问题的系统探索有重要意义。

一、思想、思想史与思想史研究

所谓思想,就是人类的所思所想,既包括人类思想的内容,也包括人类思维的形式。人类是会思考的动物,思考是人类的本能之一。从空间维度看,每个人、每个家庭、每个社会集团、每个民族的思想都别具特色;从时间维度看,远古时代、古代、现代思想的内容亦大不相同。人们思想内容的时空差异,既

---

① 葛兆光:《中国思想史·第一卷·七世纪前中国的知识、思想与信仰世界》,复旦大学出版社,1998年,第8页。

② 郑大华、贾小叶:《20世纪90年代以来中国近代思想史研究的回顾与展望》,《教学与研究》2005年第1期。

③《历史研究》2003年第1期刊发了邹小站《中国近代思想史研究方法学术讨论会综述》;《南开学报》2006年第5期以"中国思想与社会互动研究"为题,刊发了一组讨论文章;《学术月刊》2007年第4期以"中国思想史研究:方法与边界"为题,刊发了一组讨论文章;《人文杂志》2007年第5期刊发了湛风、斯人《中国思想史学科建设研讨会综述——中国思想史研究的回顾与展望》。学者们从不同角度对相关问题作了讨论。

④ 史华慈:《古代中国的思想世界》,程钢译,江苏人民出版社,2008年,第1页脚注。

⑤ 斯蒂芬·柯林尼:《什么是思想史》,载丁耘主编:《什么是思想史》,上海人民出版社,2006年,第4、8页。

⑥ 库克里克:《什么是思想史》,载丁耘主编:《什么是思想史》,上海人民出版社,2006年,第19页。

与人们的生理条件、思维能力有关,也与自然环境、社会结构有关。一切思想都是特定思维者的思想,一切思想都与所处环境有关。思想的内容并非无根浮萍。

思想有依存性。思想是一种信息,信息不是物质,思想本身无法单独显现。思想依赖于特定的载体——大脑,大脑是思维运作的硬件,思想是思维运作的软件。硬件与软件之间互为依托,相互匹配。根据人类学的研究,人类的进化与人类的脑量(包括绝对脑量和相对脑量)呈正相关。[1]又据思想史的研究,远古人类直觉思维发达,逻辑思维能力很差;古代人类有了一定的逻辑思维能力,中国古代的阴阳五行学说是具体表现;现代人类逻辑思维发达,与现代科技水平相映成趣。由此可以大致发现,原始直觉思维、古代阴阳五行思维、现代逻辑思维与人类脑量之间存在宏观上的对应关系。这种对应关系与人类个体的心理发展状况基本一致:童话思维与儿童大脑相对应,成人的思维与成人大脑相对应,痴呆的思维与老人萎缩的大脑相对应。由此可见,思想与大脑有关。思维软件受思维硬件制约,不宜脱离大脑状况而评判历史上的思想。

人类思想的内容与所处的自然环境、社会环境通常有关。人类生活在自然世界中,也生活在自己创造的环境中,科技改变世界。在古代,人们依靠自己的感官认识世界。古代中国有水、木、金、火、土五元素学说,古代印度有地、水、火、风四元素学说,古代希腊有水、气、火、土四元素学说,类似的自然环境和科技水平孕育了类似的宇宙学说。随着人类科学技术的进步和活动能力的增强,对自然环境的依赖程度逐渐降低。于是我们看到,古代思想具有更多自然世界的内容,现代思想具有更多人类科学的内容,这两种思想因素呈现出彼消此长的总趋势。人们思想的内容与社会生活紧密相关。人们生活在社会中,每个人都处于社会关系网络的一个结点。位置不同,利益诉求不同,思考问题的立场不同,思想内容自有差异。每个阶层也是这样,上层社会有自己的思想,下层大众也有自己的思想,甚至所谓的"乱臣贼子"也有自己的思想,所有关于社会的思想都是社会自身的产物,是社会造就了这些思想。对于身处其中的人们来说,自己的政治诉求当然具有合理性。如果我们肯定社会本身无可避免,那么社会中思想的多样性也就不可避免,一切社会诉求都有各自的缘由。上述思想内容的差异,就是思想的社会性。人们的思想内容与特定的

---

① 参见吴秀杰:《化石人类脑演化研究概况》,《人类学学报》2003年第3期。

职业紧密相关。在一个社会中,人们的兴趣和职业多种多样,彼此的专业思想各不相同。有人关注天文,有人爱好地理,有人关注政治,有人热爱艺术,于是产生出各种专门的思想。每一种专业思想都有特定的知识属性,都是人类知识谱系的重要分支。基于一个视角可以看到一个侧面的世界,视角越多所见越多。当然,人们通常无法看到一个全景的世界。

思想与自然世界和人类社会是互动的关系。从一个侧面说,思想是自然界和人类社会的产物。人类受大自然主宰和摆布,每个人都不得不适应所处的社会。从相反的立场说,思想改变自然世界和人类社会,自然世界和人类社会也是人类的选择和创造。人类所处的星球之所以这样,一个社会之所以如此,乃是生活于其中的人们的集体认同与选择。没有人们的选择,就没有特定的自然环境和社会秩序。

思想家是人类思想的代表和知识的传承者。在社会生活中,每个人都有自己别具特色的思想,但并非每个人都是思想家。每个阶层或群体也有别具特色的思想,思想家就是特定阶层或特定群体的代表,反映特定群体的诉求,创造性地传承特定群体的智慧。在各个民族历史上,曾经出现过各种类型的思想家。中国春秋战国时代有所谓"九流十家",即儒家、法家、道家、墨家、名家、阴阳家、杂家、农家、小说家、纵横家,每一家都擅长某一方面的技术或拥有某一方面的知识,当然也反映每个群体的利益诉求。在每一家中,往往又有诸多思想家,儒家有孔孟荀,法家有商申韩,道家有老庄。因此,思想家成为人类思想的主要承载者,人类的思想主要通过思想家得以传承延续,没有思想家也就没有人类的思想知识体系。①

所谓思想史,就是人类思想在时间维度中变动的轨迹,从主流上说就是思想家的思想在历史上演变的轨迹。②思想的演变分门别类,有某一类专业(比

---

① 近几十年来,国内外一些学者倡导研究民间的、"草根"的思想,这固有意义。但由于年代的久远,此类思想资料保留下来极少,《墨子》是少有的案例之一,且早已引起学界的注意和研究。

② 钱穆说:"有些人能对一事实一问题,穷年累月,不断注意思索,甚至有毕生殚精竭虑在某一问题上的,这些便成为思想家。但宇宙间,人生界,有几件大事,几个大问题,虽经一两个人穷老思索,也获不到结论,于是后人沿他思路,继续扩大继续深入,如是般想去,便成为思想史。"(钱穆:《中国思想史》,兰台出版社,2001年,第1页)霍林格说:"思想史就是思想者就那些在历史学家们看来重要的问题上的言论的历史。"(丁耘主编:《什么是思想史》,上海人民出版社,2006年,第11页)在理论上,思想史研究应该探索过去的全部思想;在实践上,我们仅能研究史料中的思想,而史料中的思想大多是思想家的思想,历史越是久远越是如此。

如数学、天文、农业)学术思想的演变,有社会思潮(比如战国时期诸子思潮、秦帝国法家思潮、汉代儒家经学思潮、魏晋道教思潮)的变迁。借用司马迁之语,这是人类思想的"古今之变"。

所谓思想史研究,就是探索过去各种思想的真相及其变动轨迹、发现其中因果关系和变动规律的学术工作。认清历史上各种思想的真相并不容易,有时甚至极为困难。比如《庄子·齐物论》说,人们看到的外部世界既是"彼"也是"是",二者既有联系也有区别。具体说,人们对某物的认知既与对象物有关,又非该对象物本身。故作者说:"以指喻指之非指,不若以非指喻指之非指也;以马喻马之非马,不若以非马喻马之非马也。"一言以蔽之:人类看到的马并非马本身的样子。为什么不是? 道理难讲,故作者说:"万世之后而一遇大圣,知其解者,是旦暮遇之也。"①依作者之意,这是中国思想史上的哥德巴赫猜想。当前对庄子思想的研究成果很多,但此一命题无解。再如禅宗经典《坛经》,学界研究禅学者甚多,但《坛经》主旨何在,"真如""佛性"究为何物,未见有谁能说清楚——就像"道"为何物,无人洞晓一样。探索思想演变的因果关系也不是一件容易的工作。比如,战国时期百家争鸣,秦帝国时期的官方意识形态是法家学说,汉帝国时期的官方意识形态是儒家经学,为什么会发生这种转变,在社会意识形态变迁背后隐藏着怎样的道理,未见回答。再如,东汉时期大众道教兴起,两晋时期士人道教兴起,南北朝时期佛教成为中国宗教主流,为什么会出现这种局面,是否有规律,也未见有信服力的回答。

要发现历史思想的真相及其变化规律,要使研究工作具有科学性,首先需要思考的问题是:研究者应该具备怎样的素质? 毕竟,人是科学研究的出发点和前提。

二、研究者

基于认识论的立场,思想史研究发端于研究者,没有研究者就没有思想史研究。思想史研究是特定研究者对历史上思想现象的认知与判断,而任何认知背后都隐藏着一个认知者,这个认知者具有难以摆脱的主体性,在学术上从来就没有超然的认知者。换言之,思想史研究者(思想史家)是特定生理条件和社会环境下的观察者,无法摆脱自身生理条件和社会环境的束缚。在以往的研究中,人

---

① 郭庆藩:《庄子集释》,中华书局,1982年,第66页。

们首先讨论的是研究对象,而作为研究主体的研究者却被忽略了。

首先,思想史研究会受到研究者心理因素的影响。研究者本身是一个生命活体,研究者的认知判断依赖于自己的感官(内感官和外感官)经验,而自己的感官经验能否作为判断史料是非的依据和标准,值得审慎考虑。在不同历史时代,人们的思想存在宏观差异。原始思想的主要特征是万物有灵,与之并存的是巫师与巫术;在现代社会,人们倾向于认为精神活动是大脑的机能,否定灵魂与巫术。对于古今人类思想的差异,我们普遍的回答是:万物有灵观念是原始人类思维能力低下的结果,原始社会是"蒙昧时代"——其潜台词是:现代人是智者。即便在同一个时代,即便在现代社会中,与心理有关的思想差异依然普遍存在。幼儿中普遍存在万物有灵观念,在幼儿绘画中,"太阳公公""月亮婆婆"是永恒的主题;在幼儿生活中,玩偶是有灵性且经久不衰的道具。在年迈衰老的人群中,偶尔出现所谓的"幻视""幻听",个别耄耋老人能见常人所不见,能听常人所不能听。成年人却不以为然,他们说幼儿"心智不全",又说老年人的认知"虚幻"——其潜台词是:中年人心理健全。然而,说原始人"愚昧",说儿童"心智不全",说个别老人感觉"虚幻",这很难说不是自以为是的独裁判断。如果我们超越时间空间,将这些看似荒诞的思想现象作通盘考虑,在这些看似无关的思想事件之间寻求最大公约数,一个新的思路随之浮现:这些思想现象可能与心理、生理因素有关,可能与大脑状态有关。脑萎缩使个别老年人的心理回归幼儿时代;幼儿大脑发育不全,恰与原始人类不无相似。这是否意味着,人类的思想内容与大脑运作状态有关? 在中国文化传统中,"心"作为思维的内容和思维的器官,本来就不可两分。离开大脑状况而研判思想,基于研究者自己的心理状况推断历史上的思想,这不无问题。在人类生命演进过程中,人类的感官能力——听力、视力、嗅觉能力、思维能力在不断变化。这或许意味着,在某个进化时期人类能够看到、听到、体验到的现象,另一个进化时期的人类未必能体验到;在某个时期人们所具备的心理能力,另一个宏观历史时代的人类未必具备;反之亦然。人们常说,有一得必有一失。在人类获得日益发达的逻辑思维能力的同时,必定丧失了自己曾经拥有的某些能力。人们常说的"客观存在",以自己当前的生理、心理状态为前提,不存在无条件的客观存在。

其次,思想史研究也会受到社会因素的影响。思想史家生活于特定的社会环境中,社会环境对研究者的认知造成了潜移默化的影响,这种影响反映在诸多方面。先看道德观念对研究者的影响。人生活在社会中,作为社会化的人,当然承载着特定的道德观念。但是,当研究者把自己的道德观带入思想史研究以后,就会造成思想史研究的扭曲。比如,汉代流行三纲五常、君权神授观念,现代社会崇尚平等、民权理念。如何看待汉代的纲常观念? 在当前的思想史研究中,常见做法有二:一种做法是把它当作"糟粕",弃而不论;另一种做法是予以批判。至于纲常观念与当时社会的关系,其产生的背景与社会功能,通常置而不议。再看知识因素对研究者的影响。在当前的历史研究中,"历史进化论"成为历史观的先验预设,它主导了人们对历史变迁的判断。其实,在中国思想史上既有社会进化论(法家),更有社会退化论(儒家、墨家),甚至有极端的社会退化论(道家)。在当代诸多宗教中,末世论是基本教义之一。在史学实践中,如果我们用不同的知识体系指导历史研究,就会发现历史的变迁既可以说是进化也可以说是退化,因而盲目套用某一知识体系并不适宜。问题不在于进化论抑或退化论正确,而在于每一种知识体系都以特定的要素为依据。最后说意识形态因素的影响。过去一段历史时期,农民战争或阶级斗争曾是思想史研究的主题之一,斗争被说成是历史进步的动力;近年来,社会和谐成了思想史研究的主题之一,研究社会和谐具有了重要意义。到底是阶级斗争有意义,还是社会和谐有意义? 基于科学研究的立场,根本就不存在这样的问题。用特定的理论研究历史,就是戴上有色眼镜看历史,是用理论绑架历史。

因此,思想史家的学术判断既可能受到自身心理因素的制约,也可能受到社会因素的绑架。这种带有主体性的学术,与其说是一种科学,毋宁说是一种主体认知判断,甚至可能是现实诉求的学术宣泄。问题的诡谲之处在于,当事者并没有对研究工作本身存在的先天缺陷进行反省,反而找出各种各样的理由为自己辩解。这有两种截然相反的表现。一种是注重理论和宏观建构。有学者说:历史研究不能没有理论。确实,在传统的思路下,如果没有理论,史料犹如一堆积木,历史整体无法重建,历史过程失去脉络。但问题是,在不同的理论之间往往势如水火,势不两立。到底哪一种理论正确,无法彻底解决。另一种是抛弃理论,注重史料和史实考据,坚持"求真"。求真固然避免了宏大叙事,但由此带来的是历史叙事的支离破碎。在这里,问题的关键不是史料,而是整合史料的理论框架,没有理论的通史著作只能是一堆"散件"。恰如章学诚所谓"舍今而求古,舍人伦日用而求学问精微",乃"鑿鹥之文,射覆之学"。①在宏大叙事与求真求实之间,到底应该何去何从,值得反思。

思想史家应该学会自我反省,应该放弃自以为是的学术心态,在研究工作中尽量做局外人。其一,在思想史研究中应该固守价值中立原则,应该努力消除自我意识形态和价值观念对研究工作的干扰。对于身处现实生活中的研究者来说,不可能没有自己的意识形态和价值观,也不可能没有自己的利益诉求,社会化使每一个人都不可避免地具有特定的社会属性。然而,如果一项研究成果带有浓重的价值观和意识形态色彩,其客观性就不能不受到质疑。其二,应该消除个人信仰对研究工作的干扰。兰克曾经自信地说,他写的《教皇史》能够被基督教不同教派的信徒认可并接受。然而,他却无法承诺《教皇史》能够被伊斯兰教信徒接受。这是宗教信仰干扰历史研究的典型例子。宗教信仰是古今中外普遍存在的精神现象,是人类思想的重要组成部分。撇开宗教信仰讨论历史上的思想,或多或少会扭曲思想史的真实面貌。克罗齐早就指出,历史学家声称"让史料说话",但在遇到"奇迹"类史料的时候,恰恰不让史料说话,而是自己站出来说话。在一些学者看来,如果让此类资料说话就会丧失学术的正确性。克罗齐指出,这标志着"语文文献性历史的破产"。②一方面标榜"实证",另一方面不许"实证",此乃自相矛盾。其实,史料所说的话不等于研究者的话,只有揭示史料的真实内容,才有可能展现思想史真貌,进而勾勒思想史发展的轨迹。兰克为此曾作过尝试和努力,但不够彻底,问题在于学界没有建立公认的学术规则和研究程序。海登·怀特说,当代史学"仍然处于自然科学于16世纪所处的概念的无政府状态",③这值得历史学家反思。个人信仰与研究工作截然分开,这是学术成熟的表现。人文学者往往强调社会科学与自然科学不同。其实,这并非问题的关键,关键是思想史家要成为历史思想的观察者,而不是评判者。思想史研究的客观性,在于承认史料是客观存在,承诺史料不被随意歪曲(赞美或贬斥),承诺研究结论能被史料验证。

三、研究对象

顾名思义,思想史研究的对象是过去的思想。历史上的思想多种多样,按

---

① 章学诚:《文史通义校注》,叶瑛校注,中华书局,1985年,第231页。

② 克罗齐:《历史学的理论和实际》,傅任敢译,商务印书馆,1997年,第240页。

③ Hayden White, *Metahistory: The Historical Imagination in Nineteenth-Century Europe*, Baltimore:Johns Hopkins UP, 1973, p.13.

现代学科划分,有科技思想、政治思想、经济思想、文学思想等;[1]依照社会角色划分,有农民思想、士人思想、帝王思想等。这众所周知,毋须多论。需要深究的是:什么是研究者直接面对的研究对象?

我们以为,历史学研究的直接对象是史料。这涉及直接对象与间接对象的区分。所谓直接对象,就是研究者所面对的客观实在。与物理学家、生物学家不同,历史学家在研究室或图书馆中面对的不是过去的历史,过去的历史已然一去不返,历史学家无法直接观察历史事件发生和演变的场景。思想史家若要了解历史上某个人、某个时期的思想,不得不依赖特定的中介物——历史资料,史料是思想史家直接面对的研究对象。过去的历史看不见、摸不着,只能通过史料这一中介去理解和把握,所以过去的历史是间接研究对象。直接研究对象的确认在学术上具有战略意义,它明确了思想史研究的方向,使我们得以进一步思考相关的一系列问题。

首先,史料是认识历史的唯一依据,是历史研究的出发点。既然史料在研究工作中的地位如此重要,就应该对史料本身的特性有清楚的认识。史料本身具有双重性。史料的载体具有物理性质,根据最初载体的物理性质可以推断其产生的大致时代。在过去相当长的历史时期内,史料书写在纸张上;纸张发明以前,史料书写在绢帛、简牍上;再早的时候,铸刻在铜器、甲骨上。研究者借助特定的科技手段,根据史料载体的物理性质可以大致判断出史料产生的时代。史料本身是信息,可以保存于不同的介质或载体,因而信息具有超越时空的性质。史料信息有不同的表现形式,可以是文字,也可以是音像等。史料的物质性和信息性,是史料研究的两个侧面,通常以后者为主。

其次,史料反映历史,但不等同于真实的历史,这由直接对象与间接对象之间的关系所决定。任何史料都来自特定的观察者或经历者,因而都有主体性。这就意味着史料记载的历史都是特定视角的历史,而非全景的历史。特别是涉及社会冲突的史料,无不带有特定的立场并反映特定主体的利益,从来

---

[1] 张岂之教授指出:"中国历史上的政治思想、经济思想、哲学思想、科学思想、法律思想、军事思想等等,都是中国思想史的研究对象。"见张岂之主编:《中国思想史》,西北大学出版社,1993年,"原序"第3页。

就没有超然的史料。①在传统正史中,反政府的人士往往被描述为乱臣贼子,被成功的政变推翻的前任或前朝则被记载为无道无能。这不难理解。把史料等同于真实历史,这是历史研究中的史料陷阱,研究者应予警惕,应该学会史料批判,应该给缺省的史料留下相应的位置。

再次,一切史料都是客观存在,不同内容的史料之间不存在价值差异。在思想史研究领域,我们经常看到这样的场景:在特定历史时期,一部分史料受重视,另一部分史料被排抑。人们的理由是:取其精华,去其糟粕。然而,什么是精华,什么是糟粕,标准却变动不居:反映"革命"的思想史料,在社会变革时期被认为是精华,在社会稳定时期被认为是糟粕;反映"和谐"的思想史料,在社会稳定时期被认为是精华,在社会变革时期被认为是糟粕。于是我们看到,史料本身没有丝毫变化,是研究者赋予了史料截然相反的价值。随着历史时代的变迁,有一类思想史料反映的内容成为遥远的过去,后来的人们难索其解。例如《山海经》中有这样的描述:"羽民国……其为人长头,身生羽。"②基于现代科学,历史上不可能存在长头颅、身生羽的人类或民族。难道此类记载纯属荒唐无稽? 有学者说这是古代神话。再如《庄子·大宗师》中有这样的陈述:"真人之息以踵,众人之息以喉。"基于现代科学,人不可能用脚后跟呼吸。于是一些学者说这是文学想象。神话、文学想象之类的判断似乎是在暗示:这些史料所述内容不实。其实,这些史料蕴含着我们目前难以理解的信息。我们可以不理解史料,但我们不可以厚诬古人;只有研究者不理解的史料,没有无价值的史料。断言某类史料是"糟粕",这并非科学话语。在科学领域,存在即合理。对植物学家来说,毒草与鲜花等价;对动物学家来说,毒蛇与信鸽同值。思想史研究想成为科学,也应如此。

最后,思想史资料有两类:一类是反映具体知识的史料,一类是反映抽象知识的史料。所谓反映具体知识的史料,是说此类知识具有时空特性,是特定历史时代的产物。比如古代的天人感应学说、民本学说等,都是君主政治的产物。离开君主制度,这类学说便失去立足之基。所谓反映抽象知识的史料,是

---

① 金观涛教授指出:"任何真实的历史记录都不可能把参与者和记录者的主观价值排除出去。这样一来,在历史研究中,那种常识性的用客观性来保证研究真实性的信条就崩溃了。"见金观涛、刘青峰:《历史的真实性:试论数据库新方法在历史研究的应用》,《清史研究》2008年第1期);还可参见张荣明:《历史真实与历史记忆》,《学术研究》2010年第10期。

② 袁珂校注:《山海经校注》,巴蜀书社,1993年,第228页。

说此类知识具有超越时空的性质,其阐明的道理古今皆然,普遍适用。比如西汉早期贾谊的"攻守异术"理论,指出治世尚文、乱世尚武。这一思想古代如此,现代亦然。在历代正史的本纪、列传、志书的卷末,我们经常能读到"史臣曰""论曰""赞曰"之类的断语,通常都是在不同程度地阐明道理,供后人借鉴。说事与论理,这是思想史研究中面对的两类史料。形式不同,本质不异,具体知识中蕴含着抽象知识,这有待研究者深入探讨。

总之,历史学家面对的是史料,而非历史。傅斯年曾经强调历史研究就是史料研究,史学就是史料学。此可谓慧眼独具。当然,史料分析不仅仅是史料的辨伪考据,更重要的是对史料的归类与分析。这涉及思想史研究的方法,后文再论。

四、任务与宗旨

明确了研究对象,下一步就是研究的任务,即思想史研究做什么,为什么做。我们认为,思想史研究的总任务或根本宗旨应该是:辨明史料真相,探索史料中的真理。[1]前者是打地基,后者是建大厦,这是思想史研究任务不可分割的两个部分,也是思想史研究的先后两步。

思想史研究的任务之一是整理史料。史料是全部研究工作的基础,没有史料就没有思想史研究。有些史料无大争议,取之即用,如传统的正史、诸子史料,前人已经作了大量的"小学"工作,如校勘、训诂、诠释等。但有些史料需要进行类似"小学"的工作,如铜器铭文、卜辞和新出简牍文献的整理与释读,即便是传统文献中也或多或少存在类似问题。关于史料的处理,前贤已作充分讨论和阐述,于此不赘。

思想史研究的任务之二是理解史料,揭示史料中各种思想的真相,阐明事理。由于思想史研究的特点,对具体史料的理解就是阐发其中的道理。思想是人类智慧的结晶,反映了人们对自然、社会和人生的思考,包含着人们生活的经验与教训。经验固然重要,它是前人的成功之道,后人可以仿效学习;教训同样不可缺少,它警示后人免蹈覆辙。根据每一项研究工作的具体任务,研究者选择特定的史料进行分析研究,揭示其中的道理。例如《荀子·劝学》说:

---

[1] 胡适主张:"哲学史有三个目的:一是明变,二是求因,三是评判。"(胡适:《中国哲学史大纲》,中华书局,2015年,第7页)其中蕴含此意。

"吾尝终日而思矣,不如须臾之所学也。"这是说学习对于人生十分重要。《论语·为政》说:"学而不思则罔,思而不学则殆。"这是说学习与思考相辅相成。《荀子·劝学》说:"蓬生麻中,不扶而直;白沙在涅,与之俱黑。"此即后人所谓"近朱者赤,近墨者黑"之滥觞,这是强调环境在人格形成中的重要意义。上述内容,众所熟知。也有一些史料内容比较晦涩,需要研究者探赜索隐。比如《公孙龙子·白马》有"白马非马"的命题。基于墨家经验逻辑:一切马都有颜色;这是一匹白色的马;所以这是马。从墨家经验逻辑出发,名家"白马非马"的命题不可思议。其实,名家的立意是:"马者所以命形也,白者所以命色也;命色者非命形也,故曰白马非马。"[①]"命"就是称呼、命名,"白"是颜色之名,"马"是形状之名;"白马"这个由颜色名词和形状名词共同构成的复合名词,不等于仅仅由形状名词构成的"马"这个单纯名词。[②]用符号表示很容易理解,即$A+B \neq B$。所以,有学者推断名家学说具有符号学的性质。[③]正因基于语言逻辑而非经验逻辑,才有了名家"一尺之捶,日取其半,万世不竭"[④]这一伟大的推理命题,这一推理命题用纯粹符号表示(L表示捶长,n表示序数日),即:

$$Ln = \frac{1}{2^n}$$

这一推理命题的重要意义在于揭示了物质无限可分的真理,它对于当代物理学研究仍具启示意义。著名理论物理学家霍金曾经断言,在发现"基本粒子"之后,人类探索微观世界的任务将会终结。希格斯玻色子的发现,证明了霍金判断的失误。

    知识是引导人类走向昌明的灯塔,思想史研究的意义正在于它能向人们提供知识,为人们当前的生活提供借鉴。一些学者说:史学的任务是求真,无关乎求用。在特定的时代,这样的学术态度不无道理,但在21世纪中华民族复兴崛起的今天,人们的生活日新月异,现实生活的变迁不断提出新的知识需求,需要新的知识供给,而知识的来源之一是思想史研究。中国有着悠久的史学传统,史学兴起的缘由和发展的动力正在于它能为现实生活提供导引。"鉴

---

① 王琯:《公孙龙子悬解》,北京:中华书局,1996年,第42页。

② 赵吉惠先生说:"马,是用来命名形体的,白,是用来命名颜色的。所以白马的概念不是马的概念。"见赵吉惠:《论公孙龙的哲学思想》,《西北师大学报》1979年第3期。

③ 参见李先焜:《论先秦名家的符号学》,《湖北大学学报》1995年第5期;刘利民:《先秦"辩者二十一事"的语言哲学解读》,《哲学研究》2009年第9期。

④ 郭庆藩:《庄子集释》,中华书局,1982年,第1106页。

古以知今""通古今之变""资治通鉴"等千年古训,揭示的正是历史知识与现实需求之间的紧密联系。作为历史与现实之间纽带的,正是思想知识。思想史是一个宝藏,它能回答现实生活提出的诸多问题,告诉人们生产和生活的真理。人类的知识伴随着一代又一代的人们而不断传承,与此同时又在升华与更新。社会是由人组成的共同体,人类生命处于永不歇息的新陈代谢之中,每个人、每一代人都需要不断学习,社会也需要不断地重温过去,探索新知。人们学习历史,不仅是为了知道过去,更重要的是要获取新知,而思想史正是知识的宝藏。现实生活对知识的需求有诸多方面,思想史研究的具体任务也就多种多样。总之,现实生活是一个买方市场,离开这个买方市场,思想史研究便失去生机与活力。

思想史研究的任务不应包括对史料中的思想学说作意识形态价值、意义的褒贬。①由于时代不同,古今人们价值观的差异很大,有时甚至尖锐对立。基于研究者的意识形态,史料中有的观点可以接受,有的观点不可接受。在这种情况下,思想史研究既没有理由对史料中的某种主张加以褒奖,也没有理由对某种理论加以贬斥。研究者的任务仅仅在于揭示史料说了什么,为什么这样说,蕴含哪些抽象的道理。

五、手段与方法

明确了任务,还需完成任务的具体办法。目前所见思想史研究的方法,②大致有三种情形:演绎研究法、归纳研究法、定量研究法。采用这三种方法各有怎样的利弊得失,思想史研究如何择善而从,下面逐一分析。

第一种,演绎研究法。演绎法是科学研究的重要方法之一,特点是从一般结论到个别事实,这个结论可以是经过个案研究得来的真理,也可以是根据感性经验而作的理论预设(胡适谓之"大胆假设")。演绎法的工作程序是:先设定结论,然后予以验证,既可以证实,也可以证伪。与实验物理学、实验化学等自然科学学科不同,在目前所见的思想史研究中,演绎法的操作过程难以精确

---

① 在一些史学概论著作中,以当前意识形态为标准的历史评价被明确地规定为历史研究的任务。这一规定与科学研究的宗旨背道而驰。

② 有学者指出,"在写作的方法与材料处理上,思想史还没有形成大家认可的处理规范";也有学者认为,"中国思想史虽建立了几十年,但在研究方法上还存在不少问题"(邹小站:《中国近代思想史研究方法学术讨论会综述》,《历史研究》2003年第1期)。

控制,选择史料的范围,处理史料的方法,均缺乏严格且具操作性的程序,故演绎结果在客观性、科学性方面还不尽如人意。比如,韦伯在《新教伦理与资本主义精神》中,以近代欧洲资本主义的迅速兴起为预设的前提,论证基督新教教义赋予了经商逐利行为合理性,从而顺应和促进了资本主义的发展;相反,儒教、道教、伊斯兰教没有经过宗教改革,对相关民族资本主义发展有阻碍作用。与韦伯的观点针锋相对,余英时在《中国近世宗教伦理与商人精神》中提出:"近二三十年来,主要由于东亚地区经济成长的特殊经验,不少社会学家和经济学家开始注意到儒家伦理的积极作用。他们觉得韦伯对于儒家思想所持的否定看法也许有修正的必要。因此儒家……是否曾对东亚的经济发展发生了积极的推动作用,目前已引起海内外中国学术界的注意了。"①余氏的表达比较委婉,但立意明确:宋代以后中国的宗教伦理(特别是儒家伦理)对商业和商人的看法有极大转变,促进了商业的发展。单独看,上述二说均言而有据;但并列一起,却势不两立。已经有人看出此中端倪,指出"余英时先生之《商人精神》一文就有拿中国历史经验比附于西方社会理论框架之嫌疑,而这比附之对象主要是马克斯·韦伯之《新教伦理与资本主义精神》一书中所确立的理论框架以及韦伯在《中国的宗教》一书中的论述"。②再比如,唯物史观认为经济基础决定上层建筑,但有学者认为中国古代王权支配社会,③政治权力控制社会资源的分配,政治在一定程度上支配经济。这两种主张均言之有据,但到底是经济决定政治,还是政治控制经济,仍有斟酌的余地。在近年的思想史研究中,还有人采用西方的某种新理论,然后搜集中国的史料,进而对中国历史作出新的诠释。这些解释不无意义,但启示意义大于科学意义。所以,演绎虽然是科学研究方法之一,但在操作规则不明确的情况下,慎用为宜。

第二种,归纳研究法。归纳法属于定性研究。所谓定性,就是确定研究对象的性质,它是什么或具有哪些要素。归纳法的特点是从个别事实到个别结论。就历史研究而言,在全面搜集史料的基础上,按照内容对史料进行归类分析,然后将归类的史料作总结对比,发现其中异同,最后形成结论。学界普遍采用的制作资料卡片、卡片归类、比较分析、最后形成结论的传统方法,是典型

---

① 余英时:《中国近世宗教伦理与商人精神》,联经出版事业公司,1987年,第2页。
② 焦长权:《比较还是比附:〈中国近世宗教伦理与商人精神〉读后》,《社会科学论坛》2008年第8期。
③ 参见刘泽华:《中国的王权主义》,上海人民出版社,2000年。

的操作模式。就目前思想史研究而言,归纳法可操作性较强,结论可信度较高,因而被普遍采用。比如对某个思想家、某个学派、某个思想事件的研究,基本上都采用归纳方法。

但是,目前思想史研究的归纳方法也存在一些缺陷或不足。比如操作上存在随意性,比如选择史料就有随意性,操作规则有待完善。按照科学研究的要求,应该全面搜集史料。但是,在许多情况下这是自律机制,而非他律机制。受各种因素制约,比如受主体利益、意识形态、个人信仰的影响,特别是受学识能力限制,研究者往往有意无意中忽略不符合自己意愿的史料,仅仅选择自己需要的史料。对葛洪思想的研究,有学者利用《抱朴子外篇》研究葛洪的政治思想,有学者利用《抱朴子内篇》研究葛洪的道教思想,由于缺乏整体关照,各自的结论或多或少存在失真。再如对《墨子》思想的研究,有人研究《墨子》的政治思想,有人研究《墨子》的逻辑思想,还有人研究《墨子》的科技思想,但缺乏政治思想、逻辑思想、科技思想的彼此关照和整体研究,因而各自结论存在隐性缺陷,也未能回答相关的问题。道理很简单:若要对马尾巴的功能作出准确解释,就必须了解马的形体。否则,就是头痛医头的庸医。海登·怀特讽刺说,历史学家"关于历史结构和过程的解释与其说受我们所加入的内容的支配,不如说受我们所漏掉的内容的支配"。①这触及了问题的要害。"让史料说话",不是让部分史料说话,而是让全部史料说话;不仅让我们感兴趣的史料说话,也应该让我们反感的史料说话;不仅让我们理解的史料说话,还应该让我们不理解的史料说话——我们可以不理解,可以悬置,但我们有责任交代清楚。要做到这一点,仅仅依靠学术道德自律显然不够,还应该建立学术公约。学术公约是整肃学术、走向科学的天下公器。

模型建构法是克服思想史研究中归纳法弊端的可选方案之一。模型建构法的要求是:必须全面搜集个案资料,对史料作系统分析,形成整体的、模型化的结论。一般说来,每个人、每个学派、每个时代的思想大体上都是一个有机的、自洽的体系,因而都是一种思想模型。在这个思想模型内部,不同思想要素之间具有对称性,彼此之间相互呼应,从而使结构保持稳定。《颜氏家训·省事》说:"能走者夺其翼,善飞者减其指,有角者无上齿,丰后者无前足,盖天道

① 海登·怀特:《后现代历史叙事学》,陈永国译,中国社会科学出版社,2003年,第173页。

不使物有兼焉也。"①古人所说正是此理。比如葛洪著《抱朴子》，该书分为《内篇》和《外篇》，《内篇》言修道成仙，《外篇》论安邦治国。这种亦道亦儒的思想类型，正反映出两晋外丹道教信徒既出世又入世的特点。再如，《韩非子》宣称追求物质利益是每个人的正当权利，每个人都为自己，所以治国必须依靠法律，如此方能富国强兵。主张为己、强调法律就是《韩非子》中彼此呼应的思想因素。模型法的意义在于，约束我们从整体上思考问题，见此而知彼。生物学家早就明白这个道理，历史学家应该向生物学家学习。对于思想史家来说，很难承诺使用了全部史料，谁也无法预料未来是否会发现新的史料，但研究者应该交代清楚自己的研究工作使用了哪些史料，为什么使用这些史料而不使用那些史料。归纳方法所得出的任何结论都以特定史料为前提，被归纳的史料可以是两条，也可以是许多条，但无论如何史料都是有限的，只能得出有限的结论。任何"史实证明"都是有前提条件的证明，在研究结论与真实历史之间建立一道防火墙，可有效控制学术风险。

与模型法紧密相关的是模型比较法。比较法的功能是从个别事实到一般结论。物一不讲。若要知道某一学说的特点，与其他学说的比较必不可少。模型比较法是在不同个案模型之间进行对比，分析异同，这既可凸显个案特征，也有助于发现彼此之间的共性，进而发现真理或规律。比如《墨子》与《韩非子》思想之间的比较，二者在许多方面尖锐对立：《墨子》主兼爱，《韩子》倡为己；《墨子》主张尚贤，《韩子》反对尚贤；《墨子》反对战争，《韩子》宣扬"兵强而威立"；《墨子》颂古，《韩子》赞今；《墨子》宣扬天志明鬼，《韩非子》不讲鬼神问题。方方面面的资料表明，墨法两家是诸子思想格局中对立的两极。以往学界注意到儒墨互斥，其实法墨两家学说根本对立。可见，比较法对发现差异有益。再比如《孟子》与《荀子》之间的比较，二者之间有异有同。其所异者，《孟子》道性善，《荀子》讲性恶；《孟子》重心性，《荀子》重礼仪；《孟子》重道德，《荀子》讲法律。其所同者，二者都讲人性，都重教育，都强调人格培养，都复古崇圣，都关注人。所以，孟、荀两家虽有异说，更有同论，都具儒家根本属性。可见，比较法对发现共性也有益。比较的模型越多，越能发现事物之间的共性，越能透过现象看本质，进而实现从个别到一般的理论飞跃，完成发现真理的学术使命。模型比较法有时是隐性的。在史学实践中，如果研究者具有较高的

---

① 王利器：《颜氏家训集解》，上海古籍出版社，1982年，第301页。

理论涵养和广博的知识,因而具有敏锐的洞察力,从单个模型中同样会透视出事物的抽象本质和真理。比如,《白虎通义》是东汉政府"专命礼臣,撰定国宪"的产物,[1]具有"神学法典"的性质。[2]这里所说的国宪或法典是宪法的古代形式。一些学者认为,宪法是现代政治的产物。基于现象或特殊性的立场,汉代的"国宪"与现代宪法毫不相干;基于本质或共性的立场,古代"国宪"或现代宪法都是根本的政治制度,"宪"表示国家的根本大法,[3]"宪政"就是遵循根本原则的政治,与政体形式和内容无关。在这里,问题的关键是要透过现象看本质,既要别其异,也须察其同。

模型建构法、模型比较法具有一定的学术实践意义。第一,有可操作性。归纳的方法不止模型法,但模型法是选项之一。它容易操作,易于检验,对规范学术有益。过去学者们的研究工作,有些实际上采用的就是模型法。第二,注重个案的整体性,有助于克服片面性。建立个案模型,前提是全面归纳史料,并对史料的完整性进行评估,否则建立起来的模型失真。这有助于克服操作中的随意性。目前所见一些学术分歧,与其说是结论之争,毋宁说是立场、意识形态的对立。忽视方法,争论观点,此乃弃本逐末。第三,有助于知识积累和学术进步。每一种思想模型就是一块积木,学术大厦就是由无数块积木搭建起来的宏伟整体。学术大厦的构建依靠学界集体的努力,非一己之力所能及。为了保证这座学术大厦的质量,就要建立共同遵守的学术规则,共建思想史研究的学术家园。脚踏实地,避免空泛的宏论,模型建构法是可选的工具之一。

第三种,定量研究法。所谓定量,就是确定对象的数量因素,以及不同对象之间数量因素的关系。定量属于归纳方法,是定性的延伸,没有定性就没有定量。举个类似的例子:生化学家检验一种药物,首先要检验这种药物包含多少种成分,然后再计量出各种成分所占的比重,进而确定其结构。思想史研究大体上也是如此。

定量离不开数学工具。在自然科学领域,科学家们早就认识到,"不懂数

---

① 《后汉书》(卷35《曹褒传》),中华书局,1995年,第1205页。
② 侯外庐:《白虎观会议与神学法典〈白虎通义〉》,《历史研究》1956年第5期。
③ 《尚书·说命》:"监于先王成宪,其永无愆。"《管子·立政》:"宪既布,有不行宪者,谓之不从令,罪死不赦。"

学语言,就不能揭开自然界的奥秘"。①受自然科学的启发,在思想史研究中定量分析日益受到学界重视。表现之一是在研究成果中采用图表的形式,对相关数据进行量化处理,近年来这样的例子比比皆是,无须赘举。表现之二是用量化语言表达数量关系。在史学实践中,学者们经常采用具有量化色彩的语言进行表述,有时用"比重""分量""大于""小于"等词汇表示,有时用"正向""反向""正比""反比"等词汇表示,这已经具有某种程度定量分析的意义。②表现之三是史料要素的量化处理,比如对某些概念作数量统计,进而比较不同概念之间的数量关系,进而得出新的结论。20世纪80年代中期,台湾学者在计量史学的实践中已经开始尝试。此后,海内外学者在中国思想史研究中不断摸索前行。比如,以色列学者尤锐《战国诸文献中词语的变化》一文,以公元前5—前3世纪的几种历史文献为样本,通过对文献中7个重要政治、哲学词语使用情况的统计分析,揭示了当时话语的变迁,进而推定上述文献成书先后的逻辑关系。③我们在《〈晋书〉中的"私"概念》一文中,通过对"私"概念的定量分析,指出当时"对'私'的否定大于肯定"。④最有代表性的是金观涛、刘青峰对中国近现代政治概念变迁的研究。他们首先创建了一亿两千万字的"中国近现代思想史专业数据库"(1830—1930),然后以"权利""个人""公理""民主""社会""科学""经济""革命"等政治术语的统计分析为基本依据,辅以相关统计图表,探讨这些概念对应的西方政治观念在中国引进、演变以及定型的过程。⑤最近,李振宏也"借用数据库方法,通过关键词语的统计分析",对汉代社会观念状况作了颇有价值的研究。⑥当前,定量分析在思想史研究中正在兴起。工欲善其事,必先利其器。可以预料,随着计算机的使用和方法的完善,将会带来思想史量化研究的深刻变化。

---

① 肖显静:《科学经验方法》,科学出版社,2002年,第36页。

② 举个简单的例子。我们在《秦帝国政治模式分析》的结论中说:"唯物化的政治意识与权力专断的政治思路、高效的政治机制成正比,而与依法行政、社会和谐成反比。"(张荣明等:《秦帝国政治模式分析》,《天津师范大学学报》2011年第4期)这里的正比、反比是定向,定向是定量的初级形式。

③ Yuri Pines, "Lexical Changes in Zhanguo Texts", *Journal of the American Oriental Society*, 122.4(2002).

④ 张荣明、王文涛:《〈晋书〉中的"私"概念》,载刘泽华、张荣明等:《公私观念与中国社会》,中国人民大学出版社,2003年,第115页。

⑤ 金观涛、刘青峰:《观念史研究:中国现代重要政治术语的形成》,法律出版社,2009年。

⑥ 李振宏:《两汉社会观念研究——一种基于数据统计的考察》,《史学月刊》2014年第1期。

定量分析与定性分析属于两种不同的逻辑方法。如果这两种方法同时使用,可能出现我们预料不到的新问题。比如晁福林在《论殷代神权》一文中,通过对商代甲骨卜辞的统计发现,"关于祖先神的卜辞有15000多条,而关于帝的仅600多条。就祭品情况看,殷人祭祖的牺牲、人牲常以数十、数百为限……与此相映成趣的是,殷代的帝却是一副超然世外、不食人间烟火的'清高'姿态",由此得出结论:"在殷人的神灵世界里帝并不能和祖先神等相颉颃。"[①]根据占卜的频率、所受祭品数量关系推断神灵之间地位的高低,这样的学术逻辑是否妥当值得审慎考虑。再比如,陈启云《墨学"言·义"的哲理体系》一文,统计了《墨子》一书中"仁""礼""言""行""义""爱""名""辩""兼爱"诸词语出现的频率,指出"兼爱"这一词语"所占的文本分量很低",与"义""言"出现的频率"不能比"。由此得出结论:"'兼爱'、'行'不是墨学思想体系的核心,墨学体系的中心是'义'与'言'。"[②]根据概念出现的频率推断概念之间的关系,也存在同样的问题。在物理学、化学研究中,对象的结构完全以数量关系为依据,不涉及内容之间的关系。思想史研究则不同,不同概念之间不仅存在数量上的逻辑关系,还存在内容上的逻辑关系。如何处理数量逻辑与内容逻辑之间的关系,是有待解决的新问题。

研究成果的体裁形式与研究方法相表里。我们经常听到一个说法,叫"写论文"。具体做法是:先拟定"写作大纲",然后搜集史料予以"充实""论证"。我以为这是演绎。就以归纳为基础的定性、定量分析而言,研究步骤包括课题评估、现状分析、史料分析、形成结论几个必不可少的阶段,研究成果也是由这几部分的内容构成。因此,这样的成果形式类似于研究报告。"写论文"与撰写研究报告,这是两种不同的思路。

在思想史研究中,演绎、归纳、定量三种方法相较而言,演绎法是以研究者为中心,以归纳法为基础的定性、定量法是以史料为中心;定性、定量两种方法相较而言,定性法是以研究者为中心,定量法是以史料为中心。因而,定量分析是最具科学性的方法之一。搁置以自我为中心的宏大叙事,完善以定性为手段的历史叙事,探索以定量为手段的历史叙事,能否是思想史研究走向科学的路径,值得学界思考。

① 晁福林:《论殷代神权》,《中国社会科学》1990年第1期。

② 陈启云:《墨学"言·义"的哲理体系》,《新亚学报》2003年第22卷。

六、思想史学科的定位

　　一个成熟的学科,必在现代学科体系中有清晰的定位。但是,目前思想史学科的定位并不十分清晰。就研究对象来说,思想史不但包含各种专门的思想史(如政治思想史、经济思想史、科技思想史、宗教思想史等),也包含哲学史;就研究主体来说,思想史研究者分布于各个不同的学科领域,彼此之间有的经常发生交集,有的却很少发生联系。学科定位不清晰本身不是问题,跨学科研究具有不可或缺的学术意义;但是,不同学科之间学术旨趣、学术方法迥异,彼此交织在一起难免产生纠纷和问题。作为历史学领域内思想史的研究者,我们难免有时遭遇质疑:思想史研究玄虚不实。

　　确实,在宽泛的"思想史研究"中确实存在玄虚不实的问题。每年发表的所谓"思想史论文"数量不可胜计,对孔子、孟子等思想家的研究成果,或是缺乏新意,或是客观性差。这是问题的要害,不过需要仔细甄别。在此类文章中,大多或明或暗地讨论历史思想的"现实价值"和"理论意义",或是反过来,基于"现实"诉求对史料做出新的诠释。在这里,研究的结论已然预设,作者不过是用自己当下的意识形态构建历史,用历史事件为当前事件作注。因而,这样的研究并非真正的思想史研究,在学术属性上属于"今文经学"(或公羊学)。所谓今文经学,是一种借用历史资源为当前意识形态服务的学术,典型案例是董仲舒和康有为的学说。董仲舒从《春秋》中"繁露"出一整套为汉代政治服务的新理论,建构起天人感应学说;康有为的《论语注》,"以进化论的哲学思想、自由平等博爱的人权思想、议院两党的政治思想和重商的经济思想来解释《论语》"。①显然,今文经学的学术真相是借古喻今,今文经学家可以是政治家,也可以是思想家,但不是历史学家。他们虽然举着历史学的旗帜,但那是假象。因而,今文经学是伪思想史研究。伪思想史研究既存在于历史学科外部,也隐身于历史学科之中。在所谓的文化激进主义者与文化保守主义者之间,经常爆发文化事件:有人把孔子贬为罪人,有人把孔子尊为圣者;有人说中国传统思想的本质是保守,有人说中国传统思想的特色是进取;有人说"地势坤"思想是等级制度的理论依据,有人说"天行健"思想是中华优秀传统。基于科学研究立场,这些争论属于当前文化事件,而非思想史事件。因为历史事件是中性

---

　　① 唐明贵:《康有为〈论语注〉探微》,《中国哲学史》2009年第2期。

的,是研究者给历史事件贴上了价值标签。要克服所谓"玄虚不实"的问题,思想史家要给自己的学术领域划界。思想史家应该知道,讨论思想史事件的"价值"有现实意义,但这不是思想史研究的任务,正与负的"价值"都不是史学命题。只要按照既定学术规则办事,任何人都有权利当思想家,也有权利当思想史家,但不应该把这两种不同的学术身份混淆在一起,[①]既当道德家又当科学家,科学研究的规则不允许存在此类学术圣人。此类学术圣人徘徊于学科界河两岸,会使学术陷入混乱。下面,我们仅就与此紧密相关的两个问题作简要讨论:一个是思想史研究与哲学史研究的关系,再一个是思想史研究在历史学科内部的定位。

先谈思想史研究与哲学史研究的关系。我们认为,思想史研究与哲学史研究之间无界而有限。从理论上说,思想史研究与哲学史研究之间很难划出边界。就研究对象而言,哲学不但是思想,而且是思想的精髓,其功能在于为现实生活中的人们提供认识世界、认识社会的知识和思维工具。由对世界起源的思考产生出宇宙论,由对万物真相的探索产生出本体论,由对物我关系的思考产生出认识论,由对思维规律的探索产生出逻辑学,由对人际关系的思考产生出伦理学,宇宙论、本体论、认识论、逻辑学、伦理学正是人类认识世界的知识工具。欧洲历史上的柏拉图、亚里士多德、康德、黑格尔和中国的老子、孔子、墨子、韩非子,他们的贡献正在于为人们提供了理解世界、理解社会的思想工具。哲学的真谛不是描述现象,而是发现反映事物本质的知识,知识是放之四海而皆准的真理。思想史家应该向哲学家学习,训练自己透过现象看本质的能力。因而,思想史研究不但不应排斥哲学史研究,反而应该把哲学史作为思想史的精髓。就像包含天文思想史研究、经济思想史研究一样,思想史研究包含哲学史研究,思想史学科与哲学史学科之间很难有清晰的边界。就研究方法而言,中国哲学史学科的开创者胡适、冯友兰等前辈学者,他们所阐明的研究方法就是历史研究的方法,[②]他们都把历史研究的方法作为哲学史研究的方法。到目前为止,未见有人对此提出异议。从当前学术实践看,思想史研究与哲学史研究之间确有界限。就研究对象而言,虽然思想史研究不排斥哲学

---

① 参见张荣明:《本想家、思想家和思想史家》,《天津社会科学》2008年第3期。

② 参见胡适《中国哲学史大纲》的"导言",冯友兰《中国哲学史》第一章"绪论"。据耿云志、王法周在新版《中国哲学史大纲》(上海古籍出版社,1997年)的"导读"中说,该书出版后产生了极大的影响,不仅在于该书的内容,而且在于该书提出了一套新的研究方法——实证主义方法。

史研究,但哲学史研究确有自己的地盘。有学者说:"哲学史应该……研究人类理论思维发展的内在逻辑的历史。"①也有学者说:"哲学史的对象是人们对于自然、社会、思维一般规律的认识史,主要侧重于世界观、认识论和逻辑问题。"②术业有专攻,兴趣有差异。不仅哲学史,科技思想史、宗教思想史同样具有很强的专业性,非每一个思想史研究者的能力所及,彼此之间不得不有边界。就研究方法而言,目前的哲学史研究也与思想史研究略有不同。史学曾经走过一段曲折坎坷的道路,曾经有过"以论带史""以今非古"的学术经历,但后来逐渐从这条歧路上摆脱出来。相对而言,哲学史研究步履蹒跚。改革开放之初,哲学家们曾展开学术反思,③取得了一定进步。21世纪之初,哲学界发生了是"哲学在中国"还是"中国的哲学"的争论。④强调"中国的哲学"并不是问题,问题是"中国的哲学"研究方法何在。恰恰在这一最关键的问题上,我们没有见到掷地有声的回答。当前的情况是,哲学史学科的一些学者,合道德家与科学家为一体,他们游刃于学术与现实边缘,奔走于过去与现在之际。这势必模糊哲学史研究的边界,进而使哲学史研究与思想史研究之间产生龃龉。在这种情况下,思想史研究与哲学史研究之间存在界限。

再谈思想史研究在历史学科内部的定位。这既涉及各种专门思想史之间的关系,也涉及思想史与制度史、社会史之间的关系。就各种专门思想史之间的关系而言,彼此之间是相互交融、彼此协作的关系。在政治思想史、科技思想史、宗教思想史等分支学科之间,应该努力消除彼此之间的学术壁垒,应该借鉴并吸收彼此的知识,这有助于从整体上把握思想史,有助于学术进步。研究汉代政治思想史,却不懂汉代天文思想史,这样的汉代政治思想史肯定不完备;研究唐代政治思想史,却不懂唐代佛教、道教思想史,这样的唐代政治思想史也肯定存在缺陷。所以,各种专门思想史研究之间应该交流,应该彼此学习,拓展自己的知识与能力。就思想史与制度史、社会史的关系而言,我们认

① 汤一介:《中国哲学史与中国思想史》,《哲学研究》1983年第10期。
② 张岂之:《试论思想史与哲学史的相互关系》,《哲学研究》1983年第10期。
③ 1979年,中国哲学史学界曾就研究方法问题展开大讨论。在今天看来,这场讨论的主要成果是撇清了哲学史研究与"文革"学术之间的干系,但意识形态色彩未有根本改观(参见中国社会科学院哲学研究所中国哲学史研究室编:《中国哲学史方法讨论集》,中国社会科学出版社,1980年)。
④ 参见李翔海:《从"哲学在中国"到"中国的哲学"——中国哲学发展历程的回顾与展望》,《学术月刊》2007年第4期。

为思想史是灵魂,思想史研究应该是历史研究的精髓部分。对于史学而言,研究政治制度而忽略政治制度思想,研究经济制度而不研究经济制度思想,研究家庭而忽略家庭思想,研究的对象就是一具没有灵性的僵尸,研究成果缺乏生命活力。在史学实践中,某些研究制度、事件的论文受到同仁赞誉,原因之一就在于有启发性,而启发性正是思想智慧,只不过这种思想智慧往往没有升华为明确的知识和真理。"通古今之变"、察往知来是中华史学固有的传统,也是中华史学的境界超越西方史学之处,不该忘记和放弃。在史学内部,思想史研究与其他分支学科之间,应该消除边界,展开交流,这有利于史学的发展进步。

一孔之见,疏误多端,希望学界同仁指正。

本文原刊载于中华思想史研究集刊编委会:《中华思想史研究集刊》第1集,中国社会科学出版社,2016年。

作者简介:

张荣明,1956年生,历史学博士。南开大学历史学院教授。主要从事中国思想史研究,发表论文近百篇,出版学术著作8种,教材2种。主要学术观点:儒学的本质特征是中庸之道;老庄学说的核心是修道与得道;墨家辩学属于唯实逻辑,名家辩学属于唯名逻辑,二者乃中华古典逻辑之双璧;儒学是民间学术,儒教是帝制时代官方意识形态;佛教、道教的根本功能是为生命健康服务;儒释道三教关系乃官方意识形态与一般宗教之间的关系;理学、心学是融政治与宗教为一体的两栖学术形态。

历史文献学

清代禁毁小说述略

敖　堃

一、清代禁毁小说的历史背景

我国的通俗白话小说,在明末形成了创作的极盛时代,越来越多的文人打着"扶植纲常,劝善惩恶"的旗号,投身于小说创作中,来"借乌有先生以发泄其黄粱事业"。[①]

到了清代,小说不仅得到广大民众的喜爱,在统治阶层与士大夫中也赢得了很大市场。那些刚从浩莽草原走进封建社会的满洲枭雄们,迅速地接受了小说这种通俗易懂的文化样式,并努力从小说中汲取有利于其封建统治的营养。

《三国演义》是清人最先接受的小说。皇太极用反间计除掉袁崇焕,有人认为就是从《三国演义》中学来的。[②]陈康祺《燕下乡脞录》卷十说:"太宗崇德四年,命大学士达海译《孟子》《通鉴》《六韬》,兼及是书(按:指《三国演义》),未竣。顺治七年,《演义》告,大学士范文肃公文程等蒙赏鞍马银币有差。国初,满洲武将不识汉文者,类多得力于此。嘉庆间忠毅公额勒登保,初以侍卫从海超勇公帐下,每战辄陷阵,超勇曰:'尔将材可造,须略识古兵法!'以翻清《三国演义》授之,卒为经略。"

统治者的崇尚,与当时的社会需要结合,以致使以《三国演义》为代表的某些小说,登上了封建庙谟文学的大雅之堂,一些和《三国演义》有牵连的非历史性古迹,成了文人墨客题咏的对象,就连署名康熙御撰,钦定供学子采撷典故辞藻以供作诗作文之用的类书《渊鉴类函》,亦堂堂正正地载有诸葛亮祭风的故事。

但是,小说是可供世上一切人看的,那些反抗暴政的斗士与同异族统治者斗争的英雄们,也能够从小说中汲取有益的养分。

---

① 天花藏主人:《天花藏合刻〈七才子书〉序》。
② 黄摩西:《小说小话》。

另一方面,明代小说大多是明中叶以后思想解放的产物,不管是《西游记》《金瓶梅》,还是"三言二拍",都弥漫着追求个人价值、个人自由与个人意识的要求。那些描写爱情的小说,也以寻求女貌郎才个人幸福为基本目的,而与统治者提倡的父母之命媒妁之言相悖。这就与"存天理,灭人欲"的封建道德产生了不可调和的冲突。

统治者也清楚地看到这点,他们对小说愈来愈不放心了,开始采取禁毁的政策。

二、清廷禁毁小说的具体步骤

从清入关到同治末年,清廷及地方政府共禁书二十二次,平均十年一次。现择其要者分述如下:

一是康熙二年(1663)议准"嗣后如有私刻琐语淫词,有乖风化者,内而科道,外而督抚,访实何书系何人编造,指名题参,交与该部议罪"。①当时由于统治者的提倡,程朱理学再盛,小说中宣扬的男女自由结合的思想,不啻与统治者的要求背道而驰,因此,才有此次禁书令,并将矛头直指小说作者,但就当时小说出版状况看,此次禁书成效并不显著。

二是康熙四年八月,康熙禁《续金瓶梅》,这部书初次开雕是顺治十八年(1661),仅过四年就被禁,朝廷并将作者六十七岁的老翁丁耀亢下狱,拘系一百余天开始放还。作者《焚书》诗云:"帝命焚书未可存,堂前一炬代招魂。心花已死成焦土,口债全消净业根。奇字恐招山鬼哭,劫灭不灭圣王恩。人间腹笥多藏草,隔代安知悔立言。"这次禁书的罪名刘廷玑说的是"背谬妄语,颠倒失伦"。②即作者"轻谈往事",以宋金征战的历史背景,影射了现实中的明清易代,揭露了满兵入关后烧杀抢掠给广大人民带来的苦难,探讨了明代亡国的教训。对丁耀亢个人来说,一百天的狱中生活与焚毁著作的打击未免太大了,不久他双目失明,自署木鸡道人,以逃禅了却余生。

三是康熙二十六年二月,刑部给事中刘楷启奏:"淫词小说,犹流布坊间,有从前曾禁而公然复行者,有刻于禁后而诞妄殊甚者。臣见一二书肆刊单出赁小说,上列一百五十余种,多不经之语、海淫之书,贩卖于一二小店如此,其

---

① 素尔讷等纂修:《学政全书》(卷7)。
② 刘廷玑:《在园杂志》(卷3)。

余尚不知几何？此书转相传染,士子务华者,明知必无其事,金谓语尚风流,愚夫鲜识者,妄拟实有其徒,未免情流荡佚,其小者甘效倾险之辈,其甚者渐肆狂悖之词,真学术人心之大蠹也。……臣请敕部通行五城直省,责令学臣并地方官,一切淫词小说……立毁旧版,永绝根株!"①此事大得康熙赞许,他下令说:"淫词小说,人所乐观,实能败坏风俗,蛊惑人心。朕见乐观小说者,多不成材,是不惟无益而且有害。……俱宜严行禁止。"②乃于是年三月通令全国禁毁小说,"如违禁不尊仍行撰著私藏刻版者,内而科道五城御史,外而督抚,令州县长官,严行稽察题参,该部从重治罪"。③全国雷厉风行,江苏巡抚汤斌下了《严禁私刻淫邪小说告谕》。刻书业最发达的江南大为扰动。而这次禁书,从纲领,手段到处置方式都很完备,实为中国小说史上的一件大事。所列一百五十余种书目,今已不可考,但从明末发展壮大的言情小说,在康熙中叶突然衰落,一蹶不振,甚至被遗忘,此次禁书起了决定性作用。

四是康熙五十三年四月,再下禁书诏令:"近见坊间多卖小说淫词,荒唐俚鄙,殊非正理;不但诱惑愚民,即缙绅士子,未免游月而志心焉。所关于风俗者非细。应即通行严禁。……寻议,凡坊肆市卖一应小说淫词,在内交与八旗都统、都察院、顺天府,在外交与督抚,转行所属文武官弁,严查禁绝,将板与书一并尽行销毁。如仍行造作刻印者,系官革职,军民杖一百,流二千里;市卖者杖一百,徒三年;买、看者杖一百。该管官不行查出者,初次罚俸六个月,二次罚俸一年,三次降一级调用。"④这次禁书,把对印刷、贩卖小说的惩罚以法律的形式固定了下来,后来又收入了《大清律》,并增加了对失察官吏的处分。

五是乾隆三年(1738)五月,广韶学政王丕烈奏禁淫词小说,经议准,除再申康熙五十三年禁令外,并下令:"其有收存旧本,限文到三月悉令销毁,如过期不毁者,照'买看例'治罪。其有开铺租赁者,照'市卖例'治罪。该管官员任其收存租赁,明知故纵者,照'禁止邪教不能察缉例',降二级调用。"⑤禁小说又增加了禁止租赁的内容。

六是乾隆十八年七月壬午,皇帝看到了满文本《水浒》《西厢记》,大为震

---

① 琴川居士辑:《皇清奏议》(卷22)。
②《大清圣祖仁皇帝圣训》(卷25)。
③ 孙丹书编:《定例成案合钞》(卷11)。
④ 延煦编:《台规》(卷25)。
⑤ 素尔讷等纂修:《学政全书》(卷7)。

怒:"近有不肖之徒,并不翻译正传,反将《水浒》《西厢记》等小说翻译,使人阅看,诱以为恶。……于满州旧习,所关甚重,不可不严行禁止……将现有者查出烧毁,再交提督从严查禁,将原板尽行烧毁。如私有存留者,一经查出,朕惟该管大臣是问!"①这是清廷唯一的一次禁本民族语言的小说,亦可见通俗小说的影响。

七是嘉庆时公案、侠义小说得到长足发展,深得人民喜爱,也引起了清廷的嫉恨,嘉庆七年(1802)十月乃再下禁书令:"更有编造新文,广为传播,大率不外草窃奸宄之事,而愚民之好勇斗狠者,溺于邪恶,转相慕效,纠伙结盟,肆行淫暴,概由此等书词所致,世道人心,大有关系,不可不重申严禁。"②统治者明确地把小说与白莲教起义联系起来了。

八是道光十八年(1838)五月,江苏按察史裕谦发布告禁毁小说。这是清代由地方政府主持的三次大规模禁书活动之一,先由廪生陈龙甲在吴县设"惜字局",备价收买小说板片书籍,照刻印钞工纸料给价,并免究问,还列有严禁的一百一十二种小说书目(29)。③这次禁书活动一直延续到道光十九年(1839)裕谦署理两江总督以后。

九是同治七年(1868)江苏巡抚丁日昌禁毁小说,并于是年三月得到清廷的大力肯定,推广向全国,其时正值太平天国失败后,战乱使江南典籍为之一空,各地有官书局之设,丁日昌在局内附设"销毁淫词小说局",收缴小说及小说板片,并制订一百二十种小说之禁书目,四月二十一日又增禁三十四种(其中有一种与前目重复),共禁小说一百五十三种。

十是同治十年六月丁卯,因御史刘瑞祺奏请销毁小说书板,再颁小说禁令。但这也是清廷最后一次以中央政府的名义下令禁小说。此后禁小说的事件还零星出现,如光绪十八年(1892)上海县禁《红楼梦》,但全国性的禁书活动没有再出现。

从今存几种禁书目合计,清代共禁有案可查的小说一百七十种,其中今天有一百四十三种仍能看到,可见禁毁政策实际上归于失败。

---

① 《大清高宗纯皇帝实录》(卷443)。
② 《大清仁宗睿皇帝实录》(卷104)。
③ 编者按:"(29)"费解,疑有误。

三、清廷禁毁小说的其他辅助措施

鉴于小说在民间流传的广泛性与屡禁不绝的事实,清廷除以官方行政手段强制禁毁小说外,还采取了一些辅助措施以求法令的执行。

(一)动员地方保甲制度

这是与中央的大规模围剿相配合的第一道防线。他们往往利用乡规民约的办法,把禁看小说的法令普及到每家每户,以期得到长久效果。如张𡽶《风俗日漓共约》:"万恶淫为首,国法难宥,天理不容。……毋暗藏邪狎之书,斯可防门户之辱矣。"[①]江南乡约局把禁毁小说作为日常工作来抓。道光十七年禁书时,周臬台在苏州城隍庙集当地书坊书业堂、扫叶山房等五十六家书坊,以行业公会为枷锁,立《各书坊禁淫书约》,以求堵塞小说的印刷发行渠道。

(二)发动社会舆论

首先是宣扬看小说的坏处。如《收毁淫书局章程》宣传看小说有"玷品行""败闺门""害子弟""多恶疾"四害。

其次是利用封建迷信,宣扬著小说者不得好死,禁小说必得善报。申涵光《荆园小语》称"作《水浒传》者三世皆哑"。《重订福寿金鉴》载一士人梦游冥府,见一处苦牢,遍拘古往今来作淫书者,且"百世不赦"。相反,伊辟升"五世家不藏淫书,但见淫书必烧之"。得中解元,且贵为御史。《文昌帝君谕禁淫书天律证注》则臆造四十余条有关小说的报应故事,可谓集此类谣言大成,并采取批注形式,恐吓人们不要看小说。

(三)统治阶级通过父子、师生关系严禁子弟看小说

各种学规家训往往把看小说视为一禁。蒋伊《蒋氏家训》:"家中不许留蓄淫书,见即焚之。"邵远平任浙江提学使时制订《教条十则》,第一条就是"至若小说艳词,荡人心目,久奉禁止,倘有此等,速行毁板,查系诸生,定以劣论"。

(四)对一些小说进行删改

裕谦禁书时有人提出《删改淫书小说议》:"欲罗列各种小说,除《水浒》《金瓶》百数十种业已全数禁毁外,其余苟非通部应禁,间有可取者,尽可用删改之

---

① 《淄川县志》(卷7)。

法,拟就其中之不可为训者,悉为改定,引归于正,抽换版片,乃可通行,所有添改之处,则必多引造作淫词及喜看淫书各种果报,使天下后世撰述小说者皆知殷鉴,不致放言无忌。"但官府以卫道为职责的删改,是违背文艺规律的,仅见道光时《今古奇观》与《子不语》有奉命删改本,可见此法卑劣,实难执行。

四、禁毁小说政策的失败

禁毁小说,是清王朝执行了二百余年未变的一项长期性文化政策,也是统治者文化专制主义的愚民政策的一个重要组成部分。但在处理方式上,又与令人谈虎色变的文字狱不同,文字狱打击的对象是有民族主义意识的反清志士和表露出有违封建统治的异端思想的学者,这两种人对清王朝的封建秩序威胁很大,统治者的制裁也很严厉,一狱铸成,祸连九族。而小说却是流传于广大民众之间的,是人民生活需求的一部分,为民众喜闻乐见,在统治者看来,大多是社会教化问题,处置较轻。又因许多小说是前代流传下来的,已找不到作者,捉不到"主使之人",又使禁令在许多时候流于无的放矢。

另一方面,统治者自己也在看小说,并津津乐道,慈禧太后"嗜读小说,如《封神传》《水浒》《西游记》《三国志》《红楼梦》等书,时时披阅"。①同治时晓喻百姓严禁《红楼梦》,紫禁城内则在往长春宫粉壁上大绘红楼故事画,这种只许州官放火不许百姓点灯的做法,更增添了禁书的困难程度。

同时,也应看到那些书坊老板对保存小说所起的作用。对他们来讲,书和书版是他们安身立命的基业。尽管统治者一禁再禁,因为小说有市场,有社会需求,就有人去刻印,就有人去贩卖,特别是"物以稀为贵",翻刻禁书,也成了某些书贾迅速致富的捷径。即使在高压下一时销声敛迹,只要风声稍有减弱,仅剩的一部分、一套板,转瞬之间,化身万亿,使统治者为禁书花费的大量心血化为乌有。据统计,从顺治到同治间,仅禁令最严的《水浒传》就有二十七个版本。书贾们对清廷的禁令置若罔闻,形成了一个禁者尽自禁,刻者尽自刻,贩卖租借者尽自贩卖租借的奇怪循环。

必须指出的是,小说家和书坊主人们对禁书令的反抗,往往不是出于某一种理性信念的自觉行为,而是他们在封建社会中求得温饱、求得发展的生存需要。因而面对官方势力的高压,他们也采取了许多曲折斗争方法,以求自保。

---

① 徐珂编:《清稗类钞》(卷12)。

有的书坊主人刻书时不著明刻书者与刻书年代,许多作者也不署真名,使禁书者无从查起。现在小说书目中著录的那些没有刊刻年代与刊刻者,今日只能以"坊刻本"一言蔽之的大量清代小说,和那些隐蔽了作者真正姓氏的奇奇怪怪的别称别号,都打上了清代禁毁小说的烙印。

一些书坊主人在作刻的小说上标榜"京本",以示这是来自京师,经官方认可的本子,如金陵聚德堂刊《新刻出像京本水浒传》;有的则标明是"本衙藏版",让你误认为是在某官府刻印的本子,如首都图书馆藏清刻"本衙藏版本"《金瓶梅》,虽不无招摇撞骗之嫌,但却可以达到公开销售、广泛传播的目的。

某些书坊在刊刻小说时,另印一种质次价廉的"袖珍本",一方面是追求普及性,以廉价获取更大利润,而另一方面,则是在查抄禁书书版时可以用较劣版本搪塞,以减小损失。如芥子园刻《水浒传》向以刊刻精美、版式疏朗见称,其书坊另刻的芥子园袖珍本《水浒传》则与之有天壤之别。

最常用的办法则是给禁书改名,换成别的名称继续出版,瞒过官府,有的甚至用原来被禁书的书版,只是封面、版权页换一新名,这也是书坊提高生意额的一种手段,这种例子不胜枚举。

有的书坊为了不被禁止,把小说删节后再出版,大多数是对小说中带有民族主义情绪处和犯忌的地方加以删改,如《聊斋志异》最流行的版本青柯亭本与现存作者的稿本、早期抄本比较,则删去了四十九篇反映阶级矛盾、民族矛盾较强烈的作品。

清廷禁毁的小说,绝大多数是被冠以诲淫诲盗罪名的社会言情小说。这对清代小说发展产生了重大影响,导致了明末兴起的小说高潮的突然结束及康熙末叶、雍乾两代小说的稀少,使得中国小说史出现一个明显的断层。

而由于禁书,使得许多小说佚亡,则是给中国文化造成了不可弥补的损失。

本文原刊载于《清史研究》1991年第3期。

作者简介:

敖堃,蒙古族。1982年毕业于南开大学中文系,1984年调入南开大学古籍所。南开大学历史学院副教授,长期从事古籍整理与中国文学研究。

清代前期的商业、商人和社会风尚

来新夏

一、引言

清代前期是指清朝于 1644 年建立全国性政权起至 1840 年鸦片战争前的近 200 年这一历史时期。它是中国封建社会的晚期,资本主义经济的萌芽已经比较明显地在各个经济领域中出现和滋长。商业在农业和手工工业发展的带动下,出现了繁荣的局面:商人的地位显然有所提高;社会风尚也随之有相应的变化。这是值得引起人们加以研讨的一个课题。因为它既可对中国两千年来封建社会将出现一大缺口的问题有所启示,也对中国近代社会经济的发展有所影响。

但是,中国由于长期封建社会在儒家的"子罕言利"思想影响下,一直采取"重农抑商"和"重本抑末"的政策。因此,商业状况与商人活动就缺乏足够的记述,即使有也多是"逐什一之利","持筹握算"和"商人重利轻别离"等含有贬义的概括性词语,而很少具体细致的描述。社会历史状况不能只作空洞抽象的剖析和根据臆测来推论,而应该以事实来再现其基本面貌,而这一课题确有资料不足不详的实际情况。因此,要进行这项研究的首要工作乃是开发新史源,挖掘新史料以填补"文献不足征也"的缺憾。

史源学是我的恩师,已故著名史学家、文献学家陈垣教授所开创。我禀承师教,曾耗多年之功,寝馈于久被人视为小道的私人笔记之中。我曾翻读过近四百种清人笔记,发现其中对了解社会风情和低层人物活动确蕴藏着极丰富的资源,对某些语焉不详的社会历史现象可以大略勾画出轮廓。我根据从笔记中搜求到的资料,加以研究,写成若干篇论文。其中《清人笔记的史料价值》[①]一文是我研究清人笔记的总报告。它揭示出清人笔记的利用价值,并推荐这一重要史源。本文则是我运用已获得的笔记资料论述具体问题的诸论文

---

① 刊于《九州学刊》1991 年第 4 卷第 1 期。此文是我待出版专著《清人笔记随录》一书的代序。

之一。①

二、商业的繁荣

(一)商业中心的兴起和盛状

清代前期有分布在东、南、西、北的四个主要商业城市,称为"四聚"。刘献廷的《广阳杂记》卷四曾记称:

> 天下有四聚:北则京师、南则佛山、东则苏州、西则汉口。然东海之滨,苏州而外,更有芜湖、扬州、江宁、杭州以分其势。西则唯汉口耳!

"四聚"中的京师是一个街市繁华、人烟阜盛的政治、经济和文化的中心。它从明以来就是"八方兼四海,无处不来行"的商业名城。自康熙以来,为适应商业活动需要的著名戏馆酒园就有太平园、四宜园、查家楼、月明楼、方壶斋、蓬莱轩、升平轩等多处。②道光时人杨静亭所编的《都门纪略》是从社会各方面来描绘京师繁荣景象的。作者在自序中申明著书目的是"统为客商所便"。它虽然成书稍晚,但社会上既然出现了专门导游的著述直接为各地到京师的客商服务,则京师长期以来的繁盛情状自可想见。书中对康乾时期京师戏剧行业的兴旺曾作了明确的追记:

> 我朝开国伊始,都人尽尚高腔,延及乾隆年,六大名班,九门轮转,称极盛焉。其各班各种脚色亦复会萃一时。

商人会馆,乾隆时也"各省争建",甚至"大县亦建一馆",以致前三门会馆

---

① 本文外尚有《清代前期地主阶级结构的变化问题》《清代前期江浙地区的饮食行业》《从〈阅世编〉看明清之际的物价》等多篇,曾在国内发表,并收入《结网录》(南开大学出版社,1984年)中。1991年秋,应邀任教于日本独协大学经济学部,我曾综合《清代前期的商业》(《社会科学战线》1983年第4期)和《清代前期的商人和社会风尚》(丁守和主编:《中国文化研究辑刊》第一辑,复旦大学出版社,1984年)两篇旧作(见《结网录》,南开大学出版社,1984年,第20~60页),粗加改订,列入经济学部综合讲座计划,学部长齐藤博教授邀约在该校《独协经济》上发表,借以引起日本学者对中国私人笔记这一重要史源的注意。我亦借发表此文之际,呼吁中日学者通力合作,共同开发笔记这一丰富史源,为昌明学术而努力。

② 戴璐:《藤荫杂记》(卷5、卷9),清嘉庆初刻本。

麇集之区的地价,一时腾涌。①这些不正反映了商业城市的一种繁荣景象吗?

苏州是东南地区"商贾云集""五方杂处"的胜地。②它"人烟稠密,贸易之盛,甲于天下"。③苏州城里是"洋货、皮货、绸缎、衣饰、金玉、珠宝、参药诸铺,戏园、游船、酒肆、茶店,如山如林,不知几千万人"。④葑门、盘门地区在乾隆末年已成"人居稠密""地值寸金"⑤的繁华闹市。五十年前"减价求售"的华屋,这时也成了"求之不得"的争逐物了。⑥有些地方在明代还是荒圹之地,而到了清代前期就兴旺发达成为人卓物丰之地,所住居民多为殷实富户了。如:

> 苏州府城阊门外,南濠之黄家巷——古名雁宕里。……明时尚系近城圹地,烟户甚稀。至国朝生齿日繁,人物殷富,间阎且千,鳞比栉次矣。⑦

苏州这座城市在乾嘉时已有"最繁华,除是京师吴下有"的盛誉。它实际上已是一座"濠通南北之船,山列东西之篓;百货之所杂陈,万商之所必走",而仅次于北京的第二大城市了。⑧有的杂记中甚至认为苏州繁盛胜于京师,极口赞誉苏州"阊门内外,居货山积,行人流水,列肆招牌,灿若云锦。语其繁华,都门不逮"。⑨这也并非溢美之词。

南方的佛山是由一个村镇发展起来的新兴城市。它的繁盛据说已超过了省会广州而成为南方的一聚。曾经亲历其地的吴震方在其所著的《岭南杂记》中记称:

> 佛山镇离广州四十里,天下商贾皆聚焉。烟火万家,百货骈集,会城

---

① 汪启淑:《水曹清暇录》(卷10),清同治元年刊本。
② 钱泳:《履园丛话》(卷1《安顿穷人》),《笔记小说大观》第三辑本。
③ 顾禄:《清嘉录》(卷5《关帝生日》),上海古籍出版社标点本。
④ 顾公燮:《消夏闲记摘抄》(上),《涵芬楼秘笈》第二辑本,第27页。
⑤ 顾公燮:《消夏闲记摘抄》(中),《涵芬楼秘笈》第二辑本,第13页。
⑥ 叶梦珠:《阅世编》(卷4《宦迹》),上海古籍出版社标点本。
⑦ 徐锡麟:《熙朝新语》(卷16),《笔记小说大观》第五辑本。
⑧ 佚名:《韵鹤轩杂著》,清刊本。
⑨ 孙嘉淦:《南游记》(卷1),《小方壶斋舆地丛钞》第五辑本。

百不及一也。①

正是这个新兴的商业中心吸引着更多的人口涌进来,使它成为拥有几十万人口的城镇。李调元的《南越笔记》卷五中说:

> 佛山有真武庙,岁三月上巳,举镇数十万人,竟为醮会。

这个数字虽不一定确切,但佛山镇的人烟密集则是无可置疑的。

西聚的汉口处于"湖北冲要之地",已是一处"商贾毕集、帆樯满江"的大都会,②被称为"船码头"。它"不特为楚省咽喉,而云贵、四川、湖南、广西、陕西、河南、江西之货,皆于此焉转输。虽欲不雄天下,不可得也"。③所以范锴在《汉口丛谈》卷三中描写说:

> 汉镇人烟数十里,贾户数千家,醾商典库咸数十处,千樯万舶之所归,货宝珍奇之所聚。

"四聚"之外,全国各地还有一些够得上称为商业中心的城市。例如:方的天津不仅百货齐备,还是水产品的聚散地。当时目睹其盛的人就说它是:"镇城百货交集,鱼虾蟹鱐并贱。"④

江南则有更多商业城市,呈现繁荣的景象,例如:南京彩霞街与评事街交会的果子行口,是"肉腻鱼腥,米盐糅杂,市廛所集,万口一嚣"的市场;珠宝廊一带,自"嘉道以还,物力全盛,明珰翠珥,炫耀市廛"。⑤秦淮河上的利涉、武定两桥之间,"茶寮酒肆,东西林立"。⑥

杭州是"百货所聚"的浙江省会,它向各地客商供应为四方所珍的土特产:

---

① 吴震方:《岭南杂记》(上卷)。
② 钱泳:《履园丛话》(卷14《汉口镇火》),《笔记小说大观》第三辑本。
③ 刘献廷:《广阳杂记》(卷4),中华书局标点本。
④ 谈迁:《北游录·纪程》,中华书局标点本。
⑤ 陈作霖:《运渎桥道小志》,《金陵琐志五种》本。
⑥ 余怀:《板桥杂记》(上卷),《说铃后集》本。

如杭之茶、藕粉、纺绸、纸扇、剪刀;湖之笔、绉纱;嘉之铜炉;金之火腿;台之金桔、鲞鱼:亦皆擅土宜之胜,而为四方之所珍者。①

扬州由于是盐业、漕运的要地而推动了商业的发展兴盛。如"多子街即缎子街,两畔皆缎铺"。每年四月二十日就在此批发绸缎,每货至缎子街,"先归绸庄缎行,然后发铺,谓之抄号",当时被称为"镇江会"。②海味也以此为聚散地,有咸货行、腌切行、八鲜行、鱼行等批发行业。北门桥、虹桥附近还集中了为商业服务的茶楼酒馆。扬州的商业兴盛面貌在李斗的《扬州画舫录》中曾得到较充分的反映。

中原地区的亳州(今安徽亳县)也成为富商巨贾的居留地。他们征歌逐舞,豪奢一时。钮琇的《觚剩》中记其景象说:

> 亳之地为扬、豫水陆之冲。豪商富贾,比屋而居;高舸大艑,连樯而集。③

商州(今陕西商县)也成为商业要地,严如熤的《三省山内风土杂识》有如下的记载:

> 商州城外,地势平敞,宜麦、粟各种,间亦有稻田。东为豫省丁字关,扼秦、豫之冲。东南为龙驹寨,小河一道,可通舟楫,直达襄阳之老河口。西南之贸易东南者,多于此买舟雇骡,人烟稠密,亦小都会焉。

南方的名城广州,繁盛不亚于江南,有"金山珠海,天子南库"之称。④城南濠水对岸的濠畔街,"有百货之肆,五都之市,天下商贾聚焉"之誉。"当盛平时,香珠犀象如山,花鸟如海,番夷辐辏,日费数千万金。饮食之盛,歌舞之多,过于秦淮数倍。"⑤

---

① 陆以湉:《冷庐杂识》(卷8《土物》),《笔记小说大观》第三辑本。
② 李斗:《扬州画舫录》(卷9),清嘉庆刊本。
③ 钮琇:《觚剩》(卷5《牡丹述》)。
④ 屈大均:《广东新语》(卷15《货语·黩货》),清康熙刊本。
⑤ 屈大均:《广东新语》(卷17《富语·濠畔朱楼》),清康熙刊本。

西南边陲地区,如昆明南关外的金马碧鸡坊,就是一个"百货汇聚,人烟辏集之所也,富庶有江浙风"的闹市中心。昆明全城则是"烟火万家,楼阁参差"的繁华城市。而贵阳一城,如果置身于城西二里的栖霞山上"遥瞻"城区,也是"烟火万家,历历在目"。①东北的宁古塔虽是"遣戍之所",但却是特产聚散中心,"凡崔峰、乌苏里、三姓、红旗街、黑龙江、新城各处所产之人参、东珠、貂皮、元狐,一切箭杆弓料之物,每岁秋冬皆货于此。江南各省之人亦万里而来,乃一小都会也"。②

各地还有一些小城镇也成为人口密集、商业繁兴的中心,如江苏吴江西南的盛泽镇,"居民以锦绫为业,今商贾自远辐辏,气象蕃阜,户口万余。诸镇推为第一"。③山西介休县的张兰镇成为"城堞完整,商贾丛集,山右第一富庶之区"。山西猗氏县(今临猗县)的油村镇也是"油聚之所,繁荣不减北方"。④云南大理城外的白崖、迷都也都是"烟火万家""百货俱集"的商聚了。⑤

商业中心与城镇的兴起和繁盛都反映了商品经济的发展。

(二)商业资本的活跃

清代前期的商业资本比较活跃。当时除了盐商、铜商、米商、布商,一般商户和小商贩等的正常商业活动外,更值得探讨的是商业资本已伸展它的经济活力到农业的经济作物和手工业成品上去了。

商业资本在占有经济作物的活动中,基本上采取"买青"和转输以求利的方式。福建的荔枝和龙眼是当地的物产,就被吴越的商贾所觊觎。他们在春天果木未熟时就入赀估园。这种情况当时已经普遍存在,所以福建方言中专称这一活动为"襟"。清初学者,曾在福建任布政使、按察使多年的周亮工在所著《闽小纪》中曾记称:

> 闽种荔枝、龙眼家,多不自采。吴越贾人,春时即入赀,估计其园。吴越人曰断,闽人曰襟。有荔荏者,襟孕者,襟青者。树主与襟者,倩惯估乡老为互人。互人环树指示曰:"某树得千几许,某少差,某较胜。"虽以见时

---

① 陈鼎:《滇黔纪游》,《说铃前集》本。
② 冯一鹏:《塞外杂识》,《丛书集成初编》本。
③ 张大纯:《姑苏采风类记》,《小方壶斋舆地丛钞》第六帙本。
④ 祁韵士:《万里行程记》,《山右丛书丛编》本。
⑤ 陈鼎:《滇黔纪游》,《说铃前集》本。

之多寡言,而后日之风雨、之肥瘠,互人皆意而得之。他日摘焙,与所估不甚远。估时两家贿互人,树家属多,稼家属少。①

商业资本这种活动的结果之一是产生了一种类似公证人的行业,即所谓"互人"。这些"互人"既是行家,又是从双方获利的经纪人。

吴振臣的《闽游偶记》就引录了《闽小纪》中这段记载的全文,一直到道光时施鸿保所撰的《闽杂记》中仍记载这种活动,并说另有"判卖"的专称。可见这种活动贯穿于清代前期近二百年之中。

这种先付钱、后取货的买青活动,实际上是对农产品的包买,已包含着某种程度的资本主义经营方式。

在转输经济作物方面,贩进贩出,懋迁有无,如"广州以荔枝、龙眼为果岁。夏至日,贾人以板箱载荔枝、龙眼而北曰果箱"。②而广州的牡丹花,则是"每岁河南花估持根而至",时谚说:"花估持来远,兼金买几枝。"正指这一活动。③

这种转输活动把全国各地联结成为一个统一市场。如"(福建)泉、漳人满,每告籴于粤,航海而至"。④福建生产的牵牛花子、使君子、钗石斛和泽泻等药材也都"贩江浙间,获利颇夥"。⑤乾隆时著名学者纪昀的家乡河北河间产枣,乡人以南北贩运为恒业,他在《阅微草堂笔记·槐西杂志》中说:

> 余乡产枣,北以车运供京师,南随漕舶以贩鬻于诸省,土人多以为恒业。

至于内地和边陲也都采运频繁。王士祯的《陇蜀余闻》中记载了内地茶商到西南少数民族地区的采购情况说:

> 打箭炉在建昌西南,地与番蛮喇嘛相接,与雅州、荥经、名山亦近。江南、江西、湖广等茶商、利彝货,多往焉。

---

① 周亮工:《闽小纪》(卷上《稼荔》),福建人民出版社标点本。
② 屈大均:《广东新语》(卷25《木语·果日》),清康熙刊本。
③ 屈大均:《广东新语》(卷25《木语·牡丹》),清康熙刊本。
④ 王沄:《漫游纪略》(卷1《闽游·广漆》),《笔记小说大观》第二辑本。
⑤ 施鸿保:《闽杂记》,福建人民出版社标点本。

商业资本在手工业生产方面的活动,主要在三个方面,即:1.运销手工业产品,即从事商品买卖;2.开始转向手工业生产;3.支配家庭手工业的小生产。

首先,商业资本通过甲地采购、乙地销售的贩运手段来增加利润。棉布是运销品中的大宗,如"闽不畜蚕,不植木棉,布帛皆自吴越至"。①广东则是"冬布多至自吴、楚。松江之梭布、咸宁之大布,估人络绎而来,与棉花皆为正货"。②黑龙江的布疋也多来自北京和江南,因为"棉花非土产,布来自奉天,皆南货。亦有贩京货者,毛蓝、足青等布是已,然皆呼为京靛,而江南来者号抽机布"。③

有的名产也通过商业资本的活动而遍及全国,南京贡缎就是如此,它行销的市场是:

> 北趋京师,东并辽沈,西北走晋绛,逾大河,上秦雍甘凉,西抵巴蜀,西南之滇黔,南越五岭、湖湘、豫章、两浙、七闽,溯淮泗,道汝洛:冠服靴履,非贡缎,人或目笑之。④

这段文字描述不啻是南京贡缎东南西北中的全国销行图记。

若从徽州木商聚居于"金陵上河"⑤的情况推测,也可见当时南京地区木商转贩之盛。

不仅如此,连小手工业制品也被卷进到商业资本的罗网之中,如:

> 齐齐哈尔卖香囊者,河南人,夏来秋去。卖通草花者,宝坻人,冬来春去。所卖皆闺阁物,得利最厚。⑥

其次,商业资本转向手工业生产,其最典型例子莫过于三省老林内的各种手工工场。清代"边防"专家严如熤的著作中言之綦详,如在川陕鄂三省边界

---

① 王沄:《漫游纪略》(卷1《闽游》),《笔记小说大观》第二辑本。
② 屈大均:《广东新语》(卷15《货语·葛布》),清康熙刊本。
③ 西清:《黑龙江外纪》(卷5),《小方壶斋舆地丛钞》第一帙本。
④ 陈作霖:《凤麓小志》(卷3《志事·记机立第七》),《金陵琐志五种》本。
⑤ 采蘅子:《虫鸣漫录》(卷1),《笔记小说大观》第二辑本。
⑥ 西清:《黑龙江外纪》(卷5),《小方壶斋舆地丛钞》第一帙本。

的大圆木厂的情况是：

> 开厂出资本商人住西安、盩厔(今陕西周至县)、汉中城,其总理、总管
> 之人曰掌柜,曰当家;挂记账目、经营包揽承赁字据曰书办;水次揽运头人
> 曰领岸;水陆领夫之人曰包头。①

其他各厂的情况是：

> 铁厂、板厂、纸厂、耳菌厂皆厚赀商人出本,交给厂头雇募匠作,厂民
> 自食其力。②

严氏的另一著述《三省山内风土杂识》中也同样地记述了商业资本对各厂的直接控制。

南京的丝织业机户也为商业资本所操纵。乾隆时的程先甲曾写过一篇《金陵赋》,其中有几句描写了商业资本与织缎业的关系说：

> 机声轧轧,比户喧阗,万家篝火,世业相传,商贾云集,于此懋迁。

程氏并自注说：

> 金陵贡缎、宁绸之名甲于天下。开机者谓之账房,亦曰缎号,代客买
> 卖者曰缎行,机匠领织曰代料。

支配家庭手工业的小生产是商业资本在手工业生产中活动的第三个方面。它通过单纯收购、原料抵换和委托加工等具有支配力量的手段来起作用。如无锡家庭手工业者生产三种布：三丈成疋的称"长头",二丈成疋的称"短头",用来换回棉花从事再生产;二丈四尺成疋的称"放长",用来易米及钱。这些产品,统由"坐贾收之,捆载而贸于淮阳高宝等处,一岁所交易,不下数十百

---

① 严如熤:《三省边防备览》(卷9《山货》),清道光刊本。
② 严如熤:《三省边防备览》(卷14《艺文下·老林说》),清道光刊本。

万"。①其繁盛程度致使无锡成为当时有名的"布马头"。前二种布是以花换布的原料抵换,后一种布则是单纯收购。为了更便于收购,收购商出庄到郊外。当时人张春华曾写过一首衢歌描述这种情景说:

> 耐晓寒侵健踏霜,隔宵结伴趁星光。褐来指认西风里,远郭红灯早出庄。

作者自注说:

> 贫家往往待织妇举火,布成漏或四下矣。其夫若子负之出,虽霜雪不敢惮也。村行苦寂,必有伴侣。布市列城市售取,每不便。于郭外静所觅屋半间,天未明,遣人于此收售为出庄。②

商业资本如水银落地,无孔不入,它张开罗网等待着家庭小生产的手工业产品的投入。不仅如此,它还通过转贩,把原料、商品、手工业生产都连结在一起以牟利。如上海:

> 闽粤人于二、三月载糖霜来卖,秋则不买布而只买花衣以归,楼船千百,皆装布囊累累,盖彼中自能纺织也。每晨至午,小东门外为市,乡农负担求售者肩相摩,袂相接焉。③

有的则是以原料抵换成品,钱泳记其族人的经营状况说:

> 余族人有名焜者,住居无锡城北门外,以数百金开棉花庄换布以为生理。④

小生产者的力量微弱,只能忍受商业资本的蚕食。商业资本在这种活动

---

① 黄印:《锡金识小录》(卷1《备考上·风俗变迁》),清光绪木活字本。
② 张春华:《沪城岁时衢歌》,《上海掌故丛书》(第一集)。
③ 褚华:《木棉谱》,《上海掌故丛书》(第一集)。
④ 钱泳:《履园丛话》(卷23《杂记上·换棉花》),《笔记小说大观》第三辑本。

中最易致富,所以当时无锡有人已经看到这一现象而记称:"无锡坐贾之开花布行者,不数年即可致富。"①

商业资本往往乘农田少人过问的机会,利用余资,夺取土地。这和传统的重本轻末思想有关,时谚"庄户钱万万年,开店钱六十年"正反映了这种思想。乾隆时的钱泳曾主张:"凡置产业自当以田地为上,市廛次之,典当铺又次之。"②康熙时的叶梦珠曾论及当时田产之一变说:

> 谷贱伤农,流离初复,无暇向产;于是有心计之家,乘机广收,遂有一户之田连数万亩,次则三四五万至一二万者,亦田产之一变也。③

所谓"有心计之家"至少包含有一部分持筹握算的商家。而从这段资料也看到了商业资本向土地活动的一些踪影。

又上海赵某在运营贸易致富后,"临终嘱其二子收业,尽以置产,产亦百亩"。④这是更直接的例证。

商业资本的另一转向是高利贷资本,如新安程、汪二姓,"以贾起家,积财巨万"后,就"以重利权子母,持筹握算,锱铢必较"。⑤这是转化为高利贷资本的典型例证。一般商家也多放债,债期、债利都较苛刻。西清的《黑龙江外纪》卷五记称:

> 商家放债,取利三分,至轻也。春秋二仲,算还子母,至缓也。然三月借者,秋取六个月利;七月借者,秋亦取六个月利。春季仿此,则似轻实重,似缓实急。

更有甚者是放实物取利,刘玉书的《常谈》卷四记粮商放粮取利的实例说:

> 今镇市乡井有粮商计农夫亩之多寡,春夏贷之籽种食用,秋成加息取

① 黄卬:《锡金识小录》(卷1《备考上·风俗变迁》),清光绪木活字本。
② 钱泳:《履园丛话》(卷7《臆论·产业》),《笔记小说大观》第三辑本。
③ 叶梦珠:《阅世编》(卷1),上海古籍出版社标点本。
④ 许仲元:《三异笔谈》(卷3《布利》),《笔记小说大观》第三辑本。
⑤ 董含:《三冈识略》(卷3《积财贻害》),《申报馆小丛书》本。

偿,即青苗之遗义……惟取息过重(原注:其法以春夏之交,粮贵出贷,如斗直一千为本,至秋粮贱,斗直五百,则以二斗作为一千归本,以外加息),农夫救一时之急,致终岁勤动,不足补偿者有之,诚堪怜悯。①

从上述资料考察,清代前期商业资本的活动范围相当广,而能量也是比较大的,虽然在商业资本转化为农业资本与高利贷资本方面,依然起着维持封建经济的作用,但更值得注意的却是对日趋后期的封建社会曾产生了破坏自然经济的积极作用;而对农业与手工业的发展也有过某些助力作用。这些方面都应给以应有的估价。

(三)集市的遍及全国

中国的集市起源甚早,《诗经》中的"抱布贸丝",《管子·小匡》中的"处商必就市井",都说明有集市贸易,历代相沿不废。清初的集市遍及全国,按其性质,大体可分两种:

一种是专业性的集市。花市是比较普遍的一种。如在扬州:

> 天福居在牌楼口,有花市。……近年梅花岭、傍花村、堡城、小茅山、雷塘皆有花院。每旦入城聚卖于市。每花朝于对门张秀才家作百花会,四乡名花聚焉。②
> 画舫有市有会:春为梅花、桃花二市;夏为牡丹、芍药、荷花三市;秋为桂花、芙蓉二市。③

广州则有专供过年摆设需要的花市:

> 每届岁暮,广州城内双门底卖吊钟花与水仙花成市,如云如霞,大家小户,售供座几,以娱岁华。④

有的地方则按行业不同而同时分地设集市,如南京有柴市和鱼市,设于城

① 刘玉书:《常谈》(卷4),清刊本。
② 李斗:《扬州画舫录》(卷4),清嘉庆刊本。
③ 李斗:《扬州画舫录》(卷11),清嘉庆刊本。
④ 张心泰:《粤游小志》,《小方壶斋舆地丛钞》第九帙。

之西南：

> 金陵人家素无三日之储，故每晨必有市，而西南隅得其二：一曰柴市（文中柴草名略），或担以人，或驮以驴，率于小西门鸣阳街仓门口卖之，亦不过上浮桥而北也。……一曰鱼市，自镇淮桥口至沙湾饮马巷口，半里而近，夹道皆鱼盆也（鱼名略）。每当南门乍启，市声沸腾，荆棘钩衣，路如膏滑，非举足便捷者不敢行。逮至日逾亭午，始能雅步从容，不与人畜争路。盖交易者于以退焉。忽聚忽散，如雷电之过。①

广东则有固定的专业性集市四处，即：

> 一曰药市，在罗浮冲虚观左，亦曰洞天药市。……一曰香市，在东莞之寮步，凡莞香生熟诸品皆聚焉。一曰花市，在广州七门，所卖止素馨，无别花，亦犹洛阳但称牡丹曰花也。一曰珠市，在廉州城西卖鱼桥畔，盛平时，蚌壳堆积有如玉阜，土人多以珠肉饷客，杂姜齑食之，味甚甘美。其细珠若粱粟者亦多实于腹中矣。②

另一种是遍及南北城乡各地的定期性综合集市。它们的名称各异，以称墟、集、场者为多，在多种笔记中都有这类记载，如：

> 市井之地，其名各省不同，南方谓之牙行……牙音似衙；……北方谓之集……声转亦谓之积；西蜀谓之疾；……岭南谓之虚；……又有谓之亥者；……南中诸夷谓之场。③
> 蜀人谓之场，滇人谓之街，岭南谓之务，河北谓之集。④
> 两粤市谓之墟……北人谓之亼，亼字见说文，音集。⑤
> 市肆，岭南谓之墟，齐赵谓之集，蜀谓之亥，滇谓之街子，以其日支名

---

① 陈作霖：《凤麓小志》（卷3《志事·记诸市第八》），《金陵琐志五种》本。
② 屈大均：《广东新语》（卷2《地语·四市》），清康熙刊本。
③ 褚人获：《坚瓠四集》（卷3《市名》），《清代笔记丛刊》本。
④ 施鸿保：《闽杂记》（卷3《墟场》），福建人民出版社标点本。
⑤ 张心泰：《粤游小志》。

之。①

从这些记载看到集市的名称有牙(衙)、集(积)、疾、虚(墟)、亥、场、街、务等。各地既有专称,当然不是一种暂时性或偶然性的活动。

参加这种集市交易的活动,各地也有不同的称呼。

> 交易于市者,南方谓之趁墟,北方谓之赶集,又谓之赶会,京师则谓之赶庙。②
>
> (北方)谓之赶集,两粤则谓之赶墟。③
>
> 苗人……呼上市为赶场。④
>
> 城乡皆间数日为市,北人谓赶集,滇人谓赶街子,有虎街、猪街等名;即其日支名之,即趁墟也。⑤

这些不同名称的定期集市,集期不一,有按年、有按节令、有按日、有按时者。兹表列集市情况如次:

表1

地区	集市地点	集期	集名	集市内容	出处
北京	大明门两旁	不论日	朝前市		谈迁:《北游录》《纪闻下·定水带》
	东华门外(顺治十一年移至正阳门外)	元节前后十日	灯市		
	东华门内	每月三日	内市		
	正阳门桥上	每日晡刻	穷汉市	"宴人子以琐杂坐售"。	
	刑部街西都城隍庙(后移外城报国寺)	每月朔、望及廿五日			谈迁:《北游录》《纪游上·都市》
	灵佑宫(顺治十一年增)	每月八日			

---

① 曹树翘:《滇南杂志》。

② 佚名:《燕京杂记》。

③ 张心泰:《粤游小志》。

④ 许缵曾:《滇行纪程》。

⑤ 齐学裘:《见闻续录》(卷1《摆夷》),清光绪二年刊本。

地区	集市地点	集期	集名	集市内容	出处
	南城土地庙	每月逢三		"凡人家器用等物,靡不毕具,而最多者为鸡毛帚子,短者尺余,高者丈余,望之如长林茂竹。"	佚名:《燕京杂记》
	西四牌楼护国寺	月之逢七、八日		"珠玉云屯,锦绣山积,花衣丽服,修短随人合度,珍奇玩器,至有人所未睹者。"	
	东四牌楼隆福寺	月之逢九、十日		"俱卖衣服、椅桌、玩器等物,而东市皮服尤多,平壤数十里,一望如百兽交卧。……西小市不燃灯烛,暗中摸索,随意酬值。……此皆穿窬夜盗夜售。"	
	外城东		东小市		
	外城西		西小市(黑市)		
	西小市之西	五更垂尽时往此鬻之,天乍曙即散去矣。	穷汉市	"穷困小民,日在道上所拾烂皮涸纸。"	
	东小市之西		穷汉市	"破衣烂帽"	
	慈仁寺(宣武门外下斜街)	每月初一、十五、二十五日		"每月朔望及下浣五日,百货集慈仁寺,书摊只五六,往时间有秘本,二十年来绝无之。"	王士祯:《香祖笔记》,戴璐:《藤荫杂记》
	厂甸	元旦至十六日		"(窑厂)门外隙地,博戏聚焉,每于新正元旦至十六日,百货云集,灯屏琉璃,万盏棚;玉轴牙签千门联络,图书充栋,宝玩填街。更有秦楼馆遍,宝马香车游士女。"	潘荣陛:《帝京岁时纪胜》
直隶	郑州城外药王庙	每年四月		"河淮以北,秦晋以东,各方商贾,辇运珍异,菽粟之属,入城为市,妙妓杂乐,无不毕陈,云贺药王生日,幕帘遍野,声乐震天,每日搭盖棚厂,尺寸地非数千钱不能得,贸易游览,阅两旬方散。"	高士奇:《扈从西巡日录》
江苏	扬州平山堂	"日晨为市,日夕而归。"		"以布帐竹棚为市庐。""所鬻皆小儿嬉戏之物。"	李斗:《扬州画舫录》(卷16)

地区	集市地点	集期	集名	集市内容	出处
	扬州天宁门至北门	南巡需要	买卖街	"沿江北岸建河房,仿京师长连、短连,廊下房及前门荷包棚、帽子棚做法……令各方商贾辇运珍异,随营为市。"	李斗:《扬州画舫录》(卷4)
	朱桥镇	五鼓毕集,黎明而散。	布市		吴芟厈:《客窗间话》初集(卷3《谈鬼》)
福建	上诸府乡镇间	或二、七日,或三、八日,或四、九日		"百货皆聚。"	施鸿保:《闽杂记》
广西	灵川	三日一墟		"至则蚁屯,去则鸟散,其地荒僻,米薪诸物,全赖墟期遍买之,以储三日粮。"	张心泰:《粤游小志》
云南	腾越村城	每五日一街,村城不同日,土司地方皆同	地方		曹树翘:《滇南杂志》
	剑川:沙溪甸尾	每日	夜市	"悄悄长昼,烟冷街衢,日落黄昏,百货乃集,村人蚁附,手然松节曰明子,高低远近,如莹如磷,负女携男,趋市买卖……届二鼓,始扶醉渐散者半。"	张泓:《滇南新语》
	大理西门外教场	每年三月十四至十六日	大街子	"百货俱集,结节如阛阓。"	陈鼎:《滇游记》
		逢二五八	小街子	"聚于各市,午过则散。"	
宁夏	西宁之西五十里曰多坝		大市	"细而东珠玛瑙,粗而氆氇藏香,中外商贾咸集。"	冯一鹏:《塞外杂识》

这些遍及若干省区(特别是边远省份)城乡的集市贸易,从其性质上看,仍然是作为封建经济的一种补充渠道;但它在活跃城乡经济,调节人民供求关系等方面还是有一定作用的。

三、商人及其地位

(一)商人的四种类型

清代前期的商人根据其经营情况,可大致区分为四种不同类型,就是垄断性商人、大商人、一般铺户商人和小商小贩。

垄断性商人凭借国家赋予的特权,垄断了某些行业,成为一种有特殊身份的商人。他们之中有盐商、铜商和行商等,一般都有政治凭借和经济实力(盐引、铜本),如明珠的家奴安三就倚明珠的特权,使其子孙充当盐商而成巨富,引人注目被人形之于笔墨云:

> 明太傅擅权时,其巨仆名安图,最为豪横……其子孙居津门,世为醙商,家乃巨富。[1]

袁枚的《续子不语·张赵斗富》条中所记向河道总督赵世显夸奇斗胜的盐商安麓村可能就是安三的后人。

当时与安氏并称的山西盐商亢氏,在本乡山西平阳建亢家园,亲见其规模的人说:

> 园大十里,树石池台,幽深如画,间有婢媵出窥,皆吴中装束也。……康熙中长生殿传奇新出,命家伶演之,一切器用费镪四十余万,他举称是。雍正末,所居火,凡十七昼夜,珍宝一空。[2]

亢氏还在扬州的小秦淮构造亢园,其规模是"长里许,自头敌台起至四敌台止,临河造屋一百间,土人呼为百间房"。[3]

铜商也是拥有特殊权益的垄断商,佚名著的《东倭考》中就指明它是三大垄断商之一,所谓"铜商之豪富,甲于南中,与粤之洋商、淮之盐商相埒"。

垄断对外贸易的洋商,有官商之称,是包揽贸易的组织。它既销进口洋货,也购土货出口。康熙二十三年(1684)广东诗人屈大均曾为此写过一首竹枝词说:

> 洋船争出是官商,十字门开向二洋。五丝八丝广缎好,银钱堆满十

---

① 昭梿:《啸亭杂录》(卷3《安三》),中华书局标点本。
② 梁恭辰:《池上草堂笔记·劝戒近录》(卷3《季亢二家》),清道光刊本。
③ 李斗:《扬州画舫录》(卷9),清嘉庆刊本。

三行。①

王沄到福建游历时就见到这种互市货物。他写道：

> 商贾贸丝者，大都为海航互市；其肆中所列，若哆啰呢、哔叽、琐袱之类，皆自海舶至者也。②

第二种类型是大商人，是一些拥有较充裕资金和商业活动范围较广的行商坐贾，如米商、布商、典商、批发商和长途贩运商等。

米商如京师祝氏，"自明代起家，富逾王侯，其家屋宇至千余间，园亭瑰丽，人游十日，未尽其居"。③

布商的主要经营方式是坐庄收购和代客运营。《木棉谱》作者褚华的先人就是以此方式获利而致巨富的。褚华在其著述中记称：

> 明季，从六世祖赠长史公精于陶猗之术。秦晋布商皆主于家，门下客常数十人，为之设肆收买，俟其将成行李时，始估银与布捆载而去，其利甚厚，以故富甲一邑，至国初犹然。④

这条资料说明褚氏已是具备收购、代理、仓储等功能的大布商。从明末至清初，他在上海经营的业务一直不衰。这些坐庄户所收布匹除直接来自织户外，另一来源是有些资金微薄的小户用原料换回成品，集中成批再交售给坐庄收购的大户，钱泳曾记其族人经营这种行业说：

> 余族人有名焜者，位居无锡城北门外，以数百金开棉花庄，换布以为生理。⑤

① 屈大均：《广东新语》（卷15《货语·纱缎》），清康熙刊本。
② 王沄：《漫游纪略》（卷1《闽游》），《笔记小说大观》第二辑本。
③ 昭梿：《啸亭续录》（卷2《本朝富民之多》），清宣统排印本。
④ 褚华：《木棉谱》，《上海掌故丛书》（第一集）。
⑤ 钱泳：《履园丛话》（卷23《杂记上·换棉花》），清康熙刊本。

有的坐庄户不是代客收购,而是自行贩运。这比代客经营更能获取多利,所以很快就能致富。黄卬在无锡亲见其事而记称:

> 布有三等:……坐贾收之,捆载而贸于淮、扬、高、宝等处。一岁所交易,不下数十百万。尝有徽人言……无锡为布马头。言虽鄙俗,当不妄也。坐贾之开花布行者,不数年即可致富。①

上海张氏也是以此致富累巨万的。张氏每天"五更篝灯,收布千匹,运售阊门,每匹可赢五十文,计一晨得五十金"。②

有的坐商为了取信客商,开展业务,不惜主动承担客户的意外损失,如:

> 吴门陆采侯者,忼爽人也。顺治年间,有某商主其家,置绸缎货已毕,欲束装行。采侯止之曰:诘朝重阳佳节,客不囊荬山上,而反载月船头,不诚太煞风景耶?商颔之,乃移货贮他寓为便利计。明日携斗酒,登治平寺。相与尽一日欢。晚归,他寓火,千金物付之一炬。采侯叹惋,且伤客之荡尽也。语商云:是非客之过,我贻之咎,若货未登舟,货犹我货也。且我若不强留,又安及火,竟偿其值,商感谢而去。③

典商是对货币贪欲强烈、善于聚敛财货者,已具有高利贷资本性质的一类大商人。它的资本来源有原为富商而转营典业的,如扬州有吴老典者:

> 吴老典初为富室,居旧城,以质库名其家,家有小典。江北之富,未有出其右者,故谓之为老典。④

有的官僚资本也投向典业,如和珅有当铺七十五座,本银达三千万两;其家人刘、马二姓有当铺四座,本银有一百二十万两。⑤

---

① 黄卬:《锡金识小录》(卷1《备参上·力作之利》),清光绪木活字本。
② 沈仲元:《三异笔谈》(卷3《布利》),《笔记小说大观》第一辑本。
③ 曾衍东:《小豆棚》(卷3《墙折弄》),《申报馆小丛书》本。
④ 李斗:《扬州画舫录》(卷13),清嘉庆刊本。
⑤ 薛福成:《庸盦笔记》(卷3《查抄和珅住宅花园清单》),《笔记小说大观》第一辑本。

典商中以徽人为多,极有财势,如有资料中记称:

> 近来业典当者最多徽人,其掌柜者则谓之朝奉。若辈最为势利,观其形容,不啻以官长自居。言之令人痛恨。[1]

贩运商的足迹遍天下,贩运货物不像布商、米商那样单一经营,而是品种繁多。屈大均曾记述广东的某些贩运活动说:

> 广州望县人多务贾,与时逐,以香、糖、果箱、铁器、藤、蜡、番椒、苏木、蒲葵诸货,北走豫章、吴浙,西北走长沙、汉口。其黠者南走澳门,至于红毛、日本、琉球、暹罗、斛、吕宋。帆踔二洋,倏忽数千万里,以中国珍丽之物相贸易,获大赢利。[2]
>
> 顺德多龙眼。南海、东莞多荔枝,多水枝;增城多山枝。每岁估人鬻者,水枝七之,山枝三四之。载以栲箱,束以黄白藤,与诸瑰货向台关而北,腊岭而西北者,舟船弗绝也。然率以荔枝、龙眼为正货。挟诸瑰货必挟荔枝、龙眼,正为表而奇为里,奇者为细货。[3]

西南边疆和少数民族地区则通过以物易物的方式换取贩运当地特产,如云南的药材以物易物情况是:

> 自昔药品珍雅连,密刺外匝,折之出轻烟,中心作菊花状而重逾数十星,历未前闻。滇之维西、丽江、中甸接壤打箭炉,与川为近。猓猓夷地亦产连,枝壮刺疏,色深黄。章江贾携细布绒线易之,杂雅产以货。[4]

批发商一般多以苏州孙春阳为典型代表。孙春阳是从明初一家小铺发展起来,到清初已是规模宏大的南货批发商了。学者钱泳曾详记其经营规模与状况说:

---

① 程麟:《此中人语》(卷3《张先生》),《笔记小说大观》第一辑本。
② 屈大均:《广东新语》(卷14《食语·谷》),清康熙刊本。
③ 屈大均:《广东新语》(卷25《木语·荔枝》),清康熙刊本。
④ 张泓:《滇南新语》,《小方壶斋舆地丛钞》第七帙本。

其为铺也如州县署,亦有六房:曰北货房、南货房、腌腊房、酱货房、蜜饯房、蜡烛房。售者由柜上给钱取一票,自往各房发货,而总管者掌其纲,一日一小结,年一大结。自明至今已二百三四十年,子孙尚食其利,无他姓顶代者。吴中五方杂处,为东南一大都会,群货聚集,何啻数十万家,惟孙春阳为前明旧业。其店规之严、选制之精,合郡无有也。①

从这段资料看到,它已是一家有悠久历史、有严格制度、有细密分工的批发商。它反映着商业的繁盛和商业资本的活跃,是研究资本主义萌芽、生长和发展的好例证。

其他如:

——扬州黄金坝有专门批发咸鱼的"咸货"和"腌切"二行。

另有专门批发水产和果品的"八鲜行"。所谓"八鲜",指"菱、藕、芋、柿、虾、蟹、鳌(音车敖,蛤类海货)、萝卜"。②

——杭州有一种具有经纪性质,直接在船埠包买鱼船,及时向行贩批售的"冰鲜行"。其经营方式是:

杭州之江渔船来自宁波等海口,路途天热,鱼皆藏于水内,无论何时到地,江干设有冰鲜行,雇人肩挑大锣一面,其一头挂大灯笼一盏,号冰鲜行字号,遍引城厢内外上下段各路。如到船一只则敲锣两下,两只三下,通知各行贩前往贩卖。去者先于行中买筹,每根五百文,然后持筹往船上取鱼。其中贵贱以鱼之多寡合算。鲋鱼、鲫鱼、鲳鱼、乌贼等皆以此冰船而来。三、四月起,夏至后绝迹矣。③

——广州有专门批发果品的"果栏",这是当地的方言名称,其情况是:

广州凡货物所聚皆命曰栏,贩者从栏中买取,乃以鬻诸城内外。栏之

① 钱泳:《履园丛话》(卷24《孙春阳》),《笔记小说大观》第三辑本。
② 李斗:《扬州画舫录》(卷1),清嘉庆刊本。
③ 范祖述:《杭俗遗风》,《申报馆丛书》续集本。

称惟两粤有之。粤东之栏以居物,粤西之栏以居人。居物者以果栏为上。果蓏之实,四时间,百品芬甘,少干多湿,可爱也。①

第三种类型是面向直接消费者的一般铺户商人。他们多在商业城市开设各种行业的店铺,基本上是面向城市居民,供应日常食用需要,有一定数量资金,固定的店址,但还够不上富商大贾,而胜过小商小贩。现择取北京、扬州、南京、杭州等地的铺户商人为例。

北京正阳门外西河沿设有"书肆"。②琉璃厂的字画店,"宋元明真迹不少而赝者殊多。每入一店,披览竟日,尚不能尽其十之一二"。③外城有日俭居的熟肉、六必居的豆油、都一处的酒、同仁堂的药、李自实的笔,内城有长安斋的靴、启盛的金顶等,这些铺户,"皆致巨富"。④

扬州街西有扑缸春(酒店),"游屐入城,山色湖光,带于眉宇,烹鱼煮笋,尽饮纵谈,率在于是"。⑤多子街有天瑞堂(药店),"旌德江氏,世药也"。亢家花园有合欣园(茶店),"以酥儿烧饼见称于市"。翠花街有珠翠首饰铺,"有蝴蝶、望月、花篮、折项、罗汉鬏、懒梳头、双飞燕、到枕松、八面观音诸义髻及貂覆额、渔婆勒子诸式"。⑥

南京秦淮河利涉桥的阳春斋和淮青桥的四美斋(茶食店),"画舫者争相货卖,诸姬凡款客馈人,亦必需此。两斋皆嘉兴人,制作装潢,较之本地,倍加精美";利涉桥的便宜馆和淮清河桥河沿的新顺馆(饭馆)"最为著名","新顺盖吴人,盘馔极为丰腆";姚家巷利涉桥桃叶渡头的星货铺(百货店),"所鬻手绢、鼻烟、风兜、雨伞、纱绉衣领、皮绒衣领……洋印花巾袖、云肩油衣、结子荷包、刻丝荷包、珊瑚荷包、珍珠荷包……炫心夺目,闺中之物,十居其九"。⑦状元境的画坊,"比屋而居,有二十余家,大半皆江右人"。奇望街的任天然(包头店),"自明迄今,世守其业"。⑧夫子庙前街的书肆,"缩本充架,铅印溢簏,听镂板之

---

① 屈大均:《广东新语》(卷14《舟楫为食》),清康熙刊本。
② 王士禛:《香祖笔记》(卷3),《清代笔记丛刊》本。
③ 佚名:《燕京杂记》,《小方壶斋舆地丛钞》第六帙本。
④ 佚名:《燕京杂记》,《小方壶斋舆地丛钞》第六帙本。
⑤ 李斗:《扬州画舫录》(卷4),清嘉庆刊本。
⑥ 李斗:《扬州画舫录》(卷9),清嘉庆刊本。
⑦ 捧花生:《画舫余潭》,《申报馆丛书》续集本。
⑧ 甘熙:《白下琐言》(卷2),清光绪刊本。

迁拙,悝巾本之繁数"。①

杭州西湖的五柳居,"酒果珍馐咸备","醋溜鱼一种,西湖独擅其长"。城内有素仪店,"出卖一切丧服,出税一切丧具"。城隍山对岸的放怀楼、景江楼、见沧楼、望江楼、兰馨楼、映山居、紫云轩,"其室金壁交辉、雕梁画栋、匾额对联、单条屏幅,悉臻幽雅。悬挂各式灯景,玻璃窗棂。即瓷器均皆精致,并有定烧店号,桌凳亦极光鲜"。②

第四种类型是小商小贩。这种小商贩按其经营情况又可分为两种:

一种是集市上的小商贩,他们是各地集市上的主要组成者。所贩各货,有的是自产,有的是转贩。这便构成了集市上熙来攘往的繁荣景象。例如:

在苏州,"腊后春前……坊甲、街里、皋桥、中市一带,货郎出售各色花灯,精奇百出"。在圆妙观中,有"卖画张者,聚市于三清殿,乡人争买芒神春牛图"。另有一些"支布幕为庐"的商贩,"晨集暮散,所鬻多糖果小吃,琐碎玩具,间及什物而已,而橄榄尤为聚处"。③还有一些卖玩具者"铺红毡,货人物花鸟吹笙诸弄物"。④

在南京,鱼贩从渔人所网得诸鱼,"受之以转鬻于市",当时有"南市在沙湾、中市在行口,北市在北门桥,夹道布列,皆鱼盆也"。⑤

在广州濒海的茭塘,"凡朝虚夕市,贩夫贩妇,各以其所捕海鲜,连筐而至。氓家之所有,则以钱易之;蛋人之所有,则以米易"。⑥

这些小商贩中也有因善于经营而积资逐渐上升为大商人的。如王文虎其人,初为李姓家佣工,后得主人少量资助,与兄文龙摆果菜摊,积资开设铺户。后又向李姓主人贷得千金,"遂置业开行,居然成富贾",设万祥、大有、恒记三大行店。⑦

另一种是串街走巷,甚至登门入户的小商贩。这些人多半是小本经营以谋升斗的。叫卖之物以吃食、日用品和玩意儿为主。例如:

在广州,"春夏之交,市上有卖大蝴蝶者,每枚数十钱,大仅五六寸许,悬竹

① 程光甲:《金陵赋》,《丛书集成初编》本。
② 范祖述:《杭俗遗风》,《申报馆丛书》续编本。
③ 顾禄:《清嘉录》(卷1《新年》),上海古籍出版社标点本。
④ 张大纯:《姑苏采风类记》,《小方壶斋舆地丛钞》第六帙本。
⑤ 陈作霖:《金陵物产风土志·本境动物品学》,《金陵琐志五种》本。
⑥ 屈大均:《广东新语》(卷2《地语·茭塘》),清康熙刊本。
⑦ 梁恭辰:《池上草堂笔记·劝诫四录》(卷2《王文虎》),清道光刊本。

竿上"。①

在南京,果饵中的"煮熟菱藕糖芋之属"和粉粢中的"茯苓糕、黄松糕、甑儿糕之属",都由"市人担而卖之"。又"有以油炸小蟹细鱼者,或面裹虾炸之为虾饼,或屑藕团炸之为藕饼,担于市,摇小铜鼓以为号,闻声则出买之"。②

在扬州,有自称果子王的王惠芳,"以卖果子为业。清晨以大柳器贮各色果子,先货于苏式小饮酒肆,次及各肆,其余则于长堤尽之","其子八哥儿卖槟榔,一日可得数百钱。"③

在苏州,这种小商小贩尤多,所贩品种形形色色,有蔬菜、鲜鱼、凉粉、芥辣、麻布、草席、竹席、藤枕、萤火虫灯、凉冰、簪戴花卉、盆景、供花、西瓜、饧糖、年货等。这些用品或由"市人担卖,四时不绝于市",或"街坊担卖",或"往来于河港叫卖",或"寒宵担卖,锣声铿然"。④

在京师,有的女商贩还抱物登门者,俗名之曰卖婆。"珠翠满箱,遨游贵宠,常得其妇女欢,如欲奇难宝物皆可立至。……多有致巨富者"。另外,还有"荷两筐击小鼓以收物者,谓之打鼓,交错于道,鼓音不绝。……打鼓旋得旋卖";有"卖冰者以二铜盏叠之作响以为号";⑤等等。

这些小商小贩在解决城市居民生活需要上发挥了应有的供应作用。

(二)商人社会地位的提高

经商历来被认为是舍本逐末,商人地位历来也比较低下。所谓"市籍""末富"等都是在封建社会中受歧视为人所不屑一顾的鄙称,社会地位列于四民之末。但是,清代情况就很不一样。从清初以来,除小商小贩外,垄断商人固不待言,即大商人和一般铺户商人的地位都显然有所提高,社会上也出现了因重商而导致的风尚变化。这里将从四个方面作一些初步的考察。

第一,官僚、士子和商人的互相融合。官僚经商一直被认为是与民争利,是不应为或不屑为的事情。但在清代前期,官僚经商已是习见而不为怪了。清初诗人屈大均就早已对此深致感慨地说:

---

① 屈大均:《广东新语》(卷23《虫语·大蝴蝶》),清康熙刊本。
② 陈作霖:《金陵物产风土志》,《金陵琐志五种》本。
③ 李斗:《扬州画舫录》(卷11),清嘉庆刊本。
④ 顾禄:《清嘉录》(卷4、6、7、11、12),上海古籍出版社标点本。
⑤ 佚名:《燕京杂记》,《小方壶斋舆地丛钞》第六帙本。

　　今之官于东粤者,无分大小,率务朘民以自封。既得重费,则使其亲串与民为市,而百十奸民,从而羽翼之,为之垄断而罔利。于是民之贾十三,而官之贾十七。官之贾本多而废居易,以其奇笈,绝流而渔,其利尝获数倍。民之贾虽极勤苦而不能与争。于是民之贾日穷,而官之贾日富。官之贾日富而官之贾日多,遍于山河之间,或坐或行。近而广之十郡,远而东西二洋,无不有也。民贾而不官,官复贾于民,官与贾固无别也,官与贾亦复无别。无官不贾,且又无贾而不官。民畏官亦复畏贾,畏官者以其官而贾也,畏贾者以其贾而官也。于是而民之死于官之贾者十之三,死于贾之官者十之七矣。①

　　屈大均把官与商的相互融合关系揭露得很彻底。他虽指广东,实际上到处如此。康熙时,高士奇与王鸿绪都是有地位、有声望的大官僚,但他们却恬然不顾地在苏松淮扬等地合伙经商,开设缎店等以"寄顿各处贿银","动辄数十万以至百余万"。②雍正时,大将军年羹尧公然派庄浪典史朱尚文为他经商,把四川所产楠木等,"运至湖广、江南、浙江发卖,获利数十万"。③乾隆时,权臣和珅开当铺七十五座,本银三千万两;银号四十二座,本银四千万两;古玩铺十三座,本银二十万两。④有些官僚为了赚钱,甚至不惜从事"贱业",如曾任湖南学政的褚廷璋(筠心)是个诗人,学政也是清要的官,但他卸职告归后,即"以宦囊开凶肆,以其利溥,人争笑之而先生不顾也"。⑤

　　士子经商大多由于仕途不达,乃从事贸迁经营,个人既不以经商为降低身份,他人亦并不以其持筹握算而屏绝往来。其中有些人还是有相当学术声名的,如钮树玉是著名经学家,又是贩运木棉的行商。其事既为人所共知,并被人著之于文字云:

　　　　钮树玉,字匪石。元和人。业贾贩木棉,舟船车骒之间,必载经史自随。归则寂坐一室,著书终日。每负贩往来,必经邘上,留与邑中经学之

----

① 屈大均:《广东新语》(卷9《事语·贪吏》),清康熙刊本。
② 昭梿:《啸亭杂录》(卷3《郭刘二疏》),中华书局本。
③ 萧奭:《永宪录》(卷3),中华书局本。
④ 薛福成:《庸盦笔记》(卷3),《笔记小说大观》第一辑本。
⑤ 昭梿:《啸亭续录》(卷2《褚筠心》),清宣统排印本。

士讲论数日乃去。①

有的在得到秀才功名以后,由于屡试不售,家境贫苦,遂转而经商,加入了商人行列,如:

屠继序,字淇箓,号凫园,鄞人。年十七,补诸生,刻意治进士业。既屡试不获售,则弃去,思以读书自娱。然家贫,不能多得书,则设书肆市中。②

徐北溟(鲲,后阮相国师易其字曰白民),邑东南杨树庄人。补县学生。家酷贫,无以自给,乃赴杭州贩书度日。③

有的士人还由经商而致富,例如:

董子玉,祖籍北方而生长南地。其先人官于吴,遂家松江。……读书不达而货殖焉。遂商旅于闽、广间,贩丝丝贵,贩米米昂,不五六年,奇赢十倍。④

另一方面,商人凭借财力混迹官场也反映了地位的提高。这已经不是个别现象,而是相当普遍,以致引起某些缙绅人物的感叹,如苏松地区自明以来的巨室董氏家族一成员就悲叹这种世风的变化说:

近开捐纳之例,于是纨绔之子,村市之夫,辇资而往,归家以缙绅自命,张盖乘舆,仆从如云,持大字刺,充斥衢巷,扬扬自得。此又人心之漓者愈漓,而世道之下者更下也。⑤

这里所指包括着一部分商人。具体的事例如:雍正四年(1726)山西巨商

① 李斗:《扬州画舫录》(卷10),清嘉庆刊本。
② 吴德旋:《初月楼闻见录》(卷5),《笔记小说大观》第三辑本。
③ 王端履:《重论文斋笔录》(卷6),《笔记小说大观》第四辑本。
④ 曾衍东:《小豆棚》(卷8《董子玉一家》),《申报馆小丛书》本。
⑤ 董含:《三冈识略》(卷6《三吴风俗十六则》),《申报馆小丛书》本。

王廷扬就"以知州捐赀报效军前"。①乾隆时扬州药商陆见山,就由"卖药邗上"起家,"开有青芝堂药材,为扬城第一铺。得郑侍御休园为别业,捐同知衔,居然列于诸缙绅商人之间。每有喜庆宴会,辄着天青褂五品补服"。②又如新安汪氏是经营布业十年而富甲诸商的巨富,后亦"宦游"。③这个汪氏可能就是入赀为郎,撰著过《印人传》和《水曹清暇录》的汪启淑家族。

第二,社会上对商人看法所发生的变化也反映了商人地位的提高。商人过去为士大夫所不屑一顾,现在则被倾心接纳,以礼相待。这是一种很重要的变化。这种变化同样引起世代相传而希望凝固其缙绅地位的一些老士大夫层的不满。他们对此变化大加非议和指斥,如江南华亭绅士董含即说:

> 曩昔士大夫以清望为重,乡里富人,羞与为伍,有攀附者必峻绝之。今人崇尚财货,见有拥厚资者,反屈体降志,或订忘形之交,或结婚姻之雅,而窥其处心积虑,不过利我财耳,遂使此辈忘其本来,足高气扬,傲然自得。④

浙江吴兴人姚世锡更记述了从康熙中到乾隆中这六十年间的这种变化说:

> 潘彦徽先生,康熙己卯孝廉……己卯(康熙三十八年)计偕,家贫艰于脂秣。一日,问同年凌端臣先生曰:"盐、当商可拜否?"端臣先生曰:"所获不过数十金,何可丧此名节。"先生极口称是。……今(乾隆二十五年)则士风日下,有一新贵,家本素封,乃用晚生帖拜当商,仅获三星之赠而论者不以往拜为非,曷胜浩叹。⑤

这不仅东南繁华之地有此变化,边远地区对商人也很尊重,如东北宁古塔戍地:

---

① 萧奭:《永宪录》(卷4),中华书局本。
② 钱泳:《履园丛话》(卷21《笑柄·陆见山》),《笔记小说大观》第三辑本。
③ 许仲元:《三异笔谈》(卷3《布利》),《笔记小说大观》第一辑本。
④ 董含:《三冈识略》(卷6《三吴风俗十六则》),《申报馆小丛书》本。
⑤ 姚世锡:《前徽录》,《笔记小说大观》第八辑本。

凡东西关之贾者,皆汉人。满州官兵贫,衣食皆向熟贾赊取,俟月饷到乃偿直,是以平居礼貌必极恭敬,否则恐贾之莫与也。[①]

第三,商人生活的奢靡享乐也反映了他们超越一般人所处的地位。最突出的是像盐商那些垄断民生日用的吸血鬼。他们豪华奢侈,志得意满,其骄态自侔于封疆大吏,《扬州画舫录》的作者曾以酣畅的笔墨淋漓尽致地刻画了扬川盐商超乎常情的豪侈淫佚生活说:

初,扬州盐务竟尚奢丽,一婚嫁丧葬,堂室饮食,衣服舆马,动辄费数十万。有某姓者,每食,庖人备席十数类,临食时,夫妇并坐堂上,侍者抬席置于前,自茶面荤素等色,凡不食者摇其颐,侍者审色则更易其他类。或好马,蓄马数百,每马日费数十金,朝自内出城,暮自城外入,五花璨著,观者目眩。或好兰,自门以至于内室,置兰殆遍。或以木作裸体妇人,动以机关,置诸斋阁,往往座客为之惊避。其先以安绿村为最盛。其后起之家,更有足异者:有欲以万金一时费去者,门下客以金尽买金箔,载至金山塔上,向风飏之,顷刻而散,沿之草树之间,不可收复。又有三千金尽买苏州不倒翁,流于水中,波为之塞。有喜美者,自司阍以至灶婢,皆选十数龄清秀之辈;或反之而极,尽用奇丑者,自镜以为不称,毁其面,以酱敷之,暴于日中。有好大者,以铜为溺器,高五、六尺,夜欲溺,起就之。一时争奇斗异。不可胜记……[②]

袁枚的《续子不语》中也有一段故事描写盐商安麓村宴请河道总督赵世显时的豪侈说:

盐商安麓村请(河道总督)赵(世显)饮。十里之外,灯彩如云。至其家,东厢西舍,珍奇古玩,罗列无算。[③]

---

① 杨宾:《柳边纪略》(卷3),《小方壶斋舆地丛钞》第一帙本。
② 李斗:《扬州画舫录》(卷6),清嘉庆刊本。
③ 袁枚:《续子不语》(卷6《张赵斗富》),《笔记小说大观》第一辑本。

其他商人也多过着穷奢极欲的生活,如苏州富商的淫靡豪侈生活:

> 豪民富贾,竞买镫舫,至虎丘山滨,各占柳荫深处,浮瓜沈李,赌酒征歌,腻客逍遥,名姝谈笑,雾縠水纨,争妍斗艳。四窗八拓,放乎中流,往而复回,篙橹相应,谓之水鬻头。日晡络绎于冶芳滨中,行则鱼贯,泊则雁排。迨暮施烛,焜煌照彻,月辉与波光,相激射舟中,酒炙纷陈,管弦竞奏,往往通夕而罢。①

商人的这种奢靡生活并没有遭到指摘,相反地,甚至有人论证其合理性,肯定这是一种养穷人之法。这种荒谬绝伦的主张正是出于乾隆时名满士林的著名学者与诗人法式善之口。他说:

> 富商大贾,豪家巨室,自侈其宫室、车马、饮食、衣服之奉,正使以力食者得以分其利,得以均其不平。孟子所谓通功易事是也。上之人从而禁之,则富者益富,贫者益贫也。吴俗尚奢,而苏杭细民多易为生。越俗尚俭,而宁、绍、金、衢诸小民,恒不能自给,半游食于四方,此可见矣。②

这种谬论实际上反映了商人在人们心目中地位的提高。

第四,商人有了一定的社会地位,就要努力维护共同利益,减少本行业相互排挤,进而垄断本行业商品流通的过程,于是就有组织本身团体的愿望。会馆、行帮的迅速发展正表明商人地位在日益形成一股不可忽视的力量。

这些会馆和行帮主要分两种类型:

一种是地区性的,它依靠封建的乡土观念组织起来,有坐商的,也有客商的,而以后者为多。苏州有当地商号的团体,例如:

> 府城隍庙,俗称大庙。郡中市肆,悬旌八行以及聚规、罚规皆在庙台。③

---

① 顾禄:《清嘉录》(卷6《虎丘镫船》),上海古籍出版社标点本。
② 法式善:《陶庐杂录》(卷5),中华书局本。
③ 顾禄:《清嘉录》(卷3《犯人香》),上海古籍出版社标点本。

也有他省商贾的共同团体,例如:

> 吴城五方杂处,人烟稠密,贸易之盛,甲于天下。他省商贾,各建关帝祠于城西,为主客公议规条之所,栋宇壮丽,号为会馆。[①]

这种会馆成为外省商人和本地商人进行谈判会商的主要场所。

南京的客商所建地域性会馆很多,上起省区,下至府县,并且都有较好的建筑。主要的有:

> 金陵五方杂处,会馆之设,甲于他省。中州在糯米巷,三楚在赛虹桥,旌德在党家巷,太平在甘雨巷,陕西在明瓦廊,贵池在黄公祠,新安在马府街,洞庭在徐家巷,崇明在江东门,庐江、三河在窑湾,规模尚小。若评事街之江西,武定桥之石埭,牛市之湖州,安德门之浙东,颜料坊之山西,天妃宫之全闽,陡门桥之山东,百花巷之泾县,殿阁堂檐,极其轮奂。江西会馆大门外花白楼一座皆以磁砌成,尤为壮丽。[②]

另一种是行业性的,如北京有玉行会馆、书行会馆、[③]颜料会馆和烟行会馆,[④]扬州有木商会馆,[⑤]等等。

会馆的普遍建立反映商业的发达,但它也对商业起着约束钤制的作用,又有利于封建经济的稳定。

从上述四个方面可以肯定清代前期商人的地位已显著提高。

四、社会风尚的相应变化

随着商业的繁盛,商品经济的活跃,商人从各方面吮吸着利润。豪富们一掷千金无吝色的豪侈,严重地影响了整个社会的风尚。历来所谓的"克勤克俭"的风气已在日趋奢靡淫佚。在那些频繁交往、酬酢宴乐的商业活动中,服

---

① 顾禄:《清嘉录》(卷5《关帝生日》),上海古籍出版社标点本。
② 甘熙:《白下琐言》(卷2),清光绪刊本。
③ 叶德辉:《书林清话》,清宣统刊本。
④ 吴长元:《宸垣识略》,中华书局本。
⑤ 李斗:《扬州画舫录》(卷3),清嘉庆刊本。

饰、饮食、游乐等方面,都互相争奇斗胜,夸耀财富。而东南地区尤为突出。

在服饰方面,一改布素而求绮罗锦绣,如无锡的情况是:

> 方康熙时,衣服冠履,犹尚古朴,常服多用布,冬月衣裘者百中二三。……今(乾隆)则以布为耻,绫缎绸纱,争新色新样。……间有老成不改布素者则目指讪笑之。①

又如苏州的情况是:

> 余五六岁时,吾乡风俗尚朴素。……今隔五十余年,则不论贫富贵贱,在乡在城,俱是轻裘,女人俱是锦绣,货愈贵而服饰者愈多,不知其故也。②

在饮食方面,暴殄天物,无所吝惜,如苏州的情况是:

> 吴门之戏馆,当开席时,哗然杂遝,上下千百人,一时齐集。真所谓酒池肉林,饮食如流者也。尤在五、七月内,天气蒸热之时,虽山珍海错,顷刻变味,随即弃之,至于狗彘不能食。③
>
> 居人有宴会,皆入戏园,为待客之便,击牲烹鲜,宾朋满座。④

又如杭州的情况是:

> 余幼时(乾隆)见凡宴客者,约则五簋,丰则十品,若仓卒之客不过小九盘而已。其后日渐盛设,用碗必如盆,居山必以鱼鳖,居泽必以鹿兔,所费已倍往昔矣。近年以来(嘉庆),吾杭富人,一席之费几至六七千文,盖又务为精致相高,虽罗列数十品,绝无一常味也,甚而有某姓者,尝以钱五十千治一席,又以十千买初出鲥鱼二尾为尝新,则何曾父子亦何足

---

① 黄卬:《锡金识小录》(卷1《备参上·风俗变迁》),清光绪木活字本。
② 钱泳:《履园丛话》(卷7《骄奢》),《笔记小说大观》第三辑本。
③ 钱泳:《履园丛话》(卷7《骄奢》),《笔记小说大观》第三辑本。
④ 顾禄:《清嘉录》(卷7《青龙戏》),上海古籍出版社标点本。

道哉！①

又如浙江吴兴的情况是：

> 吾乡风俗，本尚俭朴，簪缨世胄，咸谨守礼法，无敢僭侈，即如宴会，予十数岁时，见晟舍之视履堂、奕庆堂、抱宏堂；前坂之葆素堂、丰澍堂；竹墩之受礼堂；我族之滑叶堂、章庆堂、仁寿堂诸尊长家，肴不过十簋，先用冷肴四簋压桌，坐既定，陈设六簋，酒十数巡而罢，绝无罗列珍错，号呶长夜之饮。康熙乙卯年，先中翰公宴新太守陈公一夔，锡亲见呼杨姓庖人戒之曰：我每簋纹银四两，汝须加意丰洁，俱用可二新碗，不可苟简草率。宴太守之席不过如此。相去未及六十年，竟以可二为家常日用之器，设有用以供客者，咸嗤为村俗鄙吝，动辄用五大簋，每肴非数百文不办，一席之费，或至三四金，而恒产不及前人十之二三。……风俗颓坏，何时得返朴还醇哉！②

在游乐方面，游乐场所大量出现，笙歌乐舞，挥金如土，江南的名城尤甚，如作"狭邪"之游的集中地：

> 在江宁则秦淮河上，在苏州则虎丘山塘，在扬州则天宁门外之平山堂：画船箫鼓，殆无虚日。③

即以苏州一地为例，就因"商贾云集，晏会无时"而有"戏馆、酒馆凡数十处"。④

在日用品方面，由于洋货的渗入内地，因而摒弃土产，崇尚洋货之风甚盛。这种"崇洋"之风引起了乾嘉之际著名学者陈鳢的极大感慨，他说：

> 夫居处之雕镂，服御之文绣，器用之华美，古之所谓奢也，今则视为平

---

① 沈赤然：《寒夜丛谈》（卷3），《又满楼丛书》本。
② 姚世锡：《前徽录》，《笔记小说大观》第八辑本。
③ 钱泳：《履园丛话》（卷7《醉乡》），《笔记小说大观》第三辑本。
④ 钱泳：《履园丛话》（卷1《安顿穷人》），《笔记小说大观》第三辑本。

庸无奇,而以外洋之物是尚。如房屋舟舆,无不用玻璃;衣服帷幕,无不用呢羽;甚至食物器具曰洋铜、曰洋磁、曰洋漆、曰洋藤、曰洋锦、曰洋布、曰洋青、曰洋红、曰洋貂、曰洋獭、曰洋纸、曰洋画、曰洋扇。遽数之不能终其物。而南方诸省,则通行洋钱,大都自日本、流求、红毛、英吉利诸国来者,内地出其布帛菽粟——民间至不可少之物,与之交易。……有识者观之,方惜其为远方所欺,无如世风见异思迁,一人非之,不敌众人慕之。……其始达官贵人尚之,浸假而至于仆隶舆台;浸假而至于倡优婢嫔。民闻遂编行焉。外洋奇巧之物日多,民间布帛菽粟日少,以致积储空虚,民穷财尽,可胜叹哉![1]

在社会风尚向有利于商人的方向变化的同时,商业本身的经营方式也在发生变化。商人们为了逐利,满足对货币的欲望,为了相互竞争,就要采取虚夸、迎合等机巧虚伪的经营手段。据现有的资料看,他们比较明显地采取了两种手段:

一是装饰铺面,宣传自己,吸引顾客的注意。北京各种铺面的竞相争奇是比较突出的:

京师市店,素讲局面,雕红刻翠,锦窗绣户,招牌至有高三丈者。夜则燃灯,数十纱笼角灯照耀如白昼。其在东、西四牌楼及正阳门大栅栏尤为卓越。中有茶叶店、高甍巨桷,细槅宏窗,刻以人物,铺以黄金,绚云映日,洵是伟观。总之,母钱或百万,或千万,俱用为修饰之具。茶叶则贷于茶客,亦视其店之局面,华丽者即无母钱存贮亦信亦不疑;倘局面黯淡,虽楗积千万亦不敢贷矣。[2]

有了好铺面不仅可以招来顾客,还可以空手贷货,否则“楗积千万”也无用,这不很像资本主义经营方式中以华丽外表掩盖内部空虚的虚诈作风吗?

另一种经营手段则是丰富货源,突出特色,多从讨好顾客着手,或逢年过节向主顾赠送些小礼品,以引起好感多做生意。苏州的店铺多在这方面下功

---

① 梁章钜:《退庵随笔》(卷7《政事二》),中华书局本。
② 佚名:《燕京杂记》,《小方壶斋舆地丛钞》第六帙本。

夫。顾禄的《清嘉录》中即称：

> 年夜已来,市肆购置南北杂货,备居民岁晚人事之需,俗称六十日头
> 店。熟食铺豚蹄、鸡鸭较常货买有加;纸马香烛铺预印路头、财马、纸糊元
> 宝、缎疋,多浇巨蜡、束名香。……酒肆、药铺各以酒糟、苍术、辟瘟丹之属
> 馈遗于主顾家。

所有这些豪华、奢侈、放荡和机巧的社会风尚正在吞噬着旧有的封建道
德,腐蚀着封建的生活方式,在一定程度上破坏了旧有的封建秩序。这不能不
引起封建统治者的重视,雍正帝在即位之初的元年八月上谕中就指出道:

> 然奢靡之习莫甚商人,内实空虚而外事奢侈。衣服屋宇,穷极华丽,
> 饮食器皿,备求工巧。俳优伎乐,醉舞酣歌,宴会嬉游,殆无虚日。甚至悍
> 仆豪奴,服食起居,同于仕宦,越礼犯分,罔知自俭,各处昏然,淮阳尤甚,
> 使愚民尤而效之,其弊不可胜言。①

这段极为概括的话虽专对盐商而言,实际上是指向所有豪商富贾。从上
谕中可以见到奢靡风尚的影响所及和危害已经相当严重。而"愚民尤而效之"
的后果更不堪设想,所以,雍正帝不能不采取抑制对策了。

五、结语

如上所述,从商业城市的兴盛、商业资本的活跃和集市的遍布,都反映了
清代前期商业的繁荣。商人地位已从各方面有明显的提高。这些都为清代前
期这一封建社会后期回光返照的景象涂抹上薄薄一层绚丽的色彩,也呈现出
一些使那些长期就范于旧势力和融化于旧习惯的人们感到忧心忡忡的变异现
象。商业资本的活跃,商人地位的提高和随之产生的社会风尚的变化,又确对
封建社会中的自然经济结构起着破坏作用,从而必不可免地会对封建经济的
基础从各方面进行潜移默化的销蚀,而对新的生产方式的萌芽、滋长起着一定
的促进作用。这正是这一课题所包含的微妙的辩证关系。

---

① 萧奭:《永宪录》(卷2下),中华书局本。

一九八二年九月初稿
一九八三年二月修改稿
一九九二年三月完稿

本文原刊载于日本《独协经济》第58号,1992年3月。

作者简介:

来新夏(1923—2014),字弢盦,浙江萧山人。1946年毕业于北平辅仁大学史学系。1949年被保送至华北大学,师从范文澜先生攻读中国近代史研究生。1951年奉调至南开大学历史系任教,由助教循阶晋升为教授。面世学术专著30余种及古籍整理多种,晚年仍笔耕不辍,出版有文史随笔集《冷眼热心》等30余种。

明代《通鉴》学的成就及其特点

吴振清

司马光等著成《资治通鉴》,被后人誉为前世不曾有、后世不可无之书,影响极其深远。自宋代开始形成"通鉴学",发展为续作、改作、阐释义理和注释考订诸个分支脉络,900年来仅专著成书即超过百部,可谓绳绳继续,绵延不绝,蔚为大国,与"文选学""红学"等相提并论,成为一项专门之学。

明代的通鉴学上承宋元,下启清朝及近现代,在通鉴学研究与发展上是不可忽略的重要时期。同时,长期以来学术界对明代史学重视不足,研究的深度和广度不够,明代通鉴学作为明代史学的一个方面,亦有必要予以总结和探讨。本文就明代通鉴学的成就及其特点,试作论述。

一、明代《通鉴》学的成就与类别

明代学者在宋元两代通鉴学的基础上继续发展,撰成各类专著达20余种,从其著作意旨和内容体例而论,大致可分为"续《通鉴》"和"订补《通鉴》"两大分支,此外,阐释义理和改编改作这两方面,亦有著作,但价值与成就远不及前二者。分述如下:

(一)续作类

《资治通鉴》记事始于周威烈王二十三年(前403),终于后周显德六年(959),司马光认为"经不可续",不直接《春秋》,故周威烈王二十三年以前付之阙如,为弥补此缺陷而需要续前;宋元两朝历年四百,史事应续载,故需要续后;由改编发挥《通鉴》而别出的纪事本末体与纲目体,亦存在续前与续后问题,所以亦有续作,可称之为"别续"(引用宋衍申先生说)。

续前:陈桱《通鉴续编》二十四卷。陈桱,字子经,奉化人,官翰林学士,迁待制。其家世传史学,因不满宋末元初人金履祥《通鉴前编》断自陶唐,前事仍缺,遂撰自盘古至高辛氏为此书第一卷,补金书之未备;又撷取契丹在唐与五代时事迹,述契丹族建立辽国的历史为第二卷。

续后:陈桱《通鉴续编》前二卷续前,其余二十二卷皆续记宋朝史,起太祖,终昺、昺二王,接续《通鉴》,故名续编。胡粹中《元史续编》十六卷。粹中,名由,以字行,浙江山阴(今绍兴)人。洪武时为儒学训导,永乐中为楚王府长史,博通经史,长于《春秋》三传。以明初修《元史》详于元世祖以前攻战之事,而略于成宗以下治平之迹,顺帝时事亦不备,故撰此作,始于世祖至元十三年(1276),终于顺帝至正二十八年(1368)。曰续编,则又续陈桱之书。薛应旂《宋元资治通鉴》一五七卷。应旂,字仲常,号方山,江苏武进人,嘉靖进士,历官考功郎中、浙江提学副使,通史学亦精理学。其书接续《通鉴》记事,记宋太祖至元顺帝间四百余年间史事,循《通鉴》体例,以商辂《通鉴纲目续编》为蓝本,稍取他书而成。王宗沐《宋元资治通鉴》六十四卷。王与薛同为嘉靖进士,同时续《通鉴》而各不相知,各自撰成体例内容相同的史书,但王书取材贫乏,述事简略,名不副实。

别续:续《通鉴纲目》之书:商辂等撰《续宋元资治通鉴纲目》二十七卷。是书为成化年间奉敕编修,多据陈桱、胡粹中之书而成。许诰《纲目前编》三卷。诰,自号函谷山人,灵宝人,以《资治通鉴》《通鉴纲目》未直接《春秋》,中缺七十余年史事,金履祥《通鉴前编》书法多舛误,遂订讹补缺辑为是书。南轩《通鉴纲目前编》二十五卷。轩,字叔后,渭南人,嘉靖进士,官至山东参议。其书合并删削金履祥、陈桱书为一编,起自伏羲,终于周威烈王。又有金濂《资治通鉴纲目前编》二十五卷,孙蕡《通鉴前编纲目》。

续《通鉴纪事本末》之书:冯琦《宋史纪事本末》二十八卷,陈邦瞻《宋史纪事本末》二十六卷,《元史纪事本末》六卷。邦瞻,字德远,高安人,万历进士,官至兵部左侍郎。先是,礼部侍郎临朐冯琦仿袁枢《通鉴纪事本末》体例续撰宋朝史事,未定稿而没,邦瞻就其遗稿增订成编,本于冯稿者十之三,自撰者十之七。

(二)订补类

汪克宽《纲目凡例考异》。陈济《通鉴纲目集览正误》五十九卷。张自勋《纲目续麟》二十卷,《校正凡例》一卷,《附录》一卷,《汇览》三卷。严衍《资治通鉴补正》二九四卷。其中严衍之书成就最大,详说见下。

(三)阐释义理类之书

李浩《通鉴断义》七十卷,王峰《通鉴纲目发微》三十卷,张时泰《续通鉴纲目广义》十七卷,戴璟《汉唐通鉴品藻》三十卷。改作改编类之书,则有弘治中李东阳等人奉命编纂的《历代通鉴纂要》九十二卷,属节要性质的著作。不著撰人《分类通鉴》四卷,则是将《通鉴》依内容分门别类编辑而成,似《通鉴总类》的节本。

以上所列流别各异的诸多史著,尽管不够完备,但主要著作已列入,可以看出明代有关通鉴学的史书,无论在数量上、种类上,还是史学价值上,总体水平远胜元代。续宋、元资治通鉴类史书的编纂,再度实现了历朝编年史与纪传体正史并行的双轨发展;宋、元纪事本末体史书的编著,也使纪事本末体历代史开始形成系列;特别是补正类著作的出现,使对于《通鉴》本书的研究进入更高的层次,于通鉴学贡献尤大。

二、严衍与《通鉴补正》

《明史·艺文志》著录有严衍《资治通鉴补》一书,而《明史》却无严衍传。其书传本稀少,清修《四库全书》亦未收入,严衍生平事迹赖钱大昕作传始得彰显。

严衍,字永思,嘉定人,万历秀才,嗜读古书,潜心史学,数十年如一日埋头从事于《通鉴》研究,积三十年之功力撰成此书,是明代通鉴学中用心最专、用功最勤、成就最大的学者。自谓:“髫龄时便喜读史家言,而牵于制举之业,未暇朝夕从事也。迨年四十有一,始得肆力于司马温公《通鉴》全书。怒而读之,跃然喜笑。忧而读之,欣然乐矣。躁而读之,悠然恬矣。或有终日不食之时,未有终日不读之时也。”① 严衍读《通鉴》好学深思,有韦编三绝的毅力,尝言:“书不读不知其善,书不熟读沈酣而恣肆焉,不知其病。”对于《通鉴》:“始读之,但觉其宏深广肆,如临海望洋,未能见其畔岸也。再读之,始得窥其堂奥,穷其源委,见其中去取之谨严,义例之精密,褒讥得失以发后人之志,考较同异以辩前人之非。范晔所谓体大而思精者,其斯之谓欤!既又三读之,四读之,时觉其中有百中之一漏,全璧之微瑕,乃翻历朝旧史而一一对勘之。备者固十之七八,遗者亦十之二三,甚且有前后不符,彼此或戾,如谈《序》所载之七病,亦往往有之。”② 严衍用了超乎常人的苦功专心致志读书研究,发现了一般读者难以发现的诸多问题,因此取得了异乎寻常的成果。他说:“余既明见此书之尚有

① 严衍:《资治通鉴补》(自序)。
② 严衍:《资治通鉴补》(自序)。

未备,而不为拾遗补阙,是又温公之罪人也。"自万历四十三年(1615)策划并着手撰述,至崇祯三年(1630)撰成初稿,又穷十年心力修改编辑,"二十余年之中,食自三餐外,寝自一觉而后,精神无他用也"。①直到崇祯甲申(十七年,1644)才最后勒定。

进行这一长期艰巨的工作,只有他的学生谈允厚佐助,一起"参较他书,考订异同",师生二人"每联床对榻,彼此相商,一字未妥,抽翻百帙,片言无据,考订兼旬。至于得失已见,是非无疑,辄又迟回久之,或竟日竟夕而后下笔"。②书成,允厚为之《序》,谈《序》饱含了研究者的甘苦,也深刻总结了研究所得的精髓见解,《序》中提出,"著书固莫难于纂辑,纂辑尤莫难于编年",编年纪事的难度就在于"杂天下之物于一岁之中,汇群伦之德于一日之内,条贯既难井井,同异又易纷纷"。他举出编年史"七病":一曰漏,二曰复,三曰紊,四曰杂,五曰误,六曰执,七曰诬。司马光作《通鉴》十九年心力俱殚,虽称博大精深,体例谨严,七病间亦有之。《序》称此书对《通鉴》订正者百中之一二,补充者十中之三四,故名其书《资治通鉴补》。

由书之《凡例》亦可看到其主要内容:严正统,存残统,补僭主之名,补年号,补甲子,正谬误,理紊乱,整错杂,删重复,破拘执,辨诬枉,补政事诏敕之遗漏,补文章,补名贤隐逸与贤媛,补艺术及释道,补灾异,补史断,补胡三省注释,补附录,分别正文与补注文字。严衍针对卷帙浩繁的《通鉴》中存在的缺陷和错误,征引史书,字斟句酌,为《通鉴》全书以及胡注作了艰巨繁重的拾遗补阙和订正谬误工作,大体上,"补"是对《通鉴》记载不够周详、不够准确者,考证史实,补充内容;"正"是订正《通鉴》记事疏误和编次失序。

关于补遗漏,例如汉高帝四年(前203)初为算赋,诏谳疑狱。十一年减省口赋,十二年下诏减田租,复十五税一等汉初的重大政策。又如日食地震,水旱蝗饥,郊天祀庙,行幸还宫,命相封王,汉以前阙者十之一,汉以后阙者十之三。

关于删重复,例如唐太宗贞观元年(627),北方突厥大雪,平地数尺,杂畜多死,连年饥馑,既记于七月,又复载于十二月。

关于理紊乱,如《通鉴》卷三周赧王十七年,"赵(惠文)王封其弟(胜)为平原君。平原君好士,食客常数千人"。严衍根据《史记》,赵武灵王十六年(前

---

① 严衍:《资治通鉴补》(自序)。
② 谈允厚:《资治通鉴补》(后序)。

310)纳吴娃,是为赧王五年,惠文出生或在赧王六七年,至十七年武灵王传位给惠文王时,惠文王不过十余岁,平原君又是其同母弟,不足十岁"岂便能养士"? 故须订正并移置于后文。

关于整错杂,如东晋将领毛宝之子毛穆之,小字虎生,《通鉴》前书作毛穆之,后书作毛虎生,前后称名称字不一致。

关于正谬误,如东晋十六国时后秦姚兴遣使者梁斐、张构出使沮渠蒙逊,《通鉴》书"秦遣使者梁构至张掖",误合二人为一人。

关于破拘执,如郭子仪与李光弼有隙,郭子仪代安思顺为朔方节度使,光弼惧,乃入请罪,子仪趋下持手,对坐而语:"今逆寇倡乱,岂怀私忿时耶?"荐光弼节度河东,分兵东讨。《光弼传》作者误把请死事置于分兵东讨下,而司马光写道:"是时唐之号令,犹行天下,若制书已除光弼为节度,子仪安敢擅杀之?""遂皆删抹,是因秉笔者之微词,没荐贤者之大度。"指出司马光主观臆断而失考。

但是,严衍补的偏多偏滥,补文章,补贤媛,补艺术,补释道,补了许多与大政方针、国计民生无关的内容,焉知他所补的,不就是司马光有意识要删削不载的呢! 又采录了一些野史稗说作为"附录",以致使《通鉴补》更加浩繁,内容庞杂而臃肿,清王应奎《柳南随笔》讥其为"膨胀通鉴",言之不虚。至于他不满意司马光不别正闰,要严正统,把"秦纪"改成"列国纪",又在卷六九刘备称帝时,将司马光有关"正统"的论删去,认为不该帝魏而应帝蜀,则是既愚腐又节外生枝,纯属毫无意义。

尽管其书瑕瑜互见,成就还是很大的,不仅在明代通鉴学著作中堪称首屈一指的鼎力之作,而且可以认为是迄今为止亦不多见的重要史籍,堪与胡三省注释后先比美。清史学家钱大昕称:"先生与允厚于史学皆实事求是,不肯妄下雌黄。其所辩正,皆确乎不可易。""其有功于《通鉴》者,胡身之而后仅见此书耳。"予以极高的评价。

三、明代通鉴学的特点

一阶段学术门类的发展状况,既体现了前一时期的延续性,同时又表现出本时期固有的特征。明代的通鉴学亦不例外。概括地说,明代通鉴学一方面承袭了元代《通鉴纲目》凌驾于《通鉴》之上的情况。另一方面又与明代史学发展状况相一致,大致以嘉靖朝为限,嘉靖以前发展迟滞,著述不多,嘉靖以后著述剧增,研究较为活跃。再一方面,通鉴学的发展呈现出大起伏,在明末随着

《纲目》评价的衰落,研究《通鉴》本书的学术活动渐趋高涨,最终出现了《资治通鉴补正》这样价值很高的著作。

一是元明两代的通鉴学深深地受到理学的影响,而维护正统和提倡纲常名教,重书法义例、笔削褒贬,而轻历史事实,人为地抬高朱熹《通鉴纲目》的地位,使通鉴学步入歧途且越走越远。陈桱《通鉴续编》、胡粹中《元史续编》,名续《通鉴》,实续《纲目》,陈书"大书分注,全仿《纲目》之例",而且强调严正统,恪守褒贬义例,《四库全书总目提要》引沈周《客座新闻》载:"桱著此书时,书宋太祖云'匡胤自立而还',未辍笔,忽迅雷击其案,桱端坐不慑,曰:雷霆虽击吾手,终不为之改易云云。"此虽小说附会之谈,亦足见陈桱以褒贬自任,具有明显的正统观,对照陈书,自太平兴国四年(979)灭掉北汉之后才书宋统系。胡书的书法义例略同于陈书。其余商辂、许诰、南轩、金濂、汪克宽、张自勋等人之作,无一不是继承《纲目》一脉而著。至于李浩《断义》,王峰《发微》,张时泰《广义》等,则又纯在褒贬义理上做文章,大略如元人《纲目发明》《纲目测海》之属而已,其史学价值自然等而下之,在通鉴学研究上意义不大。

二是明代的史学,除明初洪武年间修《元史》并编辑了一批史鉴性质的史钞类书籍之外,永乐以后日趋枯乏,成书少,质量低,价值不高,历数朝不见起色,自嘉靖年间始扭转趋势,从此私家著史的风气日转兴盛,撰述本朝史和研讨古史的著作层出迭见,通鉴学研究也一变围绕《纲目》打转的局面,其表现就是薛、王所著的《宋元资治通鉴》,冯、陈两家《纪事本末》的问世。薛应旂续《通鉴》,其志向与做法值得充分肯定,打破了此前重《纲目》轻《通鉴》本书的风气,接续《通鉴》编年记事,撰述宋太祖至元顺帝四百八十年的历史,其书卷首便揭示义例,有志踵继《通鉴》,但由于内容简略,取材狭隘,结果名不副实。清学者朱彝尊讥其孤陋寡闻,章学诚批评他"于辽、金正史束而不观",故不为后世所重。王宗沐之书又逊薛书一筹,无足称道。但是,薛、王续作《通鉴》毕竟有开创之功,筚路蓝缕,荒陋难免,至清代徐乾学、毕沅又分别集合多位史学家重新编著《续通鉴》,仍算是完善并完成薛、王的事业。

三是在明代中后期出现续《通鉴》、续纪事本末的基础上,在明末通鉴学的研究又明显地跨进一步,达到了明代的顶峰,取得了令人瞩目的成就。严衍的《补正》与胡注比肩并立的现象,就是有力证明。崇祯年间张自勋撰《纲目续麟》及《校正凡例》《附录》《汇览》,摆脱"义理"一脉的束缚,在很大程度上以考据的功夫见长,从《纲目》等书的体例书法,直至记事内容,均考证发明,辨证是非,大有别于此前诸种空疏泛论的著作,所以,"视徒博尊朱子之名而牵合遇谬、反晦朱子之本旨者,相去远矣"。①可见在明末通鉴学的研究已经步入务实的轨道,向健康而广阔的方向发展。

本文原刊载于《北方论丛》1997年第2期。

作者简介:

吴振清,1947年生。南开大学古籍与文化研究所副教授、硕士研究生导师。主要从事历史文献学、古籍整理研究与教学。参与国家项目《儒藏》,校点《姜斋文集》《复初斋集》。编辑《黄遵宪集》。撰有《细说唐太宗》《资治通鉴精义》等著作,发表《十六国史学述评》《刘鹗致祸原因考略》等论文。

---

① 《四库全书总目提要》(卷47《史部·编年类》)。

古籍版本及其鉴别

朱鼎荣

我国文化历史悠久,殷商刻于龟甲牛骨之卜辞,周秦漆书之竹简、刻铸青铜器之铭文,汉代之帛书、帛画,刻石之经籍碑铭以及六朝隋唐以来手写之卷轴等,如从广义言之,自亦属于版本学范畴,唯凡此种种各有其特殊内容,是宜分别作专题研讨。本文所及以木板雕刻之书本为断。而刻印书本之滥觞实有赖于造纸之发明,我国造纸技术远肇始于先秦,由此我国刻印书籍遂开启世界之先河,为全人类文化做出伟大贡献。现就我国古籍版本之发生发展及刻版之地区等,略予叙述如次:

一、时代

我国刻板印书事业之兴起,根据现存之实物可追溯至公元6世纪末。新疆于距今约50年前曾出土一页残破纸片,刻印文字两行:

> ……官私……延昌三十四年甲寅……家有恶狗,行人慎入……①

延昌为建都于吐鲁番之高昌年号,即隋开皇十四年,亦即594年。此残片现存英国伦敦博物院。稍后者为《金刚经》,以七幅缀合成卷,卷首扉画为《佛在给孤园说法图》,以下为经文,末有"咸通九年四月十五日王玠为二亲敬造普施"一行,唐咸通九年即868年,距今已1100余年。此卷,清光绪三十四年(1908)发现于敦煌古室中,为英国人斯坦因掠去,现亦藏于伦敦博物院。原本虽不易见,然即从影印本中亦可见所刻图文,线条劲健,刀法圆熟,印墨亦颇匀净,说明刻印技法已臻成熟阶段。是以论者多谓我国刻印书籍尚当在此之前。唐元稹于长庆四年(824)为白居易诗集作序即云有人以白诗印本换取茶酒。又唐文宗曾于太和九年(835)诏禁"诸道府不得私置历日版"。文献所记皆在

---

① 编者按:"行人慎入"当作"行人慎之"。

咸通前,此可证我国书籍刻印之创始尚当移前,而延昌残片特边陲之一羽耳。

其后,唐中和元年(881),唐僖宗逃避黄巢起义入蜀,随行中书舍人柳玭曾于中和三年在成都城东南书肆中见有"阴阳杂记、占梦相宅、九宫五纬之流"及"字书小学"等雕版印本,见柳氏之家训序中,当非虚诞,具征唐末蜀地雕刻书籍之盛。唯其所刻尚属当时民间日用之书本。故稍后五代时后唐宰相冯道云:"尝见吴蜀人鬻印版文字,色类极多,终不及经典。"于是后唐长兴三年(932),经冯道、李愚等倡议,由国子监校刊九经,后又扩大增刻《论语》《孝经》《尔雅》及《经典释文》《五经文字》《九经字样》等。由于规模巨大,刻印工作经历二十二年直至后周广顺三年(953)方全部完成。此即后世盛称之五代监本十二经,益源出于汉熹平石经,为儒家经典刻版印行之最先者,惜久已亡佚,唯于宋元明所刻经籍尚可搜寻其遗范坠绪,信可谓源远流长矣。

继此以往,宋代刻版印刷之技术已全面发展,形成百花齐放的伟大时代。宋代之官刻,中央有国子监;州郡有公使库、茶盐司、转运司、漕司等;府县有儒学书院;私家有家塾;而各地书坊店铺刻书牟利,特别当时刻书中心之浙江、福建等地更为发达。如此举国公私上下,风起云涌,从事刻印出版事业,确如郑振铎先生所云之"其数量之多,范围之广,出品之精,不但空前,而且在某些方面,明清两朝也很难和它相比"。然则谓两宋刻印书籍实已登峰造极或非过甚之辞,而后世言版本学者奉为圭臬亦自非无故矣。兹略举两宋官刻之经史典籍以窥一斑。北宋国子监既重刻五代监本十二经注本,又刻九经单疏及《论语》《孝经》《尔雅》新注本,继而校刻《十七史》与诸子、历数、医方等书兼及诸家诗文集。于是四部要籍灿然具备。不宁唯是,宋太宗太平兴国二年(977)敕令李昉等编纂《太平御览》一千卷,《文苑英华》一千卷,《太平广记》五百卷;真宗时命王钦若等编《册府元龟》一千卷,皆鸿篇巨帙,类集辐聚,不仅为承学之士节省翻检之劳,抑且保存古籍之精英,至今尚为学者撰述援引之资。此北宋四大类书之所以为后世珍重也。

南宋建都杭州,设置国子监修补经金人焚掠后残存的书板,如《史记》、前后《汉书》、《新唐书》等史籍;印行流通。同时,重刻诸经之经注,单疏诸本。又遍征州郡书版归入国子监,如淮南江东漕司所刻九行大字本《史记》、前后《汉书》、衢州本《三国志》、台州本《荀子》、温州本《唐六典》等皆重印流行。故南宋国子监本身新刻之书版不多而补亡存佚,使汴京沦落后,得以薪火继传,统绪再兴,其功固不可掩。况东南地区富庶,农工商业昌盛,文化事业随之蓬勃发展,地方官府刻书之风不逊北宋。如浙东茶盐司所刻《周易》《尚书》《礼记》《春秋左传》等合注疏于一本,极大的便利读者,开唐注疏汇刻之先河。又福建转运司刻《太平圣惠方》一百卷于绍兴十七年(1147),广东漕司刻《新刊校定集注杜诗》三十六卷于宝庆元年。其他公使库、茶盐司、漕司以及州、郡、军、县学刻本甚多,不一一列举。至于南宋书坊刻板印书之盛逾越北宋,如众所知,杭州陈氏,建阳余氏家族累世相传,异地竞美,其出版图书,种类之繁多,刻印之精美,为我国版本史增添光彩,当于下节地区中更详之。

于此,应予着重提出者为宋庆历间所出现之活字排版印刷术。毕昇发明以胶泥刻成单字,经火锻炼,分排两版,轮流刷印,减省刻板之工,提高印书速度,较之日耳曼人谷腾保在15世纪中叶发明之活字版早四百余年,为世界文化做出伟大贡献。毕氏之发明在沈括《梦溪笔谈》中有详细记载,唯别无著录,胶泥活字之版本亦无传本。故宫博物院所藏宋开庆元年(1259)刻印之《金刚经》、《天禄琳琅书目续编》所载之《毛诗》以及叶德辉所藏之《韦苏州集》虽皆号称宋活字本,但经专家审定仍为刻版或明代铜活字本。然沈括非妄诞之士,且清道光三十四年(1844)安徽泾县翟金生用毕昇遗法,制造胶泥活字十万余,印成《泥版试印初编》及《水东翟氏家谱》《仙屏书屋诗集》等书,足证毕氏之法可行,固不得以其印本失传而遂生疑窦也。至宋岳珂《九经三传沿革例》中所列之晋天福中之铜活字本,或遂据以为我国活字印刷术创始于10世纪之初,是则尚待再加考定者也。

金元两朝虽经兵革变乱,刻板印刷事业,承宋人高度发展之后,不仅断而旋续,且其致力之勤,刻印之工亦颇有可观。金皇统八年(1148)即在解州天宁寺开雕大藏经,历时二十六年,至大定十三年(1173)而成,收藏于山西赵城县广胜寺,即现存北京图书馆之《赵城藏》。稍后,蒙古太宗九年(1237)又刻成道教之《玄都宝藏》。两部卷帙繁重的宗教经典,虽出于金统治者迷信神佛,祈求保佑,而客观的刻印工程不可不谓为浩大。此外,蒙古太宗八年深通汉文的中书令耶律楚材倡立经籍所于山西平阳,刻印儒家经书。其时书坊则多刻诸宫调唱本、故事等民间文学及医卜占相等日常应用之书本。其中如晦明轩张民所刻《本草》与《通鉴详节》虽亦为一般性读物,但纸墨印工俱臻上乘,即在宋版中并不多见。凡此可以说明金代刻印书籍在数量、质量方面具有一定程度的成就。

元入主中原,其中央及地方行政制度虽多所变更,然于文教建置则汲汲从事。元世祖至元十五年(1278)即取杭州诸处书籍板刻入大都(北京),二十四年二月诏置江南各路儒学提举司,二十七年立兴文署于大都,首刻胡三省音注《资治通鉴》二百九十四卷。它如《文献通考》《大元一统志》《圣济总录》《宋、辽、金史》以至《普宁藏》等皆皇皇巨制。地方官刻则平江路、绍兴路、宁国路等亦多刻经史群籍,其尤著者为大德间十路儒学合刻之《十七史》,现可考者,尚有太平路学之《汉书》,池州路之《三国志》,瑞州路之《隋书》,信州路之《北史》,平江路之《唐书》,杭州路之《辽史》《金史》等。书院、坊肆刻书之盛亦不亚两宋,其中圆沙书院刻《新笺决科古今源流至论》八十卷,武溪书院刻《新编古今事文类聚》二百三十六卷,豫章书院刻《豫章罗先生文集》十七卷皆以校订精审,刻印优良著称。而元代书肆私家更竞相比美,往往同一书于同时同地即有多家刻本,如《广韵》乃有麻沙明德堂、高氏日新常、建阳余氏双桂堂、翠岩精舍四家刻本;如《大广益会玉篇》亦有建安蔡氏、郑明德、朱氏与耕堂三家刻本;又如《太平惠民和剂局方》亦有余氏勤有堂、高氏日新堂、郑氏宗文堂刻本等。如此繁富的不同刻本为研究我国古籍版本学者提供了丰富多彩的样本。论者以为元代统治虽为期不久而雕版刻书之成就如此,实可方驾两宋,后世言版本者往往宋元并举固非无因矣。

明太祖崛起行伍,恢复汉族统治,蠲除元代弊政,解放缚束生产力的"匠户"制度,使百工技艺获得苏息。洪武初政即设立中央刻书机构的"经厂"。又取各地书板入南京国子监,修补宋蜀大字本《十七史》,并刻宋辽金元四史合十七史为二十一史。永乐革除,移都北京,南北两国子监同时刻印经史群书,而北监所刻多据南监本而校雠不精,乖误迭出,不为世重。至经厂刻印诸书如《太祖御制文集》《资治通鉴纲目》《历代名臣奏议》等,大抵依仿元粗黑口大字阔幅,纸墨精良,盖率由司礼太监督造,选料加工,费出内帑,故非国子监之官刻可比,世亦称内府本。至地方刻印书籍,由于明代儒学无田,遂不多见。其中央差遣之官员于明初尚存宋代公使库刻书遗意,旧制凡翰林官初上或奉使回,例以书籍送署中书库,未久此例亦废,然入京觐见之官员尚以一书一帕为馈遗,此类所谓"书帕本"大多取诸书肆,刻印草率,甚至删节移改,利其价廉以虚应故事而已,此亦讲求版本者所当审辩者也。

明代地方刻本如上所述自未能比拟宋元,然别有一异军突起;则有明历朝分封各地之藩王,席丰履厚欲博风雅好学之美名,乃竞延聘文士为之校订刊刻图书,其种类之广博,刻印之考究,实可弥补地方刻书贫乏之缺憾。据所知如吉府刻诸子,晋府刻诗文总集,秦府多刻史部,赵府多刻医书为世所重。它见之著录者有蜀、代、崇、肃、唐、益、伊、鲁、宁、周、德、潞等诸藩府,亦可谓盛极一时矣。

至若明代书坊亦得林立,其著者有建安务本堂,书林刘宗器安正堂,余氏勤有堂,而刘氏慎独斋尤为翘楚,盖不仅门类繁多,且刻印精善。私家刻印书籍之传为后世所称赏者如顾春世德堂《六子》,袁褧嘉趣堂《世说新语》,沈辩之野竹斋《韩诗外传》以及徐氏东雅堂《韩昌黎集》等。而安国及华氏兰雪堂、会通馆之铜活字版及启祯间吴兴凌氏、闵氏之彩色套板,胡曰从之饾板、凸板,继承和发展我国雕板印刷技术,为版本史上放一异彩。

清入关后,各地抗清运动直至清康熙二十年(1681)后,方渐次敉平,政府从事安辑地方,绥抚边圉,未遑文教,中央刻印书籍大致肇始于康熙四十年前后。康熙四十八年刻《渊鉴类函》,五十五年《康熙字典》成,自此其他内府刊刻之"钦定""御纂"经史诸书亦接武踵起,如雍正四年(1726)以铜活字排印《古今图书集成》一万零四十卷,乾隆三十八年(1773)以木活字排印《武英殿聚珍丛书》,汇集经史子集四部之书,凡一百三十八种。如此卷帙繁重之鸿篇巨制分别以铜、木活字排版印行,继承发扬了自宋以来的先进技术,在我国版本史上是值得大书特书的。其他内府所刻群书,或由翰林院工书者缮写上板,或影摹旧刻,就其刻印工致,纸墨精良言之,均有可观。至于各省书局刻印之书,刻版刷印,未免庞杂纷纭,砆砥并陈,未易概论。然其中亦有经学者校勘上版,内容精审,突过殿本者,如金陵书局之《四书》《十一经》《史记》等皆张文虎所手校,《毛诗》《春秋谷梁传》《后汉书》则出戴望所勘订;又如浙江书局以藏书家校本《二十二子》付之剞劂,均为世重。此研讨版本之不当徒炫雕镂精美,纸张细致,而忽视书籍内容之完善也。

有清一代私家刻印之书籍,门类繁多,卷帙庞大,夥颐沈沈,不让前修。举其卓卓者,首推常熟毛晋之汲古阁,虽创始于明末,而昌盛于清初,所刻四部毕备,大都校雠审慎,刻印美好,其以"绿君亭"署名之唐宋人诗词小集写刻精雅,尤为藏家所珍赏。它如纳兰性德刻《通志堂经解》,毕沅刻《十三经注疏》,阮元刻《皇清经解》汇粹儒家经典古今众说于一编,其便利学者之功甚巨。而纲罗旧籍,搜求散佚,编为丛书者则有卢文弨之《抱经堂丛书》、孙星衍之《平津馆丛书》、鲍廷博之《知不足斋丛书》、张海鹏之《学津讨原》《墨海金壶》、蒋光煦之《别下斋丛书》《涉闻梓旧》等,皆有功士林,而其风延至清末如缪荃孙、罗振玉等仍踵事增华,绵延未绝。至清末民初之藏书家,复掀起影写覆刻宋元旧本之风。其尤著者为黎庶昌于日本刊刻之《古逸丛书》,其初本用日本美浓纸、佳墨刷印,论者以为即置之北宋精刻本中,亦不多让。他如徐乃昌、董康、陶湘、傅增湘等所摹写、仿刻宋元诸旧本亦均精审可观。是不唯保存古籍面貌,抑且是为研考版本之极好资料,固不得以时代晚近而遂轻视之也。

至于19世纪中叶以来,西方传来的铅活字、石印及照相彩印等技法,以不属于古籍刻版范畴,故不具述。若1949年以来,特别是消除"四凶"之后,在国家与党的尊重历史,继承文化遗产的正确方针领导下,古籍的整理和保存获得前所未有的进展:《全国古籍善本书总目》既秉承周总理遗愿即将完成,又大量影印复制珍贵古籍,使古为今用,推陈出新,得以多方借鉴,必将创造出既保持民族风格,又符合时代要求的雕版刷印的新型书籍,以促进祖国社会主义文化事业的繁荣昌盛。

二、古籍产生的地区

历代古籍雕版印行之中心,随政治、经济之消长而转移。由于地区风土、物产、习尚之不同,其刻板之风格遂亦随之而差异。略依时代陈述,或于版本之鉴别有所裨助。

唐中叶既经藩镇之乱,后黄巢等起义军又纷起,长安一带迭遭兵燹,玄宗、僖宗先后逃避入蜀,以其地僻处西南为兵戎所不及。蜀中物贵富饶,人文荟萃,以是我国刻书事业之见诸记载者以蜀为先。如前所述,民间版印历日与柳批所见皆在斯土。再则五代时蜀相母昭裔之刻《文选》《初学记》《白孔六帖》以及冯道之刻《十二经》亦出于蜀中。然则唐代之四川实为我国早期刻印图书之中心,殆无疑义。宋代席承唐以来传统,蜀中刻书事业愈趋发达,盖中原朝代更迭,戎马纵横,而蜀地比岊不惊,休养生息,有以致之也。宋太祖即位之初,即于开宝四年(971)遣使至成都刻印大藏经五千余卷,即世称之《开宝藏》。稍后,成都西南之蜀山亦以刻印书籍著称,除后世推重之大字本《眉山七史》外,又大量印行唐宋文学作品如李白、王维之诗歌,苏洵父子之散文以及各种类书,论者以其裒集广泛,遂谓"蜀本实兼浙、建二本之长"。其言或不免溢美,然蜀刻之精者刻印审慎,实亦可与浙、建齐驱。

宋代另一刻印书籍之中心为浙江临安(杭州)。杭州于五代时已为政治、经济之中心,吴越钱俶建都于此,东南人物蚁赴凫趋,良工哲匠,星聚云屯。雷峰塔藏经实为云中之一鳞片羽。北宋汴京国子监所刻群书多在杭雕选。北宋既亡,汴梁所存书版大半为兵火焚毁。南宋偏安,建都临安,再建国子监,收取烬余残版,修补重印,又遍征取淮南、江东、衢州、台州各公使库,及各府县儒学所刻书版入监,刷印流行,而本监新刊之书为数不多。其时两浙地方书肆乃风起云涌,丰富了传世版本的宝藏。现就其尤著者录之,有"临安府太庙前严家书铺"(一作经籍铺),"临安陈道人书籍铺","临安府睦亲坊陈宅"("陈宅"或作"陈解元")。其所刻以唐宋诗文小集为多,即世艳称之为"书棚本"也。

宋代又一刻印书籍之中心为福建建安(建阳)。建安地处闽北群山之中,多产竹木,造纸工业非常发达,为刻版印刷具备了有利条件。书肆林立,不仅自刻发售,且接官府之委托。其所刻印之书籍以适应当时科场考试及士子临文所需之类书为多,如《事文类聚》《纪纂渊海》《山堂考索》《全芳备祖》《万宝诗山》等,又大量发行了民间文学及日用所需等书,如《武王伐纣》《三国志平话》《家居必备》《事林广记》等。深受人们欢迎,流行全国。为人民所喜爱的事业,自有其生命力,以故建阳、麻沙一带书坊多世代相传,百年以上的老店,如余氏勤有堂、刘君佐翠岩精舍、郑氏宗文堂、刘氏安正堂等皆是,就中余氏更历元及明几达二百年之久,清乾隆帝曾诏令考查其家世,亦见其刻印典笈之精美。麻沙镇为南北交通衢道,商贩云集,发行量极大,故宋祝穆《方舆胜览》称之为:"图书之府"。唯大量刻印发行中,少数书坊逐利,不免粗制滥造,甚且篡改删节,甚为世所诟病。宋咸淳二年(1266)福建转运司发布禁止麻沙书坊滥行翻版之榜文。后明嘉靖五年(1526)亦曾派官监督书坊之滥刻印发行。然此特其中之少数,而精美者亦复多有:宋蔡琪一经堂所刻《汉尚书》被视为"珍同拱璧";元元统二年(1334)闽本《周易经传集解》被誉为"笔画清劲,雅近颜柳,元刊中致佳本也";明刘氏安正堂所刻《分类补注李太白诗》被称为"椠法雅致,黑口双栏,纸墨精良,洵可宝贵";等等。此福建书坊历宋元清三朝而兴盛不衰之所由来也。此外长汀刻书亦享盛名,据称"长汀四堡乡皆以书笈为业,家有藏板,岁一刷印,贩行远近"。而泉州、福州、莆田等亦颇有刻版。迨清初驱除南明政权,用兵闽粤,福建各地之书业乃归渐灭。

明建都南京后于洪武八年(1380)取杭州书院所存书版入南京国子监,其中史部诸书为汴京残存之版,经南宋修补者,又重新整补,即所谓"三朝版"。

稍后,南京国子监又大规模地集中东屿①各地宋元书版,而宋代的杭州技术刻版工匠和部分书坊也迁移于南京。南京遂取代杭州,成为明初刻印书籍的中心。官刻诸书如《元秘史》《大诰》《大明律》等以及佛教的大藏经——《南藏》均于此刊刻。永乐移都北京,刻书之中央机构,国子监与经厂,南北并置,而北京为中央政府所在,自然形成强大的刻版印行中心。大量重新刻印南监本的经史诸籍,永乐、正统间雕造了《北藏》和《道藏》两部卷帙繁重的宗教经典。这都说明了当时北京这个刻书中心的巨大力量。清入关后仍都北京,刻印出版事业在明代基础上赓续前进,康熙之《古今图书集成》、雍正之《龙藏》、乾隆之《武英殿聚珍版丛书》皆足以显示清代北京保持了刻书中心的地位。而明清之际刻印事业中之新兴地区为安徽。盖福建建阳一部分刊工自明初即移徙南京,至清初用兵闽粤,建阳、麻沙书业与刊工大量南逃,安徽盛产竹木麻枲,造纸工业素即发达,徽州一带从事造纸,刻版者本已实繁有徒,益以福建移来之新生力量,徽州遂亦成为明清之际的刻印昌盛地区。由于其时大量流行小说、戏曲等书。其中都附有插图,于是木刻版画,彩色套印,遂成为主要产品。此外明清两朝各地刻书数量、门类繁多,不胜枚举,已于上节约略叙及,不再多赘。

三、版本的鉴别

我国刻版技术之历史悠久具如前述,而时代、地区之区分,形成风格万殊,砆砆杂陈之板本,而板本之良窳,关系内容之正误。此则有校雠学家所言:"古书流传之日久,伪舛滋多,或误夺一字而事全乖,或偶衍一文而意义尽失。"板本鉴别之所以不可忽也。况宋代刻本以校勘精审著称于世,然亦未可遂谓宋本必无讹舛。宋人已多评论,如苏轼《东坡志林》云:"近世人轻以意改书,鄙浅之人,好恶多同,故从而和之者众,遂使古书日就讹舛,深可忿疾。"②陆游跋《历代陵名》亦云:"近世士大夫所至,喜刻书板,而略不校雠,错本书散满天下,更误学者,不如不刻之为愈也。"宋板如此,其他可知,此又板本鉴别之不可废也。唯是于蔓衍纷纭之中,区分辨识已属非易,况翻刻赝选、炫惑心目,此自非广搜博览,直观实践,不能有得。既就前人著述,部屡拙见,③略叙有关板本鉴别之

---

① 编者按:"东屿"费解。依文义,似当作"江南"。
② 编者按:引文出自《东坡题跋》(卷2《书诸集改字》),题《东坡志林》误。
③ 编者按:依文义,"部屡拙见"似应作"屡以拙见"。

一般常识,以供参考。

(一)款式

宋刻以白口或细黑口(又称线黑口)为多。板框其早期多为四周单边,中晚则多上下单,左右双,俗称之"文武边"。然此只就多数言之,亦间有粗黑口(亦称大黑口)及四周双边者,但不常见。至于行格,旧说宋刻每行字数与行数相同,如每页二十行则每行亦二十字;每页二十二行则每行亦二十二字。按此说过于绝对,未可全信,所见宋本有每页二十行,行二十一二字,及每页二十四行,行二十二至二十五字者。唯行字之差不甚悬殊,为通常习见不鲜耳。而地区之别:一般蜀刻多阔行大字,边栏肥重;浙建本多中行中字,间有狭行小字之中箱本;建刻之上图下文小说、话本亦多狭行小字。

元代刻本类多粗黑口,阔行大字,然亦偶见白口,细黑口,字较适中者,未可概论。

明代经厂所刻诸书大都承袭元代遗制,多为粗黑口大字之本,历成化、弘治以至嘉靖此风不变。唯正德以还地方及民间所刻乃多白口或细黑口,行字疏朗修洁,为世所珍。万历以降,刻印繁多,坊肆之本,尤为芜杂,乃无可综述。

清代所刻群书,大抵多细黑口,边框多为上下单、左右双边,若粗黑口、阔行大字者殊不多见。

(二)字体

宋代刻书多由善书者誊写上板,故其间架波磔,粗细适中,笔画整齐,气味肃穆,其中之精者具有欧柳笔意。如就地区而言则蜀本多作颜体,浙本多欧体,建本多柳体。元初尚存此意,稍后,赵孟頫之书风靡一时,公私镂版,书样誊写,唯赵是依。赵氏书法源出二王,晚参北海,其书以侧笔摇曳生姿,秀媚有余,端重不足,于是宋本肃穆之风为之一变。明初吴中所刻诸书如《茅山志》《周府袖珍方》以及吴宪、杨士奇诸家诗文等仍刻作赵体字。正德以至嘉靖乃复尚仿宋,字形瘦长,整峭劲健,虽未必即效欧体,而实具其风味。又有字体方肥,参合颜书笔意者,如王世贞之《弇州山人四部稿》即其一例。隆万以还,书工写手乃改作方笔,呆板划一,书法之美,荡然遂尽。降至启祯坊肆所刻,萎缩欹侧,可毋论矣。

清前期康、雍、乾内府雕镌群籍,类皆密行细字,点画峻峭,实具欧体神韵,益以佳纸(浙江开化所产)良墨,印置之宋刻中亦不多逊。斯时,流风所被,士大夫亦竟以仿宋相尚,如宋笔,王士禛辈所刻诸书皆美好可珍。而又流行书家手写工版(俗称软体字),如康熙时闽人林佶,嘉道间许翰屏,皆以手书刻版著名,而雍正间嘉兴李光映所刻之《观沙斋金石考略》《无声诗史》,字体波拂飞舞,牵丝映带,宛然赵帖,其刻工之精,可谓登峰造极。它如郑燮自写《板桥集》、金农自写《冬心集》各逞其书之异,亦板本中之别体也。道、咸以后,书坊店肆刻书之字体大都横画纤细,直画肥重,而号为"宋体",沿至同、光愈趋愈甚,俗诮之为"棺材头字",其恶劣可知矣。

(三)纸张

宋代印书所用之纸,据宋苏易简云:"蜀人以麻,闽人以嫩竹,北人以桑皮,剡溪(浙江嵊县)以藤,海人以苔,浙人以麦面稻秆,吴人以茧,楚人以楮为纸。"宋施宿则云:"剡之藤纸得名最旧,其次苔版,然今独竹名天下。"两家于纸之各目罗列甚详,然于各纸之色泽、质地则未作具体说明。现据所见,试为诠释。宋代蜀刊之纸,质地厚重,表面不甚光致,黄色者麻筋纤维显著,白者较细致,而韧性均强,怡①所谓黄白麻纸。浙闽书本所用之纸,类多坚密细薄,其佳者栗色匀净,摇曳之,其声清脆,故比之金箔,或即所谓竹纸。元刊诸书其纸质厚纹理较为粗疏,色多灰黯,其为藤纸或苔纸尚待更考。至明刊诸书多称白棉纸,疑为安徽所产。清初公私佳刻多用开化纸(前已述及),其纸细薄致密,中有纤维如棉絮状,故俗谓之"开花纸",然自乾隆初即无出产,而后刻印所资之纸大率为安徽宣城一带所产之各式宣纸。清刊为时较近,众所习见,不复一一陈述。此外宋代以至元明往往利用公私账簿、文移公牍以至钱粮、户口册等之背面刷印。此等利用废纸刷印之书籍,其原有之字距,或有浸透以致与所印书之字距淆混不清,从书品言之实无可取,然取藏家视为珍宝,或以其殊特而足为当时刊印之证耳。

(四)避讳字

我国封建时期帝王之名、臣下百姓皆不得唤呼,临文、刻书亦均当缺笔或改字,谓之避讳。隋唐已如此,至宋尤严格,不仅其名之本字,即同音之字亦不能用;不仅其本身,即其祖宗名字亦须避讳;如宋之始祖名玄朗,玄朗二字固不准用,即同音之弦、眩、玄、县、悬、浪、狼等字亦皆避忌,谓之"嫌讳"。高祖名

---

① 编者按:"怡"似为"殆"之讹。

珽,兼避廷、庭等字。祖父名敬,兼避境、警、擎、檠、儆等字。如此自赵匡胤以次凡十八帝,其本讳、嫌讳应避之字几达百数。明初及中叶,不用避讳,直至末叶,光宗名常洛,书中多改作尝、雒;熹宗名由校,由字或缺笔作由,校字或改作较。思宗名由检,检字多改作简,故翰林院检讨作简讨。然其禁不甚严格。清代入关后皇帝之名方用汉字,康熙初叶尚不甚避讳,中叶后始颁禁例,乾隆时乃严其制。康熙名玄烨,玄字以元字代替,或缺末笔,兼避炫、弦、眩、绚等字,烨字亦须缺末笔作。雍正名胤禛,[①]胤字以允字代,或改作嗣、作商,或缺笔作胤;禛字以正字代,真、贞等字皆须缺末笔。乾隆名弘历,弘字以宏字代,或作宏,纮字作绂,泓字作滋;历字改作歷。嘉庆名颙琰,颙字缺笔,琰字改作玫。道光名旻宁,宁写作甯或宼。咸丰名奕詝,遇、宁、伫等字偏旁,皆缺笔作宀、亻。同治名载淳,淳字改作湻,醇亦改作湻。光绪名载湉,湉字须缺末笔。宣统名溥仪,仪字或改作彝,或缺末笔。又宋刻书本有将帝名用墨圈图绕者,或空一字而注明"太上御名"或"某圣卿名者"。以上所述原为封建专制时代之恶例,无足叙述,然可供鉴别古籍刊刻年代的参考,故略叙如上,至其详别有历代讳考,兹不具录。

(五)辨伪

书贾图利,文人好事,往往以伪谓真,以新作旧,盖自明已然。明高濂《燕闲清赏笺》云:"近日作假宋版书者,神妙莫测。将新刻摹宋版书,特抄微黄厚实竹纸;或用川中茧纸,或用糊背方帘绵纸,或用孩儿白鹿纸,筒卷用槌细细敲过,名之曰刮,以墨浸去臭味,印成。或将新刻版中残缺一二要处,或湿霉三五张,破碎重补;或改刻开卷一二序文年号;或贴过今人注刻名氏,留空另刻小印,将宋人姓氏扣填,两头角处,或用沙石磨去一角,或作一二缺痕以灯火燎去纸毛,仍用草烟熏黄,俨然古人伤残旧迹。或置蛀米柜中,令虫蚀作透漏蛀孔。或以铁线烧红,锤书本子委曲成眼。一二转折,种种与新不同。用纸装衬,绫锦套壳,入手重实,光腻可观,初非今书彷佛,以惑售者。或札夥囤,令人先声,指为故家某姓所遗。百计瞀人莫可窥测。"

清蒋光煦则称:"欲得旧刻旧钞,而苫贾射利,弊更百出:割首尾,易序目;剜画以就讳,刓字以易名,染色以伪旧;卷有缺,划他版以杂之;本既亡,录别种

---

① 编者按:"胤禛"当作"胤禛"。下句"禛字以正字代","禛"亦应作"禛"。

以代之。反覆变幻,殆不可以枚举。"

两家所言揭露作伪之伎俩甚为详尽。要之不外以翻刻之本以混原刻,明翻冒宋,清翻冒明,或抽去重刊者之序跋,或改补校刊之姓名,或抽撤扉页题记,或仿摹藏家题记,而更常见者为伪造藏书家及名人印章,累累钤满卷中。凡此伪赝之手法是巧诈百出,然如细心体察,其伪造之迹,终不可掩,如其染纸烟熏往往一书之中浓淡深浅一律;其重补改刻,痕迹亦难泯化自然。今日如用光学仪器透视则其挖补描缀之痕,更易立辨。至于其伪造藏书家题记,可从他书中之真迹细心比勘;其伪造收藏印章,因当从篆文、刀法审核,而图章质地印泥色泽,亦不难区分,盖两者均具有时间性。宋代之印章,大抵为铜或铁质,钤印时但以硃厚涂,故多难明晰,日久则只存隐约痕迹。明代中叶,方出现石章,而以硃粉和油制印泥之术尚未发明,其印但以硃粉加蜜水调拌,浸棉絮之类以钤印,所谓"水印泥",故其印色多不匀净,色亦浅淡。晚期乃有油调硃粉之印泥,而硃漂不净,油剂不匀,故所钤尔①多时重时轻,燥湿不一。明末收藏家又好用象牙制印,取其质坚纹细,既易着色,又便贮存。清初印泥之色,多尚橙红。乾嘉则趋正朱,厚色,钤后印文隆起。光绪初忽以深朱近紫之印色为上品,中叶乃复转为正朱色。此图记印章之可从其色泽识别也。

总之,板本鉴别绝非易事,盖举凡板本之时代源流,地区风格之差异,行款、字体、纸张之不同,皆当一一取证于目睹实践,然后乃能有综合多方,获得深切映象,固非抽象的陈述,纸上之空谈所能毕其功。此为从事者所尽知,不待晓晓多赘矣。

最后尚愿陈一义者,则于进行板本鉴别时,前人之著述,固可作为参考,然亦不当奉为定论。举一例以证:如汉桓宽之《盐铁论》,宋嘉泰刊本既佚,世推明弘治四年涂桢之覆本为最。清末藏书家叶德辉得一半页九行十八字之刻本,遂援引莫友芝《邵亭知见书目》所著录,定为涂氏之原本。一时收藏家皆以莫、叶两大藏家所鉴定,宜无可疑,故商务印书馆之《四部丛刊》即取叶氏藏本影印。民国初年汇安傅增湘得缪荃孙(筱珊)藏本,取《盐铁论》之各家刻本十数种,悉心比勘,乃知涂桢原刻实为半页二十字,且与叶本字句亦颇有出入。即此一例,可概其余,以其足为鉴诫,故录之用殿本文。

本文匆促缀成,芜杂凌乱,冀读者多予指正为幸。

---

① 编者按:"钤尔"误,应作"钤印"。

注：本文系家父在20世纪70年代后期于南开大学图书馆工作时之旧作，所论依据当时所掌握之资料。值此南开图书馆建立八十周年之际，蒙李治安馆长之邀，准予本纪念文集内发表，谨致谢意。

朱凤瀚

本文原刊载于《南开大学图书馆建馆八十周年纪念集：1919—1999》，南开大学出版社，1999年。

作者简介：

朱鼎荣（1904—1981），江苏淮安人，名铸禹，字鼎荣、字行。擅长古籍版本、字画碑帖鉴定。1928年毕业于南开大学，曾任上海四行储蓄会秘书、国际饭店董事会秘书、虹口公寓经理，以及苏州美校国画教授。1956年后调任南开大学历史系讲师，著有《唐宋画家人名辞典》《唐前画家人名辞典》等。

钱起与王维交游考

杨永明

在古代文学史上,习惯于把王维作为盛唐诗人,而钱起则是中唐"大历十才子"之首。但在安史之乱前后,两人的交往颇为密切。在两人的集子中,都留有一些赠答诗,对了解钱起的生平和思想是很有帮助的。

钱起字仲文,吴兴人。关于钱起的生年有两种说法:闻一多《唐诗大系》定于722年,游国恩等编《中国文学史》及《辞海》皆本闻说。傅璇琮《唐代诗人丛考·钱起考》认为钱起大约生于710年前后,登天宝九载(750)进士第,释褐秘书省校书郎,后任蓝田县尉。安史之乱以前,钱起的事迹可考者甚少,从现存他的诗作看来,可以确定写于开元天宝年间的,只寥寥几篇。其中《钱考功集》卷四有一首诗题为《蓝上茅茨期王维补阙》:"山中人不见,云去夕阳过。浅濑寒鱼少,丛兰秋蝶多。老年疏世事,幽性乐天和。酒熟思才子,溪头望玉珂。"①傅先生据《旧唐书·王维传》认为:王维母卒于天宝前期,钱起诗题称王维为补阙,则诗当作于天宝时。但诗中又云"老年疏世事",天宝中期,无论王维与钱起,都不能算是老年。钱起此诗的系年不易确定,或者诗题中的"补阙"二字可能有误。吴企明在《钱起钱珝诗考辨》一文中,对钱起集中的钱珝诗,作了颇有见地的考辨,但对此诗,作者也径据诗题中"王维"二字而定为钱起所作。②

查《王右丞集》中有《和仆射晋公扈从温汤》诗,题下原注:"时为右补阙"。据现存各种资料记载,王维所任为左补阙而非右补阙,此处当为形近之误。诗题中的仆射晋公指李林甫,据《旧唐书》:开元二十五年(737)七月庚申,封李林甫为晋国公。天宝元年八月壬辰,吏部尚书兼右相李林甫加尚书左仆射。由此可知:王维任左补阙在天宝元年。何时迁库部员外郎不得而知。据《王右丞集》中《重酬苑郎中》诗题下原注"时为库部员外",及序"顷辄奉赠,忽枉见酬。

---

① 钱起:《钱考功集》(卷4),四部丛刊上海涵芬楼景印明活字本。下文所引钱起诗,皆引自该书,不再出注。

② 吴企明:《唐音质疑录》,上海古籍出版社,1986年,第59页。

叙末云：'且久不迁，因而嘲及。'诗落句云：'应同罗汉无名欲，故作冯唐老岁年。'亦解嘲之类也。"①由此可知：王维任库部员外郎时久而不迁。至天宝八载丁母忧，②则王维任库部员外郎当在四年以上，即天宝三四载间，由左补阙迁库部员外郎。而天宝三载时，钱起至多才三十五岁（据傅先生710年之说。若据闻说，则钱起此时才二十三岁），无论如何也不能说"老年疏世事"。且钱起天宝九载方登进士第，以一穷困潦倒之布衣士子而在蓝田拥有别业，其可能性甚小，故此诗当非钱起所作。

查《全唐诗》中与王维交游密切诸人之诗，则此诗又见于储光羲名下，又赵殿成《王右丞集笺注》录此诗于诸家酬赠题咏之首，亦系于储光羲名下。储光羲为开元十四年进士，安史之乱前在长安任太祝、监察御史，并在蓝田有别业，常与王维诗酒往还。其嗣息储溶曰："我先人与王右丞，伯仲之欢也。"③在两人的诗集中有许多相互唱和之诗，如王维有《待储光羲不至》诗云："重门朝已启，起坐听车声。要欲闻清佩，方将出户迎。晓钟鸣上苑，疏雨过春城。了自不相顾，临堂空复情。"储光羲有《答王十三维》："门生故来往，知欲命浮觞。忽奉朝青阁，回车入上阳。落花满春水，疏柳映新塘。是日归来暮，劳君奏雅章。"

据《新唐书·艺文志》及顾况《监察御史储公集序》，储光羲"其文篇赋论凡七十卷"。晁公武《郡斋读书志》及陈振孙《直斋书录解题》皆作五卷，是七十卷本至宋已不存，其诗散失当不在少。现通行的明正德嘉靖间苏州吴县人徐缙所印铜活字本《唐五十家诗集》，此诗见于钱起集而不见于储光羲集，故此诗当于明代之前即已混入钱起集。我们知道，钱起诗集中混入了许多他人的作品，最早从宋人鲍钦止便开始指出钱起集中混入了钱起曾孙钱珝的诗。④

钱起集，《新唐书·艺文志》、王尧臣《崇文总目》及郑樵《通志·艺文略》皆作一卷，晁公武《郡斋读书志》作二卷。北宋鲍钦止《夷白堂小集》云："钱起考功诗，世所藏本皆不同，宋次道旧有五卷，王仲至续为八卷。"北宋蔡居厚《诗史》云："唐太清宫使、翰林学士钱起多作佳篇，人收起诗，不过百首。"至南宋陈振孙《直斋书录解题》著录《钱考功集》十卷，又言蜀本作十三卷，《宋史·艺文志》

---

① 王维：《王右丞集》，喻岳衡点校，岳麓书社，1990年，第86页。下文所引王维及储光羲诗，皆出自该集，不再出注。

② 《文学遗产》编辑部编：《文学遗产增刊》（第十一辑），中华书局，1962年。

③ 顾况：《监察御使储公集序》，万曼：《唐集叙录》，中华书局，1980年，第56页。

④ 葛立方：《韵语阳秋》（卷2），何文焕：《历代诗话》，中华书局，1980年，第479页。

作十二卷。可见从北宋到南宋,钱起诗便由一卷增至十三卷之多。余嘉锡《四库提要辩证》指出:"《提要》谓后人分二卷为十卷,未必然也。"从北宋蔡居厚所说:"人收起诗,不过百首。"至今本《钱考功集》十卷五百三十一首,数量多出五倍,其间自然难免混入许多他人的作品,经前人指出的,除了钱翊的诗作之外,还有王维、薛能、赵起、卢纶、崔峒、刘长卿、严维、韩翃、白居易、杨巨源等。明人胡震亨在《唐音癸签》卷十二指出:"钱氏家集之误,则宋钱蒙仲已先为之淆矣。"①今本《钱考功集》十卷为南宋人所编,则此诗于明活字本中见于钱起集而不见于储光羲集,也就不足为奇了。

《钱考功集》中可确信为钱起所作的与王维赠答诗有《酬王维春夜竹亭赠别》:"山月随客来,主人兴不浅。今宵竹林下,谁觉花源远。惆怅曙莺啼,孤云还绝巘。"此诗系酬答王维《春夜竹亭赠钱少府归蓝田》:"夜静群动息,时闻隔林犬。却忆山中时,人家涧西远。羡君明发去,采蕨轻轩冕。"值得一提的是,现代诸家注王维此诗,多云此诗是钱起不愿作官而要到蓝田去隐居。其实王维诗题中已明言是送钱起归任所,且"采蕨轻轩冕"之"轩冕",系指高官之车服,与小小的蓝田县尉并不矛盾。其实钱起在诗中曾一再表白自己为官是为了生计和养家,如《东皋早春寄郎四校书》:"禄微赖学稼,岁起归衡茅。穷达恋明主,耕桑亦近郊。"

王维还有一首《送钱少府还蓝田》:"草色日向好,桃源人去稀。手持平子赋,目送老莱衣。每候山樱发,时同海燕归。今年寒食酒,应得返柴扉。"钱起和诗为《晚归蓝田酬王维给事赠别》:"卑栖却得性,每与白云归。徇禄仍怀橘,看山免采薇。暮禽先去马,新月待开扉。霄汉时回首,知音青琐闱。"此诗与前诗一样,都是步王维原韵,可证为钱起所作无疑(此诗曾误入王维集中,赵殿成已加辩正,不复详述)。此诗的前四句说明:官位卑下却正遂自己山林之性,可谓做官与隐居两不误。王维诗"老莱衣"与钱起诗"怀橘"两典故,也说明钱起做官是为娱亲养母。钱起此时正在蓝田县尉任上,而非去蓝田隐居。

关于这两首酬答诗作于何时,傅璇琮先生在《钱起考》中定为肃宗乾元二年(759)春,根据是《右丞年谱》:乾元元年,王维因授安禄山伪官事,责授太子中允,后迁太子中庶子、中书舍人,复拜给事中,乾元二年秋后转尚书右丞。然王维于安史之乱前亦曾任给事中。如前述:王维于天宝八载至十载丁母忧,十

一载出为文部郎中,若任此职三年,则当于天宝十四载为给事中直至十五载六月安禄山入长安。此段任给事中的时间虽短,亦当有说。

王定璋《钱起诗歌系年续考》认为钱起约在天宝十三载后即移蓝田尉,①不知有何根据。但若此说成立,则钱起与王维这两首诗也有可能作于安史之乱前。王定璋先生根据这两首诗的悠闲格调而定于安史之乱后的乾元元年,但这两首诗明言作于春日。据史传记载,王维于乾元元年授太子中允,后迁太子中庶子(此职为唐所无,前人已有论及,此处不加详述)、中书舍人,复拜给事中。乾元二年秋转尚书右丞。又据赵殿成《王右丞集笺注》卷十六有《谢集贤学士表》云:"朝议大夫试太子中允臣维稽首言:伏奉今月十八日敕,令臣充集贤殿学士。"②及《谢御书集贤院额表》,可知王维授太子中允后,又曾任集贤殿学士。加上后来的中书舍人及给事中,则王维在乾元元年夏季到来之前的短短几个月中历任四职,似不可能。故此诗当依傅璇琮先生系于乾元二年春更为允当。

按王定璋先生所说,钱起约在天宝十三载后即移蓝田尉,于广德元年(763)末由蓝田尉迁为司勋员外郎。其间经历安史之乱,前后九年任此一职,似不可能。那么钱起究竟是何年始任蓝田县尉的呢?

《钱考功集》卷二有《初黄绶赴蓝田县作》,其诗云:"蟠木无匠伯,终年弃山樊。苦心非良知,安得入君门。忽忝英达顾,宁窥造化恩。萤光起腐草,云翼腾沉鲲。片石世何用,良工心所存。"从诗意上看,钱起任蓝田尉之前,是无官职在身的。这也恰好否定了王定璋先生认为钱起约在天宝十三载后即(由秘书省校书郎)移蓝田尉之论。由于《钱考功集》中混入不少钱珝之作,而钱珝恰好也曾任蓝田县尉,那么这首诗会不会是钱珝所作呢?答案是否定的。因为钱珝是由京兆府参军改蓝田县尉的,薛廷珪有《授前京兆府参军钱珝蓝田尉充集贤校理,乡贡进士崔昭纬秘书省秘书郎充集贤校理制》。③这首诗当为钱起所作无疑,但根据《新唐书·钱徽传》:钱起登进士第以后"释褐秘书省校书郎",这一点在《钱考功集》中也有许多诗篇可证,已无疑义。但为何此诗又是布衣口吻呢?笔者认为这个问题可能涉及钱起在安史之乱中的表现。

根据钱起诗作来看,钱起在安史之乱前,任秘书省校书郎。安史之乱时,

---

① 王定璋:《钱起诗歌系年续考》,《文献》1986年第4期。
② 赵颙成笺注:《王右丞集笺注》(卷16),上海古籍出版社,1961年,第296页。
③ 李昉:《文苑英华》(卷400),中华书局,1966年,第2028页。

虽无证据表明钱起与王维、储光羲等那样受了伪官，但至少未曾扈从玄宗赴蜀。从《钱考功集》卷二《谷口新居寄同省朋友》诗中可知，他此时已在蓝田置有别业，直到至德二载（757）唐军收复长安，他也在长安。有他《观法驾自凤翔回》诗"欲识封人愿，南山举酒杯"可证。钱起因安史之乱时的表现不佳而丢官是很有可能的。在《钱考功集》卷七有一首《罢官后酬元校书见赠》，诗云："心期怅已阻，交道复何如。自我辞丹阙，唯君到弊庐。未忘金马诏，犹负茂陵书。邻犬吠初服，家人愁斗储……宦名随落叶，生事感枯鱼。流水仍挥手，知音未弃余。"钱翊虽有罢官遭贬之事，但未曾任秘书省校书郎，而此诗所写"未忘金马诏，犹负茂陵书"，显然是写作者和这位元校书同省校书之事。从诗意中可以看出，钱起罢官是在任秘书省校书郎之时。《钱考功集》卷五还有《酬元秘书晚出蓝溪见寄》："野兴引才子，独行幽径迟。云留下山处，鸟静出溪时。拙宦不忘隐，归休常在兹。知音傥相访，炊黍扫茆茨。"这位元秘书与元校书当是同一人，这次元秘书的造访则在钱起尚未罢官之时。钱起从天宝九载"释褐秘书省校书郎"直至安史之乱前，一直任校书郎而未升迁，所以诗中提到"拙宦"一词。《钱考功集》卷七还有一首诗也提到这位元校书，诗题为《奉和王相公秋日戏赠元校书》，诗曰："才妙心仍远，名疏迹可追。清秋闻礼暇，新雨到山时。胜事唯愁尽，寻幽不厌迟。弄云怜鹤去，隔水许僧期。贤相敦高蹐，雕龙亦所思。芙蓉洗清露，愿比谢公诗。"诗中的王相公指王维之弟王缙。此诗和上一首诗都称许元校书之才，可见他们是惺惺相惜的患难之交。

正因为钱起任秘书省校书郎之后被罢官，才有再出仕时那首《初黄绶赴蓝田县作》之口吻。从"蟠木无匠伯，终年弃山樊。苦心非良知，安得入君门。忽忝英达顾，宁窥造化恩"的诗意来看，显然是受到举荐而出仕，至于何时受到举荐而出仕，却仍不可知，但在安史之乱以后的可能性较大。傅先生根据钱起乾元二年春已在蓝田任上而定于乾元元年是较为可信的，因为据傅先生考证，钱起广德元年（763），仍在蓝田任上。这样，钱起于蓝田任上已前后六年之久，若再前推似不可能。

《钱考功集》卷七有《中书王舍人辋川旧居》："几年家绝壑，满径种芳兰。带石买松贵，通溪涨水宽。诵经连谷响，吹律减云寒。谁谓桃源里，天书问考盘。一从解蕙带，三人偶蝉冠。今夕复何夕，归休寻旧欢。片霞隔苍翠，春雨半林湍。藤长穿松盖，花繁压药阑。景深青眼下，兴接彩毫端。笑向同来客，登龙此地难。"吴企明先生在《钱起钱翊诗考辨》一文中认为此诗"亦是钱翊作。

这位中书王舍人是谁？就是王钜，因为发表他当中书舍人的制文，还是钱珝写的"。吴先生此处论证不严密，因为钱珝虽写过《授祠部郎中知制诰赐绯王钜守中书舍人制》，[①]但并不能说明前诗中的"中书王舍人"就是王钜。从诗意来看，这位中书王舍人好佛，精于书画音律，这都与王维的情况相合。诗中云"三人偶蝉冠"，蝉冠指皇帝内侍之冠服，王维在安史之乱前曾任给事中，乱后又任太子中允、集贤殿学士及中书舍人，与诗意相合。而王钜在任中书舍人之前，只任过考功员外郎、驾部员外郎、祠部郎中知制诰。且"登龙"之句说明这位王舍人学问与声名很高，也更合于钱起之于王维而不合于钱珝之于王钜。

同卷还有一首《过王舍人宅》诗："入门花柳暗，知是近臣居。大隐心何远，高风物自疏。翛然静者事，宛得上皇余。鸡犬偷仙药，儿童授道书。清吟送客后，微月上城初。彩笔有新咏，文星垂太虚。承恩金殿宿，应荐马相如。"诗中所述的这位王舍人的情况与前诗相近，亦合于王维之情状。《旧唐书·王维传》："斋中无所有，唯茶铛、药臼、经案、绳床而已。退朝之后，焚香独坐，以禅诵为事。"[②]故此诗之王舍人与前诗之中书王舍人当同为一人，即王维。"文星垂太虚"之句也唯有王维可当。尤其值得注意的是："承恩金殿宿，应荐马相如。"作者请这位王舍人引荐自己，而王钜任职中书的制文为钱珝所作，更谈不上需要王钜引荐自己，故这两首诗皆是钱起为王维所作无疑。据史传记载：王维任中书舍人在乾元元年，后复任给事中，乾元二年秋转尚书右丞。钱起在此诗中请求王维引荐，而乾元二年春钱起已任蓝田县尉，则钱起可能是在乾元元年末由王维举荐而任蓝田县尉。无怪乎钱起在《晚归蓝田酬王维给事赠别》诗中称王维为"知音"。此诗作于乾元元年，又证明了王定璋先生认为钱起约在天宝十三年后即移蓝田县尉之论为不足取，也证明了傅璇琮先生认为钱起"受命为蓝田尉，很可能是乾元元年的事"的推论。

《钱考功集》卷十还有一首《故王维右丞堂前芍药花开凄然感怀》诗，作于王维去世以后，诗云："芍药花开出旧栏，春衫掩泪再来看。主人不在花长在，更胜青松守岁寒。"表达了钱起对王维的深厚感情。

本文原刊载于《纪念南开大学建校八十周年暨古籍所成立十六

---

① 董诰等编：《全唐文》（卷831），中华书局，1983年。
② 《旧唐书》（卷190），中华书局，1975年，第5052页。

周年文史论集》，南开大学出版社，1999年。

作者简介：

杨永明，四川射洪人。1982年毕业于厦门大学中文系。南开大学历史学院副研究员，专攻音韵学和中国古代诗词，著有《王维诗选译》等。

论"六艺"与"六经"

邓安生

中国古代文献中常见"六艺""六经"之称。所谓"六艺""六经",学术界几乎众口一词,以为即"六部儒家经典",例如《辞源》①《辞海》②《汉语大词典》③等一些权威性工具书便皆持此说。而一般标点古籍与古籍整理研究论著,凡遇诗、书、礼、乐、易、春秋之名,通常都加书名号,少有例外。至于"六艺""六经",则或标或否,甚至同一部书、同一篇作品中,前后标点也很不一致,互相抵触。古籍标点的这一混乱现象,反映了人们对"六艺""六经"认识的歧异与模糊。古代文献中的"六艺"与"六经"究竟是指什么? 二者之间是什么关系? 古代是否存在"六部儒家经典"? 本文对此尝试谈点个人看法,供学界同仁讨论。

一、论先秦实止五经而无《乐经》

古代文献究竟有无"六部儒家经典",这是自汉代以来就悬而未决的问题。汉代文献流传至今且影响最巨的,无疑当推《史记》和《汉书》,然而当我们阅读这两部极重要史籍时,发现它们每每"五经""六经""六艺"混用。例如《史记·太史公自序》既云"夫儒家以六艺为法,六艺经传以千万数",又曰"厥协六经异传,整齐百家杂语";④而《史记·乐书》则云:"通一经之士,不能独知其辞,皆集合五经家,相与共讲习读之。"⑤这种情况在《汉书》中尤为习见,如《孝武帝纪》载建元五年(前136)"置五经博士",⑥"赞"中却说孝武"表章六经"。而《艺文志·总论·六艺》云:

---

① 《辞源》,商务印书馆,1983年,第307页。
② 《辞海》(上册),上海辞书出版社,1979年,第785页。
③ 《汉语大词典》(第2册),汉语大词典出版社,1990年,第48页。
④ 《史记》(卷130),中华书局,1959年,第3319~3320页。
⑤ 《史记》(卷24),中华书局,1959年,第1177页。
⑥ 《汉书》(卷6),中华书局,1983年,第159页。

　　六艺之文,乐以和神,仁之表也;诗以正言,义之用也;礼以明体,明者著见,故无训也;书以广听,知之术也;春秋以断事,信之符也。五者,盖五常之道,相须而备,而易为之原①……古之学者耕且养,三年而通一艺,存其大体,玩经文而已,是以用日少而畜德多,三十而五经立也。②

后文总论诸子时又说:

　　《易》曰:"天下同归而殊途,一致而百虑。"今异家者各推所长,穷知究虑,以明其指,虽有蔽短,合其要归,亦《六经》之支与流裔……若能修六艺之术,而观此九家之言,舍短取长,则可以通万方之略矣。③

　　忽而"六艺",忽而"六经",忽而又"五经",行文如此飘忽游弋,确实令人难以把握。颜师古注"六艺,六经也。"如果"六艺"就是"六经",那么问题就来了:"古之学者"所治究竟是"五经"还是"六经"呢?"五经"与"六经"又是什么关系呢? 先秦儒家经典到底有几部? 问题的关键在于先秦究竟有无《乐经》。《汉语大词典》"六经"条云:

　　(六经)六部儒家经典。《庄子·天运》:"孔子谓老聃曰:'丘治《诗》《书》《礼》《乐》《易》《春秋》六经,④自以为久矣,孰知其故矣。'"《汉书·武帝纪赞》:"孝武初立,卓然罢黜百家,表章六经。"颜师古注:"六经,谓《易》《诗》《书》《春秋》《礼》《乐》也。"汉以来无《乐经》。今文家以为《乐》本无经,皆包含于《诗》《礼》之中;古文家以为《乐》毁于秦始皇焚书。⑤

　　《汉语大词典》的这个词条,参考综合了《辞源》《辞海》的看法,对"六经"的

---

① 乐、诗、礼、书、春秋、易六个词语,中华书局标点本皆加书名号。本文主张"六艺"与"六经"并非六部儒家经典,故将六个书名号全都删去以免淆乱。以下凡遇此种情况,均如此处理,不再出注。

② 《汉书》(卷30),中华书局,1983年,第1723页。

③ 《汉书》(卷30),中华书局,1983年,第1746页。

④ 《庄子》中的诗、书、礼、乐、易、春秋,是否初指"六部儒家经典",是否应加书名号,笔者是持否定态度的,认为这里所谓"六经",是泛指"六艺",详见后文所论。

⑤ 《汉语大词典》(第2册),汉语大词典出版社,1990年,第48页。

意义、内容作了解说和界定,指明了"六经"之名的出处,说明了今古文家的意见分歧,因此不但诠释全面,而且颇具代表性、权威性。然而细加推究,便不难发现其破绽:汉代的古文经学家有谁说过"《乐》毁于秦始皇焚书"? 董仲舒、孔安国、司马迁没有说过,刘向、刘歆父子没有说过,以兼治古今文经著称的郑玄也没有说过。

根据现存文献材料,最早明确肯定先秦有一部《乐经》而遭秦始皇焚毁的应是南朝宋人沈约。他在《宋书·乐志一》中说:"及秦焚典籍,《乐经》用亡。"①稍后的刘勰在《文心雕龙·乐府篇》中,也说过"秦燔《乐经》"②的话。此说一开,隋唐以后随声附和者甚众。如《初学记·经典·乐部》云:"古者以易、书、诗、礼、乐、春秋为六经,至秦焚书,乐经亡。今以易、诗、书、礼、春秋为五经。"③这大概就是"古文家以为《乐》毁于秦始皇焚书"的文献根据吧。

然而这种所谓文献根据实在是靠不住的。秦始皇焚书事具《史记·秦始皇本纪》始皇三十四年(前213),为便于考案,今抄录于下:

> 三十四年……始皇置酒咸阳宫,博士七十人前为寿……丞相臣斯昧死言:"古者天下散乱,莫之能一,是以诸侯并作,语皆道古以害今,饰虚言从乱实,人善其所私学,以非上之所建立。今皇帝并有天下,别黑白而定一尊。私学而相与非法教,人闻令下,则各以其学议之,入则心非,出则巷议,夸主以为名,异取以为高,率群下以造谤。如此弗禁,则主势降乎上,党与成乎下。禁之便。臣请史官非秦记皆烧之。非博士官所职,天下敢有藏诗、书、百家语者,悉诣守、尉杂烧之。有敢偶语诗、书者弃市。以古非今者族。吏见知不举者与同罪。令下三十日不烧,黥为城旦。所不去者,医药卜筮种树之书。若欲有学法令,以吏为师。"制曰:"可。"④

以上是古代文献中记载秦始皇焚书最翔实而可靠的史料。此外,《秦始皇本纪》始皇三十五年亦约略提及此事:

---

① 《宋书》(卷19),中华书局,1974年,第533页。
② 郭晋稀:《文心雕龙注译》,甘肃人民出版社,1982年,第73页。
③ 《初学记》,中华书局,1985年,第497页。
④ 《史记》(卷6),中华书局,1959年,第254页。

始皇闻(侯生、卢生)亡,乃大怒曰:"吾前收天下书,不中用者尽去之。悉召文学、方术士甚众,欲以兴太平,方士欲练以求奇药……"①

后代批评秦始皇"焚书坑儒"的人,每每抓住"所不去者,医药卜筮种树之书"这句话,片面地加以夸大发挥,以为除了医药、卜筮、种植这三类之外,其余书籍皆遭焚毁。其实这是一种不小的误解。这一句话是承上文而言,上文明确提出烧书的范围是:一是史官所职掌之书,除"秦记"即秦国的史记外,其他一律烧毁。二是非博士职掌之书,即民间流传、收藏的《诗》《书》及百家语,一律烧毁。根据这两条规定,博士所职掌的书籍,即使是《诗》、《书》、百家语,也是不当烧毁的。另外,按秦制,奉常属官有太史、太乐等,太史掌天时星象、兼顾记事,太乐则掌音乐歌舞。乐书应归太乐所掌,不能说是"不中用者",更不当在烧毁之列,李斯的奏议中更没有提到《乐经》。再者,即使民间流传、收藏之书,也未必靠一道命令就能焚烧尽净。汉高一统天下之后,《诗》、《书》、《春秋》、《周官》、《士礼》十七篇、《论语》、《孝经》及诸子百家相继而出,就是一个绝好的证明。《诗》、《书》、百家语等先秦文献既然俱存,很难想象,如果确有什么《乐经》,竟独独从此销声匿迹! 李斯的奏议根本没有提到烧乐书,说《乐经》亡于秦火,不仅毫无文献根据,在理论上也站不住,只能是"想当然耳"的主观揣测。

事实上,先秦是只有五经而并无《乐经》的。以下试证明之。

(一)《乐记》未言及《乐经》

《乐记》是一种音乐专著,《汉书·艺文志》著录二十三篇。班固论乐云:"六国之君,魏文侯最为好古,孝文时得其乐人窦公,献其书,乃《周官·大宗伯》之《大司乐》章也。武帝时,河间献王好儒,与毛生等共采《周官》及诸子言乐事者,以作《乐记》,献八佾之舞……刘向校书,得《乐记》二十三篇,与禹不同,其道浸以益微。"②二十三篇本的《乐记》,隋唐以前即已亡佚。据《礼记·乐记》孔颖达疏,二十三篇的篇名,即《乐本》《乐论》《乐施》《乐言》《乐礼》《乐情》《乐化》《乐象》《宾牟贾》《师乙》《魏文侯》《奏乐》《乐器》《乐作》《意始》《乐穆》《说律》《季札》《乐道》《乐义》《昭本》《招颂》《窦公》。③其中前十一篇在汉代便已合为

①《史记》(卷6),中华书局,1959年,第258页。
②《汉书》(卷30),中华书局,1983年,第1712页。
③《礼记正义》(卷37),《十三经注疏》本,中华书局,1983年,第2527页。

一篇,成为流传至今的《礼记》中的《乐记》。这篇《乐记》虽然非刘向所校二十三篇本的全豹,但相传为孔子再传弟子公孙尼子所著(一说为战国时期某氏所著),然而竟无片言只语称引经文或提及《乐经》之名,独与《诗》《书》等五经传记迥异。我们知道,汉以后所传《易》《诗》《书》《礼》《春秋》五部经典,每经都有传记,而且传与经皆一一对应,传或附经以并行,或离经而独传,或敷陈经义,或称引经文。如《尚书大传》、《易传》、《毛诗诂训传》、《韩诗》内外传、《礼记》、《春秋》三传,读者莫不见传而知经。《乐记》不仅没有称引《乐经》,反而被汉人拦腰截去一半,并入《礼记》之中,可知《乐记》原本仅记音乐之事,非为传经而作,这就不难说明先秦本不存在所谓《乐经》。

(二)先秦史书与诸子无一言及《乐经》之书

今存先秦古籍,五经而外,《左传》《国语》《战国策》《老子》《论语》《孟子》《荀子》等书尚多,皆未有称引《乐经》文字或提及《乐经》之书名者。特别值得注意的是《论语》《荀子》二书。孔子是儒家创始人,又是一位杰出的音乐家;而荀子则是战国后期的儒学后劲,得孔子儒学正传。他们都非常重视礼乐的教化作用。《论语》为孔子弟子及再传弟子所论纂,《荀子》一书更是荀子本人的著作。《论语》全书记载孔子谈音乐的地方多达二十二条,而唯独不及《乐经》。《荀子》以引经据典论说事理见长,书中称引《诗》《书》者比比皆是,《荀子》中还有一篇专论音乐的《乐论》,皆无只语涉及《乐经》。这一事实只能说明,孔子之徒的时代尚无《乐经》,荀子之时也没有《乐经》。

(三)秦汉之际的学者无人提及《乐经》

例证一:《汉书·礼乐志》说:"汉兴,乐家有制氏,以雅乐声律世世在大乐官,但能纪其铿锵鼓舞,而不能言其义。"[1]《艺文志》亦云:"汉兴,制氏以雅乐声律世在乐官,颇能纪其铿锵鼓舞,而不能言其义。"[2]颜师古注引汉人服虔曰:"(制氏)鲁人也,善乐事者。"据此可知,制氏是一位秦汉之际的音乐大师。但就是这样一位音乐大师,居然只知雅乐的声律和乐舞的仪容,而根本不解其意义。古人极重师传家法,制氏的音乐知识必定渊源有自,而他本人一生大半生活在秦代,如果秦始皇焚书以前确有什么《乐经》,他不可能没有读过,甚至没

---

① 《汉书》(卷22),中华书局,1983年,第1043页。
② 《汉书》(卷30),中华书局,1983年,第1712页。

有听说过,以至于对古代的雅乐懵然不知。

例证二:汉初诸儒所传习者只有《诗》《书》《礼》《易》《春秋》五经,没有《乐经》。《汉书·儒林传》:"汉兴,言易,自淄川田生;言书,自济南伏生;言诗,于鲁则申培公,于齐则辕固生,燕则韩太傅;言礼,则鲁高堂生;言春秋,于齐则胡母生,于赵则董仲舒。"①五经源流,班班可考,唯独音乐一艺阙如。难道《乐经》一亡,传乐之人亦一并而亡?汉高帝时,陆贾时时为刘邦称说诗、书,并奉命为之撰《新语》十二篇,说秦所以失天下,汉所以得天下,及古代帝王成败。②今《新语》十二篇俱存,其中只字未提及《乐经》,而其《道基篇》乃云:"后圣定五经,明六艺。"③后圣指孔子,五经谓今之《诗经》《尚书》《周易》《仪礼》《春秋》,六艺则五经加乐也。陆贾跟从刘邦打天下,其出生尚及始皇焚书之世,其称"后圣定五经,明六艺",则《乐经》实为子虚乌有。汉文帝朝,贾谊著《新书》,其《六术篇》但称诗、书、易、春秋、礼、乐为"六艺",不称"六经"。④汉武帝初立,大儒董仲舒对贤良策曰"臣以为诸不在六艺之科孔子之术者,皆绝其道,勿使并进。"⑤亦止称"六艺",不称"六经"。因此武帝独尊儒术,只立了五经博士,而《乐经》博士付缺,也就不难理解了。

例证三:司马迁撰《史记》,除遍览《尚书》《左传》《国语》《世本》《战国策》等皇家所藏先秦文献资料,又尝南游江、淮,上会稽,探禹穴,阙九疑,浮于沅、湘,北涉汶、泗,讲业齐、鲁之都,观孔子遗风,经邹、峄、鄱、薛,过彭城,历梁、楚,足迹遍及大半中国,作了大量的调查访问,见闻之广博,足以别嫌疑,明是非,补敝起废,究天人之际。⑥然而《史记》全书竟无一言提及《乐经》。其所撰《乐书》,专论音乐之事,仅依《乐记》半部缀合而成,⑦则先秦本无《乐经》亦明矣。

综上所论,不但秦燔《乐经》之说没有任何事实根据,即使所谓《乐经》之书,也是儒生子虚乌有的编造。《四库全书总目提要·经部·乐类》云:

---

① 《汉书》(卷88),中华书局,1983年,第3593页。《史记·儒林传》所记略同,见《史记》(卷121),中华书局,1959年,第3118页。

② 《史记》(卷97),中华书局,1959年,第2699页。

③ 陆贾:《新语》(卷上),《四部丛刊》本。

④ 贾谊:《新书》(卷8),上海古籍出版社,1987年。

⑤ 《汉书》(卷56),中华书局,1983年,第252页。

⑥ 《史记》(卷130),中华书局,1959年。

⑦ 《史记》(卷24),中华书局,1959年。

沈约称《乐经》亡于秦,考诸古籍,惟《礼记·经解》有"乐教"之文,伏生《尚书大传》引"辟雍舟张"四语,亦谓之乐。然他书均不云有《乐经》(原注:《隋志》"乐经"四卷,盖王莽元始三年所立。贾公彦《考工记·磬氏》疏所称"乐曰",当即莽书,非古《乐经》也。)。大抵乐之纲目具于礼,其歌词具于诗,其铿锵鼓舞则传在伶官。汉初制氏所记,盖其遗谱,非别有一经为圣人手定也。①

说古籍中只有《礼记·经解》有"乐教"之文,此语有待商榷;说本无圣人手定之《乐经》,足以发蒙祛蔽,凿破千古浑沌。

二、论"六艺"为儒门传习之六科

"艺",《说文》作"埶",或体作"蓺",本义为种植。种植庄稼需要技术,故"艺"字引申有技术、才能等义。《书·金縢》说:"予仁若考,能多才多艺。"②《论语·子罕》:"吾不试,故艺。"③这两处"艺"字,所使用的就是其引申义。"六艺"之"艺",也是指技艺、才能。

古代有两种"六艺"。一指礼、乐、射、御、书、数。《周礼·地官·大司徒》:"以乡三物教万民……三曰六艺:礼、乐、射、御、书、数。"④这个六艺是国家规定国民应学的六种基本技能。它包括了今之所谓德、智、体三个方面,涵盖了文、理两科,约略相当于今天中小学的六门功课吧。《大戴礼·保傅篇》说:"古者八岁而就外舍,学小艺焉,履小节焉;束发而就大学,学大艺焉,履大节焉。"⑤贾谊《新书·容经》说:"古者年九岁入就小学,蹍小节焉,业小道焉;束发就大学,蹍大节焉,业大道焉。"⑥小艺、小道,就是小的技能。因此《周礼》上所说的"六艺"应是指儿童所学的六种初级课程。

另一种"六艺"是诗、书、礼、乐、易、春秋,这是孔子为弟子开设的六门课程,也是后世儒门传习的六科。这个"六艺"之称,最早最可靠的文献依据应推

---

① 《四库全书总目》,中华书局,1987年,第320页。
② 《尚书》(卷13),《十三经注疏》本,中华书局,1983年,第196页。
③ 杨伯峻译注:《论语译注》,中华书局,1980年,第89页。
④ 《周礼注疏》(卷10),《十三经注疏》本,中华书局,1983年,第707页。
⑤ 《大戴礼记》(卷3),《四部丛刊》本。
⑥ 贾谊:《新书》(卷6),上海古籍出版社,1987年。

陆贾《新语·道基》：

> 纲纪不立,后世衰废,于是后圣乃定五经,明六艺,承天统地,穷事察微,原情立本,以绪人伦,宗诸天地,纂修篇章,垂诸来世,被诸鸟兽,以匡衰乱。①

陆贾认为"五经""六艺"是孔子所定所明,其说与司马迁"孔子以诗、书、礼、乐教……(弟子)身通六艺者七十有二人","中国言六艺者折中于夫子"②之言相合。《道基篇》在上文之后紧接着写道:

> 春秋以仁义贬绝,诗以仁义存亡,乾坤以仁和合,八卦以义相承,书以仁叙九族,君臣以义制忠,礼以仁尽节,乐以礼升降。③

文中以"乾坤""八卦"与春秋、诗、书、礼、乐相提并论,则"乾坤""八卦"当指称易。这就是说,陆贾所称"六艺"是春秋、诗、书、易、礼、乐。④

贾谊《新书·六术》则云:

> 凡人弗能自至,是故必待先王之教乃知所从事。是以先王为天下设教,因人所有,以为之训,道人之情,以为之真。是故内本六法,外体六行(按:贾子谓道、德、性、神、明、命为六法,六法表现于外则为六行),以之与诗、书、易、春秋、礼、乐六者之术以为大义,谓之六艺。

贾子说"六艺"是先王为天下设教,与陆贾"后圣定五经,明六艺"说法稍异,但"六艺"所指与陆贾同。贾子这里不但明确"六艺"就是"六者之术",即六种技艺,而且肯定"六艺"是"先王"为教育天下百姓而设。《史记·滑稽列传》亦云:

---

① 陆贾:《新语》(卷上),《四部丛刊》本。
②《史记》(卷47),中华书局,1959年,第1947页。
③ 陆贾:《新语》(卷上),《四部丛刊》本。
④ 贾谊:《新书》(卷8),上海古籍出版社,1987年。

　　　孔子曰:"六艺于治一也:礼以节人,乐以发和,书以道事,诗以达意,易以神化,春秋以道义。"①

　　这里所引孔子之语,未详出于何典,但必有所本,司马迁在《太史公自序》中也有类似的话,可见称诗、书、礼、乐、易、春秋为"六艺"是当时普遍一致的看法。

　　古代既无《乐经》,而"六艺"之名却屡见选出于《史》《汉》等古籍,成为汉人的习惯用语,可见这个"六艺"决非"六部儒家经典",而是孔子教授弟子、后代儒家递相传习的六种技艺、六门课程。与《周礼》"六艺"不同的是,这个"六艺"是六种更高级的技艺,程度较深的六门课程,属于《大戴礼·保傅篇》中"束发而就太学"所学的"大艺""大节",《贾子新书·容经》所说的"业大道","蹑大节"。它涉及现今所谓政治教育、思想道德教育、文化艺术教育等众多学科。以今例古,应当相当于今天大学里的六门专业课。

　　孔子既以"六艺"教学,那么他授课有没有教本或讲义呢?周予同先生说:"孔子既然设教讲学,学生又那么多,很难想象他没有教本。毫无疑问,对于第一所私立学校来说,现成的教材是没有的。《论语》记载孔子十分留心三代典章,指导学生学习《诗》《书》及礼乐制度,因此,我认为,孔子为了教授的需要,搜集鲁、周、宋、杞等故国文献,重加整理编次,形成《易》《书》《诗》《礼》《乐》《春秋》六种教本,这种说法是可信的。"②这种看法恐怕是以东汉以后的情事去推测上古了。须知孔子之时还没有发明造纸,孔子即使有学问和精力编写出六种教本,也绝无把六种教本全部刻写于竹帛的经济实力。根据现有文献,愚意以为,孔子当年授课用的只有《诗》《书》《周易》经文三部古代文献,没有礼、乐教本,只有《春秋》是他唯一的自编教材。以下试分别讨论之。

(一)《诗》《书》

　　《诗》《书》这两部古代文献在孔子之前已分别汇编成册行世。《左传·僖公二十七年》晋国谋元帅,赵衰推荐郤縠,理由是他"说礼乐而敦诗、书。诗、书,

---

　　①《史记》(卷126),中华书局,1959年,第3197页。
　　②周予同:《〈六经〉与孔子的关系》,载《周予同经学史论著选集》,上海人民出版社,1983年,第801页。

义之府也;礼乐,德之则也"。①《国语·周语上》召公谏厉王弭谤,说:"故天子听政,使公卿至于列士献诗,瞽献曲,史献书,师箴,瞍赋,朦诵,百工谏,庶人传语。"②《论语》中有14处提到诗,孔子两次说过"诗三百"的话,还有三次称引书。与孔子几乎同时的墨子也说过"诵诗三百,弦诗三百,歌诗三百,舞诗三百"。③这些材料都可说明孔子之时,《书》和《诗》三百篇已经编定。孔子讲授《诗》《书》应当就是这两部古代文献。当然,孔子传授这两部古文献时,肯定已对它们作过认真的研究,有个人的真知灼见,甚而对原著作过某种整理或编次。《论语·子罕》说:"子曰:'吾自卫反鲁,然后乐正,雅颂各得其所。'"今人杨伯峻先生把这几句话译为:"我从卫国回到鲁国,才把音乐[的篇章]整理出来,使《雅》归《雅》,《颂》归《颂》,各有适当的安置。"并解释说:"孔子只正'乐',调整《诗经》篇章的次序,太史公在《孔子世家》中因而说孔子曾把三千余篇古诗删为三百余篇,是不可信的。"④不失为持平之论。

(二)《易》

《易》的经文在孔子以前早已成书,《易·系辞》说:"《易》之为书也不可远。"⑤《左传·昭公二年》:"春,晋侯使韩宣子来聘……观书于太史氏,见《易象》与《鲁春秋》。"但这里所说的《易象》还不是被汉人尊奉为经的《周易》。周代并行于世的有三种"易":"一曰连山,二曰归藏,三曰周易。"⑥就"周易"而言,当初本为占筮之书。《左传》全书言及"周易"者凡十九条,其中十六条讲占筮;《国语》三条,全属占筮。《管子·山权数》也说:"易者,所以守吉凶成败也;卜者,卜吉凶利害也。"⑦《汉书·艺文志》"六艺"类有《易经》十二篇,"数术"类又有《周易》三十八卷。孔子授业用的课本应是"六艺"类的《易经》。当然孔子讲易决不是照本宣科,而是阐发经书中的义理,赞明易道。《论语·述而》:"子曰:'加我数年,五十以学易,可以无大过矣。'"《孔子世家》也说孔子晚年喜易,读易韦编三绝。关于孔子喜易读易的材料,《礼记》《吕氏春秋》、长沙马王堆出土帛书中

①《春秋左传正义》(卷16),中华书局,1983年,第1822页。

②《国语》(卷1),上海古籍出版社,1982年,第9~10页。

③《墨子》(卷12),上海古籍出版社,1987年。

④杨伯峻译注:《论语译注》,中华书局,1980年,第92页。

⑤《周易正义》(卷8),中华书局,1983年,第89页。

⑥《周礼注疏》(卷24),中华书局,1983年。

⑦《管子》(卷22),上海古籍出版社,1987年,第179页。

还有一些林林总总的记载,都可证明孔子与《周易》这部经典有着密切的关系。司马迁说孔子作《彖》《象》《系辞》等"十翼",这话未必可靠。但《论语·子路》中有一条材料很值得注意:"子曰:南人有言:'人而无恒,不可以作巫医。'善夫'不恒其德,或承之羞!'子曰:不占而已矣。""不恒其德,或承之羞"这二句是《周易》恒卦九三爻辞。孔子以南人所言人无恒心,不可以作巫医,来解释这两句爻辞,强调人的道德修养,这说明他治易主义理,讲卦德。而后一句"不占而已矣",主张善学易的人,不必搞占筮,更表现出他的易学观与时尚的占筮风气完全不同。马王堆汉墓帛书《要》记载孔子之言说,《周易》"有古遗言焉,子非安其用,而乐其辞"。①与《易·系辞上》"以言者尚其辞"语意相近,也可证明孔子与《易·系辞》有关。得儒学正传的荀子"善为诗、书、易、春秋",②他在《大略篇》中也说"善为易者不占",③他的治易原则正是对孔子易学观的继承。《汉书·艺文志》"六艺"类著录《易经》12篇,更说明当时"十翼"已附经传世,十传已取得经的地位。根据以上材料,可以认为《易经》中的10篇《易传》极有可能就是孔门弟子根据听孔子讲授《周易》的笔记加以整理而成。

(三)《春秋》

"春秋"本是史书的通称。周代各国皆有"春秋"。墨子说:"吾见百国春秋",又说某事"著在周之春秋",某事"著在燕之春秋",某事"著在宋之春秋",等等。④《国语·晋语》说"羊舌肸习于春秋。"但孔子传授的《春秋》是专名,是他据鲁国史记而撰写的重要政治著作。司马迁在《史记》中多处提到孔子作《春秋》,可谓三致意焉,并给予极高的评价:"至于为《春秋》,笔则笔,削则削,子夏之徒不能赞一辞。"⑤孔子作《春秋》,初衷不是为了授课。孟子说:"世衰道微,邪说暴行,臣弑其君者有之,子弑其父者有之。孔子惧,作《春秋》。"⑥这是深得孔子作《春秋》的苦心的。但《春秋》一书的实际功用,则是首先作了他传道授业的工具。"弟子受《春秋》,孔子曰:'后世知丘者以《春秋》,而罪丘者亦以《春

---

① 廖名春等:《周易研究史》,湖南出版社,1991年,第26页。

② 刘向:《荀卿书录》,《全上古三代秦汉三国六朝文》,中华书局,1985年,第332页。

③《荀子》(卷19),上海古籍出版社,1987年。

④《墨子》(卷8),上海古籍出版社,1987年。

⑤《史记》(卷47),中华书局,1959年,第1944页。

⑥《孟子注疏》(卷6),中华书局,1983年。

秋》。"①可以说,《春秋》是孔子纪政事、明王道的典范之作,也是他一生中唯一的手定本教材。

(四)礼乐

"礼乐"二字古籍中常常连文并举,礼指礼仪、礼法,乐谓音乐,特指中和之乐。前文所引《左传·襄公二十七年》"说礼乐而敦诗书……礼乐,德之则也",孔颖达疏:"礼者谦卑恭谨,行归于敬;乐者欣喜欢娱,事合于爱。"又如《礼记·乐记》"乐统同,礼辨异,礼乐之说,管乎人情矣。"《史记·太史公自序》:"尧舜之盛,《尚书》载之,礼乐作焉。"如此等等,不一而足,"礼""乐"都不是书名。

礼乐制度是古代等级制度的灵魂和核心,因此孔子一生最重视的是礼乐,重点研究的也是礼乐,他是当时的礼学宗师和音乐大师。面对礼崩乐坏的社会现实,他痛心疾首而又无力回天。他把礼和乐列入"六艺",作为教学六科中的两个科目,不仅是由于要与小学初级教育的礼、乐课程相衔接,更是出于现实的需要。他说:"礼乐不兴则刑罚不中,刑罚不中则民无所措手足。"②"兴于诗,立于礼,成于乐。"③又说:"先进于礼乐,野人也;后进于礼乐,君子也。如用之,则吾从先进。"④这句话的意思是说:"先学习礼乐而后作官的是未曾有过爵禄的一般人;先有了官位而后学习礼乐的是卿大夫的子弟。如果要我选用人才,我主张选用先学习礼乐的人。"(用杨伯峻《论语》译文)可见孔子用礼乐二艺教育学生,是为给社会培养经世治国的有用人才。

但孔子讲授礼乐时是没有像《诗经》三百篇、《尚书》、《周易》经文那样的现成文献的,甚至可能没有完整的教本。《论语》中完全没有称引礼书和乐书,也没有提到这两种书。而《八佾》中倒有这样的话:"子曰:'夏礼,吾能言之,杞不足征也;殷礼,吾能言之,宋不足征也,文献不足故也。足,则吾能征之矣。'"孔子的话是当时没有礼书、乐书最有力的证据。事实上,孔子以前是没有礼书、乐书的。上古的礼乐制度原本就具于《诗》《书》之中。《孔子世家》说:"孔子之时,周室微而礼乐废,诗书缺,追迹三代之礼,序《书传》……故《书传》《礼记》自孔氏。"又说:"三百五篇,孔子皆弦歌之,以求合《韶》《武》雅颂之音,礼乐自此

---

① 《史记》(卷47),中华书局,1959年,第1944页。
② 杨伯峻译注:《论语译注》,中华书局,1980年,第134页。
③ 杨伯峻译注:《论语译注》,中华书局,1980年,第81页。
④ 杨伯峻译注:《论语译注》,中华书局,1980年,第109页。

可得而述,以备王道,成六艺。"由此我们知道,孔子向弟子传授礼、乐二艺,主要是根据《尚书》和《诗经》三百首。此外,孔子从小就学习过俎豆之事,他还向老子问礼,向苌弘、师襄等前辈音乐大师学习音乐。孔子把从古文献中学来的、向他人问来的、从实践中体会来的礼乐知识传授给学生,学生们记录下来,整理出来,就成了后世的《士礼》《礼记》《乐记》等文献。

现存的《礼记》是汉人的辑录本,但其中的大部分篇目成于战国时期的孔门弟子之手,这已成为学界的共识。至于《仪礼》即《士礼》,汉儒或说周公所制,或说孔子所定,因奉以为经,其实毫无根据,不过是儒生们以神其术的花招而已。经过今人研究,已经可以肯定是战国初中期的作品,这里且不谈书中涉及的丧葬制度和近代以来的出土考古发现成果,即以文献而论,亦可证明非孔子以前文献,也不是孔子手定。孔子生前,文献中提到礼书的只有《左传·哀公三年》的一处,那里所说的"礼书",意谓记载礼仪之书,[①]而其时距孔子之卒仅有13年,这是颇耐人寻味的,它会不会跟孔子有关呢? 有一件事值得注意:《礼记·杂记下》说:"恤由之丧,哀公使孺悲之孔子,学士丧礼,士丧礼于是乎书。"书就是书记、记录。这件事说明在孔子以前,连鲁国这样的礼仪之国也没有一本讲士丧礼的书,《士丧礼》是根据孔子的讲述而记录下来的。那篇《士丧礼》是否今天《礼仪》中的《士丧礼》,文献不足,已经无从考按了。但鲁哀公派人去向孔子学习士丧礼,至少说明鲁国当时没有这方面的礼书,也没有人熟悉士丧礼制。但《孟子》书中已经提到并称引礼书了,《公孙丑下》载:齐国的景丑对孟子说:"《礼》曰:'父召,无诺;君命召,不俟驾。'"这两句话的意思分见于今本《礼记》的《曲礼》和《玉藻》。因此,根据上述材料,我们有理由认为,《仪礼》全书和《礼记》中的部分篇章应是孔门弟子记录整理的听课笔记。

礼仪、礼制是对人的道德行为的规范,师门传习过程中容易口述笔录,可以"论而纂焉"。至于音乐之道,本来与礼不同,"大抵乐之纲目具于礼,其歌词具于诗,其铿锵鼓舞则传在伶官"。学习者不仅要懂得乐理,更要通过长期反复的实践,才能提高观赏水平与表演技能。乐理犹可口传笔录,而表演技能则如轮扁斫轮,"口不能言,有数存焉于其间",师不能以喻其徒,徒亦不能受之于师。后世有《乐记》而无《乐经》,此乃理之所当然,不必归咎于始皇焚书。

---

① 杨伯峻:《春秋左传词典》,中华书局,1985年,第966页。

三、论"六经"为"六艺"之尊称

儒家经书只有《诗经》《尚书》《仪礼》《易》《春秋》五部,两汉史籍之所以屡称"六经",实因"六经"乃"六艺"之尊称,后世增《乐经》以凑足"六"之数目,既由误信沈约始皇焚书包括"乐经"之说,亦由不明"六经"之义。

"六经"之名,不能确定起于何时。章学诚《文史通义·经解上》说:"六经"之"经",本取经纬、经纪之意:"至于官师既分……儒家者流,乃尊六艺而奉以为经,则又不独对传为名也。《荀子》曰:'夫学始于诵经,终于习礼。'《庄子》曰:孔子言'治诗、书、礼、乐、易、春秋六经。'又曰:'繙十二经以见老子。'荀、庄皆出子夏门人,而所言如是,'六经'之名,起于孔门弟子亦明矣。"①这话有对有不对。其说儒家后学尊六艺为经,经不独对传为名则是;其说"六经"之名起于孔门弟子而引《荀》《庄》之言以为证则非;《荀子·劝学》虽有"诵经"之语,而未尝称"六经";若以儒术为经,则又不始于荀子,战国魏襄王墓所出竹书《卦下易经》,早已称《易》为经矣。②章氏引《庄子》孔子言"治诗、书、礼、乐、易、春秋六经",此语见《庄子·天运篇》。《庄子》本多寓言,《天运篇》又在《庄子》书中的"外篇",而"外篇"非庄子自作,清王夫之以为后世学庄者所为,③其说可信,因此不能作为"六经"之名起于孔门弟子的证据。

"六经"之称,最可靠的文献依据应首推《史记》。其《太史公自序》说:

> 为《太史公书》,序略,以拾遗补艺,成一家之言,厥协六经异传,整齐百家杂语,藏之名山,副在京师,俟后世圣人君子。

又《封禅书》说:

> 文帝拜霸渭之会,以郊祀渭阳五帝……而使博士诸生刺六经中作《王制》,谋议巡狩封禅事。

---

① 章学诚:《文史通义》,岳麓书社,1995年,第26~27页。
② 廖名春等:《周易研究史》,湖南出版社,1991年,第33页。
③ 王夫之:《庄子解》,中华书局,1981年,第114页。

大家知道，司马迁《史记》成书在汉武帝征和三年(前90)之后，上距武帝建元五年(前136)置五经博士已有四十余年之久，不称"五经"而曰"六经"，则此"六经"绝非指六部经典，而是"六艺"的同义语。

这种情况在《汉书》中更加普遍。本文开头举了《孝武帝纪》和《艺文志》中"六经"与"六艺"并称混用的例子，为了说明问题，这里再举一例。《司马迁传赞》：

> 又其是非颇缪于圣人，论大道则先黄老而后六经，序游侠则退处士而进奸雄，述货殖则崇势利而羞贱贫，此其所蔽也。

"论大道则先黄老而后六经"一句，是据班彪批评司马迁《史记》的一句话改写的，彪文原为"其论术学，则崇黄老而薄五经"，①此班固所称"六经"亦指"六艺"之证。所以颜师古注《汉书》，于《儒林传》《韦贤传》《艺文志》等篇中的"六艺"，皆注作："六艺，六经也。"六艺就是六经，六经就是六艺，名异实同，都是指诗、书、礼、乐、易、春秋六种技艺，称"六经"者，儒家推尊其术而已。

"经"字不见甲骨卜辞，但周代金文里已有"经"字。《说文》："经，织从丝也。"段玉裁注："织之从丝谓之经，必先有经而后有纬，是故三纲、五常、六艺谓之天地之常经。"②以天地之常经来解释六艺，无疑是符合汉代历史文献的实际，深得儒门弟子尊"六艺"为"六经"的良苦用心的。试举几例看汉人对"经"的训释。

《释名·释典艺》：

> 经者，径也，常也，如径路无所不通，可常用也。

《白虎通·五经》：

> 经所以有五者何？经，常也，有五常之道，故曰五经：乐仁、书义、礼

---

①《后汉书》(卷40上)，中华书局，1982年，第1325页。
②《说文解字注》，上海古籍出版社，1986年，第644页。

礼、易智、诗信也。①

《淮南子·本经训》高诱注：

> 经，常也。本经，造化出于道，治化之由，得失有常，故曰本经。②

《礼记·经解》正义引郑玄曰：

> 名曰"经解"者，以其记六义（艺）政教之得失也。

经既是路径、常道、常法之意，在儒门弟子看来，"六艺"就是他们的常习常用之道，也是经国治世和天地之大法。所以班固总论"六艺"说："（乐、诗、礼、书、春秋）五者，盖五常之道，相须而备，而易为之原。""六艺"也就成了天地六种常经了。

作为天地之常道的"六经"，与"五经"的义蕴不尽相同。"五经"是《易》《书》《诗》《仪礼》《春秋》五部儒家经典的总称，经与传一一对应；"六经"是"六艺"的尊称，相对于诸子百家而言，有唯我独尊的意味。"六经"可换称"六艺"，而"五经"则不可改称"五艺"。《博物志·文籍考》说"圣人制作曰经，贤人著述曰传"。③此说用于"五经"则近是，用于"六经"则全非。因"后圣"只定五经，明六艺，乐本无经；而东汉以前，孔"圣人"的著作《论语》皆称为传，而从无称经者。④东汉以降，渐见"七经"之名，而《论语》亦尊为经，盖以世变时移，不可一概而论。

还有一点需要提及的是：王莽摄政，托古改制，曾于汉平帝元始四年奏立《乐经》。此事载《汉书·王莽传》，然《平帝纪》不言其事，故其所谓《乐经》是否

---

① 《白虎通》，《四部丛刊》本。

② 《淮南子》（卷8），上海古籍出版社，1987年，第1237页。

③ 范宁：《博物志校正》（卷6），中华书局，1980年，第72页。

④ 《汉书·韦贤传》载元帝诏曰："传不云乎？'吾不与祭，如不祭。'"颜注："《论语》载孔子之言。"又《刘歆传·让太常博士书》："传曰：'文武之道未坠于地，在人，贤者志其大者，不贤者志其小者。'"颜注："《论语》孔子弟子子贡之言。"此皆汉人称《论语》为"传"之证。其实，先秦以前，除《诗》《书》《易》用专名外，其他所有的书恐怕都是称"传"的。如《孟子》一书三用"传"（读 zhuàn）字，都是指《诗》《书》《易》以外的书籍。

立于学官,亦不得而详。而《文选》扬雄《剧秦美新论》云:"制成六经,洪业也。"李善注:"《汉书》莽奏立《乐经》,然经本有五,而又立《乐》,故云六经也。"[1]王莽以外戚而篡汉,"诵六艺以文奸言",[2]书传所谓"乱臣贼子",不足论。扬雄以硕学鸿儒,剧秦美新,致令晚节有亏,称乌有之《乐经》,谀儒门之罪人,遂致后世无穷訾议,亦可叹也。

本文原刊载于《南开学报》(哲学社会科学版)2000年第2期。

作者简介:

邓安生,1944年生,湖南祁东人。1969年毕业于南开大学中文系,执教中学10年。1979年考入中国人民大学中文系,师从著名红学家冯其庸先生。1985年调入南开大学古籍所,任副所长、研究员。主要从事中国古典文学、中国古典文献学、中国文化史的研究,出版《陶渊明年谱》《陶渊明新探》《蔡邕集编年校注》《通假字汇释》等9部专著,发表《陶渊明年岁商讨》《陶渊明里居辩证》等论文。

---

①《文选》(卷48),中华书局,1977年,第681页。
②《汉书》(卷99),中华书局,1983年,第4194页。

清初江南地区的谣言传播与遗民心态

——以《侯岐曾日记》为例

朱亦灵

在17世纪中叶清朝逐步统一全国的过程中,江南是较早归于清朝统治的地区,①但这并不意味着当地的社会动荡就此划上句号。顺治初年,不仅在江南乡间与太湖沿岸仍然活跃着众多民间反清武装与盗匪团体,许多明遗民也在从事各种或公开或秘密的反清活动。②在遗民结成的小团体内部还流传着许多有关明清战局的谣言,③如清朝撤离北京、日本遣师援助南明、复明武装在北方大举反攻、南明军队即将收复江南等。其中大多数与今日熟知的历史事实截然不同,甚至有些谣言的荒诞程度似与常理相悖,但仍一度使不少遗民深信不疑,重燃复国之志。社会文化史领域对谣言的研究业已表明,人们相信谣言的原因与其说是谣言本身证据确凿、不容辩驳,不如说是谣言反映了他们的

---

① 江南各地在顺治元年五月清廷再度颁布"剃发令"后掀起了大规模的武装反抗,但到九月就被清军基本镇压。相关史事可参考顾诚:《南明史》(第七章"各地抗清运动的兴起"),光明日报出版社,2011年;魏斐德:《洪业:清朝开国史》(第八章"江南的抵抗运动"),陈苏镇、薄小莹等译,新星出版社,2017年。

② 这些活动被陈寅恪、何龄修等学者统称为"复明运动",由于其隐秘特性与材料限制,相关研究一贯以繁难著称,主要成果参见陈寅恪:《柳如是别传》(第五章"复明运动"),生活·读书·新知·三联书店,2015年;何龄修:《清初复明运动》,中国社会科学出版社,2016年;杨海英:《洪承畴与明清易代研究》(第四章"江南复明运动与洪承畴离职"),商务印书馆,2006年。

③ "谣言"在当代语境中多指没有根据的虚假消息。虽然部分社会学者已提出有无根据乃至真伪如何都不是谣言的辨别标准,但对历史学而言,谣言根据是否能得到其他史料的普遍证实,还是能够做出判断的。因此,仅为便于讨论,本文定义的"谣言"指当时一度在特定人群中流行、但在今日已被可信史料直接证伪的传说,必然具有虚假的性质,在传播时总是混杂在真伪并存的"消息"与"传闻"之中。

愿望,是人们愿意乃至渴盼看到的消息。①因此,研究上述谣言在明遗民群体中的传播情况,将有助于从新的角度理解遗民心态的表现与内涵、②遗民群体的内部互动,以及他们与清朝政权在此时的紧张关系,由此或可窥见清初的社会氛围。对谣言研究而言,则有助于从谣言受众的角度展开社会心理层面的阐释,有别于主要关注谣言的发生背景、传播机制与国家治理措施的传统取径,不仅能够拓宽谣言研究的视野,也可丰富清初谣言的研究内容。③

在研究这个问题时,清初嘉定乡绅侯岐曾④的日记即《侯岐曾日记》(下文简称《日记》)是一部非常重要的史料,作者记载了大量时事传闻,其中有相当一部分即是没有事实依据、有关明清战局的谣言。由于谣言倏兴倏灭、主要依

---

① 让-诺埃尔·卡普费雷:《谣言:世界最古老的传媒》,郑若麟译,上海人民出版社,2017年,第92页。中国历史上的谣言有许多与神怪之事相关,往往被视为民间口头文化传统与民俗心理加以研究,主要著述包括孔飞力:《叫魂:1768年中国妖术大恐慌》(第五章“妖术大恐慌的由来”),陈兼、刘昶译,上海三联书店、生活·读书·新知三联书店,2014年;柯文:《历史三调:作为事件、经历和神话的义和团》(第五章“谣言和谣言引起的恐慌”),杜继东译,社会科学文献出版社,2015年;田海:《讲故事:中国历史上的巫术与替罪》,赵凌云等译,中西书局,2017年;邱仲麟:《黑夜与妖眚:明代社会的物怪恐慌》,《明代研究》2007年第10期;徐茂明:《明清以来江南妖术恐慌的衍变及其社会根源》,《史林》2012年第3期。在其他类型的谣言中,以对采选秀女的谣言最受关注,较系统的研究可参邱仲麟:《明代隆庆初年的选秀女讹言与社会恐慌》,《江南社会历史评论》(第6期),商务印书馆,2014年;邱仲麟:《庸人自扰——清代采选秀女的讹言与社会恐慌》,《清华学报》2014年第44卷第3期;对一个或多个朝代谣言流行状况的综合研究目前尚处于起步阶段,成果相对少见,主要包括吕宗力:《汉代的谣言》,浙江大学出版社,2011年;陈宝良:《兴造讹言:明清时期的谣传与民间信息传播》,《明清史评论》(第1辑),中华书局,2019年。
② 目前对遗民心态较系统的研究,可参考赵园:《明清之际士大夫研究》,北京大学出版社,2014年;孔定芳:《清初遗民社会——满汉异质文化整合视野下的历史考察》,湖北人民出版社,2009年。林丽月则挑选服饰、网巾等某一特定角度考察遗民心态,参见林丽月:《故国衣冠:鼎革易服与明清之际的遗民心态》,《台湾师大历史学报》2002年第30期;林丽月:《无发何冠:明清之际网巾的蔽隐与流移》,《明清史评论》(第1辑),中华书局,2019年。
③ 阚红柳将包括谣言在内的清初社会传闻总结为屠城、迁都、选秀女三大类,尚未注意到本文讨论的有关明清战局的一类谣言。见阚红柳:《清初社会传闻与皇权干预》,《清史研究》2011年第3期。
④ 侯岐曾(1594—1647)为明清之际苏州府嘉定县人,副榜贡生,是明左通政、嘉定抗清运动领袖侯峒曾的胞弟。“嘉定三屠”发生时,他因身在外地而幸免。在此后的一年半,他隐居嘉定乡下,后因卷入秘密抗清运动被清廷逮捕处决,期间撰写日记,留存至今。有关侯岐曾更详细的生平信息,可参考以下史料:汪永安《紫隄小志》卷1、康熙《嘉定县志》卷16、陈鼎《东林列传》卷20、张岱《石匮书后集》卷34、王辅铭《明练音续集》卷7等,现代学者钱海岳所著《南明史》亦有侯岐曾传。

靠口耳相传的特性,^①这些谣言在清初档案中往往只是一笔带过,^②在其他类型的史料如野史、文集、笔记与地方志中也难觅踪迹,偶有所得也难以拼凑成整体,在《日记》中则得到了相当详细完整的呈现。同样重要的是,侯岐曾本人和向他传递谣言的几位亲友基本均与秘密抗清运动有涉,个别人物如顾咸正、杨廷枢、谢尧文还是运动的主要组织者和联络人,事败后酿成清初江南有名的"通海"大案。^③因此,研究《日记》中谣言的传播状况,就有助于掌握一批政治立场最为激烈(为此亲身参与反清活动)的明遗民的真实心态,理解他们传谣信谣这一群体行为的深层原因。在这个层面上说,《日记》中反映的情况的确是具有典型意义的,因此本文即以《日记》作为研究的基本资料,^④以侯岐曾的经历为中心展开讨论。

一、《日记》中出现的谣言类型

晚明时期,嘉定侯氏在当地堪称望族,^⑤但突如其来的易代之变使这个家族迅即从云端坠落,家主侯峒曾在嘉定城破之际投池自尽,其弟侯岐曾幸免于难,

---

① 荷兰学者田海即认为,中国古代谣言主要由口头传播,书面传播导致谣言纷起的记录非常少。在谣言盛行时期,社会上虽可能普遍流传着揭帖等谣言文本,但这是谣言流传的结果而非根源。参见田海:《讲故事:中国历史上的巫术与替罪》,赵凌云等译,中西书局,2017年,第286~287页。不过笔者发现仍有少数例外,例如在清中期著名的"孙嘉淦伪稿案"中,作为书面文本的伪稿对谣言传播中就起到关键作用,相关研究可参考刘文鹏:《论清代商业网络传播与国家的社会控制力——以乾隆时期的伪孙嘉淦奏稿案为中心》,《清史研究》2012年第1期;詹佳如:《十八世纪中国的新闻与民间传播网络——作为媒介的孙嘉淦伪奏稿》,《新闻与传播研究》2015年第12期。

② 如顺治四年苏松巡按卢传提及"吴中新附之余,风鹤未定,易动难静,一有警息,群讹鼎沸",并未说明其具体内容。见《苏松巡按卢传揭帖》,《明清史料·己编》(第1本),台湾"中研院"历史语言研究所出版,1957年,第4页。

③ 此事始末见《江南各省招抚内院大学士洪承畴题本》,《明清史料·己编》(第1本),台湾"中研院"历史语言研究所出版,第34页。

④ 学界目前从社会史的角度对《日记》已有一些研究,主要成果包括冯贤亮:《清初嘉定侯氏的"抗清"生活与江南社会》,《学术月刊》2011年第8期;周绚隆:《易代:侯岐曾和他的亲友们》,中华书局,2020年;陈一中:《朱门已毁攻城后:明末清初江南士大夫家族的变迁》,暨南国际大学2017年硕士学位论文;张妍妍:《王朝更迭的士人叙述——明清之际数种笔记史料的考察》,中山大学2017年博士学位论文。其中张妍妍一文对《侯岐曾日记》所载时闻及其传播已略作讨论,但未专门研究谣言问题,且论述过简,仍有加以全面探讨的必要。

⑤ 有关嘉定侯氏在明代的发展历程,张乃清、宋华丽已有相当细致的考订,本文不再赘述。参见张乃清:《上海乡绅侯峒曾家族》,学林出版社,2015年;宋华丽:《第一等人:一个江南家族的兴衰浮沉》,四川文艺出版社,2019年。

长期隐居乡镇。①不过，此时来往侯家门庭的亲朋好友依然络绎不绝，使岐曾得以持续不断地从亲友与家仆处收集各类时闻，其中大多数有关明清之争的政治与军事传闻都难以得到印证，可以被视为没有根据的谣言。由于这些消息为数众多，内容庞杂，尽数罗列不免过分占用篇幅，因此下文选定前明延安推官顾咸正与上海诸生谢尧文这两位侯家友人向侯岐曾传递的时闻作为样本，分别列表介绍二人所传时闻的内容，由此归纳《日记》中出现的谣言类型。顾咸正是侯岐曾的亲家与挚友，也是向他传递时闻最为频繁的友人，谢尧文则是一次性传递时闻数量最多的友人，作为案例都具有一定代表性，并非随意选用。②

表1　顾咸正所传消息一览表

《日记》记录时间	顾咸正所述内容	消息真伪与实际情况
丙戌七月十七	"磐石、玉笥，各据一方（旧总戎方国安，号磐石。旧抚军张国维，字玉笥，有王之臣者，已被贼擒），似是与贼相持。"	伪。方国安已在六月降清，张国维则于此时殉国。
丙戌七月十七	"圣安（福京称弘光为圣安皇帝）并宗室七人，于五月中遇害。又闻降□大臣三十余人，于六月初遇害，铎、谦益为首。"	部分属实。弘光帝五月遇害一事属实，但钱谦益、王铎等人仍在清廷任职，并未被杀。
丙戌七月廿五	"有人江北来者，亲见何督师（旧辅何云从，讳腾蛟）破泗州，瑞昌王破太平府，又闻宛陵、淮南间义兵日新月盛。"	伪。南明督师何腾蛟从未率军进入南直隶，瑞昌王此时则在地下活动，未破太平府。
丙戌八月十四	"豫王被擒，江楚大振。"	伪。豫亲王多铎此时正率兵与喀尔喀蒙古作战。
丙戌十二月十五	"各地吉音非幻，但未可以时日期。而燕京之说，亦尚无确据也。"	伪。未知"吉音"所指，北京光复一说则必为误。
丁亥三月十八	"六飞无恙，邸报难凭（报中被难者讳钊，云是介弟），即在粤不在闽之说亦讹也。史道林生存是真也，今主兵于山东。"	伪。隆武帝已在前一年即顺治三年九月死于汀州，史可法早在顺治元年四月就死于扬州。
丁亥四月初十	"西人于二月廿九围京，新进士皆派守垛。蔡兵收河间，截粮艘。山东一路，行李不通，邸报特遮饰以为荡平耳。"	伪。"西人"或为尚未臣服于清朝的喀尔喀蒙古，双方在顺治三年因"腾机思事件"正式交战，但喀尔喀很快战败，并未围困北京。"蔡兵"与"山东一路"不明所指，后者可能指山东榆园军起义。

① 侯岐曾自顺治三年四至五月后便定居于嘉定县厂头镇恭寿庄。恭寿庄是侯岐曾的长子玄泓在国变前购置的产业，由侯玄泓取名"恭寿"。见侯玄泓：《月蝉笔露》（卷下），1932年刊本，第10页。同治《厂头镇志》亦记载当地白塔西偏有"侯氏故宅"，并特意提及"及明鼎革，峒曾城守，峒曾弟岐曾奉母来居，遂以别业为家焉"，或许即为恭寿庄所在。见钱以陶：《厂头镇志》（卷3），上海社会科学院出版社，2004年，第35页。

② 表1、表2中内容得到《清史研究》匿名评审专家的指正，谨表谢忱。

表2 谢尧文所传消息一览表

《日记》记录时间	谢尧文所述内容	消息真伪与实际情况
丙戌八月廿六	"述舟山事则云:'泊岸舟师不过二千,必待上流克复,然后举事,且天象未利故也。'"	可能属实。丙、丁之际舟山为南明肃虏伯黄斌卿占据,其具体兵力不详。但在丁亥年四月"松江之变"的部署中,黄斌卿与准备叛清的苏松提督吴胜兆约定配合作战,说明谢尧文所传有合理成分。
	"述湖中事则云:'自日生被擒后,惟周镇(名天)一营,舟可二千,尚未散。书来迎陈公,陈公要以秋毫无犯,今将有入营之意。'"	部分属实。周镇(据清朝档案,其名应为瑞)在太湖复明武装领袖吴易(字日生)被擒杀后继任为帅,此事属实,他与舟山"陈公"的关系则不详。
	"述浙东事则云:'彼(按:即清兵)至钱塘,我兵适当粮竭,斗米七八钱,以致宁、绍望风迎降。四十五营一时尽溃,被淫掠不止。乡兵复四集,诸镇兵亦稍合,各自为守。绍兴火攻,曹娥水攻,杀人万计,其余溃入诸山。方在闱困,金华赖方兵困守,闽兵亦来。传闻破陷,未必然也。玉笋兵仍入绍、宁,又有唐西大豪,聚众万人,佯降于阵,过江即为我守。'"	伪。南明军队并未在浙东组织有效反攻,金华确已被破,宁波、绍兴并未恢复。
	"述上流事则云:'王师直抵九江,杀一贝勒,江楚全复,其耗已真。'"	伪。南明军队从未攻入九江,"江楚全复"更为大谬。
	"又云:'王之仁自去秋先已降伏,后各郡反正,杀伪官。彼握重兵不能去,故以侯爵縻之。近虏渡江,又先倡剃头之令。今民兵四起,进退无据。往投彼处,彼处击之,遂从吴淞降阵。初闻为渠所擒,道经吾邑,尚未剃发,对人口口忠义,则又何也。'"	伪。南明兴国公王之仁在浙东陷落后被清兵擒获处死,并未降清。
	"海上民间有上侯下侯之谣,谓侯银台、侯总戎(怀玉)。皆父子殉节最烈也;王章侯、乔定侯皆率先降虏,一为民所驱,一为神所殛也。"	可能属实。侯银台、侯总戎分别指明朝左通政侯峒曾、金山卫参将侯怀玉,二人均死于江南抗清战争,时人多颂其忠烈,民间编谣传颂颇为合理,但无确据。王章侯、乔定侯身份难考。
丙戌十月廿二	"崔将军果已领倭兵三万人入浙温、台、宁、绍间,大见诛杀矣。"	伪。日本从未遣师援助南明。

由表可见,顾、谢二人所传的时闻多属讹传,14条时闻中有接近3/4可以确证为伪,余下则大多难以查实。这是一个相当高的错误率,充分说明政治性谣言在侯岐曾社会网络中的盛行程度。这些谣言的具体内容各不相同,但根据

主题可以大致归纳为以下几类:(一)清军在与南方南明军队的正面作战中遭到惨败,间有统兵大将被擒或被杀,导致南明政权大幅恢复失地。(二)清朝在华北、西北等地的统治区内烽烟四起,或因地方民众揭竿而起,或由前明文武官员统兵反抗,甚至迭有清朝丢失北京的传言。(三)反清力量获得意料之外的援兵,如顾咸正提到的"西人围京",与谢尧文谣传的日本援兵已入浙东。(四)声称某些传言已死的明朝帝王、名臣仍然在世,如南明隆武帝与大学士史可法,这一类谣传在《日记》之外的清初史料中最为常见,不仅复明人士为之欢欣鼓舞,就连清朝地方官府也一时难辨真相。如顺治五年(1648)有盐城人某自称史可法,号召民众起义抗清,"掠庙湾,入淮浦",清朝江宁当局闻讯即逮捕史可法的母亲与妻子,直到军中有将领来报"史公实死吾手",才将人质释放。①这类谣言的流传有时可以影响重大的政治军事行动,一个著名的案例是顺治五年复明人士尝试策反清朝江西提督金声桓,说客表示"隆武未死,杨、万公尚在,公诚能以江西归者,封万户侯"。金声桓对此深信不疑,专门派生员黎士庐寻访隆武帝下落,在得到三颗据称是隆武所赐的印信后大喜过望,在起兵后便打出了"隆武四年"的年号,麾下诸客也纷纷"出所藏隆武劄付网罗山泽之士"。②

除了顾、谢之外,《日记》中尚有顾天逑、夏完淳、夏平南、柴集勋等多人向侯岐曾传递了一条以上有关明清战局的谣言,内容也基本可以被以上四类概括。虽然它们的内容千差万别,但蕴含的基本观念却非常一致,那就是对明朝"中兴"满怀希望和信心,对清朝在全国实现长久统治则持怀疑态度。在谣言中,清朝前线遭败,后院起火,南明政权则屡有意外之援,明君贤臣尚在,使双方的力量对比得以平衡。实际的情况则是,在侯岐曾记录日记的顺治三、四年之际,清朝在辖区内的统治逐步稳定,在浙闽、湖南、广东等多条战线上也正迅速推进,隆武、绍武两个南明政权先后覆败,鲁监国逃往海上,南明军队一溃千里,谣言与事实不啻有天渊之别。然而,侯岐曾与他的许多亲友却长期生活在谣言织成的虚幻世界里,深信复国大业指日可待。这种情况为什么会发生?明清之际战乱频仍,交通受阻,导致信息传播不畅,谣言被证明或

---

① 戴名世:《乙酉扬州城守纪略》,载《东南纪事(外十二种)》,北京古籍出版社,2002年,第36页。
② 温睿临:《南疆逸史》(卷55),中华书局,1959年,第438页。

证伪都需要更长的时间,^①侯岐曾等遗民一度相信上述谣言似乎不足为奇。然而在《日记》中,谣言与真相其实经常是同时出现、供人选取的,遗民舍弃的却往往是后者。以顺治三年(1646)浙东沦陷一事为例:清军在五月底渡过钱塘江,一个月后就攻占了除金华外的浙东全境,但侯岐曾至少在七月底仍对此将信将疑,并对南明军队的反攻心怀希望。^②这并不是因为侯岐曾因僻处乡镇而消息闭塞,相反,他凭借自己的社会网络,消息甚至比一些生活在府州县城的士人都要灵通。《吴城日记》的佚名作者在六月十七日经过苏州阊门,见到清朝官府贴出告示,上言"钱塘七日不潮,贝勒兵已安流而渡",^③侯岐曾则早在六天前就已收悉。^④金华于七月十六日被清兵攻克,侯岐曾在九天后就听闻此事。^⑤但当谣言与真相同时摆在案前,他却选择相信前者。这说明清初遗民笃信谣言的现象不能仅仅以"消息不灵"解释,而是有着更多样、或许也是更深层次的原因。

研究谣言的法国著名社会学家卡普费雷认为,谣言之所以能够取信于人,主要由谣言来源与谣言内容所决定,谣言内容又必须满足能够相信与愿意相信这两大条件。也就是说,谣言的内容除了要迎合人们的内心需求,还不能违反人们一般性的批判观念(也就是所谓的"常识")以免引人怀疑。^⑥这一结论对解释《日记》中的情况有启发意义,侯岐曾等明遗民因种种缘故愿意相信谣言,的确是他们接纳谣言的心理前提。但谣言之所以能够被接受,并不在于其内容是否荒诞离奇、有违常理,也不完全取决于消息来源的可靠性,而是遗民群体借由传播谣言展开群体内部互动的结果。以下两节将以侯岐曾的经历为

① 这一点在受到战争严重破坏的地区表现得尤为明显,如湖广湘潭县在崇祯十七年二月遭明总兵左良玉部屠戮劫掠达半月,又因上年灾荒,米价高昂,导致"南北不通,百里之内音信杳然,五月间才有舟楫往来"。见汪煇:《湘上痴脱难杂录》,载嘉庆《湘潭县志》(卷23),嘉庆二十三年刻本,第13页。

② 侯岐曾:《侯岐曾日记》("丙戌七月廿六"条),刘永翔主编:《明清上海稀见文献五种》,人民文学出版社,2006年,第567页。

③ 佚名:《吴城日记》,载《丹午笔记·吴城日记·五石脂》,江苏古籍出版社,1985年,第222页。

④ 侯岐曾:《侯岐曾日记》("丙戌六月十一"条),刘永翔主编:《明清上海稀见文献五种》,人民文学出版社,2006年,第545页。

⑤ 侯岐曾:《侯岐曾日记》("丙戌七月廿五"条),刘永翔主编:《明清上海稀见文献五种》,人民文学出版社,2006年,第566页。

⑥ 让-诺埃尔·卡普费雷:《谣言:世界最古老的传媒》,郑若麟译,上海人民出版社,2017年,第77~79页。

中心，分别在“愿意相信”与“能够相信”这两个层面对遗民为何相信上述谣言展开阐释。

二、夙愿如此：遗民为何愿意接受谣言

从《日记》来看，侯岐曾的政治立场、思想背景与生活状态形成了相应的信念与愿望，使他格外关注有关明清战局的消息，并在过程中时常误信谣言。

作为明遗民，侯岐曾的政治立场完全站在南明军队与其他复明武装的一边。他将明朝皇帝视为“吾君”，将南明军队称为“我兵”，自己“于吾君则为残黎”，[①]而把清朝官员与军队斥为“贼令”“贼兵”“贼船”，亲眼见到明朝光复是他活下去的动力之一。这一立场对侯岐曾关注时闻造成了两方面的影响：一方面，侯岐曾积极收集有关明清战局的消息，或通过家仆在嘉定以外的江南府县打探时闻，[②]或向朋友写信问询。在这些信件中，岐曾时常撇开寒暄，单刀直入地表达写信的目的，可见其态度急切。如给顾咸正寄信表示：“百凡情话，都未暇及，惟欲一询西北情形。齐豫秦晋间，何处有反正之机？”[③]有时朋友传来的消息在他看来过于简略，还会再次致信问询，如对杨廷枢称：“寒暄都废，只欲讨大事消息。前札所言甚略，殊令愦愦。”[④]在侯岐曾的认知中，纵然江南光复还有待时日，但南方前线的激烈战局一日三变，不可能长期没有捷报传来。如果南方总是杳无音信，甚至只有几天没有接到消息，他就容易烦躁不安。一次姚宗典、杨廷枢给岐曾寄信，内容主要与儿媳姚妫俞相关，对他渴盼的“时事”则只字未提，他就感到“殊令闷闷”。[⑤]这种情绪在给友人的信中也不愿掩饰，如致顾咸正：“上流消息，岂遂付之如梦如幻耶？……庶用遥相慰藉，否则躁极

① 侯岐曾：《侯岐曾日记》（“丙戌正月廿八”条），刘永翔主编：《明清上海稀见文献五种》，人民文学出版社，2006年，第491页。

② 如“丁亥正月廿四”条：“俞儿城回，知崇邑为我兵所据，已是确音。”（第612页）丁亥二月初一条：“陶介吴门回，亲见郡中居民窜徙之状，且云北抚有告示，为贝勒过师也。”（第614页）

③ 侯岐曾：《侯岐曾日记》（“丙戌四月初三”条），刘永翔主编：《明清上海稀见文献五种》，人民文学出版社，2006年，第515页。

④ 侯岐曾：《侯岐曾日记》（“丙戌四月十九”条），刘永翔主编：《明清上海稀见文献五种》，人民文学出版社，2006年，第522页。

⑤ 侯岐曾：《侯岐曾日记》（“丙戌四月初十”条），刘永翔主编：《明清上海稀见文献五种》，人民文学出版社，2006年，第519页。

更不能须臾忍耳。"①致徐时勉:"日来老兄有何见闻,龙变虎摅,岂渐作乌头马角耶? 使人养养,亦使人闷闷。"②

另一方面,不论听闻喜讯还是噩耗,都会引发他剧烈的情绪波动。侯岐曾将通过各种渠道收集来的有关各处的"捷报"与"反正"消息多称为带有强烈感情色彩的"吉语""吉音""佳音",如果在他看来消息属实,便会欣喜不已。一次听说北京已然光复,他兴奋若狂,立刻引用杜诗"却看妻子愁何在,漫卷诗书喜欲狂"表达激动之情。此时他正深陷便秘之苦,听闻消息后产生的崇高感让他连素来在意的身体都顾不上了,慨然表示:"此情此境,何暇自顾其躯命乎!"③倘若消息不利于己方,他的心情便会跌落谷底。如顺治三年初听说复明武装围攻南京失败遭歼,岐曾便对次子玄泓叹道:"可为痛哭者此也。"④年末他又先后得知清兵业已渡过钱塘江,长驱直入,攻占浙东、福建,更感"眼枯见血",⑤并为之"寝食欲废"。⑥有时在一天之内先后接到喜讯与噩耗,心情便会骤起骤落。一日他听顾咸正报称"有人江北来者,亲见何督师破泗州,瑞昌王破太平府,又闻宛陵、淮南间义兵日新月盛",他"方为色飞",另一位友人就传来金华城破被屠、浙东沦陷已成定局的消息,便"又不觉惨沮欲绝"。⑦

在更深的层次上,政治立场的形成与个人思想背景相关。嘉定侯氏自侯

---

① 侯岐曾:《侯岐曾日记》("丙戌五月廿四"条),刘永翔主编:《明清上海稀见文献五种》,人民文学出版社,2006年,第535页。

② 侯岐曾:《侯岐曾日记》("丙戌四月廿七"条),刘永翔主编:《明清上海稀见文献五种》,人民文学出版社,2006年,第526页。"乌头马角"比喻不能实现之事。

③ 侯岐曾:《侯岐曾日记》("丙戌十二月初一"条),刘永翔主编:《明清上海稀见文献五种》,人民文学出版社,2006年,第601~602页。

④ 侯岐曾:《侯岐曾日记》("丙戌二月初五"条),刘永翔主编:《明清上海稀见文献五种》,文学出版社,2006年,第493~494页。侯岐曾提及的南京之役应指顺治三年正月十九日由明朝宗室瑞昌王朱议泐组织的攻城事件。瑞昌王接受南明隆武政权的领导,充当后者在南直隶地区的内应,响应其北伐行动。瑞昌王组织攻城的基本武装是原孝陵卫的官兵,约有八千人,攻城时人数达到两万。攻城之役失败后,瑞昌王继续在当地策划复明运动,于本年十二月被清朝捕杀。参见杨海英:《隆武政权的中兴战略及其破灭——关于隆武"兵发五路"收复南京计划的研究》,《中国史研究》2000年第4期。

⑤ 侯岐曾:《侯岐曾日记》("丙戌十月初三"条),刘永翔主编:《明清上海稀见文献五种》,人民文学出版社,2006年,第585页。

⑥ 侯岐曾:《侯岐曾日记》("丙戌六月十一"条),刘永翔主编:《明清上海稀见文献五种》,人民文学出版社,2006年,第545页。

⑦ 侯岐曾:《侯岐曾日记》("丙戌七月廿五"条),刘永翔主编:《明清上海稀见文献五种》,人民文学出版社,2006年,第566页。

岐曾之父侯震旸以来就与提倡"名节道义"的东林党运动产生关联，[1]侯震旸在天启年间东林与阉党之争时上疏弹劾权阉魏忠贤的宫中党羽奉圣夫人客氏，为此丢官罢职、忧虑而死，[2]其子峒曾、岐曾也深受父辈熏染，长期与党社名流往来，始终以"忠孝"自命。[3]崇祯八年（1635），侯峒曾受南京吏部文选司主事之职，在北上任官的前夕与亲友同舟饮宴，席间谈及"死义之法"。侯峒曾认为"旧闻水死差不苦，且清净"。侯岐曾紧随其后，表示："陷胸决脰，总以成仁，不用决择。"[4]后来的事实也证明了这一点，在清军入主江南之际，侯峒曾担任嘉定抗清运动的领袖，兵败后投池而死，侯岐曾则奔赴松江加入明朝总兵吴志葵的幕府，[5]同样参与了抗清运动。在之后的隐居生活中，他的忠节观念也始终表现得非常强烈，[6]为之长期保持全发（直到顺治四年三月底才因外出避难而不得不剃去），在日记中不书清朝年号，并在特定时节悬挂明太祖与家兄侯峒曾的肖像。

当前的生活状态也是一个重要因素。侯岐曾对获取时闻的热切态度与根据消息好坏表现出的剧烈情绪波动不仅仅出自对明朝的忠诚，更直接的原因是南明军队的进展与自身利益密切相关。侯家因先前参与抗清运动而遭到清朝的严厉打击，江宁巡抚衙门与嘉定县衙多次威胁籍没侯氏财产，并追索历年积欠的田赋。[7]顺治三年四月，清廷为打击前明乡绅阶层、削弱潜在的政治反

---

① 学界一般认为，东林党人的治学要旨在于重新以程朱理学中的合理成分救治王学末流，在政治上则借提倡"名节道义"维持现有的社会秩序。参见沟口雄三：《所谓东林派人士的思想——前近代时期中国思想的发展变化》，龚颖译，载氏著：《中国前近代思想的演变》，中华书局，1997年；王汎森：《清初思想趋向与〈刘子节要〉——兼论清初蕺山学派的分裂》，载氏著：《晚明清初思想十论》，复旦大学出版社，第271页。

② 《明史》（卷246），联合出版中心，1963年，第2799页。

③ 邓尔麟也认为侯家的忠节观念直接受到东林—复社学风的影响："在复社的影响下，侯氏小圈子形成了自己的处世信念。忠君殉国是这一信念的最重要证据。"见邓尔麟：《嘉定忠臣——十七世纪中国士大夫之统治与社会变迁》，宋华丽译，中央编译出版社，2012年，第164页。

④ 汪永安辑撰：《紫隄村小志》（卷之后），上海社会科学院出版社，2006年，第147页。

⑤ 归庄：《归庄集》（卷8《祭通政使侯公及其弟太学君文》），中华书局，1962年，第467~468页。

⑥ 明清之际的忠节观念是非常复杂的问题，不宜简单化、脸谱化处理。如侯岐曾虽对明朝怀有强烈的忠诚意识，但他鼎革之后始终以"奉母保孤"为生活目标，不愿卷入复明运动，只是因偶然因素才因掩护陈子龙而死。笔者对此将另行撰文探讨。

⑦ 《日记》中始终未明确谈及官府追索之"租"的具体内容，但从涉及金额高达数百两白银（第502、567页）以及侯家上下在应对取租时显露出的惶急来看，官府所征的应该不止本年的田赋，而很可能是侯家历年积欠的田赋。

对力量,下令"将前代乡官、监生名色尽行革去,一应地丁钱粮、杂泛差役,与民一体均当",①使侯家丧失了维护自家经济特权最后的政策依据。②侯岐曾为求免籍没而朝乾夕惕、疲于奔命,使忙碌成为生活的主旋律,承受着巨大的精神压力。他自称"苦矣悴矣,危矣艰矣",③对友人不厌其烦地强调这一点,且多以"枯鱼之肆"一词形容自己正处于无法挽救的绝境。④相比于徒劳无益地耗费巨资向清朝官员哀告乞怜,⑤明朝收复江南显然才是解脱一切痛苦的根本途径。因此,北方抗清运动的如火如荼固然让侯岐曾欢欣鼓舞,但在他看来纯属"远音",与解除自家的倒悬之危并无太大关系。这类难以确证的消息听得太多,自然让他的热情逐渐消退。顾咸正某次给他寄信,"云西人于二月廿九围京,新进士皆派守垛。蔡兵收河间,截粮艘。山东一路,行李不通,邸报特遮饰以为荡平耳",岐曾读后只是礼貌而淡漠地回复道:"远音诚佳,吾所急在近音。"⑥另有一次,夏完淳连报清兵于福建大败,大学士何腾蛟、王应熊合兵擒获张献忠,山东也"一路俱建大明旗号",侯岐曾也只是慨叹:"耳中频得佳音。若问吾家祸事,如燃眉之不可待,真乃远水不救近火也!"⑦

相较之下,侯岐曾对邻近地区的"吉音"抱有更大的热情。顺治三年七月底,他正费尽心思"共子侄曲措少粮",勉强应付官府的新一轮追索。然而坏消息接踵而至,他先是得知官府即将对侯家在上海的田地签以重役,紧接着惠宁

---

① 《清世祖实录》(卷25"顺治三年四月壬寅"条),中华书局,1985年,第16页。

② 明初规定京官之家优免一切杂泛差役,后期按官品、功名优免部分田粮承担的徭役(而非优免税粮或税银本身),但官绅以此为依据要求获得不受范围与程度限定的优免,因此激烈反对在江南等地区展开的"均田均役"改革。相关研究参见张显清:《论明代官绅优免冒滥之弊》,《中国经济史研究》1992年第4期;滨岛敦俊:《江南三角洲圩田水利杂考》,《明代研究》2005年第25期。

③ 侯岐曾:《侯岐曾日记》("丙戌正月廿八"条),刘永翔主编:《明清上海稀见文献五种》,人民文学出版社,2006年,第491页。

④ 侯岐曾:《侯岐曾日记》("丙戌二月廿二"条),刘永翔主编:《明清上海稀见文献五种》,人民文学出版社,2006年,第500页。

⑤ 侯岐曾为求免籍没,多次向江宁巡抚土国宝、巡抚幕客沈弘之、嘉定县令杨之赋等清朝官僚、胥吏与幕客致以重赂,仅沈、杨所得就超过一千两白银。他还向李雯、钱谦益等在清廷任职的友人疏通关系,但最终均未收效。

⑥ 侯岐曾:《侯岐曾日记》("丁亥四月初十"条),刘永翔主编:《明清上海稀见文献五种》,人民文学出版社,2006年,第632页。

⑦ 侯岐曾:《侯岐曾日记》("丙戌十一月廿二"条),刘永翔主编:《明清上海稀见文献五种》,人民文学出版社,2006年,第599~600页。

庄①又遣人向他告急,表示"朝炊不及午",让岐曾几乎束手无策,不由叹道:"此壮士所以无色也!"恰在此时,南翔镇传来消息,"云街巷喧传南都好音",②侯岐曾遂不由分说,呼酒与来访的女婿顾天逵大醉一场,既是为了庆祝,也似乎有发泄怨怼之意。第二天,他一面与奴仆管科、顾俊等人继续商讨追索事宜,一面"亦冀吉音非伪,催科可望渐宽",然而一直等到晚上,也没等来南京方面的"警报",反而只见应考秋闱的士子络绎而前,之前的希望完全落空了。侯岐曾既深恨"浮言"的不足凭信,又为自己在过程中的"无定"感到羞耻。他很清楚正是因为自己在追索危机中已近乎走投无路,才会对流言的真实性怀有不切实际的希冀,遂在日记中自嘲此事正好"以见处乱之情境可悲也"。③

由此可见,故国中兴、乡梓光复是侯岐曾此时最大的愿望,也是最坚定的信念。对他来说,流言的确未必可靠,需要谨慎鉴别,④但倘若复国的希望完全丧失,给他带来的打击将是毁灭性的。因为这不仅意味着他前半生矢志效忠的政权不复存在,而且将使整个家族遭受清廷清算的过程变得不可逆转。虽然侯岐曾收到的若干有关明胜清败的传闻既显得或许过于离奇,又缥缈难据、昨是今非,但他除了相信之外其实别无选择。当然,信念与希望的力量不是绝对的,侯岐曾徘徊于谣言之中,一个客观原因是上述谣言涉及的事件大多发生在江南之外的地区,其中浙东与江南近在咫尺,信息传递尚属及时,而闽粤与北方的时闻由于交通缘故,通常收不到更多的信息以供比照,故一时难以确证。江南本地的事件则不然,尽管有些消息并不为侯岐曾所乐见,但由于两地

---

① 惠宁庄与侯岐曾常住的恭寿庄均为侯家产业,具体位置不详。侯岐曾提及二庄距离极近,可以步行来回,故惠宁庄可能也在厂头镇上。见侯岐曾:《侯岐曾日记》("丙戌六月廿五"条),刘永翔主编:《明清上海稀见文献五种》,人民文学出版社,2006年,第554页。

② 侯岐曾:《侯岐曾日记》("丙戌七月廿八"条),刘永翔主编:《明清上海稀见文献五种》,人民文学出版社,2006年,第567~568页。"南都好音"的具体内容不得其详,根据后文,或许是复明武装再一次围困南京。

③ 侯岐曾:《侯岐曾日记》("丙戌七月廿九"条),刘永翔主编:《明清上海稀见文献五种》,人民文学出版社,2006年,第568页。

④ 侯岐曾判断消息真伪的方法通常是将由各种渠道收集来的消息予以比对。对首次听闻的消息,侯岐曾一般会谨慎处理,权且记录,以备验证,这可能是当时士大夫的普遍做法,冯梦龙即是如此。见王晨燕:《明清交替之际的信息传播与社会影响——以冯梦龙的历史著述为中心》,复旦大学2014年硕士学位论文。

距离较短、信息传递快速、渠道多元，①迫使他不得不接受既定事实。例如，顺治四年四月十六日晚清朝苏松提督吴胜兆突然发起兵变，宣布改投明朝，次日凌晨就因部将詹世勋等叛变宣告失败。②侯岐曾在十八日就收到消息，但他对兵变盼望已久，③岂料竟如昙花一现，故在感情上一时难以接受，"尚冀此中有诡谋秘算"，当晚还"耿耿不能贴席"。④但在之后的几天，各方亲友打探来的消息接踵而至，一致认定兵变已经失败，仅在细节上略有差异，侯岐曾只得接受现实。

侯岐曾的例子大致也能说明侯家亲友们的情况。顾咸正、顾天逵、杨廷枢、夏完淳、夏平南与谢尧文是向岐曾传递时闻（包括谣言）最主要的几位亲友，他们有着与侯岐曾类似的政治、社会、思想背景与生活状态，例如东林—复社组织的成员身份、身为明遗民的政治立场，以及在鼎革之际家破人亡的惨痛体验（这一点可能尤为重要）。顾咸正之弟钱塘知县顾咸建就因拒绝剃发被清兵杀害，另一弟举人顾咸受全家死于清军发起的昆山屠城中，⑤夏完淳（夏平南是其堂兄）之父松江名士夏允彝因拒绝清廷征聘投池自尽，⑥杨廷枢则是复社元老，声望卓著，早在明末就大力提倡"名节道义"之说。⑦他们无不满怀国仇家恨，对明朝"中兴"翘首以盼，如顾咸正有诗拥护隆武朝廷："翘首日南新诏

①　明清时期的江南地区因其发达的市镇体系与交通网络，使信息流通异常密集频繁，这一区域特性已引起了学界注意。参见王鸿泰：《明清的信息传播、社会想象与公众社会》，《明代研究》2009年第12期。

②　此事始末详见《江宁巡抚土国宝揭帖》，《明清史料·丁编》（第1本），台湾"中研院"历史语言研究所出版，1930年，第6页。

③　早在顺治三年底，侯岐曾就已经知悉吴胜兆密谋兵变的消息，虽然起初怀疑吴胜兆及其幕僚戴之儁是否可靠，但到顺治四年初，大概是由于生存处境日益恶化，他的态度逐渐变得非常热切，自称"惟引领吉语，以日为年"。见侯岐曾：《侯岐曾日记》（"丁亥四月十八"条），刘永翔主编：《明清上海稀见文献五种》，人民文学出版社，2006年，第634页。

④　侯岐曾：《侯岐曾日记》（"丁亥四月十八"条），刘永翔主编：《明清上海稀见文献五种》，人民文学出版社，2006年，第634页。

⑤　顾咸建传见曹梦元：《昆山殉难录》（卷4），周骏富主编：《明代传记丛刊·名人类》（第47册），明文书局，第13页；顾咸受传见同治《苏州府志》（卷94），光绪九年刊本，第23页。

⑥　目前存世最早的一篇夏允彝传记是侯岐曾之子玄泓所撰《吏部夏瑗公传》，夏完淳：《夏完淳集笺校》，白坚笺校，上海古籍出版社，2016年，第633~641页。有关夏允彝、夏完淳父子事迹在清代以后的形成与流传，可参考孙慧敏：《书写忠烈：明末夏允彝、夏完淳父子殉节故事的形成与流传》，《台大历史学报》2000年第26期。

⑦　杨廷枢传见温睿临：《南疆逸史》（卷13），中华书局，1959年，第91~92页。其绝命词全文见计六奇：《明季南略》，中华书局，1984年，第256~258页。

下,公徒十万待亲提",①夏完淳在写下多首哀悼父亲的诗篇后,决绝地表示"一身湖海茫茫恨,缟素秦庭矢报仇"。②说明他们的观念不仅受传统忠君观念影响,而且因个人经历而带有一种朴素的仇恨情绪。③因此,对这批遗民来说,有关明胜清败的谣言是最能触动心弦也是最乐于相信的一类消息,只要选择相信就能带来慰藉,只要进一步传播就能分享喜悦。这无疑延长了谣言在遗民群体中的存续时间,也增加了它的影响力。

　　除了有关明清战局的谣言,遗民对忠烈显灵一类传说的笃信也颇能反映他们的心态。在以气论为基础的理学鬼神观的影响下,明代士人虽不否定各种超自然力量的存在,文人笔记也喜好记载神怪之事,但对神灵的人格化仍持一定程度的保留与怀疑态度。④不过,明清之际的士人对忠臣义士殉国成神的事迹却大多愿意相信,遗民诗文中多存有关忠义有灵的句子。⑤原因可能是"忠孝"作为最高等次的道德品质,被认为与"天人之理"直接相连,使忠烈成神具备形而上学的基础,遗民尊明反清的立场与当前的生活状态则是更直接的诱因。侯岐曾就相信兄长峒曾殉难后业已成神,某次外人对他讲起嘉定典史闵有义在夜巡时"见有绯衣神蹑其后",从者即称"这是侯二老爷"。⑥他对此毫不怀疑,随后便向杨廷枢复述这个传闻,还自行添加了绯袍神人"仪仗甚盛,呵殿相逼"的细节。⑦侯岐曾的朋友吴江名士叶绍袁此时逃禅在外,在日记中也记下了不少忠烈显灵的传闻,例如南明大学士顾锡畴之父在清兵来时绝食而

---

① 叶绍袁:《甲行日注》(卷5),毕敏点校,岳麓书社,2016年,第75页。

② 夏完淳:《鱼服》,载夏完淳:《夏完淳集笺校》,白坚笺校,上海古籍出版社,2016年,第383页。

③ 这种情绪也能在侯岐曾身上找到。如顺治三年四月底,嘉定爆发"盗贼"王桂等人焚烧公署、府库的事件,县令杨之赋颇受了一番惊吓,侯岐曾听闻消息后,便充满快意地表示这是清人对嘉定施暴的报应:"吾邑受□祸最先,今□受祸亦最先。"见侯岐曾:《侯岐曾日记》("丙戌四月廿七"条),刘永翔主编:《明清上海稀见文献五种》,人民文学出版社,2006年,第525页。□应为"虏"字。

④ 明洪武三年官方革去唐代以来对岳镇海渎等自然神加上的人爵称号,而且祭祀去除偶像,代以木主,这是支持以气论为基础的鬼神观的理学观念渗透的必然结果,响应了宋元以来理学家的呼吁。参见张佳:《新天下之化:明初礼俗改革研究》,复旦大学出版社,2016年,第194~198页。

⑤ 如夏完淳的《六哀》与《六君咏》作为哀悼、赞颂易代之际忠臣义士的诗篇,便多有强调死后有灵、死者不朽的句子。

⑥ 侯岐曾:《侯岐曾日记》("丙戌三月十三"条),刘永翔主编:《明清上海稀见文献五种》,人民文学出版社,2006年,第507页。

⑦ 侯岐曾:《侯岐曾日记》("丙戌五月廿五"条),刘永翔主编:《明清上海稀见文献五种》,人民文学出版社,2006年,第536页。

死,长子则降清,"一日,见祖父来,大怒,责其隳节义,忘忠孝,立击之死,人皆闻铁缧声琅然之"。①以上故事都包含着忠烈与鬼神两种元素,还隐隐反映了因果报应等思想,在今天的认知中不免荒诞无据,在遗民看来却合乎逻辑。更重要的是,这类传闻满足了他们的心理需求,或暂时舒解对死难亲友的悲痛,或发泄了对降清失节者的鄙夷,因此获得了某种程度的"豁免权",不会被他们轻易视为具有"怪力乱神"性质的谣言。侯岐曾听闻徽州抗清领袖金声被处死后,亲自至市中和江边为自己买棺买舟,感到"事虽荒唐,而孤忠显应,又岂理之所无?"②就特别能够反映这种心理。

　　总之,侯岐曾与其他亲友组成的遗民团体,因其政治立场、思想背景与生活状态形成了对于恢复明朝的信念与愿望。对他们来说,恢复明朝绝非只是一条空洞的政治口号,而是自己恢复易代之前的社会地位、物质利益与生活方式的唯一机会,也是向造成自己家国之痛的清朝实施复仇的根本途径。这一心态显然严重影响了遗民对谣言的辨别能力,因为谣言的内容本身就是遗民盼望的事情,也经常是费尽心思主动收集的信息成果,能够给他们带来喜悦、慰藉以及在艰苦环境中继续生活下去的希望。即便消息缥缈难据,乃至荒唐无稽,遗民也愿意放宽标准,选择相信。这不仅针对有关明清战局的谣言,只要是贴合遗民心态的谣言都容易被其误信误传(例如忠烈显灵的传说)。以上就是清初遗民相信谣言的心理基础。

三、道义之交:遗民为何能够接受谣言

　　明遗民有关恢复明朝的信念与愿望是他们愿意相信谣言的心理前提,但这还不足以保证遗民接纳谣言。谣言从一个刚刚获知的、尚且真伪莫辨的传闻,转而成为一条足以取信的"信息",还必须经历种种考验,特别是有关可信度的考验。在《日记》中,侯家亲友所传的谣言往往被岐曾接纳,是否说明亲友关系在他看来是消息真实性的可靠保障? 这种情况是源于晚明士人对"友道"

---

① 叶绍袁:《甲行日注》(卷7),毕敏点校,岳麓书社,2016年,第117页。
② 侯岐曾:《侯岐曾日记》("丙戌七月十一"条),刘永翔主编:《明清上海稀见文献五种》,人民文学出版社,2006年,第561页。

的重视,①进而证明了亲友作为信息来源在明清之际谣言传播中的重要性,还是另有原因? 本节将尝试解答这一问题。

如果翻开《日记》,读者想必会对其中异常频繁的社交活动感到惊讶,这还是侯岐曾为隐居避祸而刻意"废绝往来"的结果。②他的社交对象大多是亲戚以及与他拥有同样社会身份的士人群体,据笔者统计,《日记》中出现的社交对象身份可考者多达135人,其中至少有55位是拥有功名的士人,20人的功名在举人以上,17人拥有前明或清朝的官职。如果是江南本地的时闻,侯岐曾尚可派出奴仆就近打探,但有关华北、西北、闽粤等地的消息就近乎被亲友垄断,特别是那些拥有特殊消息渠道(如与南明政权联络)或高级功名、官职的亲友,前文提到的顾咸正、杨廷枢与夏完淳等人均在其列。

侯岐曾对亲友所传的消息非常重视,在流言自相矛盾时,他会第一时间向亲友确证,有时甚至会同时向多位亲友写信打听。例如,顺治三年六月,他连日听说攻入浙东的杭州清军在萧山大败,③一时喜出望外,结果友人夏升略随即声称清军尚未渡过钱塘江,"胜负两都说梦",让岐曾感到"匪夷所思"。④在大惑不解之下,他在当天就动笔给夏完淳和顾天逵各致一信打探情况,对夏完淳表示"萧山吉语,先望示慰",对顾天逵则希望他提供家乡昆山一带有关浙江战局的传言,⑤三天后又继续向顾咸正写信询问浙江是否已有"确耗"。⑥侯岐曾对时局的判断总是会根据亲友传来的谣言历经反复,即使前一日还在为南明的丢城失地沮丧不已,但只要从亲友处听到相反的消息,哪怕未经其他渠道

① 吕妙芬认为晚明学界对朋友之伦的重视源于阳明学者对讲学的强调,从而使聚众讲会更正当化、崇高化。参见吕妙芬:《阳明学士人社群:历史、思想与实践》(第七章"讲学同志的连属"),北京师范大学出版社,2017年。
② 异常频繁的社交活动似乎是晚明士大夫的生活常态,乃至会大大挤压他们的独处时间。另一位晚明士大夫祁彪佳的日记也能体现这一点,他经常需要在一天会见十数位乃至更多客人,也因此疲惫不堪。
③ 侯岐曾:《侯岐曾日记》("丙戌六月十七"条),刘永翔主编:《明清上海稀见文献五种》,人民文学出版社,2006年,第547页。
④ 侯岐曾:《侯岐曾日记》("丙戌六月十八"条),刘永翔主编:《明清上海稀见文献五种》,人民文学出版社,2006年,第547页。
⑤ 侯岐曾:《侯岐曾日记》("丙戌六月十八"条),刘永翔主编:《明清上海稀见文献五种》,人民文学出版社,2006年,第550页。
⑥ 侯岐曾:《侯岐曾日记》("丙戌六月廿一"条),刘永翔主编:《明清上海稀见文献五种》,人民文学出版社,2006年,第552页。

证实,他的希望也会迅速重燃。侯岐曾在八月中旬已得知福建陷落,"闽事全坏",①十月从顾天逵处得知福建仍在固守,感到"为可幸",②十一月又转而相信"闽中贝勒今已大败,仍退回仙霞关",③次年正月还断定外甥金熊士所传的"杭州贝勒已班师,闽信不可闻"为假报,④直到二月底才对福建的局势彻底绝望,但仍相信隆武帝已逃到广东。其实早在侯岐曾第一次接到相关消息的十天后福建就已大部沦陷,隆武帝也在当月死于汀州。⑤

　　亲友所传的消息之所以值得信任,一定程度上还源于对"亲见"叙事的有意利用。侯岐曾的亲友在向他通报时事时,如果不是自己亲眼所见,也往往要刻意说明是他人"亲见",仿佛这样就能证明自己叙述的故事并非谣言。如夏平南"云北来商人亲见流贼拥吾幼主,所破城邑甚众",⑥顾咸正来报"有人江北来者,亲见何督师破泗州,瑞昌王破太平府",⑦谢尧文过访时也表示自己"亲见日本借兵已抵舟山,今方长驱东越"。⑧但三人所云皆不属实。没有人愿意被他人视为谣言的传播者,但他们通过热衷于陈述自己或转述他人"亲见"的故事,恰恰在为谣言的传播推波助澜。由于社会本就建立在信任与委托他人核实的基础上,与谣言传播方的亲友关系在接收方看来已经是消息真实性的牢固保障,对方信誓旦旦强调的"亲见"则令其变得更加无可怀疑。如果在此基础上还混入了亦真亦幻的官方因素,就能使消息在真实性方面的说服力发挥到最大。一个典型的例子是,顺治三年七月初九,医者乔三余来到侯家诊病,对侯岐曾声称自己有友人"亲见邸报",得知清兵在浙东虽已攻占宁波、绍兴,

①侯岐曾:《侯岐曾日记》("丙戌八月十四"条),刘永翔主编:《明清上海稀见文献五种》,人民文学出版社,2006年,第573页。
②侯岐曾:《侯岐曾日记》("丙戌十月十三"条),刘永翔主编:《明清上海稀见文献五种》,人民文学出版社,2006年,第587页。
③侯岐曾:《侯岐曾日记》("丙戌十一月廿二"条),刘永翔主编:《明清上海稀见文献五种》,人民文学出版社,2006年,第599页。
④侯岐曾:《侯岐曾日记》("丁亥正月廿四"条),刘永翔主编:《明清上海稀见文献五种》,人民文学出版社,2006年,第612页。
⑤有关隆武帝下落的考证,可参顾诚:《南明史》,光明日报出版社,2011年,第224页。
⑥侯岐曾:《侯岐曾日记》("丙戌十月廿七"条),刘永翔主编:《明清上海稀见文献五种》,人民文学出版社,2006年,第591页。
⑦侯岐曾:《侯岐曾日记》("丙戌七月廿五"条),刘永翔主编:《明清上海稀见文献五种》,人民文学出版社,2006年,第566页。
⑧侯岐曾:《侯岐曾日记》("丙戌十一月十五"条),刘永翔主编:《明清上海稀见文献五种》,人民文学出版社,2006年,第597页。

但在金华、兰溪等地遭到大败，"击杀淹死者万余人"，只得退守绍兴，绍兴不保，又撤往萧山待援。侯岐曾本已相信浙东陷落，但听完乔三余之言，态度又马上动摇了，感到"以此验之，或与向者浮言不类耶？"①他的犹豫没有持续很久，在四天后给友人沈卜玮的信中，他就以确信的口吻表示："金华一捷，□报相符，非属浪传。"②仿佛是自己亲眼看到了邸报。然而，侯、乔二人都没有亲眼见过邸报，这份所谓的邸报大概也只存在于"友人亲见"的层层转述中。因为金华早在六月底就被清军严密包围，浙东其他地区已被攻陷，有关胜利的奏报很快传到北京，清廷不可能在邸报中公布一场子虚乌有的失败。③总之，对友朋关系与"亲见"叙事的信任反映了当时在消息传播方面的文化心理，它使谣言得以在一个个亲友圈中迅速传播，并通过士子、商人等远行者进一步向外地扩散，也为一些在今天看来荒诞不经的传说灌注了令人深信不疑的强大力量。如清初松江士人董含在笔记中记载北俞塘进士沈士英的侄女产下一胞五蛇的事迹，并以"沈布衣麟亲见此事"作为依据。④在他看来，自己虽未亲眼见过这等奇事，但标明他人确有"亲见"便足以在读者面前表现自己著书的谨慎态度，这与侯岐曾给沈卜玮写信时特意说明"非属浪传"的心理彼此相通，他们其实都在以严肃的态度充当谣言的制造者。

　　亲友还直接向侯岐曾提供清朝邸报，⑤作为他了解时闻的重要参考。邸报

① 侯岐曾：《侯岐曾日记》（"丙戌七月初九"条），刘永翔主编：《明清上海稀见文献五种》，人民文学出版社，2006年，第560页。

② 侯岐曾：《侯岐曾日记》（"丙戌七月十三"条），刘永翔主编：《明清上海稀见文献五种》，人民文学出版社，2006年，第563页。

③ 有关金华陷落的史事，见徐鼒：《小腆纪年附考》（卷12），中华书局，1957年，第482～483页。清军攻占浙东的奏报详见《清世祖实录》（卷26"顺治三年六月丁酉"条），中华书局，1985年，第14页。

④ 董含：《三冈识略》，辽宁教育出版社，2000年，第179页。

⑤ 邸报是各省提塘抄录或印刷公文后直接发给本省官员的，清廷禁止其直接流入民间，但不限制官员转借。（见史媛媛：《清代前期新闻传播史》，福建人民出版社，2008年，第86页）显然，官员只会在本人社交圈内转借邸报，下层士人和普通民众因此很难接触到邸报原件。侯岐曾能在此时阅读邸报是其作为乡绅的社会地位与强大社交网络的体现。岸本美绪就发现，在国变后沦为胥吏的上海士人姚廷遴要想了解本邑消息，则必须亲自入城观看官府贴出的告示或问询他人。他无从读到邸报，是因为他并非乡绅，无法进入较高层次的社会网络。参见岸本美绪：《清初上海地方人士的国家观——以〈历年纪〉为例》，《第三届中日学者中国古代史论坛论文集》，中国社会科学出版社，2012年，第410页。

亦称邸抄,可能起源于汉代,是具有官方性质的时政通报,①内容主要包括皇帝诏令、官吏任免、官员奏报与其他重大的军政消息,也有少量的社会新闻。清朝邸报经常在侯岐曾的亲友圈中传递,它在岐曾看来也比一般的流言更为可信。如果邸报所载与自己希望看到的消息相符,或登载的噩耗又没有反证,他就倾向于当即相信。顺治三年三月,顾天逵夫妇遣使问侯岐曾之母龚太恭人,并捎来一份邸报,内言"秦中城市失守",岐曾便毫不怀疑地记录道:"此确报也,此吉音也。"②次年二月,他又见邸报,得知"闽齐大坏,赣州亦破,江楚又未可知",顿时"愤懑欲绝",与来访的门生陆元辅愁眉相对。③不过,在侯岐曾的心目中,亲友所传消息的真实性明显高于清朝邸报,如果二者有所抵牾,他会轻易选择相信前者。顺治四年三月,岐曾通过邸报知晓隆武帝已在福建遇害,史可法尚在人间的消息也被证明为谣言,但顾咸正来访时又称隆武帝安然无恙,"邸报难凭",报中提及的遇难者朱聿钊乃是隆武之弟,④而且史可法"生存是真也,今主兵于山东"。侯岐曾听罢,便立即推翻了之前的结论,乐观情绪也再次被挑动起来,在日记中兴奋地写道:"天下事何不可为耶!"⑤

亲友是侯岐曾有关明清战局的主要信息来源,还提供了其他更多貌似可靠的信息来源(例如他人"亲见"的传闻与清朝邸报),但每每导致侯岐曾或误信谣言,或因不同亲友传来彼此矛盾的消息而困惑不已,在谣言传播中发挥的重要作用是一目了然的。社会学研究早已提出,被认为可靠的信息来源可以极大地增加谣言的可信度,亲友又往往是被视作最可靠的消息来源,因为我们不会轻信街边巷口的传单,而是会重视亲友的耳语私谈。⑥这一结论对侯岐曾的案例有参考价值,但不能简单地套用。因为亲友传来的战局时闻虽不乏谣

---

① 清代邸报是否属于官报尚存争议,史媛媛对此有细致的考辨,认为它是"有名无实的官报"。见史媛媛:《清代前中期新闻传播史》,福建人民出版社,2008年,第94页。

② 侯岐曾:《侯岐曾日记》("丙戌三月廿九"条),刘永翔主编:《明清上海稀见文献五种》,人民文学出版社,2006年,第513页。

③ 侯岐曾:《侯岐曾日记》("丁亥二月廿七"条),刘永翔主编:《明清上海稀见文献五种》,人民文学出版社,2006年,第619页。

④ 隆武帝名朱聿键,但清初档案、实录等官方文书多写为朱聿钊,他确实已在顺治三年九月于汀州被清兵俘杀。见《清世祖实录》(卷29"顺治三年十一月癸卯"条),中华书局,1985年,第1页。

⑤ 侯岐曾:《侯岐曾日记》("丁亥三月十八"条),刘永翔主编:《明清上海稀见文献五种》,人民文学出版社,2006年,第624页。

⑥ 有关谣言传播与亲友关系的讨论,参见让-诺埃尔·卡普费雷:《谣言:世界最古老的传媒》,郑若麟译,上海人民出版社,2017年,第5页。

言,但也多有真实的消息,而侯岐曾对消息的信赖是有选择性的——他显然大多采信前者。这就表明,让谣言被接受的关键,与其说是可靠的消息来源,不如说由侯岐曾亲友的特殊身份决定。

上一节已列举了向侯岐曾传递时闻最主要的六位亲友,他们与岐曾拥有类似的政治、社会、思想背景与生活状态,也因此共享恢复明朝的信念与愿望。包括侯岐曾在内,这些遗民在顺治初年全部卷入了秘密抗清运动,除夏平南结局不详外,其余六人后来均被清廷逮捕处死。在交换时闻中传播谣言的一群人持有相同的政治立场,其他背景也相去不远,绝非巧合。审理“通海案”的清朝官府也注意到了这一点,认定侯、夏、顾三家“彼此俱系姻亲,常在侯家相会,谈及时事,各蓄异谋”。①他们形成的这个小圈子表面上是在交换信息,其实更像是在分享感情、灌输信仰。顾咸正就曾给侯岐曾写过一封长信大谈时局,“累累数千言,大都策中兴之必可期”,②侯岐曾也热烈地回信道:“当此雕肝腐肠之时,忽投以益智定胆之剂,能不苏苏起立乎?呼浊醪而浮大白,不禁当年狂态复发也。”还对子侄表示:“此书即当装成一小轴,一时兴亡善败尽在其中。”③另外,有关明清战局的谣言寄托了对于恢复明朝的期盼,表达了对清朝统治能否延续的怀疑,具有鲜明的反政府性质,在清朝统治区内不可能在公开场合提及。④《日记》显示,明清战局与复国之志即便在士人通信中都不是一个可以随意谈论的话题。侯岐曾在给交情稍浅的朋友写信时,如果触及这类话题,一般都在末尾要求对方将信件或其他附寄材料销毁或送还。例如,吴县生员丘民瞻向侯岐曾询问嘉定殉国人物的名单与事迹,他在写毕相寄时,又随信要求丘氏返还原稿,原因是“盖与文初叙述之顷,率然援笔,本不足存,况此何时,可浪传此等笔墨乎?”⑤侯岐曾追述嘉定抗清运动

---

① 《顾咸正一案刑部提本》,邓之诚:《骨董琐记全编》,生活·读书·新知三联书店,1955年,第579页。

② 侯岐曾:《侯岐曾日记》(“丙戌六月十七”条),刘永翔主编:《明清上海稀见文献五种》,人民文学出版社,2006年,第547页。

③ 侯岐曾:《侯岐曾日记》(“丙戌六月十八”条),刘永翔主编:《明清上海稀见文献五种》,人民文学出版社,2006年,第548页。

④ 清军入主江南后,就立即开始严厉管控不利于己方统治的民间谣言。顺治元年夏,“世业织缎”的苏州市民彭毓泉因讹传清军将在夜半屠城,引起恐慌,结果与邻里一并被当局处死,“首悬通衢”。见佚名:《吴城日记》,《丹午笔记·吴城日记·五石脂》,江苏古籍出版社,1985年,第210页。

⑤ 侯岐曾:《侯岐曾日记》(“丙戌二月廿二”条),刘永翔主编:《明清上海稀见文献五种》,人民文学出版社,2006年,第499页。

尚且表现得如此小心翼翼,对讨论明清战局的谨慎态度更可以想见。因此,有关明清战局的消息不论是否为谣言,就已严格限定了它的受众,也就是与侯岐曾志同道合的友朋,或是利益一致的血亲或姻娅。[①]它在侯岐曾亲友圈中的传播,除了在传达信息的内容,也是在分享一系列复杂微妙的情感:忠诚、信任、期盼与同仇敌忾。不妨说,交换时闻、传播谣言的过程是遗民彼此确立复国信念、排遣内心忧虑、巩固彼此关系的过程,也可能是秘密抗清运动的组织过程,只要达到了这些目的,信息的真实与否就未必重要。为此有些人甚至不惜编造捷报,成为谣言的源头。[②]

回到本节开篇提出的问题,可以认为,亲友所传的战局谣言之所以会被侯岐曾接受,在本质上既不是因为谣言内容显得可信,甚至也不是因为亲友本人值得信赖。应该说,它并不只是一个有关可信度的问题,在信息传播的技术层面就可以解释,而关乎明遗民的群体心理。侯岐曾等明遗民已有接纳谣言的心理需求,传播谣言又是一个旨在加强群体凝聚力的、充满感性的交流环节,因此无论谣言与事实有多大程度的背离,或者在形式上有多么荒诞离奇,都不会对他们相信谣言造成重大的阻碍。在侯岐曾的社交网络中,传递谣言的每个人都是与他有着相同立场、信念与愿望的个体,既参与塑造谣言传播的环境,也被这个环境影响,导致谣言在群体内部徘徊了一段相当长的时间,即便在真相面前也显得难以撼动。

四、余论

行文至此,本文已对《日记》中出现的有关明清战局的谣言进行了详细的内容梳理与涵义分析,并揭示了侯岐曾等明遗民笃信谣言的多重原因。一方面,遗民恢复明朝的信念与愿望是其愿意相信谣言的心理前提。它由多种因素共同形塑,除了遗民研究中通常提到的由晚明忠节观念生发的倦倦故国之思,还包括现实与个人层面的原因,例如个人在鼎革战争中经历的伤痛,以及在清朝统治下本人与家族利益受到严重损害而产生的强烈不满。另一方面,这类谣言具有的反政府、反权力等特征,使其传播变成了一种秘密进行的集

[①] 由于士人交游圈与婚姻圈的重合,这些人往往有亲友的双重身份。

[②] 例如,南明虽多次遣使乞师日本,日本则终未派出一兵一卒。谢尧文却对侯岐曾声称自己亲见日本援军登陆舟山、随后在浙东作战,说明这条消息必为他所编造。

体行为。对遗民来说,这种行为旨在巩固彼此关系、确立复国信心、排遣负面情绪,乃至借此策划抗清等实际行动,亲友带来的信息一般被默认为是可信的,实际的可信度则被相对忽视了。虽然这些结论以侯岐曾这一个案为基础,但亲友在谣言传播中发挥的重要作用说明侯岐曾信谣传谣不是孤立事件,而是遗民社交的结果,反映了一批最为大胆激进、愿意付诸实际行动推翻清朝统治的遗民立场。遗民尊明反清的心态自然是无须另行证明的常识,但通过对其传播谣言的研究,则可以让我们观察到这种心态在日常生活中的某种具体表现及其强烈程度,以至于严重干扰了正常的理性判断,使明遗民的群体形象更为丰满。另外,目前在对遗民社交的研究中以诗词唱酬最受学界关注,被认为有着维系与强化遗民忠节观念的作用,并促进了这一群体内部身份认同的形成。本文的研究则显示,交流时闻同样起到了上述作用,是遗民社交中不可忽视的环节,谣言正是借助这一环节才得以在遗民群体中迅速传播。

清初江南并非只流传着有关明清战局的谣言。与遗民群体热衷于讨论远方的消息相比,当地民间似乎更多地在流传明朝即将收复江南的谣言,而且时而因恐惧兵祸引起大规模的逃难行动。如顺治三年正月,"苏州忽传白党破城,城中男妇悉走避"。①四月,嘉定县城又喧传明军将至,"民间吉语喧腾,即其邻右多挈室走,城头如将顷刻有变者"。②似乎在民众的认知中,南明反攻江南是一件随时可能发生的事情。顺治三年至五年,松江、金山、嘉定、常熟、吴江、江阴乃至江宁等地确实都发生过复明武装尝试夺取城市的行动,海上南明军队也乘势而动,其中个别行动还获得成功,只是很快就被清军镇压或主动退走,③民间对此风声鹤唳并不难理解。生活在这样一个不稳定的社会环境里,对民间的谣言、恐慌与逃难行动耳闻目睹,是否也会影响明遗民对时局的判断,使他们对远方捷报的真实性更有信心,从而更容易误信谣言?这一点虽然由于证据不足,不便臆测,但传统时代的士大夫与普通民众绝非

---

① 李天根:《爝火录》(卷14),浙江古籍出版社,1986年,第614页。

② 侯岐曾:《侯岐曾日记》("丙戌四月初十"条),刘永翔主编:《明清上海稀见文献五种》,人民文学出版社,2006年,第519页。

③ 如顺治三年正月十五日,太湖复明武装攻破吴江县城,杀清知县孔胤祖。五月六日,南明长兴伯吴易联合白腰党张飞远袭破金山卫城。以上二事分别见《江宁巡抚土国宝揭帖》,《明清史料·己编》(第1本),第18页;李天根:《爝火录》(卷15),浙江古籍出版社,1986年,第654页。

两个彼此隔绝的阶层,也因生活在同样的社会环境、在特定情境下怀有相似的愿望与恐惧,而经常分享着共同的谣言,[1]可由此窥见动荡年代的士绅互动。侯岐曾等遗民传播的谣言与江南民间盛行的谣言虽然内容、主题不尽相同,但都包含着明胜清败、光复在即的元素,是清初江南社会矛盾尖锐、秩序尚未恢复在心态层面的真实写照。由谣言传播观察社会秩序、社会心态的研究理念已行之有年,[2]本文则从遗民心态的角度迈进一步,更多有益的探索且待后来。

最后,谣言本身就是历史上重要而有趣的话题,但目前的研究成果仍存在明显的局限。社会学研究重在探索谣言的发生与传播机制,却忽视了人际沟通网络的重要性,从而"有意无意间将牵涉谣言发生和流传的群体、个人视为'无意识地做出反应的主体'"。[3]在社会文化史领域,孔飞力、柯文、田海、邱仲麟、徐茂明等海内外学者注意从谣言传播者与接收者的思想与心态出发,结合对社会背景的分析,探讨谣言背后的社会文化心理,在很大程度上弥补了这一缺陷,但尚未进入到个人的层面,也不注意社会交往与谣言传播的关联。本文则呈现了一个活生生的士人在历史转折时期与谣言的纠葛,而且从群体行为的角度解释了侯岐曾等明遗民深信谣言的原因。这让我们发现,谣言为何被相信、如何被传播这一对谣言研究的基本问题,如果真正落实到具体的历史情境中,解释起来其实并不简单。当我们注意到政治、社会、思想、生活、情感等因素在一个人或一个群体身上有机地彼此结合,发挥影响,就必须承认传谣信谣者的态度与行动绝非依靠某种业已固化的"模式"和"心理"就可以解释。历史学领域的谣言研究尚且任重道远,如何立足史学本位,又尽可能吸收与利用社会科学的研究成果,将是研究者长期面临的一个问题,本文的研究便有意提供一个先期的尝试。

---

① 事实上,许多民间谣言能够保存至今,主要有赖于士人阶层的记录。这说明他们虽然对部分讹言抱有疑惑,但仍深深被其触动,例如有关叫魂、攫取器官、外来者、旱魃的谣言。见田海:《讲故事:中国历史上的巫术与替罪》,赵凌云等译,中西书局,2017年,第300页。

② 学界在这方面的率先尝试应为岸本美绪的研究,她通过分析有关崇祯皇帝之死的流言蜚语在江南地区的传播,对当时社会秩序与社会心态的问题进行了考察。参见岸本美绪:《崇祯十七年的江南社会与关于北京的消息》,《清史研究》1999年第2期。

③ 吕宗力:《汉代的谣言》,浙江大学出版社,2011年,第2页。

本文原刊载于《清史研究》2021年第1期。

作者简介：

朱亦灵，1994年生。2016年获兰州大学历史学学士学位，2019年、2022年先后获南开大学历史学硕士、博士学位，现为南开大学历史学院助理研究员。研究方向为明清社会文化史、明清易代史，在《清史研究》《历史教学》《中国社会历史评论》等刊物发表论文多篇。

清官修《明史》一个极其重大的失误

——该书《沙哈鲁传》所载其国子虚乌有

南炳文

张廷玉等撰《明史》卷三三二记有"沙哈鲁"一国(这里的"一国"也可理解为一个地区性政权,下同),其称:"沙哈鲁,在阿速西海岛中。永乐中遣七十七人来贡,日给酒馔、果饵,异于他国。其地,山川环抱,饶畜产,人性朴直,耻斗好佛。王及臣僚处城中,庶人悉处城外。海产奇物,西域贾人以轻直市之,其国人不能识。"①此段话字数不多,但对所谓"沙哈鲁"国之地理位置、山川形势、经济状况、国民居住状况、风俗信仰、与明朝的关系等皆有明确的叙述,活灵活现,似乎在明朝永乐时期确有其国,实则不然。

一、张廷玉等撰《明史》问世前后关于沙哈鲁国之记载

查记载明代历史的书籍,自明中期嘉靖、隆庆年间始至清朝乾隆初张廷玉等撰写成《明史》止所撰成者,只要其把明朝之对外关系作为撰写的内容,其中多数有记载"沙哈鲁"一国的专篇,且记"沙哈鲁国"于永乐时来明交往。这就是张廷玉等撰《明史》问世以前所谓"沙哈鲁国"的记载概况。笔者所见到的类似记载有如下所列14例:

(1)嘉靖四十三年(1564)序、隆庆元年(1567)刻、郑晓撰《吾学编》卷六八《皇明四夷考》下卷《沙哈鲁》记载:"沙哈鲁,永乐间遣七十七人来朝贡。国在阿速西南海岛中。人民淳直,耻斗好佛。交易海中诸国。西域贾胡来市海中奇物,不惜高价,亦有价廉而得奇货去者,沙哈鲁人不识也。王及酋长居城中,有瓦屋。庶人旅处城外,田野中村落相聚,山川环抱,畜产丰利。"②

(2)万历十九年(1591)序、罗曰褧撰《咸宾录》卷六《南夷志·沙哈鲁》记载:"沙哈鲁,古投和国也,隋时闻焉。唐贞观中遣使奉表,以金函盛之。又献金

①《明史》(卷332《西域四》),中华书局,1974年,第8621页。
②郑晓:《吾学编》(卷68《皇明四夷考》下卷《沙哈鲁》),《续修四库全书》(第425册),上海古籍出版社,2002年,第208页。

檐、金镇、宝带、犀、象、海物等数十品。自后未通。我朝名沙哈鲁。永乐间七十七人来贡。其地民淳耻斗,物产丰饶,覆屋以瓦,并为阁而居。屋壁皆以彩画之。城内皆王宫室,城外人居可万余家。王宿卫之士百余人。每临朝则衣朝霞,冠金冠,耳挂金环,颈挂金涎衣,足履宝装皮履。官属有将军、功曹、参军、州郡县等官号。刑法,盗贼重者死,轻者穿耳及鼻并钻鬓。私铸银钱者截腕。国无赋税,俱随意贡奉,无多少之限。以农商为业。国人乘象及马,一国之中马不过千匹,又无鞍辔,唯以绳穿颊为节制。音乐则吹蠡击鼓。死丧则祠祀哭泣。又焚尸以罂盛之,沉于水中。若父母之丧,则截发为孝。其国市物并贸易皆用银钱,小如榆 。有佛道,有学校,文字与中夏不同。物产甚多,交易海中诸国。西域贾胡辄以廉价得奇货去,沙哈鲁人不识也。"[1]

(3)万历二十年序、游朴撰《诸夷考》卷一《沙哈鲁》记载:"沙哈鲁国,在阿速西南海岛中。人民淳直,耻斗好佛。交易海中诸国,西域贾胡来市海中奇物,不惜高价,亦有价廉而得奇货去者,沙哈鲁人不识也。王及酋长居城中,有瓦屋,庶人旅处城外,田野中村落相聚,山川环抱,畜产丰利。永乐中朝贡。"[2]

(4)万历三十八年刻、胡邦直、方世业等撰《方舆胜略·外夷》卷五《沙哈鲁》记载:"古投和国。隋唐奉贡。我朝七十七人来贡。其地民淳耻斗,饶丰,瓦屋为阁而居,彩画屋壁。王宿卫之士百余人,官属有将军、功曹、州郡县等官号。刑法,盗贼多者死,轻者穿耳及鼻,并钻鬓。私铸银钱者截腕。国无赋税。以农商为业。一国之中,马不过千匹,无鞍辔,以绳穿马颊为节制。音乐吹蠡击鼓。父母之丧,截发为孝。市用银钱,小如榆荚。有佛道,有学校,文字与中夏不同。海中诸国,西域贾胡辄以廉价得奇货去,涉(涉当为沙——笔者注)哈鲁人不识也。"[3]

(5)万历四十四年序、焦竑辑《国朝献征录》卷一二〇《四夷·沙哈鲁》记载:"沙哈鲁,在阿速西南海岛中。古投和国,唐贞观中一入贡,其后绝。永乐间,遣使七十二人来朝贡。国有学校及将军、功曹、参军、州郡县诸官号。畜产甚

---

① 罗曰褧:《咸宾录》(卷6《南夷志·沙哈鲁》),余思黎点校,中华书局,2000年,第153页。
② 游朴:《诸夷考》(卷1《沙哈鲁》),《续修四库全书》(第742册),上海古籍出版社,2002年,第441页。
③ 胡邦直等:《方舆胜略·外夷》(卷5《沙哈鲁》),《四库禁毁书丛刊》(史部第21册),北京出版社,2000年,第438页。

丰,海多奇物。西域贾胡辄轻直售之,其国人不能辨。"①

（6）崇祯二年（1629）序、茅瑞征撰《皇明象胥录》卷七《西域·沙哈鲁》记载:"沙哈鲁,在阿速西南海岛中。山川环抱,居民旅处村落,畜产孳息。王及酋长城居,瓦屋。佞佛耻斗,俗号淳直。西域贾胡来市海中,得奇货不惜酬数倍,沙哈鲁人不识也。永乐间,遣使朝贡,凡七十七人。或曰即古投和国,唐贞观中尝入贡。"②

（7）崇祯三年成稿、陈仁锡撰《皇明世法录》卷八一《西戎·沙哈鲁》所记与茅瑞征所撰《皇明象胥录》相同,但删去"或曰即古投和国,唐贞观中尝入贡"等十四字。③

（8）约顺治十年（1653）成书、张岱撰《石匮书》卷二二〇《朝贡诸夷考·沙哈鲁》记载:"沙哈鲁,永乐间遣七十七人来朝贡。国在阿速西南海岛中。人民淳直,耻斗好佛。交易海中诸国。西域贾胡来市海中奇物,不惜高价,亦有价廉而得奇货去者,沙哈鲁人不识也。王及酋长居城中,有瓦屋。庶人旅处城外,田野中村落相聚,山川环抱,畜产丰利。"④

（9）康熙三十四年（1695）刻、傅维鳞撰《明书》卷一六七《沙哈鲁》。此书为康熙三十四年刻本,但傅维鳞死于康熙六年。其成书时间当在康熙六年或以前。《明书》卷一六七《沙哈鲁》记载:"沙哈鲁,永乐间遣七十七人来朝贡。国在阿速西南海岛中。人民醇直,耻斗好佛。交易海中诸国。西域贾胡来市海中奇物,不惜高价,亦有价廉而得奇货去者,沙哈鲁人不识也。王及酋长居城中,有瓦屋。庶人旅处城外,田野中村落相聚,山川环抱,畜产丰利。"⑤

（10）康熙十一年成书、查继佐撰《罪惟录》列传卷三六《沙哈鲁》记载:"沙哈鲁,在阿速西南海岛中。城居瓦屋,畜产富利,人民淳直,耻斗好佛。永乐

---

① 焦竑辑:《国朝献征录》（卷120《四夷·沙哈鲁》）,《续修四库全书》（第531册）,上海古籍出版社,2002年,第789页。

② 茅瑞征:《皇明象胥录》（卷7《西域·沙哈鲁》）,《四库禁毁书丛刊》（史部第10册）,北京出版社,2000年,第663页。

③ 陈仁锡:《皇明世法录》（卷81《西戎·沙哈鲁》）,《四库禁毁书丛刊》（史部第16册）,北京出版社,2000年,第372页。

④ 张岱:《石匮书》（卷220《朝贡诸夷考·沙哈鲁》）,《续修四库全书》（第320册）,上海古籍出版社,2002年,第388页。

⑤ 傅维鳞:《明书》（卷167《沙哈鲁》）,《四库全书存目丛书》（史部第40册）,齐鲁书社,1996年,第464页。

中,遣七十七人来朝。"①

（11）康熙十八年至康熙二十一年尤侗撰《明史外国传》卷六《沙哈鲁》记载："沙哈鲁,在阿速西南海岛中。山川环抱,多产奇货。王及酋长城居瓦屋,庶民旅处城外,村落相聚。畜产孳息。佞佛耻斗,俗号淳直。永乐中,遣使朝贡,凡七十七人。或曰即古投和国,唐贞观中尝入贡。"②

（12）定稿于康熙四十一年的万斯同（此书牵头人当时实为熊赐履）《明史》卷四一五《沙哈鲁传》所记与上述尤侗撰《明史外国传》卷六《沙哈鲁》文字基本相同,唯有两处不同:一为删去"多产奇货"四字,一为增如下一段文字:"西域贾来市海中奇物,不惜高价,廉而得奇货去者,沙哈鲁人不识也。"③

（13）雍正元年（1723）王鸿绪撰《横云山人集》本《明史稿》列传卷二〇五《西域四·沙哈鲁传》记载:"沙哈鲁,在阿速西海岛中。永乐时遣七十七人来贡,日给酒馔果饵异于他国。其地山川环抱,饶畜产。人性朴直,耻斗好佛。王及臣僚处城中,庶人悉处城外。海产奇物,西域贾人以轻直市之,其国人不能识。"④

（14）雍正三年定稿、雍正六年印毕的《古今图书集成·方舆汇编·边裔典》卷八六《沙哈鲁部汇考》记载:明成祖永乐年间"沙哈鲁遣人入贡"。⑤此句后加有按语一段,其文字与上条所引王鸿绪《明史稿》所记文字基本相同,唯称王鸿绪《明史稿》为《明外史》。

清朝乾隆初年张廷玉等所撰《明史》问世之后,也有关于沙哈鲁国之记载专篇问世,其中最著名的是嵇璜等于乾隆十二年（1747）奉敕撰写的《续文献通考》卷二四八《四裔考·西域·阿克苏》所附《沙哈鲁》,以及嵇璜等于乾隆三十二年奉敕撰写的《续通典》卷一四九《萨哈勒》。嵇璜等撰《续文献通考》记载:"又《沙哈鲁传》曰:在阿克苏（即阿速——引者注）西海岛中,永乐中遣七十七人来贡,日给酒馔、果饵,异于他国。其地,山川环抱,饶畜产,人性朴直,耻斗好佛。王及臣僚处城中,庶人悉处城外。海产奇物,西域贾人以轻直市之,其国人不

---

① 查继佐:《罪惟录》（列传卷36《沙哈鲁》）,浙江古籍出版社,2012年,第2893页。

② 尤侗编纂:《明史外国传》（卷6《沙哈鲁》）,台湾学生书局,1977年,第196页。

③ 万斯同:《明史》（卷415《沙哈鲁》）,《续修四库全书》（第331册）,上海古籍出版社,2002年,第646页。

④ 王鸿绪纂:《明史稿》（列传卷205《西域四·沙哈鲁传》）,台湾文海出版社,1962年,第358页。

⑤ 蒋廷锡等校:《古今图书集成·方舆汇编·边裔典》（卷86《沙哈鲁部汇考》）,中华书局影印本,1934年,第216册,第37页。

能识。"①嵇璜等撰写的《续通典》中,将"沙哈鲁"三字改译作"萨哈勒"。另外,其文字和内容与嵇璜等撰《续文献通考》相比,也有所减少,但保留的文字与上文所引嵇璜等撰《续文献通考》的相关部分基本相同,作:"萨哈勒,山川环抱,饶畜产,人性淳直,耻斗好佛。明成祖永乐中遣使七十七人来贡。"②

由上引关于"沙哈鲁"国的 16 条记述看,在明清两代撰写的有关官私史书中,有相当数量的"沙哈鲁"国的记载,这使张廷玉等撰《明史》关于"沙哈鲁"是一个国家的记载,几乎可以被认为是板上钉钉的不可否认的历史事实。但细加考察,将会得知,实则结论应当相反。在明朝,所谓"沙哈鲁"国并不存在。

二、沙哈鲁国子虚乌有

(一)证据之一

上列明朝至清朝出现的 16 种关于沙哈鲁国的记载,都称该国曾经在明朝永乐年间遣使到明朝朝贡,而对明朝永乐年间对外交往活动记载最详尽的史书是《明太宗实录》,查阅《明太宗实录》的有关记载,当可有助于弄清事情的真相。笔者为此对《明太宗实录》特别做了一遍普查,发现其中含有"沙哈鲁"三字的记载凡有如下五处:

> (永乐八年二月丙午)哈烈沙哈鲁把都儿遣头目迷儿即剌等贡方物,赐赍有差。沙哈鲁把都儿,元帖木儿驸马第③四子,时与侄哈里构兵,因其使还,上遣都指挥白阿儿忻台等赍敕往谕之。④
>
> (永乐十三年十月癸巳)八答商,一名八里⋯⋯今哈烈沙哈鲁遣其子守之。⑤
>
> (永乐十四年六月己卯)哈烈、撒马儿罕、失剌思、俺都淮等处朝贡使

① 嵇璜等撰:《续文献通考》(卷 248《四裔考·西域·阿克苏》),《文渊阁四库全书》(第 631 册),台湾商务印书馆,1985 年,第 775 ~ 776 页。

② 嵇璜等:《续通典》(卷 149《萨哈勒》),《文渊阁四库全书》(第 641 册),台湾商务印书馆,1985 年,第 701 页。

③ 此"第"字,原误作"等",兹据该书校勘记改正。关于明朝实录引文之此等情形以及其他应据该书校勘记改正删补者,下文径改,不再说明。

④《明太宗实录》(卷 101"永乐八年二月丙午"条),中华书局,2016 年,第 1316 页。

⑤《明太宗实录》(卷 169"永乐十三年十月癸巳"条),中华书局,2016 年,第 1888 页。

臣辞还,赐之钞币。命礼部谕所过州郡宴饯之。仍遣中官鲁安、郎中陈诚等赍敕偕行,赐哈烈王沙哈鲁等,及撒马儿罕头目兀鲁伯等……白金纻丝、纱罗、绢布等物有差。①

(永乐十六年八月丁酉)哈烈沙哈鲁、撒马儿罕兀鲁伯遣使臣阿儿都沙等来朝,贡名马、文豹,赐袭衣、文绮、纱罗,命礼部宴劳之。②

(永乐十六年九月戊申朔)哈烈沙哈鲁、撒马儿罕兀鲁伯使臣阿儿都沙等辞还,遣中官李达等赍敕及锦绮纱罗等物,往赐沙哈鲁、兀鲁伯……与阿儿都沙等偕行。③

以上五条记载中"沙哈鲁"共出现了七次,其所在的短语(或句子)共七个:

(1)"哈烈沙哈鲁把都儿遣头目迷儿即剌等贡方物"中的"哈烈"为地区单位之名,或写作"黑鲁""哈喇",行政中心在今阿富汗西北部之赫拉特。④"把都儿"为人的一种身份称号,源自蒙古语,犹言"勇士"。⑤"头目迷儿即剌"中的"迷儿即剌"只能理解为人名。在这样的语境之中,"沙哈鲁"三字显然只能理解为一个人名,方可讲通。

(2)"沙哈鲁把都儿,元帖木儿驸马第四子"中的"把都儿"一词为人的一种身份称号,"帖木儿"为人名,"驸马"为一种身份名称。在这样的语境之中,再结合参考第一条记事的语境,这里的"沙哈鲁"三字,又显然只能理解为一个人名,方可讲通。

(3)"今哈烈沙哈鲁遣其子守之"中的"沙哈鲁",结合参考前两条记事的语境,也应将之理解为一个人名。

(4)"赐哈烈王沙哈鲁等",清楚写明"沙哈鲁"为"哈烈"地区之"王",自然不可将"沙哈鲁"理解为人名之外的词语。

(5)"哈烈沙哈鲁、撒马儿罕兀鲁伯遣使臣阿儿都沙等来朝"中的"哈烈"如上所说是一个地理区划名称。"撒马儿罕"也是一个地理区划名称,其位置在今中亚乌兹别克斯坦境内,自14世纪后半期起,帖木儿占领了这里,以之为首都,

---

① 《明太宗实录》(卷177"永乐十四年六月己卯"条),中华书局,2016年,第1934～1935页。
② 《明太宗实录》(卷203"永乐十六年八月丁酉"条),中华书局,2016年,第2101～2102页。
③ 《明太宗实录》(卷204"永乐十六年九月戊申朔"条),中华书局,2016年,第2103页。
④ 参见冯承钧原编,陆峻岭增订:《西域地名》(增订本),中华书局,1980年,第32页。
⑤ 张星烺编注:《中西交通史料汇编》(第三册),中华书局,1978年,第267页。

向周围扩张,建立了领土辽阔的帖木儿帝国。①兀鲁伯是人名,其父即沙哈鲁,其为长子,生于洪武二十七年(1394)。永乐七年(1409),兀鲁伯被沙哈鲁任为马瓦拉痕那儿及土耳其斯坦总督,驻守于撒马儿罕。②在这样的语境中,"沙哈鲁"三字,又只能理解为人名。同理,永乐十六年九月戊申朔条所记两处"沙哈鲁"亦当理解为人名。

以上论述表明,对明朝永乐年间对外交往活动记载最详的《明太宗实录》,其关于"沙哈鲁"一名的叙述,都应理解为一个人名,这在很大程度上揭示出"沙哈鲁"三字是人名而非国名。

(二)证据之二

《明太宗实录》永乐十四年六月己卯记事中,有"赐哈烈王沙哈鲁等"之语,这说明沙哈鲁实为哈烈这一地区单位的君主。通过对沙哈鲁的人生简历考察可知,他是帖木儿的第四子,生于洪武十年,洪武三十年被帖木儿封于呼罗珊,驻守哈烈城。永乐三年,帖木儿卒,沙哈鲁独立于哈烈,不受撒马儿罕之命。正统十二年(1447),沙哈鲁卒于莱夷城(在今德黑兰之南)。③沙哈鲁的身份地位和生活年代,使之很可能在永乐以后的明仁宗(年号洪熙,凡一年,为1425年)、明宣宗(年号宣德,凡十年,为1426年至1435年)、明英宗(年号正统,凡十四年,为1436年至1449年)的"实录"之中得到记载,至于所谓"沙哈鲁国"的记载则不应出现。带着这一问题,笔者遍查了晚于《明太宗实录》而问世的《明仁宗实录》《明宣宗实录》《明英宗实录》,得到的结果正是如此。在这几种实录中,关于沙哈鲁作为哈烈君主的记载不止一处,这里只抄出一例:《明宣宗实录》卷八六,宣德七年正月丁卯载:"遣中官李贵等使西域哈烈等国,敕谕哈烈沙哈卢锁鲁檀等曰:'昔朕皇祖太宗文皇帝临御之日,尔等恭事朝廷,遣使贡献,始终一心。朕恭膺天命,即皇帝位,主宰天下,纪元宣德,小大政务一体皇祖皇帝奉天恤民一视同仁之心……特遣内官李贵等,赍书往谕朕意,其益顺天心,永笃诚好,相与往来,同为一家,经商生理,各从所便。'赐沙哈卢等金织文绮、罗锦。"④这里的"沙哈卢",即"沙哈鲁",二者乃同声异字翻译而形成的一人

---

① 孙壮志等编著:《乌兹别克斯坦》,社会科学文献出版社,2004年,第40~41页。
② 张星烺编注:《中西交通史料汇编》(第五册),中华书局,1978年,第203页。
③ 张星烺编注:《中西交通史料汇编》(第三册),中华书局,1978年,第267页。
④ 《明宣宗实录》(卷86"宣德七年正月丁卯"条),中华书局,2016年,第1979~1980页。

二名差别。这里的"锁鲁檀",即"君主"之意,其判断依据为:陈诚等《西域番国志》之《哈烈》一节称:"(哈烈君主)服色尚白,与国人同,国人皆称之曰'锁鲁檀'。'锁鲁檀'者,犹华言君主之尊号也。"其注文又称:"锁鲁檀,亦称'算端''苏丹',为'Sultan'的对音,阿拉伯语,'君主'之意。"①讨论至此,这样的结论当可自然而然地得出:上引《明宣宗实录》卷八六中的"哈烈沙哈卢锁鲁檀",即为"哈烈国之沙哈卢(即沙哈鲁)君主"。由此可见,这里的"沙哈鲁",只能认作人名,而不可解为国名。这里没有抄出的上述实录中的其他关于沙哈鲁的记载,经笔者审视,得知亦皆是人名,而非国名。谈论至此,应该说我们又找到了"沙哈鲁国"子虚乌有的一个证据。

(三)证据之三

中华书局2000年4月出版了列入"中外交通史籍丛刊"的陈诚撰《西域行程记》《西域番国志》和罗曰褧撰《咸宾录》三书合刊本,前两书与所辑"附录"统一排页,后一书单独排页。《西域行程记》永乐十二年九月十二日记事称:"至一大村,约行一百里,地名车扯秃安营。住半月,候沙哈鲁出征回。"②《西域行程记》《西域番国志》二书后《附录》记载了《陈诚撰有关诗文·西行南行诗文》之《诣哈烈国主沙哈鲁第宅》二首,其一称:"乔林秀木隐楼台,帐殿毡庐次第开。官骑从客花外入,圣恩旷荡日边来。星凰至处人争睹,夷貊随宜客自裁。才读大明天子诏,一声欢笑动春雷。"其二称:"主翁留客重开筵,官妓停歌列管弦。酒进一行陈彩币,人喧四座撒金钱。君臣拜舞因胡俗,道路开通自汉年。从此万方归德化,无劳征伐定三边。"③这里的"候沙哈鲁"及"国主沙哈鲁"二语中之"沙哈鲁",无疑全是指作为哈烈国主的活生生人物之"沙哈鲁"。关于《西域行程记》所述之"候沙哈鲁出征回"一事,在陈诚所撰的《狮子赋》序中也有记载,与之相呼应,其中称:"永乐癸巳(十一年)春,车驾(指永乐帝——引者注)幸北京。秋七月,西域大姓酋长沙哈鲁氏不远数万里遣使来朝。皇上推怀柔之恩,命中官臣(李)达、臣(杨)忠、臣(李)贵、指挥臣哈蓝伯、臣帖木儿卜花、臣马哈木火者,行报施之礼。且命吏部员外郎臣陈诚典书记。臣奉命惟谨,以是年九

---

① 陈诚:《西域行程记 西域番国志》,周连宽点校,中华书局,2000年,第65、78页。
② 陈诚:《西域行程记 西域番国志》,周连宽点校,中华书局,2000年,第48页。
③ 陈诚:《西域行程记 西域番国志》之《附录·陈诚撰有关诗文·西行南行诗文》,周连宽点校,中华书局,2000年,第134页。

月初吉戒行。明年甲午(永乐十二年)春正月戊子发酒泉郡……十月辛未至哈烈城,沙哈鲁氏仰华夏之休风,戴圣朝之威德,鞠躬俯伏,重译殷勤……乃集猛士大蒐山泽,遂获巨兽,名曰狮子,维以金绳,载之巨槛,三肃信使,贡献天朝。"①这个序言中所记的"沙哈鲁",无疑也是作为哈烈国主的一个地地道道的人物。笔者还千方百计查找陈诚的其他文献,结果都没有把沙哈鲁记为地理区划名称。按,陈诚其人,除永乐十二年出使过远在今中华人民共和国西部边境之外的西方国家之外,此后他还在永乐十四年至永乐十六年上半年、永乐十六年下半年至永乐十八年有过两次这种远程出使。②另外,他在洪武二十九年"十一月十九日,为思明府奏安南国侵占地方事",被"差往安南公干,与安南王有往复书"。③因此,他在当时应是中国人中少有的了解周边国家情况的人士之一。他在自己的著作之中,只记沙哈鲁其人而不记所谓"沙哈鲁国",这当是为"沙哈鲁国"子虚乌有再添一有分量的证据。

(四)证据之四

明朝万历初年,嘉兴人严从简撰写了一部长达24卷、10余万字的史书,名《殊域周咨录》,专记朝贡于明朝的非当时明朝皇帝直辖区的国家或地区,述其历史、现状及与明朝的关系。这些国家与地区的数量超过40个。《殊域周咨录》是当时少有的收录这类国家或地区数量较多的一部专书,甚至连当时最新与中国大陆始发生联系的西欧"佛朗机"亦被收录。但是,此书却没有收录所谓的"沙哈鲁"一国。"沙哈鲁"三个字在《殊域周咨录》一书中并不是没出现过,但它只是作为一个人名而出现:该书卷一五记载:"哈烈,古无可考,其地居平川,四面皆大山。元驸马帖木儿之子沙哈鲁,国人尊之为'速鲁檀',犹华言君主也。"④查《明清进士题名碑录索引》可知,严从简为嘉靖三十八年进士。⑤查严

---

① 陈诚:《陈竹山先生文集·内篇二卷外篇二卷》,《四库全书存目丛书》(集部第26册),齐鲁书社,1996年,第334页。

② 参见王继光:《关于陈诚西使及其〈西域行程记〉〈西域番国志〉——代前言》,陈诚:《西域行程记 西域番国志》,周连宽点校,中华书局,2000年,第1~27页。

③ 陈诚:《西域行程记 西域番国志》之《附录·历官事迹》,周连宽点校,中华书局,2000年,第150页。

④ 严从简:《殊域周咨录》(卷15《哈烈》),《续修四库全书》(第736册),上海古籍出版社,2002年,第49页。

⑤ 朱保炯、谢沛霖编:《明清进士题名碑录索引》,上海古籍出版社,1980年,第1915页。

从简的家乡嘉兴府的地方志可知,他中进士后即"初仕行人"。①按,明代之"行人",为行人司所设官位之一,凡"三十七人",品级为正八品,"职专捧节、奉使之事","抚谕诸蕃"是其职责之一。②从现有文献记载看,严从简从来没有离开过明朝的直辖地,但其初仕"行人"职务的素质要求,使之很早就千方百计地调查、了解明朝直辖地之外的国家或地区的有关状况,甚至由此开始养成了对这些知识的偏爱,在离开行人之职后仍继续调查、了解这方面的有关情况。他在《殊域周咨录·题词》中即写道:"曩予备员行人,窃禄明时,每怀靡及。虽未尝蒙殊域之遣,而不敢忘周咨之志,故独揭蛮方而著其使节所通,俾将来寅寅或有捧紫诰于丹陛,树琦节于苍溟者,一展卷焉,庶为辞色进退将命采风之一助也。"③由此可知,对于明朝之朝贡国,严从简是相当了解的。"殊域周咨"之意,即对明朝直辖地之外的国家或地区普遍了解。他之所以不在《殊域周咨录》中把"沙哈鲁"当作一个国家或地区之名称记录下来,当是因为他了解所谓的"沙哈鲁国"根本不存在。

严从简在《殊域周咨录》中,多处提及郑晓的《吾学编》一书。如该书卷三《日本下》转引了《吾学编》卷六七《皇明四夷考》卷上《日本》中关于嘉靖年间倭寇犯明的状况,其文字只有个别改变或部分删减。个别改变者,如《吾学编》之"(嘉靖)三十三年遂犯江北",在《殊域周咨录》中作"(嘉靖)三十三年贼犯江北"。删减者,如《吾学编》在末尾记有:"其俗男子魁头断发,黥面文身,妇人被发屈紒。皆跣足,间用屦。其喜盗、轻生好杀,天性然也。物产:金银、琥珀、水晶、硫黄、水银、铜钱、白珠、青玉、苏木、胡椒、细绢、花布、螺钿、漆器、扇、犀、象、刀剑、铠甲、马。交市华人,喜得童男女、锦绮、丝绵、磁针。"④此在《殊域周咨录》中则全部删去。虽然存在这些改变和删减,但严书全文引用郑书的部分数量更多。前者行文接近1500字,后者约为1900字略多,前者的文字几乎全部是抄自后者的。这样看来,严从简对郑晓《吾学编》的记载是相当肯定的。

《吾学编》卷六七《皇明四夷考》卷上《真腊》记载:"真腊……隋始通中

① 袁国梓等纂修:康熙《嘉兴府志》(卷17《人物》),凤凰出版社编:《中国地方志集成·善本方志辑》(第1编第68册),凤凰出版社,2014年,第363页。

② 《明史》(卷74《职官三》),中华书局,1974年,第1809页。

③ 严从简:《殊域周咨录·题词》,《续修四库全书》(第735册),上海古籍出版社,2002年,第470页。

④ 郑晓:《吾学编》(卷67《皇明四夷考》上卷),《续修四库全书》(第425册),上海古籍出版社,2002年,第183页。

国……宋宣和初,封为真腊国王。庆元中,破占城,立其国人为占城王,占城遂为属国,又有……蒲甘等国,皆属真腊。"①对于这一记载,严从简有不同意见,在《殊域周咨录》卷八《真腊》中加有按语,称:"按,《吾学编》载真腊属国有蒲甘者,而《一统志》则但谓其西至蒲甘,不言为属也。且《宋史》称崇宁五年,蒲甘遣使入贡,诏礼秩视注辇(注辇亦海中夷国名——原注)。尚书省言:'蒲甘乃国王,不可下视附庸小国,请令如交趾诸国礼。'从之。及考宋时,宠遇交趾每在各夷之上……夫宋礼交趾其崇如此,而以蒲甘与匹,则蒲甘昔固不属真腊也。"②在这里严从简又表现出对郑晓《吾学编》所载不予盲从的态度。

严从简的《殊域周咨录》提及《吾学编》的记载还有很多,这里不再多说。但仅此两例,即可看出严从简对《吾学编》记载内容的评论是实事求是的,既不虚美,亦不故意贬低,是即是,非即非。由此可推想,严从简之撰《殊域周咨录》不收沙哈鲁国传,只把"沙哈鲁"作为一个人名加以对待,乃当是以其经过研究所得到的结论为依据的。这当为认定"沙哈鲁国"子虚乌有,又增加了一个根据。

(五)证据之五

嘉靖、隆庆至万历年间有一个著名文人,名叫王圻。他是上海人,嘉靖四十四年中进士,历任知县、御史、陕西布政参议等职,后因受当权者的排斥,长期隐居家乡,全心致力于著述。或称其"于书无所不读","归田后日杜门著述"。③或称其离开政坛后,"以著书为事,年逾耄耋,犹篝灯帐中,丙夜不辍"。④王圻所撰著作有《续文献通考》《稗史汇编》《两浙盐志》《东吴水利考》《续定周礼全经集注》《古今考》等,不下十余种。⑤他的《续文献通考》《稗史汇编》等书,被誉为"皆经世大著作"。⑥在这里,特别应予注意的是,王圻所撰《续

---

① 郑晓:《吾学编》(卷67《皇明四夷考》上卷),《续修四库全书》(第425册),上海古籍出版社,2002年,第183页。

② 严从简:《殊域周咨录》(卷8《真腊》),《续修四库全书》(第735册),上海古籍出版社,2002年,第679页。

③ 赵可怀:《〈谥法通考〉序》,王圻:《谥法通考》卷首,《续修四库全书》(第826册),上海古籍出版社,2002年,第501~502页。

④《明史》(卷286《王圻传》),中华书局,1974年,第7358页。

⑤ 黄虞稷:《千顷堂书目(附索引)》,瞿凤起、潘景郑整理,上海古籍出版社,2001年,第270页。

⑥ 李文耀修,谈起行、叶承纂:乾隆《上海县志》(卷10《人物·名臣》),凤凰出版社编:《中国地方志集成·善本方志辑》(第1编第1册),凤凰出版社,2014年,第420页。

文献通考》卷二三四至卷二三八的总题目为《四裔考》,这个题目表明这五卷是专门记载明朝人眼中的与本朝内地有别而非本朝朝廷直接严密管辖,但与本朝朝廷又有所联系,甚至接受本朝朝廷册封的明朝直辖地域以外的远方国家或区域的状况。笼统言之,大体可称《四裔考》是记载当时的中外关系和明朝人所了解的外国状况之专篇。

通过对王圻《续文献通考》卷二三四至卷二三八的《四裔考》作审视,可以发现其所记载的关于中国接受非直辖地区的外国来朝或相关记事,并不局限于明朝一代,而是自远古开始,直到明朝,甚至也不是只到明初,而是一直到万历二十九年,即本书作序出版的前一年。如下记载对此可以作证。

《续文献通考》卷二三八《北夷·鞑靼即契丹》记载:"自娇州西奚迤东,故皆东夷地,迤西则鞑靼也。北故种落不一,历代名称各异,夏曰獯鬻,周曰猃狁,秦汉皆曰匈奴,唐曰突厥,宋曰契丹。自汉以来,匈奴颇盛,后稍弱,而乌桓兴。汉末鲜卑灭乌桓,尽有其地。晋刘渊父子始表中国。后魏时蠕蠕独强,与魏为敌。蠕蠕灭而突厥起,尽有西北地。唐贞观中,李靖灭之。五代及宋,契丹复盛。别部小者曰蒙古,曰泰赤乌,曰塔塔尔,曰克列,各据分地。既而蒙古兼并有之,遂入中国,代宋称号曰元。皇明洪武戊申克元都,元主走应昌。"①

《续文献通考》卷二三五《东南夷·琉球》记载:"其国自古不闻中朝,隋海师何蛮、羽骑尉朱宽访得,虏其男女五千人。元遣人招谕,不从。国王初姓欢斯,名渴剌兜,后嗣王曰尚圆,曰尚真,曰尚清。后分为三:曰中山王,曰山南王,曰山北王。皇明洪武初,三王遣使朝贡。壬子(洪武五年——引者注),行人杨载使日本,归道琉球,遂招之,王愿内附……(万历)二十九年九月礼部题,奉旨:尚宁(此人时为琉球世子,未即王位——引者注)准袭封琉球国中山王。"②

对王圻《续文献通考》卷二三四至卷二三八的《四裔考》作审视,又可以发现,其所记载的外国,从地域上讲,达到离明朝直辖地极远之处。如其卷二三七《西北地附录》记有一名叫昂可剌之国,称其"因水为名,附庸于吉利吉思,去大都(指今北京——引者注)二万五千余里。其语言与吉利吉思特异,昼长夜

① 王圻:《续文献通考》(卷238《四裔考·北夷》),《续修四库全书》(第766册),上海古籍出版社,2002年,第610页。
② 王圻:《续文献通考》(卷235《四裔考·东南夷》),《续修四库全书》(第766册),上海古籍出版社,2002年,第560~562页。

短,日没时炙羊脾,熟,东方已曙矣"。①

对王圻《续文献通考》卷二三四至卷二三八的《四裔考》作审视,还可发现,其所记载的外国数量极多。其中卷二三四《东夷》记高丽等3国;卷二三五《东南夷》记琉球等11国,又同卷《南夷》记廪君种等4国或地区;卷二三六《西南夷》记占城等37国,又用《别录》的方式记龙牙犀角等16国或地区;卷二三七《西夷》记撒马儿罕等42国,又设《西北地附录》专项,记畏兀儿等12国,并用只记国或地区名字而不记其具体情况的方式记有途鲁吉等83地;卷二三八《北夷》记鞑靼等14国,又设《西北诸夷》专项记达卢骨等17国,并在此项中用只记国或地区名字而不记其具体情况的方式记斜离底等7地。以上合计,共记国家或地区246个,其中仅记地名者90个,既记国家或地区名字亦记其国情者156个。一书中记录这样多的国家或地区,在此前其他书籍中当是很难见到的。

讨论至此,可以做出这样的结论,王圻其人是一个做学问非常刻苦、成就极高的大文人,并且对明代及自古至明的中外交往情况非常熟悉。由此看来,具体考察王圻《续文献通考》中《四裔考》对所谓"沙哈鲁国"是否予以记载,对判断此国是否存在具有重要的参考价值。

循此思路,笔者数遍仔细阅读了王圻《续文献通考》卷二三四至卷二三八的内容,思考后有了两点发现:

其一,王圻《续文献通考·四裔考》中,有"沙哈鲁"三字的记载,但只出现过一次,卷二三七《西夷·哈烈》记载:"沙哈鲁,国人尊之为'速鲁檀',犹华言'君主'也。"②这显然是作为一个人名出现的。换言之,在《续文献通考·四裔考》中,绝没有将"沙哈鲁"当作国名加以记载。由此联想《续文献通考·四裔考》记载国家与地区数量之多、学术价值之重大,使读者对"沙哈鲁"非国家而仅为人名之说可进一步增加信任。

其二,王圻在《续文献通考·四裔考》中,对郑晓《皇明四夷考》中的有关记载多有所引用。如王圻《续文献通考》卷二三七《西夷·吐蕃即西番》末尾记载:"郑端简公(指郑晓,端简为其谥号——笔者注)述史氏之言曰:'西戎亦能为中国患。从申侯逼迁西周,附隗嚣旅拒东汉,唐连吐番直入长安,宋失熙河并于

---

① 王圻:《续文献通考》(卷237《四裔考·西夷》),《续修四库全书》(第766册),上海古籍出版社,2002年,第609页。

② 王圻:《续文献通考》(卷237《四裔考·西夷》),《续修四库全书》(第766册),上海古籍出版社,2002年,第600页。

西夏,为祸不小。我以官赏贡市羁縻之,西鄙稍宁。正德以后,边防大驰,戎心遂启。琼议欲于洮、岷、河、兰间,缮城堡,远斥堠,广储畜,谨备海贼,勿使得连西番,即有侵侮,请发精兵,驻临洮、巩昌要害之地拒之。斯良策也。'"①此处所引即出自郑晓的《吾学编》卷六八《皇明四夷考》下卷。②王圻在《续文献通考·四裔考》中,对郑晓《皇明四夷考》有关记载的类似引用,还有卷二三七《西夷·哈密城传》之正文嘉靖十一年记事前等处,③总数达六条之多,为节省篇幅,这里不再一一具体叙述。这种情形表明,王圻对郑晓的此类记载是非常看重的,他对郑晓的《皇明四夷考》当是作过仔细阅读。但是,在王圻的《续文献通考·四裔考》中,对郑晓《皇明四裔考》中所谓"沙哈鲁国"的记载,却只字不提,这显然是因为他根本不同意郑晓认为存在"沙哈鲁国"的说法。至于未加公开反驳,当是出于不言前贤缺失的考虑。

关于王圻《续文献通考》的上述讨论,当再一次为认清"沙哈鲁国"之子虚乌有,提供了根据。

(六)证据之六

明朝崇祯年间,晋江人何乔远撰写了关于明代历史的一部史书,名为《名山藏》,全书包括《典谟记》等37记,其中末尾一记名《王享记》,专记与明朝有联络和交往的非明朝直辖地的外国和地区。该"记"内容包括卷一〇五至卷一〇九,共五卷,记载了数量不等的国家或地区。其中卷一〇五记载"东南夷"2个,为朝鲜和日本;卷一〇六记"东南夷"4个,包括琉球等;卷一〇七记"东南夷"57个,包括占城等;卷一〇八记"北狄"2个,为鞑靼与兀良哈;卷一〇九记"东北夷"2个,为海西与建州,还记"西戎上",包括哈密等19个,以及"西戎下",包括乌斯藏等16个。以上合计共102个国家和地区,数量已相当多。不过这还不是《名山藏》所记这类国家和地区的总数。因为在该书的卷一〇九《西戎上·撒马尔罕》小传之后,还在正文之外用附录的形式,引述了陈诚《西域记》(即《西域番国志》——笔者注)关于哈烈、俺都淮、八答商、沙鹿海牙、赛蓝、渴石、养

---

① 王圻:《续文献通考》(卷237《四裔考·西夷》),《续修四库全书》(第766册),上海古籍出版社,2002年,第592页。
② 郑晓:《吾学编》(卷68《皇明四夷考》下卷),《续修四库全书》(第425册),上海古籍出版社,2002年,第210页。
③ 参见郑晓:《吾学编》(卷68《皇明四夷考》下卷),《续修四库全书》(第425册),上海古籍出版社,2002年,第189~196页。

夷、别失八里、崖儿城、盐泽、达失干、卜花儿等国或地区的记载。其所记外国及地区总数当在110个左右。这反映出本书作者为记全这些国家和地区下了很大功夫，并取得了很大成绩。但是，书中却没有出现"沙哈鲁国"之名。出现这种情况的原因何在？是何乔远不知道当时的文献中已有相当多的关于"沙哈鲁国"的记载？这应该是不可能的。钱谦益为《名山藏》写序言的时间是崇祯十三年闰正月，故《名山藏》一书最早出版于崇祯十三年。从前文论述可知，早在隆庆元年郑晓撰《吾学编》中已有"沙哈鲁国"的记载，至《名山藏》出版时，"沙哈鲁国"存在于世的记载已经长达73年之久，记载这一说法的书籍亦至少有六种之多。将明史研究中非常重要的中外关系作为自己研究内容的何乔远，怎能对之毫无察觉。那么，他为什么知此问题却未在自己的相关著作《名山藏》中就沙哈鲁国是否实有之事十分明确地表示态度呢，他的意见究竟如何？分析起来，正确的判断应是：其在自己的著作中并非没有明确表态，其不将"沙哈鲁国"四个字写进《名山藏》中，即是否定了此说，只是没有十分明确地直接说出而已。至于为何如此处理？或因忙于他事而无暇对之详加说明，或因某种具体原因而只能用行动加以否定而不具体说明，后人不必过分追究。重要的是，我们要深入了解何乔远主张的内涵，不可有所误解。他的主张是明确否定所谓沙哈鲁国存在的。

查何乔远其人，是万历十四年进士，曾任礼部仪制司郎中和光禄寺少卿、光禄卿。[1]《明史》卷七二《职官一》载：仪制司"分掌诸礼文"之事，"凡宗室、驸马都尉、内命妇、蕃王之诰命，则会吏部以请"。[2]同书卷七四《职官三》载："（光禄寺）卿掌祭享、宴劳、酒醴、膳羞之事，率少卿、寺丞官属，辨其名数、会其出入，量其丰约，以听于礼部。""凡筵宴酒食及外使、降人，俱差其等而供给焉"。[3]由此看来，何乔远曾任的官职，与接待外国来客、处理相应事务有关，这使之势必关心外国及有关地区的来访情况，甚至需要了解其有关历史状况。他除细心观察、研究有关经手事宜外，还会经常向有此经验或了解历史、现状的人询问、了解有关状况，查阅本官衙所保存的当时文件和历史文件。这无疑有利于何乔远上述著作所记内容丰富度和可信度的提升。

---

① 《明史》（卷242《何乔远传》），中华书局，1974年，第6286～6287页。

② 《明史》（卷72《职官一》），中华书局，1974年，第1746页。

③ 《明史》（卷74《职官三》），中华书局，1974年，第1798页。

查《四库全书》所收《福建通志》卷四五《何乔远传》，何乔远曾因仕途不顺而"家居几三十年"。[①]但他并未因此消极，反而更加集中精力从事著述工作。著名文人钱谦益称其"公盛年迁谪，读书讲道，无声色货利之好，无荣名臑仕之慕，专精覃思，穷年继晷，故其著作之成就如此"，"蔚为大儒"。[②]平心静气言之，何乔远不管在职做官，抑或家居，一生皆努力治学撰书，因而所撰著述质量很高。不可否认，这里所讲钱氏对何乔远的称赞，是指向整个《名山藏》，并非专指本文所收《名山藏》的部分内容，但即便用之单指本文所论者，也是完全合乎实际的。何乔远之勤奋治学，是其关于外国或有关地区的记述既内容丰富，又可信度极高的保障。

综上所论，何乔远《名山藏》末尾《王享记》之不记所谓的"沙哈鲁国"，为判断沙哈鲁国为子虚乌有，同样增加了证据。

(七)证据之七

以上所找出的关于沙哈鲁国子虚乌有的理由，有一个共同点，即从主张"沙哈鲁国"存在的文献之外、可靠度很高的其他文献的相异记载着眼来加以论证。其实，从主张沙哈鲁国存在的文献本身着眼，同样可以提出其国不存在的证据。

关于《明史》问世之前记载"沙哈鲁国"存在的文献，前文共举出了14种。它们除了在主张所谓沙哈鲁国"存在"一点上完全一致外，相互间还有一个引人注目的相异之处，这也为证明"沙哈鲁国"子虚乌有提供了入手的一个门径。其相异的具体内容为所记的"沙哈鲁国"位置互有不同。前文所列的最早出现的第一种文献(郑晓)《吾学编》，记其位置在"阿速西南海岛中"。此说得到了出现稍晚的第三种(游朴)《诸夷考》(作"阿速西南海岛中")、第七种(陈仁锡)《皇明世法录》(作"阿速西南海岛中")、第八种(张岱)《石匮书》(作"阿速西南海岛中")、第九种(傅维鳞)《明书》(作"阿速西南海岛中")、第十种(查继佐)《罪惟录》(作"阿速西南海岛中")、第十三种(王鸿绪)《明史稿》(作"阿速西海岛中")、第十四种《古今图书集成》(作"阿速西海岛中")的认同，其中只有第十

---

① 郝玉麟等监修，谢道承等编纂：《福建通志》(卷45《人物三》)，《文渊阁四库全书》(第529册)，台湾商务印书馆，1985年，第549页。

② 钱谦益：《牧斋初学集》(卷28)，《续修四库全书》(第1389册)，上海古籍出版社，2002年，第499页。

三种、第十四种漏一"南"字。按,阿速在"高加索以北、顿河下游一带地方",①其西南当为亚速海和黑海。查1985年生活·读书·新知三联书店出版的《泰晤士世界历史地图集》中《奥斯曼帝国的兴起(1301—1520年)》和《俄罗斯在欧洲和亚洲的扩张(1462—1815)》的相关内容及所附地图,可知亚速海在北,黑海在南,两者以克里米亚半岛为界,而又以此半岛东端的刻赤海峡互相连通。②在这里,能够在海中建立一个国家的岛屿并不存在,勉强说之,则只能是克里米亚半岛具备条件。换言之,这里的"阿速西南海岛中"的"海岛",实只能指"克里米亚半岛"。这个半岛所在的地区在中国古代的称呼,当属于"西域"的范围。

在上述14种记载"沙哈鲁国"存在的文献中,第二种即序言作于万历十九年的(罗曰褧)《咸宾录》,提出"沙哈鲁国"在明朝以前名"投和国"。这乃是指其地理位置"在今泰国的湄南河下游地区,即堕罗钵底"。③所记与此类说法相同的文献还有一种,即第四种(胡邦直等)《方舆胜略·外夷》。

关于"沙哈鲁国"地理位置之说法,除以上所述两类外,还有另外两类与之不同的说法:一是将以上两类说法并列提出,皆予承认,不加分别。持此说法的是,前文所列的第五种(焦竑)《国朝献征录》,文献既称"在阿速西南海岛中",又明确记载:"(它为)古投和国,唐贞观中一入贡。"④二是首先正面肯定"在阿速西南海岛中"之说,另外也加上一句"或曰即古投和国",对前者表现出了明确的倾向性。持此说法的是第六种(茅瑞征)《皇明象胥录》、第十一种(尤侗)《明史外国传》,及第十二种(万斯同)《明史》。

对以上所谓明代"沙哈鲁国"地理位置的四类记载加以分析,我们可知其实际涉及的地点只有两处,一为西域的克里米亚半岛,一为今泰国的湄南河下游地区。而对这两处地域在明代的实际状况加以调查,可以清晰地得知,这里根本不可能有什么"沙哈鲁国"。

首先看克里米亚半岛的情况。南宋理宗淳祐三年(1243)蒙古拔都所率大

① 冯承钧原编,陆峻岭增订:《西域地名》(增订本),中华书局,1980年,第5页。
② 杰弗里·巴勒克拉夫主编:《泰晤士世界历史地图集》,生活·读书·新知三联书店,1985年,第138~139、162~163页。
③ 参见陈佳荣等:《古代南海地名汇释》,中华书局,1986年,第399、938~939页。
④ 焦竑辑:《国朝献征录》(卷120《四夷·沙哈鲁》),《续修四库全书》(第531册),上海古籍出版社,2002年,第789页。

军至瓦尔加河,整治所占欧亚两洲之土地,建金帐汗国于欧亚两洲之处,定都萨莱,其所包括的地区之一即克里米亚半岛之地。①何汉文《俄国史》记载:"及一三六七年(此为明朝正式建立之前一年——引者注)黑海之北有克立米部(昔班之弟脱哈帖木儿之后)、瓦尔加河畔有喀山部,里海之北有阿斯达拉干部,与萨莱之王争雄并峙。大抵皆白帐(即斡儿朵后)、青帐(一称月祖伯牙,即昔班之后)及克立米三汗之后,金帐汗正统已绝……先是白帐汗鲁斯一旦得势,逐克立木汗托克塔米失,托克塔米失走依帖木儿,帖木儿发兵援之,破白党汗,遂为金帐总汗……一三八二年(明朝之洪武十五年——引者注)托克塔米失背帖木儿,侵夺帖木儿帝国领土高加索迤南地,一三九四年(明朝之洪武二十七年——引者注),帖木儿率师来攻,与托克塔米失战于乌拉岭之托波儿,大破之。翌年(一三九五年)复来攻……托克塔米失东奔乌拉岭,为族人萨提伯克所杀……帖木儿复援立萨提伯克使代之。旋又废萨提伯克,而立库特洛克之子博拉特伯克……一四一〇年(明朝永乐八年——引者注),博拉特伯克复围莫斯科,不克而退。诸宗王乘其兵入俄境,夺其国。自是扰攘不定,干戈无虚岁,阿斯达拉干并于萨莱,惟喀山、克立米尚存,然金帐汗国已逐渐趋于衰亡。"②此外,上海辞书出版社1981年出版之《世界地名词典》记载:"克里木汗国,十五世纪黑海北岸的鞑靼封建汗国。原属金帐汗国,1427年(明宣宗宣德二年——引者注)脱离,1449年(明英宗正统十四年——引者注)建国。首都巴克契撒莱。1475年(明宪宗成化十一年——引者注)臣服于奥斯曼帝国。"③《泰晤士世界历史地图集》之《奥斯曼帝国的兴起(1301—1520)》记载:"在海上,(奥斯曼帝国的首领)穆罕默德二世于1475年从热那亚人手中夺得克法,在克里米亚建立了桥头堡。接着(1475—1478年)又把金帐汗国最重要的继承者克里米亚汗国置于奥斯曼的保护之下。"④以上各种记载表明,自明朝洪武元年(1368)建立始,至明宪宗成化十四年(1478),在亚速海和黑海所在的地区,只有称为"克立米部"或"克里木汗国"的等级稍异的政权单位,绝无所谓"沙哈鲁国"。以上所列的此地区各种以"沙哈鲁国"名义在永乐年间即公元1403年至

---

① 参见何汉文:《俄国史》,东方出版社,2013年,第51页。
② 何汉文:《俄国史》,东方出版社,2013年,第54~55页。
③ 中科院地理研究所等编:《世界地名词典》,上海辞书出版社,1981年,第603页。
④ 杰弗里·巴勒克拉夫主编:《泰晤士世界历史地图集》,生活·读书·新知三联书店,1985年,第138页。

1424年曾遣使来明朝朝贡的记载,是不可信的。

其次,再看泰国湄南河下游地区的情况。关于泰国湄南河下游地区在明朝永乐年间的具体情况,笔者尚未找到专门的文献资料。但当时泰国的全国性政权名称叫暹罗,其与明朝的交往记载于《明太宗实录》中,若湄南河下游地区当时与明有交往,在《明太宗实录》中应有所记载。但笔者仔细检索《明太宗实录》,根本不见暹罗此地区与明交往的有关记载。以上所列的此地区各种以"沙哈鲁国"名义在永乐年间曾遣使来明的记载,亦应是不可信的。

论述至此,应该说再为判断"沙哈鲁国"之子虚乌有找到了一个证据。

(八)证据之八

对前述记载明代"沙哈鲁国"曾来中国朝贡的14种文献加以仔细审读,还可发现,它们本身存在许多自相矛盾或互不协调的说法。上文谈及,这些记载或称"沙哈鲁国"在遥远的西域,或称其在位于中国之南甚远的泰国。这不能不使人生疑:此国究竟是否存在?

这些文献记载中有10种记其国在西域,但在行文中又称:"西域贾胡来市海中奇物,不惜高价,亦有价廉而得奇货去者,沙哈鲁人不识也。"既然买者卖者同为"西域"人,何必只在"商人"二字前特加"西域"二字以示强调?此岂不令人深感不合常理而以为奇怪,以致再对"沙哈鲁国"是否存在产生怀疑?

以上两种现象的存在,为沙哈鲁国定为子虚乌有再增一项理由。

(九)证据之九

如前文所述,张廷玉等撰写的《明史》定稿、出版后,官修正史正式肯定了"沙哈鲁国"之存在。而后又出版了乾隆十二年官修的《续文献通考》和乾隆三十二年官修的《续通典》。两本书都坚持"沙哈鲁国"之存在。从根本上讲,这两本书在对沙哈鲁国有无方面,是没有太大变化的。但细加考察,两书对此一国名所用文字又是有所不同的。前者即《续文献通考》所用文字仍为"沙哈鲁",而后者则改译为"萨哈勒"。另外,前者全抄张廷玉等撰《明史》的文字,而后者将之大大简化,去掉了"在阿克苏(即阿速——引者注)西海岛中","海产奇物,西域贾人以轻直市之,其国人不能识"等文字。这似乎显示出,至乾隆三十二年,即张廷玉等撰《明史》于乾隆四年正式出版后的第二十八年,《续通典》一书的编者,已经察觉出这部《明史》关于"沙哈鲁国"的记载有所不妥,而为维护这部官修正史的声誉并减轻其负面影响,编者只好用改换"沙哈鲁"名称翻译用字及删减若干错误且重要的记载内容之法,加以处理。这一分析如无失误,那就为沙哈鲁国子虚乌有再加一个证据。

三、关于"沙哈鲁国"误说由来之推想

以上的论述已对所谓存在"沙哈鲁国"之说做了彻底的否定。而为了使这一否定更有说服力,还应对其误说的由来加以分析。

其误说的第一个由来是误解了徐溥等奉敕撰、李东阳等重修、正德四年刊行的《明会典》(下文此书简称"正德《明会典》")卷一〇四《礼部·膳羞·下程》的有关记载。所谓"下程",是指接待行人的酒食。这里所记,是对"番夷土官使臣"下程的规定,即对"诸番国及四夷土官使臣人等进贡"时的酒食招待的规定。其中"诸番国"指来明朝访问、进贡的外国,"四夷土官"指明朝统辖下的边疆地区少数民族居住处的民族首领。这时的下程,又分常例下程和钦赐下程。"常例下程"指普通的招待,"钦赐下程"指以皇帝名义进行的招待,后者规格高出前者,因而仅收到"钦赐下程一次者,仍支常例下程",钦赐下程达到"五日、十日一次者,常例下程住支"。常例下程"每人日支肉半斤、酒半瓶、米一升",另有"蔬菜、厨料"不限。这里的记载应特别注意的是,在其"钦赐下程"小标题下还有如下两段记载:一是记有"沙哈鲁永乐间使臣七十七人,一日一次:羊十二只、鹅四只、鸡十四只、酒五十瓶、米一石五斗、果子一石、面一百二十斤、烧饼二百个、糖饼一盘、蔬菜厨料"。二是,将"哈烈"一国列入了"止支常例下程"的国家名单之中,而其文前后并无"哈烈"二字的再次出现。①联系本文此前关于沙哈鲁乃哈烈王的论述,可知这里的"沙哈鲁"当是以"哈烈王"的身份出现的一个人名,即这里的"沙哈鲁"仅是一个人名而不是一个国家之名称,但它可代表其人担任君主的国家"哈烈国"。这种情形在任何时代都可发生,在专制时代的明朝更是如此。

另外,正德《明会典》中所记的规定钦赐下程达到"五日、十日一次者,常例下程住支",而对"沙哈鲁永乐间使臣七十七人"的"钦赐下程"是"一日一次",这表明"沙哈鲁永乐间使臣七十七人"的这次来明,因钦赐下程一日一次,非常之多,正是应予取消常例下程的对象。至于"哈烈"名下的"钦赐下程"却没有

---

① 徐溥等奉敕撰,李东阳等重修:《明会典》(卷104),《文渊阁四库全书》(第617册),台湾商务印书馆,1985年,第948~949页。

记载。但在正德《明会典》中所记的"止支常例下程"国家名单中却有"哈烈",而无"沙哈鲁"。这种现象的出现,也只能以"沙哈鲁"三字是哈烈的君主而非国名来解释。史书中第一次把"沙哈鲁"当作国名予以记载的是郑晓的《吾学编》,其第一句话为"沙哈鲁,永乐间遣七十七人来朝贡";而在正德《明会典》中有"沙哈鲁永乐间使臣七十七人"之语,这是关于此内容的第一次记载,此前史书不见此语。由此说来,郑晓的记载当是抄自正德《明会典》,可惜的是,在抄袭过程中,其对原意没作仔细辨别,将君主的人名误作了国名。

其误说的第二个由来当是误解了《明宣宗实录》的一段记载。该实录宣德七年七月庚午条记有如下一段文字:"哈密忠顺王卜答失里遣指挥舍黑马黑麻等,及哈烈等处头目沙哈鲁米儿咱,遣使臣马速等来朝,贡驼马王石。"[①]在这段话中,既有字数难以判断的外国人名,包括"卜答失里""舍黑马黑麻"等;还有难于判断字数实为多少、含义何在的专门名词,如"米儿咱",其词是明代和现代中国人都少有接触并不太熟悉的波斯语,读作 meer-za,对音亦可作弥儿柴,是对王子的尊称。[②]此外,《明宣宗实录》在明代没有印刷本,只有若干手抄本,难免发生误抄或漏抄。即便是今天学者能看到的最好的抄本《明宣宗实录》的若干部分,其中也有误抄之字,如本文所引的这段文字中的末尾第二字之"王",即当为"玉"字之误,而这个本子就是今天能看到的其书最好版本——中华书局影印本。以上种种状况,使得史学家在依据《明宣宗实录》的这段记载撰写史书时,难免因对其发生误解而出现失误。郑晓《吾学编》中所谓存在"沙哈鲁国"的一些误记,当即由此产生。如其中称"(沙哈鲁)国在阿速西南海岛中",很可能是因对《明宣宗实录》"使臣马速"四字上文的"迷儿咱"之含义不明白,以致对理解"使臣马速"四字的含义存在一定的困难,从而导致对这四字中的"使臣马"三字因发音而作误判,即误以"使"为"西"。[③]又误以"臣"为"邻",[④]

---

① 《明宣宗实录》(卷93"宣德七年七月庚午条"),中华书局,2016年,第2115页。

② 参见陈诚:《西域行程记 西域番国志》,周连宽点校,中华书局,2000年,第78页。

③ "使"之古音为"疏吏切",《康熙字典·人部》"使"字释文,其韵母为"i"。当代河北邢台地区有的地方土话仍将"使"字说成"xi",其韵母亦作"i";而"西"字之古音为"先齐切",《康熙字典·西部》"西"字释文,其韵母同样作"i"。这是发生由"使"至"西"之误的具体缘由。

④ "臣"之古音为"丞真切",《康熙字典·臣部》"臣"字释文,其韵母作"en",而"邻"字之古音为"良刃切",音吝,《康熙字典·邑部》"邻"字释文,其韵母同样为"en"。这是发生由"臣"至"邻"之误的具体缘由。

误以"马"为"阿"。①这样"西邻阿速"之语从而产生出来。查上文引用过的《泰晤士世界历史地图集》第139页所载地图,可知"阿速"在"亚速海"和"黑海"之东北方向(此图中"阿速"作"亚速",仍因译语用字不同而致异,"亚速"与"阿速"指一地),距海甚近。讨论至此,对郑晓《吾学编》中所谓"(沙哈鲁)国在阿速西南海岛中"之记载是怎么凭空产生的,便可恍然大悟了。

郑晓《吾学编》中还记"沙哈鲁国""人民淳直,耻斗好佛"。这似是因谓沙哈鲁国近阿速国,而认为阿速国之"敬佛畏鬼,好布施,恶争斗"②会对之有所影响,因而稍变文字,将之写入了沙哈鲁之条文中。此一推想如成立,那就再为了解子虚乌有之"沙哈鲁国"是怎样从无到有指出了第三种由来。

关于沙哈鲁国的所在地,如上文所说共有两种说法,一种称在阿速附近的黑海和亚速海之中,另一种则称在今泰国的湄南河下游地区。以上所指出的关于"沙哈鲁国"误说的第二个由来及第三个由来仅涉及所谓沙哈鲁国在阿速附近的黑海和亚速海之中的那种说法;至于涉及所谓沙哈鲁国在今泰国的湄南河下游地区误说的由来也可找出。笔者认为,当郑晓刚刚写下载有沙哈鲁国存在于世之内容、并称其国在阿速西南海岛中的《吾学编》之书时,在其后的一段时间内,所谓沙哈鲁国在阿速附近的黑海和亚速海之中的说法,实是除《吾学编》之外书无记载、查无实据的。这难免使勤于思考的有心人读了此书后产生怀疑,从而致力查找资料、访问他人,力求搞清真相。此后不久出现的与郑晓所撰《沙哈鲁传》大不相同的罗曰褧《咸宾录·南夷志》中的《沙哈鲁》,就是这样产生的。罗曰褧其人,字尚之,江西人,③万历十三年举人,其父罗博以孝廉官怀庆。《咸宾录》书中《附录》载有《引用诸书目录》,其中包括《吾学编》,④这说明他应见到郑晓所撰的《沙哈鲁传》,但却不同意郑晓关于"沙哈鲁国"所在地址的说法,提出了沙哈鲁在今泰国的湄南河下游地区之说。这一说法的由来,作者罗曰褧本人并未加以记录。笔者分析,它似经过了如下过程:作者罗曰褧首先由"沙哈鲁"其人,联想到了"沙哈鲁"其城,名为"沙哈鲁克亚"

---

① "马"之古音为"莫下切",《康熙字典·马部》"马"字释文,其韵母作"a",而"阿"字古音为"于阿切",《康熙字典·阜部》"阿"字释文,其韵母作"e"。"a"与"e"发音有所不同,但两者发音部位相同,只因口腔的张、合相异而有别,所以易于相混,这是发生由"马"至"阿"之误的具体缘由。
② 郑晓:《吾学编》(卷68《皇明四夷考》下卷),《续修四库全书》(第425册),上海古籍出版社,2002年,第208页。
③ 永瑢等:《四库全书总目提要》(卷78《地理类存目》),商务印书馆,1931年,第12页。
④ 罗曰褧:《咸宾录·附录》,余思黎点校,中华书局,2000年,第235页。

(shahrokia)。这里有一个记于阿拉伯沙所著《创世奇观》中的有趣故事:沙哈鲁之父帖木儿在细浑河(今锡尔河,又名火站河、霍阐河、忽牟河)上督部下筑城,一日,适与人下棋,得胜之际,有人来报河上新堡已竣工,同时又报其子降生。大喜之时,除为新生子起名"沙哈鲁"外,又命名新建成之堡为"沙哈鲁克亚"。沙者,波斯语"王"也,鹿克或鲁克(Rok)者,下棋之城堡也。"沙哈鲁克亚"之转音,可变成"沙鹿海牙"。①这样,罗曰裻又可由"沙哈鲁克亚",进一步联想到"沙鹿海牙"。如上所言,"沙鹿海牙"境内有"火站河",其"火"字易使人联想到地名中带"火"者,也易使人联想到地名中带"大"者,因为前者字形及其发声皆与火站河之"火"字相同,易于相互联想而相混,后者与火站河之"火"字发声虽不同,而字形甚相近,两者因相互联想而发生相混的情形亦易产生。论说至此,罗曰裻遂将"沙哈鲁国"认定在今泰国的湄南河下游地区,古称"投和国"。《通典》卷一八八《投和传》称:"投和国,隋时闻焉,在海南大洲中,真腊之南,自广州西南水行百日至其国。"②《太平寰宇记》卷一七七《投和国》称:"投和国,隋时通焉,在南海火州中、真腊之南,自广州西南行百日至其国。"③《文献通考》卷三三二《投和》称:"投和国,隋时闻焉,在南海大洲中,真腊之南,自广州西南水行百日至其国。"④以上三书所记"大洲""火州"中的"大"与"火"二字及上文言及之"火站河"中之"火"字当正是罗曰裻将所谓"沙哈鲁国"由位于阿速附近改记为古投和国即明代的暹罗国之一部分(湄南河下游地区)的关键依据。另,古投和国名字中的"和"字,发音与"火站河"中的"火"字有相近之处,这当也是罗曰裻确认所谓"沙哈鲁国"在今泰国湄南河下游地区的一个重要因素。以上笔者关于沙哈鲁国在今泰国湄南河下游地区说产生过程的论说,还不敢自说绝对准确不误,姑且作为一种推测而提出。若其准确,自为"沙哈鲁国"之子虚乌有增加证据;倘不准确,亦不影响沙哈鲁国子虚乌有的结论,因为其子虚乌有的根据大量存在,不容怀疑。

---

① 陈诚:《西域行程记 西域番国志》,周连宽点校,中华书局,2000年,第91~93页。

② 杜佑:《通典》(卷188《边防四》),《文渊阁四库全书》(第605册),台湾商务印书馆,1985年,第598页。

③ 乐史:《太平寰宇记》(卷177《四夷六》),《文渊阁四库全书》(第470册),台湾商务印书馆,1985年,第631页。

④ 马端临:《文献通考》(卷332《四裔考九》),《文渊阁四库全书》(第616册),台湾商务印书馆,1985年,第559页。

本文原刊载于《史学集刊》2022年第3期。

作者简介：

南炳文,1942年生,河北广宗人。1966年毕业于南开大学历史系。曾任南开大学历史研究所所长、中国明史学会会长,现为南开大学资深教授。主要从事明清史教学和研究,著有《明史》(上、下册,合著)、《南明史》、《明清史蠡测》、《明史新探》、《20世纪中国明史研究回顾》等,主编《清史纪事本末》(十卷本)、《清史》(下册)等,主持国家文化工程《清史》子项目《遗民传》之撰写、"廿四史"暨《清史稿》修订工程》子项目《明史》之校勘修订等,完成《辑校万历起居注》(合校)、《泰昌天启起居注》等古籍整理,翻译有《日本学者研究中国史论著选译》(第6卷之清代部分)等。

《十八世纪俄国炮兵大尉新疆见闻录》
所见准噶尔社会与文化

沈雪晨

《十八世纪俄国炮兵大尉新疆见闻录》原名《遣往准噶尔珲台吉策妄阿喇布坦处的炮兵大尉伊万·温科夫斯基使团及其1722—1724年的旅途日记》,[1]系俄国炮兵大尉伊万·温科夫斯基(Иван Степанович Унковский,1688—1758)奉罗曼诺夫王朝沙皇彼得一世之命,出使策妄阿喇布坦(Tsewang Rabtan,1665—1727)统治下的准噶尔部后写给政府的报告。此书由俄国著名东方学家、圣彼得堡科学院(Петербургская Академия Наук)院士尼·维谢洛夫斯基(Николай Иванович Веселовский,1848—1918)搜集整理,于1887年在圣彼得堡由基什鲍姆出版社(тип. В. Киршбаума)出版。[2]书中不仅记录了温科夫斯基使团出使始末、谈判细节,更为我们留下了18世纪早期准噶尔部统治者形象、社会制度、生计物产、商业贸易、生活习俗、信仰传说等丰富内容。

以往相关研究成果多集中在政治、军事层面,着力探讨温科夫斯基此次出使活动的政治意义与其背后反映的俄准关系局势,[3]并将温科夫斯基的报告作

---

① Унковский И.С., Веселовский Н.И. Посольство к Зюнгарскому Хун - Тайчжи Цэван Рабтану капитана от артиллерии Ивана Унковского и путевой журнал его за 1722-1724 годы, СПб.: тип. В. Киршбаума, 1887. 中译本见温科夫斯基著,维谢洛夫斯基编:《十八世纪俄国炮兵大尉新疆见闻录》,宋嗣喜译,黑龙江教育出版社,1999年。

② Менделеев Д.И.,Соловьёв В.С., Энциклопедический словарь Брокгауза и Ефрона (《布罗克豪斯和叶夫龙百科词典》): в 86 т. (82 т. и 4 доп.). СПб., 1890-1907.

③ 宋嗣喜:《策妄阿喇布坦与沙皇俄国——博罗库尔干出使俄国、温科夫斯基出使准噶尔与达尔扎复又出使俄国评述》,中国蒙古史学会编:《中国蒙古史学会论文选集(1983)》,内蒙古人民出版社,1987年,第306~313页;宋嗣喜:《策妄阿喇布坦与沙皇俄国——温科夫斯基出使准噶尔前后》,《民族研究》1984年第6期;宋嗣喜:《〈俄国政府给温科夫斯基的外交指令〉释析》,《新疆大学学报》(哲学社会科学版)1985年第4期;宋嗣喜:《俄国使臣温科夫斯基滞留准部纪实》,《中国边疆史地研究导报》1989年第6期。

为研究策妄阿喇布坦统治前后准噶尔内部政治变迁的参考资料。①但当我们结合历史学与民族学的理论方法时,便能发现《十八世纪俄国炮兵大尉新疆见闻录》一书对准噶尔社会与文化的细腻观察与详细描述,乃具有极高之民族志价值——在民族志视域下,此书既有助于我们探究彼时准噶尔社会的真实情况,又可以让我们了解到俄罗斯使臣在与准噶尔人发生文化遭遇(cultural encounter)后所形成的认知。②本文将在介绍《十八世纪俄国炮兵大尉新疆见闻录》成书时空背景的基础上,对书中记载的民族志内容作重新整理分类和完整呈现,并比较德国博物学家(naturalist)彼得·西蒙·帕拉斯(Peter Simon Pallas,1741—1811)所作《内陆亚洲厄鲁特历史资料》等域外民族志文献和其他清人著述中的相关记载,③期以在一定程度上还原策妄阿喇布坦统治时期准噶尔社会与文化的真实状况,帮助我们更深入地掌握准噶尔文化的整体面貌,并在此过程中探讨俄国使臣温科夫斯基在初次接触准噶尔人后对该群体形成的认知。④

---

① 乌云毕力格:《小人物、大舞台与大角色:罗布藏舒努和十八世纪欧亚卫拉特汗国与清朝关系》,《清史研究》2017年第4期;张建:《再造强权——准噶尔珲台吉策妄阿喇布坦崛起史新探》,台湾《"中央研究院"历史语言研究所集刊》(第86本第1分),2015年,第53~96页;王力:《准噶尔蒙古与俄国的贸易类型及其特点》,《中国边疆史地研究》2021年第4期;蔡家艺:《罗卜藏舒努生平事迹辑探》,《西部蒙古论坛》2012年第2期;郭福祥:《清代中俄交往的见证——钟表》,《历史档案》2005年第1期。

② 关于民族志文献的定义,参见刘正寅:《多语种民族志文献与西域民族研究》,《西域研究》2015年第4期。

③ 帕拉斯与温科夫斯基二人生活的年代虽有50年左右的差距,身份和工作亦不同,但皆服务于俄国政府的东方战略,各自的著作也都呈现了卡尔梅克人的社会状况。前者描述的是准噶尔人,后者的调查对象则以土尔扈特人为主,二者都属卫拉特蒙古四部,文化较为接近,帕拉斯书中的记载亦印证了这点。参见 Robert C. Parker, Contributions of Peter Pallas to Science and Exploration in Russia, A Thesis for the Degree of Master of Arts in History in Portland State University, 1973, Abstract; Peter S. Pallas, *Sammlungen historischer Nachrichten über die Mongolischen Völkerschaften*, St. Petersburg: gedruckt bey der Kayserlichen Akademie der Wissenschaften, Vol. 1, 1776; Vol. 2, 1801。中译本为本书第一卷, P. S. 帕拉斯:《内陆亚洲厄鲁特历史资料》,邵建东、刘迎胜译,云南人民出版社,2002年。

④ 准噶尔本系卫拉特一部,自巴图尔珲台吉(Baatur Khung-Taiji, ? —1653)时期崛起成立准噶尔汗国,后逐步征服了其他部落,成为卫拉特中最强盛者,遂也被用来指代所有卫拉特人。有关准噶尔部、准噶尔人的定义与历史,参见 Christopher P. Atwood, *Encyclopedia of Mongolian and the Mongol Empire*, New York: Facts On File, 2004, pp.621-624; Peter C. Perdue, *China Marches West: The Qing Conquest of Central Eurasia*, Cambridge, Mass.: Belknap Press of Harvard University Press, 2005, pp.94-108; Junko Miyawaki, Did a Dzungar Khanate Really Exist? *Journal of the Anglo-Mongolian Society*, Vol.10 (1), 1987, pp.1-5.

一、《十八世纪俄国炮兵大尉新疆见闻录》之成书

《十八世纪俄国炮兵大尉新疆见闻录》成书于沙皇彼得一世励精图治、推动西化改革、奠定俄罗斯近代诸项发展基础的时代背景下。彼得一世即彼得大帝,是欧陆近世史上施行开明专制君主之典范。他主政期间改革俄罗斯军制与立法系统,迁都圣彼得堡,推动俄罗斯文化教育建设,取得了重大成就。1721年,俄罗斯通过《尼斯塔特和约》夺取波罗的海出海口,赢得了与瑞典间持续多年的北方战争。次年俄罗斯入侵波斯,夺取里海西岸和南岸地区,随后向远东地区继续扩张,占有堪察加半岛和千岛群岛。①在中亚和北亚,俄罗斯最大的敌人是清朝,双方先后通过《尼布楚条约》和《恰克图条约》订立边界。

彼得大帝曾计划趁中亚各国汗廷政局混乱之际遣使渗透,以保护安全、维护政局稳定为由,说服汗们接受、供养俄国驻军,并逐渐将他们变成顺从于沙皇的奴仆。②后来的历史证实,这一计划并不成功,俄国迟至19世纪中叶以后,方以强力军事行动征服了希瓦、布哈拉、浩罕等政权。③俄国针对准噶尔部的行动即遭遇了很大困难。彼时准噶尔部正处于清俄两股强大势力之间,在策妄阿喇布坦的统治下稳步发展,通过军事与外交策略维持自身存续、谋求生存空间。④1715年,一支俄国军队试图深入叶尔羌,但遭到准部军队的有效回击,俄国人建立要塞并打赢了部分小规模局部战争,但最终在准部的顽强抵抗和瘟疫影响下,被迫退守额尔齐斯河防线。1720年后,在西伯利亚任职的俄国官员们开始尝试与准部建立友好往来,希望对方释放此前战争中被俘的俄国军人,并谋划通过派

① Edward M. Burns and Philip L. Ralph, *World Civilizations: Their History and Their Culture*, Vol.2, New York: Norton, 1974, pp.630-633.

② 温科夫斯基著,维谢洛夫斯基编:《十八世纪俄国炮兵大尉新疆见闻录》,宋嗣喜译,黑龙江教育出版社,1999年,"序言"第1页。

③ 阿德尔、哈比卜主编:《中亚文明史》(第5卷《对照鲜明的发展:16世纪至19世纪中叶》),蓝琪译,中国对外翻译出版公司,2006年,第38、53、62~63、85~86、96页。

④ 参见 Fred W. Bergholz, *The Partition of the Steppe: the Struggle of the Russians, Manchus, and the Zunghar Mongols for Empire in Central Asia, 1619-1758: a Study in Power Politics*, New York: Peter Lang, 1993, pp.373-374; Peter C. Perdue, *China Marches West: the Qing Conquest of Central Eurasia*, Cambridge, Mass. : Belknap Press of Harvard University Press, 2005, pp.257-258; Peter C. Perdue, Military Mobilization in Seventeenth and Eighteenth-Century China, Russia, and Mongolia, *Modern Asian Studies*, Vol.30 (4), 1996, pp.757-793;沈雪晨:《事实与书写——雍正乾隆时期清准议和再论》,台湾《新史学》2021年第32卷第4期。

遣使团、提供军事协助等方式,令准部臣服于俄国。1721年7月(俄历,以下皆同),博罗库尔干等准部使者抵达西伯利亚首府托博尔斯克(Тобольск),两个月后至首都圣彼得堡面见了彼得大帝,双方就议定边界、设立要塞、交换逃人、建立贸易等事务对话。1721年12月,俄国政府安排使团回访策妄阿喇布坦政权,炮兵大尉伊万·温科夫斯基便接到了出使准部的指令。①

温科夫斯基1688年生于俄罗斯一个军事贵族家庭,他的家族自16世纪中叶始便在俄罗斯历史上崭露头角,环球航海家谢苗·温科夫斯基(Семён Яковлевич Унковский,1788—1882)即是此家族后人。②史书对伊万·温科夫斯基生平的记载相当有限,他一生中最突出的事迹就是代表俄国出使准噶尔。使团出使的大致情况如下:1722年2月25日,温科夫斯基率领着一支包含军人、商人、测量学家和采矿学家组成的使团,携带巨额礼品和钱财,在博罗库尔干的带领下由莫斯科向南出发,计划在面见策妄阿喇布坦后诱使其向俄国称臣,希望他能允许俄国在准部境内建立要塞、寻找矿藏。随后使团经额尔齐斯河至塞米巴拉金斯克(Семипалатинск)处的要塞,于11月17日抵达伊犁河中游策妄阿喇布坦的营帐,并在此地过冬,于1723年3月底至9月中旬与策妄阿喇布坦沿河谷漫游,至9月18日沿原路返程,次年1月23日回到西伯利亚首府托博尔斯克,4月14日抵达莫斯科。③

在俄国使团停留准部长达十个月的时间里,温科夫斯基等俄国使者与策妄阿喇布坦会面共十七次,计有正式谈话十三次,其中涉及俄准关系问题和历史问题的谈判共六次,另有少数谈话则是妄阿喇布坦与温科夫斯基两人间的密谈。在温科夫斯基的记录中,尽管他以不卑不亢的态度和富有技巧的谈判

---

① 温科夫斯基著,维谢洛夫斯基编:《十八世纪俄国炮兵大尉新疆见闻录》,宋嗣喜译,黑龙江教育出版社,1999年,"序言"第2~46页;"颁发给温科夫斯基的指令",第223~227页;"致国家外交院报告",第230页;"关于装备温科夫斯基使团的费用情况(摘自国家外交院办事处)",第231~242页。

② James R. Gibson, *California through Russian Eyes, 1806-1848*, Norman, Oklahoma: University of Oklahoma Press, 2013, "Excerpt from Semyon Yakovlevich Unkovsky, 'Voyage around the World,' 1815", pp.75-84.

③ Унковский Иван Степанович, русский дипломат, путешественник XVIII в.(伊万·斯捷潘诺维奇·温科夫斯基,俄罗斯外交官,18世纪旅行家),http://rus-travelers.ru/unkovskij-ivan-stepa-novich/, 2020年7月27日。温科夫斯基著,维谢洛夫斯基编:《十八世纪俄国炮兵大尉新疆见闻录》,宋嗣喜译,黑龙江教育出版社,1999年,"谨向国家外交院恭报",第1~4页;"谨向国家外交院报告",第4~5页。

手段,不断向策妄阿喇布坦兜售称臣于俄国的种种好处,但对方始终未为所动,从未答应向俄国称臣的要求,并严辞反对俄国在准部境内设立要塞。①因此温科夫斯基出使准部的行动并未实现预期目标,显示出俄国方面希望通过出使、渗透、驻军等行动控制准部的计划失败。

回国后,温科夫斯基将沿途的记录整理成了内容详细的出使报告,原稿分别在莫斯科档案馆和私人手中存放了一个半世纪余。1887年,尼·维谢洛夫斯基以圣彼得堡大学教授 A. H. 维谢洛夫斯基捐献给俄国地理学会的手稿为底本,结合莫斯科档案馆所存温科夫斯基呈交给俄国政府的报告、札记和从该档案馆调用的三份案卷,以注释的形式将档案馆文稿中的全部歧异文词做出说明,并参考了一位卡尔梅克历史语言学者的意见,对全书进行了系统性整理汇编,另加入了温科夫斯基上交给政府的一幅地图和其他比较重要的一手档案,最终将其收入俄《皇家地理学会人种学部学报》第十卷第二册出版。尼·维谢洛夫斯基还为本书作了研究性的序言,不仅说明了自身整理工作所使用的方法和版本,而且评判了彼得大帝时期至19世纪末俄国的东方战略得失,并着重分析了俄准之间使者往来和谈判的结果,此系温科夫斯基使团相关问题的重要研究成果。②

1999年,中国学者宋嗣喜据1887年尼·维谢洛夫斯基的整理本将此书译为中文,译者因原名略显冗长,为醒目起见,改题名为《十八世纪俄国炮兵大尉新疆见闻录》。该中译本将尼·维谢洛夫斯基所作注释全部译出,以"译者注"形式说明了正文中的歧异文词;另收录了原书中的地图,翻译了其中的俄文地名与注释;还附上了书中所涉及人名、地名中俄文对照翻译的索引;书中三封策

---

① 温科夫斯基著,维谢洛夫斯基编:《十八世纪俄国炮兵大尉新疆见闻录》,宋嗣喜译,黑龙江教育出版社,1999年,第44~45、48~49、54~56、63~68、90~96、97~99、121~125、133~137、149~150、154~157、158~159、159~160页;宋嗣喜:《策妄阿喇布坦与沙皇俄国——温科夫斯基出使准噶尔前后》,《民族研究》1984年第6期。

② 温科夫斯基著,维谢洛夫斯基编:《十八世纪俄国炮兵大尉新疆见闻录》,宋嗣喜译,黑龙江教育出版社,1999年,"序言"第1~49页。维谢洛夫斯基调用案卷包含:1724年1月20日(公历1月31日)、1721年11月26日(公历12月7日)、1724年4月3日(公历4月14日)共三份。

妄阿喇布坦致彼得一世的信件,译者则直接由托忒蒙古文译出。①宋嗣喜的译本不仅将这部俄文史料介绍至国内学界,亦为我们的研究奠定了良好基础。

二、《十八世纪俄国炮兵大尉新疆见闻录》的民族志记述

《十八世纪俄国炮兵大尉新疆见闻录》正文以日记体写成,书中详细记载了使团自1722年2月25日至1724年4月14日间每日之行经里程、途经地点和各类见闻,这些记载中有对准噶尔社会与文化的详细观察,也包含作者与当地统治者和底层民众间的生动对话。尽管温科夫斯基使团的政治目标未能达成,但上述这些记录却十足珍贵,它们不仅为当时的俄国和欧洲地理学家、博物学家带来了关于中国西北等地区的全新信息,②更为我们今天研究18世纪初准噶尔人的社会与文化提供了得自亲历见闻、实地考察而来的一手材料。本节兹将零散杂乱分布于书中各处、有关准噶尔部的民族志记述重新整理,以较接近当代民族志写作的分类方法,将这些内容分为统治者形象、社会制度、生计物产、商业贸易、生活习俗、宗教信仰等六个类别,并比较帕拉斯《内陆亚洲厄鲁特历史资料》、福赛斯(T. D. Forsyth, 1827—1886)《1873年出使叶尔羌报告》、阿克敦(Akdun, 1685—1756)出使准部奏议、七十一(Nimaca Hala)《西域闻见录》、图里琛(Tulišen, 1667—1740)《异域录》以及清朝档案、官书等材料中的记载,探讨策妄阿喇布坦统治时期准噶尔社会与文化的真实状况,呈现《十八世纪俄国炮兵大尉新疆见闻录》中相关记述的民族志价值。

(一)统治者形象

温科夫斯基在停留准部的十个月内,与准部首领策妄阿喇布坦会面共十七次,进行了密切谈话和共同旅行。他的报告中留下了对策妄阿喇布坦面貌的生动描述,使后者以鲜活的个人形象出现在历史记载中,极大丰富了我们对

---

① 由于篇幅原因,中译本删去了原书中收录的俄国著名东方学家阿·马·波兹德涅耶夫(Алексей Матвеевич Позднеев, 1851—1920)所作《论准噶尔卡尔梅克人的历史的一封信》。关于波兹德涅耶夫的生平及学术贡献,参见 Alexander S. Dybovsky, Alexey M. Pozdneev (1851-1920) and Russian Practical Oriental Studies, *Historical and Social-educational Ideas*, Vol.10 (2), 2018, pp. 83-105;温科夫斯基著,维谢洛夫斯基编:《十八世纪俄国炮兵大尉新疆见闻录》,宋嗣喜译,黑龙江教育出版社,1999年,"译后记"第281~282页。

② Унковский Иван Степанович, русский дипломат, путешественник XVIII в.(伊万·斯捷潘诺维奇·温科夫斯基,俄罗斯外交官,18世纪旅行家), March 29, 2013, http://rus-travelers.ru/unkovskij-ivan-stepanovich/,2020年7月27日。

准部统治者形象的认知,并展现了双方在接触过程中的文化遭遇。

1722年11月16日,温科夫斯基在到达策妄阿喇布坦营帐的前一天就被前来接待的准使告知:"中国汗和其他汗派使臣来觐见珲台吉,珲台吉按照自己习惯,头戴帽子坐在那里,不亲自从使臣手里接受国书,而是由他的一位近臣接受。这位近臣总是给他端喝的,把装上烟草的烟袋点燃后递给他。"尽管温科夫斯基一再坚持策妄阿喇布坦应亲自站立、脱帽接受沙皇亲手签署并加盖御玺的国书,如同土尔扈特部的阿玉奇汗(Öyoki,1640—1724)那样,但还是遭到了准使的拒绝。[1]清朝使者阿克敦也记载了类似情形:1734年,阿克敦在面见噶尔丹策零(Galdan Tseren,1695—1745)时,试图亲自递交清朝国书,但遭到拒绝,而由噶尔丹策零身边的一位近臣转递。[2]随后,温科夫斯基又被要求在面见策妄阿喇布坦前,必须除掉刀子,不得携带任何武器;在进入汗的牙帐前,应自己掀开门帘,若让别人代掀,则会让准噶尔人感到极大不快;策妄阿喇布坦则坐着并头戴帽子接受国书。这让温科夫斯基十分恼怒,因为在俄国,"如果服役官员,尤其是官长,不佩带长剑行走被视为是耻辱,而且是违背皇帝陛下的规定,因为在皇帝陛下宫廷官长和士兵均照例佩带长剑"。[3]但在准噶尔人的再三要求下,他只得妥协。[4]这些记载令策妄阿喇布坦在尚未出场时便已呈现出对俄态度强硬、毫不退让的形象,甚至透露出准噶尔人对俄国方面信息的掌握——他们富有针对性地拿出双方在礼节上的差异之处,以此大做文章,令俄国人在会面、谈判开始前就不得不照着当地的规矩办事。

在《十八世纪俄国炮兵大尉新疆见闻录》中,策妄阿喇布坦接见温科夫斯基的场面如下:"这座接见大厅由格栅(他们称格栅为捷尔马)造成,人字房架,上面覆盖着毡子,呈圆形,类似干草垛,直径约六俄丈。在场的有许多卡尔梅克人官长和其他显贵人物,还有为数不少的布哈拉伯克和布哈拉其他贵族,全

---

① 温科夫斯基著,维谢洛夫斯基编:《十八世纪俄国炮兵大尉新疆见闻录》,宋嗣喜译,黑龙江教育出版社,1999年,第31页。

② 阿克敦:《初次使准噶尔奏》《再使准噶尔奏》,《清代诗文集汇编》编纂委员会编:《清代诗文集汇编》(第256册),上海古籍出版社,2010年,第572~590页。

③ 温科夫斯基著,维谢洛夫斯基编:《十八世纪俄国炮兵大尉新疆见闻录》,宋嗣喜译,黑龙江教育出版社,1999年,第37~38页。

④ 温科夫斯基著,维谢洛夫斯基编:《十八世纪俄国炮兵大尉新疆见闻录》,宋嗣喜译,黑龙江教育出版社,1999年,第39页。

体人员都戴着帽子。"①这段记载除了对会面场景的详细描述,还表明准噶尔统治集团中存在着信奉伊斯兰教的伯克,根据温科夫斯基下文对策妄阿喇布坦所统治不同族群之表述,可以得知此处提到的布哈拉人主要是指南疆地区定居在城市中的回部居民,即今天的维吾尔族,而非真正来自布哈拉的穆斯林。②这些信仰伊斯兰教的居民同时也在准部的境内外贸易中扮演着重要角色,③并与其他族群共同呈现出策妄阿喇布坦统治下多元族群共存发展、交往交融的局面。

随后,俄国使者被招待以瓷碗装的茶和阿拉克酒,并附上了两大木盘白面饼。温科夫斯基喝了茶、尝了酒,但没有吃饼。在会面过程中,策妄阿喇布坦从未对俄国使者赠送的礼品表示任何感谢。会面结束后,准部贵族诘难温科夫斯基没有吃饼,也没喝完酒,认为此举使人不快。④令人意外的是,策妄阿喇布坦在20天后与温科夫斯基的对谈中,仍提及俄使未曾吃饼一事;在次年9月的谈话中,策妄阿喇布坦还在谈话中提及为何要坐着并戴着帽子接待俄使的原因,表示准部在此事上的习俗与俄国刚好相反。⑤以上内容反映出两种不同文化在接触过程中发生的冲突和误解,并体现出策妄阿喇布坦对会谈礼节的高度重视——是否吃饼、脱帽本是不同文化间的细微习俗差异,在这里却被赋予了极高的政治内涵,令人不免联想到英使马戛尔尼觐见乾隆帝时双方就单膝或双膝下跪一事发生的礼仪争端,体现出觐礼在对外交涉中扮演之重要角色。⑥

---

① 温科夫斯基著,维谢洛夫斯基编:《十八世纪俄国炮兵大尉新疆见闻录》,宋嗣喜译,黑龙江教育出版社,1999年,第44页。

② 对于策妄阿喇布坦统治下的不同族群,温科夫斯有如下表述:"珲台吉治下有不同的民族:他的名叫准噶尔(或左翼)的本民族、吉尔吉斯人、乌梁海人、帖良古惕人、明加特人、卡尤特人、和硕特人、叶尔羌布哈拉人(指住在城里者,其头面人物在他台吉身边游牧)、在图斯库勒湖附近游牧的布鲁特人、既向皇帝陛下又向珲台吉缴纳实物税的巴拉宾人。"参见温科夫斯基著,维谢洛夫斯基编:《十八世纪俄国炮兵大尉新疆见闻录》,宋嗣喜译,黑龙江教育出版社,1999年,第208页。

③ 温科夫斯基著,维谢洛夫斯基编:《十八世纪俄国炮兵大尉新疆见闻录》,宋嗣喜译,黑龙江教育出版社,1999年,第46~47、54页。

④ 温科夫斯基著,维谢洛夫斯基编:《十八世纪俄国炮兵大尉新疆见闻录》,宋嗣喜译,黑龙江教育出版社,1999年,第44~45页。

⑤ 温科夫斯基著,维谢洛夫斯基编:《十八世纪俄国炮兵大尉新疆见闻录》,宋嗣喜译,黑龙江教育出版社,1999年,第58、159~160页。

⑥ 参见黄一农:《印象与真相——清朝中英两国的觐礼之争》,台湾《"中研院"历史语言研究所集刊》(第78本第1分),2007年,第35~106页。

在与温科夫斯基的谈话过程中,策妄阿喇布坦流露出对俄国情况的强烈好奇,并显示了他对当时世界局势和文化发展的丰富了解。他十分关心俄国人基督教信仰中的一神论问题,希望能了解俄国在宗教治理、皇帝名称、统治方式、书写习惯、节日庆典等方面的情况,以及俄罗斯此前与瑞典、与土耳其发生战争的细节和军力装备,并询问了他们对中国人和土耳其人执强执弱的看法。他还希望了解俄国方面的茶叶贸易路线、俄国船只在海上的航线范围、俄国人在外交礼节中的诸多细节。令人颇感惊讶的是,策妄阿拉布坦甚至知道西方航海家已经发现了美洲的新大陆,十分关心这片土地的情况。[1]这些描述与清朝史料中准部"数世梗化""狙诈相延""世而为贼"等记载形成了鲜明对比,[2]一定程度上还原了准噶尔部一代雄主策妄阿喇布坦在历史上的真实形象,从侧面印证了他能够凭借一己之力重振准噶尔,确系才干过人,眼光长远。[3]

(二)社会制度

《十八世纪俄国炮兵大尉新疆见闻录》对准噶尔部采行之政治、法律、军事等不同方面的社会制度进行了描述,[4]勾勒出准部社会在组织形态上的基本架构。

政治制度方面,温科夫斯基在回溯准噶尔部政治发展变化的历史后,指出全体卡尔梅克人受到统一政权接管始于博硕克图汗噶尔丹(Choros Erdeniin Galdan,1644—1697)统治时期,策妄阿喇布坦在继承噶尔丹权力的基础上,更以恩威并施之举强化了自身统治:"人民对他珲台吉十分敬重,听他吩咐";策妄阿喇布坦之下的头等长官叫宰桑,"凡大事,不经宰桑商议,珲台吉从不处理,有些事情还召集卡尔梅克贵族中的其他头领前来商议";当时宰桑中"最大者名叫策凌敦多布","他是珲台吉的堂弟"。法律制度方面,准噶尔人的法庭称扎尔加,"法庭上有10名或10多名宰桑开会审判,不用书面判决,而是口头判决。如果因重大案件要判处犯人死刑,有些犯人要跪在那里被鞭子抽死;有

---

① 温科夫斯基著,维谢洛夫斯基编:《十八世纪俄国炮兵大尉新疆见闻录》,宋嗣喜译,黑龙江教育出版社,1999年,第47~48、54~56、63~68、157~160页。

② 《御制平定准噶尔勒铭伊犁之碑》,中国国家图书馆藏,拓片编号:各6147;《御制平定准噶尔后勒铭伊犁碑》,中国国家图书馆藏,拓片编号:各6148。

③ 参见张建:《再造强权——准噶尔珲台吉策妄阿喇布坦崛起史新探》,台湾"中研院"历史语言研究所集刊》(第86本第1分),2015年,第53~96页。

④ 温科夫斯基著,维谢洛夫斯基编:《十八世纪俄国炮兵大尉新疆见闻录》,宋嗣喜译,黑龙江教育出版社,1999年,第204~211页。

些犯人的手脚被绑到马尾巴上,让马奔跑,把这些人的手脚拽断,然而这种刑法很少施行"。①相关记载也出现在1873年出使新疆的英国官员福赛斯提交给英印政府的报告中,当时居住在喀喇沙尔(今巴音郭楞蒙古自治州一带)的土尔扈特人仍保留用马将犯人拖拽处决的方式,②显示出这种刑罚在西蒙古人中的悠久历史。军事制度方面,温科夫斯基考察后指出策妄阿喇布坦的精锐部队有近六万人,"需要时可集结起近十万人,全是骑兵。他们的武器是弓箭、长7又1/2俄尺的梭镖,有许多火绳枪,只是全带火绒,也有马刀;自造火药"。③若此种军力记载属实,则准噶尔人早在18世纪初的军事力量便已超过19世纪中后期的阿古柏入侵政权。④

当我们将准部上述三方面的社会制度与德国博物学家帕拉斯在《内陆亚洲厄鲁特历史资料》中所载18世纪中叶生活在伏尔加河流域的土尔扈特人进行对比时,则会发现两者在珲台吉的权力、法庭的判决形式、军队的组织形态上的内容基本相同。不过,帕拉斯记载中的土尔扈特部珲台吉更为独裁,宰桑议政往往流于形式,他们几乎是珲台吉的"走狗"——可见18世纪初叶准噶尔人政治制度中的贵族议事会仍保留一定程度决定权,珲台吉的独裁相较而言相对有限。⑤这显示出同为卡尔梅克人的准噶尔部与土尔扈特部在社会制度上大体相仿,仅存在微小差异,无怪乎土尔扈特汗阿玉奇(Öyoki,1640—1724)在1714年会见清朝使者图里琛时会说:"我虽系外夷,然衣帽服色略与中国同,其鄂罗斯国乃衣冠语言不同之国,难以相比。"⑥这些记录充分展示了准噶尔人、土尔扈特人文化中的中国色彩,印证了他们是中国统一多民族国家重要成

---

① 温科夫斯基著,维谢洛夫斯基编:《十八世纪俄国炮兵大尉新疆见闻录》,宋嗣喜译,黑龙江教育出版社,1999年,第208~209页。

② Thomas D. Forsyth, *Report of a Mission to Yarkund in 1873, Under Command of Sir T. D. Forsyth, K. C. S. I. , C. B. , Bengal Civil Service, With Historical and Geographical Information Regarding the Possessions of the Ameer of Yarkund*, Calcutta: Foreign Department Press, 1875, p. 48.

③ 温科夫斯基著,维谢洛夫斯基编:《十八世纪俄国炮兵大尉新疆见闻录》,宋嗣喜译,黑龙江教育出版社,1999年,第208页。

④ Thomas D. Forsyth, *Report of a Mission to Yarkund in 1873, Under Command of Sir T. D. Forsyth, K. C. S. I. , C. B. , Bengal Civil Service, With Historical and Geographical Information Regarding the Possessions of the Ameer of Yarkund*, Calcutta: Foreign Department Press, 1875, pp.13-15.

⑤ P. S.帕拉斯:《内陆亚洲厄鲁特历史资料》,邵建东、刘迎胜译,云南人民出版社,2002年,第182~221页。

⑥ 庄吉发校注:《满汉异域录校注》,台湾文史哲出版社,1983年,第148~149页。

员的基本史实。

(三)生计物产

《十八世纪俄国炮兵大尉新疆见闻录》中对准噶尔人的生计物产有详细的记述,包含准部人口的主要生计方式和多种物产种类。此外,温科夫斯基也注意到了准噶尔不同阶层生活水平之极大差距,为我们记录下准噶尔底层人民的真实处境。

在粮食、蔬菜和水果方面,温科夫斯基记载道:"在此之前三十年左右,他们很少有粮食,因为不会耕种。现在他们的耕地日益增多,不仅臣服的布哈拉人在种庄稼,而且不少卡尔梅克人也在种地,因为珲台吉下达了这方面的命令。他们出产的粮食有:上等小麦、黍、大麦、大米。他们的土地盐分很大,生长的蔬菜极其良好,有大红香瓜、绿香瓜和白香瓜以及上等西瓜、无花果、杏干(或杏)、白葡萄和红葡萄、沙枣、李子、苹果、梨、格拉纳尔果。在叶尔羌和珲台吉领地的其他城镇,这些蔬菜生长得更好。"在牲畜和野生动物方面,他写道:"牲畜也相当多,有马、骆驼、奶牛、大绵羊、山羊,也有些驴。在野兽中他们猎捕海狸、雪豹、猞猁、狐狸,只是狐皮质量很差,沙狐;而在坎卡拉盖,为珲台吉收集一定数量的貂,但貂皮质量很次。山中和河畔盛产马鹿、驼鹿、鹿、山羊、公绵羊(又称阿尔加),野猪很多;还猎捕禽鸟,有大雕、鹰、隼。还有灵猩和猎犬。"①

以上记载显示,策妄阿喇布坦时期的准部居民已拥有长期的农业生产经验,可以出产种类丰富的农产品,其中瓜果蔬菜的质量尤佳。自巴图尔珲台吉以来,准部将掳掠而来的南疆及中亚战俘安置在汗的牙帐附近从事农业生产。该屯田措施被噶尔丹沿用,至策妄阿喇布坦时期则得到进一步推进,在额尔齐斯、伊犁、乌鲁木齐设置了农产区,种植小麦、糜黍等作物,形成了"且屯且牧"的农牧业并行状态。②由于游牧经济的发展需要农耕经济的补充,策妄阿喇布坦时期的准部在谋求与中原农耕区保持正常、良好经济交流的同时,更不愿意放弃对天山南路农产品的掠夺。③这在温科夫斯基的记录中可以得到很好的

---

① 温科夫斯基著,维谢洛夫斯基编:《十八世纪俄国炮兵大尉新疆见闻录》,宋嗣喜译,黑龙江教育出版社,1999年,第209~210页。

② 蔡家艺:《策妄阿喇布坦功过评述》,《西北边疆民族史地论集》,中国社会科学出版社,2018年,第150~153页。

③ 刘正寅、魏良弢:《西域和卓家族研究》,中国社会科学出版社,1998年,第223页。

印证,同时也与清人七十一的《西域闻见录》、清朝官修志书《西域图志》中对当地出产的粮食、蔬菜、瓜果之种类,及其分布、优势等相关记录相吻合,①呈现出温带大陆性气候下的农业特征。温科夫斯基所载准噶尔人与帕拉斯所载土尔扈特人在畜牧业方面的特点较为接近,但农业方面则存在显著区别:土尔扈特人基本不从事农业生产相关活动,他们采集野菜、野果以维持身体所需营养素,且相较准噶尔人更依赖奶制品和肉类。②

在温科夫斯基的记载中,不同阶层的准噶尔人生活差异极大。贵族阶层的物资供应充足、种类丰富。俄国使者常得到准部宰桑的物资馈赠,包含煮肉、食粮、浆果和酒;③布哈拉商人则为了与俄使交换一座玻璃人像,带来了四瓶叶尔羌酒、葡萄干、杏干和大个核桃。④这些上层人物也见过机械钟表等贵重物品,甚至声称准部也有能力制造钟表(当然也承认与英国表的水平有差距)。他们还将天蓝石和五块红宝石借给温科夫斯基欣赏,每块重三佐洛特尼克(约合12.78克),品质纯净,有些还使用过穿眼技术,⑤显示出准部工匠在挑选和打磨宝石方面的精湛工艺。在策妄阿喇布坦回赠给西伯利亚总督的礼物中,有貂皮一百张、质地良好的蓝色丝绸一百块、中国产黄色锦缎一匹,⑥这说明准部上层通过制造与贸易等多种方式,已经可以得到各类高级手工业产品。

然而,准噶尔底层人民却过着物资匮乏、朝不保夕的生活。使团在返回俄罗斯途中曾遇到一位贫苦的准噶尔妇女,他们用酒和礼物款待了她,打听她的生活状况。这位妇女说,她的家庭境况很不好,她丈夫本拥有数量众多的牲口和家什,还有八名仆役,可现在年老多病,不能服役,又没有子女;现在这八名

---

① 七十一:《西域闻见录》,宽政十二年刻本,卷1,第3页a;卷2,第2页b、第6页a至第7页b、第16页a至第17页b。钟兴麒、王豪、韩慧校注:《西域图志校注》(卷43),新疆人民出版社,2014年,第728～732页。

② P. S. 帕拉斯:《内陆亚洲厄鲁特历史资料》,邵建东、刘迎胜译,云南人民出版社,2002年,第116～138页。

③ 温科夫斯基著,维谢洛夫斯基编:《十八世纪俄国炮兵大尉新疆见闻录》,宋嗣喜译,黑龙江教育出版社,1999年,第80、89页。

④ 温科夫斯基著,维谢洛夫斯基编:《十八世纪俄国炮兵大尉新疆见闻录》,宋嗣喜译,黑龙江教育出版社,1999年,第72页。

⑤ 温科夫斯基著,维谢洛夫斯基编:《十八世纪俄国炮兵大尉新疆见闻录》,宋嗣喜译,黑龙江教育出版社,1999年,第70～71页。按,据宋嗣喜译注,1佐洛特尼克约合4.26克。

⑥ 温科夫斯基著,维谢洛夫斯基编:《十八世纪俄国炮兵大尉新疆见闻录》,宋嗣喜译,黑龙江教育出版社,1999年,第175页。

仆役已经全被征去服役,连同她家的牲口和家什也被带走;准部每年都会从各兀鲁思集中三百多名女人送到珲台吉处,让她们自费缝制铠甲和衣服,送往军中使用,同样被军队征用的还有各种好马和各类牲畜;他们现在极为贫困,但所有人都得到命令,不许与俄国人谈论这些事情,违者要处以死刑。在温科夫斯基的记载中,这位妇女在谈话时一直处于焦虑之中,并说"我们总是等着被抓走,送到别的国家去"。①传统的历史叙述往往突出准噶尔部在军事方面的强悍及其对清朝、俄国构成的威胁,但温科夫斯基的这段记载却反映出底层人民的生活境况,让我们了解到准部的军事强权乃建立于对广大群众的剥削和压迫基础上。②

其实,早在康熙时期,归降清朝的准噶尔人大多已处于"穷困已极"的状态,甚至有"无衣服铺盖者",以至于需要清朝"完其夫妇,给以衣食"。③这种现象的长期存在导致了准噶尔底层人口的大量流失,日积月累造成准部势力削弱,成为其覆亡之隐患。至乾隆初年,准部陷入内乱,人民饱受饥荒与瘟疫之苦,最终大量降清。④准部逃人进入清朝势力范围内,使得清朝方面得以了解准噶尔内部状况,影响到乾隆帝在1755年出兵平准之决策。温科夫斯基此处流露出对底层人民的独特关注,背后亦有俄国知识精英内部长期存在的平民主义思想⑤之影响——当持有此种观点的俄国精英遭遇境况不佳的准噶尔妇女时,便有了上述这段鲜活的记载,成为经由跨文化遭遇而形成的、记录准噶尔底层社会状况的珍贵史料。

---

① 温科夫斯基著,维谢洛夫斯基编:《十八世纪俄国炮兵大尉新疆见闻录》,宋嗣喜译,黑龙江教育出版社,1999年,第163~164页。

② 兹拉特金指出,准噶尔汗国人民群众的处境极端困难。阿拉特(指主要生产者阶级)受其领主的剥削,被束缚在领主们的土地上,丧失了种种权利,被迫为封建主及其国家的利益完成许许多多的劳役,他们当时看不到摆脱自己苦难处境的出路。伊·亚·兹拉特金:《准噶尔汗国史》(修订版),马曼丽译,兰州大学出版社,2013年,第314~315、323页。

③《清圣祖实录》(卷174),《清实录》(第5册),中华书局,1985年影印本,第883页下栏至884页上栏;《清圣祖实录》(卷177),《清实录》(第5册),中华书局,1985年影印本,第907页上下栏;《清圣祖实录》(卷204),《清实录》(第6册),中华书局,1985年影印本,第84页下栏至85页上栏。相关研究可参见黄一农:《曹雪芹的家族印记》,台湾清华大学出版社,2022年,第327页。

④ 吴元丰、厉声主编:《清代新疆满文档案汉译汇编》(第8册),广西师范大学出版社,2020年,第70~72、174~178页;刘正寅、魏良弢:《西域和卓家族研究》,中国社会科学出版社,1998年,第237~238页。

⑤ 有关俄国知识分子平民主义思想发展变迁的研究,参见马闪龙:《俄国民粹主义及其跨世纪影响》,广西师范大学出版社,2013年。

(四)商业贸易

在商业贸易方面,温科夫斯基记录了与卡尔梅克和布哈拉商人的多次谈话,并询问了俄国商人前来贸易是否会上税等问题。[①]和谈过程中,准部使者试图与俄国使团达成交易,希望温科夫斯基能准许他们同俄国商人做买卖,随后得到了默许。[②]温科夫斯基记载:"他们在北方同俄国在西伯利亚做买卖,在东方没有战争时同中国人做买卖,在南方的同唐古特人做买卖,许多商人还前往印度和大布哈拉的。"[③]反映出准部四通八达的贸易网络,这一线路连接起天山南北两路、东西两端,促成了各聚落、城镇间频繁的经济往来。[④]

温科夫斯基记载,从俄国运到准部的货物有:各种颜色的呢子、海龙皮、水獭皮、红黑二色油性软革、玄狐皮、勒拿红狐皮、针、剪刀、镜子等。从准部运到俄国的货物则有:叶尔羌和其他城镇用本地出产的棉花织成的印花布、粗布、台布、乔夫达尔布、粗平纹布、次等薄纱,用叶尔羌产的创丝织的长条台布、头纱、头巾。准噶尔人还向俄国出口少量海龙皮、雪豹皮、猞猁皮、沙狐皮和次等狐皮,以及一部分坎卡拉盖貂皮。当时的准噶尔人不仅有制造皮革、呢子和纸张的能力,而且有可以自己制造武器,其境内铁矿资源丰富,他们用铁制造铠甲和内河货船。[⑤]这段记载显示,准部在与俄国人的贸易过程中主要出口手工业品及兽皮、棉布等初级加工货物,而俄国人则向准部输入各类工业成品,但彼时准部自身的工业品生产水平也在不断提升,并已拥有独立生产武器、铠甲、货船等产品的能力。

---

① 温科夫斯基著,维谢洛夫斯基编:《十八世纪俄国炮兵大尉新疆见闻录》,宋嗣喜译,黑龙江教育出版社,1999年,第46页。

② 温科夫斯基著,维谢洛夫斯基编:《十八世纪俄国炮兵大尉新疆见闻录》,宋嗣喜译,黑龙江教育出版社,1999年,第172页。

③ 温科夫斯基著,维谢洛夫斯基编:《十八世纪俄国炮兵大尉新疆见闻录》,宋嗣喜译,黑龙江教育出版社,1999年,第210页。

④ 蔡家艺:《清代新疆社会经济史纲》,人民出版社,2006年,第73~91页;按,刘迎胜指出,绿洲地区的产出因不足以完全自给自足,许多生活必需品依赖于交换所得,因此内陆亚洲的绿洲居民自古以来便有经商的习惯,他们一直扮演着东西方之间沟通者的角色;欧亚草原的游牧民与相邻的沙漠绿洲之间也有天然的依存与对立关系,他们在和平时期通过贸易交换产品,在战争时期则通过武力取得对方的财物,并都把取得的货物通过自己的运销渠道交换给其他民族。参见刘迎胜:《丝绸之路》,江苏人民出版社,2014年,第13~14页。

⑤ 温科夫斯基著,维谢洛夫斯基编:《十八世纪俄国炮兵大尉新疆见闻录》,宋嗣喜译,黑龙江教育出版社,1999年,第211页。

帕拉斯曾指出土尔扈特人无法通过与中国的贸易获得足够的茶叶,令当地茶叶价格昂贵,常常缺货,人们视喝茶为一种奢侈享受;①在温科夫斯基的记载中,策妄阿喇布坦在与其对话时便非常关心俄国人是否喝茶、如何获得茶叶等问题,并打听了俄国人由海路从东印度、又陆路从中国运送茶叶的情况。②由于康熙五十七年(1718)、五十九年(1720)清朝曾两度出兵征讨策妄阿拉布坦,并在康熙五十九年由皇十四子胤禵(Yūn Ti,1688—1755)率清军取得重大胜利,③造成彼时策妄阿拉布坦难以从清朝方面获取茶叶,是故出现了茶叶资源短缺的问题。可见准噶尔部在茶叶方面高度依赖与内地的贸易,此亦其与中原地区存在紧密联系之反映。

(五)生活习俗

温科夫斯基详细记述了准噶尔人的宴会和摔跤活动,生动描绘了准部人民的日常生活习俗。温科夫斯基记载道,准噶尔部的新年的第一个月称为察罕萨拉(或称白月),首领会举行盛大的宴会,包含所有宰桑和卡尔梅克贵族近三百人,这次宴会在一个巨大的帐篷里举行,中间生着一座铁制火炉,里面烧着木柴;对着门的墙前面设一道座席,铺着厚毡,上有圆垫,珲台吉坐在圆垫上,他年幼的子女站在前面,左侧是两位妻子,右侧是一位年长的喇嘛和八位宰桑,温科夫斯基的座位则斜对着宰桑;大批准噶尔贵族身着最好的衣服出席;乐手们一边演奏各种乐器,一边低声唱着歌,音乐声音不太和谐;宾客们则喝茶、酒,享用着各种食物。④温科夫斯基十分注意此次宴会的座席安排次序,因其体现出该集会活动中所蕴含之政治秩序。

温科夫斯基停留在准部期间,还曾受邀观看了当地的摔跤活动:策妄阿喇布坦、噶尔丹策零和其他重要宰桑尽皆出席,他们依次序坐好,并为各自支持的摔跤手下赌金;摔跤手赤身露体,只穿裤子,裤腿卷到膝盖以上很高的地方,

---

① P. S.帕拉斯:《内陆亚洲厄鲁特历史资料》,邵建东、刘迎胜译,云南人民出版社,2002年,第138、177~178页。

② 温科夫斯基著,维谢洛夫斯基编:《十八世纪俄国炮兵大尉新疆见闻录》,宋嗣喜译,黑龙江教育出版社,1999年,第66~67页。

③《清圣祖实录》(卷289),《清实录》(第6册),中华书局,1985年影印本,第816~818页。

④ 温科夫斯基著,维谢洛夫斯基编:《十八世纪俄国炮兵大尉新疆见闻录》,宋嗣喜译,黑龙江教育出版社,1999年,第78~79页。上述室内空间和音乐特征的记载与帕拉斯基本一致,参见P. S.帕拉斯:《内陆亚洲厄鲁特历史资料》,邵建东、刘迎胜译,云南人民出版社,2002年,第112~116、152页。

在互相走到相距四俄丈远时,举手斜眼以使自己显得吓人;他们交手时稍稍弯下身子,抓住对方裤子,猛力扭打对方,并有专人监视以免造成伤害;胜者需把对方脸朝天摔倒并使对方肩胛部着地,因此有时比赛会持续一小时以上;若对胜负有争执时,则由专门的宰桑负责裁判;胜者阵营会在摔跤手取得胜利时高声喊叫,三次挥帽跳跃并给选手赞赏。①以上记载完整呈现了准噶尔人摔跤活动的方方面面,其中如比赛过程的持续时间、摔跤手取胜的判定方式、裁判扮演的作用等特点与帕拉斯记载之土尔扈特人摔跤活动基本一致,只是前者系贵族娱乐,更富观赏性,重仪式感和规则,且有赌金;后者则为平民间的日常娱乐,并未出现赌金方面的记载。②温科夫斯基在观赏摔跤活动后更将其与准噶尔人的战斗精神关联在一起,认为该活动具有从小培养勇气的效果。③

(六)信仰传说

温科夫斯基还记述了准噶尔人所信仰黄教的法事活动及民间的神话传说。温科夫斯基注意到,每年新年之前,准部都会根据教规和惯例举行喇嘛主持的法事活动,并受到准噶尔军事仪仗队的保护。他们在野地里搭设一座大帐篷,前面修了一个圆场,就地安上台阶,有些喇嘛在这个园场上跳舞,有些则穿着不同颜色的服装、高举大旗、手持锣鼓,在手持武器、身披铠甲的骑步兵伴随下,从西面向帐篷走来。他们围绕帐篷走了一圈后,停下并祈祷,随后观看了喇嘛们持续不断的跳舞活动,在帐篷里进进出出。活动期间老喇嘛会点燃火堆,士兵们则用火绳枪向东方射击,其他人向外抛石头,策妄阿喇布坦和他的家人及诸宰桑也都会参与其中,最后大肆食用茶水、肉类、面食和羊汤。在温科夫斯基的理解中,这一耗时弥久、成员众多、规模宏大的法事活动是为了回忆往事和祝福新年。④除此之外,温科夫斯基还记载了一次黄教拜神仪式,对该仪式中神像的大小、形制、装饰、布局以及仪式过程都有细致观察。在这

---

① 参见温科夫斯基著,维谢洛夫斯基编:《十八世纪俄国炮兵大尉新疆见闻录》,宋嗣喜译,黑龙江教育出版社,1999年,第108~109页。

② P.S.帕拉斯:《内陆亚洲厄鲁特历史资料》,邵建东、刘迎胜译,云南人民出版社,2002年,第149页。

③ 温科夫斯基著,维谢洛夫斯基编:《十八世纪俄国炮兵大尉新疆见闻录》,宋嗣喜译,黑龙江教育出版社,1999年,第110页。

④ 温科夫斯基著,维谢洛夫斯基编:《十八世纪俄国炮兵大尉新疆见闻录》,宋嗣喜译,黑龙江教育出版社,1999年,第74~76页。

场仪式中,准部宰桑也希望温科夫斯基能向神像鞠躬行礼,但遭到温科夫斯基的拒绝——在向策妄阿喇布坦表达祝福后,他便退出了这场活动,显示出身为基督教国家使臣的温科夫斯基对此类偶像崇拜行为的抵触。[①]

1722年10月20日,使团在距额尔齐斯河100俄里的戈尔马—托洛戈伊附近遇到了一座大石头山丘,占地约1000俄丈,高约100俄丈,坐落在群山之间的草原上。温科夫斯基记录下准噶尔人关于这座山丘的传说:"古时候有一位叫萨普塔尔泰的壮士,同他的儿子一起用木担架把这座托洛戈伊从哈玛尔达坂(我们在草原上行进5天到达该达坂,而这座托洛戈伊在3天头上便可见到)抬往额尔齐斯河,想用这座托洛戈伊把河填满并跨到中国方面去。他在此处停下过夜,命令儿子当夜不许接触妻子(当时妻子似乎也在场)。然而他儿子当夜同妻子睡在一起,因此第二天早晨便抬不动这座托洛戈伊了。萨普塔尔泰得知他儿子同妻子睡在一起之后,便杀死了儿子和儿媳妇。这样,这座托洛戈伊(或者叫脑袋)便留在原地。之所以叫托洛戈伊,是因为他杀死儿子,似乎把脑袋放在这里的缘故。"[②]这则传说反映出当地人对古老英雄的崇拜,将大石头山丘作为信奉对象,也体现了准噶尔人在黄教之外仍保留有一定程度的自然神信仰。此外,温科夫斯基使团还曾到达过特梅尔汗(即秃黑鲁帖木儿汗)的陵墓,并记载了这位古代君王率众皈依伊斯兰教的故事,[③]反映出伊斯兰教在当地的广泛影响力。

三、结语

本文结合历史学与人类学视角,从民族志角度重新考察《十八世纪俄国炮兵大尉新疆见闻录》一书,在考量其成书背景的基础上,将书中的民族志内容重新整理、分类,并通过比较其他史料中的记载,分析此书记述内容的价值与作者形成之认识。温科夫斯基奉彼得大帝之命出使准噶尔部,虽未能实现俄

---

① 温科夫斯基著,维谢洛夫斯基编:《十八世纪俄国炮兵大尉新疆见闻录》,宋嗣喜译,黑龙江教育出版社,1999年,第106~107页。

② 温科夫斯基著,维谢洛夫斯基编:《十八世纪俄国炮兵大尉新疆见闻录》,宋嗣喜译,黑龙江教育出版社,1999年,第24~25页。

③ 温科夫斯基著,维谢洛夫斯基编:《十八世纪俄国炮兵大尉新疆见闻录》,宋嗣喜译,黑龙江教育出版社,1999年,第34~35、212~213页。按,秃黑鲁帖木儿(Tughluq Temür)又作脱忽鲁帖木儿,是东察合台汗国的第一个汗,其皈依伊斯兰教的事迹亦见于《拉失德史》。参见刘迎胜:《察合台汗国史研究》,上海古籍出版社,2006年,第458~460页。

国渗透、控制准部的政治企图,但却提供给我们策妄阿喇布坦时期准噶尔社会与文化的一手资料。本书记载显示,18世纪早期的准噶尔同清朝、俄国和中亚各政权间皆有密切联系,它们之间遣使通商活动频繁,信息传播渠道多样,而准噶尔内部物产种类丰富,民族杂居共存,宗教信仰多元。准噶尔人在文化上保留了诸多传统蒙古民族之特征,如黄教信仰、贵族议政制度、骑兵军事编制以及各项生活习俗,亦存在适应当地条件之变化——形成农牧结合、工农并存的产业布局,拥有自己的法典和审判制度,定期举办庆典宴会、黄教法事和摔跤比赛——保留着自身独特的文化和社会生活形态。

温科夫斯基对策妄阿喇布坦形象的刻画构成了我们今天认识这位准噶尔部杰出统治者的重要信息来源。在与温科夫斯基的谈判过程中,策妄阿喇布坦表现出对世界最新局势的了解和对新鲜事物的探索热情。策妄阿喇布在境内实行强有力的专制统治,对外则通过军事与谈判相结合的方式,斡旋于不同强权之间,维系自身存续。但他的统治也存在对境内平民过度压迫和剥削的问题,致使人民生活困苦、阶层分化严重,为准部后来的动乱和灭亡埋下了伏笔。尽管温科夫斯基在与准噶尔人的接触过程中曾一度认为他们从小就养成了狡猾、好撒谎、好骗人、好偷盗、惯于推脱责任等缺点,[①]带有很大的偏见,但他对于文化遭遇过程中接触到的新奇事物却始终保持着好奇心,并以平实、客观的笔触记录了沿途的见闻与感受。这使得《十八世纪俄国炮兵大尉新疆见闻录》可以帮助我们了解策妄阿喇布坦统治时期准噶尔社会与文化的整体面貌,令此书具有珍贵的民族志价值。

本文原刊载于《中国社会科学院大学学报》2022年第8期,经作者校订。

作者简介:

沈雪晨,1992年生,浙江湖州人。兰州大学历史学学士,北京师范大学历史学硕士,台湾大学文学硕士,中国社会科学院大学历史学博士,现为南开大学历史学院讲师。研究方向为清代西域史、民族史。

---

① 温科夫斯基著,维谢洛夫斯基编:《十八世纪俄国炮兵大尉新疆见闻录》,宋嗣喜译,黑龙江教育出版社,1999年,第111、209页。

科学技术史

康熙皇帝与自然科学

汪茂和

中国历史上专制国家的最高统治者大多只重视政治、军事，只研究治人，不研究治物；只研究驾驭人类，不研究征服自然。康熙则比较重视对于自然的改造，甚至身体力行。他曾经亲自部署和指导国家科研工作的进行，规划黄河的治理，竭力罗致具备各种专业知识的西方人材以为我用，力求达到甚或超过西方当时的科学技术水平，努力培养自己的科学人材。作为一个专制帝王，康熙的一切思想行为的出发点，当然也都是为了维护专制统治，但任何认真的对于自然的探索，都会有益于人类。因此，论特色、论贡献，这位皇帝在这方面的业绩还是不应忽略的。

一、学习科学知识用于实际活动

康熙对当代自然科学的许多门类都有过爱好，特别是数学、天文、水利和地理学方面。原因之一是，他认为统治者必须力求使自己尽可能地在各方面的事务上成为内行，取得发言权。

康熙曾对大臣们讲自己学习数学的缘起，说："尔等惟知朕算术之精，却不知朕学算之故。朕幼时，钦天监汉官与西洋人不睦，互相参劾，几致大辟。杨光先、汤若望于午门外九卿前当面赌测日影，奈九卿中无一知其法者。朕思己不知焉能断人之是非，因自愤而学焉。"[①]他在位期间请过不少耶稣会士做学习顾问。汤若望、南怀仁是他的算学蒙师。他先后将徐日昇、白晋、张诚、安多、苏霖、巴多明等安置宫中，长期向他们学习代数、几何、天文、地理以及生理学、解剖学等。他学习刻苦认真，听讲、测算，总是孜孜不倦，遇有疑难必反复质询，明其究极而后已。他还注意学以致用，学了几何测算两点距离之法后，就据以测算山高、河宽，同时命臣下实测。当臣下报告与纸面计算相符时，他就满心欢悦。学了欧几里得和阿基米德的《初等几何学》《应用几何学》，他便自

---

① 萧敬孚：《杨公神道表》。

编了一本几何学讲义,常把皇子们集于一堂,亲予讲解。康熙重视西学的同时,也很重视我国传统的科学遗产。他阅读过《周髀算经》以下许多天算著作。二十八年(康熙在位年,1689年,下同)视察江宁观星台,向诸臣指问天空星宿,连翰林院掌院学士李光地也不能尽举其名,而他一一指示讲论,历历明晰。康熙对当代科学成就尤为关切。四十一年南巡驻驿德州,他详阅了梅文鼎的《历学疑问》未定稿,圈点涂改,写了许多批语。四十四年,在出巡的船中又三次召见梅文鼎,"垂问道数精微甚悉"。①

康熙朝编纂的《律历渊源》,包括《历象考成》四十二卷、《数理精蕴》五十三卷、《律吕精义》五卷,共百卷,在我国科学史上有很高地位。《四库全书总目》说《历象考成》详考法原,"集中西之大同,建天地而不悖,精微广大,殊非管蠡之见所能测";说《数理精蕴》"通贯中西之异同,而辨定古今之长短……实为从古未有之书"。该书既集中了我国古代天算的精华,又吸收了西洋笔算、代数学、几何学、对数、正弧三角等先进知识,还采纳了我国当时科学家梅文鼎、王锡阐的最新研究成果,较之明末徐光启等编察的《新法算书》一百卷,"益复推阐微茫,穷尽正变",②有很大改进。《数理精蕴》这部五十三卷的数学百科全书因有康熙御定的名义得以广泛流传,对乾嘉时期数学研究的高潮很有促进作用。而《历象考成》经雍正初增加两个附表,即成为其后清代制定历法的依据。《清史稿》说《律历渊源》是"康熙御撰"虽未尽妥,但确是他亲自主持、亲自拟定了编辑方针,并"所纂之书每日进呈,上亲加改正焉"。③

黄河历来多患。宋元以后河道南迁,河患更加严重。明代虽有一些治绩,然经明季动乱,清初又出现了"决溢之菑,无岁不告"④的局面。据《行水金鉴》和《清史稿》所载,顺治年间黄河决口二十次,康熙元年至十五年,河决达四十五次之多,河患成为一个极大的社会问题。民众的居处生产,国家的漕运赋入,在所攸系。面对严峻的现实挑战,康熙从十四、五岁起,就开始详究古来治河之法。他曾以三藩、河务、漕运为三大事,书悬宫中,夙夜廑念。当三藩事紧、财用正乏之际,他仍拨出大量帑银,整修河道。及至三藩平定、台湾统一、

---

① 李光地:《榕村全集》(卷13《梅定九恩遇诗引》)。
②《四库全书总目》(卷106《新法算书》)。
③《清圣祖实录》(卷258"五十三年四月癸酉")。
④ 顾炎武:《日知录》(卷12《河渠》)。

败沙俄于东北、平噶尔丹于新疆之后,他说:"今四海太平,最重者治河一事。"①
遂以全力治河。

康熙对于"前代有关河务之书,无不披阅"。②他重视实地考察,不喜纸上
谈兵。自十一年(1672)起,康熙先后数十次派遣大臣巡视河工,踏勘地形。他
自己六次南巡,主要目的都是视察河务。二十三年,首次南巡过高邮湖,康熙
看到田庐多在水中,登岸巡行堤畔十余里,细询耆老。三十八年南巡时,亲自
测量黄河、运河及洪泽湖水位。他认为自己虽然向来留心河务,每在宫中细阅
河防诸书及各种河图,但"未曾亲历河工,其河势之汹涌患漫、堤防之远近高
下,不能了然",③及至"屡行亲阅,凡自昔河道之源流及历来治河之得失,按图
考迹,靡不周知"。④又说,"水势变迁不常,必确知问悉,方可见之施行。是以
不惮勤劳,屡行亲阅,察其险易之形势,审其疏导之机宜,缓急次第,俱有成
划"。⑤清口、高家堰工程是解决河患的关键,康熙每次南巡,都要前往视察,亲
作部署。康熙很注意博采群言,集思广益,而后才决定方针。下河疏浚问题,
靳辅和于成龙各执一见。康熙把他们都召到京中,并召集百官会议。同时派
工部尚书前往淮安、高邮等处,会同地方督抚,"亲历河干,问河滨百姓",⑥并
"令每州县派出通晓事体者十人于淮安集问"。⑦减水坝也是河工中一个长期
都在探讨的大问题。"开坝则有碍于民田,闭坝则有伤于堤岸",⑧这一对矛盾很
难解决。康熙为此也是屡集廷议,广谘舆情,力图综观全局,兼顾两面。经过
十多年努力摸索,终于恰当地使当塞者塞,当开者开,当改者改。张鹏翮在一
篇奏疏中写道:"治河事宜蒙皇上指授,疏通海口,水有归路,黄河刷深;坚筑高
家堰,广辟清口,乃得引淮畅流;筑归仁提,导泗州上源之水入于河;疏人字坝、
芒稻等河,引运河之水注之江;筑挑水坝,疏陶庄引河,通黄水而畅清流,使永
无倒灌之虞;挑虾须等河,引下河之水入于海。"⑨这里对康熙的决策作用及取

---

① 《清圣祖实录》(卷195"三十八年九月戊申")。
② 《清圣祖实录》(卷203"四十年三月丁酉")。
③ 《清圣祖实录》(卷117"二十三年十月丁亥")。
④ 《清圣祖实录》(卷229"四十六年四月戊寅")。
⑤ 《清圣祖实录》(卷213"四十二年四月戊寅")。
⑥ 《清圣祖实录》(卷124"二十五年二月辛卯")。
⑦ 《清圣祖实录》(卷125"二十五年四月乙亥")。
⑧ 《清圣祖实录》(卷195"三十八年十月丙戌")。
⑨ 《清圣祖实录》(卷206"四十年十二月庚午")。

得的成效作了很好的概括。

康熙十六年以后,黄河大势平稳,出现了四十年的安澜局面。这种成功自然是数以百万计的河淮地区人民艰苦劳动的结果,但康熙重视自然规律的认真态度和改造自然的决心,也是值得一提的。

康熙在治河的实践中,丰富了自己的知识,不断认识到了水利工程的一些基本规律,这不但使他能够提出内行的见解,更重要的是养成了一个统治者难能可贵的从实际出发解决问题的品质。三十六年,康熙亲征厄鲁特时,由横城乘舟历河套至包头,中遇湖滩河朔则登陆步行,率侍卫渔猎为粮。四十二年西巡过陕州,命第三子允祉往视三门砥柱,观大禹治水故迹。康熙先后在保德州、横城、潼关、孟津、徐州、邳州、宿迁、桃源、清口等处渡河,察阅河道。陕甘宁夏官员入朝,必要问及河西雨泽与黄河水势。四十一年,下游河工大功告成时,康熙纵观历史经验,认为治下游须防上游,明确指示河臣,此后徐州以上地方也要注意。后至康熙末年,果然在河南境内中游地区发生了一连串的河决。康熙还有过使河淮分流的大胆设想。他能认识到,"水之不治,由洪泽湖水势浩大,既不能泄,又加黄运两河合并,势愈浩瀚,以致泛滥",他想,"惟有导河稍北,使彼不得侵入清水,而疏泄洪泽湖使之下流",方能彻底解除水患。[①]他对治河诸臣无一言及于此而感到遗憾。但在当时,另辟一条黄河通海之路,不仅需工浩繁,后果也无法逆料。这也许是诸臣不敢言及的原因、而康熙也并未好大喜功地冒险专断。后来,康熙曾寄希望于黄河自行改道。四十一年,张鹏翮请停修徐州至清口一带石堤。康熙说,黄河水势毫无定所,若一迁流,难复故处,同意停筑石堤。这是设想到了迁流的可能。咸丰五年(1855),黄河果然在铜瓦厢决口,自行改道经山东入海,从此结束了黄夺淮流的历史。

据《清史稿》记载,康熙还曾十三次视察永定河,七次视察子牙河,对各河的修浚事宜都直接作过指示。永定河原名无定河,又称小黄河,"纵横荡漾,迁徙弗常,为害颇巨"。[②]但康熙时它也安定了四十年,故康熙亲赐"永定"之名。康熙对全国的山川河道也是十分熟悉的。一次,王新命进呈一份修治永定河的地图,康熙当面指出了图中河形与实际不符。五十四年,长江堤岸冲决,吏部据黄河则例,要将总督以下各降三级。康熙说,江堤与河堤不同,黄河时常

---

①《清圣祖实录》(卷195"三十八年九月戊申")。
②《清史稿》(卷128《河渠三》)。

泛滥,所以专设河员守堤;长江从不迁徙,偶有泛滥,也无法保护。"该部引黄为例,将地方官议处,误矣!"①

康熙在地理学上的一个重大贡献,是他亲自主持了我国历史上第一次全国规模的地理大测量,编制了一部叫作《皇舆全览图》的地图集。

测量自四十六年正式开始,至五十六年结束,历时十一年。五十七年,全图绘成,由马国贤制成铜板刊印。这集地图前有总图一幅,后为各省分图,除新疆外,关内十五省及关外满蒙之地,皆经准确测定。东抵大海,西至藏、回,"关门塞口、海汛江防、村堡戍台、驿亭津镇,其间扼冲据险、环卫交通,荒远不遗,纤细毕载"。②这部地图集以当时的世界水平而言,也是地理学方面的最高成就。乾隆朝的《内府舆图》除增加了后来补测的新疆外,其余全部照旧。此后直到民国初年,虽有多次测绘,但都不如康熙时的全面。而当时欧洲各国的大地测量则或未开始,或未完成。稻叶君山曾把《皇舆全览图》和《康熙永年表》誉为康熙时期文化之双壁;李约瑟则谓该图"不但是亚洲当时所有的地图中最好的一幅,而且比当时所有的欧洲地图都更好、更精确"。③

我国地理学上的这一伟业,同康熙对地理这门科学的热心是分不开的。康熙说他为这部地图花了三十多年的心力。康熙自幼留心地理,博览图籍。边疆官员回京复命,他都要对照舆图,详询形势。他对全国的山川道路,尤其西南、东北的地形、气候、物产和民族状况,了如指掌。部署战争,常常亲定行军路线;边防驻军筑城,他根据战略需要具体指定位置。清军入藏,他"遣使至昆仑、西番诸处,凡大江、黄河、黑水、金沙、澜沧之水发源之地,皆目击详求,载入舆图"。④他派图理琛远使土尔扈特部时,同时也赋以地理考察的使命。中国自古论列山川,只据禹贡四脉之说,北不逾塞垣,南不逾岭徼,连五岳之首的泰山的脉络也不清楚。经过勘察,康熙第一次揭示了泰山与长白山的地脉联系。

《皇舆全览图》的完成,也是康熙打破民族偏见,大胆使用外国科技人员和外国设备的结果。要编制精确的地图,必须准确地确定地理位置,进行科学的测量,这就需要比较先进的科学知识、技能和仪器设备。当时在这方面,西方

---

① 《清圣祖实录》(卷262"五十四年三月戊午")。
② 《清圣祖实录》(卷283"五十八年二月己巳")。
③ 李约瑟:《中国科学技术史》(第5卷第1分册),第234页。
④ 《清圣祖实录》(卷290"五十九年十一月辛巳")。

来华教士显然有其长处。康熙承认他们这方面的长处,罗致西方专家,购进西方仪器。几十年间每次巡幸,他都让西士携带仪器随从,随时测量纬度。地理大测量和全图编绘,更发动了一大批西教士和中国学者,放手让他们去干。

康熙也很注意军事工业的发展。明末徐光启等人屡倡铸造西洋大炮,都未得到应有的重视。三藩战争期间,康熙命南怀仁造炮,且亲至卢沟桥阅视新炮的实弹演习,对造炮人员大加赏赐。南怀仁并写了《神武图说》,详解铸造炮铳技术。自康熙十三年至六十年,共约造炮九百余门,配置于东北、宣化、大同及闽广沿海各战略要地。造炮技术也在西人介绍的基础上不断有所提高。万历时,西洋运来的巨炮,最重者3000斤,射程最远者一二里;此时最重者已达万斤,射程最远者达二三里。五十一年,康熙派图理琛经俄罗斯出使土尔扈特部时曾指示说,俄人如问及火炮,当严加保密。[1]足见当时我国的火炮技术已有其独到之处。

康熙对其他实用科学知识的兴趣也很浓厚,涉猎甚广。他在宫中设有天象观测台,还有化学实验室。我们从盛昱辑录的《康熙几暇格物编》中可以看到,康熙对多种树木、药材,对全国各地的物产资源、居民风俗,对风云雷电、潮汐、地震等,都留心探究。他注意到黑龙江西部察哈延山喷焰吐火、气息如煤的奇特现象;根据瀚海的螺蚌甲,推知远古的蒙古戈壁是泽国。为了解大红颜料的制作,他不仅查考了段成式的《酉阳杂俎》、苏恭的《唐本草》、周达观的《真腊风土记》和张彦远的《名画记》,还参考了有关的西洋著述。

康熙对我国主要农作物水稻、小麦、谷子,对新疆的西瓜、葡萄,对农业与水利的关系、农作物生长与南北土性、节气的关系等,都有比较深入的研究。他亲自培育过御稻米和白粟米两种优良品种。其中御稻米不仅气香味腴,而且成熟期早,北方也能收获;南方种一季的则可以改种两季。康熙还作过南北作物移植的试验。南巡时曾把江南的香稻、菱角带回京师种植,不过没有成功。丰泽园和避暑山庄种有南方的修竹、关外的人参。山庄的千林岛遍植东北的樱额,每当夏日,累累缀枝。一次,康熙在丰泽园澄怀堂召见大臣,让他们看园中所种作物的茂盛长势。康熙指着堂后一片高大的竹子说:"北方地寒风高,无如此大竹。此系朕亲自栽植,每年培养得法,所以如许长大",并兴奋地

---

① 图理琛:《异域录》。

得出结论说:"由此观之,天下无不可养成之物也。"①

我国古代有过不少有作为的帝王。他们多出现在社会大动乱之后,为了恢复经济、加强统治,都曾不同程度地重视农业生产的发展与改进。但他们主要注意的是政策的调整,注意生产关系方面,真正对农业生产规律本身进行过探索的,也许只有康熙。

二、提倡科学事业,奖掖科技人才

评价康熙对于自然科学的贡献,当然不能用科学家和技术人员的标准去衡量,而主要应看他对待科学知识的态度及其所产生的影响。

我国人民在相当漫长的历史时期中,曾经"保持一个西方所望尘莫及的科学知识水平"。②但当明代万历年间利玛窦来到中国时,她的科学事业已在衰落了。君王们唯以经营权力为念,士子辈竞趋科举仕途,学界谈经论道成风,术数之业日显冷落。唐代还在传习的祖冲之的《缀术》竟而亡佚,元代尚为学者熟知的天元一术,明时已无人能解。我国历学最称发达,秦之前已六次改进;其后,汉四改;魏迄隋,十五改;唐迄五代,十五改;宋十七改;金迄元,五改。只有明代《大统历》,承用元之《授时历》,"二百七十余年,未尝改宪"。③成化以后,交食往往不验,测时误差达两、三小时之多,推节气常相差一日。徐光启等曾奋力图强,主张吸收西学,改进历法,但遭到正统学派的激烈反对。顺治入关后,立即打破汉人统治者的因袭传统,任用精通天文历法的汤若望主持钦天监,采用新历法。可是顺治死后,旧派人物杨光先等又利用当权人物的更替,重新掌握了钦天监,恢复了旧历法。六年,康熙亲政。七年,南怀仁劾奏杨光先历法差误。八年,十五岁的康熙通过实践检验了这一长期纷争的是非问题,实验证明真理在南怀仁一边。于是康熙将杨光先等治罪,命南怀仁主持钦天监,复用新法。这不仅关系到历法问题,而是对于科技政策的一次宣告。

任用西方专家和吸收西学之长,是康熙科技政策的一个重要方面。

康熙非常注意招徕西士中的各种专门人才,多次表示欢迎懂科学的耶稣会士来中国。十一年,南怀仁推荐徐日昇通晓历法,康熙立即派人前往澳门领

---

① 《清圣祖实录》(卷155"三十一年四月辛丑")。
② 李约瑟:《中国科学技术史》(第1卷第1分册),第3页。
③ 《明史》(卷31《历一》),中华书局,1974年,第516页。

来北京。二十一年刊布的南怀仁致西欧耶稣会士的一封信中呼吁说："凡擅长于天文学、光学、静力学、重力学等物质科学之耶稣会教士,中国无不欢迎。"信中还强调中国皇帝给教士们的优厚待遇说,皇帝宫内是诸侯也不能常到的,而这些科学家却长住宫中,时时近幸。①这封信的内容无疑是得到康熙同意的。三十六年,康熙命白晋为"钦差",回欧招聘教士。三十八年,马若瑟、雷孝思、巴多明等偕白晋来华,途中迎送拟于王侯。在清政府因教规问题和罗马教皇严重对峙期间,康熙也没有放松争取西方科学人员来华的努力。四十四年,罗马教皇遣使到达中国,康熙即以答拜的名义派沙国安赴罗马,要教皇准备几人与沙国安同来。五十四年,康熙又授意教士德里格、马国贤致书教皇,要他"选极有学问天文、律吕、算法、画工、内科、外科几人来中国以效力"。②五十九年,教皇第二次遣使到京,同来的有技艺人才九人。当时康熙对教皇干预中国社会内部生活非常气愤,声称要来使将所有在华传教的西洋人全部带走,但技艺之才例外。

康熙对待自然科学持开明态度。在封建礼教严重束缚下的十七、十八世纪的中国,翻译《人体解剖学》时,康熙明确指示:"身体上虽任何微小部分,必须详加迻译,不可有缺。朕所以不惮麻烦,命卿等详译此书者,缘此书一出,必大有造于社会,人之生命,或可挽救不少。"③科学没有民族、国家的属性,也不应有什么人为的障碍。康熙说,"世上无论何物,当利用之。盖上帝既以万物赐我,则善为利用,理亦宜也"。④这一点,他比那些非礼勿动、闭目塞听的人们,实在高明得多。

但是,西教士在中国传播新知识,原为博取中国人的信赖,便于传播他们的宗教和价值观。因此,使中国人羡慕西方文化而又不能完全掌握它,不能摆脱对西人的依赖,是他们的必然策略。明末编纂《新法算书》,"欧罗巴人自秘其学,立说复深隐不可解"。⑤一些科学著述,往往只有计算结果,没有解题过程。汤若望任职钦天监,志愿"是要使钦天监尽量化为一个奉教的机

---

① 后藤末雄:《康熙大帝与路易十四》。响应这次呼吁来华的,有白晋、张诚等五名法国教士。
② 《康熙与罗马使节关系文书影印本》(六)。
③ 后藤末雄:《康熙大帝与路易十四》。
④ 勒孔特:《关于中国现状的最新回忆》,转引自《康熙大帝与路易十四》。
⑤ 《四库全书总目》(卷106《御定历象考成》)。

关"。①所以,要发展中国的科学事业,依靠洋人是不行的。康熙懂得这一点。所以,发展中国的科学事业,培养自己的科学人才,便构成康熙科技政策的另一重要方面。

康熙在他亲政后不久的几年中,连续颁发诏谕,要有关部门抓紧天文人才的培养和考察,不准滥竽充数。

七年,谕礼部:"天象关系重大,必得精通熟悉之人,乃可占验无误。著直隶各省督抚晓谕所属地方,有精通天文之人,即行起送来京考试,于钦天监衙门用,与各部院衙门官员一体升转。"②九年,谕礼部:"天文关系重大,必选择得人,令其专心学习,方能通晓精微。可选取官学生,令其与汉天文生一同学习。有精通者,俟钦天监员缺,考试补用。"③十五年,谕钦天监:"尔衙门专司天文历法,任是职者必当习学精熟。向者新法旧法是非争论,今既深知新法为是,尔衙门习学天文历法满洲官员,务令加意精勤,此后习熟之人方准升用。其未经学习者,不准升用。"④

此后,康熙又多次指示考选历算人员,扩大科学队伍,有时还临轩亲试。五十二年首创算学馆,培养专门人才。苏州府教授陈厚耀、钦天监五官正何君锡之子国柱、国宗,官学生明安图,原钦天监监副成德,以及梅文鼎之孙珏成等,康熙都征召至京,加以培养,"亲临提命,许其问难如师弟子"。⑤陈厚耀比康熙大六岁。康熙多次和他问难反复,及于历算、地理、天文诸方面。陈厚耀后来向康熙建议"定步算诸书以惠天下",是《律历渊源》编纂的最初动议者。梅珏成自幼受家庭熏陶,精思敏悟,曾一语而解祖父的疑难,五十一年入京,肄业蒙养斋,数学日进。康熙亲自教他代数学,他觉得和我国古代天元一术很相似,于是著书阐发,使"前代绝业,一旦复显"。⑥明安图"自童年亲受数学于圣祖皇帝,至老不倦",⑦成为我国历史上著名的蒙古族科学家。他任职钦天监五十余年,以蒙古族而官至监副、监正,这在清代钦天监中是空前绝后的。康熙亲手培养的这一批人材,后来都成为了当时科学事业的骨干力量。

① 魏特:《汤若望传》(第2册),杨丙辰译,上海商务印书馆,1949年,第315页。
②《清圣祖实录》(卷25"七年二月乙酉")。
③《清圣祖实录》(卷34"九年九月戊午")。
④《清圣祖实录》(卷62"十五年八月庚申")。
⑤《清史稿》(卷45《时宪一》)。
⑥ 钱林:《文献征存录》(卷3《梅文鼎传》)。
⑦ 陈际新:《"割圆密率捷法"序》。

康熙对待自然科学知识和这方面人才的态度,对于扭转社会上轻视自然科学的风气产生了重要影响。方苞曾将梅文鼎和万斯同的先后境遇作过一个对比。他说,1691年他到京师,看到许多著名学者都在那里讲学,其中就有梅、万。万斯同"自少以明史自任,而兼辨古礼仪节,士之欲以学古自鸣及为科举之学者皆辕焉,旬讲月会,从者数十百人";而梅文鼎"所抱历算之说,好者甚稀,惟安溪李文贞及其徒三数人从问焉"。及至康熙亲批《历学疑问》,三次召见梅文鼎,御书"积学参微"相赐,于是"公卿大夫群士皆延跂愿交"。不久又召其孙珏成入京。梅死时,康熙特命盛治其丧。"由是世士皆荣君(指梅)之遇,而叹季野独任明史,而蔑由上闻。"[1]这一行动,在社会上发生了广泛的影响。阮元说:"方圣祖时,以算法受知致身通显者非一人,以故习之者众。"[2]梅的子孙、弟子继承文鼎之学,时有创新,蔚为梅学盛宗。雍、乾时的名流学者戴震、钱大昕、焦循、阮元等,都出身康熙时期名师之门,在历算方面都有很深的造诣。

应该说,康熙培养本国科学人才的目的在一定程度上是达到了的。编察《律历渊源》时已不用一个西洋人。康熙时,地理大测量和地图编绘还主要依靠洋专家,乾隆时测绘新疆则完全依靠康熙时培养起来的科技人员。这正是康熙正确的科学政策产生的结果。

三、历史的局限和皇帝的悲哀

康熙谈不上是唯物主义者,无须加以美化和现代化。他是一个地道的专制帝王,他的科技事业和政策是在唯心主义的世界观和社会观影响下进行的,是出于巩固满族封建主江山的需要,应按历史本来面貌予以说明。

清朝统治集团从1616年建号至1644年入关,不到30年就夺得了全国最高权力。它不像明末汉族统治者那样腐朽,在政治、经济、军事、文化等方面处处表现了一个正处在封建社会上升阶段的民族的活力。但是,要想巩固地统治中原,对一个人口悬殊、文化落后的满族统治集团来说,仍然是一个严峻的考验。特别是正统观念极深的汉族名流们,更视满族为夷狄,他们退隐山林,仍怀故国之思;拒绝征召,羞与新朝为伍。因此,除了在军事、政治、经济方面继续它已经取得的成果外,还必须在文化上对于先进汉族的封建文化有所继承

---

① 方苞:《望溪先生文集》(卷12《梅征君墓表》)。
② 阮元:《畴人传》(卷41《何国宗传》)。

和发展,必须从汉族士大夫手中把文化领导权夺取过来。制造文字狱是一个办法,但高压政策不能治本,文化斗争不是征服问题,它需要通过比较才能最终决定胜负。

正处在兴起和发展阶段的满族封建主统治集团,能够具有这样的信心和手段。在继承和学习汉族封建文化方面,远在天聪五年,皇太极就令诸贝勒大臣子弟,自十五岁以下、八岁以上,全部入学读书。顺治二年创宗学,"设教习等官,司其董戒,厚其廪饩,严其惩劝,使宗室子弟咸涵泳于礼义道德之途,讲明于伦纪纲常之大,服习于书射蟠译之业,练习于文事武功之备"。①康熙五岁破蒙,八岁起日日读书,十七八岁时因用功过度弄得吐血。不管盛夏溽暑,机务繁忙,日讲从不间断。出巡途中,于行殿读书每至夜分。康熙这种精神至老不衰。他说:"人主势位崇高,何求不得! ……若任意率行,略不加谨,鲜有不失之纵逸者。朕每念及此,未尝一刻敢暇逸也。"②

汉族封建文化对汉族统治者来说,早已成为大话、空话和假话,成为权势者们粉饰自己、愚弄人民的道学;但对满族统治者来说,还比较新鲜,对待起来也比较认真,敢于精华和糟粕一并考虑。康熙读《尚书》,"于典谟训诰之中体会古帝王孜孜求治之意,期见之实行",读《易》,于圣人"扶阳抑阴、防微杜渐、垂世立教之精心",皆反复探索。③他批评讲官讲《易》不讲"亢龙有悔"一章,说:"天道人事,亢则有悔。《易》中所言,无非此理。正宜以此为戒,不必避忌。"④他看到李光地一类假道学家的言行不一,时加讥讽。康熙十分崇拜朱子之学,因为朱子虽为理学大师,但他有格物致知这一条。康熙对自然知识的追求,受朱熹"格物致知"影响极大。

明清之际讲究经世致用的学派,对康熙也有很大影响。康熙每谈治学,必及国计民生。他说:"朕平日读书穷理,总是要讲求治道,见诸实行,不徒空谈耳。"⑤又说:"朕每批览载籍,非寻章摘句、采取枝叶而已,正以探索源流、考镜得失,期于措诸行事,有裨实用,其为治道之助,良非小补也。"⑥正是为了讲求

---

① 《清朝文献通考》(卷63《学校》)。
② 《清圣祖实录》(卷43"十二年十月乙巳")。
③ 《清圣祖圣训》(卷5《圣学》)。
④ 《清圣祖实录》(卷115"二十三年四月庚子")。
⑤ 《清圣祖实录》(卷43"十二年八月癸亥")。
⑥ 《清圣祖实录》(卷119"二十四年二月辛亥")。

治道，才促使他加强对自然的认识。

人类对自然规律认识的每一深化，一般说，都必然有利于社会生产的发展。统治者关心自然，却首先是为了统治的需要，有时达到荒谬的地步。天主教会探索自然，目的在于证明上帝的存在。中国帝王注意观天，是认为天象联系着皇家的命运。《易》说："天垂象，见吉凶，圣人象之。"所以，"自古有国家者，未有不致谨于斯者也"。①要测天，就得精于计算。所以我国古代自然科学唯天文历算最发达。康熙最关切的，也正是天文历算。他曾指示礼部："帝王克勤天戒，凡有垂象，皆关治理。故设立专官，职司占侯，所系甚重。一切祥异，理应详加推测，不时具奏。"②历法的准确与否，历书的有无舛错，被看作一姓王朝是否顺应天意的重要标志。所颁正朔有误，就会失去统治的权威。司马迁说："王者易姓受命，必慎始初。改正朔，易服色，推本天元，顺承厥意。"③顺治、康熙重视改进历法，正是要以其历法的正确，迅速向人们表明满族封建主统治的合理性。因此历法也成为帮助封建统治的极好工具。

科学和蒙昧，在封建统治者手中是相得为用的。何时使用何者，全看统治的需要。西方科学开始传入中国，门类本也不少。天文、历算与中学会通了，力学、光学、声学、化学、矿物学却都没能扎下根来。西医学、西药学，康熙本也是重视的。据说康熙有几次得病，百治不愈，结果请来西士，施以西药，生了奇效，于是他精心钻研西医，组织力量翻译解剖学。他原想这些知识将对人类健康大有好处。但这种想法慢慢地变了。因为这些书上讲的与中国封建礼教不合，有碍风化、有碍封建秩序的维持！鱼与熊掌不可得兼，康熙取封建秩序的稳定而舍弃科学。因此，解剖学历时五年译成满文后，他就改变了准备译成汉文行世的主张，说这是特异之书，不能任一般人们泛读，只命传抄三部深藏。后命用汉文译出两部，也同样深藏不露。康熙研究天算时，已感到荧惑退舍、天象垂戒之说，皆空言无实，他说："若果退舍，后来推算者以何积算？"④他也根据地圆说认识到所谓老人星现是天下仁寿之征的荒谬，但在现实生活中，他还是不断宣扬天变人事之会，培养人们对上天的敬畏。多次托言"上天示儆"而变更人事，调整政策，借天意推行己意。康熙出生，如同一切真命天子的出世

①《元史》(卷48《天文志》)，中华书局，1976年，第989页。
②《清圣祖实录》(卷66"十六年三月己丑")。
③《史记》(卷26《历书》)，中华书局，1959年，第1256页。
④《清圣祖实录》(卷139"二十八年二月乙丑")。

都不同凡响一样,也曾广泛传颂诸如龙绕母身、红光盈庭之类的神话,康熙原也从未否认。然而到了晚年,他因几次确立储君不当而陷于极度痛苦,见到诸子为争夺皇位继承权而加紧结党角逐,又鉴于汉高、梁武、隋文、唐宗、宋祖传位之际的变乱故事,便说:"朕之生也,并无灵异;及其长也,亦无非常","从不许人言祯符瑞应,如史册所载景星庆云麟凤芝草之贺,及焚珠玉于殿前,天书降于承天,此皆虚文,朕所不敢(疑为'取')"。①显然是怕这一套被人利用了去,擅行废立,乃至危及自己的老命。这不能不说是皇帝的一种悲哀。

本文原刊载于《南开学报》(哲学社会科学版)1980年第3期。

作者简介:

汪茂和,1945年生,安徽滁州人。1978年师从郑天挺先生攻读研究生,毕业留校从事明清史、中国养生学的研究,南开大学历史学院教授,著有《专制权力与中国社会》(合著)、《中国养生宝典》(上下册)、《中华养生大典》(四册)、《历代养生名论选译》等,主编有《中华人物传库》(八册)、《中国养生秘籍全书》(五册)等。点校《查继佐年谱查慎行年谱》《王夫之年谱》等古籍。

---

① 《清圣祖实录》(卷275"五十六年十一月辛未")。

《考工记》不是齐国官书

刘洪涛

《考工记》是研究我国古代科学技术的重要文献。以前多数人认为成书较晚，[1]降低了它的实际价值。虽然也有人认为是周人所作，[2]但都没有系统地论证过，难以取信于人。清人江永认为《考工记》为东周后齐人所作，郭沫若先生极力赞成这种观点，并于20世纪40年代专文作了论述。[3]其理由主要有三条：一、从《考工记》提到的列国和水渎名号看；二、《考工记》多用齐国方言；三、《考工记》中的度量衡是齐制。该文具有较大影响。但经仔细研究，这三条理由似乎都难以成立。《考工记》不是齐国官书，本文就这些问题谈一些看法。

一、关于《考工记》中的列国、水渎名号问题

《考工记》中有："周人上舆"，"郑之刀、宋之斤、鲁之削、吴越之剑"，"越无镈、燕无函、秦无卢、胡无弓车"，"荆之干、妢胡之笴"等语。周室东迁以后的主要国家除晋和齐外都提到了。据此，郭沫若先生认为《考工记》的作者国别非晋即齐。并进一步推断说：妢胡之"妢"，应即"汾"字。汾水流经晋域，作者对晋人含有敌忾，故斥晋为妢胡。于是断言《考工记》的作者是齐人。

笔者以为这样推论恐怕不妥。《考工记》正文只提到"周"字，郑、宋等列国名号仅见于"总目"。而《考工记》"总目"是汉代人赝品，此问题于后文再论。即使这样，以下两点也是值得研究的：是否某国人的作品一定不提本国名号？"妢"字解为"汾"有何根据？

查先秦文献，提本国名的著作比比皆是。如《管子》，按郭沫若先生的说

---

① 如梁启超的战国说，孔颖达的汉代说等。前者见梁启超：《古书真伪及其年代》，中华书局，1955年，第126页；后者见孔颖达：《礼记正义·礼器疏》，《四部备要》本，上海中华书局据阮刻本校刊，第10册，第12页。

② 王应麟：《困学记闻》；毛奇龄：《经问》。

③ 郭沫若：《考工记的年代与国别》及《古代研究的自我批判》，后者收入《十批判书》。

法：“多取材于齐国官书档案”。[1]其中有“楚有汝汉之金，齐有渠展之盐”；[2]韩非子是韩诸公子，作“孤愤、五蠹、内外储、说林、说难十余万言”[3]而“内外储”“说林”诸篇多以第三者身份说韩事。其余如《荀子》说赵、《晏子》言齐、《孟子》语鲁，等等，不一而足。为什么《考工记》作者不能道本国名？

妢胡，郑玄注谓“胡子之国，在楚旁”，并以《禹贡》荆州有箘簬楛之贡为证，其中的“楛”就是《考工记》中的“笴”；汾水，汉时属太原，《禹贡》中属冀州。除荆州贡弓矢之外，《鲁语》有肃慎氏贡弓矢之说，从不闻冀州也贡弓矢。说明汾水一带不盛产笴，晋地不以笴闻名。再者十三经及诸子书没有把妢胡作晋名的。若说齐人“对晋人含有敌忾”，齐晋不如燕齐之间仇恨更大，虽然齐地滨海，燕在北鄙，彼此也不互称为胡。像这样一部专载制度的名著，是不致于必欲把政敌名之为“胡”的。郭沫若先生把“妢”解释为“汾”的唯一理由是妢胡小国，没有被列举的资格。殊不知妢胡虽小，早已天下闻名，[4]论产笴之地，是最有被列举的资格的。

《考工记》有“橘逾淮而北为枳，鹳鹆不逾济，貉逾汶则死”的记载，江永认为淮、济、汶在齐鲁间，郭先生认为这是《考工记》出于齐的又一有力证据。恐亦不然。

齐地方二千里，“南有泰山，东有琅邪、西有清河”，[5]并没有到达淮水流域；济水虽在齐，“鹳鹆不逾济”却是鲁国谚语，与齐无涉。《左传·昭公二十五年》有“鹳鹆来巢”的记载。鲁大夫师已说：“吾闻之，文武之世，童谣有之”云云，西周初这句话已在鲁国流传了；关于“汶”的解释古有不同，郑、贾注疏说在齐南鲁北，晋张湛《列子注》却说系指汶江而非汶水。《山海经》《韩诗外传》《楚辞》等都有大江出于汶山的说法，所以汶江即长江。《周礼》是为说明“水土性异则迁移有伤”的道理，特“举四渎而言之”。淮、济、汶都是四渎之一，非齐国专有。张湛还列举《说文》及俗谚，说明貉为江北物，渡江则死，过鲁北的汶水则了无所伤。

大抵“橘生淮南”等句是春秋战国间极为流行的谚语，《左传》《晏子春秋》《列子·汤问》都有引述，是没有国界的。以列国和水渎名号作为《考工记》出于

---

① 郭沫若：《奴隶制时代》，《沫若文集》（第17卷），人民文学出版社，1963年，第21页。

②《管子·地数篇》。

③《史记》（卷63《老子韩非列传》），中华书局，1959年，第2147页。

④《禹贡》云：“惟箘簬楛，三邦底贡厥名。”郑注：云梦泽旁三国（妢胡）“其名天下称善”。

⑤《战国策》（卷8）。

齐的理由都嫌牵强。

二、关于《考工记》中的方言问题

江永曾举"戚速""椑""荼"为齐地方言,作为《考工记》出于齐的证据。郭沫若先生又补充"菑""章""终葵"合为六例。他曾发现书中也有蜀地方言,如"槷"字。但解释说:"可能是齐蜀共通之语。"又觉得并无根据,于是补充说:"即使专为蜀言,亦仅六与一之比而已",《考工记》仍不失为齐书。

其实《考工记》中的方言不止以上七例,那六例也不能仅作齐地方言论。用六比一来判定学术问题也未免失之草率了。

方言是地区性语言。随着经济的发展,地区交流的频繁,产生了各地都能理解的通用语(扬子《方言》称为"通语")。它是由方言演变而成的,因而,必然带有某些方言的特征。齐鲁一带,地处黄河下游,是文化发达较早的地区之一,典籍中有一些齐鲁方言是可以理解的。作为判定地域的特征必须十分慎重。

《考工记》中的方言是复杂的,汉代人已不能准确理解。郑众、郑玄注释主要依据扬雄《方言》及汉时俗语,只在一定程度上具有正确性。而江、郭二位的研究,几乎全据二郑注文,有的又没经仔细推敲,这就难免错误。如"荼"字,郑众读为激,郑玄认为应读如绞,并说"如齐人名手足擘为骹之骹"。这是用齐对骹字的读音来说明"荼"的读法,江、郭二位却错认为是说荼为齐语;还有的是唐人解释,需要加以分析的。如"终葵"二字,二郑都不以为是齐语,贾疏才说"齐人谓椎为终葵"。"终葵"二字,由来很早,《左传》定公四年:分康叔殷民七族于卫,其一为终葵氏。卫在今河南北部。《后汉书·马融传》广成颂有"翚终葵,扬关斧。刊重冰,拨蛰户"等语,若是齐语,作者马融是扶风人,殊不可解。《管子·海王篇》:"行服连辂辇者,必有一斤、一锯、一锥、一凿,若其事立。"古"锥"与"椎"同。可知齐人不一定说椎为终葵,而语及终葵的也不一定是齐人。究竟封于卫地的终葵氏的族名(或姓)何以成了齐地方言?郑玄是马融的传衣弟子,对于马赋中的"终葵"二字必很熟悉,为什么在注文中不言是齐语,反要唐人贾公彦补充?这也是需要研究的。总之,终葵是齐方言的说法出于后世,值得怀疑。

还有"菑"字,《考工记》有"察其菑蚤不齵"。郑注:"入于毂中者"为菑,"入于牙中者"为蚤,又说"泰山平原所树立物为菑"。然则是树于毂中或牙中者都称为菑,何又有菑蚤之别?显然"树物为菑"语与《考工记》本文不相干。《考工记》中又有"菑栗不迤","菑"作"破"字解,可为佐证。这是郑氏以汉时方言强与《考工记》比附的结果。

《考工记》中郑氏指为方言的,齐语之外还有很多。如"槷"为蜀语,[①]"沤"为楚语,[②]"辀"为楚、卫语,[③]"緷""綎"[④]为山东语[⑤]等。以扬雄《方言》论,《考工记》中还有很多方言,二郑并未指出,如"柲"为关西语,"矢""削"为关东语等,若以"六比一"加以概括,真不知齐语为六还是为一。

用方言判定地域有时有一定的正确性,这需要对方言有确切的了解,否则可能产生错误的论断。如"小戎俴收,五楘梁辀"[⑥]是秦地妇人之歌,郑注:辀为楚卫方言;"壹戎衣而有天下",[⑦]又郑注:齐人读殷为衣。而在殷墟卜辞中有大量以殷为衣的例子。[⑧]若只据郑注推论,谓秦风为楚诗,卜辞出于东莱,就成了笑话。

二郑对《考工记》的语言已不太熟悉,今据二郑注文以判《考工记》年代,又不全引,凡与"齐"字有关联者,一概取录,其他则予摒弃,是很难得出正确结论的。

三、关于《考工记》中的度量衡制问题

说《考工记》中的度量衡制是齐制,也是不妥的。以往研究度量衡史的人多把《考工记》当作周制,[⑨]当然主要还是由于《考工记》与齐制的不同。先从量名看:《左传·昭公三年》记载:"齐旧四量;豆、区、釜、钟"而《考工记》中只有鬴、豆、升。[⑩]两相比较,若以鬴为釜,则《考工记》无区、钟而多升。再从各量之间的关系看,齐制"四升为豆,各自其四以登于釜,釜十则钟"。[⑪]而《考工记》中各量关系可由量器大小推知,原文有:"深尺,内方尺而圆其外,其实一鬴,其臀一寸,其实一豆"。即同一容器,中间有底,把容器隔为上下两半。上为鬴,深一

---

① 《考工记》"轮人"条。
② 《考工记》"幌氏"条。
③ 《考工记》"辀人"条。
④ 《考工记》"轮人"条和"辀人"条。
⑤ 古以崤函以东为山东,包括今河南、河北、山东等地。
⑥ 《诗·秦风·小戎》。
⑦ 《礼记·中庸》。
⑧ 丁山:《商周史料考证》。
⑨ 如吴承洛:《中国度量衡史》等。
⑩ 《考工记》"㮚氏为量"条。
⑪ 这里的"升",是借以说明齐量的大小,非齐制原有,否则就是"齐量有五"了。

尺;下为豆,深一寸。显然,1觳=10豆。又云"勺一升,爵一升,觚三升。献以爵而酬以觚,一献而三酬则一豆矣"。[①]是1豆=3觚+1爵=10升。郑注:"豆当为斗",这很正确。若与齐制中"四升为豆"的"豆"硬捏在一起,原文就无法讲通。[②]新莽志在拟古,所制嘉量铭文中关于器形的部分与《考工记》的记载大体相同,现存莽量实物的形状是上斛下斗,直径相同,何独《考工记》量器的直径上下不等呢?

《考工记》中的重量单位主要有垸、锊、钧等。垸,汉时已不知其义了,贾疏说:"其名未闻,无以破之"。锊,郑玄引《说文》语,谓与锾同,并说:"今东莱称,或以大半两(三分之二两)为钧,十钧为环,环重六两大半两,锾、锊似同矣"。郭沫若先生说:"垸字当即郑注所云'今东莱称……环重六两大半两'的环"。这就很难解释,若是袭用郑说,郑是以环为锊,不是垸;若是另立新说,又无解释。大约郭沫若先生见郑注中有"东莱"二字,便认为垸、锊都是齐制了。郑氏的说法本是疑似之辞(所谓:锾、锊"似同矣"),而且他引用的东莱制中一钧为大半两,《考工记》中的钧却等于三十斤,恰恰证明东莱制与《考工记》不同。再者,郑注仅为一说,按段注《说文》,汉人对此问题的解释实很杂乱。马融、王肃以锾重六两,贾逵斥为俗儒伪失,又补入大半两,才与东莱之"环"相等。虽然这样,说锾、锊相同仍有问题。《考工记·弓人》有"九和之弓,用胶三锊"的说法,三锊合一斤四两,一弓之用,不会如此之多。清人戴震才又提出锾与垸等,为十一又二十五分之十三铢,而锊与环同,《史记》名为"率",《汉书》为"选",都等于六又三分之二两,古文锊、锾相近,《弓人》中的"锊"原是"锾"字之误。这本来是各家解释,若必从其一,戴氏说法似乎更妥。但不论"锊与环同"或者"锾与环同",都是说数值相同而已,若更由此推论说《考工记》的量制是齐制,就没有道理了。

值得注意的是《考工记》的量制1觳=10豆,1豆=10升,与汉以来的十进位制相同。它既非出自列国,很可能是汉对周制的继承。还可举金文做旁证:"锊"字见于毛公鼎、扬簋等器铭文。鼎,周宣王时器;簋,厉王时器。[③]虽然近

---

① 《考工记》"梓人为饮器"条。
② 吴承洛《中国度量衡史》认为,《考工记》中的量器觳、豆直径不相等,因而觳仍为十六豆。这是拘泥郑玄旧说,并无根据。
③ 容庚:《商周彝器通考》。

466

年来发现,在三晋和中山一带也使用"锊"这个单位,但因单位太大,①与《考工记》中的"锊"不符。这里有一个问题,为什么二郑解《考工记》屡与齐制比附呢? 首先由于幽厉以后,周朝旧典多隳于兵戈,春秋中期的孔子时期已很少有人清楚了,北宫锜问孟子周室爵禄之法,孟子尚且不知,②汉人解周制更加困难。周武王灭纣,封师尚父于齐,封弟周公于鲁,周朝典制多出此二人。如周公、曾制礼作乐,"颁度量于天下",③是以经传有鲁"不弃周礼",④"周礼尽在鲁矣"⑤的说法。春秋时,齐桓公在尊周的名义下,曾经九次大会诸侯,在第四次大会诸侯的盟约中有一条,就是"偕度量,一称数"。⑥齐鲁制度,包括度量衡制与周有较多的一致性,是二郑据以解经的主要原因。但齐鲁制与周制毕竟不同,只要认真研究,有的仍然可以区分开来。

四、《考工记》多是周朝遗文

《考工记》除少数汉人窜乱之作外,多是周朝遗文。理由除上述度量衡制外,还有以下四个方面:

第一,前人如王应麟主张《考工记》为周朝遗文,他在《困学纪闻》中引《南齐书·文惠太子传》中的材料作了论述:"时襄阳有盗发古塚者,相传云是楚王塚",得"竹简书",抚军王僧虔云"是科斗书《考工记》,《周官》所阙文也"。近人王国维谓汉人称周时象形文字为科斗书,至魏晋则"凡异于通行隶书者皆谓之科斗书"。⑦王僧虔是南朝齐人,但所见为楚王墓中物,汉时楚王韩信封于陈,刘交都彭城,襄阳不会有汉楚王墓。《史记》载,春秋战国时,楚都于郢,楚昭王始徙于鄀。《正义》引《括地志》说:鄀在襄州乐乡县东北三十二里。⑧襄州即后汉末所置襄阳郡。楚王墓所葬当是昭王以后之王,其中的科斗文不会是"异于通行隶书"的秦时大篆,应该为周时古文。

---

① 1锊约为今1400～1600克。见朱德熙、裘锡圭:《平山、中山墓铜器铭文的初步研究》,《文物》1979年第1期。

②《孟子·万章下》。

③《礼记·明堂位》。

④《左传·闵公元年》。

⑤《左传·昭公二年》。

⑥《管子·幼官》。

⑦ 王国维:《科斗文字说》,《观堂集林·艺林七》。

⑧《史记》(卷40《楚世家》),中华书局,1959年,第1716页。

第二，《考工记》所述三十工职务，有的明显是周天子口吻，如《桌氏为量》条有嘉量铭文为："嘉量既成，以观四国。永启厥后，兹器惟则。""四国"为四方侯国。春秋战国时，大国之君，虽然制拟天子，任何一国也不具备颁度量于四方侯国的条件。首先，对于境内封君，虽可颁量，但封君领地名为封邑，并不称为"国"。如卫鞅封于商，《史记》称商为邑，不云商国；齐田婴封于薛，也不称为薛国。其次，对于境外的附庸小国，可以征朝聘、征兵甲粟役等，而附庸国毕竟是单独的政体，它有自己的臣民、宗庙、制度，而且朝附秦，暮附楚，与大国之间的关系很不稳固，大国并不颁度量予小国。因而铭文应是周天子的口吻。

第三，从《考工记》反映的天文知识看，也是周时文献。书中《辀人》条自"龙旂九斿"以下是对二十八宿的叙述。有几点值得注意：一是二十八宿中有伐弧二宿，与《吕览》《史记·天官书》等不合，而同于《史记·律书》；二是以尾宿象大火。[1]这在《尔雅》中还能找到些根据，[2]汉人解经已专用心宿象大火，十二次则以氐、房、心为大火，以尾属析木，不再以尾为大火了；三是伐有六星，[3]与《史记·天官书》不同。[4]从这三条可以看出，与代表了秦汉以后的二十八宿系统的《吕览》《史记·天官书》相比，《考工记》是另外一种系统，它与前者在星宿名称、每宿星数，以及星宿间的组合和划分等方面都有若干不同，与《史记·律书》却有较多的一致性，而《史记》中《律书》系统要比《天官书》早。如司马迁所说："司马法所从来尚矣，太公、孙吴、王子能绍而明之……作律书第三。"[5]意思是《律书》主要根据的是一种古老的司马法，这种司马法曾经过周初的太公望，直到春秋战国间的孙子、吴起、王子成甫等人补充和说明。而《天官书》则不然，它主要是由"星气之书"，"比集论其行事，验于轨度以次"[6]写成的。而"验于轨度"（即覈验星宿度数）的时间最早只能推到春秋战国间。前不久，曾有人根据《考工记》中以七星象鹑火的记载，认为这是春分时初昏的天象，按岁差可以算出其时代大约在公元前1200年左右，相当于殷末周初。[7]

第四，从《考工记》中的测量知识看，最引人注目的是没有角的测量单位。

---

① "龙旂九斿、以象大火也。"苍龙宿中的尾宿有星九颗，故云"龙旂九斿"。
②《尔雅·释天》："大辰，房心尾也，大火谓之大辰。"
③ "熊旂六斿，以象伐也。"
④《史记·天官书》谓伐有三星。
⑤《史记》（卷130《太史公自序》），中华书局，1959年，第3305页。
⑥ 王健民、梁柱、王胜利：《曾侯乙墓出土的二十八宿青龙白虎图象》，《文物》1979年第7期。
⑦ 王健民、梁柱、王胜利：《曾侯乙墓出土的二十八宿青龙白虎图象》，《文物》1979年第7期。

钱宝琮先生的《中国数学史》曾认为《考工记》中的磬折、宣、欘、柯、矩等都是角度单位，似是误解。磬折表示一个弯曲不大的角，无固定大小；宣、欘、柯等都是长度单位；[1]矩用以画方或直线，都不是角度单位。《考工记》中的角度表示法有两种：一用直线，二用规。用直线表示如《磬氏》条，有"倨句一矩有半"。郑注："必先以一矩为句，一矩为股，然后用一矩半触其弦"，[2]形成一个底、腰长度比为 1.5:1 的等腰三角形，其顶角所表示的弯曲程度为磬折；再如《匠人为沟洫》条："行奠水，磬折以参伍"。郑注："行停水，沟形当如磬，直行三，折行五。"即直角三角形两直角边的比例是 3:5，水由直行，改循斜边，弯曲度也是磬折。用规表示角度的例子如"弓人为弓"条："天子之弓合九而成规"，"诸侯之弓合七而成规"等。这里"规"就是圆。用分规法表示弯曲度实是后来分"度"法之滥觞。但这时还没有"度"这个单位。按日本新城新藏的研究，春秋中期鲁文、宣之际（前627—592）开始用圭表测量星度，[3]测法见于《周髀算经》，主要方法是，先在地上画大圆，平分之为365¼度，于圆心立表，自表上端引绳照星宿。至少这时已经有了角的测量单位"度"，《考工记》的年代当在鲁文、宣之前。

从以上所说的度量衡制、古文字、三十工职务以及天文、测量知识等五方面看，《考工记》应是周时遗文。但不可否认，其中有的部分是后人窜入。梁启超和郭沫若先生都认为，书中"粤无镈，燕无函"等语涉及的列国名称，有的是后来补入的，这很正确。但他们由此结论《考工记》也是后来的著作就不对了。仔细研读《考工记》就可看出，列国名号仅见于总目，[4]正文只提到虞、夏、殷、周等，侯国名无一出现，可见总目与正文是不相衔接的，总目是后人续貂之语。关于这方面问题还有如下三点看法：

一是先列总目、概括全篇，再分类条引，是后世文体。上古文多简括，不会有这种大段总目。

二是总目有"坐而论道"一语，先秦无此说。《尚书·周官》谓之"论道经邦，燮理阴阳"，两者有很大区别。上古三公职无不统，不但"论道"，还有"经邦""燮理"之任；秦汉以后，君权渐重，三公职微，只能坐而论道，经度、燮理的职责被剥夺了，才有"坐而论道"之说。

---

① 见《考工记》"车人之事"条郑注及"车人为车"条。
② 这里"矩"作直尺用，并作长度单位。句、股、弦分别为直角三角形的两直角边和斜边。
③ 新城新藏：《东洋天文学史研究》，沈璿译，中华学艺社，1933年。
④ 《考工记》中自"国有六职"至"陶瓬"约480字。

三是所谓"粤无镈,燕无函","粤之无镈也,非无镈也……"等,这种刁钻、玄虚的文字与正文的质直、纯朴,绝不相类。

前人每言《考工记》为后人所补,如马融、贾公彦谓由刘歆所补,郑玄说:"前世识其事者补之",《隋志》说是河间献王所补,孔颖达认为是汉文帝博士补成等。虽各说不一,却都认为是汉人所为。这对总目部分是正确的。

正文也有后人增补的:其一,原文三十工中,缺少六种,名为段氏、韦氏、裘、筐、榈、雕氏等。六氏名数为后人所增。理由有二:(1)所谓三十工之数本不可信,谓缺六工,自无从说起。古有百工之说,此云三十,若说是举要言之,所列三十工名极为琐屑,算不得"要";若说只由宫廷所需,其中又明明有"髺垦薜暴不入市"等语,说明也生产世俗用物,那末三十工万难括尽其数。按照已经列出的工名推测,就有理当列出而未列者,如生产食器,瓦制者有搏埴之工,木制者有梓人,青铜制者当属何人?另外还有重复和脱漏,如车人为车,舆人亦为车,"辀人"又不予三十工之数等。因而,谓缺六工,实是为凑足三十工之数,以附会"周官三百六十"之语。(2)六工之中,如段氏、筐氏等是不可能有的,因为"攻金之工",前边已经说过了,如"金有六齐"云云,表明所列"攻金之工"为铸工。段即锻字,段氏为锻工,理应不在其内。筐氏属设色之工。《说文》中"匡或从竹";《正字通》释框,"古借用匡"。筐、框古均作匡,可以通假。《庄子·齐物论》中有"与王同筐牀",崔撰云:筐,"方也"。筐氏即框氏,实为印花工,以印版由框定位,故得名,马王堆汉墓已发现印花丝织品。[①]汉代有印花工,但不能断定周时亦有。估计筐氏、段氏都是汉人根据当时的情况增补进去的名称。

其二,自"攻金之工筑氏执下齐"至"桃氏为刃"共三十一个字,也是后人增补上去的。总目中"攻金之工六"既是赝品,此段自然也不存在。至于"上齐""下齐"之说亦没有根据。郑注:"多锡为下齐","少锡为上齐"。然则削杀矢锡量相同,筑氏为削,冶氏为杀矢,何得云"筑氏为下齐、冶氏为上齐"? 这一段可能是由《管子·小匡》中的"美金""恶金"等语造作而成的。

另外,错简的情形很多,如起首有"故一器而工聚焉者车为多","车谓之六等之数"与前后文都无关联,"车人"远在"轮人"之后等等都属错简。

由上述《考工记》中的错误可以看到,除去总目之外,基本没有影响《考工记》的实质内容,它仍不失为一部研究周朝典制的珍贵文献。但把《考工记》断

---

① 王孖:《马王堆汉墓的丝织物印花》,《考古》1979年第5期。

为齐国官书是错误的。

本文原刊载于《自然科学史研究》1984年第4期。

作者简介：

刘洪涛（1943—2001），河南商丘人，南开大学历史学院教授。1967年毕业于北京工业学院，1976年调入南开大学历史系，开设"中国古代科技史"等课程，出版《中国古代科技史》《数学大师——梅文鼎与天文历算》《中国古代士兵生活与征战》《古代历法计算法》等著作，发表《从赵宋宗室的家族病释"烛影斧声"之谜》等论文。主要从事中国古代史（侧重宋史）、中国科技史的教学及研究工作。

教外诤友：晚明内阁阁臣郑以伟与西学

陈 拓

明中叶以后,内阁权力日重,虽无宰相之名,却渐有宰相之实,故研究晚明西学东渐,需重视内阁阁臣这一位极人臣的特殊群体。围绕晚明内阁阁臣与传教士的交往,学界研究多聚焦于徐光启(1562—1633)、叶向高(1559—1627)等,①而对崇祯五年(1632)与徐光启一同入阁的郑以伟,除偶有引及他为熊三拔(Sabatino de Ursis, 1575—1620)《泰西水法》、庞迪我(Diego de Pantoja, 1571—1618)《七克》所作二序外,学界尚缺乏关于他的专门研究,更未注意二序教内、教外版本间的文字差异。实际上,郑以伟与利玛窦(Matteo Ricci, 1552—1610)等传教士不仅交往密切,而且他在赞赏之余,还自诩为传教士的诤友,在序中与原书著译者进行商榷。

一、郑以伟的生平及著述

郑以伟(1573—1633),字子器、子籥、子夫,号方水、笨庵,江西广信府上饶县人。生于万历元年(1573)七月初二日。②万历二十九年会试第七名,同年充

---

① 关于徐光启、叶向高与西学,参见 Catherine Jami, Peter Engelfriet and Gregory Blue eds. *Statecraft and Intellectual Renewal in Late Ming China : The Cross-Cultural Synthesis of Xu Guangqi (1562‐1633)*. Leiden : Brill, 2001;黄一农:《两头蛇:明末清初的第一代天主教徒》(修订本),台湾清华大学出版社,2007年,第76~82、105~108页;陈拓:《文献层累与形象塑造——晚明首辅叶向高与天主教》,台湾《新史学》2018年第29卷第2期;等等。

② 《万历二十九年进士登科录》称郑以伟"字子夫……年二十九,七月初二日生"(《中国科举录汇编(九)》,全国图书馆文献微缩复制中心,2010年,第156页)。又郑以伟有诗《七月二日予诞也,荷少傅宜兴周公、少保武进吴公、东阁上海徐公酌予阁中,而少保乌程温公在告未至,信口赋此聊记岁月》,见陈济生辑:《启祯遗诗》(卷5),《四库禁毁书丛刊》(集部第97册),北京出版社,1997年,第362~363页。虽然登科录中存在"官年"现象,但可作为参考。

任翰林院庶吉士。①万历三十三年,时任翰林院检讨的他因病回籍调理。②万
历四十年,郑以伟与给事中李瑾被派往浙江典乡试,随后赴京继续在翰林院供
职。③泰昌元年(1620),升任礼部右侍郎兼翰林院侍读学士。④天启四年
(1624),因得罪阉党而上疏告归。崇祯二年(1629),召拜礼部尚书。崇祯五
年,与徐光启一同晋东阁大学士。崇祯六年六月,卒于官。他和徐光启逝世于
同年,且两人死后均"囊无余资",于是崇祯帝谥徐光启文定,谥郑以伟文恪,同
加优恤。⑤

据称郑以伟"著作甚富",清军入关后,"相传文恪公子一夕火公文板",造
成文稿的佚失。⑥而诗文集《灵山藏》在清代还被列入禁毁书目,当与书中频见
"虏""夷"等违碍字眼有关。因此,郑以伟的著作在后世流传不广,今查访到以
下数种:

一是《灵山藏》二十二卷,明崇祯刻本,中国国家图书馆藏,索书号:
A01743。⑦《四库禁毁书丛刊》曾将其影印出版,但影印质量不佳,版心处字迹
多有漫漶,故仍需核校底本。该书含《笨庵吟》六卷、《弥庚车》二卷、《两存篇》
二卷、《鹦鹉车》二卷、《杜吟》五卷、《杜吟续》一卷、《诗余》一卷、《颂铭赞》一卷、
《辞》一卷、《赋》一卷,其中从《笨庵吟》至《杜吟续》共十八卷均为诗集。郑以伟
之诗虽存世数量较多,但在诗史上影响不大。

---

①《明神宗实录》(卷361"万历二十九年七月甲辰"),台湾"中研院"历史语言研究所,1962
年,第6740页。

②《明神宗实录》(卷413"万历三十三年九月丙子"),台湾"中研院"历史语言研究所,1962
年,第7735页。

③《明神宗实录》(卷497"万历四十年七月庚申"),台湾"中研院"历史语言研究所,1962年,
第9380页。

④《明熹宗实录》(卷2"泰昌元年十月丙寅"),台湾"中研院"历史语言研究所,1962年,第
103~104页。

⑤《明史》(卷251),中华书局,1974年,第6494~6495页。

⑥郑维驹:《跋》,项之格、李树藩编校:《郑文恪公剩稿》,清同治十二年(1873)信江书院刻本,
第5a页。郑以伟家族受明清鼎革冲击较大,方志称郑以伟"子大经、次大纶俱早亡。"参见孙世昌
等纂修:康熙《广信府志》(卷16),清康熙二十二年(1683)刻本,第25a页。

⑦湖北省图书馆藏有《灵山藏》二十九卷(索书号:集二/675),多出的5卷为"小草"三卷、"沧
海蠡"二卷,待访。另据清人沈叔埏(1736—1803)称:"家藏明上饶郑方水《灵山藏》集十六卷,内
画壶集、沧海蠡、两存篇、犹奕稿、鹦鹉车各二卷,笨庵吟六卷。"见沈叔埏:《书灵山藏诗后》,载《颐
彩堂文集》(卷11),《续修四库全书》(第1458册),上海古籍出版社,2002年,第462页。其中"画壶
集""沧海蠡""犹奕稿"均不见于二十二卷本。

二是《怀玉藏洭①泥集》六卷,明崇祯刻本,中国国家图书馆藏,索书号:A01743。书前有崇祯元年郑以伟自叙,正文含《记》三卷、《碑记》一卷、《杂文》二卷。该书传状、奏草、序文等部分相对缺失,近于杂著集,故无法反映郑以伟文作的全貌。据郑以伟《九名山藏,藏余诗文也,非敢拟司马子长,而一一系以诗》组诗,各诗分别歌咏了灵山藏、怀玉藏、太甲藏、少华藏、明府藏、鹤山藏、吉阳藏、黄尖藏、仙霞藏九部书。②其中,除《灵山藏》《怀玉藏》外,仅《明府藏》在康熙《广信府志》、乾隆《上饶县志》的郑以伟传中有著录,但不见于其他公私书目,故刊印与流传情况不明。③

三是《郑文恪公剩稿》一卷,清同治十二年(1873)信江书院刻本,美国加州大学伯克利分校东亚图书馆藏,索书号:5429.8222。该书由贵溪项之格、上饶李树藩编校,书前有同治七年(1868)进士、贵溪知县吴兴沈镕经序,书后有咸丰三年(1853)进士广丰郑维驹跋。该书是他们担心郑以伟诗文淹没而不彰,故从地方志中辑出了一卷郑以伟诗文。项之格曾参与编纂同治《贵溪县志》(1871),而李树藩曾参与编纂同治《上饶县志》(1872)和同治《广信府志》(1873),这为他们辑录郑以伟诗文创造了条件。④

四是郑以伟编订、注评的书籍有《新刻全补评注文豹金璧故事》四卷、⑤《新镌全补标题音注国朝捷录》六卷(郑以伟注评,钟惺增补)、⑥《新镌评林旁训薛

---

① "洭"字乃据各卷卷端著录,但郑以伟书前自叙在解释书名时称:"字书緷与緛异,緷之言缓而緛之训急,以此名之,亦祛急成缓、摄动归静之旨也。"则又当为"緷"字。"洭"部分书目误作"浤",例如《中国古籍善本书目》(集部),上海古籍出版社,1998年,第798页。

② 陈济生辑:《启祯遗诗》(卷5),《四库禁毁书丛刊》(集部第97册),北京出版社,1997年,第363~364页。

③ 孙世昌等纂修:康熙《广信府志》(卷16),清康熙二十二年(1683)刻本,第25a页;汪文麟等纂修:乾隆《上饶县志》卷十,清乾隆九年(1744)刻本,第14b~15a页。《上饶县志》称郑以伟另著有《醋沟社制艺》《山上山》《艺苑张仲师》《小草》《沧海蠡》《画壶集》和《犹奕篇》,其中《艺苑张仲师》《山上山》《画壶集》谈迁亦有提及(谈迁:《枣林杂俎·智集"逸典"》,罗仲辉、胡明校点校,中华书局,2006年,第83页),待访。

④ 三志分别收入《中国地方志集成:江西府县志辑》第24册、第22册、第20~21册,上海书店出版社,1993年。

⑤ 影印本收入中国社会科学院历史研究所文化室编:《明代通俗日用类书集刊》(第14册),西南师范大学出版社、东方出版社,2011年。该书另有和刻本《新镌郑翰林类校金璧故事》,收入金程宇编:《和刻本中国古逸书丛刊》(第35册),凤凰出版社,2012年。

⑥ 影印本收入《四库禁毁书丛刊补编》(第16册),北京出版社,2005年。

郑二先生家藏我朝人物捃古奇编》七卷(薛应旂辑,郑以伟注)、[①]《谢叠山先生文集》六卷(谢枋得撰,郑以伟重订,陶懋观重校)[②]等。各书郑以伟参与程度不一,而且不排除有托名者。

此外,黄宗羲(1610—1695)《明文海》、陈济生《启祯遗诗》等,也收录有部分不见于上述诸书的郑以伟诗文。《启祯遗诗》的编者陈济生为天启二年(1622)进士陈仁锡(1579—1634)之子,而陈仁锡与郑以伟有师生之谊,陈济生或因此获见郑以伟晚年诗作。[③]

二、郑以伟与传教士的交游

郑以伟与传教士的交游,需从其座师和同年说起。郑以伟是万历二十九年进士,其座师冯琦(1558—1603)及同年进士中的熊明遇、彭端吾、彭惟成、崔淐、瞿汝说、葛寅亮、黄建衷等,均和传教士有交往。[④]其中,郑以伟与熊明遇、彭端吾、彭惟成、崔淐还曾同为《泰西水法》或《七克》撰序,他们构成了一个亲西学的进士同年圈。

郑以伟的座师冯琦时任吏部右侍郎(后官至礼部尚书),[⑤]利玛窦《畸人十篇》第二"人于今世惟侨寓耳",即以利玛窦与冯琦的对话为蓝本。该书将冯琦塑造为"大有志于天主正道""期复事上主之学于中国诸庠"者。[⑥]实际上,利玛

① 北京师范大学图书馆藏,明万历詹圣泽刻本,索书号:善982.26/571。该书另有《新镌评林旁训薛郑二先生家藏酉阳捃古人物奇编》十八卷,辽宁省图书馆,明万历三十七年(1609)余应虬刻本,索书号:善12592。

② 中国国家图书馆藏,明万历三十二年方万山刻本,善本书号:11758。卷端题"同郡后学松门郑以伟重订,建武后学仰泉陶懋观重校",则"松门"当为郑以伟的字号之一。

③ 陈仁锡:《祭郑方翁师相文》,《无梦园遗集》(卷8),《四库禁毁书丛刊》(集部第142册),北京出版社,1997年,第284页。

④ 熊明遇曾为《七克》和熊三拔《表度说》撰序;彭端吾、崔淐曾为《七克》撰序;彭惟成(彭端吾族弟)曾为《泰西水法》撰序;瞿汝说是著名天主教徒瞿汝夔之弟、瞿式耜之父,他"顾好西儒利玛窦之学,熟精其书"[王应奎:《柳南随笔 续笔》(卷5),王彬、严英俊点校,中华书局,1983年,第93页];葛寅亮在《四书湖南讲》中曾用教宗制佐证儒家传贤思想(参见陈拓:《文献层累与形象塑造——晚明首辅叶向高与天主教》,台湾《新史学》2018年第29卷第2期);黄建衷是《几何原本》的考订校阅人之一。

⑤ 关于冯琦与天主教,参见黄一农:《两头蛇:明末清初的第一代天主教徒》(修订本),台湾清华大学出版社,2007年,第99~101页。冯琦去世后,郑以伟曾作挽诗,参见郑以伟:《挽大宗伯冯师》,《灵山藏》"两存篇"卷1,《四库禁毁书丛刊》(集部第175册),北京出版社,1997年,第522页。

⑥ 利玛窦:《畸人十篇》第二,朱维铮主编:《利玛窦中文著译集》,复旦大学出版社,2001年,第448页。

窦《天主实义》第三"论人魂不灭大异禽兽"前半部分也有类似对话,但《天主实义》未交代冯琦名讳而代之以"中士"。当是因为利玛窦编刊《天主实义》时冯琦尚在世,故有所顾忌,而编刊《畸人十篇》(1608)时冯琦已去世五年,可借冯琦之名扩大天主教影响。例如与利玛窦一同入京,长期跟随在利玛窦身边的庞迪我等仅含糊地称:"时礼部尚书冯,研究学术,馨知玛窦等奉事天主事实,屡欲奏闻表章,赍志未遂。"①程度远低于《畸人十篇》的记载。因此,冯琦去世前是否真的"有意入教"②值得商榷,但他与利玛窦交往较密则毫无疑问。

关于冯琦与利玛窦的对话时间,《畸人十篇》提及"大比选试",而《天主实义》则径称"今大比选试",则对话正发生在郑以伟等会试之年。③座师冯琦在会试期间与利玛窦的交往,当影响了此届部分进士。而且利玛窦1601年1月抵京后,在北京士人圈有一定的轰动效应,郑以伟等会试恰在1601年,晚明士人素有好异和游寺观之风,利玛窦的居所于是成了一处"热门景点"。郑以伟的同年彭惟成即称与利玛窦"辛丑一见,大玄赏之,自以为得尘外镳也",辛丑即万历二十九年。④同年之间互相传播与仿效,扩大了利玛窦的影响。

具体到郑以伟,他在《泰西水法》序交代了自己与利玛窦的交往过程,他称万历三十二年(1604)"予识其人于都中",并对利玛窦绿色的瞳孔、蜷曲的胡须印象深刻,"与之言,恂恂有道君子也"。⑤郑以伟还参观了利玛窦寓所的世界地图、西文书籍等,其中地圆说对郑以伟的触动尤大,为此他作有一首诗:

西泰子利玛窦为欧逻巴人,自云从西洋至中国,曾至大浪山见南极出

---

① 庞迪我、熊三拔等:《具揭》,钟鸣旦、杜鼎克、黄一农、祝平一等编:《徐家汇藏书楼明清天主教文献》(第1册),台北辅仁大学神学院,1996年,第73页。

② 黄一农持此说,参见氏著:《两头蛇:明末清初的第一代天主教徒》(修订本),台湾清华大学出版社,2007年,第101页。值得注意的是,明遗民李焕章《郡三大臣传》之冯琦传称:"西洋人利玛窦阑入,士大夫多与之交,公谓他日必为国患,请驱之塞外。"[李焕章:《织水斋集》,《四库全书存目丛书》(集部第208册),齐鲁书社,1997年,第704页]虽然这可能与李焕章本人的立场有关,但可旁窥教内、教外文献的复杂性。

③ 利玛窦:《畸人十篇》第二,朱维铮主编:《利玛窦中文著译集》,复旦大学出版社,2001年,第447页;利玛窦:《天主实义》第三,朱维铮主编:《利玛窦中文著译集》,复旦大学出版社,2001年,第25页。

④ 彭惟成:《圣德来远序》,《徐光启著译集》九《泰西水法》,上海古籍出版社,1983年,第1页。

⑤ 郑以伟:《泰西水法叙》,黄宗羲编:《明文海》(卷229序20),中华书局,1987年,第2362页。

地三十二度,与中国上下相对待,谓地形如圆球而周围皆生齿[1]

十年汛海一僧衣,积水苍茫岛屿微。

历国动移星斗次,揽辉直下舜文畿。

书从衡读人间异,家在西洋梦里归。

世界恒沙原不尽,安知笆内见还非。

此诗至少有三点值得注意:首先,是地圆说对郑以伟的思想冲击。利玛窦在《坤舆万国全图》中称:地"上下四旁皆生齿所居,浑沦一球,原无上下",他以自己来华的亲身经历为例,"予自大西浮海入中国,至昼夜平线已见南北二极皆在平地,略无高低。道转而南,过大浪山,已见南极出地三十六度,则大浪山与中国上下相为对待矣。而吾彼时只仰天在上,未视之在下也。故谓地形圆而周围皆生齿者,信然矣"。[2]"大浪山"即好望角,郑以伟对地为球形、周围皆有人,甚至有地方与中国上下相对,感到匪夷所思。

其次,郑以伟称利玛窦为"僧"。利玛窦入华之初曾以僧人自居,但1595年离开韶州时他易服改名,蓄须并改穿文人服饰。利玛窦1595年11月4日致信耶稣会总会长阿桂委瓦(Aquaviva,1543—1615)称:自从易服改名后,"已经很少有人称呼我们和尚或以对待和尚的方式与我们讲话了"。[3]然而直至1604年,郑以伟竟仍以"僧"目之!显然,易服改名的效果并非如此立竿见影。[4]同时,尾联中"恒沙"也系源自佛教的概念,以恒河沙之数比喻多而微小。由此可见,郑以伟在作诗时,对天主教与佛教间的差异是模糊的。对此,我们还可证诸万历二十三年进士郑怀魁(1563—1612)的经历,其《大西方杂语序》记:万历

---

① 郑以伟:《灵山藏》("两存篇"卷2),《四库禁毁书丛刊》(集部第175册),北京出版社,1997年,第526页。影印本字迹不清处,据中国国家图书馆藏本校改。据郑以伟《两存篇》自序,《两存篇》编于万历三十二年(1604)夏,内容为"旧诗一册"并"益之以燕中草"[郑以伟:《灵山藏》("两存篇"),《四库禁毁书丛刊》(集部第175册),北京出版社,1997年,第515页],而他万历三十二年方结识利玛窦,故该诗当作于同年。

② 利玛窦:《坤舆万国全图》,朱维铮主编:《利玛窦中文著译集》,复旦大学出版社,2001年,第174页。

③ 利玛窦:《利玛窦书信集》,文铮译,梅欧金校,商务印书馆,2018年,第170页。

④ 郑以伟的好友江西铅山人费元禄,他在利玛窦1595年移居南昌时即结识了利玛窦,他虽然注意到利玛窦已"蓄发通中国语",但仍称其为"天竺窦法师""天竺窦上人""番僧"。参见费元禄:《甲秀园集》(卷10、卷38、卷47),《四库禁毁书丛刊》(集部第62册),北京出版社,1997年,第307、572、663页。

三十年"大西方贡使利玛窦在京师",并称利玛窦"盖彼国学道人也","与佛老多同出而异名"。有学者据此指出:"郑怀魁认为利玛窦是道人,与佛道'同出而异名',不像曾与利玛窦往来者。"[1]这显然过分相信易服改名的效果。郑以伟1604年虽拜访过利玛窦,但并不妨碍其称利玛窦为"僧",故郑怀魁称利玛窦为"道人"等,与他是否同利玛窦有往来,并无逻辑关系。

最后,郑以伟还观摩了利玛窦带来的西文书籍,"书从衡读",相较于中国的竖排,郑以伟对西书的横排颇感诧异。当时的西书普遍装帧华美,故受到中国士人的关注和喜爱,例如史学家谈迁(1594—1657)顺治十一年(1654)参观北京宣武门天主堂,称"其书叠架,茧纸精莹,劈鹅翎注墨横书,自左而右,汉人不能辨"。[2]

此外,郑以伟还在利玛窦处见过管风琴。郑以伟在《兴龙笙》一诗中自注:"兴龙笙,元世皇制,或曰西域人献,而世皇损益之,用之大朝会。予昔于利玛窦寓所见之,玛窦西洋人也。予不识其名,读王忠文颂,乃知即此器也。"[3]"王忠文颂"指王祎《兴龙笙颂并序》,王祎笔下的兴龙笙"其制为管九十,列为十五行,每行纵列六管,其管下植于匮中,而匮后鼓之以鞴……"[4]接近西洋乐器中的管风琴。利玛窦曾作有《西琴曲意》八章,[5]将西洋乐器作为向中国士人展示的重点之一,郑以伟对其印象深刻并由兴龙笙再次联想及它。

万历三十三年郑以伟因病回籍调理,万历三十九年夏他在家乡上饶得知利玛窦去世的消息,曾作挽诗一首。此即郑以伟《泰西水法》序中所言的"予休瀚别去,利先生已化,曾为诗以哭之。"[6]诗云:

挽利玛窦用昔年赠韵[7]

① 徐光台:《西学对科举的冲激与回响——以李之藻主持福建乡试为例》,《历史研究》2012年第6期。

② 谈迁著,汪北平点校:《北游录》("纪邮上"),中华书局,1960年,第46页。

③ 郑以伟:《灵山藏》("杜吟"卷5),《四库禁毁书丛刊》(集部第175册),北京出版社,1997年,第623页。

④ 王祎:《兴龙笙颂并序》,《王忠文集》(卷15),《文渊阁四库全书》本,第28b页。

⑤ 收入朱维铮主编:《利玛窦中文著译集》,复旦大学出版社,2001年,第239~244页。

⑥ 郑以伟:《泰西水法叙》,黄宗羲编:《明文海》(卷229序20),中华书局,1987年,第2362页。

⑦ 郑以伟:《灵山藏》("笨庵吟"卷4),《四库禁毁书丛刊》(集部第175册),北京出版社,1997年,第463页。该诗前有诗《辛亥春课种波稜菜》《孟夏》,诗后有诗《喜雨迟余詹二子》(诗云"七月江乡已刈稌"),故应作于万历三十九年夏。

天涯此日泪沾衣，红雨纷纷春色微。

海贾传书存《实义》，主恩赐葬近郊畿。

从来到处堪观化，何必西方有履归。

侍子四门夷乐在，辽东鹤去已人非。

（玛窦著《天主实义》书，又殁赐葬地）

诗题中"昔年赠韵"即上引《西泰子利玛窦为欧逻巴人……》一诗之韵，两首诗韵脚各字完全相同。既云"赠韵"，若赠韵之人为利玛窦，则说明利玛窦和罗明坚（Michele Ruggieri，1543—1607）一样，也曾作中文诗。[①]诗中提及《天主实义》，该书以利玛窦与中国士人间的对话为主要内容，其中包含与郑以伟座师冯琦的对话。郑以伟乡居期间，经常阅读邸报。[②]诗中提及利玛窦赐葬北京，当从邸报中得知。利玛窦之死，作为当时重要"新闻"，曾在邸报登载，例如袁中道（1570—1626）称："看报，得西洋陪臣利玛窦之讣。"[③]利玛窦被赐葬北京，或也见诸邸报。尾联中的"夷乐"，则对应上文郑以伟在利玛窦寓所见"兴龙笙"。

万历四十年，郑以伟被派往浙江典乡试，他离开家乡前往浙江赴任。在浙期间，他拜访了明末四大高僧之一云栖袾宏（1535—1615）。[④]随后他从浙江返京，"至壬子复趋朝，则墓草已宿矣，悲怆久之。乃访熊先生"，[⑤]壬子即万历四十年，他前往利玛窦墓祭奠并拜访了熊三拔。当时正值熊三拔、徐光启欲刊印《泰西水法》，据熊三拔称："（1612年）11月初，翰林院检讨郑以伟请求为《水法》作序，徐光启也同意了。"[⑥]则《泰西水法》序的写作，乃郑以伟主动请缨，并和徐光启相关。

---

① 罗明坚的中文诗，参见 Albert Chan, "Michele Ruggieri, S.J. (1543-1607) and His Chinese Poems", *Monumenta Serica*, Vol. 41, 1993, pp. 129-176.

② 例如万历三十八年（1610）郑以伟曾有诗《庚戌见邸报》，参见郑以伟：《灵山藏》（"笨庵吟"卷4），《四库禁毁书丛刊》（集部第175册），北京出版社，1997年，第457页。

③ 袁中道：《珂雪斋游居柿录》（卷4），《珂雪斋集》，钱伯城点校，上海古籍出版社，1989年，第1200页。

④ 郑以伟：《云栖访莲池上人》，《灵山藏》（"笨庵吟"卷5），《四库禁毁书丛刊》（集部第175册），北京出版社，1997年，第468页。

⑤ 郑以伟：《泰西水法叙》，黄宗羲编：《明文海》（卷229序20），中华书局，1987年，第2362页。

⑥ 转引自刘耿：《利玛窦墓园的前七年（1610—1616）》，《北京行政学院学报》2018年第1期。

　　万历四十二年,郑以伟又为庞迪我《七克》撰序。《七克》的序跋作者中,官至兵部尚书的熊明遇是郑以伟同年与好友。郑以伟曾作有诗《杨村寄曾仪部澹甫、熊给谏子良、陈大行六还》,"熊给谏子良"即熊明遇。[①]他们同为《七克》作序当非偶然。

　　郑以伟对传教士参与的造炮和修历,也颇为关注。天启六年二月二十八日,郑以伟听闻袁崇焕(1584—1630)率领明军获宁远大捷,于是作了《闻宁远捷志喜》的组诗。其中一首即咏西洋红夷大炮:"红夷大炮出西洋,城头焚杀左贤王。一战差强中国气,好收铁凤旧辽阳。(是役用西洋炮杀虏王孙兔哈)。"[②]宁远之战中,明军凭坚城固守,西洋炮在守城时发挥了关键性作用。

　　修历的推动者则主要是徐光启。崇祯二年七月,因钦天监推算日食失准,崇祯帝同意由时任礼部左侍郎的徐光启督领修历事务,丁忧服满在籍的李之藻也被起用。[③]李之藻于该年十一月自杭州起程入京,[④]郑以伟为李之藻饯行并作诗云:

> 送李我存太仆以修历赴召,并讯徐玄扈宗伯、徐与太仆同与历事[⑤]
> 五云宫树别春明,夏口相逢话隔生。
> 顽铁乍为荷上跃,骊歌又送柳边行。
> 尧天再辟开琼宇,卿月亲烦在玉衡。
> 知采耶稣资敬授,农时予亦乐躬秧。

　　① 郑以伟:《灵山藏》("鹦鹉车"卷1),《四库禁毁书丛刊》(集部第175册),北京出版社,1997年,第546页。

　　② 郑以伟:《灵山藏》("杜吟"卷2),《四库禁毁书丛刊》(集部第175册),北京出版社,1997年,第582页。兔哈,《明史纪事本末补遗》卷5作"哈兔",见谷应泰:《明史纪事本末》(第4册),中华书局,1977年,第1473页。

　　③ 徐光启:《礼部为奉旨修改历法开列事宜乞裁疏》(崇祯二年七月十一日),李天纲编:《徐光启诗文集》(卷4"治历疏稿一"),上海古籍出版社,2011年,第153、157页。

　　④ 徐光启:《修改历法请访用汤若望罗雅谷疏》(崇祯三年五月十六日),李天纲编:《徐光启诗文集》(卷4"治历疏稿一"),上海古籍出版社,2011年,第168页。

　　⑤ 陈济生编:《启祯遗诗》(卷5),《四库禁毁书丛刊》(集部第97册),北京出版社,1997年,第363页。底本字迹不清处,参校以陈济生编:《天启崇祯两朝遗诗》(卷5),中华书局,1958年,第348页。"徐与"疑指徐光启之独子徐骥,徐骥号龙与,生平参见梁家勉原编,李天纲增补:《增补徐光启年谱》,上海古籍出版社,2011年,第385~386页。

该诗既显示了郑以伟和李之藻、徐光启间的深厚友谊,又可看出他对修历的关注与期待。"知采耶稣资敬授",这是郑以伟诗文中首次出现"耶稣"字样,说明郑、李二人当对修历事宜进行了深入探讨,并论及天主教。

除以上诸人,郑以伟与杨廷筠、王应麟等也有交往,例如万历二十五年(1617)郑以伟曾作诗《杨柱史漪园席见菊尚鲜,时十月晦矣》和《谢王玉沙抚台》。①杨柱史漪园即杨廷筠,其时赋闲在杭州家中,他与徐光启、李之藻并称为明末天主教三柱石。王玉沙即王应麟,时任应天巡抚,他曾撰有利玛窦《碑记》,是传教士的密友。②

三、科技、宗教的主次之争与四元素说、五行说的物理之争

郑以伟对西学(含天主教)的认知,集中体现在《泰西水法》序及《七克》序,二序均存在教内、教外两个版本系统,目前学界所利用者多为教内版本,而对黄宗羲《明文海》中所收二序之教外版本则未予关注。文字差异处正是中西思想的碰撞处,通过版本互证与文本细读,我们可窥见作序者郑以伟与原书著译者熊三拔、庞迪我间的思想分歧。③

《泰西水法》共六卷,由意大利籍耶稣会士熊三拔和徐光启合作完成,主要记叙取水、蓄水之法,分卷一龙尾车,用挈江河之水;卷二玉衡车(附专筒车)、恒升车(附双升车),用挈井泉之水;卷三水库,用蓄雨雪之水;卷四水法附余,为寻泉作井之法和以水疗病之法;卷五水法或问,备言水性;卷六诸器图式。

---

① 郑以伟:《灵山藏》("弥戾车"卷2),《四库禁毁书丛刊》(集部第175册),北京出版社,1997年,第506、510页。此二诗前有诗《丁巳五月涨》,二诗后有诗《洗儿诗丁巳十一月姑苏驿畔》,故应作于万历二十五年。

② 参见王应麟:《钦敕大西洋国士葬地居舍碑文》,杨廷筠编:《绝徼同文纪》(卷2),钟鸣旦、杜鼎克、蒙曦编:《法国国家图书馆明清天主教文献》(第6册),台北利氏学社,2009年,第333~338页。王应麟万历四十二年(1614)至四十七年(1619)任应天巡抚(吴廷燮:《明督抚年表》,魏连科点校,中华书局,1982年,第369~370页)。

③ 教外版本,参见郑以伟:《泰西水法叙》,黄宗羲编:《明文海》(卷229序20),中华书局,1987年,第2361~2362页。下文所引郑序,如未另注,均据此本。教内版本,参见郑以伟:《泰西水法序》,《徐光启著译集》九《泰西水法》,据北京原版影印,第1a~5a页;郑以伟:《泰西水法序》,李之藻编:《天学初函》第三册《泰西水法》,台北学生书局,1965年,据金陵大学寄存罗马藏本影印,第1537-1545页;郑以伟:《泰西水法序》,杨廷筠编:《绝徼同文纪》(卷1),钟鸣旦、杜鼎克、蒙曦编:《法国国家图书馆明清天主教文献》(第6册),第171~174页;郑以伟:《泰西水法叙》,刘凝编:《天学集解》(卷8),圣彼得堡俄罗斯国家图书馆藏清抄本,第28a~30a页;等等。由于教内各版本文字雷同,下文所引教内版本,均据《徐光启著译集》本。

它是传入中国的首部西洋农田水利技术专书。①

郑以伟《泰西水法》序撰于万历四十年（1612），序中充分肯定了《泰西水法》中取水具的实用价值：他称自己家为"世农"，见农村所用水车、竹管等取水具均有自身局限，而西法的取水具则"急流可，即吴越缓流也亦可；山泉可，即燕齐平芜也亦可。随俗之便，或用中土法，或用此法，可以佐水车之不及，而全民用"。他还称赞徐光启之文"酷似《考工记》"，并以明朝曾从域外引进神机火枪法、刀法、鸟嘴炮法等为例，认为不能"敢于杀人而不敢于养人"，仅引进杀人的武器，却不引进养民的实用技术。

序末郑以伟却话锋一转，称"大都西洋之学，尊天而善历法，算精于勾股。予每欲学，而苦不得暇。至其言物理，则愿与之相质难于无穷矣，而此不具论"。其中"尊天而善历法，算精于勾股"，教内版本作"尊天而贵神，其余伎复善历算，精于勾股"，这是两个版本中最实质性的文字差异。考虑到全序对"尊天""贵神"未予着墨，绝大部分篇幅均在赞扬水法的实用性，并辅以徐光启、方以智（1611—1671）等人的经历，篡改者当为教内版本。以徐光启为例，利玛窦在世时，曾与他讨论西洋水法；利玛窦逝世后，徐光启又向熊三拔请教水法，熊三拔却"唯唯者久之。察其心神，殆无吝色也，而顾有怍色。余因私揣焉……有怍色者，深恐此法盛传天下，后世见视以公输、墨翟，即非其数万里东来捐顶踵、冒危难牖世兼善之意耳"。②郑以伟将"尊天"与"历法""勾股"对等视之，正是熊三拔所忧虑者。又如方以智曾向毕方济（Francesco Sambiasi，1582—1649）问学："问历算、奇器，不肯详言；问事天，则喜。"③再如李楷（1603—1670）记淮安教徒陈所学（1586—1651）："论其志业，则以天学对。以为《太（泰）西水法》、天仪制器皆小技，而事天之旨与吾儒略同。"④利玛窦的科技传教路线，在教会内部长期存在争议。对传教士而言，传教是宗旨，历算、勾股只是"余伎"，而郑以伟却将宗教与科技置于对等地位。宗教与科技这种既依存又矛盾的紧张关系，造成了教内版本对郑序的篡改。

---

① 关于《泰西水法》的流传与影响，参见邹振环：《中西水文化互动中的"变"与"常"——以〈泰西水法〉在明清江南地区的传播为例》，《南国学术》2017年第3期。

② 徐光启：《泰西水法序》，《徐光启著译集》九《泰西水法》，据北京原版影印，第3a ~ 4b页。

③ 方以智：《藤寓信笔》，《桐城方氏七代遗书》，清光绪十四年刻本，第26a页。

④ 李楷：《河滨文选》（卷9《淮阴陈酉函墓志铭》），《清代诗文集汇编》（第34册），上海古籍出版社，2010年，第243页。

　　郑序又称"至其言物理,则愿与之相质难于无穷矣,而此不具论",此句教内、教外版本文字基本一致,但难点在郑以伟欲"质难于无穷"的"物理"为何?这与《泰西水法》的结构有直接关系,该书实际由两部分组成,即前四卷、第六卷的水器(前四卷为文,第六卷为图)和第五卷的水理。前四卷署名熊三拔撰说、徐光启笔记、李之藻订正,第五卷署名熊三拔述旨、徐光启演说、李之藻订正,"演说"相较于"笔记",显示出徐光启在第五卷中所扮演的角色比前四卷更为关键。如前文所述,郑以伟对水器部分十分欣赏,而所欲"质难"的"物理"应指《泰西水法》卷五"水法或问",而该卷的核心是四元行论。[①]徐光启称:"第四行论,更仆未悉,垂问所至,则举一二",[②]可见四元行论即使徐光启本人也颇感难解。所谓四元行论,即亚里士多德(Aristotle,前384—前322)自然哲学中的四元素说,主张万物皆由火、气、水、土四种元素构成,与中国传统的金、木、水、火、土五行说正好相对。最早系统阐述"四元行论"的是利玛窦《乾坤体义》,[③]"水法或问"则聚焦于海、海潮、海盐、江河、井泉、雨、雪、雹、雨征等不见于《乾坤体义》的、与水有关的物理现象,并用四元素说加以解释。

　　由于郑以伟称"此不具论",故他所欲质难之处我们无从知晓,或许他对四元素说不太认同,尤其是四元素中的"气"。利玛窦在1595年11月4日致阿桂委瓦的信中即注意到中国五行说与西方四元素说间的差异,他批评中国人"不知道什么是空气,而提出五种元素,把空气排除在外,却加入了金与木。"[④]实际上,宋明理学中的"气"和四元素说中的"气"并非对等概念,宋明理学中"气"的层次高于五行。例如北宋理学家张载(1020—1077)主张气本论,认为"太虚无形,气之本体,其聚其散,变化之客形尔",宇宙万物都是气的表现形态。[⑤]所以后来四库馆臣曾批评高一志(P. Alphonse Vagnoni,1568—1640)《空际格致》:"西法以火、气、水、土为四大元行,而以中国五行兼用金、木为非。一志因作此书,以畅其说。然其窥测天文,不能废五星也。天地自然之气,而欲以强词夺

---

①　参见徐光台:《明末西方四元素说的传入》,台湾《清华学报》1997年新27卷第3期;徐光台:《徐光启演说〈泰西水法·水法或问〉(1612)的历史意义与影响》,台湾《清华学报》2008年第38卷第3期。

②　熊三拔述旨,徐光启演说:《泰西水法》(卷5),《徐光启著译集》九,据北京原版影印,第1a页。

③　参见利玛窦:《乾坤体义》(卷上),朱维铮主编:《利玛窦中文著译集》,复旦大学出版社,2001年,第525~533页。

④　利玛窦:《利玛窦书信集》,文铮译,梅欧金校,商务印书馆,2018年,第175页。

⑤　张载:《正蒙》(太和篇第一),载章锡琛点校:《张载集》,中华书局,1978年,第7页。

之,乌可得乎?适成其妄而已矣。"①郑以伟受宋明理学思想影响,对四元素说或也存在接受困难。②

值得注意的是,徐光启在将《泰西水法》编入《农政全书》之卷十九、卷二十时,也并未"全录此书",③而是有选择地删去了《泰西水法》卷四中"以水疗病"部分和卷五"水法或论"整卷。④从侧面反映出"水法或论"在《泰西水法》一书中的尴尬角色。

四、《七克》与"主静"的体用之争

《七克》为西班牙籍耶稣会士庞迪我所撰,它针对天主教的"罪宗七端",宣扬"谦让以克骄傲""仁爱人以克嫉妒""舍财以克悭吝""含忍以克忿怒""淡泊以克饮食迷""绝欲以克色迷""勤于天主之事以克懈惰于善"的"克罪七端",寓道德训诫于故事、寓言中,在明清时期颇受欢迎。⑤仅1611—1614年间,它即衍生出至少十七篇序跋,撰于万历四十二年的郑以伟序为其中之一。郑序在《七克》部分版本中冠于诸序之首,足见教会对该序的倚重。⑥郑以伟《七克》序也存在教内、教外两个版本系统,而且文字差异比《泰西水法》序更大,其篇首和篇末处尤为明显。⑦从郑序的内在逻辑性看,当均为教内版本所删,而非黄宗羲所增。

---

① 《四库全书总目》(卷125子部·杂家类存目二),中华书局,1965年,第1081页。

② 相较于郑以伟,熊明遇则接受了四元素说,参见徐光台:《明末清初中国士人对四行说的反应:以熊明遇〈格致草〉为例》,台湾《汉学研究》1999年第17卷第2期。

③ 方豪持此说,参见氏著:《中西交通史》(下),上海人民出版社,2015年,第636页。

④ 参见徐光启:《农政全书》(卷19、20),石声汉点校,上海古籍出版社,2011年,第389~429页。《泰西水法》卷6的图式被分编入各卷之中。

⑤ 参见陈拓:《从〈七克〉看汉文西书在十七至十八世纪的出版与传播》,《道风:基督教文化评论》2018年冬第49A期。

⑥ 例如金陵大学寄存罗马藏《天学初函》本中所收录的《七克》。

⑦ 教外版本,参见郑以伟:《叙七克》,黄宗羲编:《明文海》(卷229序20),中华书局,1987年,第2360~2361页。下文所引郑序,如未另注,均据此本。教内版本,参见郑以伟:《七克序》,李之藻编:《天学初函》(第2册《七克》),据金陵大学寄存罗马藏本影印,第689~696页;郑以伟:《七克序》,《四库全书存目丛书》(子部第93册《七克》),齐鲁书社,1995年,据北京大学藏《天学初函》本影印,第515~516页;郑以伟:《七克序》,杨廷筠编:《绝徼同文纪》(卷1),钟鸣旦、杜鼎克、蒙曦编:《法国国家图书馆明清天主教文献》(第6册),第197-201页;郑以伟:《七克叙》,刘凝编:《天学集解》(卷2),第26b~29a页;等等。由于教内各版本文字雷同,下文所引教内版本,均据金陵大学寄存罗马藏《天学初函》本。

首先，郑序教外版本篇首"《记》曰：'人者，天地之心。'"教内版本无。此句典出《礼记·礼运》，与下句"人处函盖中央"相呼应。因为此句的核心思想是儒家的"人本"而非天主教的"神本"，而且又处于序首，故为教内版本所删。

其次，郑序教外版本篇末"而复商以周元公之学，所谓'不直，则道不见'也"。教内版本无。此句实为全序的点睛之笔。通读郑序可发现，全序的立足点均在"主静"上，所谓"商以周元公之学"，即以周敦颐（1017—1073）"主静"说与庞迪我商榷。北宋周敦颐是"主静"说的倡导者，他在《太极图说》中提出"圣人定之以中正仁义，而主静（无欲故静），立人极焉"，[①]"主静立人极""无欲故静"可谓宋儒工夫论的开端。"后来程门诸公递相传授，至豫章、延平二先生，尤专提此教人"，罗从彦（豫章，1072—1135）、李侗（延平，1093—1163）是朱熹（1130—1200）太老师和老师，但朱熹"恐人差入禅去，故少说静，只说敬"。[②]"主静""静坐"被引为学者求道必备之方，值得专注为之，要从明儒陈献章（1428—1500）开始，后得到阳明后学聂豹（1487—1563）、罗洪先（1504—1564）和东林高攀龙（1562—1626）等的大力弘扬。[③]此乃郑以伟"主静"说的儒学渊源。郑以伟非常认同"主静"说，他将自己的杂著命名为《洰泥集》，也是因为"主静"说，他解题称："宋景文曰：作文乃静中之一业。而余多得之动"，"字书絙与絚异，絙之言缓而絚之训急，以此名之，亦祛急成缓、摄动归静之旨也"。[④]

具体到郑序，郑以伟认为"己性原静"，婴儿出生后的啼哭与欢笑，是因为"顺违之故"，而顺违之心起后，于是"认堕地之己为己，而不复知无己之己。无己之己，静也。顺己成好，违己成恶"。因此，天主教所谓"罪宗七端"，只是"啼笑之变"，而无关乎本性。他还以"水"和"土"为例：当水被风吹动时，虽然一时间会波涛汹涌，但很快会归于澄静，因为水之性原是静的，"故谓风动水则可，谓水体为风所坏则不可矣"；[⑤]同样的，土与人之间本无爱憎和敬慢，人将土捏

---

① 周敦颐：《太极图说》，《周敦颐集》（卷2），陈克明点校，中华书局，1990年，第6页。

② 孙通海点校：《与罗一峰二》，《陈献章集》（卷2），中华书局，1987年，第157页。

③ 潘振泰：《刘宗周（1578—1645）对于"主静"与"静坐"的反省——一个思想史的探讨》，台湾《新史学》2007年第18卷第1期。

④ 郑以伟：《自叙》，《怀玉藏洰泥集》，明崇祯刻本，中国国家图书馆藏，第1b、5a页。

⑤ 程颐在论"性"时，曾有过类似的比喻："问：'性之有喜怒，犹水之有波否？'曰：'然。湛然平静如镜者，水之性也。及遇沙石，或地势不平，便有湍激；或风行其上，便为波涛汹涌。此岂水之性也哉？人性中只有四端，又岂有许多不善底事？然无水安得波浪，无性安得情也？'"见《河南程氏遗书》（卷18），王孝鱼点校：《二程集》（上），中华书局，1981年，第204页。

制成美女、丑女、鬼神或瓶盂，于是生出爱憎和敬慢，但土仍为前日之土，"故谓土有异埏则可，谓有异质则不可矣"。郑以伟进而征引《礼记·乐记》："人生而静，天之性也。感于物而动，性之欲也。物至知知，然后好恶形焉。"他主张体静用动，认为《乐记》不称"情之欲"，而称"性之欲"，正表明"动之体原静也"；不称"感物有知"，而称"物至知知"，正表明"静之用即动也"。换言之，《七克》中的骄傲、嫉妒等"七欲"乃是"情"与"用"，而非"性"与"体"。

针对"七欲"，郑以伟认为"己者，欲之根也"，《论语·颜渊》称"克己复礼"，"克己者，主静之谓也。主静则己无泊处，而欲自克"。在郑以伟看来，"己"犹如贼帅，如果帅不静，那么敌人则无法攻克；如果只是找到贼并扑灭他们，那么"可名曰战，而不名克"。他又征引《论语·宪问》："'克、伐、怨、欲不行焉，可以为仁矣？'子曰：'可以为难矣，仁则吾不知也。'"以佐证己说。郑以伟言下之意，《七克》只是"求贼所在而扑之"，是"战"而非"克"，虽然难，却非拔本塞源之道，不能达到儒家"仁"的层次。陈仁锡曾总结郑以伟之学称：郑以伟"无所不玄览，以仁摄之，以元统之"，[1]则"仁"是郑以伟思想的核心。虽然郑以伟对《七克》不愿许之以"仁"，但他打比方道：把弓箭收入弓袋，虽然不能解决根本问题，但可止其杀人之用，天下有不少死于弓箭之下的人，因此《七克》虽然属于"弢弓矢"，但"于世教不无补也"。

在此基调下，郑以伟一方面赞赏阅读《七克》可让人恭敬、醒悟，有利于收拾世道人心，何况庞迪我还是"慕义而来，藉圣人之言者"，因此"虽不知有当于主静与否，亦可为善藉矣"；另一方面，郑以伟将自己视为庞迪我的净友，认为"不直，则道不见"（《孟子·滕文公上》)，因此他以周敦颐"主静"说与庞书商榷，认为《七克》未触及根本。实际上，持此论者不乏其人，例如晚明反教士人黄问道在《辟邪解》中指出：七克"虽修身之条件，只克复之粗迹。夫子告颜子之旨，大不如是。以仁为宗，以礼为体。仁存则不仁自退，礼复则非礼自除。故曰颜氏之子其庶几乎？不远之复，以修身也"。[2]认为相较孔子的"克己复礼"，《七克》只是皮毛之论。

值得注意的是，郑以伟的"主静"说除儒家背景外，还有其佛学渊源。在宋

---

① 陈仁锡：《祭郑方翁师相文》，《无梦园遗集》（卷8)，《四库禁毁书丛刊》（集部第142册），北京出版社，1997年，第284页。

② 徐昌治编，夏瑰琦整理：《圣朝破邪集》（卷5)，香港建道神学院，1996年，第268页。

明理学的传统中,"主静"说常被批评为"入禅",郑以伟恰是一位"入禅"之人。他在《灵山藏》"诗余"自序后,署名"上饶方丈郑以伟",①足见其"入禅"之深。郑以伟《七克》序化用了很多佛教典故,如"谷漏子""太末虫""折慢幢"。②序中称:"无己之己,静也",人是因为"从谷漏子起见",所以才产生"七欲","譬蛾之赴火,以有蛾己故;蚋之聚醯,以有蚋己故。蚋不赴火,以无蛾己故;蛾不聚醯,以无蚋己故。"因此,郑以伟理解的"主静",是要达到一种"无己"的状态。儒家多讲"尽己""成己",即使"克己"也是立足于节制,而非"无己""去己"。郑以伟之"无己",主要来自佛道。禅宗视人的躯壳为"谷漏子",强调肉体的自我超越。庄子则讲"至人无己"(《庄子·逍遥游》)等,强调"顺物"和"无待",以达到主体精神上的逍遥游。

相较而言,以《七克》为代表的天主教则更多强调"知己""识己","思天主之大,己之渺焉","不知天主,不知人,不知己,皆大患也","智者始于识己,终于识天主",最终落脚在谦卑与信主。③因此,文艺复兴时期的人文主义者才高扬"己",强调人的主体意识。郑以伟《七克》序的版本差异,凸显出中西间不同的思想路数。④

五、余论

郑以伟不仅与传教士、中国教徒交往密切,而且对西学(含天主教)进行了批判性思考。他自许为传教士的净友,在中西文化交流中,既是一位接受者,更是一位积极的对话者。在对话过程中,"重点不再是理解或不理解,而是在理解与不理解之间的一种恒久张力"。⑤理解与不理解之间,正是思想的缝隙。

思想需借助文本等进行表达,而文本常简略而含混。朱子云:读书应"如

---

① 郑以伟:《灵山藏》"诗余",《四库禁毁书丛刊》(集部第175册),北京出版社,1997年,第633页。

② 谷漏子:佛家对身体的称呼,意谓人体如装谷物的漏子;太末虫:佛家指极微小的生物;折慢幢:指使傲慢者折伏,言慢心高举,犹如幢之高耸。

③ 姚大勇点校:《七克》,周振鹤主编:《明清之际西方传教士汉籍丛刊》(第一辑②),凤凰出版社,2013年,第51、48~49、58页。

④ 邱业祥《〈论语〉〈道德经〉中的"无己"与基督的"虚己"》(《基督教文化学刊》2012年第1期)曾论及这一问题,但对儒家、道家的讨论欠深入。

⑤ 钟鸣旦:《传教中的"他者":中国经验教我们的事》,洪力行译,新北辅大书坊,2014年,第108页。

庖丁解牛,他只寻罅隙处,游刃以往,而众理自解"。①陈垣(1880—1971)指出教外典籍可"补教史之不足""正教史之偶误""与教史相参证""见疑忌者之心理"等。②在剖析明末清初汉文西学文献时,应重视文本的生成与流变过程,利用教内、教外文献的不同版本进行互证,从文本的歧异处寻找思想的缝隙。

序跋是书籍之眼,明末清初汉文西学文献序跋既具备传统序跋之文献价值等,更有独特的思想价值。尤其国人为西人所撰序跋,书籍作者与序跋作者既是个体的双方,又是文化的双方,我们应重视两者间可能存在的分歧。以郑以伟《七克》序为例,有学者指出:"《七克》虽为西学,庞迪我却有意自我儒化,以故取《论语·颜渊》中'克己复礼'为纲,而以宋儒周敦颐的'主静'标榜全书,劝人借此修养,盖'无欲故静'。"③然而如前文所述,郑以伟认为孔子"克己复礼"和周敦颐"主静"远比《七克》深刻,该学者显然将郑序欲与庞书商榷的内容,误植为庞迪我的观点。我们只有厘清了文本的层次性,方能使中西文化交流史研究变得更为丰富而立体。

本文原刊载于《安徽史学》2020年第6期。原文刊载时略有删节,此为全文。

作者简介:

陈拓,1990年生,四川井研人。西南财经大学经济学学士,复旦大学历史学硕士、博士,比利时鲁汶大学联合培养博士生,英国牛津大学等访问学者,现为南开大学历史学院助理研究员。研究领域为明清中西交流史、书籍史。

---

① 黎靖德编:《朱子语类》(卷20"论语二·学而篇上"),王星贤点校,中华书局,1986年,第456页。

② 陈垣:《从教外典籍见明末清初之天主教》,《陈垣全集》(第2册),安徽大学出版社,2009年,第569~604页。

③ 李奭学:《如何制造中国式的善书——试窥赵韩〈榄言〉及其与明末西学的关系》,《文贝:比较文学与比较文化》2014年第1期。

中国古代机械的多维认知

张柏春

科学和技术是人类文明的重要组成部分。缺乏对科学技术史的认知,我们就不能完整地理解文明的本质和发展。中国科学技术传统大约在20世纪初成为中外历史学家和科学家都关注的重要学术问题。之后,科技史研究在新文化运动中兴起,在20世纪50年代在中国走向职业化、学科化和建制化。百余年来,科学家、史学家、考古学家和其他人文学家都参与研究历史上的科学和技术,对中国科技传统有了越来越深刻的认识。在此,笔者以张荫麟(1905—1942)、王振铎(1911—1992)、夏鼐(1910—1985)、刘仙洲(1890—1975)、李约瑟(Joseph Needham,1990—1995)、陆敬严、华觉明、颜鸿森和土屋荣夫等专家的机械史研究为例,探讨中国古代科技的多维认知及其互补性。

一、史学家和考古学家开展专题研究

张荫麟先生是中国史学家做科技史专题研究的先行者。他才华横溢,在历史学、哲学和社会学等学科领域均有不凡建树,在大学本科学习阶段就发表近十篇科技史文章,留美归国后又发表关于科学家事迹的文章。他将摩尔(A. C. Moule)关于中国指南车的论文译成中文,并且参考摩尔的"图解指南车之法",[①]在1925年的《清华学报》第2期发表《宋卢道隆、吴德仁记里鼓车之造法》。他在文章中解析了关于记里鼓车的文献记载,但没有推测记里鼓车的"铁拨子"的构造,原因可能是他不掌握关于凸轮传动的机械专业知识。

张先生的研究不限于某一门科学或技术的历史,领域涉及机械、仪器、印刷术、生物学、数学、科学家和科学典籍,关注到北宋苏颂的《新仪象法要》。1928年,他在《燕京学报》第3期发表《中国历史上之"奇器"及其作者》,该文梳理了关于指南针、阳燧、欹器、被中香炉、地动仪、记里鼓车、指南车、水饰、浑仪、浑象、计时器、自鸣钟、火铳、龙尾车、望远镜等奇器以及张衡、毕岚、马钧、

---

① 陈润成、李欣荣编:《张荫麟全集》(中卷),清华大学出版社,2013年,第835~841页。

解飞、祖冲之、信都芳、黄履庄等人物的历史记载。他对历史文献的可信度持有非常谨慎的态度。例如,他认为《西京杂记》是伪托之书,该书对被中香炉等奇器的记载"或属可能","皆属孤证,吾人不敢深信也"。[①]

张先生全面认识张衡、沈括和燕肃等科学家的事迹,既详述他们的科学成就,又叙说他们在其他领域的作为。谈到近代中国科学技术的落后,他在1924年发表的《纪元后二世纪间我国第一位大科学家——张衡》中写道:"现在把我们的科学史钞出几页来和大家看看,或者可以鼓起我们的勇气去努力。"他特别申明:"我介绍这位科学家,是用'传'的体裁。因为要使读者了解他'整个的人',所以对他生平的行历,虽然和科学没有关系,也要说说。"[②]无疑,史学家的这种做法有助于读者克服对人物的片面理解,也有助于了解科技活动的语境。

王振铎先生是史学出身的科技史学家、科技考古学家和文博学家。他长期在博物馆工作,精于研读古文献并将之与考古资料相印证,考证和阐释古代发明创造,进而做出具体的实物复原。他为中国历史博物馆复原了80余种古代机械和其他装置,包括司南(指南针)、鼓风器、地动仪、指南车、记里鼓车、水运仪象台等,这些复原成果在社会上影响很大。他将自己的12篇专题研究论文汇集为《科技考古论丛》,1989年由文物出版社出版。

王先生在抗战前就开始研究中国古代发明创造。1937年,他在《指南车记里鼓车之考证及模制》一文中指出了整理古代"奇器"史料的"三难":发明源流多属茫昧,或孤证仅存,殊难据以为实;记述者多不通其原理,仅描述外形而不详其内部机构,或浮辞夸张,或以怪诞之道术杂糅其中,真谬莫辨;某一时代有其惯用术语,后人苦于释诂。于是,他提出研究和复原古代科技的三条准则:"以科学所指示吾人之定理为原则";"以其本身之特征为条件";"以其他辅助材料为旁证"。[③]

北宋苏颂和韩公廉主持制作的水运仪象台是中国古代机械领域的标志性成就,其复原经历了"接力式"的多人探索。[④]1958年,中国科学院副院长竺可桢得知李约瑟要在英国复原水运仪象台,于是,他协调文化部文物局组织进行

---

① 陈润成、李欣荣编:《张荫麟全集》(中卷),清华大学出版社,2013年,第973～991页。

② 陈润成、李欣荣编:《张荫麟全集》(中卷),清华大学出版社,2013年,第770～780页。

③ 王振铎:《科技考古论丛》,文物出版社,1989年。

④ 张柏春、张久春:《水运仪象台复原之路:一项技术发明的辨识》,《自然辩证法通讯》2019年第4期。

复原研究,要求赶在英国人之前完成复原。王振铎受命主持这项工作。他校勘了《新仪象法要》,解读这部书对水运仪象台构造和功能的记载,带领团队逐一复原所有的零部件、台体和各种装饰等,确定了各部分的尺寸,终于制成1∶5的复原模型。在这个模型中,每个“受水壶”(水斗)都刚性地固定在“枢轮”(水轮)上。

复原是一项细致的研究工作。“从事这一工作既须有史学、考古学、考据训诂的深厚功底,又须具备广博和深入的自然科学素养和技术践行能力,并且要像王振铎先生那样善于把这两方面有机地结合起来。”①从科学性和实践性来看,复原超出了通常的文本释读、原理分析和画示意图,要求十分具体地理解古代知识,不回避每个技术细节。比如说,如果复原一个轮子,就须确定它的结构、尺寸、用材、加工工艺、装配和使用的方法。王振铎先生自幼受家庭影响,掌握了木工和钳工技艺,懂机械制图,还会操作和制作机械。因此,他能将“纸上谈兵”的技术史研究细化到实际制作的程度。

考古学家们也做了不少科技史的专题研究。夏鼐先生就是一位非常重视科技史研究的考古学家。他认为科技史和考古学都属于历史科学,两门学科的学者有时候需要做合作研究。他指出,科技史在许多方面“要依靠考古学提供实物标本和涉及标本的有关资料(例如标本的年代和出土情况等)”,“考古学有很多地方要依靠科技史专家来帮忙解决”。②

夏先生综合运用丰富的考古资料和历史文献,研究了中国古代的纺织、冶金、陶瓷、水利、造船、车辆、机械、农学、天文学、医药学等多学科领域的重要专题,所取得的研究成果汇入两册文集——《考古学和科技史》及《夏鼐文集第三册》。例如,他辨析了东汉画像石里的几种织机图,并结合历史文献记载,成功复原了汉代脚踏织机。③古人主要用木料制作机械,而木制品不易长期留存。因此,古机械的复原往往缺少实物依据。2013年,考古学家幸运地发现了成都老官山汉墓中的四具结构比较完整的木制提花机模型。中国丝绸博物馆的赵丰带领团队研究了提花机模型,复原出两种实用的提花机,并证实至晚到西汉

① 华觉明、何绍庚、林文照:《科技考古的开拓者王振铎先生》,《自然科学史研究》2017年第2期。
② 夏鼐:《夏鼐文集》(第3册),社会科学文献出版社,2017年,第26~34页。
③ 夏鼐:《夏鼐文集》(第3册),社会科学文献出版社,2017年,第90~121页。

中国已经发明了提花机。①

除了史学家和考古学家，人类学家、民俗学家和科技史学家都从各自的学术维度，对那些从古代传承下来的机械技术做了田野调查，出版了颇具特色的论著，如霍梅尔（Rudolf P. Hommel）的《手艺中国》（China at Work，1937年），田圭治的《北支の農業と作業機具》（1940年），二瓶貞一和松田良一的《北支の農具に関する調査》（1942年），渡部武和渡部顺子的《西南中国传统生产工具图录》（2000年），唐立（Christian Daniels）的《云南物质文化》生活技术卷（2000年）；张柏春、张治中、冯立昇、钱小康、李秀辉和雷恩（Jürgen Renn）的《传统机械调查研究》（2006年）；林聪益、张柏春、张治中和孙烈的《中国立帆式大风车的复原》（2020年）。这些工作显著地丰富和深化了对古代机械的认识。

二、机械学家—史学家书写学科史

机械学家—史学家是指机械工程学家出身的史学家，至少是有机械学科背景的史学家。所谓古代机械（或机械工程）的"学科史"，指的是古代机械技术体系演进的历史。

刘仙洲先生在1918年毕业于香港大学机械工程系，之后主要从事机械工程和机械史的教学及研究。他以现代机械工程学为参照系，在史料整理、专题研究和专著撰写等方面都做出了开创性工作，成为中国机械史学科的主要奠基人和科学家研究科技史的典型代表之一。

刘先生是从大量搜集史料开始研究机械史的。他辑录的《中国机械工程史料》在1935年由清华大学刊印。这本书按照用途对史料进行分类，告诉读者中国古文献记载了哪些机械，或者说，中国古代有什么机械发明或创新。显然，他以"学科史"的视角审视古代机械发明，从学理上勾画中国古代技术发展的基本轮廓。这为后续的中国机械史研究和叙事打下了基础。

全面抗战爆发后，刘先生在战乱和动荡的社会环境中继续整理史料，进而分类开展专题研究，先后发表《王徵与我国第一部机械工程学》（1940年）、《中

① Feng Zhao, Yi Wang, Qun Luo, Bo Long, Baichun Zhang, Yingchong Xia, "Mechanism of Laoguanshan Pattern Looms from Late 2nd Century BCE, Chengdu, China", in Carlos Lopez-Cajun, Marco Ceccarelli（eds.）,*Explorations in the History of Machines and Mechanisms*, Proceedings of the Fifth IFToMM Symposium on the History of Machines and Mechanisms, Berlin: Springer, 2016, pp.209-221.

国在热机历史上的地位》(1943年)、《续得中国机械工程史料十二则》(1948年)、《中国在原动力方面的发明》(1953年)、《中国在传动机件方面的发明》(1954年)、《中国在计时器方面的发明》(1956年)、《中国古代对于齿轮系的高度应用》(1959年)、《中国在简单机械和弹力、惯力、重力以及滚动摩擦代替滑动摩擦等方面的发明》(1960年)等文章。[①]这些文章辨识了中国古代的原动力、传动机构等技术,率先指认中国的水轮、走马灯、凸轮传动、链传动、曲柄连杆机构等许多机械"发明"。

科学家转向研究科技史,其优势是熟悉自己所研究的学科,自觉地以现代自然科学或工程科学为参照系,去厘清知识发展的逻辑,书写"见木见林"的学科史。有了足够的专题研究,一部专著就水到渠成了。刘仙洲先生年逾七十之后写成《中国机械工程发明史》(第一编)和《中国古代农业机械发明史》,二者分别在1962年和1963年由科学出版社出版。其中,《中国机械工程发明史》(第一编)以机械传动原理和原动力等为主体,章节安排与现代机械工程教科书相若。当然,这两部经典之作也有时代的烙印和局限性。刘先生书写的某些机械成就究竟是不是世界意义上的"发明",这需要通过跨国的比较研究来判断。

刘仙洲先生注重与科技史学家、历史学家、考古学家和科学家的交流。1956年,他和竺可桢、李俨一起赴意大利参加第八届国际科学史大会,与李约瑟等与会者讨论了中国古代的计时器等发明。后来,他在《中国机械工程发明史》(第一编)中强调"天衡"机构相当于近代欧洲钟表的擒纵器,"是极有意义的一种发明"。[②]有些遗憾的是,刘先生和李约瑟都未彻底解析"枢轮"(水轮)的"受水壶"(水斗)与"天衡"之间的关系。

就史学研究而言,刘仙洲和李约瑟等前辈几乎都是半路出家,其史学工作可能有瑕疵。例如,《中国机械工程发明史》(第一编)表明,刘先生在历史文献的版本选取方面有些不足。他可能没有机会看到比较好的《天工开物》版本,因而选了某些不太合适的古机械插图。类似地,李约瑟主要利用《古今图书集成》等中文资料,在史料选取方面也有一些遗憾。

陆敬严先生早年学习机械专业,在"文化大革命"期间注意到刘先生的《中

---

① 冯立昇:《开拓与传承:刘仙洲与清华大学的机械史研究》,《自然科学史研究》2017年第2期。

② 刘仙洲:《中国机械工程发明史》(第1编),科学出版社,1962年,第113页。

国机械工程发明史》(第一编),20世纪80年代由机械工程研究逐步转向机械史研究。他继承了刘仙洲和王振铎开创的学术传统,并将文献研究、考古发现、田野调查和复原研究相结合。陆先生在2019年出版了《中国古代机械复原研究》,书中对多年的复原实践做了总结和理论探讨,如提出复原研究成果的评价标准,指出复原模型应具有可靠性、科学性和多样性。[①]其实,某种机械的功能可以通过不同的机构设计来实现,即工程师或工匠可以制作出多样的具有预期功能或相近功能的机械。这为后人复原古机械带来了不确定性。正如王振铎先生强调的,古代关于发明创造的记载通常都过于简略。科技史研究者只能根据有限的科技信息,去推测古人的做法,这就容易产生不同的复原方案。有的方案与其说是复原,还不如说是现代机械设计,就是明显地把古代知识拔高。

针对复原的不确定性和多样性,机械专家颜鸿森先生将机构设计的理论和方法用于分析古代机械及其图说,以找出古人可能采用的机构,为史学家辨识和复原古机械提供科学依据。他将自己的研究成果写成两部专著——《失传的中国古代机械的复原设计》(Reconstruction Designs of Lost Ancient Chinese Machinery)和《中国古代图说中的机构》(Mechanisms in Ancient Chinese Books with Illustrations),分别在2007年和2014年由Springer出版。他指导若干弟子按照这种方法复原古代的指南车、地动仪、水运仪象台的擒纵机构等,取得了很有启发的成果。

三、科学家—史学家书写综合科技史中的学科史

科学家—史学家是指科学家出身的史学家,至少是有科学专业背景的史学家。之所以强调专业背景,是因为科技史属于专业性比较强的知识史。

李约瑟先生在1948年准备撰写综合知识史——七卷本的《中国科学技术史》(Science and Civilisation in China),而非只写某一个学科的历史。他将自己的研究领域由生物化学转向科技史。王铃(1917—1994)先生是历史学科班出身,协助李约瑟做了许多工作。他们在学科背景方面具有一定的互补性。

李约瑟首先设计了《中国科学技术史》的总体框架,将"物理学及相关技术"列为丛书的第四卷。这一卷实际上分成三册:第一册是物理学(1962年出

---

① 陆敬严:《中国古代机械复原研究》,上海科学技术出版社,2019年,第75~79页。

版),第二册是机械工程(1965年出版),第三册是土木工程与航海(1971年出版)。与刘仙洲的发明史相比,李约瑟的机械工程史"构建"了不尽相同的章节框架和叙事重点,如增加了材料、制造工艺、工匠和古籍等方面内容,强调了时钟机构、胸带式系驾法和被中香炉等发明的重要性。李约瑟和王铃都不是机械专家,但他们做了跨越学科界限的合作研究,描绘出中国古代机械技术发展的宏大历史图景。

20世纪90年代,中国科学院自然科学史研究所牵头组织全国同行编写中国古代科学技术史丛书,最终形成26卷本的《中国科学技术史》,由科学出版社出版。这套书主要由学科史和技术门类史构成。陆敬严先生和技术史学家华觉明先生合作主编其中的机械卷(2000年出版)。这部书比刘仙洲的《中国机械工程发明史》(第一编)充实了许多,在考古资料和田野调查资料方面较李约瑟的机械史有新内容。华觉明先生在《中国科学技术史》机械卷的结语中指出:学界对中国技术观和技术思想的探索只是开始,对机械技术与社会发展之间关系的外史研究接近空白。[1]而这些正是历史学、哲学等人文社会科学的学者们大有作为的领域。

李约瑟从总体上把握中国科学技术传统的意识强、能力突出。他以跨文化的视野,将中国科学技术置于欧亚文明史中加以考察,做比较研究和传播史研究,以微观和宏观相结合的叙事方式书写"联系的历史"。事实上,中国幅员辽阔,地区之间在环境、资源、气候和生产方式等方面存在差异性、关联性和一致性。我们应该尽可能探究发明创造产生的具体环境和时代,关注跨地区的和跨国的知识源流问题,书写流动的知识演进史。

李约瑟作为写中国科技史的英国人,有"他者"看问题的特点。他采取的主要叙事方式是:从英文读者比较熟悉的欧洲历史知识谈起,然后转向亚洲,再追踪到中国,探讨知识的起源和可能的传播路径。他大胆提出了一些推测或假设,如由《西京杂记》描述的被中香炉,论述中国人先于伊斯兰地区和欧洲发明了常平架(万向悬架)。不过,他对某些观点的论证不够充分。例如,1956年3月他在《中国的天文时钟机构》(Chinese Astronomical Clockwork)一文里说"中国天文时钟的传统和后来欧洲中世纪后期机械钟的祖先有更为密切的直接联系",但直到写出《中国科学技术史》的第四卷第二册都没作出令人信服的

---

[1] 陆敬严、华觉明主编:《中国科学技术史:机械卷》,科学出版社,2000年,第423页。

论证。①

李约瑟书写机械史的长项不是首先发现中国古代有哪些机械,而是阐释中国技术的历史地位。例如,他格外看重水运仪象台在世界科技史上的重要意义。他和王铃等合作者于1960年出版专著《中国天文钟》(*Heavenly Clockwork : The Great Astronomical Clocks of Medieval China : Chinese Astronomical Clockwork*),又在《中国科学技术史》的第四卷第二册里用六分之一的篇幅论说时钟机构。通过跨文化的比较,他们断定水运仪象台的"天衡"和"枢轮"构成了世界上最早的擒纵机构。②

破解技术奥秘,往往需要专门的知识。中国的"擒纵机构"究竟是什么构造,是怎么运动的? 这个机构学问题超出了生物化学和历史学的学科边界。1964年夏,李约瑟访问中国科学院中国自然科学史研究室、中国历史博物馆等单位,其间会见了王振铎先生并且拍摄到中国历史博物馆的水运仪象台复原模型。同年11月16日,李约瑟致函王振铎,说他们也制成了水运仪象台的复原模型,其中采纳了工程师康布里奇(John H. Combridge)提出的擒纵机构复原方案,其核心是让"受水壶"(水斗)能够相对于"枢轮"的轮辐做摆动。③

日本科学史学家山田庆儿长期致力于中国科技史研究。他在1955年毕业于京都大学天体物理学系,遂转修科学史研究生课程,1959年开始在京都大学的人文科学研究所工作。20世纪90年代,他与机械工程师土屋荣夫合作研究《新仪象法要》,在水运仪象台复原方面取得新突破。山田先生解读和整理了《新仪象法要》,并将其翻译成日文,而土屋先生则根据《新仪象法要》的图说作技术分析,主持水运仪象台的复原。土屋先生和他的团队参考了王振铎和康布里奇等人的工作,于1997年在日本长野县制成1:1的水运仪象台。该复原最具创意的是,土屋先生对"枢轮"上方的"天关"机构作出了符合机械传动原理的解读。④如此,他和王振铎、康布里奇一样,都是北宋时钟机构的揭秘人。

---

① Zhang Baichun, Tian Miao, Joseph Needham's Research on Chinese Machines in the Cross-Cultural History of Science and Technology, *Technology and Culture*, Vol.60, No.2, 2019, pp. 616-624.

② Joseph Needham, Wang Ling & Derek J. Price, Chinese Astronomical Clockwork, *Nature*, Vol.177, 1956, pp.600-602.

③ 王木南、李强译注:《李约瑟关于宋代水运仪象台致王振铎的一封信》,《中国科技史料》2004年第2期。

④ 山田庆儿、土屋荣夫:《復元水運儀象台:十一世紀中国の天文觀測時計塔》,新曜社株式会社,1997年,第151~225页。

四、余论

科学和技术是分成一系列学科门类的知识,二者与文化、政治、经济、社会、军事和日常生活等方方面面都有直接或间接的关联。科学技术史是在科学家、工程师等科学技术从业者支持下形成的特殊的历史学。科技史研究的维度和方法论是多样的及互补的,最终是殊途同归的。

无论是科学家—史学家,还是机械学家—史学家或其他的学科史专家,只要以科技史研究为主业或主业之一,他们就可以被视为科技史学家。科技史学家与其他史学家(含考古学家)在兴趣点和"问题域"方面既有差异性,又有一致性和相关性。他们应当发挥自己的知识专长,为全面认知历史上的科学技术做出贡献。

科技史首先是知识史,即学科史、技术或技艺的历史。有理工科基础的学者或科学家往往以现代自然科学或工程科学为基础和参照系,辨析古代发明创造,认识古代知识发展的内在逻辑和社会环境。他们将科学方法与史学方法相结合,做出既符合科技原理,又遵循史学规范的历史阐释,同时不应将古代知识过度地解释为现代科技。通过研究生教育和博士后研究等方式,国内外学界已经探索出科技史的学科建设与职业化学术研究的成功经验。

史学家发挥历史学的学术优势,将科学技术视为人类文明"大历史"的一个重要组成部分,对其中的某些学科门类或发明创造加以专门研究,并且为历史叙事增加科技内容。史学家们提出合适的史学问题,进行外史或内史的研究,或内外史结合的综合研究。古代科技不像近现代科技那么复杂,对古代科技知识的阐释并非只有理工科背景的学者才可以胜任。医疗史和环境史等领域同时涉及科技、人文与社会,人们很难把它们简单地划归给科技史或其他历史。

科技史学家和其他史学家是"近亲",理应加强彼此间的深度交流与合作,同时重视与人类学、民俗学、社会学、哲学和艺术等学科的专家们的交叉融合,进行互补、互学、互鉴。面对一些复杂的学术问题,还有必要开展跨国、跨文化、多学科的比较与综合研究,发挥团队成员们各自在资源、语言和学术等方面的优势,克服个体学者的局限性,协力打造学术精品。很显然,片面强调每位学者独立发表论著或作者的排序,这不利于合作成事。

最后,我想强调中国古代科学技术史不是贫矿,而是大有可为的学术领域。如果提出新的学术问题,采取新的研究视角、方法和范式,我们就会对古代知识传统及其与世界文明的关系作出新认知,将来还可以重构古代科技史。

《自然辩证法研究》2023年待刊。

作者简介:

张柏春,南开大学双聘教授,国际科学史研究院院士。出版《传统机械调查研究》《传播与会通》《苏联技术向中国的转移》《科技革命与中国现代化》,以及 *Transformation and Transmission*, *Explorations in the History and Heritage of Machines and Mechanism* 等专著或文集。主编期刊 *Chinese Annals of History of Science and Technology*.

编后记

从 20 世纪初叶梁启超一辈学者呼唤"史界革命"开始,新史学运动的号角久久回荡在中国史坛的长空。新史学(现代史学)的核心命题或可概括为:系统梳理本民族历史文化的发展脉络,科学地总结其演变规律及文化特质,构造屹立于世界文明之林的中国形象。史学的科学化道路,是 20 世纪新史学的发展潮流,而西方因素是最重要的推动力量。20 世纪中国史学的思潮与流派,大都源自 19 世纪以降各种西方学说的渐次引入与曲折回响。各家各派通过他们的史学研究,展示其对中国历史文化的整体把握,并在各具特色的历史建构中,或明或暗地流露出强烈的现实关怀与人文理想。

从这个意义上说,诞生于五四时代的南开史学,就是中国现代学术发轫与成长的一个绚烂的侧影。20 世纪 20 年代的南开大学,强烈地吸引了一批留美归国的青年知识精英,仅就文科而言,陆续延聘凌冰、张彭春、黄钰生、徐谟、蒋廷黻、李济、萧公权、汤用彤、何廉、刘崇鋐、蔡维藩等学者。从新文化运动中脱颖而出的"五四知识人",以新锐、犀利的批判精神涤荡一切旧制度、旧观念、旧习俗,掀起"重估一切价值"的思想革命;同时,他们参照近代西方大学的经验,重建中国现代人文学术的学科体系和知识体系,切实地推动融入世界的"学术之独立"。1928 年,校长张伯苓主持制定《南开大学发展方案》,确立南开大学"土货化"("本土化")的发展理念,"即以中国历史、中国社会为学术背景,以解决中国问题为教育目标的大学"。易言之,南开学人是以"认识中国"和"服务中国"为核心理念,致力于研究有关中国问题之科学知识,培育解决中国问题之科学人才,具有五四风范、南开风格的"大学之道"由此形成。

作为一所规模不大的私立大学,早期的南开一直被办学经费不足所困扰,主政者不得不收缩战线,优先发展与国计民生紧密相连的学科。一度栖身南开的许多少壮派学者,不久以后,纷纷它去。譬如与南开史学渊源至深的梁启超、李济、蒋廷黻和刘崇鋐,不约而同地转投清华大学,在个人的学术创造方面获得更为优渥的发展空间。据萧公权《问学谏往录》的回忆:"南开在那时是华北一个规模虽小而地位不低的大学。"但是,南开教授"待遇不丰",不利于挽留人才。就民国学术界而言,南开文科领域最有华彩的学术事业,无疑是何廉、方显廷创办及主持的南开大学经济研究所(1931年,前身是1927年创立的南开大学社会经济委员会)和陶云逵主持的边疆人文研究室(1942年,全称是"南开大学文学院文科研究所边疆人文研究室")。齐思和于抗战以后撰写《今后我国高等教育的改进问题》一文,指出中国各类型的大学应该互有侧重,统筹合作。经费及设备齐全的国立大学,应当注重高深学术之研究;规模较小的其他大学,可以选择有特色的、应用技术性的发展方向。关于后者的成功案例,他专门举出"如南开的商业、经济,金陵的农科,朝阳、东吴的法律,其成绩之佳,且在一般国立大学之上"。这种区别化而非同质化的学科发展意识,仍然值得当下的教育家认真地反思和总结。

经费紧张的问题,直到1946年南开改为国立大学,才获得暂时的纾困。恰在此时,在文学院长冯文潜的苦心运筹下,历史系的教师阵营逐渐壮大和稳定。此后,随着中华人民共和国成立和1952年的"院系调整",南开史学意外地成为新旧时代巨变的受益者,来自北大、清华、西南联大和海外的一大批中青年史家相会于八里台,形成以郑天挺、雷海宗为巨擘的南开史家群体。其学脉绵延不绝,代有才人,在历史学的诸多领域引领风骚,并创造出"中外交融,古今贯通"的学科特色和"惟真惟新,求通致用"的史学精神,占据了20世纪后半叶以来中国现代史学发展的重要一页。

1978年以来的改革开放浪潮,促使中国重新置身于现代化和再启蒙的历史进程,二战以后的西方思潮席卷而入,返回五四、重振国学、回归马克思原典的思想倾向交织涌动,沸腾的景象犹如新文化运动之依稀再现。四十余年来,中国历史学的理论方法和研究领域日新月异,史学多元化的趋向与格局愈益显著。在一片热闹的表象下,隐藏着真正的"史学危机",即历史学如何重建科学价值和社会功能之间的良性互动,如何平衡域外理论的引进与历史解释的自主创新之间的关系,以及如何实现新史学之改造中国史学与重写中国历史的双重目标。这注定是一场任重致远的学术征程。南宋思想家朱熹有云:"旧学商量加邃密,新知培养转深沉。"我们曾经拥有过的历史学,无论是古典史学的思想遗产,抑或是民国史学和马克思主义史学的学术传统,势必成为新世纪中国史学创造的源头活水,但这首先取决于当代学人在跨文明视野下的批判性分析和创新性阐述。

本卷为《南开史学百年文存·专门史卷》，收录29篇论文。依论文内容分为四个专题："史学理论及史学史""中国政治思想史""历史文献学"和"科学技术史"。排列以论文发表先后为序，这是"文存"丛书的统一要求。但编者私意以为，如果每一专题内的论文，按照作者的年齿为序，或许能完整呈现这一领域内南开学人的治史创获、思想脉络及其代际传承。论文在史料、史实等方面的若干讹谬，编者酌加订正，以"编者按"的形式注明。一般性的文字疏失，在文中径直改正，不做另外说明。"作者简介"大都由作者提供，少数由编者代撰。以下结合各组论文的主旨，就笔者感悟较深的部分略抒一些初步的认识。

1921年9月，梁启超应南开校长张伯苓之邀，为全校同学讲授"中国文化史"，为时一学期。讲稿结集出版，定名为《中国历史研究法》。这部书稿与稍后他在清华大学开讲的"补编"，共同构成了梁氏史学思想的集大成之作。中国史学史学科之形成，一般以梁启超这两部著作为标志。杨翼骧先生早年深受《中国历史研究法》及其《补编》的熏染，在西南联大和北大受知于郑天挺、姚从吾、向达诸名家，从而坚定了终身从事史学史研究的志向。1953年他调往南开历史系，在史学史领域耕耘不辍，成为20世纪后半期中国史学史学科的奠基人之一。

无论在西方，还是在中国，史学史最初的旨趣都是以历史学科的产生、发展及其演变规律为主题，以史家和史著为主要研究对象；以后又进一步拓展至历史思想、史学思想、史学思潮、史学流派、史学建制、史学批评、中外史学交流、比较史学等诸多领域。"史学理论及史学史"专题收入11篇论文，大体上涵盖以上各个方面的专题研究。杨翼骧先生的《裴松之与〈三国志注〉》是解析名家名著的典范之作。杨文从发掘史学遗产的角度，征引清代官方《四库全书总目提要》和清代学者钱大昕、赵翼、沈家本及近人柳诒徵等的论作，对于裴注内容及其史学史的价值作了深刻而系统的归纳总结。《越绝书》的成书年代与作者问题，是古代史学史的一个聚讼不绝的难题。明代学者杨慎据《越绝书·篇叙外传记》的一段隐语，推定作者乃是袁康、吴平，但此后学界的异说纷纭，讫无定论。乔治忠教授的《〈越绝书〉成书年代与作者问题的重新考辨》，究诘异说，独标新论，考定该书出于东汉会稽乡曲士人之手，领衔者为袁康、吴平二人，全书最后成于122年。《皇明遗民传》是研究散居中国、日本和朝鲜的明遗民的重要史籍，中国学者魏建功、孟森、谢国桢等早已发掘运用，但该书的作者及其成书年代却湮没无闻。孙卫国教授的《朝鲜〈皇明遗民传〉的作者及其成书》

一文,利用韩国保存的第一手孤本资料,首次考订作者为18世纪朝鲜王朝的著名学者成海应,并深入考察《皇明遗民传》的撰写动机、史源及内容等方面,进而揭示朝鲜王朝"尊周思明"的文化意识在史学领域的全面浸润。按近代职业历史学的观念,正统论和义理、名教一类的话题,根本不算是正当的史学理论问题。但古代史学受制于古典文明的思想语境,重视历史叙事的社会功能与文化价值,其思想命题显然具有政治、文化和史学的多重意涵,不能仅以后世史学的标准衡量其长短。姜胜利教授的《清人明史研究中的正统观和忠义观》,充分凸显了这一类研究的丰富内涵。姜文细腻揭示了在清初民族矛盾尖锐的历史背景下,南明正统问题和明季忠义人物在清代思想界的高度敏感性,以及官方和私家之间微妙而复杂的政治历史观的互动与交锋。

史学史关注人们如何认识历史和书写历史,是对人们研究历史的过程及其思维成果的反思。英国历史哲学家柯林武德认为:"哲学对自身的批判形成了哲学史,历史对自身的批判也形成了史学史。"换言之,史学史就是采取批判的眼光,审视人类(包括职业史家)在认识及研究历史过程中的所作所为,所思所想,它是对一切历史知识的再批判。据此而言,史学理论与史学史,其实是同一种学问的阴阳两面。"没有史学史的史学理论是空洞的,没有史学理论的史学史是盲目的。"从史学实践的角度来看,所有的历史研究者都要进入史学理论及史学史的领域,它是一流史家的必备功夫。相对来说,一般的历史研究者主要关心特定领域、特定专业的学术发展状况,这是他们深化自身研究的必经之路。史学史学者则把历史学作为整体加以观察,把它当作人类精神活动的一个面相,人类知识领域的一个独立部门,这跟一般历史研究者的观察点有所区别。

冯尔康先生虽然自谦"所述皆系感性的经验之谈,而非理性的真知灼识",但《"说故事"的历史学和历史知识大众文化化》涉及的恰恰是历史学的基本理论问题。冯先生对史学追求宏大叙事、偏重抽象理论的倾向怀有警惕,他坚持史学的叙事性,即"历史学是说故事的陈述之学"。他提出社会史、文化史是从实证史学、阶级论史学转向整体史的中间形态,是推动史学功能从政治教化转向社会文化的重要载体。史学家唯有走近古代人的生活世界,贴近今日社会生活的内容,才能有效地传播历史知识,适应现代社会的文化需求。此外,本卷"中国政治思想史"和"科学技术史"内各有一篇长文,足以代表历史研究者反思本学科的精心之作。张荣明教授的《什么是思想史》就思想史的一系列基础问题,包括思想和思想史,思想史研究中的研究者、研究对象、任务与宗旨、手段与方法,以及思想史学科的边界诸问题,予以系统的剖析和阐述。张柏春教授的《中国古代机械的多维认知》,回顾探讨了基于不同学科背景(包括历史学、考古学、人类学、民俗学、科技史等)的古代科技史研究的维度、方法及其具体成就,并对科技史的跨学科研究之前景寄予厚望。

1927—1928年,当萧公权执教南开之际,开始其作为政治思想史名家的学术探索之路。1963年,老革命出身的巩绍英先生从中华书局调任南开历史系,首次开设"中国政治思想史"课程,随后发表一系列专题论文。当时作为该课助教的刘泽华先生,推重巩氏的研究具有高屋建瓴之势,尽显大家风范。在《略论秦汉以来专制主义的中央集权制度》一文中,巩先生认为地主土地所有制是中国封建社会的基本特点,地主阶级和农民阶级之间的矛盾是封建社会的主要矛盾。为控制广大的农民,维护地主阶级的利益,需要一个凌驾于社会之上,甚至吞食整个社会、整个国家的绝对政治权力,它最后体现为专制主义的皇权。作为一种国家政权形式,专制主义的中央集权制度主要包括两项:一是以皇权为中心的官僚制度,二是以中央国家政权为中心的郡县制度。

刘泽华先生及其弟子们的中国政治思想史研究,被海内外学者誉为"刘泽华学派""王权主义学派"或"王权主义反思学派"。刘泽华先生坚信历史学是研究民族和人类的"命运"之学。他的反思与研究,一方面承继和发展了五四学人反传统主义的批判精神,另一方面又以"通古今之变"的史家之眼抉发中国古代政治思想的主流(即"王权主义")及其流弊。王权支配的社会,不是经济力量决定权力分配,而是权力分配决定社会经济分配,社会经济关系的主体是权力分配的产物。"王权主义"既不同于社会形态,也不限于通常所说的权力系统,而是社会的一种控制和运行机制。大致说来可分为三个层次:一是以王权为中心的权力系统,二是以这种权力系统为骨架形成的社会结构,三是与上述状况相应的观念体系。《中国传统的人文思想与王权主义》一文,显然针对新儒家一派的观念而发。刘先生认为无论从逻辑还是从历史上看,以儒家为代表的传统人文主义,不可能成为天下为公、人格平等、人格尊严、个性独立、道德理性、民主政治的思想渊源,反而是引向使人不成其为人的王权主义。他特别引用马克思的一段名言:"专制制度唯一的原则就是轻视人类,使人不成其为人。"王权主义(君主专制主义)恰恰以具有浓厚人文色彩的儒家思想为理论基础,这一点在张分田教授的《最高统治者的提倡与"民贵君轻"观念的普及》

中有充分而有力的彰显。张文指出,民本思想不仅最先由统治者提出、阐发并实践,而且帝制越完善,相关的理论就越成熟,相关的理念就越普及。"民贵君轻"等民本思想命题并不具有与帝制相抗衡的政治属性,也不能简单地定性为"反专制"。编者据此有所推想,民本思想成为古代社会各阶层的普遍意识,犹如在皇权专制的社会植入"减压阀",最理想的状态和结果无非是古代思想家心心念念的"开明专制"。

重视史料的开拓和考辨,是民国以来实证史学率先确立的治史原则,也是南开前辈史家普遍遵循的治史风格。它不仅体现在"历史文献学"专题,也反映在其他的历史研究领域。来新夏先生的《清代前期的商业、商人和社会风尚》,以资本主义萌芽的理论为依归,全面探讨了清代前期商业城市的兴盛,商业资本的活跃和集市的遍布,商人地位的提升和社会风尚的变化。他认为商人及商业活动一向缺乏充足的史料,故而效法陈垣"史源学"的方法,从浩如烟海的清人笔记中提要钩玄,在新史料的开拓方面成就斐然。同样是运用"史源学"方法,南炳文先生的《清官修〈明史〉一个极其重大的失误——该书〈沙哈鲁传〉所载其国子虚乌有》,以狮子搏兔之势,穷源竟委,抽丝剥茧,证实清代官修《明史》所记"沙哈鲁国"纯属乌有之谈。该文追踪"沙哈鲁国"一说的源头及演变,列举除《明史》以外的14种文献;为推翻"沙哈鲁国"存在之谬说,举出《明太宗实录》《殊域周咨录》《续文献通考》《名山藏》等9项证据。

本卷论文的搜集和编订,得到许多师友及其家人的热心支持和鼎力襄助,这让编者深感荣幸和备受鼓舞。首先,衷心感谢来新夏先生的夫人焦静宜、刘泽华先生的夫人阎铁铮,两位前辈慨然提供了来、刘二先生的论文和小传。其次,需要感谢乔治忠、姜胜利、张荣明、孙卫国、庞乃明等教授,他们为论文篇目的选定和学人小传的撰写给予悉心的指点。书稿在编纂过程中,郭玉春博士、武晓兵博士、刘斌博士以及吴洪柏、杨子瑄、朱灵、杨书青等同学倾力协助,在此向他(她)们致以谢意。本书编辑刘珊为该卷的顺利付梓,提供耐心细致的指导,付出极大的心血,谨向她表达深切的感激。编校中的疏失、不足之处,祈请各界师友不吝赐正,是所至祷。

朱洪斌
2023年8月